Veröffentlichungen der Vereinigung der Deutschen Staatsrechtslehrer

Heft 46

Wolfgang Graf Vitzthum, Bernd-Christian Funk und Gerhard Schmid

Die Bedeutung gliedstaatlichen Verfassungsrechts in der Gegenwart

---

Brun-Otto Bryde und Görg Haverkate

Die Einheit der Verwaltung als Rechtsproblem

Berichte und Diskussionen
auf der Tagung der Vereinigung der Deutschen Staatsrechtslehrer
in Passau vom 7. bis 10. Oktober 1987

1988

Walter de Gruyter · Berlin · New York

Redaktion: Prof. Dr. Martin Kriele (Köln)

CIP-Kurztitelaufnahme der Deutschen Bibliothek

Vitzthum, Wolfgang Graf:
Die Bedeutung gliedstaatlichen Verfassungsrechts in der Gegenwart / Wolfgang Graf Vitzthum, Bernd-Christian Funk u. Gerhard Schmid. Die Einheit der Verwaltung als Rechtsproblem / Brun-Otto Bryde u. Görg Haverkate. Berichte u. Diskussionen auf d. Tagung d. Vereinigung d. Dt. Staatsrechtslehrer in Passau vom 7.–10. Oktober 1987. – Berlin; New York: de Gruyter, 1988.
(Veröffentlichungen der Vereinigung der Deutschen Staatsrechtslehrer; H. 46)
ISBN 3-11-011782-7
NE: Funk, Bernd-Christian:; Schmid, Gerhard:; Bryde, Brun-Otto: Die Einheit der Verwaltung als Rechtsproblem; Haverkate, Görg: Die Einheit der Verwaltung als Rechtsproblem; Vereinigung der Deutschen Staatsrechtslehrer: Veröffentlichungen der Vereinigung . . .

Printed in Germany
Satz: Volker Spiess, 1000 Berlin 30
Druck: Hildebrand, 1000 Berlin 65
Bindearbeiten: Dieter Mikolai, 1000 Berlin 10

Inhalt

Jahrestagung 1987

Die Jahrestagung fand vom 7. bis 10. Oktober 1987 statt – erstmals im schönen Passau.

In der Mitgliederversammlung gedachten die Anwesenden der seit der Münchener Tagung verstorbenen Kollegen *Karl Wilhelm Geck, Curt Rühland, Hans Ulrich Evers* und *Wilhelm Wertenbruch*. Die Vereinigung wird ihnen ein ehrendes Andenken bewahren. – Dem Alterspräsidenten der Vereinigung, *Herrn Jahrreiß*, der einen Ausstellungsband mit eigenen Bildern übersandt hatte, übermittelte die Vereinigung ihre Grüße.

Seit der letzten Jahrestagung sind 12 Kolleginnen und Kollegen neu in die Vereinigung aufgenommen worden. Die Vereinigung zählt nunmehr 346 Mitglieder.

Die nächste Jahrestagung wird vom 5. bis 8. Oktober in Tübingen stattfinden, die folgende voraussichtlich in Hannover.

Die Mitgliederversammlung wählte folgenden neuen Vorstand: *Martin Heckel, Erhard Denninger, Christian Starck*.

Die Vorträge und Diskussionen fanden in einem Hörsaal der Universität statt. Den Vorsitz führte *Hans Zacher*, die Diskussionen leiteten die Vorstandsmitglieder *Christian Tomuschat* und *Martin Kriele*.

Die Mitglieder der Vereinigung und ihre Begleiter erlebten am ersten Abend ein Orgelkonzert im Passauer Dom und waren anschließend Gäste des Universitätspräsidenten. Am zweiten Abend wurden sie durch den Präsidenten des bayerischen Landtags und dem Oberbürgermeister der Stadt Passau im Rathaus empfangen. Am dritten Abend unternahmen sie eine gesellige Dampferfahrt donauabwärts. Der traditionelle Sonnabendausflug führte zu den Innklöstern Vornbach (mit Orgelkonzert) und Reichersberg.

Dem in den Vorstand kooptierten *Herbert Bethge* kam an der Vorbereitung der Tagung und – gemeinsam mit den Ehefrauen der Passauer Kollegen – des Rahmen- und Begleitprogramms großes Verdienst zu.

Erster Beratungsgegenstand:

Die Bedeutung gliedstaatlichen Verfassungsrechts in der Gegenwart

1. Bericht von Prof. Dr. *Wolfgang Graf Vitzthum*, Tübingen

Inhalt

1. Einleitung

1.1. Untersuchungsgegenstand

Jeder Bundesstaat hat und jeder Bundesstaat braucht eine geschriebene Verfassung. Denn es müssen die Kompetenzen zwischen dem Bund und seinen Gliedern gegeneinander abgegrenzt und es müssen die wechselseitigen Garantien festgelegt sein. Die weltweite Verbreitung schriftlicher Verfassungen und der „Siegeszug", den der Föderalismus „in vielen neuen Verfassungen" angetreten hat[1], täuschen nicht darüber hinweg, daß es „den" Bundesstaat nicht gibt. Der Befund ist vielmehr äußerst heterogen. Insofern lädt die Formulierung des Themas zu rechtsvergleichend ausgreifender, perspektivenreicher Betrachtung ein[2].

Die föderale Gestaltung steht indes oft nur „auf dem geduldigen Papier der Verfassung"[3]. Angesichts der Unübersichtlichkeit der Sachlage in vielen Verfassungsstaaten[4] wendet sich der Blick nachfolgend den bekannten, miteinander vergleichbaren Bundesstaaten westlich-demokratischer Prägung zu. Im Mittelpunkt steht das Verfassungsrecht der Bundesrepublik Deutschland[5]. Soweit es mir um diesen Kern geht, verdeutliche ich dies mittels der Begriffe „Länder" und „Landesverfassungsrecht". „Gliedstaaten" bzw. „Gliedstaatsverfas-

---

[1] *Thomas Fleiner-Gerster*, Allgemeine Staatslehre, 1980, S. 183.

[2] Bundesstaaten i.w.S. finden sich in Nord- (USA, Kanada) und Südamerika (Argentinien, Brasilien, Mexiko, Venezuela), in Europa (Bundesrepublik Deutschland, Österreich, Schweiz; UdSSR, Jugoslawien, Tschechoslowakei), in Afrika (Kamerun, Kenia, Nigeria, Südafrika), Asien (Indien, Malaysia; s. auch die arabischen Föderationsversuche) und Australien, wenn auch gelegentlich mehr in der Konzeption und Aspiration als in der Realverfassung. „Föderalismus zu zweit", soweit überhaupt je ernsthaft versucht, dürfte nicht machbar sein (vgl. Belgien, Libanon, Pakistan, Zypern). Den Weg hin zu mehr regionaler (präföderaler?) Selbständigkeit geht man derzeit etwa in Belgien, Frankreich, Italien und Spanien; zu Bundesstaaten, zu einem „Europa der Regionen" gar (s.u. 6.) wären aber noch viele Etappen zurückzulegen.

[3] *Carl Loewenstein*, Verfassungslehre, 1959, S. 323f.

[4] Die Heterogenität (vgl. *Peter Pernthaler*, Allgemeine Staatslehre und Verfassungslehre, 1986, S. 409ff.) beginnt bei der UNO-Mitgliedschaft zweier Republiken der einen Weltmacht im Vergleich zum insoweit minderen Status der „States" der anderen. Aus verfassungsstaatlicher Sicht ist es irrelevant, ob Diktaturen als Bundesstaaten organisiert sind. Auch die Bedeutung des Föderalismus für den Minderheitenschutz geht in der Realität nur so weit, wie es „die" Partei oder „der" dominierende Volksteil zuläßt. Das periodische Aufbegehren etwa einiger nichtrussischer Völker belegt das Verfehlen eines „ethnischen Föderalismus" im Vielvölkerstaat UdSSR. Mißlingt der Schutz von Minderheiten, kann es zu Abspaltungen kommen, wie im Falle Singapurs.

[5] Textausgabe (und Einführung durch *Christian Pestalozza*): Verfassungen der deutschen Bundesländer, 2. Aufl. 1981.

sungsrecht" stehen für die allgemeinere – auch verfassungsvergleichende – Thematik.

Über die bloße Binnensicht im jeweils betroffenen Bundesstaat hinaus haben der Föderalismus und mit ihm die Denkformen, die die Verfassungsvergleichung und die klassische Staatslehre dazu entwickelt haben, wegen des europäischen Einigungswerkes eine neue Perspektive gewonnen. Um sie in dieser Ausdehnung zu begreifen, muß man sich die Abhängigkeit zweier staatsrechtlicher Größen voneinander klar machen: die geographische Ausdehnung des zu ordnenden Raumes auf der einen und die Intensität der geschaffenen Ordnung auf der anderen Seite. *Kant* bringt dies auf die Formel: „... daß die Gesetze mit dem vergrößten Umfange der Regierung immer mehr an ihrem Nachdruck einbüßen"[6]. Sie büßen ebenso ein an ihrer Nähe zum Betroffenen und damit an ihrer eigentlichen Zweckmäßigkeit und an der Folgebereitschaft, die ihnen entgegengebracht wird[7].

Es bilden sich nun heute über die staatlich organisierbaren Räume hinaus Ordnungsbedürfnisse, innerhalb derer der Verlust an „Nachdruck" eine Staatlichkeit nicht mehr gestattet. Aufgabe der Staatslehre wie des Staatsrechts ist es, Formen zu entwickeln, die dieser überstaatlichen Bedingtheit des Staates – dieser „Hereinnahme fremder Lebensrechte in den eigenen Verantwortungsbereich" *(von Simson)* – gerecht werden. Das gliedstaatliche Verfassungsdenken muß diese Dimension mit in Betracht ziehen.

1.2. Bedeutungsfrage und Gang der Untersuchung

Welche Bedeutung vermag in diesem Koordinatensystem gliedstaatliches Verfassungsrecht gegenwärtig zu entfalten? Was kann „Bedeutung" von Gliedstaatsverfassungsrecht heute meinen? Unter der Überschrift „Vom Lebenswert der Bayerischen Verfassung" hat unser Vorsitzender[8] diese Frage kürzlich wie folgt paraphrasiert: Was bedeutet die Verfassung „dafür, wie es sich in Bayern lebt?" Wie steht es mit den „Wechselwirkungen zwischen dem politischen Leben *im* Lande

[6] Zum Ewigen Frieden, 2. Abschn., erster Zusatz, 2.

[7] Die föderale Gestaltung nimmt Rücksicht auf diese Zusammenhänge und Funktionen. Wo es mit dem Ordnungsbedürfnis des verfaßten Raumes vereinbar ist, läßt sie die kleinere Einheit das Sagen haben. Individuelle Unterschiede können berücksichtigt, regionale Loyalitäten haltgebend in Anspruch genommen werden. Wo der Ordnungsraum eine Einheitlichkeit verlangt, die solches nicht gestattet, muß das Opfer des „Nachdruckes" in Kauf genommen werden. Hierzu und zum Folgenden *Werner von Simson*, Der Staat als Erlebnis, JöR NF 32 (1983), S. 31ff.

[8] *Hans Zacher*, Vom Lebenswert der Bayerischen Verfassung, in: Festschrift für Spindler, 1984, S. 486 bzw. 506.

und seiner Verfassung"? Orientieren wir uns an dieser Vorgabe, so meint „Bedeutung": praktische Wichtigkeit[9].

Die Themenfrage bezieht damit die Staatspraxis[10], die „gelebte Verfassung" mit ein. Insofern ist auch Unwägbares zu untersuchen: Geschichtliches, Gesellschaftliches, Gefühlsmäßiges. Das Thema zielt somit auf Aspekte, denen sich die Staatsrechtslehre zunächst mit *Haenel,* in voller Breite dann mit *Triepel, Smend* und *Heller* geöffnet hat[11]. Anders als für manche in Weimar ist die Bedeutungsfrage heute selbst für den staatsrechtlichen Positivisten legitim.

Worüber aber sagt das Verfassungsrecht von Gliedstaaten etwas aus? Wofür besitzt es Ausstrahlungs-, gar Steuerungskraft? Die einleitende begriffliche und geschichtliche Skizze (unten 2.) wird sogleich verdeutlichen, daß unser Thema zentrale Aspekte heutiger Bundes- und Verfassungsstaatlichkeit anschneidet: die Staatlichkeit und Verfassungsautonomie der Gliedstaaten (unten 3.), das Verhältnis von gliedstaatlichem zu gesamtstaatlichem Verfassungsrecht (unten 4.), die Gliedstaatenkooperation (unten 5.) sowie „Europa" (unten 6.).

---

[9] – i.S.v. Wirk- und Aussagekraft, Signifikanz, Maßgeblichkeit. Es geht um Einfluß und Beeinflussung im Verfassungsstaat, um die „normative Kraft der Verfassung" *(Konrad Hesse),* um „die Relevanz der Bayerischen Verfassung für das, was in Bayern geschieht", *Zacher,* ebd., S. 491.

[10] Auf den ersten Blick findet sich hierzu wenig Handgreifliches. Als materiale Ordnung spielt das Landesverfassungsrecht – so hört man aus den Amtsstuben – praktisch kaum eine Rolle; jedenfalls nicht in dem Sinne, daß es hier, wie gelegentlich beim Organisationsrecht, Konflikte gibt. Das Landesverfassungsrecht gilt „sozusagen unbemerkt" (*Kurt Eichenberger,* Von der Bedeutung und von den Hauptfunktionen der Kantonsverfassung, in: Festschrift für Hans Huber, 1981, S. 155f.). Es wird zudem verdrängt durch eine faktische Harmonisierung der Verfassungsstrukturen, die sich auch in der Dominanz der am Grundgesetz orientierten Problemstellungen und Lehrmeinungen niederschlägt. Das an sich weitmaschige Homogenitätsgebot sieht sich stärker realisiert als den Verfassungsvätern vor Augen stand; weit stärker auch, als der seit Mitte der 70er Jahre aufkommenden „Gegentendenz der Dezentralisierung" (*Ernst-Hasso Ritter,* Aus der Länderperspektive: Politik der örtlichen Nähe, in: *Joachim Jens Hesse* [Hrsg.], Erneuerung der Politik „von unten"?, 1986, S. 213, 218) entspräche: „Die Aufgaben werden . . . kleinteiliger, die Bedingungen der Aufgabenerledigung diffiziler. Das bedeutet für die Politik, daß sie die örtliche Nähe suchen muß" (ebd., S. 221). Vgl. auch *Alexander Roßnagels* (Demokratische Kontrolle großtechnischer Anlagen durch Verwaltungsreferendum, KritV 1986, S. 343 [362ff.]) Überlegungen zur „relevanten Entscheidungseinheit" im Bereich der Großtechnik („in den meisten Fällen wäre dies die abstimmungsberechtigte Bevölkerung eines Bundeslandes").

[11] Vgl. u.a. *Stephan Graf Vitzthum,* Linksliberale Politik und materiale Staatsrechtslehre: Albert Hänel 1833–1918, 1971, S. 111ff., 187ff.; *Klaus Rennert,* Die „geisteswissenschaftliche Richtung" in der Staatsrechtslehre der Weimarer Republik, 1987, S. 22ff.

2. Begriffliches und Geschichtliches

2.1. Begriffliches

2.1.1. Gliedstaatliches und gesamtstaatliches Verfassungsrecht

Gliedstaatliches Verfassungsrecht ist zunächst die Summe der formellen Verfassungsnormen der Glieder eines Bundesstaates. Insoweit findet es sich in ihren Verfassungsurkunden, ist es vor Änderungen durch einfache Mehrheit geschützt. In den Themenrahmen gehört sodann das „nur-materielle" Verfassungsrecht. Bezüglich dieser Materien gibt es keine buchenswerte Besonderheit im Vergleich zum gesamtstaatlichen Verfassungsrecht.

Nicht hinreichend ausgelotet ist bisher die Frage, inwieweit auch Normen der Bundesverfassung zum Verfassungsrecht der Gliedstaaten gehören[12]. Nach Auffassung des Bundesverfassungsgerichts wirkt eine Norm wie Art. 21 GG „in die Landesverfassungen unmittelbar verpflichtend hinein"[13], konstituiert sie insoweit mit. Als einen der „seltenen Fälle" dieser Ingerenz benennt das Gericht, das sonst die „Verfassungsräume von Bund und Ländern" strikt trennt[14], auch die Freiheit des Rundfunks[15]. In anderem Zusammenhang werden derartige Vorschriften als „ungeschriebene Bestandteile . . . der Landesverfassungen" qualifiziert[16]. Tritt man diesen Entscheidungen näher, so entwickeln sie – wie nun auch *Rolf Grawert* darlegt[17] – trotz unsicherer Terminologie *nicht* die zentralistische Figur von aus dem Grundgesetz abgeleitetem Landesverfassungsrecht. Derivatives Landesverfassungsrecht i.d.S. umginge Art. 28 Abs. 1 GG.

Auf einem anderen Blatt steht die externe Einwirkung des GG auf die Landesverfassungen als zu lebende Verfassungen, stehen vor allem die bundesverfassungsrechtlichen Durchgriffsnormen (u.a. Art. 1 Abs. 3, 20 Abs. 2 und 3, 21, 26, 28 Abs. 2, 33, 34 GG). Selbst über seine Garantenstellung aus Art. 28 Abs. 3 GG kann der Bund von den Ländern indes nicht die Übernahme der eigenen Regeln im homogenitätsrelevanten Bereich verlangen – ein Problem ist allerdings Art. 20 Abs. 3 GG –, geschweige denn mit ihnen unmittelbar eintreten.

---

[12] Hierzu und zum Folgenden *Herbert Bethge*, Die Grundrechtssicherung im föderativen Bereich, AöR 110 (1985), S. 169 (196f.).

[13] BVerfGE 13, 54, 79f.; vgl. bereits BVerfGE 1, 208, 232f.

[14] Vgl. auch BVerfGE 27, 44, 55; 60, 175, 207ff.; zur Kompetenzverteilung zwischen Bund und Ländern im übrigen BVerfGE 61, 149 (205f.).

[15] BVerfGE 60, 175, 209.

[16] BVerfGE 13, 54, 80. Vgl. auch E 1, 208, 227, 232; 6, 367 (375) u.ö. für Art. 21 GG.

[17] Die Bedeutung gliedstaatlichen Verfassungsrechts in der Gegenwart, NJW 1987, S. 2329, 2331 (S. 2329 der treffende Begriff der „polyzentralen Gesamtrechtsordnung").

Umgekehrt hat das Landesverfassungsrecht – worauf etwa *Rainer Wahl* kürzlich hinwies[18] – eine „Komplementärfunktion zum Grundgesetz". Das Verfassungsrecht des Bundes ist seinerseits (als praktische Voraussetzung) auf das der Länder bezogen; teilweise verweist es auf dieses (mittelbar z.B. in Art. 51 Abs. 1 GG), teilweise spart es ganze Regelungskomplexe aus.

Weiter geht die wechselseitige Ergänzung und Abhängigkeit[19] indes nicht; Ingerenz ja, aber Ingerenz setzt getrennte Rechtskreise voraus.

Falsch (i.S.e. Systematik) ist das Gleichsetzen von „Verfassungsrecht der Bundesrepublik Deutschland" und „Grundgesetz". Verfassungsrecht im Verfassungs- und Bundesstaat ist Recht und Aufgabe des Bundes *und* der Länder[20]. Die Verfassungen von Bund und Ländern sind die normativen Grundordnungen der föderal zusammengeordneten, in ihrem Wirken untereinander und mit dem Bund verschränkten Glieder eines Bundesstaates auf der einen Seite und die umfassendere, ebenfalls föderal zurückgebundene[21] Grundordnung des Gesamtstaates (also des Bundes) auf der anderen. Jede der beiden Seiten setzt die andere voraus. Erst die Summe von Bundes- und Landesverfassungsrecht bildet die „Rechtsgrundlage der heutigen Verfassungszustände"[22].

Der Bundesstaat des Grundgesetzes kennt nur Bundes- und Landesverfassungsrecht. Verfassungsrecht einer 3. Ebene gibt es nicht, ungeachtet des Umtandes, daß durch Vertragsschluß zwischen Ländern oder zwischen Bund und Ländern eine 3. vertragliche Rechtsebene be-

---

[18] Grundrechte und Staatszielbestimmungen im Bundesstaat, AöR 112 (1987), S. 26; vgl. auch *Grawert*, Fn. 17, S. 2337.

[19] „Die verschiedenen Verfassungsschichten machen zusammen den konkreten gliedstaatlichen Verfassungsstatus im Bundesgefüge aus", *Grawert*, ebd., S. 2331; „‚vollständig' sind erst Bundesverfassung und Landesverfassung zusammen", *Wahl*, Fn. 18, S. 31.

[20] Vgl. *Eichenberger*, Fn. 10, S. 164, 169; *Wahl*, Fn. 18, S. 33: „die ‚Gesamtverfassung' des Bundesstaates besteht aus Bundes- und Landesverfassungen zusammen."

[21] Die Zielsetzung des Verfassungsrechts der Gliedstaaten ist notwendigerweise begrenzt. Schwerpunktmäßig geht es um Konstitutierung, Legitimierung und Limitierung der Landesstaatsgewalt. Der Verfassungsgeber ist eben auch durch seine Verbandskompetenz bestimmt. Versuche, das Landesverfassungsrecht etwa von der Begrenzung der Art. 70ff. GG freizustellen (vgl. *Henning von Olshausen*, Landesverfassungsbeschwerde und Bundesrecht, 1980, S. 156ff.), müssen scheitern. Die Form des Verfassungsrechts bietet „keine Handhabe, eine fehlende Sachkompetenz zu überspielen" (*Michael Sachs*, Die Bedeutung gliedstaatlichen Verfassungsrechts in der Gegenwart, DVBl. 1987, S. 857ff. [863]).

[22] *Hans Nawiasky*, Bayerisches Verfassungsrecht, 1923, S. 67. Zugespitzt ebd.: „die Rechtsgrundlage des Reichs (kann) nicht nur in der Reichsverfassung als solcher gefunden werden", vielmehr stehen „neben ihr rechtlich gleichwertig die Landesverfassungen".

gründet sein könnte. Freilich lassen sich im Wege landesverfassungsrechtlicher oder innerbundesstaatlicher Rechtsvergleichung Kongruenzen und Divergenzen feststellen, die für die Verfassungsinterpretation – sei es auf Bundes-, sei es auf Landesebene – sowie für die Verfassungspolitik von Belang sind.

In dieser (eingeschränkten) Funktion ist „gemeindeutsches“[23] oder „gemeingliedstaatliches“ Verfassungsrecht eine Banalität, keine Novität[24].

Schon nach Auflösung des Heiligen Römischen Reiches Deutscher Nation hatte ein Allgemeines (deutsches) Staatsrecht den wissenschaftlichen und integrationspolitischen Rahmen des Rechts der Territorialstaaten und ihrer Verfassungspolitik gebildet[25]. Sein Geltungsgrund und -rang, seine Herleitung, ja selbst seine Qualität als Recht blieben stets umstritten[26].

---

[23] Vor prononcierter Verwendung des Begriffs (vgl. aber *Peter Häberle*, Neuere Verfassungen und Verfassungsvorhaben in der Schweiz, insbesondere auf kantonaler Ebene, JöR NF 34 [1985], S. 303ff.) sei bereits mit einem Zitat aus dem ZDF-Urteil des BVerwG (DVBl. 1966, S. 566, 570f.) gewarnt: „Gemeines oder allgemeines Recht, das weder Bundesrecht noch Landesrecht ist, ist weder dem Grundgesetz noch sonstigem Bundesrecht bekannt“. Neue, den Realbefund normativ überhöhende Schranken i.S.e. Aufrechterhaltung oder gar eines Ausbaus verfassungsrechtlich notwendigerweise „gemeindeutschen“ Verfassungsrechts lassen sich auch dem „gemein*gliedstaatlichen*“ Verfassungsrecht nicht entnehmen. Diese Rechtsfigur lebt im wesentlichen aus einer freiwilligen Selbstkoordinierung der Gliedstaatsverfassungen.

[24] Natürlich gibt es „gemeinsames Gliedstaatsrecht“, d.h. Recht der Länder, das gleichlautende Regelungen beinhaltet. – Auf der Ebene des *einfachen* Rechts etwa bestehen seit jeher Kongruenzen bei Materien, die den Ländern in eigener Zuständigkeit zustehen. Dies gilt z.B. im Parlamentsrecht, wo sich aufgrund jahrzehntelanger, gleichlaufender Praxis und „von einander abgeschriebener“ Vorschriften ein breiter Bestand an Gemeinsamkeiten herausgebildet hat. (Teil-)Kongruent normierte Materien finden sich auch in Bereichen, die der Gesetzgebungskompetenz der Länder unterliegen, vor 1949 aber einheitlich geregelt waren, oder die nach 1933 durch Ausdehnung der Geltung preußischer Vorschriften konformiert wurden. Dieses Recht ist demnach, von seinen Quellen her beurteilt, größtenteils nur *tatsächlich* „gemeindeutsch“. – Auf *Verfassungs*ebene ist das bekanntlich nicht anders.

[25] Zum Ganzen *Manfred Friedrich*, Die Erarbeitung eines allgemeinen deutschen Staatsrechts seit der Mitte des 18. Jahrhunderts, JöR NF 34 (1985), S. 1ff. Das partikulare Landesstaatsrecht, im wesentlichen in drei Wellen kodifiziert, bildete den Steinbruch, aus welchem sich das allgemeine deutsche Staatsrecht nach vernunftrechtlichen Grundsätzen bediente. Letzteres wandelte sich zum allgemeinen *konstitutionellen* Staatsrecht, indem es westeuropäisches Gedankengut (etwa *Montesquieu* oder *Constant*) aufnahm und in die eigene politische Tradition und Bedürfnislage einpaßte.

[26] Vgl. *Friedrich*, ebd., S. 11, 18, 21, 28, 31. – Ein allgemeines deutsches Staatsrecht konnte es seit der aRV nicht mehr geben. Einzelne Elemente aber bestehen fort. Soweit die Bildung staatsrechtlicher Allgemeinbegriffe das Anliegen war, wurde jenes Recht unter der Chiffre „allgemeine Rechtsgrundsätze“

Bereits im Jahre 1844 hatte – in noch für die heutige Diskussion gültiger Weise[27] – *Carl Gustav von Wächter* die Frage verneint, ob denn aus der „Combination" von Partikularrecht „ein gemeinsames positives Recht Deutschlands hervorgehen" könne; in jedem einzelnen Staate werde, betonte er[28], „nur der Beitrag gelten, den sein Particularrecht zur Combination lieferte, und nur weil, wie und sofern er wirklich in seinem Particularrechte enthalten ist, also nur gelten als Theil des in jene allgemeine Theorie mit verflüchtigten Particularrechts"[29].

2.1.2. Bundesstaat

In normativer Hinsicht liegt ein Bundesstaat nur vor, wenn die Staatsgewalt der zusammengeordneten Existenzen originär und mit substantiellen Kompetenzen ausgestattet ist (s. unten 3.). Dabei ist ein wesentlicher Aufgabenbestand zu eigenständiger Bewältigung samt der dazu gehörenden finanziellen Unabhängigkeit für die politische

---

in die Darstellung des positiven Staatsrechts übernommen. Soweit es die Wissenschaft vom Werden und Wesen des Staates sein wollte, fand es sich in der Allgemeinen Staatslehre wieder. Die Darstellung der Faktoren der Rechtsentstehung und -fortbildung schließlich wurde in die Rechts- und Verfassungsgeschichte integriert.

[27] *Häberles* Vorstellungen bleiben seltsam schillernd. Einerseits soll „gemeindeutsches Verfassungsrecht" der „Wissenschaft von der Verfassungspolitik" dienen (o. Fn. 23, S. 308), soll ihm eine „anthropologisch begründete rechtliche Basis des Verfassungsstaates" eignen (ebd., S. 343) – was auf einen nicht-normativen Ansatz hinwiese –; andererseits handele es sich um Recht i.e.S., das freilich nur subsidär gelten soll (ebd., S. 345). Letzteres verträgt sich nicht mit der Forderung (Kommentierte Verfassungsrechtsprechung, 1979, S. 200ff.), „gemeindeutsches Verfassungsrecht" auch contra constitutionem anzuerkennen und neben Art. 28 Abs. 1 GG zuzulassen.

[28] Gemeines Recht Deutschlands, insbesondere Gemeines Deutsches Strafrecht, 1844, S. 251.

[29] „Gemeindeutsches Verfassungsrecht" gewinnt heute am ehesten Bedeutung im Rahmen der (komparativen) Verfassungsauslegung. So läßt sich etwa untersuchen, was die Länder aus einem *gleichlautenden* Begriff (z.B. Gebühr, kommunale Selbstverwaltung, Gesetz, Verantwortlichkeit) gemacht haben. Landesverfassungen mögen das plastischer, sprachmächtiger ausdrücken, was auch die häufig knappere, abstrakte Bundesverfassung „meint". Bei der Auslegung von gleichlautenden Begriffen kann zunächst einmal vom gleichen Bedeutungsinhalt ausgegangen werden. Was Landesverfassungen zu derartigen „gemeinsamen" Begriffen sagen, ist für die Bundesverfassung nicht belanglos (wenn auch nicht bindend). Die Landesverfassungen bieten soz. gemeinsames juristisches Ideengut, Abwägungsmaterial. – So ist es etwa unzulässig, bei Auslegung der vagen Bundesverfassung die ausdrückliche Bestimmung einer Landesverfassung unvermittelt in diese hineinzudeuten (vgl. bereits *Richard Thoma*, in: *Gerhard Anschütz/Richard Thoma* [Hrsg.], Handbuch des Deutschen Staatsrechts, Bd. I, 1930, S. 194 Anm. 10).

Statur und den verfassungsrechtlichen Status der Bundesglieder wichtiger als die Ursprünglichkeit ihrer Staatsgewalt[30].

Aus soziologischer Sicht ist der Bundesstaat ein Gemeinwesen mit „doppelten Entscheidungszentren"[31].

Im übrigen kann der Bundesstaat einen doppelten Funktionssinn besitzen:

- einen bündischen, gerichtet auf Sicherung der weitestgehenden Eigenständigkeit der Glieder um ihrer selbst willen (bei zentraler Verantwortung insbesondere der allgemein bedeutsamen Schutzfunktionen); sowie
- einen „unitarischen", stärker orientiert an der Leistung für die gesamtstaatliche – demokratische, rechts- und sozialstaatliche – Ordnung.

Der ersten (primär „territorialen", individualitätswahrenden, identifikationsermöglichenden) Bedeutung korrespondiert die Einheitsbildung auf Landesebene „um der Länder willen". Der zweiten entspricht die Integration von den Ländern aus – so etwa die Vorstellung *Rudolf Smends* – auf den Gesamtstaat hin; für *Carl Schmitt* gab es dagegen – „unitarische Konsequenz der Demokratie" – nur ein einziges Volk, nur *eine* politische Einheit[32].

---

[30] Auch wenn es angesichts der Fülle der Erscheinungsformen keinen überzeugenden allgemeinen Föderalismusbegriff gibt (vgl. *Pernthaler*, Fn. 4, S. 409ff., 419ff.), gilt doch generell, daß die auf Dauer einander zugeordneten politischen Einheiten („dual form of government") nicht in einem *prinzipiellen* Über- oder Unterordnungsverhältnis zueinander stehen: Gleichordnung bei eigenständiger, Unterordnung bei fremdbestimmter Staatstätigkeit. – Innerhalb ihres Bereichs sind Gesamtstaat und Glieder grundsätzlich voneinander unabhängig, wenn auch zu wechselseitiger Loyalität (und u.U. zu Gehorsam) verpflichtet. Sie sind einander koordiniert, gemeinsamen Zielen und Werten verbunden. Erforderlich ist damit neben einem „Minimum an Homogenität" – homogenitätssichernde Klauseln oder Verfahren sind geradezu typusbestimmend – generell eine Instanz (Bundesrat, Staatsgerichtshof o.ä.), die über die Wahrung der dem Bundesstaat als duplex regimen eigentümlichen Zweiteilung wacht. Hinzu kommt die Schriftlichkeit der Verfassungen.

[31] Die föderale Gestaltung hat sich insgesamt, zumal in Deutschland, als anpassungs- und leistungsfähig erwiesen. Aus politikwissenschaftlicher Sicht dazu jetzt pointiert *Josef Schmid*, Wo schnappt die Politikverflechtungsfalle eigentlich zu? PVS 28 (1987), S. 446ff. Vgl. auch *Pernthaler*, Fn. 4, S. 414ff.

[32] *Rudolf Smend*, Verfassung und Verfassungsrecht, 1928, in: *ders.*, Staatsrechtliche Abhandlungen, 1955, S. 119ff. (S. 226: „der Einzelstaat als die notwendige Integrationshilfe des Reiches"); *Carl Schmitt*, Verfassungslehre, 1928, S. 390 (jedenfalls „bei Bundesstaaten ohne bündische Grundlage").

2.1.3. Geteilte Souveränität im Bundesstaat?

Die Frage nach dem Sitz der Souveränität im Bundesstaat zerfällt in zwei Teilfragen:

- Welcher Staat im Bundesstaat ist (ggfs. welche Staaten sind) souverän (soz. Frage nach der „Verbandssouveränität");
- welches Organ, wer also im (jeweiligen) Staat (Volk, Parlament usw.) ist souverän („Organsouveränität")?

Carl Schmitts „Verfassungslehre des Bundes"[33] schien das Entweder-Oder-Schema der Souveränitätsteilungstheorien mit der Formel aufgehoben zu haben, es gehöre „zum Wesen des Bundes, daß die Frage der Souveränität zwischen Bund und Gliedstaaten immer offen bleibt, so lange der Bund als solcher neben den Gliedstaaten als solchen existiert."[34] Im (föderalen) Verfassungsstaat deutscher Tradition war indes nie Platz für den Begriff der staatlichen Souveränität. Natürlich besitzt der Gesamtstaat, solange ihm das nicht erfolgreich bestritten wird, diese Qualität. Aber *verfügen* konnte und kann er bei aller Ursprünglichkeit und Ursprünglichkeit der Bundesgewalt nicht ohne Zustimmung der Gliedstaaten[35].

Demgegenüber versucht etwa *Thomas Fleiner*[36], die Lehren von *Tocqueville* und *Calhoun*, von *Waitz*, *v. Seydel* oder auch die aus

---

[33] Ebd., S. 363ff.

[34] Ebd., S. 373. Vgl. auch *Helmut Quaritsch*, Staat und Souveränität, Bd. I, 1970, S. 407ff.

[35] Insofern ist der Souveränitätsbegriff bezüglich des deutschen Bundesstaates eine leere Hülse – in *dieser* Hinsicht traf die These vom „Offenbleiben" der Souveränitätsfrage den Kern: Souveränität existiert nur bei und im Zusammentreten von mehreren Organen oder „Ebenen", von denen einzelne in der Willensbildung von anderen abhängen; eine Wirkungseinheit, die von einer anderen abhängig ist, als souverän zu bezeichnen, ist zumindest äußerst formal.

[36] Fn. 1, S. 183f., 188ff. *Bodin* hielt die einzelnen Schweizer Kantone für souverän, in Deutschland aber weder den Kaiser noch die Fürsten noch die Reichsstädte. Vgl. im übrigen *Georg Waitz*, Grundzüge der Politik, 1862, S. 153ff. – Siehe demgegenüber etwa *Luzius Wildhaber*, Treaty-Making Power and Constitution, 1971, S. 254ff.; *Gerhard Schmid*, Souveränität, Staatlichkeit und Identität der Kantone, Schweiz. Zentralbl. für Staats- und Gemeindeverwaltung 85 (1984), S. 104ff.; *Pernthaler*, Fn. 4, S. 420ff. – Auf einem anderen Blatt steht die aktuell in den USA behandelte Frage, ob es einen „Wesensgehalt" gliedstaatlicher „Souveränität" gibt. Hinter der „prozessualen" Deutung der „föderalen Wesensgehaltsgarantie" steht die These, daß in den Fällen, in denen eine ausreichende Sicherung gliedstaatlicher Substanz über den politischen Prozeß (Senat) wahrscheinlich ist, eine verfassungsgerichtliche Kontrolle inhaltlicher Art entbehrlich ist. Vgl. einerseits *National League of Cities v. Usery*, 426 U.S. 833 (1976) und *Garcia v. San Antonio Metropolitan Transit Authority*, 105 S.Ct. 1005 (1985) andererseits. Das Interesse am US-Gliedstaatsverfassungsrecht – vgl. Themenheft Texas Law Review 63 (1985), Nos. 6 & 7; *Bradley D. McGraw* (ed.), Developments in State Constitutional Law, 1985 – wird nun vor allem

Quebec zu reanimieren, nach denen die Souveränität bei Bund *und* Gliedstaaten liegt, nach denen im Bundesstaat also sowohl der „Zentralstaat" als auch (oder gar ausschließlich) die *Gliedstaaten „souverän"* sind. Art. 1, 3 und 5 der Bundesverfassung der Schweizerischen Eidgenossenschaft von 1874 (BV) sowie Art. 1 Abs. 1 der Verfassung des Kantons Freiburg von 1857 („Etat souverain") bilden ehrwürdige Textstützen für die Lehre von der zweifachen Souveränität im Bundesstaat. Auch bei uns spricht man mittlerweile vom angeblichen „Hauptanliegen des Bundesstaats: Herstellung einer geteilten und zugleich gestuften Souveränität"[37].

Für die h.L. (kontinentale absolutistische Tradition) ist Souveränität i.S.v. suprema potestas demgegenüber unteilbar: Staatssouveränität als *einheitliche* oberste Gewalt. Das Beispiel USA bestätigt diese Regel. Unter dem Banner der „souveränen Rechte der ‚States'", die sie als die eigentlichen, ja als die exklusiven Träger der Souveränität ansahen, versuchten die Konföderierten zwar die Sezession; aber selbst wenn die Souveränitätsfrage mittels der „Staatenrechts-" oder „Verfassungsvertragstheorie" bis dahin „offen" gewesen sein sollte – – auf den Schlachtfeldern des Bürgerkriegs wurde sie zu Gunsten der „nationalen Souveränität in scharfem Gegensatz zur Staatensouveränität"[38] entschieden.

Fleiners Freiburger Föderalismuslehre spricht zudem, wenn ich sie richtig verstehe, primär nicht von Souveränität des Staates (vornehm-

---

unter dem Stichwort „Federalism after Garcia" diskutiert: „One of the positive effects of *Garcia* was to put to rest the old ideas of state sovereignty", *Adrzej Rapaczynski,* From Sovereignty to Process – The Jurisprudence of Federalism after Garcia, Supreme Court Rev. 1985, S. 414ff. (419).

[37] *Friedhelm Hufen* (unter Berufung auf *Hans-Peter Schneider*), Die Bedeutung gliedstaatlichen Verfassungsrechts in der Gegenwart, BayVBl. 1987, S. 513 [516f.]). Vgl. auch *Friedrich-Wilhelm von Sell,* Kooperativer Rundfunkföderalismus in der Bewährungsprobe, in: Festschrift für Hübner, 1984, S. 765ff. (769): einzelne Bundesländer zielten auf „einen Rückgewinn an Souveränität". Für den deutschen Bundesstaat stellt sich die Souveränitätsfrage in Wirklichkeit nicht. Der Streit ist erledigt. Heute geht es um die Staatlichkeit der Gliedstaaten – Souveränität ist dafür „kein wesentliches Merkmal" *(Jellinek)* –, um ihr „Hausgut" und ihre Verfassungsautonomie (s.u. 3.); vgl. BVerfGE 34, 9 (19). Das Verfassungsrecht der Bundesländer – sie tragen (vgl. Art. 29 GG) nicht „die Entscheidung über die Frage der eigenen Existenz" (*Schmitt's* Definition der Souveränität, vgl. Fn. 32, S. 364) – ist nicht die Grundordnung *souveräner* Staaten.

[38] *Heinrich Triepel,* Die Hegemonie, 2. Aufl. 1944, S. 166ff. – Noch zu Beginn dieses Jahrhunderts (1907, in: Kansas v. Colorado, 206 U.S. 46) definierte sich Colorado als „a sovereign and independent State", und wollte Völkerrecht auf sich angewandt sehen (vgl. auch Bestimmungen in einigen US-Gliedstaatsverfassungen, z.B. Virginia, Texas). *Calhouns* und Colorados Souveränitätsbehauptungen setzten sich indes nicht durch, vgl. *Walter Mallmann,* Wörterbuch des Völkerrechts, Bd. III, 1962, S. 642f., 649.

lich geht es wohl um Volkssouveränität; sie hat einen helvetisch-direktdemokratischen Akzent. Sie geht vom Vorliegen vielfacher „demokratischer Volksentscheidungen" aus[39]. Allein, was hält man in Bern von ihr? Als actus contrarius zum Beitrittsrecht wäre ein Sezessionsrecht doch wohl die Konsequenz kantonaler Souveränität.

Für die Verhältnisse im deutschen Staat den abgründigen Souveränitätstopos zu bemühen, wie es etwa *Hans-Peter Schneider* und *Friedhelm Hufen*[40] tun, leuchtet erst recht nicht ein. Von (west-)deutscher Souveränität konnte jedenfalls vor Inkrafttreten der Pariser Verträge nicht die Rede sein. Mindestens bis zum 5. Mai 1955 12 Uhr MEZ brach Besatzungsrecht glied- und gesamtstaatliches Verfassungsrecht, war die Bundesrepublik Deutschland ein Staat ohne Souveränität; noch heute gibt es Deutschland als Ganzes überwölbende Rechte der Alliierten.

2.2. *Geschichtliches*

2.2.1. *Alte und neue Länder*

Die Staatlichkeit der Gliedstaaten bildete, konzentriert man sich auf Deutschland, den Ausgangspunkt bündischer Einheitsbildung im 19. Jahrhundert[41]. Die politischen Einheiten, die sich im Norddeutschen Bund und dann im Deutschen Reich zusammenschlossen, besaßen durchweg historisches und verfassungsrechtliches Profil. Von den Verfassungen von 1867/1871 wurden ihnen in ihrer konstitutionellen Gestaltung keine Zügel angelegt. Allerdings bestand kein Zweifel daran, daß es sich – abgesehen von Eigenheiten der Hansestädte und der beiden Mecklenburg – um einen Bund von Monarchien handelte; Preußen *mußte* Monarchie sein, um dem Reich den Kaiser zu stellen.

Die alten Länder, durch den Nazi-Zentralismus (Neuaufbau-Gesetz vom 30. Januar 1934) beseitigt (die Landesregierungen wurden der Rechts- und Fachaufsicht der Reichsexekutive unterstellt), erwiesen ihr Beharrungsvermögen daran, daß sie den 8. Mai 1945 in ihrem ursprünglichen formalen Bestand überdauerten. Gewiß, Preußen wurde aufgelöst; aber schon 1946, noch vor Annahme der ersten Landesver-

[39] Fn. 1, S. 190; ebd. wird auch davon ausgegangen, „daß die Volkssouveränität der Gliedstaaten ursprünglich" sei. Beim Staat der Eidgenossen mag beides vorliegen, wenn auch die Bundes-Gewährleistungsbestimmung des Art. 6 BV nicht gerade ein Atout kantonaler Souveränität ist.

[40] Fn. 37.

[41] Zu spezifisch deutschen, historisch sehr früh angelegten Schwierigkeiten beim (verspäteten, innerlich amorphen) „Nationwerden", insbesondere zur verfrühten Verschränkung mit einer universalen (römisch-christlichen) Idee *Erich von Kahler*, Verantwortung des Geistes, 1952, S. 92ff., 101.

fassung, wurden neue „Länder des Bundes“ gebildet – dies alles, die Bekräftigung des föderalen Gefüges, die Gründung der Länder und die Verfassungsgebung selbst unter nachdrücklicher Geburtshilfe der Besatzungsmächte[42]. Das Grundgesetz ging 1949 dann von den Ländern und ihrer staatlichen Existenz aus. Diese wiederum nahmen das Grundgesetz an (Art. 144 Abs. 1 GG); nur der genius loci war dem Vorhaben nicht gewogen.

2.2.2. Vorreiter- und Ergänzungsfunktion der Gliedstaatsverfassungen

Schon im 19. Jahrhundert waren die Grundordnungen der Einzelstaaten Vorreiter auf dem Wege zum Verfassungsstaat. Für die gesamtstaatliche Verfassung besaßen sie zudem Ergänzungsfunktion. Die „landständischen Verfassungen“ (Art. 13 DBA 1815) gestalteten sich nach und nach als grundrechtssichernde Vollverfassungen (Bayern und Baden 1818, Württemberg 1819 usw.)[43]. Umgekehrt boten die Grundrechte der Paulskirche Anregung für das preußische „Staatsgrundgesetz“ (von 1848); Preußen erlangte dann insofern eine besondere Stellung, als seine Einrichtungen und Rechtsvorschriften teilweise für das Reich in Funktion genommen wurden.

Einer Proklamation von Grundrechten (nach damaliger Sicht ohnehin – mit Ausnahme des gemeinsamen Indigenats des Art. 3 aRV – vor allem gegen die Exekutive gerichtet) auf der Ebene des Reiches bedurfte es 1871 aus praktischen Erwägungen nicht. Die Ausführung der Gesetze lag im wesentlichen bei den Bundesstaaten; sie war damit an die in den Gliedstaatsverfassungen enthaltenen Grundrechte gebunden[44]. Ein unitarisierender Reichs-Grundrechtskatalog hätte zu-

---

[42] Zusammenfassend *Fritz Hartung*, Deutsche Verfassungsgeschichte, 9. Aufl. 1969, S. 358ff.

[43] Gleiches galt von den meisten Verfassungen, die im Zusammenhang mit dem gescheiterten bürgerlichen Reichsgründungsversuch von 1848/49 in den Einzelstaaten erlassen wurden (Texte in: Handbuch der Deutschen Verfassungen, bearb. und hrsg. von *Felix Stoerk/Friedrich Wilhelm von Rauchhaupt*, 2. Aufl. 1913). Auch sie wiesen i.a., wie fast ein Jahrhundert zuvor bereits die neuenglischen Verfassungsgesetze (insbesondere die „Bill of Rights“ von Virginia, 1776), Grundrechtskataloge auf. Im übrigen darf die belgische Verfassung von 1831 nicht vergessen werden, die als einzige das französische Modell kontinuierlich weiterentwickelte. – An den Landesverfassungen – und nicht aus Regelungen auf Bundesebene – entwickelte sich die fortdauernde Diskussion über die Eigenständigkeit der konstitutionellen Monarchie im Kreis der europäischen Verfassungstypen. Dies betraf insbesondere die prägende Kraft der Preußischen Verfassung von 1850. Nachweise in: *Ernst-Wolfgang Böckenförde* (Hrsg.), Moderne deutsche Verfassungsgeschichte, 2. Aufl. 1981, S. 127ff.

[44] Die preußisch-deutsche Staatsgründung von 1867 und ihre Erweiterung von 1871 trafen „auf einen Bestand als selbständig konzipierter Einzelstaatsverfas-

dem *Bismarcks* betont föderalistische Konstruktion in Frage gestellt[45]. Die Komplementarität von Gesamt- und Gliedstaatsverfassungen, insbesondere im Bereich des Grundrechtsschutzes, ist insofern (mit Ausnahme der Reichsverfassung von 1849) deutsche Tradition.

2.2.3. Ausrichtung auf den Gesamtstaat

Die Verfassungsgebung nach 1918 (auch in den Ländern, die schon vor der WRV eigene Verfassungen erlassen hatte: Baden, Oldenburg, Anhalt)[46] sowie nach 1945 hob die Einordnung der „Länder" (oder „Freistaaten") in das Reichs- bzw. Bundes-Ganze hervor. Selbst für die Länder der SBZ war diese „ab ovo"-Ausrichtung auf den Bundesstaat selbstverständlich. Das galt auch für die DDR-Verfassung vom 7. Oktober 1949: „Deutschland", hieß es damals noch, „baut sich auf den deutschen Ländern auf" (Art. 1 Abs. 1)[47].

Das Selbst-Einpassen der Länder in ein föderales (gesamt- wie nationalstaatliches) Gefüge darf nicht über ihr zeitliches und faktisches prae esse hinwegtäuschen. Nach 1945 jedenfalls wollten sie Herr im Hause sein. Trotz ihres neu-alten Selbstbewußtseins sahen sie jedoch die Unentbehrlichkeit eines gesamtstaatlichen Rahmens. Die Konkursmasse des 3. Reiches ließ sich geteilt nicht verwalten; dazu reichten

---

sungen, die nur nachträglich unter das Dach der gemeinsamen Zentralverfassung gebracht wurden", *Sachs*, Fn. 21, S. 858.

[45] Vgl. *Peter Badura*, Staatsrecht, 1986, S. 26. In Anbetracht des Fehlens eines echten Verfassungsvorrangs der aRV traten die einfachgesetzlichen Freiheitsverbürgungen auf Reichsebene in die sonst grundrechtlichen Gewährleistungen vorbehaltene Stellung ein; vgl. *Ernst Rudolf Huber*, Bewahrung und Wandlung, 1975, S. 132ff. (140f.).

[46] Siehe § 1 Verf. Anhalt; § 1 Verf. Baden; § 1 Verf. Bayern usw.; Texte in: *Otto Ruthenberg*, Verfassungsgesetze des Deutschen Reichs und der deutschen Länder, 1926.

[47] Verfassungstextlich fand diese gesamtstaatliche, häufig auch gesamtdeutsche Selbstdefinition ihren bekenntnishaften Ausdruck etwa in der Wahl der Begriffe „Gliedstaaten" (Präambel Hess., Art. 1 NRW, Art. 74 Rhld.-Pf.), „deutsches Land" (Art. 1 Abs. 1 Verf. Berlin von 1950) bzw. „Land der Bundesrepublik Deutschland" (Art. 1 Abs. 2 Verf. Berlin von 1950 – suspendiert –, Art. 1 Hamburg) und „künftige deutsche Verfassung" (Art. 152 Bremen) bzw. „gesamtdeutsche Einheit" (Art. 151f. Hess., vgl. auch Art. 141 Rhld.-Pf.). Der in Art. 178 bay. Verf. projektierte Beitritt zu „einem künftigen deutschen demokratischen Bundesstaat" liegt eben noch auf der gleichen Linie. – Die Verfassung der Mark Brandenburg von 1947 bezeichnet dieses Land als „ein Glied" der DDR (Art. 1 Abs. 1); ebenso – gleichgeschaltet gleichlautend – Mecklenburg-Vorpommern (1947), Sachsen (1947), Sachsen-Anhalt (1947), Thüringen (1946). Texte bei *Bodo Dennewitz*, Die Verfassungen der modernen Staaten, Bd. II, 1948.

die Nachkriegs-Betriebsgrößen der Länder nicht aus[48]. Die ersten Nachkriegsverfassungen spiegelten die schnelle Entwicklung der Länder zu festen Größen dann am deutlichsten wieder. Als Geschäftsführer ohne Auftrag wollten die Länder möglichst viel von der künftigen gesamtstaatlichen Verfassung antizipieren. Es ging zudem um die Teil-Reorganisation einer im Vollzug nicht-existenten Reichsstaatsgewalt[49]. Die Verfassungsgebung in den Gliedstaaten erfolgte eben mit Blick auf den Gesamtstaat und seine Verfassungsgebung.

Schon wegen des „dédoublement fonctionnel" nahezu aller führender Verfassungsväter spielten diese Verfassungen im Parlamentarischen Rat dann eine gewisse Rolle. Die frühen Landesverfassungen leisteten zugleich insofern Vorarbeit, als sie – im Ergebnis auch hierin stellvertretend – das moralische Fundament der neuen Staatlichkeit legten. „Erschüttert von der Vernichtung, die die autoritäre Regierung der Nationalsozialisten unter Mißachtung der persönlichen Freiheit und Würde des Menschen ... verursacht hat" – die Präambel der Landesverfassung der Freien Hansestadt Bremen vom 21. Oktober 1947 ist die wohl gelungenste ethische Ortsbestimmung. Sie nennt die Nazis beim Namen und bietet keinen Ansatz für spätere Verdrängung. Auch im übrigen steht sie, in der Affirmation wie in der Negation, in den historischen Kontinuitäten, ohne vergangenheitshörig zu sein.

Die traditionelle Zusammenschau der föderalen Verfassungsräume bei der Verfassungsgebung wirkte sich inhaltlich dahin aus, daß die Länder nach 1919 bzw. 1949 auf dem jetzt gesamtstaatlich geregelten Gebiet der Grundrechte meist Enthaltsamkeit übten oder sich doch auf punktuelles Ergänzen beschränkten[50]. Dies war einer der Gründe für den massiven Bedeutungsabbau des Landesverfassungsrechts in der Weimarer Republik[51], jedenfalls ab Mitte der 20er Jahre.

---

48 *Eberhard Pikart* weist darauf hin, daß die Länder gewußt hätten, daß sie ohne gesamtstaatlichen Rahmen in der Luft hängen würden, insbesondere bei den nach zentralen Instanzen verlangenden Aufgaben des horizontalen Wirtschafts- und Finanzausgleichs (z.B. Massierung von Flüchtlingen in Schleswig-Holstein einerseits, Abschotten gegenüber Zuzug seitens Badens andererseits). Als politisches Faktum (und auch im staatsrechtlichen Sinne stärker als nach 1918) hätten die Länder frühzeitig existiert, seien sie rascher erstarkt als ihre konstitutionellen Texte verfaßt worden seien. Auch die Personalstruktur der Bundesrepublik Deutschland sei eher dagewesen als die Verfassungsstruktur.

49 – eine Art treuhänderische Wahrnehmung verfassungsgebender Gewalt *(Hermann von Mangoldt)*. Die Länder versuchten in ihren Verfassungen zugleich, die Grenzen des Bundes vorherzubestimmen. Zur Vorläufer- und Vorbildfunktion der Landesverfassungen für das Grundgesetz *Zacher*, Fn. 8, S. 487.

50 Ausnahme: die größeren Länder nach 1918; vgl. z.B. die Grundrechtskataloge von Baden und Bayern. Siehe aus zeitgenössischer Sicht *Max Wenzel*, in: *Anschütz/Thoma*, Fn. 29, S. 604, 617.

51 Weitgehende Grundrechtsabstinenz übten auch die nachgrundgesetzlichen Landesverfassungen. Die „vorkonstitutionellen" Urkunden dagegen – also die

Mittlerweile ist der kardinale Bereich der Grundrechtsfortbildung[52] den Ländern fast gänzlich entglitten. Hält man Grundrechte[53] mit *Herbert Krüger* für „unentbehrlich" zur „Hervorbringung des Staates"[54], so wirft diese weitgehend fehlende Selbstdarstellung im Grundrechtsbereich einen Schatten auf die Staatlichkeit der Länder. Ihr sowie der gliedstaatlichen Verfassungsautonomie wende ich mich nunmehr zu.

3. Staatlichkeit und Verfassungsautonomie der Gliedstaaten

3.1. Zusammenhang von Staatlichkeit und Verfassungsautonomie?

Hier geht es um folgende Doppelfrage:

- Sind die Gliedstaaten Staaten, weil sie Verfassungen haben?
- Haben die Gliedstaaten Verfassungen, weil sie Staaten sind?

In der Bundesrepublik Deutschland verneint die h.L. bekanntlich die erste Frage und bejaht die zweite. Einigkeit besteht auch in der

---

heute noch in Kraft befindlichen Verfassungen von 1946 (Hessen, Bayern) und 1947 (Rheinland-Pfalz, Bremen, Saarland) – enthalten sämtlich Grundrechtskataloge, sind also i.d.S. „Vollverfassungen".

[52] Vgl. *Eichenberger*, Fn. 10, S. 158. – Bei aller Faszination, die die Landesverfassungen als materiale Ordnungen ausüben – im Institutionellen, in ihrer Funktion als formal-instrumentale Verfassungsordnung liegt ihre Hauptbedeutung. Sie wirken vor allem durch ihr organisatorisches Gefüge. Auch von der Quantität der Normen her sind sie in erster Linie „instruments of government", unentbehrliche Organisationsstatute.

[53] Wichtig ist aber auch die Ausgestaltung des *demokratischen* Prinzips. Der Bogen spannt sich von der Berliner Distanz (seit 1974) zur direkten Demokratie, die von den Ländern der früheren britischen Zone geteilt wird, bis hin zur Verstärkung der direktdemokratischen, akribisch notierten Elemente in Bad.-Württ. und im Saarland. Bemerkenswert, auch im Vergleich mit der Schweiz, ist die Abstimmungskompetenz des Volkes. In 5 Ländern kann es sein Parlament abwählen, in 9 kann sich die Volksvertretung selbst auflösen. – Der Anteil des Volkes an der verfassungsgebenden Gewalt – ein Gradmesser direktdemokratischer Verhältnisse – ist begrenzt. Gewiß, in 7 Fällen wurden die Landesverfassungen durch das Volk angenommen (1946–47). Aber die Änderungskompetenz ist stark zurückgebunden. Immerhin: Manche Volksbegehren, etwa das des Bürgerkomittees „Rundfunkfreiheit", machten Verfassungsgeschichte; auf verschlungenen Wegen führte es zur Einführung des Art. 111a bayVerf. – Landesgesetzgebung durch das Volk ist ebenfalls ein klippenreiches Unterfangen. In Hessen scheiterte 1966 ein Volksbegehren zur Einführung der Briefwahl, in Nordrhein-Westfalen 1974 eines gegen die Gebietsreform – offenbar bedarf es stärker zündender Themen. Über ein solches verfügte das Volksbegehren gegen die kooperative Gesamtschule. Es übertraf die Einzeichnerquote gleich so deutlich, daß der Düsseldorfer Landtag das inkriminierte Gesetz einstimmig aufhob.

[54] Die Verfassung als Programm der nationalen Integration, in: Festschrift für Berber, 1973, S. 247 (267ff.).

Beurteilung der Lage. Der Schwerpunkt der Staatlichkeit hat sich – wie immer die Texte und Theorien – auf den ursprünglich (s. oben 2.) eher als zusammenhaltenden Rahmen gedachten Bund verlagert.

3.2. Verfassungsrecht als Staatlichkeitsausweis?

Für die Staatlichkeit der Gliedstaaten sind materielle Elemente entscheidend, vor allem – in der Formel des Bundesverfassungsgerichts – der änderungsfeste „Kern eigener Aufgaben als ‚Hausgut'"[55]. Dieses Merkmal ist nicht identisch mit dem Vorliegen von Verfassungsurkunden, einem formellen Element[56]. Es gibt Gliedstaaten – die Unionsstaaten Indiens sind ein Beispiel[57] – ohne eigenes formelles Verfassungsrecht. Gliedstaatliches Verfassungsrecht ist insofern ein akzidentielles, kein essentielles Element der Staatlichkeit[58]. Das Bundesverfassungsgericht hat recht: „Ob die Länder der Bundesrepublik ‚Staaten' sind . . ., läßt sich nicht formal danach bestimmen, daß sie eine eigene Verfassung besitzen." Nicht wegen ihrer Verfassungen sind die Länder Staaten[59].

Die eigene normative Grundordnung gibt einer politischen Einheit allerdings einen Selbstdarstellungs- und Legitimationsvorsprung gegenüber anderen, nicht entsprechend verfaßten Existenzen, etwa Regionen, Kommunen, Volksteilen. Verfassungen zeigen das Gemeinwesen in Funktion, machen seinen Organismus begreifbar. Das kann, kommt Legitimation durch Leistung hinzu, der Desintegration entgegenwirken und – solange die emotionalen Konsensquellen nicht

---

[55] BVerfGE 34, 9, 20.

[56] Eine eigene Verfassung in formellem Sinne ist auch nicht Voraussetzung der Zugehörigkeit zum Bundesstaat. Wohl aber muß eine „verfassungsmäßige Ordnung" bestehen (Art. 28 Abs. 1 GG). Zu diesem Begriff *Bethge*, Fn. 12, S. 172ff.

[57] Vgl. Art. 36–51 Indische Verfassung: „Directive Principles of State Policy". Vgl. *V. N. Shukla/D. K. Singh*, Constitution of India, 7th ed., 1982, S. A-26: „The States in America have the right to make their own Constitutions. In India no such power is given to the units. ‚The Constitution of the Union and of the States is a single frame from which neither can get out and within which they must work'".

[58] Das Vorhandensein eines Gesetzes, dessen Änderung erschwert ist (formeller Verfassungsbegriff), und das die normative Grundordnung des Gemeinwesens im wesentlichen beinhaltet (materieller Begriff), kann historisch bedingt sein (z.B. falls Gliedstaaten vor der Errichtung des Bundesstaates schon existierten und eigene Verfassungen besaßen, die von der Unionsverfassung dann anerkannt wurden); gleiches gilt von seiner Benennung als Verfassung. Die Existenz von Gliedstaatsverfassungsrecht kann aber auch von der gesamtstaatlichen Grundordnung geboten sein.

[59] BVerfGE 34, 9, 19. – Vgl. aber für die WRV *Wenzel*, Fn. 50, S. 605: „Die Verfassungsautonomie ist das Wesensmerkmal der ursprünglichen Herrschaft."

versiegen – zu Orientierungssicherheit und Identifikation beitragen. *Neben* der Bundesverfassung stehend, sind die Verfassungen der Gliedstaaten zudem Ausdruck ihrer Eigen-Ständigkeit. Für die Bestimmung, Verdeutlichung und Sicherung der Identität der Gliedstaaten, und somit für die föderale Ordnung selbst, sind die Verfassungen deshalb wesentlich. In diesem doppelten (materialen) Sinne ist das Verfassungsrecht der Gliedstaaten Ausweis ihrer Staatlichkeit[60].

3.3. Verfassungsautonomie als Staatlichkeitsfolge?

3.3.1. Die Antwort der Bundesstaatslehre

Die These des Bundesverfassungsgerichts[61] und der h.L. von der Staatsqualität der Gliedstaaten[62] ist i.S.d. offiziellen Terminologie Zweifeln entrückt, nicht nur in deutschen Landen. Ich zitiere nur die kanonisierte Formel des Gerichts: „Das Eigentümliche des Bundesstaates ist, daß der Gesamtstaat Staatsqualität und die Gliedstaaten Staatsqualität besitzen. Das heißt aber, daß sowohl der Gesamtstaat als auch die Gliedstaaten je ihre eigene, von ihnen selbst bestimmte Verfassung besitzen“[63].

Die h.L. hebt auf die klassische Bundesstaatsbildung ab, auf die Umwandlung (Verdichtung) eines Staatenbundes[64]. Den umgekehrten Vorgang, die Föderalisierung (Devolution) eines Einheitsstaates, bekommt sie[65] nicht in den Blick. Hier zeigen sich Grenzen einer Defini-

---

[60] Vgl. auch *Eichenberger,* Fn. 10, S. 165f., 168.

[61] Seit BVerfGE 1, 14, 34.

[62] Vgl. *Uwe Barschel,* Die Staatsqualität der deutschen Länder, 1982, S. 167.

[63] BVerfGE 36, 342, 361.

[64] Vgl. *Klaus Stern,* Das Staatsrecht der Bundesrepublik Deutschland, Bd. I, 2. Aufl. 1984, S. 644f. Völkerrechtlich formuliert geht es bei der klassischen Bundesstaatsbildung um den Verlust der umfassenden Völkerrechtsunmittelbarkeit der Bündner durch Absinken zu Gliedern eines souveränen Staates.

[65] Sie soll zudem die – unsichere – Grenze markieren zwischen Staatenbund oder Einheitsstaat einerseits und Bundesstaat andererseits. Als Typus liegt der Bundesstaat irgendwo zwischen (dezentralisiertem) Einheitsstaat (etwa Preußen nach 1808) und Staatenbund (z.B. Deutscher Bund von 1815). Dauerhaft verschränkt er miteinander (vgl. *Jean-Francois Aubert,* Traité de Droit Constitutionnel Suisse, 1967/82, Rdnr. 530f.; *Wildhaber,* Fn. 36, S. 255f.) Elemente von „Zentralisation“ (unmittelbarer Durchgriff auch des Gesamtstaates auf den Bürger; Zentralisation des Rechtsschutzes; umfangreiche, funktional nicht auf ein einziges Ziel beschränkte Kompetenzen des Gesamtstaates; staatsrechtliche Beziehungen zwischen den Gliedstaaten) und Elemente von „Dezentralisation“ (Gliedstaaten mit verfassungsrechtlich geschütztem „Hausgut“; ihre Partizipation an der gesamtstaatlichen Willensbildung; Garantie ihrer Mitwirkung an Entscheidungen, die ihren Kompetenzumfang betreffen).

tion, die auf den juristischen Ursprung der Herrschaft fixiert ist[66]. Käme es primär auf Ursprünglichkeit der Gewalt an, geriete etwa die Staatsqualität der im Zuge der Dekolonisierung durch Gesetz des Mutterlandes entstandenen Staaten ins Zwielicht[67].

Nicht auf die Bundesstaatsbildung durch Lockern eines Einheitsstaates bezieht sich jene integrative Bundesstaatsdefinition, sondern – zumindest in Deutschland[68] – auf die Geburt des Bundesstaates aus dem Geist der Nationalstaatsbewegung. Die klassische Lehre lieferte das begriffsjuristische Instrumentarium zur Realisierung der staatsrechtlichen Hauptaspirationen im Mitteleuropa des 19. Jahrhunderts: der Erlangung nationaler Einheit bei Wahrung territorialstaatlicher Eigenständigkeit und Förderung bürgerlicher Freiheit. Diese Bundesstaatstheorie wurde eben – im Sinne von *Triepels* erster Rektoratsrede[69] – „im Hinblick auf politische Ziele aufgestellt", „zur Rechtfertigung politischer Akte"[70].

3.3.2. Die Antwort des Verfassungsrechts

Dem Landesverfassungsrecht läßt sich hinsichtlich der umstrittenen[71] Staatlichkeitsthese allenfalls Ambivalentes entnehmen. Manche Verfassung pointiert die Staatlichkeit ihres Gemeinwesens terminolo-

---

[66] Vgl. bereits BVerfGE 1, 14, 34. – Die Schlüsselfrage lautet: Wann wird ein Einheitsstaat zum Bundesstaat? Die traditionelle Antwort – „Wenn seine Provinzen Staaten werden" – verschiebt das Problem auf die Folgefrage: Wann werden sie Staaten? Die Antwort der h.L.: „Wenn ihre Hoheitsmacht (für *Kelsen* oder *Nawiasky:* ihre Gesetzgebungskompetenz) nicht mehr abgeleitet, sondern anerkannt wird". Bei der Umwandlung eines Einheitsstaates droht das Ursprünglichkeits-Kriterium ins Leere zu greifen (es sei denn, man interpoliert, wie im Act of Westminster für Kanada, eine eigenständige Gründungsgewalt).

[67] Aus völkerrechtlicher Sicht bedürfte es der Selbstregierung und der Begründung einer neuen, effektiven, völkerrechtsunmittelbaren Staatsgewalt, vgl. *Alfred Verdross/Bruno Simma,* Universelles Völkerrecht, 3. Aufl. 1984, §§ 379, 952ff.; im übrigen sind „weder Staatlichkeit noch Souveränität Voraussetzungen für die Völkerrechtssubjektivität" (*Mallmann,* Fn. 38, S. 641). Weder das Verfassungsrecht der Gliedstaaten (vgl. Art. 5 Abs. 2 ILC-Entwurf 1966 über das Recht der Verträge) noch ihre (partielle) Völkerrechtssubjektivität sind zwingende Belege ihrer Staatlichkeit.

[68] Für die Schweiz mögen demgegenüber u.a. funktionale Aspekte – Positionsverstärkung im Konzert der Mächte – im Vordergrund gestanden haben. Vgl. insgesamt *Yvo Hangartner,* Grundzüge des schweizerischen Staatsrechts, Bd. I, 1980, S. 13ff.

[69] Staatsrecht und Politik, 1927, S. 34.

[70] Die klassische Bundesstaatsdefinition ist somit historisch bedingt und sachlich beschränkt. In der Staatsformenlehre kann sie keinen Absolutheitsanspruch erheben.

[71] Vgl. *Konrad Hesse,* Grundzüge des Verfassungsrechts der Bundesrepublik Deutschland, 15. Aufl. 1985, Rdnr. 217.

gisch so stark, daß darin weniger Status-Gewißheit als Status-Empfindlichkeit zu Tage tritt[72]. Dem Grundgesetz (wie schon der WRV) ist der Begriff „Gliedstaat" fremd. Die Länderkompetenzen und -aufgaben werden zwar als „staatliche" (Art. 30 GG) bezeichnet, die Zwischenländerverträge als „Staatsverträge" (vgl. Art. 130 GG); aber wie steht es mit den Staats-*Elementen?*

Das Territorium, ja selbst der Fortbestand der einzelnen Länder hängen vom Bundesgesetzgeber ab (Art. 29 Abs. 1 GG; Grenzänderungen nur nach bundesrechtlicher Maßgabe, Art. 29 Abs. 7 GG). Die Staatsangehörigkeit in den Ländern blieb ungeregelt und hätte wegen Art. 33 Abs. 1 GG auch nicht zur Voraussetzung besonderer Rechtsfolgen gemacht werden können. Um schließlich für die Staatsgewalt wenigstens einen Aspekt herauszugreifen: für eine bedeutsame „Vertragsaußenpolitik" bleibt (angesichts des Zustimmungserfordernisses nach Art. 32 Abs. 3 GG und der Beschränkung auf Materien der Landesgesetzgebung) kein Raum[73], von einem gliedstaatlichen Gesandtschaftsrecht wie nach der aRV ganz zu schweigen. Andererseits erfüllen die Länder, neben dem Bund, substantielle rechts- und sozialstaatliche Aufgaben (vgl. Art. 30 GG). Sie verkörpern insbesondere die Verwaltungsstaatlichkeit par excellence.

Von *Hermann Heller*[74] und, ein halbes Jahrhundert später, von *Kurt Eichenberger*[75] haben wir gelernt, daß die Glieder eines Bundes-

---

[72] So sprach schon das „*Staats*grundgesetz" des „*Staates*" Groß-Hessen vom 22.11.1945 in Art. 2 von einem „*Staats*gebiet", in Art. 3 von einer „*Staats*regierung" sowie in Art. 4 und 5 vom „*Staats*ministerium". – Einerseits deuten die vorgrundgesetzlichen Verfassungen an, daß es 1945 zu einem Zusammenbruch der alten Staats- und Gesellschaftsordnung gekommen war; die „neue Ordnung" (Präambel GG) begann auf Länderebene. Andererseits knüpfte der Wiederbeginn organisierter Staatlichkeit wenn irgend möglich nicht nur an die historische Staatlichkeit an (vgl. nur Präambel bay. Verf.); legitimiert wurde vielmehr gerade der Weg in den Bundesstaat. Diesen Weg zeichneten alle Landesverfassungen vor oder nach. Seit der Ersten Finanzverfassungsreform (1953) und der zunehmenden „Landnahme" der Bundesverwaltung (vgl. Art. 87 Abs. 3 GG) wurde dann deutlich, daß es ein Weg in den unitarischen Bundesstaat war.

[73] Vgl. aber die Kompetenz der Bundesländer zum Abschluß von Konkordaten und Kirchenverträgen gem. Art. 123 Abs. 2 GG (Art. 32 Abs. 3 GG findet auf diese Instrumente keine Anwendung); siehe *Joseph Listl* (Hrsg.), Die Konkordate und Kirchenverträge in der Bundesrepublik Deutschland (Textausgabe), 2 Bände, Berlin 1987 (in Bd. II, S. 32ff. der berühmte Briefwechsel zwischen dem Niedersächsischen Ministerpräsidenten und dem Bundesminister des Auswärtigen anläßlich des Abschlusses des Niedersächsischen Konkordats). Ebensowenig kann die Änderung der Grundordnung in der EKD vertieft werden; die Thematik „Gliedstaatsverfassungsrecht" stellt sich hier in modifizierter Form ebenfalls als Grundproblem. Aus dem Schrifttum vgl. nur *Klaus Schlaich*, Änderungen der Grundordnung der EKD nur mit Zustimmung der Gliedkirchen?, ZevKR 32 (1987), S. 117ff.

staates bei voller Staatlichkeit eine Staatlichkeit besonderer Art haben; sie sind zusammen- und eingeordnete Staaten, eben *Glied*-Staaten. Als Staaten verfügen sie – ohne dadurch freilich auf die Stufe eines innerstaatlichen autonomen Gemeinwesens oder eines bloßen regionalen Interessengebiets im Gesamtstaat abzusinken – nicht über die Kompetenzfülle souveräner staatlicher Wirkungseinheiten[76].

Die politische Wirkung der Staatsqualität der Länder ist freilich enorm. In ihrem gegenseitigen Verhalten behandeln Bund und Länder einander in gewissem Maße in der Tat als ebenbürtig. Bund-Länder-Verträge sind keine ungleichen Verträge. Der belebende Staatlichkeitsanspruch betont die Eigenständigkeit der Länder im interföderalen („3. Ebene") und im inter- und übernationalen Bereich (s. unten 5. und 6.). Das Staatliche ihrer Existenz verstärkt ihr Prestige, ihre Integrationskraft gegenüber ihren Landesvölkern[77]. Als Repräsentanten einer nicht-nationalen Staatlichkeit sind die Länder, auch die jüngeren, häufig in historisch gewachsenen, landsmannschaftlichen, kulturellen Bindungen (vgl. auch Art. 29 Abs. 1 GG) verankert. Gleichzeitig sichern sie der Staatsebene unentbehrliche irrationale Substanz[78]. Für Brüssel läßt sich niemand totschießen, außer vielleicht die dort Beschäftigten.

Die Verfassungshoheit der Gliedstaaten, primär Ausfluß ihrer Staatlichkeit, ist von Bedeutung für ihre Individualität[79]. Vom Regionalis-

---

[74] Zit. nach *Thoma*, Fn. 29, S. 175f.; für *Heller*, für den die Souveränität noch essentiell zur Staatlichkeit gehörte, waren „Staat und Gliedstaat wesensverschiedene Größen". Auch Wissenschaftsgeschichtliches und Vergleichendes („King in Parliament") bei *Quaritsch*, Fn. 34, S. 413ff. (S. 421 „überflüssige Begriffswürfeleien").

[75] Fn. 10, S. 165f.

[76] *Eichenberger* spricht insofern von einer spezifischen „föderalen Eigenstaatlichkeit" oder einer „autonomiegeprägten Gliedstaatlichkeit". Vom Nebeneinander mehrerer Staatlichkeiten im Bundesstaat muß man auch für die Lage in der Bundesrepublik Deutschland ausgehen, von (Glied-)Staaten, nicht nur von „Staaten h.c.".

[77] Indem auch Bund, EG und Staatenwelt dem Staatlichkeits-Ornat der Länder (jedenfalls z.T.) Respekt bezeugen, gewinnt bzw. bewahrt ihre Staatlichkeit normative Kraft, „Lebenswert".

[78] Die „metajuristische Basis" der Gliedstaaten ist i.d.R. schmaler als die des Gesamtstaates, für den *Nawiasky*, Fn. 22, S. 66 die „Macht des nationalen Gedankens" konstatierte, eine Macht, die – 1918/19 – „die Einheit des deutschen Volkes als erste Grundbedingung der Zukunft jeder Erörterung entzog".

[79] Als regionale Geschichtslandschaften – z.T. jahrhundertealte Ordnungselemente in der Entwicklung Europas – können die Länder eher die Anhänglichkeit der Bürger auf sich ziehen als dies die Anonymität eines Einheitsstaates oder gar einer zwischenstaatlichen Einrichtung erreicht. Der Wald hat keine Wurzeln, nur der Baum. – Andererseits ist die historisch weitgehend unbelastete Gliedstaatlichkeit den Bestrebungen nach nationalen und übernationalen Zusammenschlüssen nicht prinzipiell entgegengesetzt. Als Ersatz für Verlorenes oder Ge-

mus, der allen Regionen den gleichen Status gibt (wie etwa die Garantie der kommunalen Selbstverwaltung), unterscheidet sich der Föderalismus auch dadurch, daß er den Ländern die Möglichkeit zu konstitutioneller Selbstbestimmung eröffnet. Art. 28 Abs. 1 GG, von föderalistischer Seite beargwöhnt, erweist sich von daher auch als Garantie der Verfassungsautonomie der Länder[80]. Dies ist wichtig für die Bewertung der Versuche, dem Magnetismus großräumiger Entwicklungen „kompensierend" (s. unten 5.) zu begegnen.

Die Pflege des Landesverfassungsrechts hegt damit die Staatlichkeit der Länder[81] – soweit die Rechtsordnung des Gesamtstaates dafür Raum läßt[82].

4. Landesverfassungsrecht und Grundgesetz

4.1. Art. 28, Art. 31 und Art. 142 GG

4.1.1. Art. 28 GG

Art. 28 Abs. 1 GG steckt einen weiten Rahmen für eigenständige, selbst eigenwillige Verfassungsentscheidungen ab. Primär im Staatsorganisatorischen sowie im Bereich der Staatsaufgaben (z.B. Kultur, Umweltschutz) haben die Länder, wie in den Begleitaufsätzen erläutert[83], diese Chance genutzt. Die Landesverfassungen haben hier Be-

---

fährdetes mag zum einen der europäische Kulturraum für Deutsche geradezu Heimatfunktion gewinnen; zum anderen mögen die Bundesländer dereinst unverdächtige Bausteine einer gesamtdeutschen oder -europäischen Ordnung werden.

[80] Soweit die Besonderheit und Individualität der Länder – also nicht nur ihre komplementäre Funktion für Demokratie und Rechtsstaat *(Konrad Hesse)* – für den Bundesstaat des Grundgesetzes wichtig ist, nimmt die Verfassungsautonomie der Länder am Schutz des Bundesstaatsprinzips teil. Nicht verfassungsgerecht wäre insofern etwa eine GG-Änderung, die den Ländern ein Kopieren des Grundgesetzes vorschriebe. – Schon Art. 17 WRV – von Föderalisten gleichwohl angefeindet – begnügte sich mit einigen Normativbestimmungen. Es kam gleichwohl zur relativen Uniformisierung der Landesverfassungen. In den wesentlichen Punkten stimmen auch die heute gültigen Landesverfassungen mit dem Grundgesetz und damit untereinander überein. Dieses Nicht-Ausschöpfen des Spielraumes für Verfassungsindividualität täuscht über sein Vorhandensein nicht hinweg. Durch die Verpflichtung zu bloß *grundsatz*homogener Gestaltung garantiert Art. 28 Abs. 1 GG den Ländern konstitutionelle Eigenständigkeit.

[81] Vgl. *Eichenberger*, Fn. 10, S. 166: „Die Kantonsverfassung ermöglicht . . . eine Selbstdarstellung und eine Selbstbehauptung, kraft der der Charakter der Staatlichkeit erlangt und ausgewiesen wird."

[82] Die Bundesverfassung garantiert insoweit einen „wesensmäßigen Eigenbereich" der Landesverfassungen (vgl. *Sachs*, Fn. 21, S. 864).

[83] Etwa *Christian Pestalozza*, Die Bedeutung gliedstaatlichen Verfassungsrechts in der Gegenwart, NVwZ 1987, S. 744 (S. 745ff.: „segensreiche Rege-

sonderheiten entwickelt (plebiszitäre Elemente) oder bewahrt (z.B. Bayerischer Senat), die, soweit sie nicht Textschnörkel bleiben, bloße Sonderbriefmarken in der Sammlung des Bundesstaates, die Kraft der Einheitsbildung verstärken können.

An diesen Ausgestaltungsunterschieden kann sich die doppelte Integration, die eigene Einbindung in zwei Verfassungsebenen, Nahrung holen. Als partielle Gegenstrukturen zum GG haben die Varianten Bedeutung für die Legitimation der föderalen Gesamtordnung; diese wird insofern zu einer „gemischten Verfassung". Ziel der Verfassungsinterpretation im Bundesstaat des Grundgesetzes ist nicht die Nivellierung, sondern – allerdings ohne „Pflicht zum Anderssein" – die Aufrechterhaltung der Identität der Länder, soweit diese über Verfassungsstrukturen vermittelt wird.

Dies hat Folgen für die Interpretation der Homogenitätsklausel. Als Schranke der Verfassungshoheit (und der Integrationskraft) der Länder ist *Art. 28 Abs. 1 GG restriktiv auszulegen.* Nur ein unerläßliches „Mindestmaß an Homogenität"[84] ist verlangt und wird vom Bund gewährleistet (Art. 28 Abs. 3 GG). Geboten ist Homogenität der Struktur, nicht Kongruenz der Montur[85].

Das Bundesverfassungsgericht hat dieses Gebot landesverfassungsfreundlicher Auslegung des Art. 28 Abs. 1 GG im allgemeinen befolgt. Auch im Organisatorischen (z.B. Mißtrauensvotum) sahen sich die Länder nicht auf das „Modell Grundgesetz" festgelegt. Die direktdemokratischen Verfahren wurden ein schon quantitativ auffälliger Ausdruck autonomer Verfassungspolitik; auch dort, wo sie, wie etwa in Baden-Württemberg, bisher kaum praktische Bedeutung erlangten, wirken sie als „fleet-in-being".

Weder „entspricht" der Standard des Art. 28 Abs. 1 Satz 1 GG den Kriterien der „freiheitlichen demokratischen Grundordnung" (Art. 18,

---

lungsvielfalt", „alternatives Potential der Landesverfassungen", S. 748); *Hufen*, Fn. 37, S. 515f., 518f.; *Grawert*, Fn. 17, S. 2331ff., S. 2334ff.

[84] BVerfGE 36, 342, 361; verlangt wird „jenes Minimum an Homogenität", das bereits *Carl Schmitt* (Die Verfassung des Völkerbundes, 1926, S. 63ff.) als für jeden Bund unerläßlich erachtete. – Zur nur begrenzten Wirkkraft des Art. 28 Abs. 3 GG *Hans von Mangoldt*, Vom heutigen Standort der Bundesaufsicht, 1966, S. 69ff.

[85] Art. 6 BV von 1874 spielt eine andere Rolle. Die Kantonsverfassungen und ihre Änderungen werden hinsichtlich ihrer Konformität mit den Voraussetzungen von Art. 6 BV durch das Bundesparlament kontrolliert, bevor der Bund ihre Garantie ausspricht. Die Voraussetzung, die heute den Kern des Kontrollverfahrens ausmacht, bildet einen Durchgriff der BV auf das Kantonsrecht: Die Kantonsverfassungen dürfen Bundesrecht nicht widersprechen (umstritten ist, ob Art. 6 BV lex specialis zum Prinzip „Bundesrecht bricht Kantonsrecht" ist, ob infolgedessen das parlamentarische Kontrollverfahren eine nachträgliche gerichtliche Kontrolle ausschließt).

21 Abs. 2 GG), noch ist er „identisch mit den Grenzen der Verfassungsänderung in Art. 79 Abs. 3 GG“[86]. In Wirklichkeit ist diese „Ewigkeitsgarantie“ enger als jenes Homogenitätsgebot (etwa hinsichtlich der Parteienstaatlichkeit). In ihrer Bezugnahme auf Strukturprinzipien des Grundgesetzes überschneiden sich die drei Mindeststandardbestimmungen zwar partiell; schon terminologisch aber sind sie nicht deckungsgleich. Zudem stehen sie in ihrem je eigenen Kontext und haben unterschiedliche Funktionen[87].

4.1.2. Art. 31 GG

Bei Normenkonflikten als Folge der Zusammensetzung des Bundesstaates aus zwei Ebenen mit je eigener Rechtsetzungsbefugnis muß – „politische Logik des modernen Bundesstaates“ *(Hans Schneider)* – die gesamtstaatliche Norm grundsätzlich Vorrang haben. Für den Bundesstaat des Grundgesetzes ist diese föderale Selbstverständlichkeit in Art. 31 GG verankert. Nach der Rechtsprechung des Bundesverfassungsgerichts[88] findet diese Norm auf Landesverfassungen so lange keine Anwendung, als diese sich in den Grenzen des weitherzigen Homogenitätsgebotes halten. Im übrigen soll Art. 31 GG – an sich eine normstrukturelle Selbstverständlichkeit, die freilich in der Rechtsprechung des Bundesverfassungsgerichts nicht immer beachtet wurde – ohnehin nur bei Normen*konflikten* anwendbar sein[89].

---

[86] So aber *Hans-Peter Schneider*, Verfassungsrecht der Länder – Relikt oder Rezept?, DÖV 1987, S. 749 (751); für Parallelisierung von Homogenitätsgebot und Ewigkeitsgarantie auch *Hasso Hoffmann*, Bundesstaatliche Spaltung des Demokratiebegriffs?, in: Festschrift für Neumayer, 1985, S. 281 (291ff.).

[87] Art. 18, 21 Abs. 2 GG sind – bereits entstehungsgeschichtlich fixierbar – Ausdruck der streitbaren Demokratie (sie finden sich der Sache nach insofern auch in vielen Landesverfassungen). Art. 79 Abs. 3 GG limitiert die verfassungsändernde Gewalt, gehört also primär in den Demokratiekontext. Art. 28 Abs. 1 GG bezieht sich auf das Minimum an prinzipieller Übereinstimmung, ohne das kein Bundesstaat (wohl aber u.U. ein Staatenbund) auskommen kann.

[88] BVerfGE 36, 342, 360ff. – Es kann dahingestellt bleiben, ob Art. 31 GG eine spezifisch föderale Erscheinung kollidierender Rechte oder nur einfach Ausdruck der jedem Rechtssystem immanenten Forderung nach Einheit und Eindeutigkeit der Rechtsordnung ist; wäre letzteres der Fall, stünde diese Vorschrift auf gleicher Ebene mit den Derogationsregeln der lex specialis, lex posterior und lex superior.

[89] Schon mangels Normwiderspruches werde inhaltsgleiches Landesverfassungsrecht nicht „gebrochen“. Für die h.L. und gerichtliche Praxis, die allerdings die Frage, wann ein Normen*konflikt* vorliegt, noch nicht hinreichend klar beantwortet hat, spricht der grundgesetzlich gebotene (Art. 28 GG) Respekt vor dem Verfassungsrecht der Gliedstaaten; vgl. auch BayVerfGH, Beschluß vom 13.1.1970, BayVBl. 1970, S. 132f.: Bei „der Auslegung des Art. 31 GG (kommt) dem föderalistischen Prinzip (BVerfGE 11, 77/85f.) entscheidende Be-

Gegen diesen Denkansatz zu Art. 31 GG ist zweierlei anzumerken:

- erstens seine zweifelhafte Geschichtlichkeit, also der jedenfalls partielle Widerspruch zur Rechtslage unter der *Bismarck*-Verfassung und der WRV[90];
- zweitens seine Ablösung vom kompetenziellen Begründungsansatz der Art. 71 und 72 GG: Nichtig, weil kompetenzwidrig, ist dort auch inhaltsgleiches Landesrecht; das Schema des VII. Abschnittes des GG (vgl. bereits Art. 4 aRV) läßt Normsetzung zur Regelung eines Gegenstandes grundsätzlich nur auf *einer* staatlichen Ebene zu. Art. 75 GG ist dabei nur scheinbar eine Ausnahme.

Insgesamt ergeben sich die mit Art. 31 GG zusammenhängenden Unklarheiten im Verhältnis von allgemeiner Kollisionsregel und spezieller Verteilung der Gesetzgebungskompetenzen des VII. Abschnitts des GG vor allem aus der ungenügenden dogmatischen Klärung der Funktion und Struktur des Art. 31 GG. Geboten ist eine stärker „integrierende", das Verhältnis zu Art. 73–75 GG miteinbeziehende Betrachtungsweise.

4.1.3. Art. 142 GG

Nach h.L. folgt aus Art. 142 GG zweierlei:

- Wie bereits aufgrund von Art. 31 GG mangels Kollision (i.S.d. von Art. 28 GG geprägten mehrheitlichen Auslegung des Art. 31 GG)

---

deutung zu. Es muß den Ländern . . . unbenommen bleiben, in ihren Verfassungen auf Grundfragen ihres staatlichen Lebens einzugehen und sie parallel oder ergänzend zum Bundesrecht zu regeln". Kritisch u.a. *Christian-Friedrich Menger*, Zum Verhältnis von Landesrecht zu inhaltsgleichem Bundesrecht, VerwArch 62 (1971), S. 75ff. Vgl. etwa auch NdsStGH, Beschl. v. 18.7.1969, DVBl. 1969, S. 740ff.

[90] Für die aRV stand der rechtspolitisch motivierte *rechtsgrundsätzliche* Charakter des Art. 2 im Vordergrund. Durch seine Hervorhebung glaubte man dem nationalstaatlichen Anliegen reichsgesetzlicher Rechtseinheit am besten gerecht werden zu können. Die positivistische Staatsrechtslehre um *Laband* interpretierte dementsprechend die bundesstaatliche Kollisionsnorm als prinzipiellen Geltungsvorrang des Reichsrechts und sah von einer einzelfallbezogenen Prüfung seines kollisionsrechtlichen Gehalts weitgehend ab. Dies korrespondierte der bekannten Deutung des allgemeinen Rechtsverhältnisses von Reich und Ländern: hier nur autonome Rechtsetzungsbefugnis, dort souveräne Gesetzgebungsgewalt. Den inneren Zusammenhang zwischen Art. 2 aRV und dem Verhältnis der Gesetzgebungskompetenzen im *Bismarck*'schen Bundesstaat erfaßte man damit freilich ebensowenig wie später unter der parallelen Regelung des Art. 13 WRV. Auch nach 1919, hieß es, besaßen Normen des Reichsrechts, verglichen mit solchen des Landesrechts, höheren Rang; vgl. *Gerhard Anschütz*, Die Verfassung des Deutschen Reiches vom 11. August 1919, 14. Auflage 1933, Art. 13, Anm. 2; *Hermann Maschke*, Die Rangordnung der Rechtsquellen, 1932, S. 77.

bleiben auch inhalts*gleiche* Landesgrundrechte in Kraft; „zurückbleibende" Grundrechte werden von Art. 42 GG nicht geschützt, unterliegen also dem allgemeinen Schema des Art. 31 GG;
- Art. 142 GG regelt nur das Verhältnis zwischen Landesgrundrechten und Verfassungsrecht des Bundes; die Relation zu *einfachem* Bundesrecht wird von Art. 31 GG erfaßt[91].

Für die unter Beschuß geratene h.L. sprechen Entstehungsgeschichte (die bay. Verfassungsbeschwerde sollte zu einem Zeitpunkt geschützt werden, als ein entsprechender bundesrechtlicher Rechtsbehelf noch nicht existierte), Funktion (u.a. Ermöglichung der Anrufung des Landesverfassungsgerichts) und Systematik (inhaltsgleiche Landesgrundrechte, bei mit der kompetenziellen Sicht gleichgeschalteter Auslegung des Art. 31 GG gebrochen, bleiben in Kraft, können also landesverfassungsgerichtlich entwickelt werden)[92].

---

[91] Vgl. *Siegfried Jutzi,* Landesverfassungsrecht und Bundesrecht, 1982, S. 14ff.; *ders.,* Grundrechte der Landesverfassungen und Ausführung von Bundesrecht, DÖV 1983, S. 836ff. – Die h.L. gründet die Auslegung des Art. 142 GG, wonach „zurückbleibende" Landesgrundrechte nicht in Kraft bleiben, auf die These, Zweck der Norm sei die Garantie eines bundesverfassungsrechtlichen Mindeststandards (vgl. bereits BVerfGE 1, 264, 280f.). Gegen diese Auffassung läßt sich argumentationshalber dreierlei vorbringen. Erstens ist die Mindeststandardlehre nicht schon deshalb richtig, weil sie im Parlamentarischen Rat vorherrschte. Auch Art. 142 GG besitzt eine von der Entstehungsgeschichte losgelöste Bedeutung. Entscheidend ist der objektivierte Wille der Norm, so wie er in ihr zum Ausdruck kommt (BVerfGE 36, 342, 367). Das Grundgesetz kann, ja muß klüger sein als *Wilhelm Laforet.* Zweitens ist die h.L. direkt nur bei Grundrechten anwendbar, die ein „Mehr" oder „Weniger" an *Freiheit* gewährleisten. Beim Gleichheitssatz bereits funktioniert dies schlechter. Wie bei den „Teilhaberechten" sei sie hier, heißt es deshalb, analog anzuwenden; das wäre dann aber wie das Eingipsen eines Holzbeines. Drittens geht die h.L. von der Prämisse aus, die Unterscheidung zwischen „zurückbleibenden" und anderen Grundrechten sei stets möglich und deutlich. Häufig ist dies jedoch nicht der Fall. Meist sind *einzelne Elemente* identisch, andere „weitergehend", die restlichen „zurückbleibend". Grundrechte können hinsichtlich ihrer Schutzbereiche und -wirkungen eben nur im konkreten Fall verglichen werden (vgl. *Walter Leisner,* Die bayerischen Grundrechte, 1968, S. 16ff.).

[92] Vgl. bereits BVerfGE 1, 264, 280f. Im übrigen *Horst Tilch,* Inhaltsgleiches Bundes- oder Landesverfassungsrecht als Prüfungsmaßstab, in: *Christian Starck/Klaus Stern* (Hrsg.), Landesverfassungsgerichtsbarkeit, Teilbd. II, 1983, S. 551ff.; *Hans Domcke,* Zur Fortgeltung der Grundrechte der Bayerischen Verfassung, in: Verfassung und Verfassungsrechtsprechung, Festschrift zum 25-jährigen Bestehen des Bayerischen Verfassungsgerichtshofs, 1972, S. 311ff.; *Theodor Maunz,* in: *ders./Günter Dürig,* Grundgesetz Kommentar, Art. 142 Rdnr. 14; *Ingo v. Münch,* in: *ders.* (Hrsg.), Grundgesetz Kommentar, Art. 142 Anm. 7: gewährleistet das Landesgrundrecht einen engeren Schutzbereich als das Bundesgrundrecht, unterliegt es der Sanktionsnorm des Art. 31 GG m.d.F. der Nichtigkeit. – Die h.L. hat zur Folge, daß einfachem Bundesrecht widersprechende Landesgrundrechte „gebrochen" werden, d.h. *nichtig* sind. „Länderfreundli-

Im status negativus-Bereich „verdankt" das schwächere Landesgrundrecht seine Schwäche i.d.R. der im Vergleich zum Bundesgrundrecht stärkeren Schrankenziehung gegenüber der betroffenen Freiheit. Den Kritikern der h.L. mißlingt letztlich die Begründung dafür, worin der Sinn des Fortbestehens eines Landesgrundrechtes liegt, das zu staatlichen Grundrechtseingriffen berechtigt, welche dem gleichen (Glied-)Staat durch *Bundes*grundrechte verboten sind[93].

Die ggfs. stärkeren Bundesgrundrechte schlagen gem. Art. 1 Abs. 3 GG ohnehin durch. Auf das Durchsetzen der Grundrechtsordnung des GG legt Art. 28 Abs. 3 GG besonderes Gewicht. Zu Recht, wie bereits die US-Verfassung zeigt: Die Vereinheitlichung des Grundrechtsschutzes ist das integrationspolitische Juwel in der Krone föderaler Verfassungsstaatlichkeit.

Das Inkraftbleiben von Grundrechten der Länder, die denen des Bundes nicht widersprechen (also nicht unter den Mindeststandard sinken), ergibt sich für die h.L. auch aus Art. 31 i.V.m. Art. 28 Abs. 1 GG. Art. 142 GG hat insofern nur noch eine klarstellende Funktion; insoweit kann diese auch bei der *Kollision* von Landesgrundrechten mit *einfachem* Bundesrecht nutzbar gemacht werden.

Im übrigen kann jedes interpretatorische Aufladen des Grundgesetzes den (umgrenzten) Freiraum des Landesverfassungsgebers verengen. Ich erinnere an die prätorische Kreation eines Rechts auf informationelle Selbstbestimmung[94]; zumindest partiell besetzt es das Anwendungsgebiet von Datenschutzgrundrechten der Länder[95].

---

cher" demgegenüber *von Olshausen*, Fn. 21, S. 125ff. (nur „Überlagerung" von Landesgrundrechten).

[93] Unsicherheiten beim Verdikt „zurückbleibend" (vgl. BVerfGE 36, 342, 368ff.) lassen sich nur schwer ausräumen. Die „bayerische Linie", *Tilch*, Fn. 92, S. 556 und der BayVerfGH (JA 1985, S. 237f.), die *partielle* Identität für ausreichend erachtet, dürfte der verfassungsgerichtlichen Dezision zunächst erheblichen Spielraum lassen. Dies ist indes das kleinere Übel gegenüber dem denkbaren Verstoß gegen die *unmittelbare* Geltung der Bundesgrundrechte; dieser könnte eintreten, wenn ein Landesverfassungsgericht eine Grundrechtsverletzung passieren ließe, weil das Landesgrundrecht (wie etwa die Kunst- und Wissenschaftsfreiheit nach Art. 108 i.V.m. Art. 98 Bay.Verf. im Verhältnis zu Art. 5 Abs. 3 GG) stärker einschränkbarer ist als das Bundesgrundrecht. „Integriert" auf Landesebene würde der Bürger dann nur als Untertan – nicht „München", sondern „Karlsruhe" sicherte den „effektiveren" Grundrechtsschutz.

[94] BVerfGE 65, 1.

[95] Vgl. *Sachs*, Fn. 21, S. 861. Auch die Verfassung von Kalifornien enthält – im Unterschied zur US-Bundesverfassung – ein right to privacy. Zum (Mindeststandard-)Verhältnis Bundes- und Landesgrundrechte in den USA *William J. Brennan, Jr.*, The Bill of Rights and the States: The Revival of State Constitutions as Guardians of Individual Rights, NYU Law Review 61 (1986), S. 535ff. (S. 548: „federal preservation of civil liberties is a minimum, which states may surpass so long as there is no clash with federal law"; S. 550: „the Constitution

Andererseits kann es – bei allem Respekt vor dem Landesgrundrechtsgeber – kein Verbot der Optimierung der Bundesgrundrechte geben. Ebensowenig existiert ein Grundsatz landesverfassungsfreundlicher oder -konformer Auslegung einfachen Bundesrechts[96].

4.2. Landesverfassungsrecht, Bundesrecht und Landesverwaltung

Die damit bereits thematisierte Ausführung der Bundesgesetze durch die Länder stellt eine Hauptbesonderheit unseres Bundesstaatsmodells dar. Der Unitarisierung der Gesetzgebung korrespondiert die Föderalisierung des Vollzugs. Die Ausführung der Bundesgesetze durch die Länder stellt Landesverwaltung dar. Sie ist an die jeweilige Landesverfassung gebunden, soweit dies nicht mit Bundesrecht kollidiert[97]. Dabei ist zu differenzieren.

- Bei Wahrnehmung von *Handlungs*ermessen sind die Landesorgane natürlich landesverfassungsrechtlich gebunden in den vom Bundesrecht gezogenen Grenzen. Bei den umweltschutzrelevanten Materien z.B. finden sich umfangreiche Abwägungsdirektiven regelmäßig in den Bundesgesetzen selbst (z.B. in §§ 1 ff. BauGB). Die gewollte bundeseinheitliche Ausführung schlägt durch: *Kollisions*lagen suspendieren die Anwendung von Landesverfassungsnormen.
- Nicht anders steht es mit Bundesnormen, die ein *Auswahl*ermessen verleihen, wenn die eine Alternative mit der Landesverfassung vereinbar ist, die andere nicht. Hier darf das Ermessen nicht auf die mit der Landesverfassung vereinbarten Möglichkeiten beschränkt

---

and the Fourteenth Amendment allow diversity only *above and beyond* this federal constitutional floor").

[96] Ein solcher Grundsatz würde zwar Respekt vor der Verfassungshoheit der Länder bezeugen; er störte aber die Einheit des Bundesrechts, schwächte die aus Art. 84 Abs. 2 und Art. 85 Abs. 2 GG folgenden Normerlaßkompetenzen des Bundes und ließe sich auch prozessual nicht realisieren, müßten doch *alle* Landesverfassungen berücksichtigt werden. Allenfalls mögen sich aus dem Recht der Länder *Indizien* für einen föderalen Konsens bezüglich einer bestimmten Interpretation einer Bundesnorm ergeben.

[97] Ein Beispiel mag hier auftretende praktische Probleme erläutern. Gem. Art. 104 GG muß jeder Festgenommene „unverzüglich", spätestens „bis zum Ende des Tages nach dem Ergreifen" dem Richter vorgeführt (oder freigelassen) werden. Nach §§ 115a, 128 StPO gilt als Zeitgrenze der Ablauf des der Festnahme folgenden Tages. Art. 19 hess. Verf. und Art. 5 rhld.-pf. Verf. bestimmen demgegenüber, daß jeder Festgenommene binnen 24 Stunden vorzuführen ist. Liegt ein Einhalten der kürzeren landesverfassungsrechtlichen Frist im bundesrechtlichen Rahmen? OLG Koblenz MDR 1984, S. 425: nein, für den repressiv-polizeilichen Bereich liegt die Regelungskompetenz beim Bund (Art. 74 Nr. 1 GG). Vgl. demgegenüber den präventiv-polizeilichen, genuin landesrechtlichen Bereich.

werden. Eine derartige Ermessensunterschreitung vernachlässigte die Tatsache, daß die schon vorher latent vorhandene Kollision durch die Wahl der unvereinbaren Alternative nur aufgedeckt wird. Es gibt keinen Vorrang des Landesverfassungsrechts vor ermessensleitenden Gesichtspunkten des Bundesrechts.

– Für *Verwaltungsvorschriften* und *Weisungen* des Bundes (Art. 84 Abs. 2 und 5 GG, Art. 85 Abs. 2 und 5 GG) gilt im Ergebnis Gleiches. Hier den 11 Landesverfassungen ein stärkeres Gewicht zu geben, also zu einer territorial unterschiedlichen Ausführung des Bundesrechts zu gelangen, gefährdete die *Einheitlichkeit des Vollzugs.*

Auf der anderen Seite kommt dem Landesverfassungsrecht auch für die *Bundes*verwaltung Bedeutung zu. Die Behörden des Bundes sind zumindest „wie jedermann" (auch) an das Landesrecht gebunden; das betrifft den Bund etwa als Grundstückseigentümer[98].

4.3. Verfassungsrecht und Verfassungsgerichtsbarkeit der Länder

Da die „Verfassungsräume" von Bund und Ländern grundsätzlich selbständig „nebeneinander stehen"[99], besitzen Bundes- und Landesverfassungsgerichtsbarkeit ihre je eigene Domäne. Auf den ersten Blick müßte man aus dieser – im Vergleich etwa zur Schweiz – starken Position der Landesverfassungsgerichte schließen, daß ihre Auslegung primär landesverfassungsrechtlichem Geist entspringt. In Wirklichkeit dominiert bekanntlich die Anpassung an die Rechtsprechung des Bundesverfassungsgerichts (der unmittelbare Einfluß über Art. 99 GG[100] ist demgegenüber vernachlässigenswert). Der Landescouturier entwirft kaum Eigenes; er übernimmt das prêt-à-juger aus Karls-

---

[98] Als Beispiel mag Art. 141 Abs. 3 S. 1 BayVerf. dienen, der das Betreten von Wald- und Bergwiese jedermann gestattet. Gemäß diesem Grundrecht mit Drittwirkung darf der Bund (als Grundstückseigentümer) den allgemeinen Zugang zu seinen bayerischen Waldungen nur verbieten, wenn dies von der spezifischen Natur seines Verwaltungshandelns (Widmung) gedeckt wird, wenn es sich also z.B. um den Truppenübungsplatz Grafenwöhr handelt. Vgl. im übrigen *Jutzi,* Grundrechte, Fn. 91, S. 841.

[99] BVerfGE 4, 178, 189; 6, 376, 381; 22, 267, 270; 41, 88, 118; 60, 175, 209. – Die Landesverfassungsgerichte sind hinsichtlich der Auslegung der Landesverfassungen „unabhängig", Hess. StGH, Urt. v. 30.12.1981, NJW 1982, 1382.

[100] Hier ähnelt die Stellung des Bundesverfassungsgerichts derjenigen des eidgenössischen Bundesgerichts bei der staatsrechtlichen Beschwerde, wenn es aufgrund Kantonsverfassungsrechts entscheidet. Die kantonale Verfassungsgerichtsbarkeit ist hier Vorinstanz vor dem Bundesgericht; letztlich entscheidet dieses über die Auslegung des Kantonsverfassungsrechts.

ruhe[101]. Von *wechselseitigen* Austauschprozessen als einem Merkmal der Verfassungsrechtsprechung im deutschen Bundesstaat[102] kann erst recht nicht die Rede sein. Die Membran zwischen der Rechtsprechung der Landesverfassungsgerichte einerseits und der des Bundesverfassungsgerichts andererseits ist nur semipermeabel.

Darf ich als medienrechtlich Nicht-Gesalbter, noch dazu in Bayern, als Beispiel die (vorerst) nahezu totale Rezeption der (z.T. engherzigen) bundesverfassungsgerichtlichen Rechtsprechung zur Freiheit des Rundfunks seitens des Bayerischen Verfassungsgerichtshofs erwähnen (jedenfalls was die Distanz zur subjektiv-individualrechtlichen Sicht angeht)? Entspricht es zudem bayrischer Staatsrechtslehre zu sagen, die Landesverfassung sei „als eigenständige Erkenntnisquelle und Begrenzungsnorm für das Gebiet des Rundfunks unergiebig"[103]? Oder gerate ich damit in eine „speziell bayerische Problemhöhle des Medienrechts" *(Lerche)*, ja in das Kreuzfeuer zwischen Bayreuth und Passau?

Drei Gründe, scheint mir, sind für das landesverfassungsgerichtliche Kopieren des Karlsruher Schnittmusters verantwortlich:

– Erstens die meist enge Zuständigkeit: ohne Landesverfassungsbeschwerde keine kreative Landesgrundrechtsprechung;
– zweitens das fehlende Landesverfassungsbewußtsein[104];

---

[101] Zum Beleg liegt es nahe, die als „höchsten Wert" apostrophierte Garantie der Würde des Menschen zu betrachten. Dieser „Staatsfundamentalnorm" kommt zentrale Bedeutung für die Sicherung eines Kernbereichs der Grundrechte zu. Sie ist einheitsstiftendes Prinzip der Verfassungsinterpretation, „tertium comparationis" bei der Auflösung von grundrechtlichen Antinomien und Grundrechtskonflikten. Die Differenzierungschancen, die in den landesverfassungsrechtlichen Garantien angelegt sind, haben weder Rechtsprechung noch Wissenschaft genutzt. Die „selbst-unitarisierende" Übernahme bundesverfassungsgerichtlicher Positionen hat eigenständige Akzentsetzungen auf Landesebene im Keim erstickt. Das BVerfG seinerseits war zwar anfangs von der Menschenwürde-Rechtsprechung des BayVerfGH beeinflußt; dies lag aber primär an dessen historischer Vorreiterrolle. Auch bezüglich der von ihm untersuchten Wesentlichkeitsrechtsprechung (Die Wesensgehaltsgarantie des Art. 19 Abs. 2 Grundgesetz, 3. Aufl. 1983, S. 297ff.) vermag *Häberle* nur äußerst selten landesverfassungsgerichtliche Ausstrahlung nachzuweisen (die Strukturierung des Abwägungsvorgangs und der immanenten Grenzen soll eine Leistung des BayVerfGH sein, ebd., S. 299).

[102] So aber *Häberle*, ebd., S. 297ff. Vgl. demgegenüber etwa *Pestalozza*, Fn. 83, S. 748f.

[103] *Herbert Bethge*, Die Verfassungsmäßigkeit des Bayerischen Medienerprobungs- und -entwicklungsgesetzes (MEG), ZUM 1986, S. 255; zum Ganzen jetzt *ders.*, Rundfunkfreiheit in der Perspektive von Bundes- und Landesverfassungsgerichtsbarkeit, ZUM 1987, S. 199ff. sowie BayVerfGH, DVBl. 1987, 296ff.

[104] Die zeitweilig relativ eigenständige Rechtsprechung des Bay. VerfGH ergibt sich nicht nur aus seiner weiten Zuständigkeit (Verfassungsbeschwerde *und* Popularklage) und seiner großen Tradition, sondern auch aus dem Bewußtsein,

– drittens die Wissenschaft. Wer in unserem Kreis interessiert sich schon für nur Landesrechtsbezogenes? Wie soll man derart „Provinzielles" landesfernen Kollegen vermitteln, wie übermitteln? Ist es da verwunderlich, daß sich auch die Kommentare der Landesverfassungen meist ganz in den Windschatten der Grundgesetzkommentare ducken? „Es ist irgendwie zu mühsam, zu wenig ‚lohnend', doppelspurig zu denken" *(Zacher)*.

Die Anlehnung an das Bundesverfassungsgericht ist nicht, wie *Wolfgang Rüfner* meint[105], unabdingbar, jedenfalls nicht in dieser Totalität. Gewiß, die insofern ambivalente Übernahme bundesverfassungsrechtlicher Interpretation fördert die Rechtssicherheit; die Reproduktion von Karlsruher Präzedenzfällen verhindert Saarbrücker Dezisionismus; künstliche Pluralisierung diente niemandem. Aber darf dies den Blick etwa dafür verstellen, daß insbesondere die Landesgrundrechte Teile der *Landes*verfassungen sind? Der Streit darüber, ob gleichlautende Bundes- und Landesgrundrechte die doppelte Garantie eines einzigen (identischen) Grundrechts darstellen, oder ob es sich um eine unterschiedliche, potentiell auseinanderlaufende Gewährleistung von zwei Grundrechten handelt, ist längst entschieden. Dogmatisch und normlogisch kann es nur um Letzteres gehen[106]. Die Tür zu (etwas) mehr Grundrechtspluralismus ist damit zumindest angelehnt.

Trotz jener prinzipiellen Trennlinien ist der Föderalismus des Grundgesetzes kein separativer, sondern ein kooperativer (geworden). Der Frage, was dies für die praktische Wirksamkeit der Landesverfassungen bedeutet, gehe ich nun nach.

5. Landesverfassungsrecht und Länderkooperation

5.1. „Doppelte Politikverflechtung"

Die Realität des heutigen deutschen Bundesstaates ist wesentlich durch einen doppelten Verflechtungsvorgang gekennzeichnet:

---

daß die bayer. Verfassung keine Vor-Kopie des Grundgesetzes ist, sondern die Grundordnung „eines der ältesten Staaten Europas". Heute aber (*Zacher*, Fn. 8, S. 492) „beherrscht . . . das Grundgesetz auch die bayerische verfassungsrechtliche Szene. . . . Schon der Rechtsstudent weigert sich im allgemeinen, zweierlei Verfassungsrecht zur Kenntnis zu nehmen."

[105] In: *Starck/Stern*, Fn. 92, Teilbd. III, S. 268.

[106] *Erhard Denninger*, (Alternativ-)Kommentar zum Grundgesetz, Bd. II, 1984, Art. 142 Rdnr. 4. Es handelt sich um zwei getrennte – getrennt garantierte und getrennt geschützte – Grundrechtsbereiche. Vgl. demgegenüber noch BVerfGE 22, 267, 270ff. – Eine Rechtfertigung der Anlehnungspraxis läßt sich erst recht nicht aus dem angeblichen Mehrzweckargument „gemeindeutsches Verfassungsrecht" ableiten. Von Bestand und Inhalt einer derartigen Normschicht (s.o. 2.1.1.) kann erst gehandelt werden, nachdem die entsprechenden

- durch das dichte Netz der innerföderativen Verhaltensabstimmung (dazu sogleich); sowie
- durch das Eingeflochtensein der Länder in europäische Strukturen – eine „doppelte Politikverflechtung" *(Hrbek)* zwischen nationalem Föderalismus und supranationaler Integration – *Kelsen* würde vom (nahezu) „dreistöckigen" Bundesstaat sprechen –, die das Verfassungsrecht der Länder besonders herausfordert (s. unten 6.).

Die abgegriffenen, im übrigen nuancierungsbedürftigen Schlagwörter für jene *inner*föderative Verflechtung lauten: „kooperativer Föderalismus", „3." bzw. „4. Ebene". Die Kooperation innerhalb des Bundesstaats hat eine *Ursache* in der im allgemeinen bundesweiten Erstreckung der staatlichen Agenden, der politischen Parteien und der wirtschaftlichen und gesellschaftlichen Verbände (z.B. der Tarifparteien)[107].

Verschiedene Aufgaben weisen neuerdings allerdings einen kleinerteiligen Charakter auf; die Lösungsansätze müßten entsprechend stärker regionalisiert werden. Insbesondere scheint der „kooperative Föderalismus" in Kernbereichen verbleibender Landeszuständigkeiten an seine Grenzen zu stoßen, etwa auf den Gebieten der Medien-, Energie- und Bildungspolitik, nicht nur auf Grund parteipolitischer Polarisierung. Die „Einheitlichkeit der Lebensverhältnisse" (Art. 72 Abs. 2 Nr. 3, 106 Abs. 3 Satz 4 Nr. 2 GG) erweist sich mehr als ein „*regionales* Problem", als ein Problem „im Verhältnis von Ballungszentren und strukturschwachen Randgebieten" *(Degenhart)*, weniger als ein spezifisch bundesstaatliches, -weites Problem; die Differenzierung zwischen wirtschaftsschwachen und -starken Regionen hat ebenfalls zugenommen.

Knotenpunkt der Kompetenzverflechtung ist der Bundesrat, eine seit 1867 im internationalen Vergleich einzigartige Einrichtung. Die Ausübung von Bundeskompetenzen hängt faktisch von einer absoluten Mehrheit der Landesregierungen ab[108].

Bundes- und Landesnormen unabhängig voneinander interpretiert worden sind. „Gemeines deutsches Staatsrecht" i.S.v. parallel laufenden Bestimmungen mag dann aus einem Vergleich dieser Auslegungsergebnisse folgen; es kann nicht Ausgangspunkt der Auslegung sein.

[107] Der deutsche Bundesstaat ist, anders als etwa der der USA, ein *unitarischer* Parteienstaat. An den politischen Parteien scheiterte nach dem Volksbegehren in Schaumburg-Lippe und Oldenburg bereits die von der *Ernst*-Kommission technokratisch angelegte Ausführung des ursprünglich in Art. 29 GG enthaltenen Verfassungsauftrages. – Aber auch Gesellschaft und Wirtschaft sind nicht mehr nach dem Muster hier Landes-, dort Bundesebene gewebt, sondern mehrfach verwoben (vgl. *Stern*, Fn. 64, S. 664).

[108] Andererseits sind die Länder in ihren eigenen Gesetzgebungskompetenzen eng beschränkt; auch für ihre Einnahmen sind sie auf Bundesgesetze angewiesen (vgl. *Fritz W. Scharpf*, Die Politikverflechtungsfalle, PVS 26 [1985],

Das Sein der Länder, auch im Finanziellen[109], wird wesentlich durch die föderativen Kooperationen und Partizipationen bestimmt. Ihnen wende ich mich nun zu. Wird hier Gliedstaatlichkeit, wird hier zumindest Landesverfassungsrecht durch den „breiten Strom der Teilhabe an fremden Zuständigkeiten und der kooperativen Ausübung von Zuständigkeiten"[110] veräußert?

5.2. Formen und Folgen der Länderkooperation[111]

Über die Gremien und gemeinsamen Einrichtungen der Gliedstaatenkooperation informiert u.a. das Referat, das *Jost Pietzcker* soeben

S. 323ff.). Bundesstaatspolitisch stellt die Gliedstaatenkooperation eine Alternative zum weiteren Anschwellen gesamtstaatlicher Kompetenzen dar. Unter Demokratie- und Rechtsstaatsaspekten sticht demgegenüber die kooperationsverursachte „Diffusion der politischen Verantwortung" (ebd., S. 349) ins Auge.

[109] Die Länder sind insbesondere für ihre Einnahmen auf Bundesgesetze angewiesen. Begnügte sich der Gesamtstaat vor dem Ersten Weltkrieg mit 10% und Mitte der 20er Jahre mit 30% der Nettoeinnahmen, so erhält er heute bereits 50% (vgl. *Ritter*, Fn. 10, S. 214). Für die Befindlichkeit der Länder, ihren Handlungsspielraum und damit auch für ihre verfassungsrechtliche Selbstbehauptung ist dies ein wichtiges Datum. Vom Verfassungsrecht der Länder läßt sich ohne Beachtung ihrer Finanzausstattung nicht handeln. – Das Lehrgebäude des kooperativen Föderalismus *(Kisker u.a.)* ist in die Jahre gekommen. Betrachtet man mit Hilfe der Politikwissenschaft *(Scharpf, J., J. Hesse, Ritter u.a.)* seine Bausubstanz, so ist es „ruiniert" (*Scharpf*, Fn. 108, S. 330): Die grundlegenden institutionellen Probleme der föderalen Kompetenz-Verschränkungen sind ungelöst geblieben.

[110] *Zacher*, Fn. 8, S. 498. – Der Gegentrend schlägt sich etwa in Bemühungen um den Abbau der Mischfinanzierungssysteme (u.a. Wohnungs- und Hochschulbau) nieder; ihre Aufgaben sind z.T. von kleinerräumigen Problemstellungen überholt worden. Ganz allgemein zeigt sich eine stärkere Ausdifferenzierung der öffentlichen Handlungsfelder. Anders, besser als der Bund sind die Länder – so der Realbefund *Ritters* (Fn. 10, S. 219) – in der Lage, „die regionalen Besonderheiten zu beachten, einen Ausgleich zwischen den verschiedenen regionalen und lokalen Interessen herzustellen, die Impulse aus der örtlichen Ebene aufzunehmen und unter übergeordneten Gemeinwohlinteressen zu entscheiden". Vgl. demgegenüber *Reinhard Hendler*, Unitarisierungstendenzen im Bereich der Gesetzgebung, ZG 1987, S. 210ff. (allerdings ohne Berücksichtigung der unitarisierenden Wirkung der EG-Rechtsetzungen).

[111] Gliedstaatenkooperation bis hin zur staatsvertraglichen Verdichtung gibt es zwar auch in anderen Bundesländern, etwa in den USA (bilaterale, plurilaterale oder omnilaterale „inter state compacts"), in der Schweiz („Konkordate") oder in Österreich (Länderstaatsverträge), und es gab sie massiv bereits unter der WRV. Aber wohl nur der Föderalismus der Bundesrepublik wird so stark durch das dichte Netz exekutiver Kooperationsgremien geprägt, einschließlich der

- einstimmig entscheidenden *Ministerpräsidentenkonferenz;* diese Spitze der Kooperationspyramide stammt noch aus vorgrundgesetzlicher Zeit; Indiz für die Staatlichkeit der Länder verkörpert sie einen Rest der bündischen Idee;
- Besprechung der *Regierungschefs von Bund und Ländern* (§ 31GeschO

auf dem Rechtsvergleichertag gehalten hat[112]. Ich beschränke mich auf Konsequenzen für das Landesverfassungsrecht[113], erläutert an einem Beispiel aus dem landesverfassungsrechtlich intensiv geregelten Bildungsbereich.

Angesichts kleinräumiger Schulpolitik führte großräumige[114] Mobilität frühzeitig zur Klage: „Vater versetzt – Kind sitzengeblieben".

BReg.); auch diese Bund-Länder-Gipfeltreffen bezeugen nicht selten das gewachsene Selbstbewußtsein der „Landesfürsten";

- heute 14 *Ressortministerkonferenzen;* von ihnen ist die Kultusministerkonferenz (KMK) als „Supra-Länder-Kultusministerium" *(Grawert)* am bekanntesten; reine Länderangelegenheiten werden auf diesen regelmäßig einstimmig entscheidenden Konferenzen ebenso verhandelt wie Gesetzentwürfe des Bundes und die Durchführung von Bundesgesetzen; einen Eindruck von der Verdichtung dieser Kooperation und ihrer Verästelung bis hinab auf die untere Verwaltungsebene vermittelt die Anlage zum Beitrag *Zacher* (Fn. 8, S. 521–530): Allein im Bereich des Staatsministers der Finanzen (S. 525f.) operieren 35 Kooperationsgremien.

[112] Zusammenarbeit der Gliedstaaten im Bundesstaat – Landesbericht Bundesrepublik Deutschland –, ms. 1987.

[113] *Länder-Länder-* und *Länder-Bund-*Kooperation sind hinsichtlich Zulässigkeit und dogmatischer Einordnung zu unterscheiden. Aus der Sicht unseres Themas können diese Ebenen jedoch, soweit es um empirische Befundnahme geht, zusammen behandelt werden: Regelmäßig ist der Bund zumindest beratend beteiligt. Trotz gewisser Zusammenarbeit im Bereich von Legislative und Judikative läßt sich ein hinreichend komplettes Bild zeichnen, wenn man sich auf die (institutionalisierte) Kooperation der Exekutiven beschränkt: „Was man euphemistisch den kooperativen Föderalismus zu nennen sich angewöhnt hat, ist ein Exekutivföderalismus zu Lasten der Länderparlamente" (*Erk Volkmar Heyen,* Der Bundesrat – ein Rat der autonomen Kabinette? Der Staat 21 [1982], S. 191ff.). – Die inter*gouvernementale* Zusammenarbeit steht auch im EG-Rahmen im Vordergrund. Die EG respektiert die Verfassungen ihrer Mitglieder (s.u. 6.); die Verfassungen der Glieder ihres Mitgliedes Bundesrepublik Deutschland berücksichtigt sie nicht (vgl. *Theodor Eschenburg,* Der dreistufige Bundesstaat, in: Festschrift für Hennis, 1987, S. 59).

[114] Besonders großräumig ist natürlich der Rundfunk, dessen Organisation nach bundesverfassungsgerichtlichem Diktum eingehender gesetzlicher Regelung bedarf; direkt bundesweit empfangbare deutsche Satellitenprogramme benötigen die Zustimmung der Länder. Die Veranstaltung von Satellitenrundfunk ist aber von den technisch-ökonomischen Gegebenheiten her nicht nur bundesweit ausgerichtet, sondern das BVerfG anerkennt zu Recht bereits die „Entstehung eines europäischen, wenn nicht über Europa hinausreichenden Rundfunkmarktes" (BVerfGE 73, 118). Die Praxis löst das Problem – vor dem Hintergrund des Grundsatzes bundesfreundlichen Verhaltens (vgl. *Walter Schmitt Glaeser/Christoph Degenhart,* Koordinationspflicht der Länder im Rundfunkwesen, AfP 1986, S. 173f., 178ff.) – durch omnilaterale Staatsverträge der Länder. In ihnen verpflichten sich diese zum Erlaß gleichlautender Regelungen. Wie etwa Art. 16 Abs. 3 des mittlerweile in Kraft getretenen Rundfunk-Staatsvertrages vom 3. April 1987 zeigt, gilt hier regelmäßig das bündische Prinzip „alles oder nichts": Wird der Vertrag in einem Land nicht ratifiziert, wird er insgesamt hinfällig. Indiz für die Sogwirkung der geradezu kontinentübergreifenden Tatbestände: Die neueste Sammlung der Medien-Staatsverträge der deutschen Bundeslän-

Immer wirksamer übernahm daraufhin die Kultusministerkonferenz (KMK)[115] – die Abitur-Einigung der vergangenen Woche ist das aktuellste Beispiel – die Aufgabe inhaltlicher Abstimmung, wobei die KMK übrigens eines der wenigen Kooperationsgremien ist, bei dem die Länder noch heute kartellartig unter sich bleiben, den Bundesminister also nur zu einzelnen Tagesordnungspunkten hinzuziehen[116].

Gegenüber diesem bundesweiten Vereinheitlichungs- und Modernisierungssog wirkte Art. 38 der Landesverfassung von Rheinland-Pfalz einige Zeit wie ein rocher de bronce. Diese Norm von eindeutiger Heredität schreibt vor, daß bei der Gestaltung des höheren Schulwesens „das klassisch-humanistische Bildungsideal ... zu berücksichtigen" ist. Nach den Zeitzeugen *Süsterhenn/Schäfer*[117] wäre eine Schulreform verfassungswidrig, die das humanistische Gymnasium aushöhlte.

Eben dies erfolgte durch das „Abkommen zur Vereinheitlichung auf dem Gebiete des Schulwesens" vom 24. Oktober 1964[118], einen KMK-Beschluß, der den Beginn des Griechisch-Unterrichts auf das 9. Schuljahr hinausschob[119]. Die Regierung *Altmeier* schreckte vor einer Mainzer Selbst-Isolierung zurück. Sie erhöhte, ohne dadurch die Schwächung des Gymnasiums auffangen zu können, die Stundenzahl für den Griechisch-Unterricht im Lande. Der politische Einigungsdruck zwischen den Ländern hatte zur faktischen Aufgabe[120]

---

der ist im Völkerrechtsband „Weltraumrecht – Law of Outer Space" (*Stephan v. Welck/Renate Platzöder,* 1987, S. 797ff.) enthalten. – Aus der Sicht unseres Themas wichtig ist auch der Umstand, daß dem Vertragsrecht prinzipiell kein Vorrang gegenüber dem Landesverfassungsrecht zukommt. Staatsverträge müssen mit den Verfassungen der Vertragspartner – jene sind insofern Maßstabsnormen – vereinbar sein (vgl. BayVerfGH, VerfGHE 26, 101; 28, 143, 156).

[115] Überblick bei *Hartmut Klatt,* Interföderale Beziehungen im kooperativen Bundesstaat, VerwArch 78 (1987), S. 186 (188ff.).

[116] Vgl. *Pietzcker,* Fn. 112, S. 4.

[117] *Adolf Süsterhenn/Hans Schäfer,* Kommentar der Verfassung für Rheinland Pfalz, 1950, Art. 38 Anm. 2: Dieser Gymnasialtyp war durch die NS-Schulpolitik „aus rassisch-nationalistischen Gründen zu Gunsten ‚deutscher Oberschulen' . . . stark zurückgedrängt worden. Die französische Militärregierung erschwerte (seine) Wiederherstellung. . . . Die Verf-geber legten jedoch entscheidenden Wert darauf, die auf der Antike aufbauende humanistische Bildung als Grundlagen der christlich-abendländischen Kultur und gemeinsames Erbgut der europäischen Völker . . . wieder stärker zur Geltung zu bringen, um so . . . das europäische Gemeinschaftsbewußtsein zum Tragen zu bringen."

[118] Zum folgenden *Hennecke,* Staat und Unterricht, 1972, S. 59ff. *Süsterhenn* selbst hatte die Aufnahme des Humanismus-Artikels im Verfassungsausschuß der beratenden Landesversammlung (als CDU-Entwurf) nur knapp durchgesetzt; immerhin war dieser dann aber – nach Volksabstimmung – geltendes Recht geworden. Die Regelung fand Entsprechung an anderen Stellen der LV., deren Bezüge zum Naturrecht ebenfalls Grüße an den Zeitgeist entboten.

[119] Sammlung KMK-Beschlüsse, Gruppe II, Nr. 101.

[120] Erfolgte dies im quid pro quo der KMK, so beruhte der Bedeutungsverlust des Anti-Koedukations-Artikels 32 derselben LV. („Beim Aufbau des

landesverfassungsrechtlich garantierter, bundesweit nicht konsensfähiger Vorgaben geführt – Bedeutungsabbau gliedstaatlichen Verfassungsrechts durch Gliedstaatenkooperation[121].

5.3. *Rechtsfragen der Länderkooperation*

In den Verfassungstexten schlägt sich die Kooperation auf Landesebene nur spärlich nieder. In den USA fehlen entsprechende Regelungen ganz. Während das insofern stark reformierte GG die Zusammenarbeit betont, läßt sich den Landesverfassungen eine Vorliebe für einen mehr kooperativen oder einen mehr separativen Föderalismus schwerlich entnehmen – ein Beschweigen, das in der Staatspraxis der Bedeutsamkeit des Landesverfassungsrechts abträglich ist. Legitimations- und Kontrollsicherndes findet sich immerhin zu Staatsverträgen[122]. Die durchweg recht lapidaren Regelungen bleiben aller-

---

Schulwesens ist der Eigenart der männlichen und weiblichen Jugend Rechnung zu tragen") auf einer allgemeinen Veränderung erziehungswissenschaftlicher Theorien. Die Bestimmung verlangt laut *Süsterhenn/Schäfer,* Fn. 117, Anm. 2 „grundsätzlich getrennte Jungen- und Mädchenschulen. . . . Ebenso wird man aus Art. 32 als Grundsatzregelung entnehmen können, daß Mädchen überwiegend von weiblichen, Jungen überwiegend von männlichen Lehrkräften erzogen werden sollen." Ein Jahrzehnt später wurde dann nachgewiesen – soweit pädagogische Erkenntnisse beweisfähig sind –, daß die entsprechenden entwicklungspsychologischen Befürchtungen unbegründet waren. Koedukation wurde die Regel. „Eine Festlegung der Schüler oder Schülerinnen auf bestimmte traditionelle Rollen verbietet sich", formulierte die DJT-Schulreformkommission (S. 152). Wenn es dort weiter hieß, das sei „z.B. bei Aufstellung der Lehrpläne zu berücksichtigen", so steckte darin eine Spitze auch gegen Art. 131 Abs. 4 bayer. LV., demzufolge die Mädchen „außerdem in der Säuglingspflege, Kindererziehung und Hauswirtschaft besonders zu unterweisen" sind. Mittlerweile ist die bildungspolitische Diskussion offenbar schon um die nächste Ecke gebogen. Koedukation wird neuerdings – als angebliche mittelbare Diskriminierung der Mädchen – wieder infrage gestellt. Insoweit mag Art. 32 rhld.-pf. Verf. vielleicht einem neuentstehenden Konsens der Pädagogen entsprechen, bis diese dann erneut in Dissens zerfallen.

[121] Soweit ersichtlich spielt die LV. bei jenem Konsensaufbau, -zerfall und -wiederaufbau keine Rolle. Die Praxis hat den konstitutionellen Nachkriegsstandards den Rücken gekehrt. Im rhld.-pf. Kultusministerium, heißt es, würdigt man diese Verfassungsbestimmungen als bloße allgemeine Zielorientierungen (mit stark historischer Komponente); im übrigen, d.h. in erster Linie hält man sich an die Vorgaben des Schulgesetzes – auf dem Weg „zur Gesetzmäßigkeit der Verfassung" *(Leisner).* – Zur Bedeutungsreduktion der Landesverfassung durch die Integration der Länder in größeren Zusammenhängen vgl. *Zacher,* Fn. 8, S. 501, unter der Zwischenüberschrift: „Politischer Glanz und verfassungsrechtliches Elend der Außenwendung bayerischer Staatlichkeit."

[122] So erwähnt Art. 43 hamb. Verf. das Vertretungsrecht des Senates „gegenüber der Bundesrepublik Deutschland, den deutschen Ländern und dem Ausland" (entsprechend Art. 25 Abs. 2 LS. Schleswig-Holstein). Die Verf. von

dings hinter denen des Art. 59 GG zurück. Das Abschlußverfahren wird teils durch Landes-, teils durch Bundesverfassungsrecht bestimmt[123].

Die Rechtsprechung hat die Kooperationslösungen durchweg gebilligt. In bestimmten Konstellationen bestehe sogar eine Pflicht zum Abschluß eines Staatsvertrages (zwecks Sicherung einheitlichen Grundrechtsschutzes). Die Grundrechte (Art. 3, 5 und 12 GG) entfalten insofern auch hier zentralisierende Wirkung[124].

Da die Exekutivkooperation den landesbezogenen Aufgabenkreis und seine Wahrnehmung wesentlich determiniert, sollten die Landesverfassungen zu den Agenden (in nicht-abschließender Form) Farbe bekennen. Der (gebotenen) Informalität mancher Formen der Gliedstaatenkooperation täte dies keinen Abbruch.

Daß der Exekutivföderalismus auf Kosten der Landtage geht, brachte *Walter Leisner* schon vor 20 Jahren auf den Punkt[125]. Dieser realen Verschiebung im Kompetenzgefüge tragen die Landesverfassungen nicht Rechnung[126]. Versuche, auch nur die bisher (aufgrund von

---

Baden (1947) bestimmte (Art. 99): „In Angelegenheiten . . . der Landesgesetzgebung . . . kann die Landesregierung mit anderen deutschen Ländern und mit auswärtigen Staaten Verträge schließen."

[123] Als einzige Landesverfassung enthält die hamb. (in Art. 2 Abs. 3) eine Art. 24 Abs. 1 GG entsprechende Klausel (im Hinblick auf gemeinsame *Länder*einrichtungen). Eine Übergangsvorschrift, Art. 180 bayer. Verf., regelt Zuständigkeitsabtretungen an „Gemeinschaftseinrichtungen mehrerer (Glied-)-Staaten".

[124] Obwohl föderalistische Vielfalt an sich nicht zu einer Grundrechtsverletzung führen kann, vielmehr insbesondere der Gleichheitsanspruch entsprechend begrenzt ist (vgl. BVerfGE 10, 354, 371; 12, 139, 143; 12, 319, 324; 17, 319, 331; 42, 20, 27), deutet sich seit dem NC-Urteil (BVerfGE 33, 303, 353ff.) in Ausnahmefällen ein Vorrang der Art. 3, 5 und 12 GG an (vgl. *Pietzcker*, Fn. 112, S. 37; Ansätze auch bei *Schmitt Glaeser/Degenhart*, Fn. 114, S. 177f., 183ff.; kritisch *Gunter Kisker*, Grundrechtsschutz gegen bundesstaatliche Vielfalt?, in: Festschrift für Bachof, 1984, S. 47ff.; differenzierend *Bethge*, Fn. 12, S. 199ff., 207ff. – „Gemeindeutsches Vertragsrecht" (eine Kategorie der Systematisierung; keine Rechtsquelle; s.o. 2.1.1.) oder Völkerrecht können zur Lückenfüllung im innerföderalen Vertragsrecht schwerlich entsprechend herangezogen werden. Die Auffassung etwa von *Thoma* (Fn. 29, S. 178), wonach „die gegenseitigen staatshoheitlichen Beziehungen zwischen den Ländern untereinander" als „Überbleibsel aus der staatenbündischen Zeit" materiellrechtlich nach *Völkerrecht* zu beurteilen sind, findet auch im Landesverfassungsrecht keine Stütze.

[125] Schwächung der Landesparlamente durch grundgesetzlichen Föderalismus, DÖV 1968, S. 389ff. („getroffen" wird „die demokratische Staatlichkeit der Länder", S. 390).

[126] Auch die Kantonsverfassungen geben sich wenig Mühe mit den aktuellen Föderalismusproblemen, vgl. *Eichenberger*, Fn. 10, S. 157f.; ebd., S. 166f. ist die Rede von „Rückständen", die „für den Bedeutungsabbau der Kantonsverfassungen ursächlich sind, z.B. Beschweigungen der föderativen Partizipationen und Kooperationen"; auch bezüglich der Bemühungen um Stärkung der Position

Briefwechseln, Landtagsbeschlüssen usw.) praktizierte *Unterrichtung* der Parlamente über Vorgänge aus der großen weiten Welt des Vollzugsföderalismus *verfassungs*rechtlich festzuschreiben, blieben ohne Erfolg[127]. Auch hier ist der parlamentarische Zugriff allerdings eher eine Frage des Wollens als des Könnens (eine speziell auf die Gliedstaatenkooperation zugeschnittene „dritte" parlamentarische Ebene – i.S.e. „dritten Kammer" – würde die Landtage indes noch weiter an den Rand des Geschehens drücken).

Ein vorgeschaltetes Informationsverfahren findet sich auch auf der dritten, der supranationalen Etage. Hier gibt es indes ebenfalls nur eine Inter-Organ-Vereinbarung (zwischen EG-Rat bzw. -Kommission und Europäischem Parlament), keine *vertrags*rechtliche Absicherung als Ausdruck eines permanenten Einverständnisses. An diesem nämlich fehlt es auf EG- wie auf Länderebene.

5.4. Neuere Entwicklungen

Diese Verlustbilanz der Gliedstaatenkooperation – aufgestellt aus der Perspektive des Landesverfassungsrechts – bedarf angesichts neuerer Entwicklungen einer gewissen Nuancierung.

Auf verschiedenen Feldern scheint sich bei der Gesetzgebung ein Sättigungsgrad abzuzeichnen. Der Novellierungsschub etwa im Umweltbereich (1985/86) bewirkte, daß bei manchen Agenden nun nicht Gesetzgebungs-, sondern Vollzugsfragen und mit ihnen wohl primär *regional* Bedeutsames in den Vordergrund treten. Dieser Vollzug stellt zudem keine schematische Gesetzesexekution dar; er enthält – um beim Beispielsbereich zu bleiben – z.T. eigenständige umweltpolitische Elemente. Die Gesetzgebung steuert dieses umweltpolitische Handeln also nur bedingt bzw. nur partiell[128]. Unter Kontroll- und Demokratieaspekten mag dies Fragen aufwerfen, ja zur Diskussion über das Legitimationsgefüge im föderalen Staat zwingen. Hier wäre dann etwa Formen von Quasi-Legitimierungen nachzugehen, die sich der „kooperative Staat"[129] durch Zusammenwirken mit gesellschaft-

---

gegenüber dem Bund stehen die Kantonsverfassungen „wie unbeteiligt . . . abseits", ebd., S. 160f.

[127] Vgl. *Heyen*, Fn. 113, S. 194, 197.

[128] Hierzu und zum Vorgehenden *Ernst-Hasso Ritter*, Umweltpolitik und Rechtsentwicklung, NVwZ 1987, S. 929 (936). Vgl. bereits *Renate Mayntz* (Hrsg.), Implementation politischer Programme, Bd. 1, 1980, Bd. 2, 1983; Rat von Sachverständigen für Umweltfragen (Hrsg.), Vollzugsprobleme der Umweltpolitik, 1978.

[129] Vgl. *Ernst-Hasso Ritter*, Der kooperative Staat, AöR 104 (1979), S. 389 (406ff.); *Peter Häberle*, Die Verfassung des Pluralismus, 1980, S. 287ff.; *Ulrich von Alemann/Rolf G. Heinze* (Hrsg.), Verbände und Staat. Vom Pluralismus

lichen Gruppierungen zu beschaffen sucht; die Konzertierte Aktion, ein Wirtschafts- und Sozialrat, ja auch das Verbändegesetz und der Bayerische Senat würden wieder aktuell. Als „Verwaltungsparlamente“ haben die Landtage andere Aufgaben und ein anderes Selbstverständnis als der Deutsche Bundestag, der sich primär wohl als „Gesetzgebungsparlament“ sieht. Die Kontrolle der Exekutive findet im Landtag, wenn auch verfassungsrechtlich apokryph, als begleitende oder gar präventive Verwaltungsaufsicht statt[130].

Diese Ansätze zu nutzen, statt ihnen schweigend zu begegnen, diese untereinander verflochtenen, sich verdichtenden Entwicklungen aufzunehmen oder sie – etwa aus Sorge vor (vermehrter) Verflüchtigung der politischen Verantwortung – bewußt nicht zu verfassen, ist Aufgabe des Verfassungsgebers auf Landesebene. Ein Verankern der Petitionsausschüsse allein, ohnehin vom GG abgeschrieben, ist keine mitreißende Landesverfassungspolitik.

5.5. Kompensation?

Zurückhaltung ist andererseits gegenüber Kompensationsverfahren geboten, selbst gegenüber gemeinsamer Kompetenzausübung im Bundesrat. Bei aller Ausstrahlungswirkung solcher Ausgleichsschemata – wirkliche Kompensation gibt es hier nicht. Verlust der in Frage gestellten Individualität, Abbau des Differenzierten, Gewachsenen, Gefühlsmäßigen einerseits, Gewinn durch Partizipation an „übergreifenden“, einheitlichkeitsorientierten Entscheidungsprozessen andererseits – diese bereits im Kommunalbereich als gefährlich erkannte Dialektik des Sich-Verlierens und Sich-Wiederfindens enthält für die Länder und ihre Verfassungen keine auf Dauer lebenssichernde Synthese.

Die h.L.[131], die den Bundesstaat primär unter funktionalen Gesichtspunkten der Dezentralisierung politischer Entscheidungsmacht sieht, hat dieses Fehlen der Äquivalenz[132] unterschätzt. Sie stand viel-

---

zum Kooperatismus, 1979; *Warnfried Dettling* (Hrsg.), Die Zähmung des Leviathan. Neue Wege der Ordnungspolitik, 1980; *Manfred Glagow* (Hrsg.), Gesellschaftssteuerung zwischen Kooperatismus und Subsidiarität, 1984.

[130] Vgl. *Ernst-Hasso Ritter*, Theorie und Praxis parlamentarischer Planungsbeteiligung, Der Staat 19 (1980), S. 413 (423ff.); kritisch zur neueren Ausweitung des Kontrollbegriffs *Wolfgang Graf Vitzthum*, Parlament und Planung, 1978, S. 333ff. (S. 336f.: „je mehr Mitentscheidung, desto weniger Kontrolle“).

[131] Z.B. *Konrad Hesse*, Bundesstaatsreform und Grenzen der Verfassungsänderung, AöR 98 (1973), S. 1 (20ff., 40f.). Vgl. bereits *ders.*, Der unitarische Bundesstaat, 1962; für die aRV und die WRV *Karl Bilfinger*, Der Einfluß der Einzelstaaten auf die Bildung des Reichswillens, 1923.

[132] Vgl. *Eckart Klein*, Die Kompetenz- und Rechtskompensation, DVBl. 1981, S. 661 (663f.).

leicht noch zu sehr unter dem Eindruck der positiven Analyse der Weimarer Verhältnisse durch *Bilfinger* und *Smend.* Bis in die 60er Jahre herrschte außerhalb Bayerns und der Stadtstaaten auch die Auffassung vor, die Bundesländer seien nicht individuell geprägt. Konsequenterweise hatte der Verfassungsgeber des Jahres 1949 dem Art. 29 GG Zähne eingesetzt[133]. Noch Ende der 40er Jahre war bayerischen Volksschullehrern amtlicherseits aufgegeben worden, für die Rückgewinnung der Rheinpfalz zu agitieren.

Mittlerweile jedenfalls muß man die Berechtigung des bundesstaatlichen Prinzips des Grundgesetzes stärker auch (kumulativ!) im Sinne der Wahrung bundesstaatlicher Vielfalt, der Erhaltung eigener Untergliederungen sehen[134]. Eine derartige (länder-)identitätswahrende Bedeutung des Föderalismus korrespondiert nicht nur analogen Tendenzen in Wirtschaft („small is beautiful", „ökonomischer Föderalismus") und Gesellschaft (Vorrang und Schutz der kleineren Räume und Gruppen, Subsidiaritätsprinzip) sowie neodemokratisch regionalistischen Trends in der Politik (größere Orts- und Bürgernähe, Rückbesinnung auf „menschliches Maß", New Federalism). Sie entspricht auch älterer deutscher Tradition; der Zentrale, forderte schon *Bismarck*[135], sei nur das zu übertragen, das „absolut zum Zusammenhalt des Ganzen, das zur Wirkung nach außen erforderlich ist".

Ich erinnere schließlich an *Ulrich Scheuners*[136] Vorstellung von der föderalen Sonderung. Bereits in den 40er Jahren hatte *Triepel* gegenüber der nivellierenden Wirkung des unitarischen Bundesstaates die

---

[133] Diese Zähne wurden dann durch den verfassungsändernden Gesetzgeber der 70er Jahre auf Druck der „neuen Individualitäten" und ihrer Parteigliederungen ausgebrochen.

[134] Vgl. demgegenüber noch *Hesse*, Bundesstaatsreform, Fn. 131, S. 95: „Das Schwergewicht der Bundesstaatlichkeit des Grundgesetzes liegt weniger im Moment regionaler Besonderheit und unverbundener Gestaltungsmöglichkeit der einzelnen Länder als in den Auswirkungen des föderativen Aufbaus für die Gestalt und das Leben des gesamten Gemeinwesens."

[135] Reichstagsrede vom 16.4.1869, abgedruckt in: *ders.*, Mensch und Staat, 1974, S. 146 (147); vgl. im übrigen *Pernthaler*, Fn. 4, S. 459: „Dieser Dualismus von nächster Heimat (auch im geistigen Sinne) und universeller Friedensordnung . . . ist das eigentliche Erbe Europas und seines leidvollen Weges zum Föderalismus, an dessen Ende die Staaten noch nicht gelangt sind."

[136] Staatstheorie und Staatsrecht, 1978, S. 415 (427), S. 435 (437f.): Eine Rechtfertigung des Bundesstaates aus der Idee der Machtbalancierung greife zu kurz. Sie trage im Grunde nur eine Gliederung, nach der die Länder lediglich noch als rechtlich dem Zugriff des Bundes entrückte Positionen gekennzeichnet seien. Selbständige Zentren demokratisch legitimierter politischer Entscheidung könnten so nicht begründet werden. Hierzu sei das Moment regionaler und sozialer Individualität erforderlich. Anders könne die dem föderativen Gefüge eigene Spannung nicht aufrechterhalten werden. Länder ohne Individualität könnten dem Bund (und den anderen Ländern) kein hinreichendes Gegengewicht entgegensetzen; Gewicht und Gegengewicht aber mache den Bundesstaat aus.

Gliedstaaten „als Individualitäten" hervorgehoben[137]. Dies ist auch die Sicht des GG. Im Bundesrat (das stärker „demokratisch-unitarische" Senatsmodell fand im Parlamentarischen Rat keine Mehrheit), um nur ein Beispiel zu geben, wird nicht das Volk repräsentiert, sondern werden Länder vertreten: die Länder in ihren auch für den Gesamtstaat unentbehrlichen Charakteristika und Spezifika[138].

Die Rechtfertigung föderaler Ordnung ergibt damit ein komplexes Bild. Für manche Bundesländer mag die gesamtstaatliche Mitgestaltungschance entscheidend sein – und das föderale Getriebe macht der Landespolitik und -verwaltung offensichtlich Spaß –, für andere vornehmlich oder ebenso sehr die Wahrung ihrer Identität und Individualität. Der Bundesstaat besitzt insofern einen doppelten Funktionssinn. So oder so kann das gliedstaatliche Verfassungsrecht dazu beitragen[139], die Rolle des Gliedstaates zu leiten, das Zusammenführen des Mannigfaltigen zu verdeutlichen und die gliedstaatliche Eigenständigkeit und bundesstaatliche Vielfalt zu stützen.

Ideale Alternativen zum Kompensationsmodell gibt es nicht. Das – vorsichtige – Ausschöpfen der Landesverfassungsautonomie, etwa der Befugnis zum Gewährleisten präziserer (inhaltsgleicher) Grundrechte oder zur Definition eigenständiger (z.B. auf die Region bezogener) Staatsaufgaben, ist indes ein bisher zu wenig eingesetztes Instrument. Innerhalb jener auf vielen Feldern unvermeidlichen Vereinheitlichung könnten die Landesverfassungen eine materiale Vielfalt sichern, in der sich die Länder als Individualitäten sichtbarer darzustellen vermögen. Eine auf das Organisationsrecht beschränkte formelle Vielfalt, eine bloße politische Dezentralisierung, beraubte demgegenüber die Bundesstaatlichkeit eines wesentlichen Sinnes.

Für die deutschen Bundesländer ist die Selbstbehauptung besonders schwierig, stehen sie doch und mit ihnen ihre Verfassungen unter singulären Einwirkungen aus dem überstaatlichen Bereich. Diesen gehe ich nun nach.

6. Landesverfassungsrecht und europäische Integration

6.1. Föderative Kosten der europäischen Integration

Hier gilt es folgende Doppelfrage zu beantworten:

– Inwieweit bedroht der immer intensivere Ausbau der EG (selbst klassische Länderaufgaben werden nun gemeinschaftsrechtlich be-

[137] Fn. 38, S. 16ff.

[138] Die Stimmenzahl im Bundesrat (vgl. Art. 51 Abs. 2 GG) korrespondiert der Bevölkerungszahl allerdings stärker als dies bei den Lösungen in den USA oder in der Schweiz der Fall ist.

[139] Vgl. etwa *Eichenberger*, Fn. 10, S. 168.

stimmt) die Substanz des Verfassungsrechts der deutschen Bundesländer;
- inwieweit ist – umgekehrte Blickrichtung – gliedstaatliches Verfassungsrecht vielleicht gerade auch für den europäischen Bereich relevant?

Ausgangspunkt der Erörterung ist die Feststellung, daß das Landesverfassungsrecht ähnlich schlecht wie das Grundgesetz gegenüber Erosionsprozessen an der EG-Flanke geschützt ist. Das EG-Recht enthält aus sich heraus keinen Mechanismus, um integrationsbedingte Kompetenzverluste der Länder aufzufangen oder zu kompensieren[140]. Ein EG-rechtlicher Ausgleich, der nicht zugleich die Funktionsfähigkeit der Gemeinschaft beeinträchtigt, ist nicht in Sicht.

Angesichts der Wirkung von Art. 31 GG (was in Bundesrecht transformierte Verträge angeht) und von Art. 189 EWG-Vertrag (Verordnungen und Richtlinien) ist die Integrationsbilanz für die deutschen Bundesländer und ihre Verfassungen negativ[141]. Beim gesamtstaatlichen wie beim gemeinschaftsrechtlichen Meinungsbildungsprozeß spielen gliedstaatsverfassungsrechtliche Vorgaben keine Rolle. Aus der Praxis der Bundesressorts, übrigens auch im Bereich der Europäischen Menschenrechtskonvention (EMRK), ist kein einziges spezifisch landesverfassungsrechtliches Argument bekannt. Auf die EG-wettbewerbsrechtlichen Schranken der regionalen Wirtschaftsförderung[142]

---

[140] Vgl. *Meinhard Schröder*, Bundesstaatliche Erosionen im Prozeß der europäischen Integration, JöR NF 35 (1986), S. 83 (97–101). Vgl. auch *Georg-Bernd Oschatz/Horst Risse*, Europäische Integration und deutscher Föderalismus, Europa-Archiv 1988, S. 9ff. – Ein nicht berücksichtigtes gliedstaatsverfassungsrechtliches „Bremsmodell", das allerdings der Anpassung bedurft hätte, wäre das des Art. 152 hess. LV gewesen.

[141] Landesverfassungsrecht wie föderale Ordnung insgesamt bieten indes auch europapolitische Möglichkeiten. Der Föderalismus muß das Bauprinzip eines sich einigenden Europas sein. Europas Einheit und Deutschlands föderale Vielfalt ergänzen und stützen sich. – Insgesamt ist die Völkerrechtsfreundlichkeit der Landesverfassungen bemerkenswert. Sie gehen inhaltlich z.T. über Art. 25 GG hinaus (vgl. auch Art. 67–69 hess. LV, Art. 46 württ.-bad. Verf. von 1946). In ihren Bezugnahmen auf das Völkerrecht bieten die Texte vereinzelt alternative Modelle (Hessen zum Vorrang des Völkerrechts einschließlich des Staatsvertragsrechts; Württemberg-Baden zur unmittelbaren Wirkung von vertragsrechtlichen Fremdenschutzbestimmungen). Es unterstreicht die Würde gliedstaatlicher Verfassungsgebung, daß gerade die Landesverfassungen den Rang des Völkerrechts nach einer Epoche der Rechtlosigkeit hervorhoben. Weltoffenheit und Normbewußtsein, nicht Provinzialität oder bloßer Pragmatismus waren überwiegend Kennzeichen dieser Fundierung der Nachkriegsordnungen, dieser Sehnsucht danach, in den Club der Verfassungsstaaten aufgenommen zu werden.

[142] Die EG-Kommission, klagte ein Landes-Wirtschaftsminister (FAZ vom 4. Juli 1987, S. 2), greife mittels des Verbotes wettbewerbsverfälschender Beihilfen (Art. 92 EWGV) in Länderzuständigkeiten ein. Wichtigstes nationales

stößt man nicht nur in Mittelbaden. Der relevante Raum, auch im Bildungsbereich, wächst in kontinentale Dimensionen; gliedstaatliches Verfassungsrecht wird zur Arabeske[143].

Bei einer etwaigen Vergemeinschaftung der *Rundfunk*dienstleistungen wäre der Akzent möglicherweise etwas anders zu setzen. Den Ausgangspunkt markiert hier ein Grünbuch mit dem futuristischen Titel „Fernsehen ohne Grenzen"[144]; vor allem mittels der Fernmeldesatelliten[145] will die EG-Kommission die Abgeschlossenheit des nationalen Rundfunks überwinden[146]. Trotz ihrer kulturellen, dezentralen Komponente (und EG-Kompetenz würde Zentralisierung bedeuten) unterstellt der EuGH – *Martin Bullinger* und *Jürgen Schwarze*[147] haben das gerade eingehend geschildert – grenzüberschreitende Rundfunksendungen dem *wirtschaftlichen* Regime des EWGV: „Kultur-

---

Förderungsinstrument sind die Rahmenpläne gem. Art. 91a Abs. 1 Nr. 2 GG, ein Eckpfeiler im System des kooperativen Föderalismus. Der Bundesrat hatte (BR Drs. 150/86 unter Nr. 15) diese Förderung noch nachdrücklich verteidigt. Aber dies war bereits ein Rückzugsgefecht (vgl. auch BR Drs. 10/6418). Regionalen Disparitäten kann man immer weniger in eigener Verantwortung entgegenwirken. Gegenüber dieser Maßstabsvergrößerung und überstaatlichen Willensverschränkung greifen die oft wort- und garantiereichen Wirtschafts-, Arbeits- und Sozialbestimmungen der Landesverfassungen ins Leere.

[143] Auf dem Bildungssektor gibt es nur vereinzelte ausdrückliche Zuständigkeiten der Gemeinschaft (Art. 41a, 118 und 128 EWGV). Wichtiger sind die Annexkompetenzen, etwa im Bereich der Niederlassungsfreiheit (Art. 57 EWGV) oder der Freizügigkeit (Überblick bei *Werner Hiermaier*, Der Einfluß der Europäischen Gemeinschaft auf das Deutsche Bildungswesen, in: Kulturverwaltungsrecht im Wandel, 1981, S. 81ff.). Das *Gravier*-Urteil des integrationsorientierten EuGH (Rs 293/83, EuGRZ 1985, S. 307ff.) spannte bereits einen weiten Rahmen für die Gemeinschaftskompetenz auf dem Gebiet der Berufsausbildung. Die neueste EuGH-Entscheidung (Rs. 66/85 *Lawrie-Blum ./. Land Baden-Württemberg*, NVwZ 1987, S. 41ff.), ein Zugriff auf den Bereich „Zugang zum öffentlichen Dienst", bringt weiteres kompetentielles Urgestein ins Rutschen. Im Ausbildungs-, Bildungs- und Wissenschaftsbereich dürfte die „Vergemeinschaftung" noch weiteren Boden gewinnen.

[144] KOM (84) 300 endg. = BT-Drs. 11/930. Überblick bei *Joachim Scherer*, Telekommunikationsrecht im Umbruch, Computer und Recht 1987, S. 743ff. – Die Gegenüberstellung Bund–Länder verliert im Rundfunkbereich an Aktualität. Auch hier wird Europa die Größe, die den Bundesländern entgegentritt. Dogmatische Kompetenzsicherung nutzt den Ländern wenig, solange kein praktisch-politischer Modus ihrer Geltendmachung gefunden ist.

[145] Vgl. *Martin Bullinger*, Rundfunkordnung im Bundesstaat und in der Europäischen Gemeinschaft, AfP 1985, S. 257f.

[146] Vgl. insbes. Rs. 52/79 *Debauve*, EuGH vom 18.3.1980, Slg. 1980, S. 833ff. Der Richtlinienvorschlag der Kommission zur Harmonisierung der Rundfunkordnungen in der Gemeinschaft stammt vom 6.6.1986.

[147] *Ders.* (Hrsg.), Rundfunk und Fernsehen im Lichte der Entwicklung des nationalen und internationalen Rechts, 1986, S. 119ff.; zu den EG-Plänen darin insbes. *Ivo Schwartz*, S. 99ff. sowie *ders.*, Broadcasting and the EEC Treaty, EL Rev. 11 (1986), S. 7ff.

wirtschaft" *(Ivo Schwartz)* lautet das Schlagwort, „Dienstleistung i.S.d. EWGV" die Konsequenz. Langfristig mag es zudem zur Realisierung eines „EG-Rechts auf freien Empfang" kommen[148].

Gegen diesen auch „menschenrechtlich dimensionierten" Free Flow of Information, den der Kommunismus noch nicht erträgt, wird primär zwecks „Eindeichung nationaler Kulturreservate" ein „Prinzip der Wahrung nationaler kultureller Identität" ins Feld geführt[149]. Weder das europäische Bekenntnis des GG, noch das durchweg europa- und weltoffene Kulturverfassungsrecht der Länder nötigen freilich zu solcher Schutzzollpolitik. Sicher, unsere Kultur war auch als Weltkultur stets *regional* gegliedert; aber sie trug gerade als solche, gerade in ihrer Vielfalt zur Identität der Kulturnation bei[150]. Zudem entwickelte sie sich vor allem im Austausch mit anderen Kulturen. Das Landesverfassungsrecht steht dem Grundsatz freien Informationsflusses (u.a. als Element einer offenen, pluralistischen Demokratie) jedenfalls näher als der von UNO, UNESCO, Dritter Welt und Staatshandelsländern postulierten protektionistischen „Neuen Weltinformationsordnung". Die Identität der Länder – wie sie sich u.a. in Präambeln, Kulturstaatsklauseln und Erziehungszielen der Landesverfassungen niederschlägt – liegt gerade in ihrem *Öffnen* zum abendländischen, also übernationalen Kulturkreis.

6.2. EG-Recht aus übereinstimmendem Landesverfassungsrecht?

Vor allem im Grundrechtsbereich erkennt der Europäische Gerichtshof[151] die gemeinsame Verfassungstradition der Mitgliedstaaten als Rechtsquelle an. Im Rahmen dieser Rezeption verfassungsrechtlicher Substanz der EG-Mitgliedstaaten[152] gewinnt übereinstimmen-

---

[148] Vgl. *Martin Bullinger,* Freiheit und Gleichheit in den Medien, JZ 1987, S. 257 (263).

[149] Vgl. auch das Argument aus Art. 5 GG bzw. aus der „demokratischen Funktion des territorialen Rundfunks", *Bullinger,* Fn. 145, S. 258f.; ebd., S. 263 die zugespitzte These, der „Freiraum nationaler Rundfunkgesetzgebung" verlöre seine Rechtfertigung, „soweit ein Land seine Rundfunkveranstalter nicht rechtlich darauf verpflichtet, in ihren Programmen zu einem wesentlichen Teil der heimatlichen Meinungs- und Kulturvielfalt Ausdruck zu geben . . .". Vgl. im übrigen *Hans-Peter Furrer,* Medien und Völkerrecht, AVR 21 (1983), S. 37ff. (42f., 49ff.) sowie *Walter Rudolf/Klaus Abmeier,* Satellitenrundfunk und Informationsfreiheit, ebd., S. 1ff. (S. 14ff., 18ff.) sowie *Jost Delbrück,* Die kulturelle und individuelle Identität als Grenzen des Informationspluralismus?, in: *Rüdiger Wolfrum* (Hrsg.), Recht auf Information – Schutz vor Information, 1986, S. 181ff. (184ff., 191ff.).

[150] Vgl. *Adrian Bueckling,* EuGRZ 1987, S. 97ff.

[151] Seit *Stauder,* Slg. 1969, S. 419 (425).

[152] Vgl. *Christian Tomuschat,* Bonner Kommentar, Art. 24 (Zweitbearbeitung 1981), Rdnr. 68ff.

des gliedstaatliches Verfassungsrecht Relevanz zur Gewinnung von EG-Recht.

Auf den Feldern Bildung, Kultur und Religion enthalten die Landesverfassungen – für den Rundfunkbereich hatte ich dies eben bereits angedeutet – wichtige parallele Regelungen, die die bundesrechtlichen Aussparungen und Vorgaben ausfüllen. Es stellte eine unzulässige Verkürzung des Begriffes „Verfassungsgrundentscheidungen der Bundesrepublik Deutschland" dar, wollte man das für Europa relevante deutsche Kulturverfassungsrecht[153] lediglich aus der – begrenzten – Perspektive des Grundgesetzes definieren. Auf EG-Ebene[154] (und in Internationalen Organisationen wie der UNESCO) ist nicht lediglich der – bundesverfassungsrechtliche – *minimum* standard zu bedenken[155].

---

[153] Einheitsstaaten wie GB haben bei der Außenrepräsentation ihrer Bildungsordnung insofern geringere Probleme. Was durch die KMK i.S.e. einmütigen Positionsbestimmung von bildungspolitischen Länderinteressen bereits geschieht, mag ein Modell auch für andere Bereiche sein. Ohne hiermit die künstliche Vorstellung vom dreigliedrigen Bundesstaat wiederbeleben zu wollen – es bedarf geeigneter Formen und Verfahren, um die Standards zu definieren, die sich als Resultante des Bundes *und* des Landesverfassungsrechts ergeben. Die Wissenschaft hat sich an dieser Definitionsaufgabe zu beteiligen.

[154] Aus EG-rechtlicher Perspektive spielt die Gliedstaatlichkeit keine Rolle. Ansprechpartner für Brüssel ist Bonn, nicht Bremen. An den Verhandlungen in Kommission und Rat sind die Länder formell nicht beteiligt. Die jeweilige Bonner Delegation entscheidet, inwieweit Vertreter der Länder hinzugezogen werden.

[155] Die Geschichte der deutschen EG-Mitgliedschaft ist im übrigen eine Geschichte des Versuchs, die Länderbeteiligung zu intensivieren (vgl. *Oschatz/Risse,* Fn. 140, S. 10ff.). Die neueste Beteiligungsabrede kehrt zurück zur (verbesserten) Länderbeteiligung qua Bundesrat. In Brüssel mit 2 (oder gar mit 12) Zungen zu sprechen, wäre so EWG-vertrags- wie verfassungs- und vernunftwidrig. Die über den Bundesrat vermittelte Beteiligung ist indes mehr Palliativ als Kompensation. Das völkerrechtlich entstandene Defizit ist verfassungsrechtlich nicht auszugleichen. Auch eine Änderung des Art. 24 GG besäße eine wohl mehr tröstend-verschleiernde Bedeutung. Keineswegs realisierbar erscheint die Forderung nach einem Konsultationsverfahren unter Einschluß aller *Landtage.* – Neben diesen gemeinsamen Beteiligungs- und Kompensationsstrategien greifen immer mehr Länder zur Selbsthilfe: Sie verfügen mittlerweile über eigene Verbindungsbüros in Brüssel, fast so wie australische und kanadische Gliedstaaten über agents general in London. Natürlich sind das ebensowenig Ländergesandte wie die Landesbeamten, die zur Verbesserung der Information der Länder in der Bonner Ständigen Vertretung aufgenommen werden (*Rudolf Hrbek/Uwe Thaysen* [Hrsg.], Die Deutschen Länder und die Europäischen Gemeinschaften, 1986, S. 237ff.). Aber Konflikte sind unvermeidlich, wenn die Länder (mehrheitlich) einerseits qua Bundestat den Erlaß von vorrangigen EG-Normen behindern, andererseits einzeln – jeder gegen jeden – in die Brüsseler Subventionstöpfe hineinlangen. Für Neid und Konkurrenzkämpfe ist das Brüsseler Parkett zu glatt. Eine Länderrepräsentanz „nach Art von Lobbyisten" steht zudem (*Joseph H. Kaiser,* ebd., S. 253) „nicht im Einklang mit dem

7. Schluß

Für den internen Bereich der Bundesrepublik Deutschland stellen sich solche Rezeptionsfragen kaum (s. oben 2.). Hier ist abschließend anderes zu bedenken.

Deutlicher greifbar als das Grundgesetz sind viele Landesverfassungen werthaltig und naturrechtlich angereichert. Diese Werte werden dann unzulässig verwertet, wenn über sie, durch die Rezeption von Wertentscheidungen anderer Verfassungen, zusätzliche ethische Momente in die Auslegung des Grundgesetzes eingeschleust werden sollen. Der Fundamentalkonsens der Verfassung wird erst recht in Frage gestellt, wenn partikulare, z.B. diskurstheoretische Konzepte den Platz „letzter Maßstäbe" des Rechts beanspruchen, also für alle verbindlich sein sollen. Derartige Versuche mögen künftig verstärkt auf der Ebene der an Worten, Werten, Zielen und Aufgaben[156] gelegentlich geradezu überbordenden Landesverfassungen unternommen werden.

Gegenüber diesen Tendenzen hat sich die Interpretation des gliedstaatlichen Verfassungsrechts[157] auf die rationalisierende, common sense-stiftende Funktion der Staatsrechtsdogmatik zu besinnen. Nicht

---

Charakter und dem Verantwortungsbereich der Länder als Staaten". Staatlichkeit zum Nulltarif, Würde ohne Bürde gibt es nicht. – In ihrem *Zusammenwirken* könnten dieses Lobbysystem (Direkt- und Dauerpräsenz, nicht nur ambulante Kontakte) und jenes Beteiligungsverfahren qua Bundesrat eine Dynamik entwickeln, die die Stellung der Bundesregierung in Brüssel erheblich schwächte (vgl. *Eschenburg,* Fn. 113, S. 57).

[156] Ein Beispiel ist die „Staatsaufgabe Umweltschutz". Die Aufnahme von entsprechenden Bestimmungen in Landesverfassungen (kritisiert von *Wahl* [Fn. 18], S. 43ff.) hat entsprechende Vorstöße auf Bundesebene (BT-Drs. 11/70, 11/663; BR-Drs. 11/885) inspiriert. Modell sind neuere Bestimmungen zum Schutz der „natürlichen Lebensgrundlagen". Mit diesem Begriff liegt ein Ansatzpunkt für die Diskussion ökologischer Konzepte vor (vgl. BayVerfGH E 21, 197 [201] u.ö. zu Art. 141 Abs. 3 bay. LV aF). Bei diesem Abgehen vom medialen Umweltschutz erlangten die Länder verfassungspolitisches Profil. – Ein interpretatorisches Aufladen dieses Konzepts i.S.e. „ökologischen *Prinzips*" wäre allerdings problematisch. Es verliehe einem Politikleitbild die Dignität eines Verfassungsprinzips. Die politische Auseinandersetzung um den Stellenwert ökologischer Belange würde noch mehr zum Kampf um Verfassungspositionen. Diese Befürchtungen sind nicht aus der Luft gegriffen. Fast alle Novellierungen der Landesverfassungen erfolgten – „politisch entlastend" – im Vorfeld von Landtagswahlen oder unter dem Eindruck direktdemokratischer Aktionen.

[157] Die Verfassungsänderungen auf Landesebene machen immerhin die föderale Struktur der Staatsaufgabe Umweltschutz deutlich. Sie signalisieren, daß die Länder auch in einem durch Bundesgesetze weitgehend bereits abgedeckten Bereich (begrenzte) Eigenständigkeit beanspruchen. Zieht nun der Bund nach, so hat das Folgen für die Auslegung der Verfassung. Eine noch weitergehende *interpretatorische* Anreicherung bestehender Normen, insbesondere der Staatszielbestimmungen und der Grundrechte des Grundgesetzes, mit umweltrelevanten Inhalten wird abgeschnitten. Der Souverän verteidigt seine Primärkompe-

jede noch so leidenschaftliche Meinung hat Verfassungsrang. Der Schwerpunkt der Politik darf nicht von der Volksvertretung und damit vom demokratischen Wahlakt auf die Gerichte verschoben werden. Die Konzentration der Verfassung in ihrer Aussage stellt keine Schwächung dar; sie stärkt vielmehr die Verfassung und die von ihr gebildeten Institutionen.

Für die deutschen Verhältnisse kommt eine doppelte Besonderheit hinzu: das Streben nach Wahrung nationaler und staatlicher Einheit ebenso wie die Hinwendung zu Formen überstaatlicher Aufgabenwahrnehmung. Unser Verfassungsrecht, auch das der Länder, trägt insofern den Charakter des Transitorischen. Alle Arbeit, die wir der Exegese, der Kritik, der Reform unseres gesamt- und unseres gliedstaatlichen Verfassungsrechts widmen, ist darum neben der Hinwendung zum europäischen Einigungswerk „immer zugleich" – wie *Richard Thoma* als Ehrenpräsident unserer Vereinigung auf der Bonner Tagung im Jahre 1953 gesagt hat[158] – „auch Vorarbeit für die künftige deutsche Nationalversammlung".

---

tenz zur Verfassungsentwicklung gegenüber Rechtsprechung und Rechtswissenschaft.

[158] VVDStRL 12 (1954), S. 4.

Leitsätze des Berichterstatters über:

Die Bedeutung gliedstaatlichen Verfassungsrechts in der Gegenwart

1. Gliedstaatliches Verfassungsdenken muß heute die Dimension der überstaatlichen Ordnungsbedürfnisse und Willensverschränkungen mit in Betracht ziehen.

2.1 Aus der Sicht der Aufgabe des Verfassungsrechts im Verfassungs- und Bundesstaat sind das Grundgesetz und die Verfassungen der Länder, so inhaltlich vollständig sie jede für sich auftreten mögen, jeweils nur Teilverfassungen.

2.2 Der Bundesstaat des Grundgesetzes kennt nur Bundesverfassungsrecht und Landesverfassungsrecht. Verfassungsrecht einer 3. Ebene gibt es nicht.

2.3 Für den Status der Länder ist heute ein wesentlicher Aufgabenbestand zur eigenständigen Bewältigung samt der dazu gehörenden finanziellen Unabhängigkeit wichtiger als eine Ursprünglichkeit ihrer Staatsgewalt.

2.4 Der Begriffsstreit um geteilte Souveränität im Bundesstaat ist erledigt.

2.5 Die Komplementarität von Gesamtstaats- und Gliedstaatsverfassungen, insbesondere im Grundrechtsbereich, ist deutsche Tradition.

3.1 Gliedstaatliches Verfassungsrecht ist Ausweis der Staatlichkeit der Gliedstaaten.

3.2 Die überkommene integrative, am Ursprung der Staatsgewalt orientierte Bundesstaatslehre ist nicht auf den Vorgang der Föderalisierung eines Einheitsstaates zugeschnitten.

3.3 Die Glieder eines Bundesstaates haben bei voller Staatlichkeit eine Staatlichkeit besonderer Art.

3.4 Vom Regionalismus unterscheidet sich der Föderalismus u.a. durch die Möglichkeit zu konstitutioneller Selbstbestimmung. Von daher erweist sich Art. 28 Abs. 1 GG auch als Garantie der Verfassungsautonomie der Länder.

4.1 Der Ausgestaltungsreichtum der Landesverfassungen kann der doppelten Integration auf zwei Verfassungsebenen hin förderlich sein.

4.2 Als Schranke der Verfassungshoheit und Integrationskraft der Länder ist Art. 28 Abs. 1 GG zurückhaltend auszulegen.

4.3 Der Standard des Art. 28 Abs. 1 S. 1 GG entspricht weder dem der freiheitlichen demokratischen Grundordnung, noch ist er identisch mit den „Grundsätzen" des Art. 79 Abs. 3 GG.

4.4 Gegen den herrschenden Denkansatz zu Art. 31 GG spricht u.a. seine Ablösung vom kompetenziellen Begründungsansatz der Art. 70ff. GG. Für die h.L. zu Art. 142 GG sprechen Entstehungsgeschichte, Funktion und Systematik.

4.5 Als Landesverwaltung ist die Ausführung der Bundesgesetze durch die Länder an die jeweilige Landesverfassung gebunden, soweit dies nicht mit Bundesrecht kollidiert.

4.6 Die starke Anlehnung der Landesverfassungsgerichte an die Rechtsprechung des Bundesverfassungsgerichts ist nicht unabdingbar.

5.1 Die föderativen sowie die überstaatlichen („dreistufigen") Kooperationen und Partizipationen bestimmen heute wesentlich das Sein der Länder und damit die Bedeutung ihres Verfassungsrechts.

5.2 Der parlamentarische Zugriff auf die Gliedstaatenkooperation der Exekutiven ist eine Frage des Wollens, nicht des Könnens.

5.3 Kompensationsvorgänge sind mit Zurückhaltung zu bewerten, selbst die gemeinsame Kompetenzausübung im Bundesrat. Gewinn und Verlust sind nicht äquivalent.

5.4 Man muß den Bundesstaat stärker auch im Sinne der Erhaltung eigener Untergliederungen sehen.

5.5 Manche Bundesländer mögen die Rechtfertigung der föderalen Gestaltung in der gesamtstaatlichen Mitgestaltungschance sehen, andere ebenso sehr oder vornehmlich in der Wahrung ihrer Individualität und Identität.

6.1 Wegen der „doppelten Politikverflechtung" zwischen nationalem Föderalismus und supranationaler Integration ist die Selbstbehauptung der deutschen Bundesländer und ihres Verfassungsrechts besonders schwierig.

6.2 Die Kulturstaatsklauseln und Erziehungsziele der Landesverfassungen zugrundegelegt, besteht die Identität der Länder gerade in ihrer Öffnung zum übernationalen Kulturkreis.

7.1 Die in den Landesverfassungen durchweg pointierten Werte würden dann unzulässig verwertet, wenn über sie partikulare Konzepte in die Auslegung der einheitsstiftenden Verfassung eingeschleust werden sollten.

7.2 Wegen seiner Hinwendung zu Formen überstaatlicher Aufgabenerfüllung sowie seines Strebens nach Wahrung nationaler und staatlicher Einheit trägt das Verfassungsrecht der Bundesrepublik Deutschland in doppelter Hinsicht den Charakter des Transitorischen.

Die Bedeutung gliedstaatlichen Verfassungsrechts in der Gegenwart

2. Bericht von Professor Dr. *Bernd-Christian Funk*, Graz

Inhalt

I. Die Verfassungsautonomie der Länder als Angelpunkt der realen und möglichen Bedeutung gliedstaatlichen Verfassungsrechts

Mit dem staatsrechtlichen Thema der diesjährigen Tagung wird das Verfassungsrecht der Teilstaaten im Bundesstaat sozusagen „auf den Prüfstand gelegt". Die damit eröffnete *Leistungsbeurteilung* erstreckt sich auf mehrere Dimensionen: Zu untersuchen sind die Leistungen und die Leistungsreserven des gliedstaatlichen Verfassungsrechts nicht nur im System der Gesamtverfassung des Bundesstaates, sondern auch in bezug auf das Verfassungssystem der einzelnen Gliedstaaten als solcher.

In jedem Fall bedarf eine solche Leistungsbeurteilung eines *Bezugsrahmens,* der den Maßstab für eine Qualifikation der Leistungen, einschließlich von allfälligen Fehlleistungen und ungenützten Möglichkeiten, abgibt. Es liegt nahe, diesen Maßstab in der *Funktion des Verfassungsrechts* zu suchen. Als rechtliche Ausprägung der Verfassung hat das Verfassungsrecht die Aufgabe, das politische System des Staatsverbandes in seinen Grundwerten zu bestimmen und dem politischen Prozeß Regeln für einen diesen Werten entsprechenden Verlauf zu setzen.[1] An dieser Funktion soll die Bedeutung des gliedstaatlichen Verfassungsrechts gemessen werden.

Welches Gewicht das Verfassungsrecht der Gliedstaaten als Teil des gesamtstaatlichen Verfassungsrechts hat und welche Rolle es als Verfassungsordnung eines Gliedstaates spielt, hängt wesentlich vom Inhalt und Umfang eigenständiger Regelungskompetenz des gliedstaatlichen Verfassungsrechts ab. Damit ist die Frage nach der *Verfassungsautonomie* der Gliedstaaten im Bundesstaat angesprochen.

Wie auch in anderen Bundesstaaten wird die Verfassungsautonomie der Länder in Österreich in rechtlicher Hinsicht durch die *gesamtstaatliche Verfassungsrechtsordnung* begrenzt. Das österreichische System folgt dem auch in anderen Bundesstaaten vorherrschenden „Zweistaatenmodell".[2] Dem entsprechend ist das Verfassungsrecht des Bundes zugleich auch das des Gesamtstaates. Die rechtliche Bestimmung des

---

[1] Dies entspricht einem materiellen Verständnis vom Verfassungsrecht als „Grundordnung" *(Kägi).* In Gegensatz dazu steht eine in der österreichischen Staatsrechtslehre häufig anzutreffende formal-strukturelle Deutung des Verfassungsrechts als Gesamtheit von Normen, die die Subjekte und das Verfahren der Rechtserzeugung regeln („Normerzeugungsnormen" – *Walter*); s. dazu *Adamovich/Funk,* Österreichisches Verfassungsrecht[3] (1985), 1ff.; *Walter,* Österreichisches Bundesverfassungsrecht (1972), 1ff.

[2] „Formale Identität von Gesamtstaatsverfassung und Verfassung des Oberstaates" – *Ringhofer,* Grenzen der Verfassungsgesetzgebung, in: „60 Jahre Bundesverfassung", Schriftenreihe des Sbg. Landespressebüros, Serie Sonderpublikationen Bd. 31 (1980), 55. Zum Konzept der „Dreistaatentheorie" *(Kelsen)* und ihrer Ambivalenz aus föderalistischer Sicht s. *Pernthaler,* Der österreichische Bundesstaat im Spannungsfeld von Föderalismus und formalem Rechts-

Verhältnisses von Bundes- und Landesverfassungsrecht und damit auch der Verfassungsautonomie der Länder liegt somit formell bei der Verfassunggebung des Bundes.

Entgegen naheliegenden Erwartungen behandelt das Bundesverfassungsrecht die Verfassungsautonomie der Länder nicht an prominenter Stelle und nicht mit der gebotenen Ausdrücklichkeit, sondern nur *beiläufig* in einer Bestimmung über das Landesverfassungsrecht und dessen Änderung: Zufolge *Art. 99 Abs. 1 B-VG* kann die durch Landesverfassungsgesetz zu erlassende Landesverfassung, *insoweit dadurch die Bundesverfassung nicht berührt wird,* durch Landesverfassungsgesetz abgeändert werden.

Sedes materiae der Verfassungsautonomie der Länder ist also ein Nebensatz in der Bundesverfassung! Diese recht lieblose Form der Textgestaltung einer kardinalen Frage des bundesstaatlichen Systems ist in gewisser Weise auch für die *inhaltliche Seite der Verfassungsautonomie der Länder* bezeichnend, die insgesamt genommen und im Vergleich zu anderen Bundesstaaten als ausgesprochen *schwach* zu qualifizieren ist.[3]

---

positivismus, ÖZÖR 1969, 361ff.; *Öhlinger,* Der Bundesstaat zwischen Reiner Rechtslehre und Verfassungsrealität (1976), 7ff.

[3] Diese Einschätzung wird in der einschlägigen Literatur einhellig vertreten. Das *Schrifttum zum österreichischen Föderalismus* ist bis 1970 dokumentiert bei *Walter,* Bundesverfassungsrecht (s. Fn. 1), 108; ergänzend dazu die folgenden Nachweise (in alphabetischer Reihung, ohne Anspruch auf Vollständigkeit): *Adamovich,* Handbuch des österreichischen Verfassungsrechts[6] (1971), 83; *Adamovich/Funk,* Österreichisches Verfassungsrecht[3] (1985), 122ff.; *Andreae/Thöni,* Polit-ökonomische Probleme der finanziellen Beziehungen zwischen Bund, Ländern und Gemeinden in Österreich, ÖHW 1979, 121ff.; *Dachs,* Über einige Trends im modernen Föderalismus, Zeitgeschichte 1975, 56ff.; *Ermacora,* Österreich als kooperativer Bundesstaat, in: *Klecatsky* (Hrsg.), Die Republik Österreich (1968), 219ff.; *Ermacora,* Österreichische Verfassungslehre I (1970), 252ff., II (1980), 59ff.; *Ermacora,* Vorstellungen und Wirklichkeit im österreichischen Föderalismus 1848–1970, in: *Hellbling/Mayer-Maly/Marcic* (Hrsg.), Föderalismus in Österreich (1970), 9ff.; *Ermacora,* Österreichischer Föderalismus. Vom patrimonialen zum kooperativen Bundesstaat (1976); *Ermacora,* Über die bundesstaatliche Kostentragung gemäß § 2 F-VG (1979); *Esterbauer,* Aktuelle Probleme des Föderalismus in Österreich, Der Staat 1973, 499ff.; *Esterbauer,* Kriterien föderativer und konföderativer Systeme (1976); *Esterbauer/Thöni,* Föderalismus und Regionalismus in Theorie und Praxis (1981); *Goldinger,* Das Werden der österreichischen Bundesverfassung aus der Sicht des Historikers, in: „60 Jahre Bundesverfassung“, Schriftenreihe des Salzburger Landespressebüros, Serie Sonderpublikationen, Bd. 31 (1980), 27ff.; *Hellbling/Mayer-Maly/Miehsler* (Hrsg.), Theorie und Praxis des Bundesstaates (1974); *Kafka,* Niedergang des Föderalismus in Österreich, in: FS Hellbling (1971), 281ff.; *Klecatsky,* Die föderalistischen Strukturelemente der österreichischen Gerichtsbarkeit, in: *Hellbling/Mayer-Maly/Marcic* (Hrsg.), Föderalismus in Österreich (1970), 157ff.; *Koja,* Der Bundesstaat als Rechtsbegriff, in: *Hellbling/Mayer-Maly/Miehsler* (Hrsg.), Theorie und Praxis des Bundesstaates (1974), 63ff.; *Koja,* Entwicklungstendenzen des österreichischen Föderalis-

mus (1975); *Koja*, Stand und Entwicklungstendenzen des Föderalismus in Österreich, in: *Edelmayer/Koja/Hanisch*, Beiträge zur Föderalismusdiskussion, Salzburg Dokumentationen, Bd. 59 (1981), 25ff.; *Koller*, Zentralismus und Föderalismus in Österreichs Geschichte, in: *Hellbling/Mayer-Maly/Marcic* (Hrsg.), Föderalismus in Österreich (1970), 99ff.; *Kopp*, Die Leistungsfähigkeit des Bundesstaates, in: Historische und aktuelle Probleme des Föderalismus in Österreich, Föderalismusstudien (hrsg. von *Novak/Sutter/Hasiba*), Bd. 1 (1977), 57ff.; *Kopp*, Der Rechnungshof als gemeinsames „föderatives" Bund-Länder-Organ, in: Föderalismusstudien (hrsg. von *Novak/Sutter/Hasiba*), Bd. 2 (1978); *Korn*, Föderalismus in Österreich (1984); *Kostelka/Unkart*, Vom Stellenwert des Föderalismus in Österreich, in: *Fischer* (Hrsg.), Das politische System Österreichs³ (1982), 337ff.; *Kreisky*, Thesen zur politischen und sozialen Funktion des Föderalismus in Österreich, ÖZP 1981, 261ff.; *Lehne*, Ideengeschichtliche Grundlagen des österreichischen Bundesstaates, in: „60 Jahre Bundesverfassung", Schriftenreihe des Salzburger Landespressebüros, Serie Sonderpublikationen, Bd. 31 (1980), 33ff.; *Loebenstein*, Der Föderalismus – ein Instrument im Dienste der Demokratie und des Rechtsstaates, in: GedS Marcic (1974), 827ff.; *Morscher*, Rechtliche Probleme bei der Schaffung innerstaatlicher grenzüberschreitender Einrichtungen und Organe durch die österreichischen Bundesländer (1978); *Morscher*, Land und Provinz. Vergleich der Befugnisse der autonomen Provinz Bozen mit den Kompetenzen der österreichischen Bundesländer (1981); *Morscher* (Hrsg.), Föderalistische Sozialpolitik (1983); *Motz/Pernthaler*, Der Bundesstaat als staatsrechtliches Instrument politischer Konfliktregelung am Beispiel der österreichischen Bundesverfassung, in: *Esterbauer/Héraud/Pernthaler* (Hrsg.), Föderalismus als Mittel permanenter Konfliktregelung (1977), 11ff.; *Novak*, Bundes-Verfassunsgesetznovelle 1974 und Verwaltungsorganisation, ÖJZ 1975, 281ff.; *Novak*, Ist ein „Vollzugsföderalismus" noch föderalistisch?, in: *Wiesflecker/Novak/Kopp*, Historische und aktuelle Probleme des Föderalismus in Österreich, Föderalismusstudien (hrsg. von *Novak/Sutter/Hasiba*), Bd. 1 (1977), 27ff.; *Novak*, Bundes-Verfassungsgesetz und Landesverfassungsrecht, in: *Schambeck* (Hrsg.), Das Österreichische Bundes-Verfassungsgesetz und seine Entwicklung (1980), 111ff.; *Novak*, Über den Beitrag der Länder zur Praxis der Verfassungsgesetzgebung im Bundesstaat, in: „60 Jahre Bundesverfassung", Schriftenreihe des Salzburger Landespressebüros, Serie Sonderpublikationen, Bd. 31 (1980), 61ff.; *Novak*, Schwächen und Chancen des österreichischen Bundesstaates, Geschichte und Gegenwart 1982, H. 2, 151ff.; *Novak*, Die relative Verfassungsautonomie der Länder, in: *Rack* (Hrsg.), Landesverfassungsreform (1982), 35ff.; *Novak*, Das Verhältnis der Bundesverfassung zu den Landesverfassungen im Hinblick auf die Grundrechte, in: Der Föderalismus und die Zukunft der Grundrechte in Österreich, Föderalismusstudien (hrsg. von *Novak/Sutter/Hasiba*), Bd. 3 (1982), 63ff.; *Nowotny*, Öffentliche Verschuldung im Bundesstaat. Neue Gesichtspunkte des Finanzföderalismus, ÖHW 1984, 181ff.; *Oberndorfer*, Föderalismus und Medienpolitik, in: FS Eckert (1976), 449ff.; *Öhlinger*, Bundesstaat und Reine Rechtslehre, ZfRV 1975, 1ff.; *Öhlinger*, Der Bundesstaat zwischen Reiner Rechtslehre und Verfassungsrealität (1976); *Öhlinger*, Die föderative Verfassung Österreichs, DÖV 1978, 897ff.; *Öhlinger*, Die Entstehung des Bundesstaates und ihre juristische Bedeutung, in: „60 Jahre Bundesverfassung", Schriftenreihe des Salzburger Landespressebüros, Serie Sonderpublikationen, Bd. 31 (1980), 41ff.; *Öhlinger*, Anmerkungen zu den Gründungstheorien des Bundesstaates, ÖZP 1981, 253ff.; *Öhlinger*, Zur Entstehung, Begründung und zu Entwicklungsmöglichkeiten des österreichischen Föderalismus, in: FS Hellbling (1981), 313ff.; *Pernthaler*, Die Staatsgründungsakte der österreichischen Bundesländer (1979); *Pernthaler*,

Juristisch betrachtet kann dies auf zwei Gründe zurückgeführt werden. *Zum einen wirkt das Bundesverfassungsrecht sehr intensiv in gliedstaatliche Verfassungsfragen ein.* Dies geht zum Teil so weit, daß die Länder in einzelnen Belangen der Landesverfassung eine eigene Ge-

---

Bundesstaatsreform als kooperativer Einigungsvorgang, ZNR 1980, 132ff.; *Pernthaler,* Bundesstaatsreform als Voraussetzung einer wirksamen Verwaltungsreform, in: FS Fröhler (1980), 69ff.; *Pernthaler,* Land, Volk und Heimat als Kategorien des österreichischen Verfassungsrechts (1982, o.J.); *Pernthaler,* Föderalismus als moderner Weg interregionaler Aufgabenteilung, in: FS Gasser (1983), 505ff.; *Pernthaler,* Reform der Landesverfassungen im Hinblick auf die Grundrechte, in: Der Föderalismus und die Zukunft der Grundrechte, Föderalismusstudien (hrsg. von *Novak/Sutter/Hasiba*), Bd. 3 (1982), 77ff.; *Pernthaler* (Hrsg.), Die Rolle der Länder in der umfassenden Landesverteidigung (1984); *Pernthaler,* Die Verfassungsautonomie der österreichischen Bundesländer, JBl. 1986, 477ff.; *Pernthaler/Esterbauer,* Die Entstehung des österreichischen Bundesstaates als geschichtlicher Vorgang und staatstheoretisches Problem, Montfort 1973, H. 2/3; *Pernthaler/Esterbauer,* Der Föderalismus, in: *Schambeck* (Hrsg.), Das österreichische Bundes-Verfassungsgesetz und seine Entwicklung (1980), 325ff.; *Pernthaler/Kathrein/Weber,* Der Föderalismus im Alpenraum. Voraussetzungen, Zustand, Ausbau und Harmonisierung im Sinne eines alpenregionalen Leitbildes (1982); *Pernthaler/Weber,* Theorie und Praxis der Bundesaufsicht in Österreich (1979); *Pernthaler/Weber,* Bundesverfassung und Föderalismus. Bemerkungen zum Stand der theoretischen und politischen Diskussion um das föderalistische Baugesetz der österreichischen Verfassung, Der Staat 1982, 576ff.; *Pernthaler/Weber,* Landesbürgerschaft und Bundesstaat. Der Status des Landesbürgers als Kriterium des Bundesstaates und Maßstab der Demokratie in den Ländern (1983); *Ringhofer,* Grenzen der Verfassungsgesetzgebung, in: „60 Jahre Bundesverfassung", Schriftenreihe des Salzburger Landespressebüros, Serie Sonderpublikationen, Bd. 31 (1980), 53ff.; *Ruppe,* Finanzverfassung im Bundesstaat (1977); *Schäffer,* Aktuelle Probleme des Föderalismus in Österreich, ÖJZ 1981, 1ff.; *Schambeck,* Österreichs Föderalismus und Subsidiaritätsprinzip, in: FS Kolb (1972), 309ff.; *Schambeck,* Föderalismus und Gewaltenteilung, in: FS Geiger (1974), 643ff.; *Schambeck,* Zur Gegenwartslage des österreichischen Föderalismus, ÖJZ 1979, 477ff., 509ff.; *Schambeck,* Zum Föderalismus in der Republik Österreich, in: *Merten/Morsey* (Hrsg.), 30 Jahre Grundgesetz (1979), 55ff.; *Walter/Mayer,* Grundriß des österreichischen Bundesverfassungsrechts[5] (1985), 58ff.; *Weber,* Föderalismus als Instrument demokratischer Konfliktregelung, in: *Esterbauer/Héraud/Pernthaler* (Hrsg.), Föderalismus als Mittel permanenter Konfliktregelung (1977), 51ff.; *Weber,* Elemente eines umfassenden Föderalismusbegriffes, in: FS Klecatsky II (1980), 1013ff.; *Weber,* Kriterien des Bundesstaates (1980); *Welan,* Das föderalistische Baugesetz und die Wirtschaftsverfassung, in: FS Korinek (1972), 113ff.; *Welan/Koja/Gröll/Smekal,* Theorie und Praxis des Bundesstaates (1974); *Welan/Welan,* Pluralismus und Föderalismus, in: *Hellbling/Mayer-Maly/Marcic* (Hrsg.), Föderalismus in Österreich (1970), 205ff.; *Wenger/Höss,* Staatsrechtliche Theorie des Föderalismus, in: *Matzner* (Hrsg.), Öffentliche Aufgaben und Finanzausgleich (1977), 36ff.; *Wiesflecker,* Der Föderalismus in der österreichischen Geschichte, in: Historische und aktuelle Probleme des Föderalismus in Österreich, Föderalismusstudien (hrsg. von *Novak/Sutter/Hasiba*), Bd. 1 (1977), 7ff.; siehe auch die vom Institut für Föderalismusforschung regelmäßig herausgegebenen Jahresberichte über die „Lage des Föderalismus in Österreich", zuletzt Bericht Nr. 10 über das Jahr 1985 (erschienen 1986).

staltungsmöglichkeit kaum noch vorfinden. Ein extremes, nun aber schon der Vergangenheit angehörendes Beispiel war die bis zum Jahre 1977 bestehende bundesverfassungsrechtliche Limitierung der Mitglieder der Landtage.[4] An der allgemeinen Diagnose hat die inzwischen erfolgte Aufhebung dieser Bestimmung nichts geändert. Nach wie vor sind viele Fragen der Landesverfassung, wie das parlamentarische System in den Ländern, das Landeswahlrecht und die Organisation der Verwaltung durch Bundesverfassungsrecht relativ eingehend geregelt.

Die Schwäche des Landesverfassungsrechts ist zum zweiten aber auch dadurch bedingt, daß sich der *Bund als Träger verfassungsrechtlicher „Kompetenz-Kompetenz"* ein deutliches Übergewicht bei der Verteilung der staatlichen Entscheidungs- und Aktionsmöglichkeiten gesichert hat und auch weiterhin verschaffen kann. Daraus ergibt sich ein für einen Bundesstaat ungewähnlicher *zentralistischer Grundzug.* Kennzeichnend dafür ist u.a. eine bundesstaatliche Kompetenzverteilung, die dem Bund beinahe alle sozio-ökonomisch wichtigen Zuständigkeiten vorbehält und den Ländern – trotz Generalklausel und ungeachtet ihrer dem Bund formell gleichrangigen Staatsfunktionen – die Stellung von Kompetenzträgern zweiten Ranges zuweist. Die Aufgabenverteilung ist vom *Grundsatz der Kompetenztrennung* beherrscht; es fehlt – von wenigen Ausnahmen abgesehen – die Figur der konkurrierenden Gesetzgebung. Der Satz *„Bundesrecht bricht Landesrecht"* gilt daher nicht. Dies ist nicht als Zeichen gliedstaatlicher Stärke zu werten, sondern nur als Folge fehlenden Bedarfes nach einer solchen Kollisionsregel.[5] Allemal ist das Bundesverfassungsrecht dem Landesverfassungsrecht normativ übergeordnet (siehe den vorhin erwähnten Art. 99 Abs. 1 B-VG).

Dazu kommt eine *schwache Stellung der Länderkammer:* Zwar sind neuerdings verfassungsrechtliche Kompetenzänderungen zu Lasten der Länder an eine Zustimmung des Bundesrates gebunden,[6] der

---

[4] Art. 95 Abs. 4 B-VG i.d.F. vor der Novelle 1977, BGBl. 539; s. auch *Klecatsky/Morscher,* Das österreichische Bundesverfassungsrecht[3] (1982), 466 (dort Fn. 6 zu Art. 95 B-VG).

[5] Über Struktur, Inhalt und verfassungspolitische Bedeutung der bundesstaatlichen Kompetenzverteilung vgl. insbes. *Adamovich/Funk,* Verfassungsrecht[3] (Fn. 3), 171ff.; *Davy,* Zur Bedeutung des bundesstaatlichen Rücksichtnahmegebotes für Normenkonflikte, ÖJZ 1986, 225ff., 298ff.; *Funk,* Das System der bundesstaatlichen Kompetenzverteilung im Lichte der Verfassungsrechtsprechung (1980); *Mayer,* Neue Wege der Kompetenzinterpretation?, ÖJZ 1986, 513ff.; *Morscher,* Wechselseitige Rücksichtnahmepflicht Bund–Länder, JBl. 1985, 479ff.; *Morscher,* Die Gewerbekompetenz des Bundes (1987), 16ff.; *Pernthaler,* Zivilrechtswesen und Landeskompetenzen (1987), 26ff.; *Rill/Schäffer,* Die Rechtsnormen für die Planungskoordinierung seitens der öffentlichen Hand auf dem Gebiete der Raumordnung (1975), 36ff.; *Walter/Mayer,* Bundesverfassungsrecht[5] (Fn. 3), 85ff. (alle m.w.N. der Lit. und Rspr.).

Wert dieses Mittels zum Schutz von Landeszuständigkeiten ist jedoch ein geringer, weil und solange die für Kompetenzverschiebungen zu Lasten der Länder erforderlichen Quoren in beiden Kammern des Bundes in gleicher politischer Konstellation zustandekommen.[7]

Nachhaltig *zentralistische Akzente* erfährt das bundesstaatliche System in Österreich weiters durch eine ausgeprägte *Vormachtstellung des Bundes in den finanziellen Beziehungen* zwischen den Gebietskörperschaften,[8] durch eine organisatorische *Monopolisierung der gesamten Gerichtsbarkeit beim Bund,*[9] die den Ländern die Schaffung eigener Gerichte, also auch eigener Verfassungsgerichte, vorenthält, sowie durch den vollständigen *Ausschluß der Länder von der Ausübung völkerrechtlicher Handlungsmöglichkeiten.*[10]

Diese Hinweise mögen vorerst genügen, um die allgemeine Lage des bundesstaatlichen Föderalismus in Österreich in staatsrechtlicher Hinsicht zu charakterisieren und die grundsätzlich diagnostizierte Schwäche der Verfassungsautonomie der Länder in diesem System zu beschreiben. Das eine ist mit dem anderen untrennbar verbunden. Berichtsthema ist aber nicht der Föderalismus und dessen Reform, sondern die *Bedeutung gliedstaatlichen Verfassungsrechts in der Gesamtverfassung und als Verfassung der Teilstaaten.* Angesichts einer eher schwachen Verfassungsautonomie der Länder besteht die Gefahr, daß die Suche nach den Leistungen und Leistungsreserven des

---

[6] Gem. Art. 44 Abs. 2 B-VG i.d.F. der B-VG-Novelle 1984, BGBl. 490, bedürfen Verfassungsgesetze des Bundes oder in einfachen Bundesgesetzen enthaltene Verfassungsbestimmungen, durch die die Zuständigkeit der Länder in Gesetzgebung oder Vollziehung eingeschränkt wird, der Zustimmung des Bundesrates.

[7] In beiden Kammern ist für solche Verfassungsregelungen eine Zweidrittelmehrheit erforderlich (vgl. Art. 44 Abs. 1 B-VG für den Nationalrat und Art. 44 Abs. 2 B-VG für den Bundestat); zur politischen Bewertung des Zustimmungsrechts des Bundesrates vgl. *Adamovich/Funk*, Verfassungsrecht[3] (Fn. 3), 127.

[8] Hier verfügt der Bund in wesentlichen Belangen sogar über eine einfachgesetzliche Kompetenz-Kompetenz! Siehe dazu *Adamovich/Funk*, Verfassungsrecht[3] (Fn. 3), 179ff.; *Ermacora*, Kostentragung (Fn. 3); *Ruppe*, Finanzverfassung (Fn. 3); *Walter/Mayer*, Bundesverfassungsrecht[5] (Fn. 3), 94ff.

[9] Gem. Art. 82 Abs. 1 B-VG geht alle Gerichtsbarkeit vom Bund aus, gem. Art. 83 Abs. 1 B-VG werden die Verfassung und die Zuständigkeit der Gerichte durch Bundesgesetz festgelegt. Siehe auch *Klecatsky*, in: *Hellbling/Mayer-Maly/Marcic* (Hrsg.), Föderalismus (Fn. 3).

[10] „Äußere Angelegenheiten mit Einschluß der politischen und wirtschaftlichen Vertretung gegenüber dem Ausland, insbesondere Abschluß aller Staatsverträge" fallen in die ausschließliche Zuständigkeit des Bundes in Gesetzgebung und Vollziehung (Art. 10 Abs. 1 Z 2 B-VG). Den Ländern sind Mitspracherechte nur im bescheidenden Rahmen des Art. 10 Abs. 3 B-VG (Stellungnahmerecht) eingeräumt. Zu erwähnen ist weiters die Mitwirkung des Bundesrates bei der legislativen Genehmigung des Abschlusses von Staatsverträgen (Art. 50 Abs. 3 B-VG). Über Pläne einer Aufwertung der Stellung der Länder in diesen Belangen vgl. im folgenden unter Pkt. IV. (dort bei Fn. 122).

Landesverfassungsrechts ein insgesamt eher enttäuschendes Ergebnis zeitigt. Man kann darin aber auch eine Herausforderung für besondere juristische und rechtspolitische Anstrengungen sehen.

Der Zwiespalt der Empfindungen bleibt nicht auf den Einzelnen beschränkt, der sich damit befaßt. Die Ambivalenz der Bewertung ist auch im *zeitlichen Wandel der Einstellungen in Rechtsprechung, Wissenschaft und Politik* erkennbar. Nicht von ungefähr ist die Besinnung auf das Landesverfassungsrecht und dessen Möglichkeiten seit einiger Zeit auch in Österreich aktuell geworden. Es ist daher naheliegend und zum Verständnis des Gegenwärtigen unerläßlich, die historischen und politischen Hintergründe dieser Entwicklung zu beleuchten, bevor die Leistungen und Leistungsreserven des Landesverfassungsrechts auf einzelnen Gebieten konkret untersucht werden.

II. Positionen des Landesverfassungsrechts in entwicklungsgeschichtlicher Perspektive

1. Die Kronländer und ihre Landesordnungen

Die Kategorie des gliedstaatlichen Verfassungsrechts ist begrifflich auf den Bundesstaat bezogen. Im staatsrechtlich-technischen Sinne kann von gliedstaatlichem Verfassungsrecht und dessen Bedeutung nur dort gesprochen werden, wo ein Bundesstaat besteht oder im Entstehen begriffen ist. So gesehen existiert gliedstaatliches Verfassungsrecht in Österreich erst seit der Gründung des Bundesstaates im Jahre 1918. Dennoch erscheint ein Blick auf die davor liegende Zeit geboten; dies nicht nur wegen der Einheit historischer Abläufe und der grundsätzlichen Zäsurfeindlichkeit geschichtlicher Betrachtungsweise, sondern auch wegen der Rolle, die den Landesordnungen in der konstitutionellen Monarchie als *Vorläufer des Landesverfassungsrechts* zukommt.

Auch hier muß allerdings manches, was den Historiker interessiert, aus Gründen der *Darstellungsökonomie* ausgeklammert werden, so etwa die Überwindung der alten ständischen Ordnungen in den Ländern durch den Absolutismus,[11] deren Eingliederung in den übergeordneten Reichsverband, der Anteil des zentralen Verwaltungsapparates und des Berufsbeamtentums an diesem Geschehen und die wechselhafte Geschichte der nur zum Teil wirksamen Verfassungsreformen von 1848 und der folgenden Jahre des Neoabsolutismus.[12]

Unter dem Gesichtspunkt unmittelbarer Geschichtswirksamkeit und Kontinuität in bezug auf das heutige Verfassungsrecht ist von der

---

[11] Siehe dazu etwa *Brauneder/Lachmayer*, Österreichische Verfassungsgeschichte[4] (1987), 79ff.; *Koller*, in: *Hellbling/Mayer-Maly/Marcic* (Hrsg.), Föderalismus (Fn. 3); *Wiesflecker*, Föderalismus (Fn. 3).

[12] Ausführlicher dazu *Wiesflecker*, Föderalismus (Fn. 3), 18ff.

konstitutionellen *Reichsverfassung von 1867* auszugehen.[13] Sie brachte für „die im Reichsrat vertretenen Königreiche und Länder" eine einheitsstaatliche Ordnung mit gewissen Elementen bundesstaatsähnlicher Dezentralisation. Die *„Landesordnungen"* als Verfassungen der Länder waren bereits im Jahre 1861, sozusagen als Vorgriff auf die neue konstitutionelle Reichsverfassung, allerdings noch einseitig durch Kaiserliches Patent erlassen worden.[14] Sie waren im wesentlichen „nach *einer* Schablone abgefaßt".[15] Nach der Proklamation des Kaiserlichen Patentes sollten die Rechte und Freiheiten der getreuen Stände dieser Königreiche und Länder nach den Verhältnissen und Bedürfnissen der Gegenwart entwickelt, umgebildet und mit den Interessen der Gesamtmonarchie in Einklang gebracht werden.[16]

Kritisch hat *Edmund Bernatzik* dazu bemerkt, daß das Patent von 1861 in Wahrheit ängstlich bemüht war, von den Ländern jegliche wirkliche Gewalt fernzuhalten.[17] Die tatsächliche *Bedeutung der Landesordnungen* als quasi-gliedstaatlicher Verfassungen ist damit treffend beschrieben. Ihre Rolle war keine besonders hervorragende. Sie konnten zwar von den Landtagen geändert werden, der inhaltliche Spielraum einer Weiterentwicklung war jedoch klein.[18] Zur Bewältigung der *Nationalitätenprobleme* der Monarchie konnten die Landesordnungen nichts beitragen. Die Chancen für eine föderative Umgestaltung des Vielvölkerstaates[19] blieben außerhalb der staatsrechtlichen und politischen Reichweite der Landesordnungen.

---

[13] „Dezemberverfassung", bestehend aus den Staatsgrundgesetzen vom 21.12. 1867 über die Reichsvertretung (RGBl. 141), über die allgemeinen Rechte der Staatsbürger (RGBl. 142), über die Einsetzung eines Reichsgerichtes (RGBl. 143), über die richterliche Gewalt (RGBl. 144) und über die Regierungs- und Vollzugsgewalt (RGBl. 145), alle abgedruckt bei *Bernatzik*, Die österreichischen Verfassungsgesetze² (1911), 390ff.

[14] Kaiserliches Patent vom 26.2.1861, RGBl. 20 („Februarpatent"). Text und Erläuterungen bei *Bernatzik*, Verfassungsgesetze² (Fn. 13), 255ff.

[15] *Bernatzik*, Verfassungsgesetze² (Fn. 13), 264f.

[16] Abschnitt III der Präambel des Februarpatents von 1861 (s. Fn. 14).

[17] *Bernatzik*, Verfassungsgesetze² (Fn. 13).

[18] Zur Entwicklung der Landesordnungen nach der Dezemberverfassung s. *Bernatzik*, Verfassungsgesetze² (Fn. 13), 846ff.; *Brauneder/Lachmayer*, Verfassungsgeschichte⁴ (Fn. 11), 175ff.

[19] Das Nationalitätenproblem beherrschte in den sieben Jahrzehnten von 1848 bis 1918 das politische Leben der Österreichisch-Ungarischen Monarchie. Vor diesem Hintergrund hat sich der Streit zwischen Föderalisten und Zentralisten entwickelt. Über föderalistische Modelle zur Lösung der nationalen Konflikte s. *Ermacora*, Der Föderalismus in Österreich, JBÖffR 1963, 221ff.; *Benedikt*, Geschichte der Republik Österreich (1954), 582ff.; *Weinzierl*, Föderalismus und Zentralismus in den Verfassungskämpfen des 19. Jahrhunderts, in: Der österreichische Föderalismus und seine historischen Grundlagen, hrsg. vom Institut für Österreichkunde (1969), 105ff.; *Zöllner*, Geschichte Österreichs⁴ (1970), 427ff.

2. Die Entstehung des Bundesstaates im Jahre 1918

Die Gründung der Republik Deutschösterreich als eines der Nachfolgestaaten der Monarchie erfolgte auf revolutionärem Weg durch Verfassungsbeschluß der „Provisorischen Nationalversammlung“, die aus Abgeordneten des ehemaligen Reichsrates gebildet wurde.[20] Die von ihr verabschiedete Verfassung war zunächst *einheitsstaatlich* konzipiert.[21] Dieses Konzept scheiterte jedoch am *Widerstand der Länder*, die die Einrichtung eines Bundesstaates nicht nur forderten, sondern auch gleich von sich aus verwirklichten, indem sie eigene (provisorische) Parlamente bildeten und Akte der Verfassungsgebung durch Erlassung von Provisorischen Landesverfassungen selbständig setzten.[22] Zum Teil beruhte die neue Verfassungsstaatlichkeit der Länder eine Zeit lang auch noch auf den ehemaligen Landesordnungen.

Die meisten Länder haben anschließend ihren *Beitritt zum Bundesstaat* erklärt. Die Provisorische Nationalversammlung reagierte darauf – dem Druck der politischen Realität folgend – mit einer föderativen Umgestaltung der Staatsverfassung.[23]

Die historische und staatsrechtliche Deutung dieser Vorgänge ist umstritten und gibt Anlaß zu einer bis in die Gegenwart fortwirkenden *Kontroverse über die Grundlagen der Bundesstaatlichkeit* in Österreich.[24] Lange Zeit vorherrschend war die bis heute weit verbreitete Auffassung, daß der Bundesstaat im Jahre 1918 durch eine *Dezentralisation des ursprünglichen Einheitsstaates* entstanden ist und

---

[20] Zur staatsrechtlichen Geschichte der Gründung der Republik Deutschösterreich vgl. *Adamovich*, Handbuch[6] (Fn. 3), 12ff. (m.w.N. des Schrifttums); *Owerdieck*, Parteien und Verfassungsfrage in Österreich (1987). Die Verfassung der Republik Deutschösterreich war in einer Anzahl von Rechtsvorschriften niedergelegt, allen voran ein Beschluß der Provisorischen Nationalversammlung vom 30.10.1918 über die grundlegenden Einrichtungen der Staatsgewalt, RGBl. 1; s. *Merkl*, Die Verfassung der Republik Deutschösterreich (1919).

[21] Der in Fn. 20 zitierte Verfassungsbeschluß kannte keinerlei Elemente eines föderativen Staates.

[22] Vgl. die entsprechenden Beschlüsse bei *Kelsen*, Die Verfassungsgesetze der Republik Deutschösterreich (1919/20), Bd. 3, 181ff.; *Pernthaler*, Staatsgründungsakte (Fn. 3), 61f.

[23] Mit Beschluß der Provisorischen Nationalversammlung vom 12.11.1918 (RGBl. 23) wurden die feierlichen Beitrittserklärungen der Länder, Kreise und Gaue zur Kenntnis genommen und diese Gebiete unter Schutz der ganzen Nation gestellt. Mit der Organisation der Gesetzgebung und Vollziehung der Länder befaßte sich das Gesetz vom 14.11.1918 betr. die Übernahme der Staatsgewalt in den Ländern (RGBl. 24). Mehrere Länder haben ihren Beitritt erst nach diesem Zeitpunkt beschlossen (siehe die Chronologie der Beitrittserklärungen bei *Pernthaler*, Staatsgründungsakte [Fn. 3], 61f.).

[24] Ein zusammenfassender und kritischer Bericht über den Stand der theoretischen und politischen Diskussion um das föderalistische Baugesetz der österreichischen Verfassung findet sich bei *Pernthaler/Weber*, Der Staat (1982), 576ff. (Fn. 3).

daß daher der rechtliche Geltungsgrund des Landesverfassungsrechts als einer delegierten Rechtsquelle im Verfassungsrecht des Oberstaates zu suchen sei. Methodisch und in der persönlichen Repräsentation steht diese Position dem Gedankengut der Wiener Schule des Rechtspositivismus und ihrer Lehre vom Stufenbau der Rechtsordnung nahe.[25]

In scharfem Gegensatz zum Dezentralisationsmodell steht jene Auffassung, die von der originären Staatlichkeit der Länder ausgeht und die Entstehung des Bundesstaates als *föderativen Zusammenschluß der Länder* versteht. Als Repräsentant dieser Position ist vor allem *Peter Pernthaler* zu nennen, der die fragwürdige Einseitigkeit der herrschenden Dezentralisationstheorie angeprangert und ihre ideologischen Verstrickungen aufgedeckt hat.[26]

Auf diese fundamentale Kontroverse, die in der Beurteilung der Vorgänge des Jahres 1945 ihre Fortsetzung findet, wird später zurückzukommen sein. Der Konflikt gehört nicht der Vergangenheit an. Er ist nach wie vor im politischen und staatsrechtlichen Vorverständnis und damit in der Praxis des österreichischen Föderalismus wirksam.

3. Die weitere Entwicklung in der 1. Republik

Die bei der Staatsgründung wirkende Gestaltungskraft der autonomen Verfassunggebung in den Ländern hat in weiterer Folge rasch an *Dynamik* verloren. Nur noch vereinzelt und für kurze Dauer hat das Selbstbewußtsein autonomer Staatlichkeit und eigener Verfassungshoheit seinen Niederschlag auf der Ebene des Landesverfassungsrechts gefunden. Am weitesten fortgeschritten war dabei die Landesverfassung von Vorarlberg aus dem Jahre 1919[27] mit ihrer programmatischen Betonung der gliedstaatlichen Selbständigkeit, einem eigenen Grundrechtskatalog und der Einführung von direkt demokratischen Mechanismen auf Landesebene.

Auch in anderen Ländern hat sich in den Jahren nach 1918 das Verfassungsrecht aus der Schablonenhaftigkeit der ehemaligen Landesordnungen emanzipiert.[28] Insgesamt hat aber das Landesverfassungs-

---

[25] Diese Affinität haben vor allem *Öhlinger*, Bundesstaat (Fn. 3) und *Pernthaler*, ÖZÖR 1969, 361ff. (Fn. 2) näher untersucht.

[26] Dieses Anliegen steht in allen seinen Arbeiten über den österreichischen Föderalismus an vorderster Stelle (siehe die in Fn. 3 zit. Werke). Besonders markant seine Abrechnung mit der „Dezentralisationstheorie", in: *Pernthaler*, Staatsgründungsakte (Fn. 3), 27f.

[27] Gesetz vom 14.3.1919 über die Verfassung des Landes Vorarlberg (LGBl. 22). *Novak*, in: *Schambeck* (Hrsg.), Bundes-Verfassungsgesetz (Fn. 3), 122.

[28] So auch (mit einigen Vorbehalten) die Diagnose bei *Novak*, in: *Schambeck* (Hrsg.), Bundes-Verfassungsgesetz (Fn. 3), 123.

recht nicht annähernd jene eigenständige Entwicklung genommen, die von den vielversprechenden Anfängen her zu erwarten gewesen wäre. Das Gewicht der verfassungsetzenden Aktivitäten hatte sich inzwischen auf die Ebene des Gesamtstaates verlagert. Die definitive Verfassung des *B-VG vom 1. Oktober 1920*[29] war vom Geist minimaler Bundesstaatlichkeit geprägt. Die Länder haben diese Verfassung mitgetragen.[30] Die von ihnen ursprünglich entfaltete Kraft des Föderalismus war inzwischen parteipolitisch kanalisiert und damit letztlich gebrochen worden.[31]

Die weitere Entwicklung des Landesverfassungsrechts steht im Zeichen der *Anpassung an das Bundesverfassungsrecht*, dessen zentralistischer Grundzug durch die Novellen von 1925,[32] vor allem aber von 1929,[33] weiter verstärkt wurde. Bis zum Ende der Geltung des B-VG am 5. März 1933[34] hat sich am Zustand des Landesverfassungsrechts nichts Wesentliches geändert.

Die Zeit des *Ständestaates*[35] kann außer Betracht bleiben. Sie hat für die verfassungsrechtliche Gegenwart keine Bedeutung.

---

[29] Bundes-Verfassungsgesetz vom 1. Oktober 1920, womit die Republik Österreich als Bundesstaat eingerichtet wird (Bundesverfassungsgesetz), erstmals verlautbart in StGBl. 1920/503 und dann in BGBl. 1920/1.

[30] Die Mitwirkung der Länder an der bundesstaatlichen Verfassunggebung findet vor allem in zwei großen Konferenzen von Vertretern des Staates und der Länder im Februar 1920 (Salzburg) und im April 1920 (Linz) ihren äußerlich sichtbaren Niederschlag.

[31] In diesem Sinne *Ermacora*, in: *Hellbling/Mayer-Maly/Marcic* (Hrsg.), Föderalismus (Fn. 3), 43: „Bei der Entstehung des Verfassungswerkes kommt zum Ausdruck, daß die föderalistische Dynamik von den in den Landesparlamenten und in der Nationalversammlung vertretenen Parteien, die da und dort ein- und dieselben waren, aufgefangen und in eine *über* den Länderinteressen stehende Parteilinie gelenkt wurde"; so auch *Novak*, in: *Schambeck* (Hrsg.), Bundes-Verfassungsgesetz (Fn. 3), 115; *Pernthaler*, Staatsgründungsakte (Fn. 3), 31.

[32] BGBl. 1925/268.

[33] BGBl. 1929/392. Zur Bewertung der beiden B-VG-Novellen unter dem Gesichtspunkt des Föderalismus siehe *Novak*, in: *Schambeck* (Hrsg.), Bundes-Verfassungsgesetz (Fn. 3), 117ff.

[34] Am 4.3.1933 legten aus Anlaß einer Meinungsverschiedenheit über das Ergebnis einer Abstimmung alle drei Präsidenten des Nationalrates nacheinander ihr Amt nieder. Die Bundesregierung nahm dies zum Anlaß, um mit der Sprachregelung einer „Selbstausschaltung" des Parlaments die demokratischen Einrichtungen lahmzulegen und ein autoritär-ständisches System („Austrofaschismus") zu etablieren. Staatsrechtlich gilt der *5. März 1933* als letzter Tag der Verfassungsordnung des B-VG und als Stichtag für deren Wiederherstellung im Jahre 1945 (vgl. Art. 1 des Verfassungs-Überleitungsgesetzes vom 1.5.1945, StGBl. 4) – siehe dazu auch *Adamovich*, Handbuch[6] (Fn. 3), 23ff.

[35] „Verfassung 1934", eingeführt mit Verordnung der Bundesregierung vom 24.4.1934 (BGBl. I 329), legitimiert durch Beschluß eines „Rumpfparlaments" (Mitglieder des Nationalrates mit Ausschluß der Abgeordneten der Sozialdemokratischen Partei) und danach neuerlich kundgemacht in BGBl. 1934 II 1. Zum

4. *Die Wiederherstellung Österreichs und seiner Bundesstaatlichkeit im Jahre 1945*

Man sagt, daß sich die Geschichte nicht wiederholt. Bisweilen gibt es aber im Ablauf der Ereignisse erstaunliche Ähnlichkeiten. Dergleichen finden wir auch bei der Wiederherstellung Österreichs und seiner Bundesstaatlichkeit im Jahre 1945,[36] in der mancherlei *Parallelen zur Staatsgründung von 1918* und ihren Problemen erkennbar sind. Da wie dort konkurrieren Kräfte einer zentralstaatlichen und einer föderativen Staatsgründung; da wie dort ist die staatsrechtliche Beurteilung der Ereignisse umstritten.

Im Rückblick bricht wiederum der bereits bekannte *Gegensatz im theoretischen Überbau* auf. *Pernthaler* ortet neuerlich das Schwergewicht der Staatsgründung auf der Seite der Länder, die außerhalb der sowjetisch besetzten Gebiete vom Tag der Befreiung an eigene Verfassungshoheit beansprucht und tatsächlich ausgeübt und überdies durch ihre Unterstützung der Provisorischen Staatsregierung die Wiederherstellung des Staates in seinen alten Grenzen erst ermöglicht haben.[37] Erneut sieht sich die herrschende staatsrechtliche Doktrin, die die Rolle der Länder nicht entsprechend würdigt, mit dem Vorwurf der Einseitigkeit konfrontiert.

Wiederum war aber das Aufleben der autonomen Staatlichkeit und Verfassungshoheit der Länder nur von begrenzter Dauer. Mit dem vollen Wirksamwerden des B-VG am 19. Dezember 1945 tritt diese Selbständigkeit erneut in den Schatten einer zentralistisch akzentuierten gesamtstaatlichen Verfassung.

5. *Die fortdauernde Stagnation des Landesverfassungsrechts*

Die nun folgenden Jahre gehören aus föderalistischer Sicht zur dunkelsten Zeit des Verfassungslebens unter dem B-VG. Es ist eine Phase der weiteren *Einengung der Stellung der Länder* und der *allgemeinen Stagnation ihres Verfassungsrechts.*[38] Bezeichnend ist u.a. das Vordringen einer Sprachkonvention in Lehre und Rechtsprechung, die die

---

Inhalt dieser Verfassung siehe *Adamovich*, Handbuch[6] (Fn. 3), 23ff.; *Brauneder/Lachmayer*, Verfassungsgeschichte[4] (Fn. 11), 231ff.

[36] Siehe dazu die Darstellungen bei *Adamovich/Funk*, Verfassungsrecht[3] (Fn. 1), 80ff.; *Brauneder/Lachmayer*, Verfassungsgeschichte[4] (Fn. 11), 259ff.; *Walter/Mayer*, Grundriß[5] (Fn. 3), 26ff.

[37] Im besonderen verweist *Pernthaler* auf die Länderkonferenz im September 1945 in Wien, zu der die Staatsregierung eingeladen hatte – *Pernthaler*, Staatsgründungsakte (Fn. 3), 42f.

[38] Zur Charakterisierung der staatsrechtlichen und politischen Situation dieser Zeit siehe *Novak*, in: *Schambeck* (Hrsg.), Bundes-Verfassungsgesetz (Fn. 3), 124ff.

Landesverfassungsgesetze als „Ausführungsgesetze" des B-VG disqualifiziert.[39] Dieser Ausdruck ist zwar als Formel zur Lösung einer Rechtsüberleitungsfrage entwickelt worden,[40] er hat aber in der Folge eine Art Eigenleben gewonnen und ist zur sprachlichen Falle geworden, in der sich manch fragwürdige Dogmatik verfangen hat.[41]

Die *Gründe* für den durchwegs beklagenswerten Zustand des Landesverfassungsrechts sind vielfältig. Gewiß haben die schwierigen Zeiten des Wiederaufbaues und der alliierten Besatzung nur wenig an Energiereserven für Reformen des Föderalismus und der Landesverfassungen übrig gelassen. Auch ist das bis 1966 bestehende Regierungssystem der „Großen Koalitionen" mit Verfassungsänderungen zu Lasten der Länder nicht eben sparsam gewesen.[42] Lehre und Rechtsprechung waren nachhaltig von der Wiener Schule des Rechtspositivismus geprägt und standen daher überwiegend auf dem Boden des Dezentralisationsmodells. Nicht zu vergessen ist aber auch der Anteil der Länder, denen *Richard Novak* in diesem Zusammenhang „ein erstaunliches Maß an verfassungspolitischer Lethargie" bescheinigt hat.[43] Die

---

[39] *Adamovich*, Die Landesverfassungsgesetze und Landtagswahlordnungen (1948), bezeichnet die Landesverfassungen als „Ausführungsgesetze zum Bundes-Verfassungsgesetz, das ohne die Verfassungen der Länder nicht vollziehbar wäre" (a.a.O., Vorwort). Ähnlich ein obiter dictum des VfGH in Erk. Slg. 3314/1958: „Dazu (sc. zum Kompetenztatbestand ‚Bundesverfassung') gehören das Bundes-Verfassunsgesetz selbst und die Ausführungsgesetze zu ihm, soweit ihre Erlassung, wie die der Landesverfassungsgesetze (sic!), nicht in die Zuständigkeit der Länder fällt."

[40] Das Verfassungs-Überleitungsgesetz (V-ÜG) vom 1.5.1945 befaßte sich nur mit der Überleitung von Bundesverfassungsrecht. Nach *Adamovich* waren die Landesverfassungen als „Ausführungsgesetze" zum B-VG von dieser Überleitung mit umfaßt: Aus Art. 1 V-ÜG müsse gefolgert werden, „daß mit dem Tage, an dem das Bundes-Verfassungsgesetz selbst in vollem Umfang neuerlich in Geltung getreten ist, . . . auch die Landesverfassungen in der Fassung vom 5. März 1933 wieder wirksam geworden sind" – *Adamovich*, Landesverfassungsgesetze (Fn. 39); ähnlich der VfGH in Erk. Slg. 2985/1956.

[41] Vor allem in der Rspr. des VfGH hat sich die Vorstellung entwickelt, daß das Verhältnis von Bundes- und Landesverfassungsrecht jenem von Grundsatz- und Ausführungsgesetz (Art. 12 B-VG) ähnlich sei (VfSlg. 3314/1958); zur Entwicklung der Rspr. siehe etwa *Ermacora*, Über das Wesen des österreichischen Bundesstaates in Theorie und Praxis, JBl. 1957, 521ff., 549ff.

[42] Eine Übersicht über die zahlreichen Kompetenzänderungen zu Lasten der Länder gibt *Ermacora*, Föderalismus (Fn. 3), 80ff. Die Regierungskoalitionen der beiden großen Parteien (ÖVP und SPÖ) boten die politische Grundlage für ungehinderte zentralistische Verfassungsänderungen. Mit dem Ende der „Großen Koalitionen" im Jahre 1966 entfiel eine wesentliche Voraussetzung für die Fortsetzung dieses Trends. Zu den Zusammenhängen zwischen Regierungssystem und Föderalismus vgl. *Ermacora*, Verfassungslehre I (Fn. 3), 53; *Kostelka/Unkart*, in: *Fischer* (Hrsg.), System[3] (Fn. 3), 349f.; zu den „außerrechtlichen Aspekten des Föderalismus" siehe auch die Hinweise bei *Pernthaler/Weber*, Der Staat 1982, 585.

[43] *Novak*, in: *Schambeck* (Hrsg.), Bundes-Verfassungsgesetz (Fn. 3), 128.

Interesse- und Phantasielosigkeit der Länder hängt wesentlich mit dem Phänomen der parteipolitischen Versteinerung im damaligen System der Proporzdemokratie[44] zusammen.

6. *Die Belebung des Landesverfassungsrechts seit Mitte der Sechzigerjahre*

Ein Wandel in den bundesstaatlichen Beziehungen zeichnete sich erstmals ab, als die Länder im Jahre 1964 dem Bund ein gemeinsames Forderungsprogramm zur Stärkung ihrer Rechte präsentierten.[45] Der Bund sollte damit eine von den Ländern gewährte Hilfe aus finanzieller Verlegenheit honorieren. Teile dieses und nachfolgender Forderungsprogramme der Länder sind in mehreren Verfassungsnovellen verwirklicht worden.[46] Die Länder konnten dabei einen bescheidenen, aber doch recht deutlichen *Zugewinn an Verfassungsautonomie* verbuchen, der eine günstige Grundlage für eine entsprechende Belebung des Landesverfassungsrechts bot. Die damals in Gang gesetzte Bewegung des Bundesverfassungsrechts ist noch nicht abgeschlossen. Ich werde darauf am Ende meiner Ausführungen zurückkommen.

Wesentliche Impulse zu einer Überwindung der langjährigen Stagnation des Landesverfassungsrechts sind auch von der *Lehre* ausgegangen. *Friedrich Koja* hat in seiner 1967 erschienenen Monographie über das Verfassungsrecht der österreichischen Bundesländer die Unhaltbarkeit der Formel von den Landesverfassungsgesetzen als „Ausführungsgesetze" der Bundesverfassung nachgewiesen und ihr das Prinzip der „relativen Verfassungsautonomie" der Länder entgegengestellt.[47] Er hat damit eine terminologische und inhaltliche Neu-

---

[44] Über die Auswüchse der Parteienstaatlichkeit und die Entartung zur „Proporzdemokratie" siehe etwa *Ermacora*, Verfassungslehre I (Fn. 3), 49ff.

[45] Zu Geschichte und Inhalt dieses Forderungsprogramms siehe *Pernthaler*, Das Forderungsprogramm der österreichischen Bundesländer (1980), 83ff. *(111ff.)*.

[46] Das *Forderungsprogramm der Bundesländer von 1964* wurde in geänderter Form als *Forderungsprogramm 1970* erneut präsentiert. Ein Teil davon ist in einer *B-VG-Novelle aus 1974* (BGBl. 444) verwirklicht worden. Die Länder haben ihre Wünsche in einem weiteren *Forderungsprogramm aus 1976* präsentiert. Einige Punkte davon haben in den *B-VG-Novellen aus 1983* (BGBl. 175) und vor allem *aus 1984* (BGBl. 490) ihren Niederschlag gefunden. Ein neuerlicher *Forderungskatalog der Bundesländer von 1985* ist in einigen Punkten des Entwurfes einer B-VG-Novelle (Bundeskanzleramt vom 8.10.1987, GZ 600.573/62-V/1/87) verarbeitet worden. Zu den Forderungsprogrammen von 1964, 1970 und 1976 siehe *Pernthaler*, Forderungsprogramm (Fn. 45); zum Forderungskatalog von 1985 siehe den 10. Bericht über die Lage des Föderalismus in Österreich (1985), hrsg. vom Institut für Föderalismusforschung (1986), 24, 97ff.; vgl. auch den 11. Bericht (1986), erschienen 1987.

orientierung eingeleitet, die bald auch ihren Niederschlag in der Rechtsprechung des VfGH gefunden hat.[48] Es verdient hervorgehoben zu werden, daß *Friedrich Koja* – bei aller mit einer solchen Zuordnung gebotenen Vorsicht – methodisch doch eher der Wiener Schule des Rechtspositivismus nahesteht.

Seit dieser Zeit hat sich auch die *wissenschaftliche Pflege föderalistischer Themen* verdichtet und intensiviert.[49] Fragen des Landesverfassungsrechts haben dabei in zunehmendem Maße Beachtung gefunden.[50] Große Kommentare, Lehrbücher und Systeme des Staatsrechts der Länder sind in der österreichischen Literatur bislang allerdings nicht anzutreffen, ein Umstand, der seine Erklärung wohl nicht zuletzt in den bescheidenen Absatzerwartungen solcher Werke findet.

Die Länder haben ihre Verfassungen in den vergangenen Jahren teils durch umfassende Neukodifikationen, teils auch durch größere Novellierungen reformiert.[51] Zum Teil haben sie dabei den Entwicklungen auf der Ebene des Bundesverfassungsrechts Rechnung getragen, zum Teil aber auch davon unabhängige *Innovationen* hervorgebracht. Im folgenden sollen die wichtigsten Ergebnisse, Tendenzen und brachliegenden Möglichkeiten gliedstaatlicher Verfassungsgestaltung vorgestellt werden.

---

[47] *Koja,* Das Verfassungsrecht der österreichischen Bundesländer (1967), 17ff. *(23).*

[48] So etwa in VfSlg. 6783/1972, 7653/1975, 7791/1976; dagegen noch auf dem Boden der Formel von den Landesverfassungen als „Ausführungsgesetze" zum B-VG das Erk. VfSlg. 6103/1969.

[49] Siehe vor allem die in Fn. 3 zitierte Literatur. Hervorzuheben sind insbes. auch die Aktivitäten des Instituts für Föderalismusforschung, das eine gemeinsame Einrichtung der Länder Tirol, Vorarlberg und Salzburg ist und sich mit der wissenschaftlichen Forschung auf dem Gebiet des Föderalismus und der Propagierung des Föderalismusgedankens befaßt.

[50] Hier sind vor allem die Arbeiten von *Koja,* Verfassungsrecht (Fn. 47), *Novak,* in: *Schambeck* (Hrsg.), Bundes-Verfassungsgesetz (Fn. 3), *Rack* (Hrsg.), Landesverfassungsreform (1982) und *Brünner/Mantl/Pauger/Rack,* Verfassungspolitik – Dokumentation Steiermark (1985), zu nennen. Dagegen hat das Verfassungsrecht der Länder in der Zeit der 1. Republik – abgesehen von der Monographie von *Mokre,* Das Verfassungsrecht der österreichischen Länder (1929) – literarisch kaum Beachtung gefunden.

[51] Grundlegende Reformen im Bereich ihres Verfassungsrechts haben die Länder Kärnten (1974), Niederösterreich (1979), Burgenland (1981), Vorarlberg (1984), Steiermark (1986) und Oberösterreich (1987) durchgeführt. Siehe dazu auch die jährlichen Berichte des Instituts für Föderalismusforschung über die Lage des Föderalismus in Österreich; *Novak,* in: *Schambeck* (Hrsg.), Bundes-Verfassungsgesetz (Fn. 3), 134ff.; *Pernthaler,* Forderungsprogramm (Fn. 45), 15; *Wimmer,* Die neue Burgenländische Landesverfassung, in: FS Klecatsky II (1980), 1065ff.; *Mantl,* Entwicklungslinien des österreichischen Landesverfassungsrechts, JBl. 1986, 773f. (Vortragsbericht).

III. Leistungen und Leistungsreserven des Landesverfassungsrechts in einzelnen Bereichen

1. *Bundesstaatliche Proklamationen / Staatszielbestimmungen / institutionelle Garantien / Grundrechte*

Mit Ausnahme des Landes Wien, das eine Doppelstellung als Land und Gemeinde hat, wobei die gemeindlichen Funktionen im Vordergrund stehen,[52] betonen alle Landes-Verfassungsgesetze[53] die *selbständige Stellung des Landes* im Gesamtstaat.[54] Üblich ist dabei vorwiegend die Bezeichnung als „Land" oder „Bundesland", nur die Landesverfassung von Vorarlberg bedient sich überdies der Selbstbezeichnung als „Staat".[55] Die Verfassungen von Oberösterreich und Tirol berufen sich in ihren Präambeln ausdrücklich auf den vormals erklärten Beitritt zum Bundesstaat. Die meisten Landesverfassungen proklamieren überdies den Anspruch des Landes auf Ausübung aller staatli-

---

[52] Zur verfassungsrechtlichen Stellung der Bundeshauptstadt Wien als Gemeinde und Land vgl. *Adamovich/Funk,* Verfassungsrecht³ (Fn. 1), 302f.; *Antoniolli/Koja,* Allgemeines Verwaltungsrecht² (1986), 407ff.; *Neuhofer,* Handbuch des Gemeinderechts (1972), 100; *Schütz,* Die Verfassung der Bundeshauptstadt Wien (1969); *Walter/Mayer,* Grundriß⁵ (1985), 274ff.

[53] Rechtsquellen (Stand zum 31.12.1987):
- Landes-Verfassungsgesetz vom 14.9.1981 über die Verfassung des Landes *Burgenland* – L-VG, LGBl. 1981/42, 1983/6, 1984/21 (im folgenden: Bgld. LV);
- Landesverfassung für das Land *Kärnten* – L-VG, LGBl. 1974/190, 1975/38, 1979/48 (im folgenden: Krnt. LV);
- *Niederösterreichische Landesverfassung* 1979 – NÖ LV 1979, LGBl. 0001-0 (im folgenden: NÖ LV);
- *Oberösterreichisches Landesverfassungsgesetz* 1971 – O.ö. L-VG 1971, LGBl. 1971/34, 1975/21, 1979/77, 1984/10, 1984/31, 1985/57, 1987/54 (im folgenden: OÖ LV);
- Gesetz vom 16.2.1921 über die Verfassung des Landes *Salzburg,* wieder in Kraft gesetzt als „Landes-Verfassungsgesetz 1945", LGBl. 1947/1 i.d.g.F. (zuletzt geändert durch LGBl. 1985/60), (im folgenden: Sbg. LV);
- *Steiermark:* Landes-Verfassunsgesetz 1960 – L-VG 1960, LGBl. 1960/1 i.d.g.F. (zuletzt geändert durch LGBl. 1986/86), (im folgenden: Stmk. LV);
- *Tiroler Landesordnung* – TLO 1953, LGBl. 1953/24, 1964/34, 1965/29, 1975/5, 1976/89, 1980/48, 1985/9 (im folgenden: Tir. LV);
- Gesetz über die Verfassung des Landes *Vorarlberg* (Landesverfassung – LV), LGBl. 1984/30 (im folgenden: Vlbg. LV);
- *Wiener Stadtverfassung* – WStV, LGBl. 1968/28 i.d.g.F. (zuletzt geändert durch LGBl. 1987/32 (im folgenden: Wr. LV).

[54] Art. 1 Abs. 3 Bgld. LV; Art. 1 Abs. 2 Krnt. LV; Art. 1 NÖ LV; Art. 1 OÖ LV; Art. 1 Sbg. LV; § 1 Stmk. LV; § 1 Tir. LV; Art. 1 Abs. 1 Vlbg. LV; vgl. dagegen § 1 und § 113 Wr. LV (dort gibt es keine vergleichbaren Proklamationen) – Quellen s. Fn. 53.

[55] Art. 1 Abs. 2 Vlbg. LV (Quelle s. Fn. 53).

chen Funktionen, die nicht dem Bund zustehen, und betonen damit indirekt ihre *a-priori-Staatlichkeit* im Bundesstaat.[56]

Das Bundesverfassungsrecht bringt die von den Länderverfassungen beanspruchte Staatlichkeit nicht in ebenbürtiger Form zum Ausdruck. Immerhin ist in Art. 2 B-VG von den „selbständigen Ländern" als Gliedern des Bundesstaates die Rede. Der deutliche Abstand in den bundesstaatlich fundamentalen Proklamationen auf Bundes- und Länderebene gibt Anlaß zur Frage, wie es denn um die *Staatsqualität der Länder* tatsächlich bestellt ist. Das Problem erweist sich im Grunde genommen als eine Variation des bereits bekannten bundesstaatlichen Gründungsstreites. Die Frage ist gewiß von großem historischem, staatstheoretischem und politischem Interesse. Ich möchte ihr jedoch nicht nachgehen, weil sie mir aus juristischer Sicht kaum ergiebig erscheint.[57]

Sehr unterschiedlich ist das Bild, das die Landesverfassungen im Hinblick auf *Staatszielbestimmungen und institutionelle Garantien* bieten. Die Spannweite reicht von der schmucklosen Nüchternheit der Verfassung der Bundeshauptstadt Wien, die als Modellfall einer reinen Spielregelverfassung gelten kann, bis hin zu Verfassungen, in denen es umfangreiche materielle Grundwertbekenntnisse gibt. Beispiele dafür bieten die Landesverfassungen von Burgenland, Oberösterreich, Tirol und vor allem Vorarlberg. Materiale Anreicherungen sind in der Regel Produkte neuerer Verfassunggebung.[58] Sie beschränken sich zumeist auf diesseitige Werte, wie soziale Sicherheit, Schutz der Umwelt, Entfaltung der Person und dergleichen mehr. Vereinzelt gibt es auch Proklamationen religiöser Natur.[59]

Der *Inhalt* und die *sprachliche Gestalt* von Zielbestimmungen und Garantien im Landesverfassungsrecht sind überaus vielfältig. Grundbekenntnisse etwa zu den Werten der Demokratie,[60] der Freiheit und Wür-

---

[56] Solche Generalklauseln enthalten Art. 1 Abs. 2 Krnt. LV, Art. 1 NÖ LV, Art. 1 OÖ LV, § 7 Stmk. LV, Art. 1 Abs. 2 Tir. LV und Art. 1 Abs. 2 Vlbg. LV (Quellen s. Fn. 53).

[57] Das Ergebnis einer solchen Diagnose bildet – wie immer es ausfallen mag – keine Prämisse für konkrete juristische Ableitungen. Auch eine allgemeine interpretationsleitende Maxime ist nicht etwa aus der Diagnose der Staatsqualität der Länder, sondern nur aus dem in Art. 2 B-VG verankerten bundesstaatlichen Prinzip zu gewinnen (teilweise anderer Ansicht *Öhlinger*, Der Bundesstaat zwischen Reiner Rechtslehre und Verfassungsrealität [Fn. 3], 9).

[58] Vgl. die in Fn. 51 dargelegte Chronologie der neueren Reformbewegungen im Landesverfassungsrecht.

[59] In der Präambel der Tir. LV wird unter den „Grundlagen des Landes Tirol" an erster Stelle die „Treue zu Gott" genannt. In Art. 1 Abs. 1 der Vlbg. LV wird die „Bedeutung der gesetzlich anerkannten Kirchen und Religionsgesellschaften für die Bewahrung und Festigung der religiösen und sittlichen Grundlagen des menschlichen Lebens" ausdrücklich anerkannt (Quellen s. Fn. 53).

de des Menschen,[61] der Gerechtigkeit, der Vollbeschäftigung, des wirtschaftlichen Wohles und des sozialen Ausgleichs,[62] des gesellschaftlichen Friedens,[63] der Erhaltung der natürlichen Lebensgrundlagen,[64] der Subsidiarität und Solidarität,[65] der Freiheit und Vielfalt des Kulturlebens,[66] der Rolle der Familie und der Wahrung der Elternrechte,[67] verbinden sich mit entsprechenden Schutz- und Förderungsaufträgen an die Gesetzgebung und Vollziehung des Landes. Dazu kommen verschiedentlich ergänzende Garantien, z.B. betreffend die Existenz und Vielfalt politischer Parteien im Lande[68] oder die Ausübung der Staatsfunktionen nach den Grundsätzen der Verhältnismäßigkeit der angewandten Mittel und der Wahrung von Treu und Glauben.[69]

Der *verfassungspolitische Wert* und die *juristische Bedeutung* von allgemeinen Wertbekenntnissen, Zielvorgaben, Garantien und ähnlichen materialen Anreicherungen des Verfassungsrechts sind bekanntlich umstritten.[70] Die österreichische Rechtstradition ist durch ein technisch-normatives Verfassungsverständnis geprägt und steht solchen Proklamationen, die sich kaum in handfest Justiziables übersetzen lassen, zurückhaltend bis ablehnend gegenüber.[71] Dies nicht zu Unrecht, sind doch manche der einschlägigen Verfassungsartikel der-

---

[60] Vgl. Art. 2 Bgld. LV, Art. 1 Abs. 1 und 3 Vlbg. LV (Quellen s. Fn. 53). Nur in diesen beiden Landesverfassungen wird das demokratische Prinzip als „Baugesetz" des Landesverfassungsrechts eigens betont (Quellen s. Fn. 53).

[61] Art. 1 Abs. 2 Bgld. LV, Art. 7b Abs. 1 OÖ LV, Präambel der Tir. LV, Art. 7 Abs. 2 Vlbg. LV (Quellen s. Fn. 53).

[62] Vgl. Art. 1 Abs. 1 Bgld. LV (Sozialstaatsklausel), Art. 4 NÖ LV, Art. 7c und d OÖ LV, Art. 7 Vlbg. LV (Quellen s. Fn. 53).

[63] Gem. Art. 7e OÖ LV gehört die Förderung einer „friedlichen Gesellschaft" zu den Zielen des Landes (Quellen s. Fn. 53).

[64] Art. 7a OÖ LV, Art. 7 Abs. 3 Vlbg. LV; vgl. auch Art. 4 NÖ LV (Quellen s. Fn. 53).

[65] Art. 7 Abs. 1 Vlbg. LV (Quellen s. Fn. 53).

[66] Art. 9 Vlbg. LV; vgl. auch die Präambel der Tir. LV, wo die „geistige und kulturelle Einheit des ganzen Landes" zu den schützenden Grundlagen des Landes Tirol gezählt wird (Quellen s. Fn. 53).

[67] Art. 7e Abs. 3 OÖ LV, Art. 8 Vlbg. LV; vgl. auch die Erwähnung der „geordneten Familie als Grundzelle von Volk und Staat" in der Präambel der Tir. LV (Quellen s. Fn. 53).

[68] Art. 3 Bgld. LV.

[69] Art. 7b Abs. 2 OÖ LV, Art. 7 Abs. 2 Vlbg. LV (Quellen s. Fn. 53).

[70] Zum Spannungsverhältnis in der Funktion der Verfassung als Spielregel und materieller Wertordnung vgl. *Adamovich/Funk*, Verfassungsrecht[3] (Fn. 1), 23f.

[71] Über Entwicklung, Stand und Tendenzen des Verfassungs(rechts-)verständnisses in Österreich insbesondere *Schäffer*, Die Interpretation, in: *Schambeck* (Hrsg.), Das Bundes-Verfassungsgesetz und seine Entwicklung (1980), 57ff.; *Wielinger*, Gesamtreform der Bundesverfassung – Gesamtreform des Verfassungsverständnisses?, in: Reformen des Rechts, FS der Rechtswissenschaftlichen Fakultät der Universität Graz (1979), 561ff.

art diffus, kompromißhaft und semantisch kläglich geraten, daß sie Unbehagen nicht nur bei extrem positivistisch gesinnten Betrachtern hervorrufen. So heißt es z.B. in Art. 4 der Niederösterreichischen Landesverfassung, daß das Land Niederösterreich in seinem Wirkungsbereich dafür zu sorgen hat, „daß die Lebensbedingungen der niederösterreichischen Bevölkerung in den einzelnen Regionen des Landes unter Berücksichtigung der abschätzbaren wirtschaftlichen, sozialen und kulturellen Bedürfnisse gewährleistet sind".

Mit solchen inhaltsarmen Proklamationen wird der Autorität der Verfassung kein guter Dienst erwiesen. Sprachliche Klarheit ist auch für Zielbestimmungen zu fordern, zumal wenn sie *staatliche Verantwortung* in grundlegender Weise umschreiben sollen.

Grundrechtliche Gewährleistungen sind in den Länderverfassungen nicht enthalten.[72] Der Nutzen und die Bedeutung von *Grundrechten auf Landesebene* könnten darin bestehen, daß für den Landesbereich der bundesverfassungsrechtliche Grundrechtsschutz ergänzt und weiter entwickelt werden könnte. Bedarf in diese Richtung gäbe es etwa beim *Eigentumsschutz*, der nach umstrittener Rechtsprechung des VfGH keinen grundrechtlichen Anspruch auf Enteignungsentschädigung in sich schließt.[73] Auch zur Objektivierung der Personalpolitik im öffentlichen Dienst könnte das Landesverfassungsrecht einen nicht unerheblichen Beitrag leisten. Derzeit ist das Grundrecht auf *freie*

---

[72] In der Verfassung des Landes Vlbg. von 1919 (LGBl. 22) waren mehrere Grundrechtsgarantien verankert. Sie wurden allerdings von der Landesverfassung von 1923 (LGBl. 47) nicht mehr übernommen – *Novak*, in: *Schambeck* (Hrsg.), Bundes-Verfassungsgesetz (Fn. 3), 122f. Die derzeit in Länderverfassungen mehrfach enthaltenen Bekenntnisse betreffend Sozialstaatlichkeit, Umweltschutz, Bildung u. dgl. sind allesamt als institutionelle Garantien zu interpretieren, die als solche keine subjektiven verfassungsgesetzlich gewährleisteten Rechte garantieren. Das gilt insbesondere auch für die in der OÖ LV (Quelle s. Fn. 53) enthaltenen sozialstaatlichen Gewährleistungen. Zu den Möglichkeiten künftiger Grundrechtsgesetzgebung auf Landesebene siehe die Beiträge von *Klecatsky*, *Novak* und *Pernthaler*, in: *Novak/Sutter/Hasiba* (Hrsg.), Der Föderalismus und die Zukunft der Grundrechte (1982).

[73] Entgegen einhelliger Auffassung und Kritik in der Lehre wird vom VfGH ein allgemeiner verfassungsrechtlicher Anspruch auf Enteignungsentschädigung nicht akzeptiert (so zuletzt wieder mit umfassenden Nachweisen der Rspr. VfSlg. 9911/1983 betr. das „Atomsperrgesetz"). Allerdings kann nach Auffassung des VfGH die Vorenthaltung einer Enteignungsentschädigung unter dem Gesichtspunkt des Gleichheitssatzes verfassungswidrig sein; ein allgemeiner verfassungsrechtlicher Anspruch auf Enteignungsentschädigung ist jedoch daraus nicht abzuleiten, wie der VfGH ausdrücklich betont hat (VfSlg. 7593/1975). Zur Auseinandersetzung der Literatur mit diesen Fragen sei auf *Adamovich/Funk*, Verfassungsrecht[3] (Fn. 1), 419ff. und *Walter/Mayer*, Bundesverfassungsrecht[5] (Fn. 3), 407ff. und die dort jeweils enthaltenen ausführlichen Nachweise hingewiesen; vgl. seither auch *Bernegger*, Die wirtschaftsrechtliche Bedeutung der Europäischen Menschenrechtskonvention, ÖZW 1987, 11ff., 45ff.

Zugänglichkeit der öffentlichen Ämter[74] durch eine restriktive Rechtsprechung weitgehend entwertet worden und zu einem bloßen Bewerbungsrecht abgesunken.[75] Die Landesverfassungen könnten durch Grundrechte, zumindest aber durch institutionelle Garantien für verfahrensrechtliche Ansprüche und Bindungen auf dem Gebiete von Personalentscheidungen im öffentlichen Dienst der Länder und Gemeinden sorgen und damit ein Stück parteipolitischer Willkür abbauen helfen. Öffentliche Ausschreibung von Ämtern, Festlegung von Anforderungsprofilen, Anspruch auf eine begründete Entscheidung im Ablehnungsfall, Akteneinsicht, allenfalls sogar ein prozeßförmlicher Konkurrentenschutz, könnten zum landesverfassungsrechtlich garantierten Standard im Landes- und Gemeindedienst werden und dem in dieser Hinsicht defizitären Dienstrecht des Bundes ein Vorbild bieten.[76]

2. *Landesbürgerschaft*

Der Bund hat in der 2. Republik die ursprünglich in Art. 6 B-VG vorgesehene Landesbürgerschaft, die die Voraussetzung für den Erwerb der Bundesbürgerschaft bildete, suspendiert und seither nicht wieder eingeführt.[77] Der vom Land Vorarlberg vertretenen Einschät-

---

[74] Art. 3 StGG 1867 über die allgemeinen Rechte der Staatsbürger erklärt die öffentlichen Ämter für alle Staatsbürger gleich zugänglich.

[75] Beide Gerichtshöfe des öffentlichen Rechts (VwGH, VfGH) vertreten in ständiger Rechtsprechung die Auffassung, daß auf Ernennungen zur Begründung eines öffentlichrechtlichen Dienstverhältnisses sowie auf Ernennungen in einem bestehenden Dienstverhältnis dem Bewerber grundsätzlich kein Rechtsanspruch und daher auch kein Anspruch auf eine (meritorische) bescheidmäßige Erledigung eines entsprechenden Antrages zusteht; der Bewerber um eine Ernennung hat im allgemeinen (Ausnahmen ergeben sich aus besonderen gesetzlichen Bestimmungen) nicht die Stellung einer Partei in einem Verwaltungsverfahren, sein Anspruch auf Erledigung seines Antrages erschöpft sich in einem Recht auf bescheidmäßige Zurückweisung (wenn er darauf besteht – vgl. etwa VwSlg. 9734 A/1979, VwGH 17.5.1983, 82/11/0003 = ZfVB 1984/2/548; VfSlg. 8558/1979). Dazu z.B. *Adamovich/Funk,* Allgemeines Verwaltungsrecht[3] (1987), 362ff. (m.w.N.); *Dearing,* Die Verwaltungsverfahrensgemeinschaft, ÖJZ 1983, 589ff.; *Dearing,* Die Parteistellung im dienstrechtlichen Ernennungsverfahren, ÖJZ 1987, 648ff.; *Funk,* Sensible und defizitäre Bereiche des Rechtsschutzes in der öffentlichen Verwaltung, JBl. 1987, 150ff.; *Rosenzweig,* Bedeutung der Grundrechte in Österreich, EuGRZ 1987, 467ff.; *Saxer,* Bestand der Grundrechte in Österreich, EuGRZ 1978, 462ff.

[76] Ein konkreter Versuch in diese Richtung wurde in Burgenland mit dem Beschluß des Landtages vom 29.6.1987 über ein Objektivierungsgesetz unternommen. Dieser Gesetzesbeschluß ist mit Volksabstimmung vom 24.1.1988 verworfen worden (AmtsBl. Bgld. 1988/28). Vgl. dazu: *Widder,* Volksabstimmung und parlamentarische Gesetzgebung (1987).

[77] Zuletzt wieder durch die Verfassungsbestimmung des § 1 Staatsbürgerschaftsgesetz 1985, BGBl. 311. Die Frage der Weitergeltung des Art. 6 B-VG ist

zung der Landesbürgerschaft als ein für den Bundesstaat wesentliches Rechtsinstitut, dessen Beseitigung als Gesamtänderung der Bundesverfassung zu werten sei,[78] hat sich der VfGH nicht angeschlossen.[79] Nunmehr gibt es in Österreich nur eine *einheitliche Staatsbürgerschaft.*

Mehrere Landesverfassungen kennen dennoch die Einrichtung einer eigenen *Landes-Staatsbürgerschaft.*[80] Sie ist allerdings ihrer ursprünglichen staatsbürgerschaftsrechtlichen Bedeutung entkleidet.[81] Als Status österreichischer Staatsbürger mit ordentlichem Wohnsitz in dem betreffenden Bundesland ist die Landesbürgerschaft als Rechtsinstitut nunmehr zu einer dekorativen Sammelbezeichnung und Kurzformel für diverse andere Regelungen mit Wohnsitzbezug geworden.[82] Mehr daraus zu machen, ist den Ländern durch die Bundesverfassung verwehrt.[83]

3. *Wahlrecht*

Bei der Gestaltung des Wahlrechts zu den Landtagen sind die Länder an *bundesverfassungsrechtlich vorgegebene Wahlrechtsgrundsätze*

---

umstritten. Siehe dazu insbesondere *Klecatsky/Morscher,* Das österreichische Bundesverfassungsrecht[3] (1982), 83f. (m.w.N.).

[78] Als eine solche „Gesamtänderung" hätte die Beseitigung der Landesbürgerschaft zusätzlich zu der entsprechenden parlamentarischen Beschlußfassung einer Volksabstimmung durch das Bundesvolk unterzogen werden müssen (Art. 44 Abs. 3 B-VG).

[79] VfSlg. 2455/1952; dazu eingehend und mit weiteren Nachweisen des Schrifttums *Pernthaler,* Land, Volk und Heimat (Fn. 3), 25ff.; *Pernthaler/Weber,* Landesbürgerschaft (Fn. 3).

[80] Art. 5 Bgld. LV; Art. 3 Abs. 1 NÖ LV; Art. 3 Sbg. LV; § 3 Stmk. LV; Art. 3 Vlbg. LV (Quellen s. Fn. 53).

[81] Landesbürger sind jeweils die österreichischen Staatsbürger, die in einer Gemeinde des Landes ihren ordentlichen Wohnsitz haben (Bgld., NÖ, Vlbg. – Quellen s. Fn. 80). Für Sbg. und Stmk. ist die – rechtlich nicht mehr existente – Heimatberechtigung im Land Voraussetzung für die Landesbürgerschaft. Auch in diesen beiden Ländern wird allerdings eine verfassungskonforme Interpretation im Sinne eines Anknüpfens an den ordentlichen Wohnsitz im Land anzustellen sein. Zur verfassungsrechtlichen Beurteilung der landesrechtlichen Bestimmungen über die Landesbürgerschaft vgl. zuletzt *Thienel,* Darf der Landesgesetzgeber den Begriff „ordentlicher Wohnsitz" selbständig regeln? Ein Diskussionsbeitrag, ÖJZ 1986, 357ff.

[82] So etwa das Wahlrecht (vgl. schon Art. 95 Abs. 1 B-VG) oder diverse landesrechtlich geregelte Leistungsansprüche.

[83] Im Oktober 1987 hat das BKA den Entwurf einer B-VG-Novelle zur Begutachtung versandt (GZ 600.573/62-V/1/87), worin u.a. eine Wiederherstellung des Instituts der Landesbürgerschaft vorgesehen ist. Art. 6 B-VG soll demnach lauten: „Für die Republik Österreich besteht eine einheitliche Staatsbürgerschaft" (Abs. 1). „Jene Staatsbürger, die in einem Land ihren ordentlichen Wohnsitz haben, sind dessen Landesbürger" (Abs. 2). Auch nach diesen Plänen

gebunden.[84] Diese Grundsätze sind relativ starr und lassen den Ländern nur wenig Spielraum für größere wahlrechtspolitische Entscheidungen.[85] Dazu kommen restriktive Tendenzen in der Rechtsprechung des VfGH zu wichtigen Fragen des Landeswahlrechts. So hat der VfGH aus der bundesverfassungsrechtlichen Vorschrift, daß das Wahlrecht zu den Landtagen in räumlich geschlossenen Wahlkreisen (Mehrzahl!) auszuüben ist (Art. 95 Abs. 3 B-VG), ein Verbot der Bildung eines einzigen, landesweiten Wahlkreises abgeleitet.[86] Auch die Einführung der Briefwahl ist den Ländern untersagt, weil sie nach Auffassung des VfGH den Grundsätzen der Geheimhaltung und persönlichen Stimmabgabe widerspricht.[87]

Innovationen des Landeswahlrechts, speziell auch in die Richtung einer *stärkeren Personalisierung*, können sich nur in verhältnismäßig engem Rahmen entwickeln. Tiefgreifende Reformen werden hier sehr bald auf die systemimmanenten Grenzen des bindend vorgegebenen Verhältniswahlrechts stoßen. Zwar könnten auch in diesem System die Komponenten der Persönlichkeitswahl durch einen Abbau des Listenprinzips gestärkt werden,[88] doch sind die Wirkungen erfahrungsgemäß eher bescheiden und der politische Wille zu solchen Reformen aus begreiflichen Gründen nicht sonderlich stark.

4. Einrichtungen der unmittelbaren Demokratie

Zu den wichtigsten und am meisten beachteten Entwicklungen im Verfassungsrecht der Länder gehört zweifellos das Vordringen von Einrichtungen der direkten Demokratie. Solche Einrichtungen sind in

---

wird also die Landesbürgerschaft als Rechtsinstitut keine substantielle Aufwertung erfahren!

[84] Art. 26 Abs. 1 B-VG (für die Wahlen zum Nationalrat) und damit in grundsätzlicher Übereinstimmung Art. 95 Abs. 1 B-VG (für die Landtagswahlen).

[85] Gemäß Art. 95 Abs. 2 B-VG dürfen die Landtagswahlordnungen die Bedingungen des aktiven und passiven Wahlrechts nicht enger ziehen als die Wahlordnung zum Nationalrat. Den Ländern wird dadurch ein Freiraum eröffnet, den sie zur Gestaltung ihres Wahlrechts im Sinne des Günstigkeitsprinzips nützen können.

[86] VfSlg. 8321/1978; kritisch dazu *Novak*, in: *Schambeck* (Hrsg.), Bundes-Verfassungsgesetz (Fn. 3), 139ff.; siehe auch *Novak*, Bundesverfassung und Landtagswahl, JBl. 1976, 178ff.; *Oberndorfer/Pernthaler/Winkler/Widder*, Verhältniswahlrecht als Verfassungsgrundsatz (1976).

[87] VfSlg. 10.412/1985; zur Frage der Briefwahl vgl. insbesondere *Schäffer*, Die Briefwahl (1979); *Nowak*, EuGRZ 1985, 184f. (Entscheidungsbesprechung); *Nowak*, Politische Grundrechte (1988), 360ff., 371ff., 385ff.; *Schreiner*, Briefwahl – über den Stand der Verhandlungen zu ihrer Einführung in Salzburg, in: *Rack* (Hrsg.), Landesverfassungsreform (Fn. 50), 79ff.

[88] *Rack*, Persönlichkeitsorientiertes Verhältniswahlrecht, in: *Rack* (Hrsg.), Landesverfassungsreform (Fn. 50), 84ff. (m.w.N.).

den Ländern bereits in den ersten Jahren des Bundesstaates entstanden,[89] seit einigen Jahren ist jedoch auf diesem Gebiete eine – wie es scheint noch ungebrochene – *Konjunktur* zu verzeichnen. Offensichtlich handelt es sich um ein Krisensymptom des Repräsentativsystems und der dazu gehörigen Mechanismen im Parteien- und Verbändestaat.[90]

Eine *Bestandsaufnahme* zeigt wiederum ein differentes Bild.[91] In allen Landesverfassungen sind Instrumente der direkten Demokratie vorgesehen. Nur wenige Länder begnügen sich mit den *Einrichtungen des Volksbegehrens und der Volksabstimmung* in ihrer klassischen Ausformung nach bundesverfassungsrechtlichem Muster, das heißt, als Gesetzesinitiativen von Bürgerseite und als Volksabstimmungen über Gesetzesbeschlüsse des Landtages auf Grund eines Landtagsbeschlusses zur Durchführung eines solchen Referendums.[92] Die meisten Länderverfassungen sind über diesen Standard hinausgegangen, sei es, daß die Einrichtungen des Volksbegehrens und der Volksabstimmung durch Erweiterungen und Erleichterungen der Antragsrechte ausgebaut wurden,[93] sei es auch, daß die direkt demokratische

[89] Nachweise bei *Novak,* in: *Schambeck* (Hrsg.), Bundes-Verfassungsgesetz (Fn. 3), 123f.

[90] Eine eingehende Analyse dieses Phänomens aus politikwissenschaftlicher Sicht findet sich bei *Mantl,* Repräsentation und Identität. Demokratie und Konflikt. Ein Beitrag zur modernen Staatsformenlehre (1975); *Schäffer,* Parteienstaatlichkeit – Krisensymptome des demokratischen Verfassungsstaates?, VVDStRL 44 (1986), 46ff. (74ff.).

[91] Die Bedeutung und das Vordringen von plebiszitären Elementen, vor allem auch auf der Ebene der Länder und der Gemeinden, haben im staatsrechtlichen Schrifttum der letzten Jahre in verstärktem Maße Beachtung gefunden. Beispielsweise sei auf folgende Arbeiten verwiesen: *Brünner* et al., Verfassungspolitik (Fn. 50), 27ff.; *Hammer,* Direkte Demokratie im österreichischen Verfassungsrecht: Repräsentative Demokratie und Föderalismus als Strukturbedingungen der Demokratiereform, in: *Marko/Stolz* (Hrsg.), Demokratie und Wirtschaft (1987), 89ff.; *Heinrich,* Direkte Demokratie in den Bundesländern, in: *Rack* (Hrsg.), Landesverfassungsreform (Fn. 50), 155ff.; *Hueber,* Gesetzesbegutachtung, in: *Rack* (Hrsg.), Landesverfassungsreform (Fn. 50), 149ff.; *Koja,* Direkte Demokratie in den Ländern. Stand und Entwicklungsmöglichkeiten (1983); *Koja/Edtstadler/Mittermayer,* Direkte Demokratie (1979); *Lengheimer,* Direkte Demokratie in den Ländern, in: *Rack* (Hrsg.), Landesverfassungsreform (Fn. 50), 144ff.; *Marko,* Direkte Demokratie im Vergleich: Schweiz – Österreich – Bundesrepublik Deutschland, in: *Marko/Stolz* (Hrsg.), Demokratie und Wirtschaft (1987), 11ff.; *Merli,* Die Steiermark – ein direktdemokratisches Paradies? Anmerkungen zum Entwurf einer neuen Landesverfassung, ÖGZ 1985, H. 12, 2ff.; *Pernthaler* (Hrsg.), Direkte Demokratie in den Ländern und Gemeinden (1980); *Widder,* Volksabstimmung (Fn. 76).

[92] Dieser Standard findet sich in den Landesverfassungen von Krnt, Tir und Wien. Er wird allerdings von der OÖ LV unterboten, die zwar die Einrichtung des Volksbegehrens (Art. 23) kennt, aber Volksabstimmungen nicht vorsieht (Quellen s. Fn. 53).

Mitwirkung durch zusätzliche Instrumente, wie die *Bürgerbefragung* und *Bürgerbegutachtung*, angereichert[94] oder in ihrem Wirkungskreis durch Erstreckung auf die Ebene der Vollziehung ausgebaut wurde.[95]

Der Entwicklung von plebiszitären Elementen in der Gesetzgebung und Vollziehung der Länder sind bundesverfassungsrechtliche Grenzen gesetzt.[96] Sie ergeben sich aus der *institutionellen Garantie des Repräsentativsystems* in Art. 95 Abs. 1 B-VG, wo es heißt, daß die Gesetzgebung der Länder von den Landtagen ausgeübt wird.[97] Aus diesen und wohl auch aus Gründen politischer Räson haben die Länder auf die Schaffung von *Formen echter Volksgesetzgebung* verzichtet und insbesondere die Volksabstimmung auf Varianten des Vetoreferendums über parlamentarische Gesetzesbeschlüsse beschränkt.[98] Selbst in Vorarlberg, wo der Landtag durch ein mit Volksabstimmung angenommenes Volksbegehren zur Erlassung eines entsprechenden Gesetzes verpflichtet werden kann, bleibt eine Verletzung dieser Verpflichtung letzten Endes sanktionslos.[99]

Über die *Bedeutung der direkt demokratischen Einrichtungen* in den Ländern läßt sich nichts Endgültiges sagen, da die Phase der Ent-

---

[93] So etwa die Einführung eines Initiativrechts der Landesbürger und Gemeinden zur Erlassung von Landesgesetzen in Form einer einfachen Anregung (also auch ohne ausgearbeiteten Gesetzesentwurf!), z.B. auf Grund der NÖ LV (Art. 26), (Quelle s. Fn. 53).

[94] So etwa die im Vierten Hauptstück der Stmk. LV geregelten Volksrechte (Quelle s. Fn. 53).

[95] So z.B. die in Art. 46 der NÖ LV vorgesehenen Mitwirkungsrechte der Landesbürger in der Landesvollziehung (Quelle s. Fn. 53).

[96] Demgegenüber hat die B-VG-Novelle 1984 (BGBl. 490) auf der Ebene der Gemeinden eine entscheidende Abschwächung des Systems der repräsentativen Demokratie gebracht: Gemäß Art. 117 Abs. 7 B-VG kann die Landesgesetzgebung in Angelegenheiten des eigenen Wirkungsbereiches der Gemeinde die „unmittelbare Teilnahme und Mitwirkung der zum Gemeinderat Wahlberechtigten" vorsehen.

[97] Die schrankensetzende Funktion dieser Bestimmung, die dem Landtag das Gesetzgebungsrecht im Land vorbehält, wird eigenartigerweise im Schrifttum kaum beachtet, ja es ist sogar versucht worden, diese Funktion zu leugnen – in diese Richtung geht die auf fragwürdiger Dialektik beruhende und letztlich mehr verhüllende als klärende Argumentation von *Hammer*, in: *Marko/Stolz* (Hrsg.), Demokratie (Fn. 91).

[98] Siehe vorhin bei den Fn. 92 und 93.

[99] Ist ein vom Landtag abgelehntes, von wenigstens 20% der Stimmberechtigten unterstütztes Volksbegehren in nachfolgender (obligatorischer) Volksabstimmung angenommen worden, so hat der Landtag gemäß Art. 33 Abs. 6 Vlbg. LV (Quelle s. Fn. 53) einen inhaltlich entsprechenden Gesetzesbeschluß zu fassen. Die Erfüllung dieser Verpflichtung kann jedoch – weder direkt noch indirekt – erzwungen werden. Die in Art. 100 Abs. 1 B-VG vorgesehene Möglichkeit einer Auflösung des Landtages durch den Bundespräsidenten auf Antrag der Bundesregierung mit Zustimmung des Bundesrates könnte allenfalls als politische Sanktion eingesetzt werden.

wicklung und Erprobung noch nicht abgeschlossen ist. Manche der neu geschaffenen Mechanismen wirken künstlich konstruiert und wecken daher Zweifel an ihrer Vitalität. Eine nachhaltige Umgewichtung im politischen Entscheidungsprozeß ist aus den vorhin erwähnten Gründen nicht zu erwarten. Es gibt sogar Anzeichen für eine Kanalisierung und Indienstnahme direkt demokratischer Instrumentarien durch die traditionellen Träger politischer Entscheidungen. Diese Bemerkungen mögen aber nicht als negative Würdigung, sondern nur als Ausdruck nüchterner Zurückhaltung verstanden werden.

5. Parlamentarisches System

Wenig Spielraum bleibt den Ländern bei der Gestaltung ihres parlamentarischen Systems. Wesentliche Elemente, wie das Einkammersystem, die Grundsätze des Wahlrechts (Art. 95 B-VG), die Regeln der Immunität (Art. 96 B-VG) und das Verfahren der Landesgesetzgebung, einschließlich der für Verfassungsbeschlüsse erforderlichen Quoren (vgl. Art. 97–99 B-VG), sind durch das Bundesverfassungsrecht vorgegeben.

Freiräume für landesverfassungsrechtliche Entscheidungen ergeben sich insbesondere bei der Festlegung der Anzahl der Mandate der Landtage, der Dauer der Legislaturperiode (sie beträgt durchwegs fünf, in Oberösterreich sechs Jahre), der Organisation und Verfügbarkeit der Parlamentsverwaltung, der Öffentlichkeit von Plenar- und Ausschußsitzungen und den übrigen Fragen des parlamentarischen Geschäftsganges.

Ein originelles Instrument der Kooperation von Legislative und Regierung bilden die in Burgenland eingerichteten *Landesausschüsse* (Art. 42 der Bgld. Landesverfassung).[100] Es handelt sich um gemischte Gremien, denen Mitglieder der Landesregierung, des Landtages und Vertreter der Landesverwaltung angehören. Aufgabe der Landesausschüsse ist die Beratung von allgemein bedeutsamen Angelegenheiten der Regierungspolitik. Ihre Funktion liegt im Bereich der Information, Kompromißfindung und Koordination.

6. Regierungssystem

Von den *bundesverfassungsrechtlichen Vorgaben* für das Regierungssystem in den Ländern sind die obligatorische Wahl der Landesregierung durch den Landtag (Art. 101 Abs. 1 B-VG) und die Zugehö-

---

[100] Dazu *Wimmer*, Die Landesausschüsse in der neuen Burgenländischen Landesverfassung, in: *Rack* (Hrsg.), Landesverfassungsreform (Fn. 50), 95ff.

rigkeit des Landeshauptmannes zur Landesregierung (Art. 101 Abs. 3 B-VG) hervorzuheben. Die Schaffung eines echten oder auch nur abgeschwächten *Präsidentschaftssystems* auf Landesebene wird dadurch ausgeschlossen. Das politische Gewicht mancher Landeshauptmänner läßt allerdings in der Verfassungswirklichkeit mancherlei Ansätze eines solchen Systems erkennen. Die im medialen Sprachgebrauch wie auch im Volksmund geläufige Bezeichnung als „Landesfürsten" kommt nicht von ungefähr.

Die Wahl zwischen Mehrheits- und Proportionalprinzip bei der *Regierungsbildung* bleibt den Landesverfassungen überlassen. Nur Vorarlberg hat sich für das Mehrheitsprinzip entschieden. Die Verfassungen aller anderen Bundesländer sehen ausdrücklich oder im Ergebnis (auf Grund der Wahlmodalitäten) eine proportionale Beteiligung der im Landtag vertretenen Parteien an der Landesregierung vor. Mit Ausnahme von Vorarlberg und einer hier nicht näher darzustellenden Besonderheit in Wien[101] steht damit den großen Parteien in den Ländern der Zugang zu eigener Ressortführung in den Landesregierungen offen.

Proportionale Regierungsbeteiligung und Ausübung selbständiger Ressortverantwortung bewirken *Akzentverschiebungen im Wechselspiel von Regierung und Opposition.* Die Ausbildung eines quasikoalitionären Konsensklimas zwischen den an der Regierung beteiligten politischen Kräften wird dadurch begünstigt. Die Landesverfassungen müßten für einen Ausgleich, vor allem durch eine Aufwertung der Rechte der in der Regierung nicht vertretenen parlamentarischen Minderheiten, Sorge tragen. Die Erfüllung dieser Forderung läßt vielfach noch zu wünschen übrig (siehe dazu auch im folgenden unter Pkt. 10.).

7. *Verwaltungsorganisation*

Die Länder haben zwar die grundsätzliche Organisationskompetenz für ihre Verwaltung, es gibt aber auch auf diesem Gebiet eine Reihe von bundesverfassungsrechtlichen Beschränkungen und Bindungen.[102]

---

[101] In Wien übt der Stadtsenat die Funktion der Landesregierung aus (Art. 108 B-VG; §§ 114 und 132 Wr. LV – Quelle s. Fn. 53). Der Stadtsenat ist zwar nach dem Stärkeverhältnis der im Gemeinderat (zugleich auch Landtag) vertretenen Wahlparteien zusammengesetzt (§ 34 Abs. 1 Wr. LV), mit der selbständigen Ressortleitung werden aber seit langem nur die „amtsführenden Stadträte" der Mehrheitspartei (SPÖ) betraut; eine proportionale Verteilung dieser Funktionen ist in der Wr. LV nicht vorgeschrieben (vgl. § 36 leg. cit.).

[102] Sie ergeben sich vor allem aus den Bestimmungen über die mittelbare Bundesverwaltung (Art. 102ff. B-VG), über die Einrichtung der kommunalen Selbstverwaltung (Art. 115–120 B-VG) und aus gewissen Mitspracherechten des Bundes in Angelegenheiten der Organisationskompetenz der Länder (vgl.

Das Organisationsrecht der Gemeinden und Gemeindeverbände ist ebenfalls Sache der Länder, ihr Spielraum wird jedoch auch hier durch ein sehr konkret gehaltenes Gemeindeverfassungsrecht des Bundes beträchtlich eingeengt.[103]

Die Länder sind bei der Nutzung ihrer trotz allem nicht unbedeutenden Organisationskompetenzen durchwegs zurückhaltend. Abgesehen von wenigen Sonderbehörden[104] und einer Anzahl von oberstinstanzlichen „Kollegialbehörden mit richterlichem Einschlag"[105] zeigen die Länder – jedenfalls bei ihren behördlichen Organisationen – keine besondere erfinderische Phantasie. Das Schwergewicht der hoheitlichen Vollzugsaufgaben im Land liegt bei den Bezirksverwaltungsbehörden und den Ämtern der Landesregierung.[106] Der *Verzicht auf organisatorische Vielfalt* bewirkt eine weitgehende Bewahrung jener *Zuständigkeitskonzentration*, die angesichts einer starken Zersplitterung des materiellen Verwaltungsrechts als verwaltungsökonomischer Vorteil und bürgerfreundliche Komponente einheitlicher Verwaltungsführung empfunden wird.

8. Gemeinschaftsorgane im Bundesstaat

Sehr zurückhaltend ist auch die Praxis der Länder bei der Schaffung von gemeinschaftlichen Organen. Dies gilt für die *horizontale Schichtung* in Form von Ländergemeinschaftsorganen gleichermaßen wie für die *vertikale Ebene* gemeinschaftlicher Einrichtungen von Bund und Ländern. Als eines der wenigen Beispiele für förmlich organisierte Gemeinschaftseinrichtungen der Länder ist die Verbindungsstelle der Österreichischen Bundesländer beim Amt der NÖ Landesregierung zu erwähnen. Sie beruht auf gliedstaatlicher Übereinkunft und besorgt Aufgaben der Interessenvertretung und betreuenden Koordination.[107] Einer stärkeren Häufung gemeinschaftlicher

---

etwa Art. 10 Abs. 10 B-VG: Danach dürfen Landesgesetze, durch die die bestehende Organisation der Behörden der allgemeinen staatlichen Verwaltung in den Ländern geändert oder neu geregelt wird, nur mit Zustimmung der Bundesregierung kundgemacht werden); vgl. etwa *Pernthaler*, Die Zuständigkeitsverteilung zwischen Bund und Ländern auf dem Gebiet der Verwaltungsorganisation (1976); *Weber*, Die mittelbare Bundesverwaltung (1987).

[103] Art. 115–120 B-VG.

[104] Beispiele für solche Behörden bei *Antoniolli/Koja*, Verwaltungsrecht² (Fn. 52), 407 und *Weber*, Bundesverwaltung (Fn. 102), 180f.

[105] Die verfassungsrechtliche Grundlage dafür bietet Art. 133 Z 4 B-VG; siehe dazu *Pernthaler*, Die Kollegialbehörden mit richterlichem Einschlag (1977) und die dort im Anhang enthaltene Übersicht über solche Behörden.

[106] Zur Organisation der Landesverwaltung siehe *Adamovich/Funk*, Verwaltungsrecht³ (Fn. 75), 341ff.; *Antoniolli/Koja*, Verwaltungsrecht² (Fn. 52), 399ff.; *Weber*, Bundesverwaltung (Fn. 102), 131ff.

[107] Näheres bei *Ermacora*, Föderalismus (Fn. 3), 154.

Einrichtungen begegnen wir außerhalb des Bereiches rechtsförmlicher Organisationen, wie der Österreichischen Raumordnungskonferenz oder den regelmäßig stattfindenden Konferenzen der Landeshauptmänner und Landesamtsdirektoren.[108]

Die Dürftigkeit an gliedstaatlichen Gemeinschaftseinrichtungen überrascht angesichts einer inzwischen reichhaltigen Vereinbarungspraxis zwischen dem Bund und den Ländern und der Länder untereinander (Art. 15a B-VG). Die Gründe liegen zum Teil im Verfassungsrecht: Nach herrschender, wenn auch nicht unumstrittener Auffassung dürfen solche Einrichtungen nicht mit behördlichen Entscheidungszuständigkeiten ausgestattet werden, sondern haben sich im „Innenbereich" der Verwaltung auf die *Erfüllung von vorbereitenden, beratenden und unterstützenden Funktionen* zu beschränken.[109] Auch scheint ein Bedarf nach entscheidungsbefugten gemeinschaftlichen Vollzugseinrichtungen nicht zu bestehen oder bislang noch nicht entdeckt worden zu sein.

9. Haushaltsrecht

Allgemeine *bundesverfassungsrechtliche Bindungen* für das Haushaltsrecht der Länder ergeben sich aus dem System der Gewaltentrennung, aus der Stellung der Landtage und den Gebarungsgrundsätzen[110] sowie aus den Kontrollrechten des Rechnungshofes in An-

---

[108] Die *Österreichische Raumordnungskonferenz (ÖROK)* ist eine im Jahr 1971 gegründete informelle Einrichtung mit Beratungs- und Koordinationsaufgaben auf dem Gebiete der Raumordnung. Sie setzt sich aus Mitgliedern der Bundesregierung, den Landeshauptmännern, Vertretern des Österreichischen Gemeindebundes, des Österreichischen Städtebundes und mehrerer Interessenvertretungen (Österreichischer Arbeiterkammertag, Bundeskammer der Gewerblichen Wirtschaft, Präsidentenkonferenz der Landwirtschaftskammern) zusammen – siehe *Adamovich/Funk*, Verwaltungsrecht³ (Fn. 75), 200; „Österreichische Raumordnungskonferenz – Geschäftsordnung und Arbeitsprogramm", Bd. 1 der ÖROK-Schriftenreihe (1972). – Die *Landeshauptmännerkonferenz* und die *Landesamtsdirektorenkonferenz* sind – ebenfalls rechtlich nicht institutionalisierte – regelmäßige Zusammenkünfte der Landeshauptmänner und Landesamtsdirektoren.

[109] *Rill/Schäffer*, Die Rechtsnormen für die Planungskoordinierung seitens der öffentlichen Hand auf dem Gebiete der Raumordnung. Stand und Entwicklungsmöglichkeiten (1975), 70f.; anderer Auffassung *Morscher*, Rechtliche Probleme bei der Schaffung innerstaatlicher grenzüberschreitender Einrichtungen und Organe durch die österreichischen Bundesländer (1978): Er hält die Errichtung von Zwischenländereinrichtungen bzw. gemeinsamen Ländereinrichtungen für grundsätzlich zulässig (a.a.O., 41ff.).

[110] Die als Maßstäbe der Rechnungshofkontrolle vorgesehenen Kriterien (Sparsamkeit, Wirtschaftlichkeit, Zweckmäßigkeit – Art. 126b Abs. 5, Art. 127 Abs. 1, Art. 127a Abs. 1 B-VG) stellen zugleich auch allgemein bindende Grundsätze für die Gebarung der öffentlichen Hand dar. Überdies haben die Gebiets-

gelegenheiten der Landesgebarung.[111] Zur Sicherung formaler Einheitlichkeit kann der Bund die Form und Gliederung der Voranschläge und Rechnungsabschlüsse der Gebietskörperschaften regeln.[112] Im übrigen können die Länder ihr Haushalts(verfassungs)recht autonom gestalten.

Die meisten Landesverfassungen begnügen sich mit Standardregelungen über den jährlichen Voranschlag und Rechnungsabschluß, über Budgetprovisorien, über die Vermögensgebarung und die finanzielle Kontrolle durch eigene Landesorgane.[113] Nur im Burgenland und ansatzweise auch in Kärnten ist eine mehrjährige, parlamentarisch kontrollierte *Finanzplanung* obligatorisch.[114] Abgesehen von der Bgld. Landesverfassung, die eine *Kalkulation der finanziellen Auswirkungen neuer rechtssetzender Maßnahmen vorschreibt,* findet man in den Ländern so gut wie keine weiteren Elemente eines modernen Haushaltsrechts. Hier besteht wohl ein *Nachholbedarf,* der durch die Stichworte: Sichtbarkeit von Vorausbelastungen und Folgekosten, Darstellung von Beteiligungen, Erstellung von Investitionsprogrammen und Förderungsberichten umrissen sei.[115]

10. Kontrolle der Vollziehung

Die *rechtliche Kontrolle* der (hoheitlichen) Landesverwaltung ist dem VwGH zugewiesen (vgl. Art. 129–136 B-VG). Den Ländern ist dadurch die Einrichtung einer eigenen Verwaltungsgerichtsbarkeit verwehrt.

Zur *finanziellen Kontrolle* ihrer Vollziehung haben die Länder eigene Organe geschaffen. Organisation und Funktionsweise dieser Einrichtungen sind nicht einheitlich; die Spannweite reicht von ständigen Landtagsausschüssen über eigens organisierte, der Legislative zugeordnete Rechnungshöfe und Kontrollämter bis hin zu spezialisierten Revisionsorganen in der Verwaltung.[116] Mehr noch als die Frage der Zu-

---

körperschaften bei ihrer Haushaltsführung die Sicherstellung des gesamtwirtschaftlichen Gleichgewichts anzustreben (Art. 13 Abs. 2 B-VG); dazu jüngst *Wenger,* Ansätze zur inhaltlichen Determinierung nichthoheitlicher Verwaltungshandlungen im neuen Bundeshaushaltsrecht. Zugleich ein Beitrag zur Entzauberung der „Privatwirtschaftsverwaltung", ÖHW 1987, 1ff.

[111] Art. 127 B-VG.

[112] § 16 Abs. 1 Finanz-Verfassungsgesetz 1948 (BGBl. 45). Entsprechende Regelungen finden sich in der Voranschlags- und Rechnungsabschlußverordnung aus 1983, BGBl. 159.

[113] Siehe den Bericht von *Wenger,* Landesbudgetrecht, in: *Rack* (Hrsg.), Landesverfassungsreform (Fn. 50), 118ff.

[114] Art. 39 Bgld. LV; Art. 53 Abs. 4 Krnt. LV (Quellen s. Fn. 53).

[115] *Wenger,* Landesbudgetrecht (Fn. 113), 126f.

[116] Übersicht bei *Öhlinger,* Einrichtungen der finanziellen Kontrolle der Länder im Lichte der Landesverfassungsautonomie, in: *Brünner/Ortner* (Hrsg.),

lässigkeit einer Kontrollkonkurrenz der Länder gegenüber dem Bund[117] ist hier die Nutzbarkeit solcher Kontrollmöglichkeiten für politische Minderheiten von Interesse. Nur wenige Landesverfassungen sehen Gebarungssonderprüfungen über Verlangen von parlamentarischen Minderheiten vor.[118]

Sehr unterschiedlich entwickelt sind auch die Möglichkeiten der *politischen Kontrolle* in den Ländern. Die Tatsache, daß die Einrichtung des Untersuchungsrechts in einigen Landesverfassungen nach wie vor unbekannt ist,[119] bildet einen eigenartigen Kontrast zu deren feierlichen Bekenntnissen zum demokratischen Prinzip. Auch sonst ist die Palette der politischen Kontrollrechte in den Ländern vorwiegend durch Monotonie und wenig schöpferische Phantasie gekennzeichnet.[120] Das gilt im besonderen auch für den Zustand der Rechte von parlamentarischen Minderheiten.

Besonders im Bereich der finanziellen und politischen Kontrolle hat das Landesverfassungsrecht im allgemeinen noch nicht jenen Stand an Entwicklung erreicht, der seinen Möglichkeiten und Aufgaben angemessen wäre.

IV. Tendenzen künftiger Entwicklung

Verglichen mit anderen Bundesstaaten hat das gliedstaatliche Verfassungsrecht in Österreich in seinen Entwicklungsmöglichkeiten das Handicap einer sehr schlechten Startposition zu tragen. Ausgleichen

---

Die Finanzkontrolle in den österreichischen Bundesländern (1984), 22ff. (mit Nachweisen der Rechtsgrundlagen, a.a.O., 66ff.); *Schwarzer*, Die Kontrolle wirtschaftlicher Unternehmungen durch Einrichtungen der Länder, in: *Korinek* (Hrsg.), Die Kontrolle wirtschaftlicher Unternehmungen durch den Rechnungshof (1986), 149ff.

[117] Siehe die Darstellung der Diskussion bei *Koja*, Landesrechnungshof, in: *Rack* (Hrsg.), Landesverfassungsreform (Fn. 50), 128ff.; *Fiedler*, Der Rechnungshof und die Finanzkontrolle in den Ländern, ÖHW 1987, 149ff.; *Schwarzer*, in: *Korinek* (Hrsg.), Kontrolle (s. Fn. 116).

[118] Art. 76 Abs. 2 Bgld. LV (vgl. auch die in Art. 81 leg. cit. vorgesehene Möglichkeit der Erteilung von Sonderprüfungsaufträgen an den Rechnungshof des Bundes!); Art. 61 Abs. 6 Krnt. LV; § 7 Abs. 2 Sbg. Landesrechnungshofgesetz (LGBl. 1982/59); § 6 Abs. 1 des Tiroler Gesetzes über das Landes-Kontrollamt (LGBl. 1983/4); Art. 65 Abs. 1 Vlbg. LV (Quellen s. Fn. 53).

[119] OÖ, Tir. und Wien; vgl. *Winder*, Kontrolle in den Bundesländern, in: *Rack* (Hrsg.), Landesverfassungsreform (Fn. 50), 112ff.; *Laurer*, Der parlamentarische Untersuchungsausschuß (1984), 28ff., 44ff.

[120] Im allgemeinen sind nur die „klassischen" Kontrollrechte (Interpellation, Resolution, Untersuchungsrecht – siehe aber vorhin bei Fn. 119, Mißtrauensrecht; staatsrechtliche Anklage) vorgesehen; lediglich in der Bgld. LV sind differenzierte Kontrollrechte, etwa auch ein Recht der Mitglieder des Landtages auf Akteneinsicht (Art. 48 leg. cit.), enthalten (Quelle s. Fn. 53).

ließe sich dies nur durch einen allgemeinen Rückzug des Bundesverfassungsrechts aus Fragen der Länderverfassung. Ein solcher *systemändernder Sprung* ist für absehbare Zeit nicht zu erwarten.

Zu rechnen ist eher mit einer Fortsetzung der nunmehr schon seit geraumer Zeit zu beobachtenden Entwicklung, die auf zwei Gleisen in die gleiche Richtung läuft: Einerseits kann die *Verfassungsautonomie der Länder* gewisse *Zugewinne von Bundesseite* her registrieren. Eine neue Runde von Reformen auf Grund von erneuerten Forderungsprogrammen der Bundesländer steht bevor.[121] Den Ländern soll dabei unter anderem in beschränktem Umfang das Recht zum Abschluß von völkerrechtlichen Verträgen zugestanden werden.[122] Neben Erweiterungen der Länderkompetenzen ist allerdings auch mit Einbußen zu Gunsten des Bundes zu rechnen.[123]

Zum zweiten haben die Länder die *Perspektiven ihrer Verfassungsautonomie* seit längerem deutlicher erkannt und besser genützt. Die vorhandenen Leistungsreserven sind aber bei weitem noch nicht erschöpft. Einige Länderverfassungen haben den in anderen Ländern bereits erreichten Standard an Reformen und Innovationen noch nicht gefunden. Abgesehen von diesem relativen Nachholbedarf hat das Landesverfassungsrecht auch sonst die Grenzen seiner eigenständigen Gestaltungsmöglichkeiten noch lange nicht erreicht.

Die Prognose bleibt somit ebenso ambivalent wie die Diagnose: Die Bedeutung gliedstaatlichen Verfassungsrechts in Österreich ist vergleichsweise bescheiden, insgesamt aber doch nicht in dem Maße reduziert, wie das bisweilen resignierend angenommen wird.

---

[121] Nachweise vorhin in Fn. 46.

[122] Nach dem zur Begutachtung versandten Entwurf des Bundeskanzleramtes (siehe vorhin in Fn. 46) ist allerdings für die Ausübung dieser Befugnisse der Länder eine strenge *Kuratel des Bundes* in Aussicht genommen: Sowohl die Aufnahme von Verhandlungen als auch der Abschluß des Vertrages bedürfen der Zustimmung der Bundesregierung und einer Bevollmächtigung durch den Bundespräsidenten. Der Bund behält sich überdies die Möglichkeit einer Vertragskündigung vor.

[123] Der genannte Entwurf einer B-VG-Novelle (Fn. 46) sieht insbesondere eine Kompetenzkonzentration zugunsten des Bundes im Bereich des Umweltschutzes vor: „Luftreinhaltung" und „Abfallwirtschaft, ausgenommen die Beseitigung von Hausmüll" sollen demnach künftig in die ausschließliche Kompetenz des Bundes in Gesetzgebung und Vollziehung (Art. 10 Abs. 1 Z 12 B-VG) fallen.

Leitsätze des 2. Berichterstatters über:

Die Bedeutung gliedstaatlichen Verfassungsrechts in der Gegenwart

I. Die Verfassungsautonomie der Länder als Angelpunkt der realen und möglichen Bedeutung gliedstaatlichen Verfassungsrechts

In Österreich ist die Verfassungsautonomie der Länder durch intensive Einwirkungen des Bundesverfassungsrechts in gliedstaatliche Verfassungsfragen und durch ein deutliches Übergewicht des Bundes bei der Verteilung der staatlichen Entscheidungs- und Aktionskompetenzen von vornherein relativ schwach ausgeprägt. Die Leistungen und Leistungsmöglichkeiten gliedstaatlichen Verfassungsrechts haben eine wechselhafte historische Entwicklung und werden auch heute nicht einheitlich beurteilt.

II. Positionen des Landesverfassungsrechts in entwicklungsgeschichtlicher Perspektive

1. Die Kronländer und ihre Landesordnungen
Die Landesordnungen der Kronländer, die als Vorläufer eines Teiles der heutigen Landesverfassungen gelten können, haben im Staatsrecht und im politischen System der Monarchie keine bedeutende Rolle gespielt.

2. Die Entstehung des Bundesstaates im Jahre 1918
Die von Länderseite durchgesetzte Föderalisierung der ursprünglich einheitsstaatlich konzipierten Verfassung der Republik Deutschösterreich war zunächst mit einer Aufwertung des Verfassungslebens der Länder verbunden. Die Vorgänge der Gründungstage sind Gegenstand einer bis heute fortwirkenden Kontroverse über die Grundlagen der Bundesstaatlichkeit in Österreich.

3. Die weitere Entwicklung in der 1. Republik
Die anfangs vorhandenen Ansätze für einen Aufschwung des Landesverfassungsrechts sind durch das Verfassungswerk von 1920 und dessen weitere Entwicklung unterdrückt worden.

4. Die Wiederherstellung Österreichs und seiner Bundesstaatlichkeit im Jahre 1945

Die neuerliche Gründung des Bundesstaates im Jahre 1945 ist wiederum zu einem wesentlichen Teil von den Ländern mitgetragen worden. Die Verfassungshoheit der Länder hat dadurch allerdings keine nachhaltige Aufwertung erfahren.

5. Die fortdauernde Stagnation des Landesverfassungsrechts
In den folgenden Jahren der „Großen Koalitionen" kommt es zu einem fortschreitenden Verfall der Bundesstaatlichkeit. Das Verfassungsrecht der Länder versinkt in Bedeutungslosigkeit.

6. Die Belebung des Landesverfassungsrechts seit Mitte der Sechzigerjahre
Die Durchsetzung gemeinsamer Länderforderungen an den Bund, die Aufmerksamkeit der Wissenschaft für Fragen des gliedstaatlichen Verfassungsrechts und Akzentverschiebungen in der Rechtsprechung des VfGH leiten das Ende der Stagnation des Landesverfassungsrechts ein.

III. Leistungen und Leistungsreserven des Landesverfassungsrechts in einzelnen Bereichen

1. Bundesstaatliche Proklamationen / Staatszielbestimmungen / institutionelle Garantien / Grundrechte
Die meisten Landesverfassungen enthalten materiale Anreicherungen in Form von Proklamationen gliedstaatlicher Eigenständigkeit, Staatszielbestimmungen und institutionellen Garantien. Eine Auseinandersetzung mit der Frage der Staatsqualität der Länder erscheint aus juristischer Sicht wenig ergiebig. Grundrechtliche und institutionelle Gewährleistungen in den Landesverfassungen könnten zur Ergänzung bundesverfassungsrechtlicher Garantien beitragen.

2. Landesbürgerschaft
Wegen der bundesverfassungsrechtlichen Suspendierung der Landesbürgerschaft können die Länder dieses Attribut gliedstaatlicher Autonomie nur in bescheidenem Umfang selbständig gestalten.

3. Wahlrecht
Durch intensive bundesverfassungsrechtliche Vorgaben eingeschränkt ist auch die Entwicklungsfähigkeit des Wahlrechts in den Ländern.

4. Einrichtungen der unmittelbaren Demokratie
In den Ländern haben sich reichhaltige Formen direkt demokratischer Mitsprache an der Gesetzgebung und Vollziehung entwickelt. Die den Ländern auferlegte Pflicht zur Wahrung des Repräsentativsystems setzt dieser Entwicklung jedoch Grenzen. Über die politische Vitalität plebiszitärer Mechanismen des Landesverfassungsrechts kann noch nichts Endgültiges gesagt werden.

5. Parlamentarisches System
Auch hier ist der Spielraum für eigenständige Wege der Länder klein. Gestaltungsmöglichkeiten ergeben sich insbesondere bei den technischen Belangen des parlamentarischen Systems.

6. Regierungssystem
Mit Ausnahme von Vorarlberg haben sich alle Länder für eine Zusammensetzung der Landesregierungen nach dem Stärkeverhältnis der Landtagsparteien entschieden. Für ein Gegengewicht durch eine Stärkung der Rechte politischer Minderheiten haben die Landesverfassungen durchwegs nicht ausreichend vorgesorgt.

7. Verwaltungsorganisation
Die Länder haben die nicht unbeträchtlichen Möglichkeiten ihrer Organisationshoheit im Bereich der Verwaltung kaum genützt. Die dadurch bedingte Einheitlichkeit der Verwaltungsorganisation ist jedoch unter dem Gesichtspunkt der Serviceleistungen der Verwaltung durchaus positiv zu beurteilen.

8. Gemeinschaftsorgane im Bundesstaat
Sowohl in horizontaler als auch in vertikaler Linie sind diese Einrichtungen nur schwach entwickelt. Sie bleiben auf vorbereitende, beratende und unterstützende Funktionen beschränkt.

9. Haushaltsrecht
Die weitreichenden Möglichkeiten einer Modernisierung ihres Haushalts(verfassungs-)rechts sind von den Ländern bisher kaum wahrgenommen worden.

10. Kontrolle der Vollziehung
Da die Verwaltungsgerichtsbarkeit ausschließlich beim Bund angesiedelt ist, liegt das Schwergewicht der von den Ländern autonom zu gestaltenden Kontrolleinrichtungen auf dem Gebiet der finanziellen und politischen Kontrolle. Erstere ist in reichhaltiger Weise ausgebaut worden, letztere in ihrer Entwicklung deutlich zurückgeblieben.

IV. Tendenzen künftiger Entwicklung

Eine Systemreform, mit der die Schwäche des Landesverfassungsrechts an der Wurzel beseitigt wird, ist nicht in Sicht. Mit einer Fortsetzung des Trends einer allmählichen und begrenzten Aufwertung des Landesverfassungsrechts kann jedoch gerechnet werden.

Die Bedeutung gliedstaatlichen Verfassungsrechts in der Gegenwart

3. Bericht von Professor Dr. *Gerhard Schmid*, Basel

Inhalt

Vorbemerkung*

Im einschlägigen psychiatrischen Schrifttum wird eines der verbreitetsten helvetischen Nationaltraumata unter dem Stichwort „Heidi in Frankfurt" thematisiert. Dieses Syndrom beseelt bald einmal auch den biederen schweizerischen Juristen, welcher sich darauf einläßt, einen Bericht für die Jahrestagung der Vereinigung der Deutschen Staatsrechtslehrer zu übernehmen.

Nur die vertiefte parallele Lektüre von *Johanna Spyris* unsterblichem Werk und der ebenso unsterblichen – wenn auch bislang lediglich in Printmedienform zugänglichen – Veröffentlichungen unserer Vereinigung läßt wieder Mut schöpfen. Zwar zeigen die Protokolle der Aussprachen durchaus auf, daß die Referenten nicht selten gehörige *Rottenmeier*sche Belehrungen einzustecken haben; es widerfährt ihnen jedoch in der Regel auch gütige Nachsicht oder freundliche Kollegialität, wie sie Großmutter *Sesemann* bzw. *Klara* stets wieder bekundet haben.

I. Die Staatlichkeit der Kantone

1. Wesensmerkmale der Staatlichkeit

Von solchen Illusionen behütet wende ich mich der eigentlichen Thematik dieses Berichtes zu. Dabei soll der Einstieg über das grundlegende Phänomen der Staatlichkeit der Kantone und nicht direkt über die Kantonsverfassungen gesucht werden.

Diese Staatlichkeit der Kantone ist für die schweizerischen Bürger zuerst einmal unmittelbar einsichtig, wird durch historische Abläufe, politisches System und kulturelle Identitäten gleichsam natürlich begründet und nachempfunden, stellt sich als nur bedingt problematisierungsfähig dar. Eine solche Problematisierung ist auch in keiner Weise vordringlich, wenn man die schweizerischen Kantone auf die Merkmale oder Erscheinungen hin abklopft, welche die moderne, über die rechtlichen Gesichtspunkte hinausgreifende Lehre – in ihrer gleichermaßen gesamthaften wie unbestimmten Betrachtungsweise – als für die Staatsqualität einer Gebietskörperschaft wesentlich aufgezeigt hat.[1] Den Staat als permanente Organisation, reales Beziehungsgefüge, normative Einheit oder Summe von Integrationsvorgängen, als Prozeß, Komplex oder System, als objektive Ämter- und Pflichten-

---

* Herrn *Bernhard Heusler* danke ich bestens für seine Mithilfe bei der Bereitstellung und Sichtung des Materials.

[1] Grundlegend für eine solche Betrachtungsweise u.a. *Ulrich Scheuner*, Das Wesen des Staates und der Begriff des Politischen in der neueren Staatslehre, wieder abgedruckt in: *ders.*, Staatstheorie und Staatsrecht, Gesammelte Schriften, Berlin 1978, S. 45ff.

ordnung oder als umfassende rechtliche und politische Organisation[2] – all das wird man in den schweizerischen Kantonen zwanglos erkennen können.

2. Souveränität im schweizerischen Bundesstaat

Schwierigkeiten mit der Annahme der Staatsqualität der Kantone treten allerdings dann auf, wenn man das Wesen des Staates mit der klassischen positivistischen Drei-Elemente-Lehre durch Staatsgebiet, Staatsvolk und Staatsgewalt definiert und die Staatsgewalt dabei durch das Merkmal der Souveränität charakterisiert.[3]

Die Frage nach der richtigen „Lokalisierung" dieser Souveränität im Bundesstaat hat so in der zweiten Hälfte des 19. und der ersten Hälfte des 20. Jahrhunderts viel Kopfzerbrechen bereitet und Druckerschwärze fließen lassen. So wurde die These der Souveränität der Kantone ebenso vertreten wie jene einer zwischen Bund und Kantonen geteilten Souveränität, jene der Souveränität des Bundes oder jene eines gedachten, Bund und Kantone überwölbenden „Gesamtstaates" als Souveränitätsträger.[4] In den letzten Jahrzehnten ist die Frage der Zuordnung der Souveränität im schweizerischen Bundesstaat nun aber beinahe klanglos verabschiedet, als überholt, Scheinproblem oder unfruchtbar gekennzeichnet worden.[5]

---

[2] Einen guten Überblick über die Vielzahl der Bemühungen um den Staatsbegriff geben etwa *Roman Herzog,* Allgemeine Staatslehre, Frankfurt 1971, S. 84ff., und *Peter Pernthaler,* Allgemeine Staats- und Verfassungslehre, Wien 1986, S. 26ff.

[3] Wegleitend *Georg Jellinek,* Allgemeine Staatslehre, 3. Aufl., Berlin 1914, S. 394ff. Vgl. dazu auch *Herzog* (s. Anm. 2), S. 85ff. und *Pernthaler* (s. Anm. 2), S. 81ff.

[4] Vgl. *Walther Burckhardt,* Die Organisation der Rechtsgemeinschaft, 2. Aufl., Zürich 1944; *Fritz Fleiner/Zaccaria Giacometti,* Schweizerisches Bundesstaatsrecht, Zürich 1949, S. 36ff.; die umfassenden Literaturübersichten bei *Jean-François Aubert,* Traité de droit constitutionnel suisse, Neuchâtel 1967, S. 223ff.; *Yvo Hangartner,* Die Kompetenzverteilung zwischen Bund und Kantonen, Bern 1974, S. 33ff.

[5] So etwa *Peter Saladin,* Kommentar zur Schweizerischen Bundesverfassung (Manuskript), N. 38ff. zu Art. 3; *Daniel Thürer,* Bund und Gemeinden, Berlin 1986, S. 195ff.; *Luzius Wildhaber,* Entstehung und Aktualität der Souveränität, in: Staatsorganisation und Staatsfunktionen im Wandel, FS für Kurt Eichenberger zum 60. Geburtstag, Basel 1982, S. 142.

Ähnlich für Deutschland *Ulrich Scheuner,* Struktur und Aufgabe des Bundesstaates in der Gegenwart, wieder abgedruckt in: *ders.,* Staatstheorie und Staatsrecht, Gesammelte Schriften, Berlin 1978, S. 415ff.; *Klaus Stern,* Föderative Besinnungen, in: Recht als Prozeß und Gefüge, FS für Hans Huber zum 80. Geburtstag, Bern 1981, S. 321f.; *Uwe Barschel,* Die Staatsqualität der deutschen Länder, Heidelberg 1982, S. 5ff.

3. Staatlichkeit ohne Souveränität?

Solch ausweichendes Antworten hat einige Plausibilität für sich, weil wir uns mit dem Souveränitätsbegriff ohnehin in verschiedener Hinsicht schwer tun. Die klassische Auffassung der Souveränität bei *Bodin* als höchste, dauernde, absolute, unteilbare und rechtlich unverantwortliche Gesetzgebungsgewalt erscheint schon als Kategorie des Sollens abgründig.[6] Aber auch das Sein des zeitgenössischen Leistungsstaates mit seinen internationalen Verflechtungen und pluralistischen Abhängigkeiten führt dazu, daß eine Ausrichtung der Staatslehre am Souveränitätsbegriff den Ausnahmezustand statt den Normalzustand in den Mittelpunkt der Überlegungen und Betrachtungen stellen würde – ein zwar denkbarer, aber für die meisten der sich stellenden Fragen wenig erhellender analytischer Ansatz.[7]

Bezüglich der äußeren Souveränität bedeutet der Normalzustand ja, daß der kooperative Verfassungsstaat rechtlich und faktisch einer kaum mehr übersehbaren und wachsenden Zahl von Selbst- und Fremdbindungen unterliegt.[8]. Obwohl viele Nationen sich angesichts dieser Lage in der weltweiten Völkergemeinschaft so souverän vorkommen mögen wie Gulliver unter den Riesen, ist es für die Völkerrechtsordnung und die Gestaltung der internationalen Beziehungen dennoch sinnvoll, von der Vorstellung auszugehen, daß den Staaten Souveränität und in dieser Souveränität Gleichheit zukomme.[9] Solche Vorstellungen ermöglichen erst einigermaßen stabile internationale Beziehungen und einigermaßen verläßliche Selbstbindungen.

Auch gegen innen bleibt im immer stärker pluralistisch ausgefächerten Verfassungsstaat eine gewisse Eigenständigkeit des Gemeinwesens gegenüber den sozialen Mächtigkeiten zweifellos unverzichtbar.[10] Gleichzeitig wird diese innere Souveränität in einer Ordnung, in welcher zwischen Staat und Gesellschaft zwar Unterscheidung und Gegenüberstellung, aber nicht strikte Trennung und Unverbundenheit herrscht[11], ausgedehnter Relativierung unterliegen müssen. *Gulliver*

---

[6] Vgl. *Wildhaber* (s. Anm. 5), S. 132f. und 139.

[7] Dazu eindringlich *Prodromos Dagtoglou*, Artikel „Souveränität", in: Evangelisches Staatslexikon, 3. Aufl., Stuttgart 1987, Sp. 3155ff. Vgl. auch *Martin Kriele*, Einführung in die Staatslehre, Reinbek 1975, S. 47ff. und S. 66ff.

[8] Dazu konzis *Dagtoglou* (s. Anm. 7), Sp. 3155.

[9] Vgl. etwa *Wildhaber* (s. Anm. 5), S. 143ff.; *Dagtoglou* (s. Anm. 7), Sp. 3156f.

[10] Vgl. zu dieser Problematik insbesondere auch die gesamte Debatte über die Regierbarkeit des pluralistischen Verfassungsstaates, etwa *Wilhelm Hennis u.a.* (Hrsg.), Regierbarkeit, Studien zu ihrer Problematisierung, Bd. 1 u. 2., Stuttgart 1977 bzw. 1979, sowie aus schweizerischer Sicht: Schweizerisches Jahrbuch für Politische Wissenschaft, Bd. 23/1983, Regierbarkeit.

[11] Vgl. *Ernst-Wolfgang Böckenförde*, Die Bedeutung der Unterscheidung von Staat und Gesellschaft im demokratischen Sozialstaat der Gegenwart, in:

wird ja auch unter den Zwergen – gefesselt durch eine Unzahl kleiner Fäden – in seiner Bewegungsfreiheit eingeschränkt. Zudem stellt sich die staatliche Ämter- und Kompetenzordnung als ausgeklügeltes gewaltenteiliges System von „*checks and balances*", und nicht als zentrierte Machtordnung von absolutistischem Zuschnitt dar.[12]

4. Aspekte der Staatlichkeit der Kantone

Die Staatlichkeit der Kantone wird noch dadurch gefestigt, daß die Bürger solche Staatlichkeit ja nicht begrifflich feststellen, sondern eher unter einzelnen Aspekten wahrnehmen, analysieren oder erleben, um hier das bekannte höchstrichterliche Diktum abzuwandeln, wonach Pornographie nicht definiert werden könne, man aber ohne weiteres in der Lage sei, solche zu erkennen, wenn man sie zu Gesicht bekomme. Da wirkt sich dann aus, daß die Kantone unter den einzelnen Aspekten dieser Staatlichkeit präsent geblieben sind, sich gegenüber dem Bund behauptet haben.

So vermögen sich die Kantone über eine eigenständige Parteienstaatlichkeit auszuweisen. Die politischen Parteien sind nach wie vor stärker auf die Kantone als auf den Bund ausgerichtet und haben nur eine bescheidene Zentralisierung erfahren. Jeder Kanton weist ein Parteiensystem besonderen Zuschnitts mit je anderen Akteuren und Konstellationen, mit je unverwechselbaren historischen Abläufen und soziologischen Zuordnungen auf.[13]

Im Bereich der Leistungsstaatlichkeit ist den Kantonen vornehmlich beim Schul-, Bildungs-, Bau- und Verkehrswesen die Führungsrolle verblieben.[14] Darüber hinaus bringt der in der Schweiz die Regel bildende Vollzug des Bundesrechts durch die Kantone[15] diese auch dort mit ins Spiel, wo die Bundeskompetenzen den Vorrang haben. Überdies ist die Mischfinanzierung des Leistungsstaates durch Bund und Kantone die Regel.[16]

---

ders., Staat und Gesellschaft, Darmstadt 1976, S. 406ff.; *Konrad Hesse*, Bemerkungen zur heutigen Problematik und Tragweite der Unterscheidung von Staat und Gesellschaft, ebd., S. 488ff.; *Walter Schmidt*, Entscheidungsfreiheit des Einzelnen zwischen staatlicher Herrschaft und gesellschaftlicher Macht, in: Archiv des öffentlichen Rechts 101/1976, S. 27ff.

[12] Vgl. *Dagtoglou* (s. Anm. 7), Sp. 3155ff.; *Wildhaber* (s. Anm. 5), S. 140f.

[13] Vgl. *Erich Gruner*, Die Parteien in der Schweiz, 2. Aufl., Bern 1977, S. 29ff.; *Gerhard Schmid*, Politische Parteien, Verfassung und Gesetz, Basel 1981, S. 46ff. u. S. 78ff.

[14] Im Detail zur Verteilung der Aufgaben und Kompetenzen zwischen Bund und Kantonen vgl. *Peter Saladin* (s. Anm. 5), Fn. 81ff. zu Art. 3 BV.

[15] Vgl. *Gerhard Schmid*, Föderalismus und Ständerat in der Schweiz, in: Zeitschrift für Parlamentsfragen 8/1977, S. 346ff.

Ferner dürfte die Steuerstaatlichkeit der Kantone für die Steuerzahler noch augenfälliger sein als jene des Bundes. Die Steuereinnahmen der Kantone und Gemeinden übertreffen nämlich jene des Bundes nicht nur insgesamt, sondern vor allem auch bei den besonders spürbaren direkten Steuern auf Einkommen und Vermögen.[17]

Die ausgedehnte Verwaltungsstaatlichkeit der Kantone zeigt sich darin, daß die Kantons- und Gemeindeebene gegenüber der Bundesebene nach verschiedenen diesbezüglichen Parametern obenaus schwingt, vergleicht man nun Beschäftigtenzahl insgesamt, Tätige in der Verwaltung im engeren Sinne oder Besoldungsausgaben.[18]

Selbst in punkto „Polizeistaatlichkeit" wird dem Bund der Rang abgelaufen, ist doch die uniformierte Polizei als Freund, Helfer und Verkörperung des staatlichen Gewaltmonopols eine exklusive Angelegenheit der Kantone und – in beschränktem Rahmen – der Gemeinden.[19]

Zur Beruhigung sei gleich hinzugefügt, daß die Kantone sich ebenfalls als Rechtsstaaten[20] in den geläufigen Ausprägungen etwa des Gesetzgebungs- oder Rechtwegestaates auszuweisen vermögen. Dazu trägt auch bei, daß die Ausübung der Zivil- und Strafgerichtsbarkeit trotz der Bundeskompetenzen auf dem Gebiet des materiellen Zivil- und Strafrechts bei den Kantonen verblieben ist.

Schließlich kommt den Kantonen Verfassungsstaatlichkeit zu. Sie wurden noch vor der Gründung des Bundesstaates vom Konstitutionalismus erfaßt, sei es aus eigenem Antrieb, sei es unter französischem Zwang zur Zeit der napoleonischen Besetzung. Der Bundesvertrag von

---

[16] Für eine Übersicht über diese Mischfinanzierung vgl. etwa *Raimund E. Germann*, Regierung und Verwaltung, in: Handbuch Politisches System der Schweiz, Bd. 2: Strukturen und Prozesse, Bern 1984, Tabelle 2/S. 53.

[17] So betrug im Jahre 1984 das Aufkommen aus direkten Steuern des Bundes Fr. 8,4 Mrd., dasjenige der Kantone Fr. 15,2 Mrd., dasjenige der Gemeinden Fr. 10,6 Mrd. (vgl. Öffentliche Finanzen der Schweiz 1984, Bern 1986, S. 30f., 48f. u. 80f.). Zum Steuerbelastungsgefühl in der Schweiz vgl. jetzt UNIVOX-Untersuchung, 1986, Staatsfinanzen, passim, sowie 1987, S. 3.

[18] So gaben im Jahre 1984 für „Behörden und allgemeine Verwaltung" aus: der Bund Fr. 0,6 Mrd., die Kantone Fr. 1,4 Mrd. und die Gemeinden Fr. 1,9 Mrd. (vgl. Öffentliche Finanzen der Schweiz 1984, Bern 1986, S. 4f., 22f., 38f. u. 70f.). Entsprechende Beschäftigtenzahlen wurden naturgemäß ausgewiesen in der Eidgenössischen Betriebszählung 1985 des Bundesamtes für Statistik (Tabelle 10 A).

[19] Vgl. die entsprechenden Zahlen über „Polizei, Feuerwehr" nach Ausgaben bzw. Kopfzahlen in den vorstehend in Anm. 18 genannten Werken a.a.O. Zur Ablehnung der Einführung einer Bundessicherheitspolizei durch Volk und Stände vgl. VOX-Analyse der eidgenössischen Abstimmung vom 3. Dezember 1978.

[20] Im Jahre 1984 betrugen die Aufwendungen für Rechtspflege Fr. 0,2 Mrd. im Bund, Fr. 1,0 Mrd. in den Kantonen und Fr. 0,2 Mrd. in den Gemeinden (vgl. Öffentliche Finanzen der Schweiz 1984, Bern 1986, S. 4f., 22f., 38f. u. 70f.).

1815 hielt sie dann dazu an, sich eine Verfassung zu geben und diese im eidgenössischen Archiv niederzulegen – eine Verpflichtung, welcher sich die Kantone teilweise nicht ohne Murren unterzogen, hielten doch z.B. die Urner dafür, sie wüßten auch ohne Verfassung, was bewährtem Brauch und Herkommen entspreche.[21] Spätestens seit der mit der Julirevolution von 1830 beginnenden Regenerationszeit findet die Staatlichkeit auch innerlich mitgetragenen Ausdruck in kantonaler Verfassungsgebung und Verfassungserneuerung, zwar mit unterschiedlichen Akzentsetzungen im Laufe der Jahrzehnte, dem Grunde nach aber stets unbestritten und von Zeit zu Zeit immer wieder kräftig auflebend.

II. Das kantonale Verfassungsrecht

A. Hauptsächliche Regelungsbereiche des kantonalen Verfassungsrechts

1. Kantonsverfassungen als „instruments of government"

Die Kantonsverfassungen enthalten vorweg einmal die „instruments of government".[22] Sie richten den Staat und seine Ämter- und Behördenorganisation ein, legen die Mitwirkungsrechte des Volkes fest, schaffen Strukturen und ordnen Funktionen zu, regeln Befugnisse und Verfahrensabläufe. Diese Aufgabe ist dem Verfassungsgeber prioritär und unverzichtbar gestellt, in den Fällen der Kantone Tessin und Waadt[23] hat er sich sogar weitgehend auf diesen Bereich beschränkt. Den Kantonen werden auf diesem Gebiet zufolge ihrer ausgeprägten Organisationsautonomie vom Bund wenig Vorgaben auferlegt, ihren Verfassungen kommt hier intensive Normativität und ausgeprägte Lenkungskraft[24] zu. Inhaltlich ist das Organisationsrecht

---

[21] Vgl. *Eduard His*, Geschichte des neuern schweizerischen Staatsrechts, Bd. 1–3, Basel 1920, 1929 u. 1938, Bd. 2, S. 42f. In den beiden Halbkantonen Appenzell-Ausserrhoden und Appenzell-Innerrhoden behalf man sich nach 1815 so, daß die Regierung in aller Heimlichkeit einen Verfassungstext erstellte und im eidgenössischen Archiv hinterlegte, ein Vorgehen, das sich das Volk in der Folge nicht bieten ließ (vgl. *Eduard His*, a.a.O., Bd. 2, S. 46f.). Umfassend zur Verfassungsstaatlichkeit eines Kantons jetzt *Kurt Eichenberger*, Kommentar zur Verfassung des Kantons Aargau, Aarau 1986, Rdnr. 1ff. zur Einleitung.

[22] Das dürfte ja ohnehin die Hauptaufgabe eines Verfassungsgebers sein, wie in begnadeter Polemik festgehalten bei *Wilhelm Hennis*, Verfassungsrecht und Verfassungswirklichkeit – Ein deutsches Problem, in: *ders.*, Die mißverstandene Demokratie, Freiburg i.Br. 1973, S. 53ff.

[23] Die Tessiner Verfassung datiert von 1830 und wurde 1967 lediglich formal überholt; diejenige des Kantons Waadt stammt aus dem Jahre 1885.

[24] Vgl. *Kurt Eichenberger*, Von der Bedeutung und von den Hauptfunktionen der Kantonsverfassung, in: Recht als Prozeß und Gefüge, FS für Hans Huber zum 80. Geburtstag, Bern 1981, S. 166; *René A. Rhinow*, Die Totalrevision der Kantonsverfassung, in: Festgabe zum Schweizerischen Juristentag 1973, Basel 1973, S. 124.

der Kantone an den nicht immer leicht zu harmonisierenden Zielen der staatlichen Handlungs- und Leistungsfähigkeit, der Machthemmung und Rechtsstaatlichkeit sowie der Legitimation durch repräsentative und plebiszitäre Verfahren ausgerichtet.[25]

Die Kantonsverfassungen bestimmen so – bis und mit zur Frage der Einführung des Frauenstimmrechts –, wem das aktive und passive Stimm- und Wahlrecht zusteht.[26] Die plebiszitäre Komponente ist in den Kantonen sowohl in Sach- als auch in Personalfragen kräftig ausgebildet worden.[27] Alle Kantone kennen das obligatorische Verfassungsreferendum, vierzehn das obligatorische, die übrigen das fakultative Gesetzesreferendum.[28] Neben dem noch zu erörternden Finanzreferendum haben eine Reihe von Kantonen ein Verwaltungsreferendum eingerichtet, sei es allgemein, sei es zu besonderen Vorhaben, wie Atomanlagen, Straßen oder Wasserrechtskonzessionen.[29] Zudem unterliegen in den meisten Ständen interkantonale Vereinbarungen obligatorisch oder fakultativ der Volksabstimmung; in zehn Kantonen kann die Parlamentsmehrheit, in zweien eine qualifizierte Minderheit auf dem Wege des sogenannten „Behördenreferendums" Parlamentsbeschlüsse dem Referendum unterstellen.[30] Dem Initiativrecht zugänglich sind überall die Verfassungs- und die Gesetzgebung[31], teilweise auch Verwaltungsbeschlüsse der Parlamente.[32]

Fünf Kantone halten nach wie vor an der traditionellen unmittelbaren Versammlungsdemokratie in der Landsgemeinde fest.[33] Die

---

[25] Vgl. *Kurt Eichenberger* (s. Anm. 21), Rdnr. 18f. zur Einleitung.

[26] Einige Kantone kennen das Stimmrecht 18 (SZ, ZG etc.), andere haben Einschränkungen des passiven Wahlrechts eingerichtet (FR: unter 25 Jahren, KV 32; OW über 70 Jahre, KV 46, GE unter 27 Jahren für Staatsräte, KV 104).

[27] Für die Volksrechte in den Kantonen vgl. generell *Andreas Auer*, Les droits politiques dans les cantons suisses, Genf 1978; *Zaccaria Giacometti*, Das Staatsrecht der schweizerischen Kantone, Zürich 1941, S. 416ff.; *Etienne Grisel*, Initiative et référendum populaire, Lausanne 1987.

Zur historischen Herausbildung der direkten Demokratie in den Kantonen vgl. *Eduard His* (s. Anm. 21), Bd. 2, S. 258ff. und Bd. 3, S. 333ff.

[28] Vgl. *Andreas Auer* (s. Anm. 27), S. 54f. und *Blaise Knapp*, Kommentar zur Schweizerischen Bundesverfassung (Manuskript), Rdnr. 66f. zu Art. 5). Im Kanton Thurgau erfolgte mit der Totalrevision von 1987 ein Übergang vom obligatorischen zum fakultativen Referendum. Die Abstimmung über diese Totalrevision muß nun aber wiederholt werden, weil eine vom Bundesgericht zufolge des eingetretenen knappen Ergebnisses angeordnete Nachzählung nicht mehr möglich war, da ein Teil der Stimmzettel bereits vernichtet worden war (vgl. NZZ v. 28./29.5.1988, S. 22).

[29] Vgl. etwa KV ZH 30 BE 6a und 6d, UR 25, GL 36, GR 2 bis SH 42.

[30] Vgl. *Andreas Auer* (s. Anm. 27), S. 36 u. 57, sowie *Blaise Knapp* (s. Anm. 28), Rdnr. 66.

[31] Vgl. *Blaise Knapp* (s. Anm. 28), Rdnr. 68.

[32] Vgl. *Andreas Auer* (s. Anm. 27), S. 55ff.

[33] Vgl. jetzt dazu *Silvano Möckli*, Die schweizerischen Landsgemeinde-Demokratien, Bern 1987, insbes. S. 50ff.; *Andreas Huber-Schlatter*, Politische Institutionen des Landsgemeindekantons Appenzell-Innerrhoden, Bern 1987.

Parlamente werden in den meisten Kantonen nach dem Verhältniswahlrecht gewählt.[34] Ihnen obliegen die geläufigen Aufgaben im Finanzbereich, Gesetzgebung, Oberaufsicht über Regierung und Verwaltung sowie unterschiedliche Wahlkompetenzen.[35] Neuere Verfassungen haben dabei das herkömmliche Bild der Parlamentssuprematie[36] verabschiedet und den Einbezug der Parlamente in die Planung aufgenommen.[37]

Die Regierung wird in allen Kantonen vom Volk direkt auf eine jetzt allgemein vierjährige Amtsdauer gewählt, und zwar außer in den Kantonen Zug und Tessin im Majorzwahlverfahren.[38] Sie umfaßt in der Regel fünf bis neun gleichberechtigte, je einem oder mehreren Departementen vorstehende Mitglieder, verbindet also Kollegial- und Direktorialprinzip. Eine ausgesprochene Vielfalt von Regelungen kennen die Kantonsverfassungen sodann im Justizbereich, und zwar sowohl hinsichtlich Gerichtsorganisation als auch bezüglich Parlaments- oder Volkswahl.[40]

Die Kantonsverfassungen ordnen zudem die territoriale Gliederung in Bezirke oder Kreise, bestimmen die Gemeindearten[41] – insbesondere Einwohner-, Bürger-, Kirch- und Schulgemeinden –, sowie die Grundzüge der Gemeindeorganisation und den Umfang der Gemeindeautonomie, soweit das nicht dem Gesetzgeber überlassen wird.[42]

Schließlich werden wichtige Prinzipien des Organisationsrechts festgelegt, so meist der Grundsatz der Gewaltentrennung oder -teilung[43], die Öffentlichkeit des Parlaments, behördliche Informationspflichten oder Unvereinbarkeitsregelungen, zum Teil Bestimmungen

---

[34] Das Mehrheitswahlrecht gilt in den Kantonen Uri und Graubünden sowie in beiden Appenzell. Vgl. jetzt im Detail die sorgfältige Zusammenstellung bei *Alfred Kölz,* Probleme des kantonalen Wahlrechts, in: Zentralblatt für Staats- und Gemeindeverwaltung 1987, S. 9ff.

[35] Vgl. als Beispiel *Gerhard Schmid,* Parlament und Regierung, in: Handbuch des Staats- und Verwaltungsrechts des Kantons Basel-Stadt, Basel 1984, S. 184ff.

[36] Vgl. zur Herausbildung dieser Thesen im 19. Jahrhundert *Eduard His* (s. Anm. 21), Bd. 2, S. 259.

[37] Vgl. dazu KV BL 73, SO 73, AG 79, TG (neu) 40, JU 84d und *Kurt Eichenberger* (s. Anm. 21), Rdnr. 1ff. zu § 79.

[38] Vgl. im Detail *Alfred Kölz* (s. Anm. 34), S. 49ff.

[39] Vgl. zur entsprechenden historischen Entwicklung *Eduard His* (s. Anm. 21), Bd. 2, S. 432ff.

[40] Vgl. *Andreas Auer* (s. Anm. 27), S. 39ff.

[41] Von einem „genossenschaftlichen Aufbau" der Kantone spricht *Zaccaria Giacometti* (s. Anm. 27), S. 69ff.

Im Detail zu den verschiedenen Gemeindearten und ihrer Unterscheidung nach Zuständigkeits- und Mitgliederkreis vgl. etwa *Riccardo Jagmetti,* Die Stellung der Gemeinde, Referat zum Schweizerischen Juristentag 1972, S. 268ff. und auch *Daniel Thürer* (s. Anm. 5), S. 204ff.

[42] Die meisten Kantone regeln das Gemeindewesen auf Verfassungsstufe einigermaßen eingehend, konkretisieren es jedoch zusätzlich auf der Gesetzesstufe.

über Amtszwang[44], Amtszeitsbeschränkungen[45], Abberufungsrechte gegenüber Parlament oder Regierung[46] oder Berücksichtigung von Minderheiten bei Majorzwahlen.[47] Erwähnt seien auch noch Regelungen der Rechtssetzungsformen, vor allem zum Miteinbezug der Parlamente beim Erlaß von Verordnungen.[48]

2. Staatsaufgaben

Bei der „Aufarbeitung" der Staatsaufgaben sind – anders als im Organisationsrecht – beträchtliche Unterschiede zwischen den im 19. Jahrhundert entstandenen und den in den letzten Jahrzehnten totalrevidierten Verfassungen festzustellen. Diese widerspiegeln Wandlungen des Staats- und Staatsaufgabenverständnisses, aber ebenso andere Konzeptionen der Verfassungsgebung.

Die Verfassungen des 19. Jahrhunderts beschränkten sich in der Regel[49] auf eine allgemeine Wohlfahrtsklausel nach dem Vorbild der Bundes- und der amerikanischen Verfassung[50] sowie auf die Regelung von Aufgaben, die den Bürgern besonders am Herzen lagen oder bei denen mühsam erreichte Kompromisse von Verfassungs wegen festzuschreiben angezeigt erschien[51], so im Bereich des Schulwesens, der Armenfürsorge oder der Wirtschaftsförderung. Dazu gesellten sich mit einer gewissen Willkürlichkeit gerade aktuelle Anliegen wie die Errichtung von Trinkerheilanstalten[52], Kantonalbanken[53] oder Viehversicherungsgesellschaften.[54]

---

[43] Zur Entstehung dieser Bestimmung im 19. Jahrhundert vgl. *Eduard His* (s. Anm. 21), Bd. 2, S. 318ff.

[44] Dazu einläßlich etwa KV UR 85, SZ 18, OW 23, AR 22, AI 18.

[45] Vgl. KV BS 33, Abs. 2.

[46] Vgl. *Andreas Auer* (s. Anm. 27), S. 59f.; *Blaise Knapp* (s. Anm. 28), Rdnr. 71f.; *Eduard His* (s. Anm. 21), Bd. 3, S. 439.

[47] Die Regelung gemäß KV VS 52 sieht für den fünfköpfigen Walliser Staatsrat vor, das kein Bezirk mehr als zwei Staatsräte stellen darf und das je ein Staatsrat aus den fünf Bezirken des Oberwallis bzw. den je vier Bezirken des Mittel- und des Unterwallis zu kommen habe.

[48] Kritisch zu dieser Rechtssetzungsform *Georg Müller*, Inhalt und Formen der Rechtssetzung als Problem der demokratischen Kompetenzordnung, Basel 1979, S. 161ff.

[49] Vgl. die Übersicht bei *Luzius Wildhaber/Stefan Breitenmoser*, Aufgabennormen und Grundrechte in der Verfassung des Kantons Basel-Stadt, in: Handbuch des Staats- und Verwaltungsrechts des Kantons Basel-Stadt, Basel 1984, S. 49 (insbes. Anm. 10).

[50] Vgl. *Kurt Eichenberger* (s. Anm. 21), Rdnr. 11ff. zu § 25; *Luzius Wildhaber/Stefan Breitenmoser* (s. Anm. 50), S. 62ff.

[51] Vgl. *Kurt Eichenberger* (s. Anm. 24), S. 167; *René A. Rhinow* (s. Anm. 24), S. 122.

[52] Z.B. KV SG 12.

[53] Z.B. KV SH 57.

Die totalrevidierten Verfassungen schicken sich nun an, die gesamte Aufgabenkomplexität des zeitgenössischen Leistungsstaates sichtbar zu machen.[55] Dabei wird ein ganzes Spektrum von Normtypen, wie Zielbestimmungen, Kompetenzeinräumungen, Funktionszuordnungen, Schaffung von Institutionen oder Förderungsbestimmungen angewandt.[56] Tendenziell alle staatlichen Tätigkeiten geraten ins Blickfeld, von der Raumplanung, dem Umweltschutz und der Energiepolitik bis zum Gesundheitswesen, von der Kulturpflege und dem Familienschutz über die Freizeitpolitik und den Breitensport bis zu den Medien, vom Konsumentenschutz über die öffentliche Sicherheit bis zum Verkehrswesen.[57]

Gleichzeitig werden in den älteren Verfassungen angesprochene Staatsaufgaben, etwa im Wirtschaftsbereich, einläßlicher und differenzierter umschrieben[58], wandelt sich das gute alte Schulwesen zu einer umfassenden Bildungspolitik.[59] Die Sozialstaatlichkeit findet Ausdruck in Präambeln, in klassischen Wohlfahrtsartikeln und in sozialstaatlichen Zielbestimmungen, für welche sich die meisten Kantone unter Vermeidung eigentlicher sozialer Grundrechte entschieden haben.[60]

Die neuen Verfassungen leisten neben der breiten Verankerung aber auch eine gewisse Einschränkung des Leistungsstaates. Das geschieht am deutlichsten mit der Einführung eines Verfassungsvorbehaltes, der für alle Staatsaufgaben eine verfassungsmäßige Grundlage vorschreibt.[61] Dem gleichen Zweck dient auch die sorgfältige For-

---

[54] Z.B. KV VS 16.

[55] Vgl. *Kurt Eichenberger* (s. Anm. 21), Vorbemerkungen zum Dritten Abschnitt, Rdnr. 1ff.

[56] Vgl. einläßlicher *Peter Müller*, Funktionen und Motive einer verfassungsrechtlichen Aufgabennormierung in den Kantonen, Basel 1981, S. 79ff. u. S. 120ff.; *Peter Häberle*, Neue Verfassungen und Verfassungsvorhaben in der Schweiz, insbesondere auf kantonaler Ebene, in: Jahrbuch des öffentlichen Rechts der Gegenwart 1985, S. 311ff.; aber auch schon *Kurt Eichenberger* (s. Anm. 24), S. 157 u. S. 165.

[57] Vgl. KV NW 14–33, OW 24–44, SO 92–128, BL 90–128, AG 25–58, JU 17–54.

[58] Vgl. etwa KV SO 121–128, BL 121–128, AG 50–58.

[59] Vgl. etwa KV SO 104–112, BL 94–100, AG 28–35.

[60] Die Kantone folgen hier der Linie, wie sie auf Bundesebene vom Verfassungsentwurf 1977 vorgezeichnet wurde (dazu Bericht der Expertenkommission für die Vorbereitung einer Totalrevision der Bundesverfassung, Bern 1977, S. 59ff.).

Vgl. beispielsweise für den Kanton Aargau *Kurt Eichenberger* (s. Anm. 21), Rdnr. 1ff. (insbesondere Rdnr. 19ff.) zu § 25.

[61] Der Verfassungsvorbehalt sollte zuerst im Kanton Aargau den Übergang vom obligatorischen zum fakultativen Gesetzesreferendum „kompensieren", wurde dann aber ohne Einführung des fakultativen Gesetzesreferendums verwirklicht. Der Verfassungsvorbehalt und das damit erzwungene zweistufige Ver-

mulierung ausgemessener Staatskompetenzen in einzelnen Verfassungsbestimmungen[62] – schließlich dürfte *„ultra posse nemo tenetur"* selbst für Staatsaufgaben ein brauchbare Maxime abgeben.

3. Finanzordnung

Nun ein ernstes Wort: wir Eidgenossen üben ja pfleglichen Umgang mit Finanzen, so daß manchenorts der Eindruck entstehen konnte, Geld allein mache nicht glücklich, man müsse es auch in der Schweiz haben. Dem Staat werden in diesem Geist Grenzen auf der Einnahmen- und auf der Ausgabenseite gesetzt, und zwar einerseits durch verfassungsmäßige Grundsätze, andererseits – und wohl noch wirksamer – durch plebiszitäre Mitwirkungsrechte.

Auf der Einnahmenseite liegen solche Volksrechte angesichts des ausgeprägten Gesetzesvorbehalts im Abgaben- und Steuerrecht auf der Hand.[63] Viele Kantone haben ferner Grundsätze der Steuergestaltung, wie Beachtung der Solidarität und Leistungsfähigkeit der Steuerpflichtigen konstitutionalisiert.[64] Besonderes Interesse verdient der Kanton Zug mit seiner Vorschrift, die Stimmberechtigung verpflichte zu einer nur mäßigen Steuerbelastung.[65] Die Zuger weisen nämlich sowohl die niedrigste Steuerbelastung als auch das höchste Volkseinkommen pro Kopf der Bevölkerung auf[66] – fürwahr ein

---

fahren bei der Zuweisung neuer Staatsaufgaben stärkt die Normativität der Verfassung und hat zusätzliche Deliberationseffekte.

Vgl. dazu generell *Kurt Eichenberger* (s. Anm. 21), Rdnr. 1ff. zu § 26; *Peter Müller* (s. Anm. 56), S. 104ff.; *Rainer Wahl*, Grundrechte und Staatszielbestimmungen im Bundesstaat, in: Archiv des öffentlichen Rechts 1987, S. 36f.; *Luzius Wildhaber/Stefan Breitenmoser* (s. Anm. 49), S. 47f.

[62] Vgl. etwa KV SO 113 (lediglich „Unterstützung" der Freizeitgestaltung), BL 94 (Einbindung der Staatskompetenzen im Bildungsbereich in verschiedene Mitwirkungsrechte), AG 53 (lediglich „Förderung" und „Koordination" der Vorkehren der Gemeinden im Bereich der Wasserversorgung).

Generell zu den Bemühungen um eine Aufgabenauslese des Staates vgl. *Hans Herbert von Arnim*, Staatslehre der Bundesrepublik Deutschland, München 1984, S. 470ff.; zur „Rechtssetzungsmaxime der ausgemessenen Staatskompetenz" *Kurt Eichenberger*, Fragen des Ausmaßes und der Methoden von Partialrevisionen der Bundesverfassung im Vorfeld einer Totalrevision, in: *ders.*, Der Staat der Gegenwart, Basel 1980, S. 232ff.

[63] Vgl. *Kurt Eichenberger* (s. Anm. 24), Rdnr. 1f. zu § 117; *Karl M. Hettlage*, Das Zusammenwirken von Bund und Ländern, in: Uwe Schultz (Hrsg.), Mit dem Zehnten fing es an, München 1986, S. 230; *Hans-Jürgen Papier*, Die finanzrechtlichen Gesetzesvorbehalte und das grundgesetzliche Demokratieprinzip, Berlin 1973, S. 210ff.

[64] Vgl. z.B. *Kurt Eichenberger* (s. Anm. 21), Rdnr. 1ff. zu § 119.

[65] KV ZG 15.

[66] Vgl. NZZ Nr. 90 vom 18./19.4.1987, S. 35.

schönes Beispiel, wie tiefer Respekt vor einer Verfassungsnorm zu voller Erfüllung eines Gesetzgebungsauftrages zu beflügeln vermag.

Sämtliche Kantone haben für gesetzlich nicht festgelegte Ausgaben ab einer bestimmten Höhe ein obligatorisches oder fakultatives Finanzreferendum eingerichtet.[67] Dieses wirkt über weite Strecken wie ein allgemeines Verwaltungsreferendum[68] und setzt immer wieder unübersehbare Grenzen für staatliche Ausgaben.[69] Eine Reihe von Kantonsverfassungen halten ferner zu sparsamer, wirtschaftlicher und auf die Dauer ausgeglichener Haushaltsführung an.[70]

4. Grundrechte

Im Grundrechtsbereich kommt den kantonalen Grundrechten insofern keine selbständige Bedeutung zu, als die Bundesverfassung dieselben Garantien gewährt.[71] Diese gängige Feststellung von Lehre und Praxis mag zwar eine komplexe Rechtslage ungebührlich verkürzen, zeigt aber die eingeschränkte Normativität kantonaler Grundrechtskataloge auf.[72]

Die Verfassungen des 19. Jahrhunderts gingen bei der Ausgestaltung ihrer Grundrechtsordnungen nicht nach einer einheitlichen Systematik vor.[73] Einzelne strebten Ergänzung der vom Bund garantierten

---

[67] Vgl. *Andreas Auer* (s. Anm. 27), S. 35f. und S. 56f.; *Zaccaria Giacometti* (s. Anm. 27), S. 525ff.; *Etienne Grisel* (s. Anm. 27), S. 276ff.; *Kurt Eichenberger* (s. Anm. 21), Rdnr. 16ff. zu § 63; *René A. Rhinow*, Volksrechte, in: Handbuch des Staats- und Verwaltungsrechts des Kantons Basel-Stadt, Basel 1984, S. 158ff.; zur Einführung in den Kantonen im 19. Jahrhundert *Eduard His* (s. Anm. 21), Bd. 3, S. 348ff.

[68] Vgl. *Kurt Eichenberger* (s. Anm. 21), Rdnr. 16 zu § 63.

[69] Vgl. *Kurt Eichenberger* (s. Anm. 21), Rdnr. 16 zu § 63; *Peter Pernthaler* (s. Anm. 2), S. 152.

[70] Vgl. *Eduard His* (s. Anm. 21), Bd. 3, S. 715; *Kurt Eichenberger* (s. Anm. 21), Rdnr. 1ff. zu § 116.

Als weitere Elemente der Finanzverfassungen in den einzelnen Kantonen – z.B. KV AG 116 und 120, BL 129 und 134, SO 130 und 136, UR 58 und 61 – sind in erster Linie zu erwähnen: der innerkantonale Finanzausgleich sowie Vorschriften über Finanzplanung und -kontrolle.

[71] Vgl. *Kurt Eichenberger* (s. Anm. 21), Rdnr. 6ff. der Vorbemerkungen zum Zweiten Abschnitt; *Hans Brühwiler,* Die Freiheitsrechte der Kantonsverfassungen, Affoltern a.A. 1948, S. 57; *Alexander Filli,* Die Grundrechte der Kantonsverfassungen im Gefüge des schweizerischen Staatsrechts, Basel 1983, S. 76ff.; *Zaccaria Giacometti* (s. Anm. 27), S. 158ff.; *René A. Rhinow* (s. Anm. 24), S. 120f.; *Hans Oberhänsli,* Die Gewährleistung der Freiheit, Zürich 1971, S. 81ff.

[72] Vgl. *Kurt Eichenberger* (s. Anm. 24), S. 158; *René A. Rhinow* (s. Anm. 24), S. 121.

[73] Für die Herausbildung von Grundrechtsbestimmungen in den Kantonsverfassungen ab 1830 vgl. *Hans Brühwiler* (s. Anm. 71), S. 7ff.

Grundrechte an, strichen z.B. bei Revisionen neu in die Bundesverfassung niedergeschriebene Grundrechte oder verwiesen generell auf deren Bestimmungen.[74] Daneben finden sich mehr oder weniger wörtliche Wiederholungen von Grundrechten des Bundes, aber auch eigenständige Gewährleistungen. Erwähnt sei hier die umfassende Regelung der *Habeas-Corpus-Garantie* in der Genfer Verfassung[75], ferner die verbreitete Verbriefung von persönlicher Freiheit, Meinungsäußerungsfreiheit und Eigentumsfreiheit – Garantien, welche das Bundesgericht später zu ungeschriebenen Grundrechten des Bundes erklären und so in ihrer Bedeutung als kantonale Grundrechte schmälern sollte.[76]

Die neueren Verfassungen enthalten jetzt durchwegs ausgedehnte und differenzierte Grundrechtskataloge. Damit geht unverkennbar und ungeachtet der geschilderten Abstriche an Normativität eine legitimierende Funktion für das kantonale Staatswesen und seine Verfassung einher, wird dem Bürger zudem seine Grundrechtsposition als Ganzes sichtbar gemacht.[77] Teilweise wird auch Zusätzliches garantiert – mit Sicherheit etwa bei der Beantwortungspflicht für Petitionen[78] – oder Klarheit geschaffen – wie bei der Wissenschafts- und Kunstfreiheit[79] und beim Streikrecht[80] – während andernorts – so bei der Demonstrationsfreiheit[81] – eher eine herzhaftere Bezeichnung als eine wirkliche Ausdehnung grundrechtlicher Positionen festzustellen sein dürfte.

Auffallend an den neueren Verfassungen ist auch die Einfügung von Bestimmungen über Schrankenziehung, Drittwirkung, Grundrechtsverwirklichungen[82] und ähnlichen Konstitutionalisierungen von Grundrechtsdogmatik – was kann das Staatsrechtslehrerherz denn mehr begehren, vorausgesetzt, es handle sich um eigene oder mindestens um mitempfundene Dogmatik.

5. *Der kooperative Verfassungsstaat*

Als nächstes ist zu erwähnen, daß in den Toralrevisionen der letzten Jahrzehnte die Vernetzung des zeitgenössischen kooperativen

---

[74] Vgl. KV BS 10 und dazu *Luzius Wildhaber/Stefan Breitenmoser* (s. Anm. 49), S. 78f.

[75] KV GE 12–38.

[76] Vgl. *Kurt Eichenberger* (s. Anm. 24), S. 158; *Alexander Filli* (s. Anm. 71), S. 165; *Rainer Wahl* (s. Anm. 61), S. 39.

[77] Vgl. *Kurt Eichenberger* (s. Anm. 21), Rdnr. 14 der Vorbemerkungen zum Zweiten Abschnitt.

[78] Z.B. KV AG 19 und SO 26.

[79] Z.B. KV AG 14, TG (neu) 6.

[80] Z.B. KV JU 20 lit. g.

[81] Z.B. KV JU 8 lit. g.

[82] Z.B. KV UR 14/15, SO 20/21, BL 14/15, TG (neu) 8/9.

Verfassungsstaates sichtbar gemacht wird.[83] Das gilt vorerst für die Zusammenarbeit mit dem Bund[84], für regionale und landesweite Koordination mit anderen Kantonen[85] sowie für die Beziehungen mit und unter den Gemeinden.[86] Dazu gesellen sich Besonderheiten wie die grenzüberschreitende regionale Zusammenarbeit bei ans Ausland angrenzenden Kantonen[87], die enge Partnerschaft der beiden Basler Halbkantone[88] oder das weltumspannende Bekenntnis des Kantons Jura zur Kooperation mit allen solidarisch gesinnten Völkern.[89]

Sichtbar wird in einigen Bestimmungen auch der Binnenpluralismus der Kantone, etwa in den neuen Artikeln über die politische Parteien oder über die Vorverfahren der Gesetzgebung[90], ebenso jedoch und teilweise Schritt auf Tritt bei der Formulierung ausgemessener, Initiative und Verantwortung der Bürger voraussetzender und miteinbeziehender Staatsaufgaben.[91]

6. *Kirche und Staat*

Eine der klassischen Domänen kantonaler Zuständigkeit und damit auch des kantonalen Verfassungsrechts stellt die Regelung der Beziehungen zwischen Kirche und Staat dar. Im Jahre 1980 wurde eine Initiative, welche von Bundes wegen ein System der Trennung von Kirche und Staat anstrebte, massiv verworfen, und zwar sowohl aus

---

[83] Vgl. *René A. Rhinow* (s. Anm. 24), S. 123; generell *Peter Häberle*, Der kooperative Verfassungsstaat, in: *ders.*, Verfassung als öffentlicher Prozeß, Berlin 1978, S. 407ff.

[84] Vgl. KV UR 1, BL 1, AG 3, TG (neu) 1, JU 4 sowie *Peter Häberle* (s. Anm. 56), S. 333f.); *Hans Stadler*, Der Kanton als Staat im Staate, in: Schweizerisches Zentralblatt für Staats- und Gemeindeverwaltung 1978, S. 145ff.

[85] Vgl. KV SO 1–3, BL 3, AG 4, TG (neu) 1, BE 2 a; *Hans Stadler* (s. Anm. 84), S. 143ff.

[86] Vgl. KV UR 31 und 71, SZ 71, OW 84, BL 91, SO 48; *Hans Stadler* (s. Anm. 84), S. 143ff.

[87] Vgl. KV JU 4 Abs. 2; generell *Emanuel Diez*, Grenzbeziehungen des Kantons Basel-Stadt zum Ausland, in: Handbuch des Staats- und Verwaltungsrechts des Kantons Basel-Stadt, Basel 1984, S. 317ff.

Zur Problematik solcher „Außenwendung der Staatlichkeit" für die Verfassung vgl. *Hans F. Zacher*, Vom Lebenswert der Bayerischen Verfassung, in: FS für Max Spindler zum 90. Geburtstag, München 1984, S. 501ff.

[88] Vgl. KV BS 17a und 58 sowie KV BL 3; *Kurt Jenny*, Interkantonales Nachbarschaftsrecht, in: Handbuch des Staats- und Verwaltungsrechts des Kantons Basel-Stadt, Basel 1984, S. 286ff., insbes. S. 301ff.; *Gerhard Schmid*, Stadtkanton und Dreiländeragglomeration: Der Fall Basel, in: Schweizerisches Jahrbuch für Politische Wissenschaft 1985, S. 231ff.

[89] Vgl. KV JU 4 Abs. 2.

[90] Vgl. KV SO 38/39, BL 34/35, AG 66/67 und JU 81.

[91] Vgl. etwa KV BL 91, 94, 96–111, 117, 121.

föderalistischen Bedenken als auch zufolge Bejahung der Ordnungen in den Kantonen.[92]

Die meisten Kantonen sehen bei mannigfaltigen Unterschieden im einzelnen vor, daß die evangelisch-reformierte und die römisch-katholische Kirche als Landeskirchen öffentlich-rechtlich anerkannt werden.[93] In manchen Kantonen[94] gilt das ebenfalls für die Christkatholische Kirche, in Basel-Stadt zudem für die Isrealitische Gemeinde.[95] Diesen Landeskirchen kommt weitgehende Autonomie in inneren Angelegenheiten zu.[96] Eine stärkere Trennung von Kirche und Staat besteht in den Kantonen Neuenburg und Genf, eine eher staatskirchliche Ordnung in der Waadt.[97]

B. Kantonale Verfassungsverständnisse und kantonale Identitäten

1. Die Kantone und ihr Verfassungsverständnis im allgemeinen

Die schweizerischen Kantone haben das geläufige Verfassungsverständnis übernommen, wie es in den westlichen Verfassungsstaaten vorzufinden ist[98], um mit dieser Feststellung ein weiteres Mal die glückliche Lage auszunutzen, daß die Knappheit der zur Verfügung

---

[92] Vgl. VOX-Analyse der eidgenössischen Abstimmung vom 2. März 1987, S. 6ff.; aus kirchenrechtlicher Sicht zur Trennungsinitiative *Johannes Georg Fuchs*, Kirche und Staat in demokratischer Verbindung, in: *ders.*, Aus der Praxis eines Kirchenjuristen, Basel 1979, S. 307ff.

[93] Vgl. *Johannes Georg Fuchs*, Zum Verhältnis von Kirche und Staat in der Schweiz, in: *ders.*, Aus der Praxis eines Kirchenjuristen, Basel 1979, S. 108ff.; *ders.*, (s. Anm. 23), S. 302ff.; *Kurt Eichenberger* (s. Anm. 21), Rdnr. 4 der Vorbemerkungen zum Siebten Abschnitt.

[94] Vgl. KV ZH 64, BE 84, SO 53, BS 19, BL 136.

[95] Vgl. KV BS 19 und *Johannes Georg Fuchs*, Kirche und Staat, in: Handbuch des Staats- und Verwaltungsrechts des Kantons Basel-Stadt, Basel 1984, S. 366ff.

[96] Vgl. *Kurt Eichenberger* (s. Anm. 21), Rdnr. 5ff. der Vorbemerkungen zum Siebten Abschnitt und Rdnr. 1ff. zu § 110; sowie *Johannes Georg Fuchs* (s. Anm. 95), S. 360ff.

[97] Vgl. *Johannes Georg Fuchs* (s. Anm. 93), S. 127 und S. 129ff.

[98] Vgl. dazu etwa *Manfred Friedrich* (Hrsg.), Verfassung, Darmstadt 1978; *Peter Häberle*, Verfassung als öffentlicher Prozeß, Berlin 1978; *Konrad Hesse*, Grundzüge des Verfassungsrechts der Bundesrepublik Deutschland, 14. Aufl., Heidelberg 1984, S. 3ff.; *Klaus Stern*, Das Staatsrecht der Bundesrepublik Deutschland, Bd. I, 2. Aufl., München 1984, S. 61ff.

Aus schweizerischer Sicht sei verwiesen auf den Schlußbericht der Arbeitsgruppe für die Vorbereitung einer Totalrevision der Bundesverfassung, Bern 1973, Bd. VI, S. 14ff.; Bericht der Expertenkommission für die Vorbereitung einer Totalrevision der Bundesverfassung, Bern 1977, S. 6ff.; die Beiträge zur Thematik einer Verfassungsrevision bei *Kurt Eichenberger*, Der Staat der Gegenwart, Basel 1980, S. 179ff.

stehenden Zeit auch gewagte Verkürzungen hinreichend legitimieren sollte.

Die Verfassungen setzen das fundamentale, politikbezogene Recht der Kantone; sie sind trotz ihrer Gliedstaatlichkeit und der nicht nur, aber auch daraus entspringenden unterschiedlichen Normativität und Intensität ihrer Regelungen „vollständige Verfassungen“, sie enthalten wesentliche Standortbestimmungen, Wertauslesen und willentliche Ausrichtungen, sie leisten Legitimation und Information durch die Regelung der geschilderten Verfassungsinhalte.[99]

Daß die Einheit von formellem und materiellem Verfassungsrecht in der Kantonsverfassung als monopolistischer und kodifikatorischer Urkunde mindestens zur Entstehungszeit angestrebt wird[100], ist gerade im neueren Verfassungsverständnis und anläßlich von Gesamtrevisionen offenkundig. Zwischenzeitlich findet entsprechendes „Nachführen“ des Verfassungstextes allerdings nur sporadisch und zufällig statt. Materielles Verfassungsrecht wird dann zunehmend auch in Rechtsgrundsätzen, Gewohnheitsrecht, Gesetzen und Parlamentsbeschlüssen oder Richter- und Behördenrecht aufscheinen.[101]

Bei allem Bemühen um eine gewisse Vollständigkeit haben die Kantonsverfassungen schließlich einen fragmentarischen Chrakter. Sie sind auf Auslegung und Konkretisierung angelegt, verbinden Offenheit und Dichte nach einigermaßen komplexen Grundsätzen der Verfassungsgebung.[102] Zudem wird ihnen Ergänzung und Abstützung durch formlose Begleitregeln, praktische Leitsätze, soziale Ambiance und politische Kultur der einzelnen Kantone zuteil.[103]

---

[99] Vgl. *Kurt Eichenberger* (s. Anm. 21), Rdnr. 7 zur Einleitung; *ders.* (s. Anm. 24), S. 164f.; *ders.*, Die Lage des Staats- und Verwaltungsrechts des Kantons Basel-Stadt, Basel 1984, S. 17ff.; *Peter Häberle* (s. Anm. 56), S. 330ff.; *René A. Rhinow* (s. Anm. 24), S. 119.

[100] Vgl. *Kurt Eichenberger* (s. Anm. 21), Rdnr. 34ff. zur Einleitung.

[101] Vgl. *Kurt Eichenberger* (s. Anm. 21), Rdnr. 45f. zur Einleitung; *ders.* (s. Anm. 99), S. 19ff.

[102] Grundlegend dazu für die Schweiz *Hans Huber*, Der Formenreichtum der Verfassung und seine Bedeutung für ihre Auslegung, in: Zeitschrift des bernischen Juristenvereins 1971, S. 186ff. Vgl. auch *Gerhard Schmid*, Offenheit und Dichte in der Verfassungsgebung, in: Kurt Eichenberger et al. (Hrsg.), Grundfragen der Rechtssetzung, Basel 1978, S. 315ff.; neuestens *Christoph Gusy*, Die Offenheit des Grundgesetzes, in: Jahrbuch für öffentliches Recht 1984, S. 105ff.; sowie *Erhard Denninger*, Verfassung und Gesetz, in: Kritische Vierteljahresschrift für Gesetzgebung und Rechtswissenschaften 1986, S. 291ff.

Zur Interpretation kantonaler Verfassungen vgl. *Kurt Eichenberger* (s. Anm. 21), Rdnr. 60ff. zur Einleitung; *ders.* (s. Anm. 99), S. 28ff., dort zum kantonalen Verwaltungsrecht auch S. 34ff.

[103] Vgl. *Kurt Eichenberger* (s. Anm. 24), S. 161ff.; *ders.* (s. Anm. 21), Rdnr. 57 zur Einleitung.

2. Besondere Aspekte des kantonalen Verfassungsverständnisses

Hervorzuheben sind einige besondere Aspekte des kantonalen Verfassungsverständnisses. So ist das kantonale öffentliche Recht im allgemeinen wenig formalisiert, seine wissenschaftliche Durchdringung lückenhaft und nur teilweise zugänglich. Der Staatspraxis[104] kommt erhöhte Bedeutung zu, aber sogar sie erscheint als keineswegs flächendeckend, wird vielmehr oft geprägt durch zeitlich weit auseinanderliegende Präjudizien, welche eher eine „gelegentliche" denn eine „konstante Praxis" abzugeben vermögen.[105] Selbst die „offene Gesellschaft der Verfassungsinterpreten"[106] mag ja in einem handlichen Kanton in der Praxis nicht mehr als einige Dutzend Personen umfassen.

Als zweites ist die Beinahe-Identität von Verfassungs- und Gesetzgeber zu erwähnen,[107] die breite Einbeziehung des *pouvoir constituant* als *pouvoir constitué* in die alltäglichen plebiszitären Abläufe des kantonalen Staatslebens, welche auch niedrigeren Rechtssetzungsstufen, Finanzbeschlüssen oder Verwaltungsakten entsprechende Legitimation verschafft, auf alle Fälle einem Entrücken der Verfassung in höhere Gefilde entgegensteht.

Dem war nicht immer so: im 19. Jahrhundert hatten die noch mit weniger direktdemokratischen Mitwirkungsrechten ausgestatteten Kantone teilweise sehr deutlich einen Widerspruch zwischen pouvoir constituant und eher theoretischer Volkssouveränität im eingerichteten Staatswesen empfunden. So wurde verbreitet vorgeschrieben, es sei dem Volk in recht kurzen Abständen jeweils die Frage vorzulegen, ob eine Totalrevision der Verfassung an die Hand zu nehmen sei.[108] Erst allmählich bildeten sich Formen der sukzessiven Verfassungsrevision heraus.[109] Heute wird umgekehrt die systemwahrende Kontinuität auch bei Gesamtänderungen beachtet.[110] Die Revisionsbestimmungen der Verfassungen ermöglichen zudem differenzierte Vorgehensarten[111], mit und ohne Einbeziehung von Konstituanten, als Partial-, Paket- oder Totalrevisionen, mit und ohne Vorschaltung von

---

[104] Dazu grundlegend *Brun-Otto Bryde*, Verfassungsentwicklung, Baden-Baden 1982, S. 431ff.

[105] Vgl. *Gerhard Schmid* (s. Anm. 35), S. 182f.

[106] Dazu *Peter Häberle*, Die offene Gesellschaft der Verfassungsinterpreten, in: *ders.*, Verfassung als öffentlicher Prozeß, Berlin 1978, S. 407ff.

[107] Vgl. *René A. Rhinow* (s. Anm. 24), S. 118.

[108] Vgl. grundlegend *Dian Schefold*, Volkssouveränität und repräsentative Demokratie, Basel 1966, passim, insbesondere S. 117ff.

[109] Vgl. *Dian Schefold* (s. Anm. 108), S. 126ff.

[110] Vgl. *Kurt Eichenberger*, Systemwahrende Kontinuität in Verfassungsänderungen, in: *ders.*, Der Staat der Gegenwart, Basel 1980, S. 200ff.

[111] Vgl. KV SZ 104, SO 138/139, BL 144/145, AG 122–125; *Peter Häberle*, Die verfassungsgebende Gewalt des Volkes im Verfassungsstaat, in: Archiv des öffentlichen Rechts 1987, S. 77ff.

Grundsatz- und Variantenabstimmungen, erleichtern also die Revisionsvorhaben mindestens im Verfahren.

Schließlich ist zu beachten, daß die interne Verfassungsgerichtsbarkeit der Kantone wenig ausgebildet ist.[112] Die meisten Kantone verlassen sich vollumfänglich auf jene des Bundes; einige wenige haben in letzter Zeit mit behutsamer Zurückhaltung einen Anfang geschaffen. Dabei wagten sich die Kantone Nidwalden und Jura am weitesten vor[113], aber auch in diesen Fällen mindestens bisher ohne nachhaltige Einwirkung auf die Staatspraxis.

3. Kantonale Identitäten, Zeitgeist und Rezeptionen im Verfassungsrecht der Kantone

Zu fragen ist ferner, inwieweit sich in den Verfassungen unterschiedliche kantonale Identitäten[114] widerspiegeln. Läßt man die Texte Revue passieren, so kann man als fresco und unter Vernachlässigung vieler komplexer Gemenglagen folgende Gruppen von Bestimmungen auseinanderhalten:

Erstens sind Unterschiede zu erkennen, die auf die verschiedenen Entstehungszeiten zurückzuführen sind. Das gilt namentlich für Aufzeigen, Begründung und Begrenzung des Leistungsstaates, für Aufnahme umfassender Grundrechtskataloge und deren Systematisierung sowie für das Ansprechen der vielfältigen Vernetzungen der kantonalen Staatswesen in den neueren Verfassungen, aber auch für Besonderheiten der Verfassungen des 19. Jahrhunderts, etwa in der kämpferischen Betonung der damals noch nicht selbstverständlichen staatlichen Schulhoheit.

Zweitens finden sich Problemkomplexe, bei welchen sich die mehrheitlichen politischen Einstellungen in den Kantonen niederschlagen und bei entsprechender Gelegenheit auch ähnliche verfassungspolitische Auseinandersetzungen stattgefunden haben. Das gilt für das „ob“ und „wie“ der Verfassungsgebung im Bereich der sozialen Grundrechte, für das Zusammen- und Gegenspiel von Kompetenzbegründungen und -begrenzungen bei den Staatsaufgaben sowie für Grundsätze des Finanzgebarens und der Steuererhebung.

---

[112] Vgl. *Kurt Eichenberger,* Die Verfassungsgerichtsbarkeit in den Gliedstaaten der Schweiz, in: Christian Starck/Klaus Stern (Hrsg.), Landesverfassungsgerichtsbarkeit, Teilband I, Baden-Baden 1983, S. 436ff.; *Walter Kälin,* Chancen und Grenzen kantonaler Verfassungsgerichtsbarkeit, in: Zentralblatt für Staats- und Gemeindeverwaltung 1987, S. 233ff.

[113] KV NW 69 und JU 104.

[114] Vgl. *Gerhard Schmid,* Souveränität, Staatlichkeit und Identität der Kantone, in: Schweizerisches Zentralblatt für Staats- und Gemeindeverwaltung 1984, S. 109ff.

Drittens vermag die besondere Identität eines Kantons gewisse Verfassungsinhalte zu prägen[115], in erster Linie im Bereich der „instruments of government". Das trifft zu für die Ausgestaltung der direktdemokratischen Mitwirkungsrechte, wo die Ausrichtung auf Landsgemeindeordnung, obligatorisches oder fakultatives Gesetzesreferendum sich als nur schwer verrückbar erwiesen hat, für Wahlsysteme, Regierungs- und Parlamentsstrukturen, Gemeindeorganisation und natürlich für die territoriale Untergliederung.

Schließlich sind viertens noch Besonderheiten festzustellen, bei denen eher zufällige Konstellationen als eigentliche Manifestationen der kantonalen Volksseele Pate gestanden sein dürften. Hierfür seien erwähnt die Förderung des Genossenschaftswesens[116] gemäß der Zürcher Kantonsverfassung oder die Bestimmungen über die Fahrenden in den Kantonen Basel-Landschaft und Aargau.[117]

Unterschiedliche kantonale Verfassungsverständnisse im engeren Sinne sind hingegen kaum festzustellen. Sowohl im 19. als auch im 20. Jahrhundert sind stetige und detaillierte Rezeptionen zwischen der Bundes- und der kantonalen Ebene sowie zwischen kantonalen Verfassungen und Verfassungsvorhaben untereinander festzustellen, finden dauernde Rückkoppelungen in einer zwar vielfältigen, aber auch mit einer beachtlichen Homogenität ausgestatteten Verfassungs- und Rechtskultur statt.[118]

III. Der Bund und das kantonale Verfassungsrecht

1. Die Gewährleistung der Kantonsverfassungen durch den Bund

Das Verhältnis des Bundes zu den Kantonsverfassungen ist bewußt nicht in den Mittelpunkt dieser Ausführungen gestellt worden, da es einerseits in der Literatur breite Erörterung gefunden hat, andererseits nicht den eigentlichen Zugang zur Bedeutung gliedstaatlichen Verfassungsrechts verschafft. Es soll hier aber der Vollständigkeit halber natürlich ebenfalls skizziert werden.

Die Kantonsverfassungen weisen einen doppelten normativen Geltungsgrund auf, ursprünglich-originär aus dem kantonalen, abgeleitet-derivativ aus dem Bundesrecht.[119] Die Bundesverfassung setzt die

---

[115] Vgl. *Kurt Eichenberger* (s. Anm. 24), Rdnr. 6 zur Einleitung; zum „Sonderfall" des Kantons Jura, *Peter Häberle* (s. Anm. 56), S. 337.

[116] Vgl. KV ZH 23.

[117] Vgl. KV BL 109 und AG 48.

[118] Vgl. *Kurt Eichenberger* (s. Anm. 24), Rdnr. 89 zur Einleitung; *Peter Häberle* (s. Anm. 56), S. 355ff.

[119] Vgl. *Kurt Eichenberger* (s. Anm. 24), Rdnr. 1, Vorbemerkungen zum Neunten Abschnitt.

Existenz der Kantonsverfassungen voraus, gewährleistet sie zusammen mit anderen fundamentalen Rechtsgütern der Kantone und regelt die Grundzüge des Verfahrens, mit welchem um die Gewährleistung von kantonalem Verfassungsrecht zu ersuchen ist.[120]

Diese Gewährleistung erfolgt durch einfachen Bundesbeschluß der Bundesversammlung.[121] Sie wird als deklaratorisch betrachtet, und es kann auf sie zurückgekommen werden. Trotz Kritik in der Lehre hat das Bundesgericht bisher zufolge des parlamentarischen Gewährleistungsverfahrens eine Überprüfung der Kantonsverfassungen abgelehnt, eine Praxis, welche unlängst einen bescheidenen Einbruch hinsichtlich Überprüfung einer älteren kantonalen Verfassungsnorm auf ihre Vereinbarkeit mit der EMRK erfahren hat.[122]

Materiell erstreckt sich die Überprüfung auf die Vereinbarkeit mit dem Bundesrecht sowie auf gewisse Mitwirkungsrechte des Volkes im allgemeinen und hinsichtlich Revision der Kantonsverfassung im besonderen. Praktisch bedeutsam ist in den letzten Jahrzehnten allein die erstgenannte Voraussetzung gewesen. Die Bundesversammlung stellt dabei in sehr zurückhaltender Weise darauf ab, ob eine bundesrechtskonforme Auslegung der fraglichen kantonalen Verfassungsnormen wenigstens möglich ist oder nicht.[123]

2. Der Bund als Hüter und Bedroher kantonalen Staatsrechts

Der Bund nimmt gegenüber dem kantonalen Staatsrecht eine Doppelrolle wahr. Einerseits begründet und garantiert er das kantonale Verfassungsrecht gegenüber Beeinträchtigungen durch den Bund selbst, durch andere Kantone, das Ausland oder verfassungswidrige Kräfte im Innern der Kantone mit juristischen und politischen Mitteln bis hin zur Anwendung physischer Gewalt[124] – eine Aufgabe, die im 20. Jahrhundert an Aktualität verloren hat. Andererseits gehört eine dezent ausgeübte Kontrolle der Kantonsverfassungen auf Übereinstim-

---

[120] Vgl. Art. 5 und 6 BV und jetzt umfassend *Peter Saladin* (s. Anm. 5), Rdnr. 3ff. zu Art. 6 BV; aber auch *Andreas Auer,* Die schweizerische Verfassungsgerichtsbarkeit, Basel 1984, S. 148ff.; *Remo Cereghetti,* Die Überprüfung der Kantonsverfassungen durch die Bundesversammlung und das Bundesgericht, Winterthur 1956; *Reinhold Hotz,* Probleme bei der eidgenössischen Gewährleistung kantonaler Verfassungen, in: Zentralblatt für Staats- und Gemeindeverwaltung 1982, S. 193ff.

[121] Zum Verfahren im einzelnen vgl. *Peter Saladin* (s. Anm. 5), Rdnr. 76ff. zu Art. 6 BV.

[122] Vgl. BGE 111 Ia 239ff. und 112 Ia 208ff.

[123] Vgl. *Peter Saladin* (s. Anm. 5), Rdnr. 34ff. zu Art. 6 BV; *Andreas Auer* (s. Anm. 120), S. 148ff.

[124] Vgl. *Blaise Knapp* (s. Anm. 28), Rdnr. 1ff. zu Art. 5 BV.

mung mit dem Bundesrecht ebenso zu diesem Institut der Gewährleistung.

Der Rolle des Bundesgerichts sind ebenfalls verschiedene Facetten zu bescheinigen. Das Bundesgericht versagt sich so eine Überprüfung der Kantonsverfassungen auf ihre Übereinstimmung mit dem Bundesrecht. Zudem wirkt es – gerade angesichts des Fehlens einer ausgebauten Verfassungsgerichtsbarkeit in den Kantonen – als wichtigste Institution des Schutzes der verfassungsmäßigen Rechte der Bürger[125] gegenüber den kantonalen Behörden, sowohl bei den Grundrechten als auch bei den Volksrechten.[126]

Dabei bringt das Bundesgericht gegenüber den Kantonen allerdings nicht selten eine Rechtskategorie in Anwendung, welche in Anlehnung an ein Diktum aus der Weimarer Zeit über den unheilvollen Einfluß *Oskar von Hindenburgs*, des „in der Verfassung nicht vorgesehenen Sohnes des Reichspräsidenten", in ähnlicher Weise als „nicht vorgesehen" bezeichnet werden könnte, nämlich das „gemeineidgenössische kantonale Staatsrecht" oder „gemeineidgenössische Subsidiärrecht".[127]

Das Bundesgericht greift so bei der Beurteilung staats- und verfassungsrechtlicher Streitigkeiten im kantonalen Bereich weniger auf das konkrete Recht eines Kantons zurück als auf gemeinhin übliche Regelungen, welche immer dann zur Anwendung gebracht werden, falls eine ausdrückliche anderslautende Regelung nicht nachgewiesen wird. Zu dieser die Vielfalt kantonaler Regelungen einebnenden Praxis trägt einmal bei, daß das Bundesgericht sich nicht gerade bemüht, dieses anderslautende kantonale Recht gelten zu lassen, geschweige denn aufzufinden, vor allem aber angesichts des geringen Formalisierungsgrades des kantonalen Staatsrechts übertriebene Anforderungen an die entsprechenden Nachweise stellt.[128] Ferner lassen es die Kantone selbst vielfach auch an der notwendigen pfleglichen Behandlung ihres eigenen Staatsrechtes fehlen[129], soweit sie sich nicht aus Bequemlichkeit geradezu auf solches gemeineidgenössisches Recht abstützen.

---

[125] Vgl. *Andreas Auer* (s. Anm. 120), S. 77ff.; *Walter Kälin*, Das Verfahren der staatsrechtlichen Beschwerde, Bern 1984, S. 77ff.

[126] Vgl. dazu *Andreas Auer* (s. Anm. 120), S. 150ff. u. S. 171ff.; sowie *Jörg P. Müller*, Die Verfassungsgerichtsbarkeit im Gefüge der Staatsfunktionen, in: Veröffentlichungen der Vereinigung der Deutschen Staatsrechtslehrer, H. 39, Berlin 1981, S. 73ff.

[127] Vgl. dazu *Peter Häberle* (s. Anm. 56), S. 340ff.; *Walter Kälin* (s. Anm. 112), S. 14; *Kurt Eichenberger* (s. Anm. 112), S. 456; *Alfred Kölz*, Die kantonale Volksinitiative in der Rechtsprechung des Bundesgerichts, in: Zentralblatt für Staats- und Gemeindeverwaltung 1982, S. 47ff.; *René A. Rhinow* (s. Anm. 67), S. 104.

[128] Vgl. *Walter Kälin* (s. Anm. 112), S. 14.

[129] Vgl. *Walter Kälin* (s. Anm. 112), S. 14; *René A. Rhinow* (s. Anm. 67), S. 103.

IV. Die heutige Bedeutung des kantonalen Verfassungsrechts

1. Die Kantone und ihr Verfassungsrecht

Die Kantone als politische Gemeinwesen und aktionsfähige Rechtsgemeinschaften verfügen nach wie vor, seit einem guten Jahrzehnt vielleicht sogar eher denn zuvor, über ein ungebrochenes Staatsbewußtsein.[130] Die Selbstverständlichkeit des Bestehens und der Fortgeltung ihres Verfassungsrechts belegt und verstärkt diese Staatlichkeit, dient aber nicht als deren Ersatz.[131] Das läßt sich auch daran ablesen, daß die Kantone sich im Rahmen ihrer Verfassungsgebung mit Zielbestimmungen und Aufgaben sogar etwas übernehmen können, ohne das daraus unerfreuliche Weiterungen zu entstehen vermöchten: Verheißung und Verheißungswirklichkeit ist kaum ein Thema kantonalen Verfassungslebens.

Im Vordergrund der Bedeutung der Verfassungen steht so – besonders offensichtlich bei Kantonen, welche nicht gerade eine Gesamtrevision ihrer Verfassung in Angriff genommen oder durchgeführt haben – das unverzichtbare, hohe Normativität ausstrahlende Organisationsrecht. Zeitgenössische kantonale Verfassungsgebung hat sich aber mit Fug auch anderen Bereichen wie Normierung der Staatsaufgaben zugewandt und wird ungeachtet der Bedrängung durch den Vorrang des Bundesrechts ebensowenig auf die durchdachte Ausformulierung eines Grundrechtsteils verzichten wollen. Orientierungs-, Integrations- und Legitimationsfunktionen kantonalen Verfassungsrechts erwachsen heute im vollen Umfang erst aus dem Versuch einer „vollständigen“ Verfassungsgebung.

2. Der Bund und das kantonale Verfassungsrecht

Für den Bund gehört das kantonale Verfassungsrecht mit zum Bestand der aus Einheit und Vielfalt erwachsenden föderalistischen Ordnung. Der Bund hält die Kantone zur Verfassungsgebung an, er hat die Gewährleistung der Kantonsverfassungen gegen innen und außen zu einer seiner Aufgaben gemacht, er nimmt durch das Bundesgericht über weite Strecken die Funktionen der Verfassungsgerichtsbarkeit für das kantonale Verfassungsrecht wahr.

Darüber hinaus wirkt der Freund und Helfer Bund auch als Polizist, er sorgt vor allem dafür, daß sich die Kantone in ihrer Verfas-

---

[130] Vgl. *Kurt Eichenberger* (s. Anm. 21), S. 156; *Ernst-Wolfgang Böckenförde*, Zur Diskussion um die Totalrevision der Schweizerischen Bundesverfassung, in: Archiv des öffentlichen Rechts 1981, S. 603.

[131] Vgl. zu dieser Problematik *Josef Isensee*, Die Verfassung als Vaterland. Zur Staatsverdrängung der Deutschen, in: Armin Mohler (Hrsg.), Wirklichkeit als Tabu, München 1986, S. 11ff.

sungsgebung im Rahmen des Bundesrechtes bewegen, und hat ab und zu sogar die Tendenz, den Partikularitäten des kantonalen Staatsrechts nicht vollständig Rechnung zu tragen, die denkbaren Autonomiebereiche unnötig zu beschneiden.

3. Kantonales Verfassungsrecht und die Schweiz als Verfassungsstaat

Das Bestehen einer kantonalen Ebene des Verfassungsrechts hat ferner große Bedeutung für die Verfassungsstaatlichkeit der Schweiz. Der Verfassungsstaat erfährt so gewissermaßen eine Popularisierung in der Kleinräumigkeit, er hat teil an der integrierenden Nähe und Unmittelbarkeit der gliedstaatlichen Gemeinwesen. Verfassungsleben und Verfassungspolitik finden in überschaubaren Räumen und mit vertrauten Akteuren statt, die Verfassung verliert an Distanz und gewinnt an Alltäglichkeit.

Dazu gesellt sich eine offensichtliche Bereicherung durch die Vielfalt von Verfassungen innerhalb einer doch recht homogenen Verfassungs- und Rechtskultur, in welcher *ceteris paribus*-Annahmen nicht zu haltlosen Unterstellungen werden. Besonders befruchtend wirkt dabei die Ungleichzeitigkeit der Verfassungsgebung im Bund und in den verschiedenen Kantonen, welche ein stetes „Aggiornamento" der Verfassungsstaatlichkeit immer wieder ermöglicht.[132] Die Diskussion über die Verfassung und den Verfassungsstaat kommt so weniger zum Erliegen, die Vielzahl und der verschiedene Ausgang der Verfassungsgebungsprozesse liefert die von Zeit zu Zeit wohltätigen Erfolgserlebnisse mit einer größeren Verläßlichkeit.

4. Verfassungserneuerung im Bund und in den Kantonen

Von nicht zu unterschätzender Tragweite ist so, daß die in den letzten Jahren auf Bundesebene ins Stocken geratene Gesamtrevisionsbewegung in einer ganzen Reihe von Kantonen in umsichtig gestalteten Verfahren und mit klug Bewährtes und Neues verbindenden Entwürfen[133] zu einem erfolgreichen Abschluß gebracht werden konnte.

---

[132] Vgl. dazu *Peter Häberle* (s. Anm. 56), S. 339f.

[133] Vgl. *Kurt Eichenberger* (s. Anm. 110), passim; *ders.* (s. Anm. 24), Rdnr. 91 zur Einleitung; *Peter Häberle* (s. Anm. 56), S. 330ff. mit vielen weiteren Hinweisen zu den Materialien dieser Revisionsbemühungen; als Beitrag aus einem ungewöhnlichen Werk *Gerhard Robbers*, Kontinuität und Verfassung, in: Zwischen Lust und Leistung, Gedächtnisschrift für F. G. Nagelmann, Baden-Baden 1984, S. 35ff.

Im Bund war es nach 1977 nicht gelungen, Hoffnungen und Befürchtungen im Hinblick auf eine Totalrevision der Bundesverfassung in realistischen Dimensionen zu bewahren. Während die einen eine prophetische Stimme zu hören glaubten, welche den Weg aus dem heutigen Dunkel in eine lichte Zukunft wies, wollten andere eher die Schalmeienklänge des Rattenfängers von Hameln vernehmen, der die Jugend ins Verderben zu führen drohte.

Nicht zuletzt die Erfolge auf kantonaler Ebene dürften die Bundesversammlung in diesem Jahr ermutigt haben, das Unternehmen Totalrevision nun doch im Parlament anzupacken. Ob es dabei gelingen wird, jenes beglückende Kompromißgefühl allseitiger und ausgewogen zugemessener Unzufriedenheit zu erzielen, welches in der Schweiz als Voraussetzung größerer Reformvorhaben unerläßlich zu sein scheint, wird die Zukunft weisen müssen.[134]

5. Besonderheiten der aktuellen Bedeutung?

Abschließend ist festzuhalten, daß dem kantonalen Verfassungsrecht in erster Linie eine dauernde Bedeutung eignet, als rechtliche Grundordnung, als Regelung der Grundzüge der staatlichen Organisation und als Ausweis kantonaler Staatlichkeit.[135]

Darüber hinaus gewinnt die Kantonsverfassung eine besondere aktuelle Bedeutung vornehmlich im Verfassungsgebungsprozeß, insbesondere anläßlich einer Gesamtrevision. Daß solche Vorhaben immer wieder in Angriff genommen und zu Ende geführt werden konnten, stellt die ungebrochene Vitalität sowohl des Verfassungsgedankens als auch der Staatlichkeit der Kantone unter Beweis.[136]

Der Umgang mit der Verfassung führt dann so zu zusammenhängender Sicht der Ordnung des kantonalen Staatswesens, zur Besinnung auf gemeinsame Werte und Ziele, zur Ausrichtung auf verbindende Aufgaben, gibt kurzum die Gelegenheit, von Zeit zu Zeit jenem platten helvetischen Pragmatismus zu entrinnen, über den wir uns leider so selten zu erheben vermögen, welcher allerdings aber auch einen guten Teil des diskreten Charmes der schweizerischen Bourgeoisie und ihrer Politik ausmacht.

Zur Tatsache, daß nicht die Wissenschaft als treibende Kraft solcher Bewegungen zu wirken hat, vgl. *Kurt Eichenberger,* Zum Stand des Verfassungsrechts im Lichte der Reformbegehren, in: Der Staat 1986, S. 7.

[134] Für die breite Befürwortung einer Totalrevision der Bundesverfassung vgl. jetzt die entsprechenden Daten der UNIVOX-Untersuchung „Recht", Zürich 1987.

[135] Zu so selbstverständlich-unbemerkter Geltung kantonalen Verfassungsrechts vgl. *Kurt Eichenberger* (s. Anm. 21), S. 155ff.

[136] Vgl. *René A. Rhinow* (s. Anm. 21), S. 128f.

Leitsätze des 3. Berichterstatters über:

Die Bedeutung gliedstaatlichen Verfassungsrechts in der Gegenwart

I. Die Staatlichkeit der Kantone

1. Die Staatlichkeit der Kantone erscheint für die schweizerischen Bürger durch historische Abläufe, politisches System und kulturelle Identität gleichsam natürlich begründet und unmittelbar einsichtig.

2. Schwierigkeiten mit der Annahme der Staatsqualität der Kantone treten dann auf, wenn man das Merkmal der Souveränität als entscheidend für die Staatlichkeit herausstellt. Die Frage nach der Lokalisierung der Souveränität im Bundesstaat ist jedoch in letzter Zeit ohnehin weniger beantwortet als verabschiedet worden.

3. Der zeitgenössische Leistungsstaat mit seinen internationalen Verflechtungen und pluralistischen Abhängigkeiten läßt eine Ausrichtung der Staatslehre am Souveränitätsbegriff allerdings für wenig erhellend ansehen.

4. Wo der Bürger heute einzelne Aspekte der Staatlichkeit unmittelbar erlebt, sind die Kantone voll präsent: Das gilt etwa für Parteien-, Leistungs-, Steuer-, Verwaltungs-, „Polizei"-, Rechts- und Verfassungsstaatlichkeit.

II. Das kantonale Verfassungsrecht

A. Hauptsächliche Regelungsbereiche des kantonalen Verfassungsrechts

5. Kantonsverfassungen regeln prioritär und unverzichtbar die „instruments of government". Sie richten den Staat und seine Ämter- und Behördenorganisation ein, legen die Mitwirkungsrechte des Volkes fest, schaffen Strukturen und ordnen Funktionen zu, regeln Befugnisse und Verfahrensabläufe.

6. Während die Kantonsverfassungen des 19. Jahrhunderts lediglich einige Staatsaufgaben aufnahmen, machen die totalrevidierten Kantonsverfassungen des 20. Jahrhunderts die ganze Aufgabenkomplexität des zeitgenössischen Leistungsstaates sichtbar. Dabei streben sie neben der breiten Verankerung auch eine gewisse Einschränkung des Leistungsstaates an.

7. Die Finanzordnung setzt den Staatseinnahmen und -ausgaben Grenzen durch verfassungsmäßige Grundsätze der Steuererhebung und des Finanzgebarens, aber auch durch plebiszitäre Mitwirkungsrechte.

8. Im Gegensatz zu den weniger systematisch gestalteten Grundrechtsordnungen der Kantonsverfassungen des 19. Jahrhunderts enthalten die neueren Verfassungen ausgedehnte und differenzierte Grundrechtskataloge sowie Bestimmungen, welche Grundrechtsdogmatik konstitutionalisieren.

9. Die Totalrevisionen der Kantonsverfassungen in den letzten Jahrzehnten haben nun auch die Vernetzung des zeitgenössischen kooperativen Verfassungsstaates als Thematik aufgenommen.

10. Eine klassische Domäne des kantonalen Verfassungsrechts stellt nach wie vor die Regelung der Beziehungen zwischen Kirche und Staat dar.

B. Kantonale Verfassungsverständnisse und kantonale Identität

11. Im allgemeinen richten sich die schweizerischen Kantone am geläufigen Verfassungsverständnis aus, das den pluralistischen Demokratien eignet.

12. Besonderheiten kantonalen Verfassungsverständnisses sind in erster Linie auf drei Erscheinungen zurückzuführen: erstens darauf, daß das öffentliche Recht der Kantone wenig formalisiert, nur lückenhaft wissenschaftlich bearbeitet und nur teilweise zugänglich ist, zweitens auf die Beinahe-Identität von pouvoir constituant und pouvoir constitué, drittens auf die weitgehende Absenz eigenständiger Verfassungsgerichtsbarkeit in den Kantonen.

13. Weitere Unterschiede im Verfassungsverständnis spiegeln entstehungszeitliche Verschiedenheiten, allgemeine politische Ausrichtungen, aber auch spezifische kantonale Identitäten wider.

III. Der Bund das kantonale Verfassungsrecht

14. Der Bund hält die Kantone zu ihrer Verfassungsgebung an, überprüft durch die Bundesversammlung die Kantonsverfassungen auf ihre Übereinstimmung mit dem Bundesrecht und gewährleistet die Kantonsverfassungen gegen Beeinträchtigungen.

15. Der Bund „bedroht" das kantonale Staatsrecht durch die Anwendung „gemeineidgenössischen kantonalen Rechts", die Kan-

tone leisten dieser Bedrohung nicht selten Vorschub durch die mangelhafte Pflege ihres eigenen Rechts.

IV. Die heutige Bedeutung des kantonalen Verfassungsrechts

16. Die Selbstverständlichkeit des Bestehens und der Fortgeltung kantonalen Verfassungsrechts belegt und verstärkt die Staatlichkeit der Kantone, dient aber nicht als deren Ersatz.

17. Die Verfassungsstaatlichkeit des Bundesstaates Schweiz wird durch Vorhandensein und Pflege einer kantonalen Ebene des Verfassungsrechts verstärkt und popularisiert.

18. Von nicht zu unterschätzender Bedeutung für die Verfassungserneuerungsbewegung auf Bundesebene hat sich erwiesen, daß eine Reihe von Kantonen ihre Totalrevisionsvorhaben erfolgreich zu Ende zu führen verstanden.

4. Aussprache und Schlußworte

Die Bedeutung gliedstaatlichen Verfassungsrechts in der Gegenwart

Vorsitzender (Tomuschat): Frau Kollegin, meine Herren! Der Ertrag dieses Vormittags muß auf einen jeden Zuhörer eine stimulierende Wirkung gehabt haben. Denn ganz unterschiedlich ist der jeweilige Untersuchungsgegenstand von den drei Referenten bewertet worden. Den vielfältig differenzierten Aussagen von *Graf Vitzthum,* die auf einen Zustand von bundesstaatlicher Ausgewogenheit, möglicherweise aber auch von Mattigkeit und Farblosigkeit hindeuten, hat Herr *Funk* ein österreichisches Bild der Substanzentleerung entgegengesetzt, während sich auf der anderen Seite die Schweiz als Ausbund an föderaler Gesundheit darzustellen scheint. Wie kann man diese Diskrepanzen bei drei geographisch so eng zusammenliegenden Staaten erklären? Mit Sicherheit läßt sich sagen, daß die geschichtlichen Traditionen eine ganz wesentliche Rolle spielen. Andere Faktoren und Bestimmungsgründe wird die Diskussion erhellen, die ich nunmehr eröffne. Wie üblich habe ich mich daran gewagt, eine gewisse Gliederung vorzuschlagen, was sicher nicht ausschließen soll und kann, daß sich die Debatte in eine ganz andere Richtung entwickelt.

Isensee: Welche materielle Verfassung hat heute der Freistaat Bayern? Die realistische Antwort: Die materielle Verfassung Bayerns ist das Grundgesetz für die Bundesrepublik Deutschland, ergänzt um die staatsorganisatorischen Teile der bayerischen Landesverfassung; doch auch diese sind, ungeachtet ihrer besonderen Textgestalt, weitgehend angepaßt und harmonisiert dem Grundgesetz.

Cum grano salis läßt sich feststellen: Die Landesverfassungen haben sich in der Staatspraxis auf Organisationsstatute reduziert; und auch in diesem Restbereich ist nur eine konfektionierte, nivellierte Einheitsverfassung für alle Länder verblieben, abgesehen von bestimmten landesspezifischen Modifikationen im Bereich des parlamentarischen Regierungssystems, etwa der Dauer der Legislaturperiode, der Wahl der Regierung, dem Status der Minderheitsregierung, den plebiszitären Möglichkeiten. Die Originalität, die der bayerischen Verfassung von ihrem Text her eigen ist, kommt effektiv kaum zur Geltung. Die Unterschiede der Verfassungstypen sind weithin nivelliert: die Unterschiede zwischen vorgrundgesetzlichen und grundgesetz-synchronen Landesverfassungen, zwischen Voll-, Teil- und Rahmenverfassungen, zwischen kargen Rechtsverfassungen und üppigen Verheißungs- und Programmverfassungen, zwischen Verfassungen mit mehr katholisch-konservativer und mehr sozialistischer Programmatik. Die Landesverfassungen kümmern dahin im Schatten der Bundesverfassung. Der Erfolg des Grundgesetzes – Erfolg an normativer Kraft wie an allseitiger Akzeptanz – vollzog sich auf Kosten der Landesverfassungen. Die Frage lautet, ob dieser Preis unvermeidlich ist und ob nicht das Grundgesetz selbst in einer seiner Dimensionen Schaden nimmt.

Der materielle Verfassungswandel und die faktische Verfassungsschrumpfung wirken sich auf die Verfassungstexte nicht aus. Sie haben sich nicht verändert. Förmlich außer Kraft gesetzt sind noch nicht einmal die Vorschriften, die direkt gegen das Grundgesetz oder gegen sonstiges Bundesrecht verstoßen, wie etwa die Regelung der Todesstrafe in Art. 21 der Verfassung des Landes Hessen.

Was sind die Gründe der Bedeutungsminderung? Nur eine untergeordnete Rolle spielt die Homogenitätsklausel des Grundgesetzes, die inhaltliche Vorgaben für die Landesverfassungen enthält. Denn diese Vorgaben richten sich vornehmlich auf die Organisation der Länder. Hier aber ist den Landesverfassungen gerade ein gewisser Selbstand verblieben. – Dagegen geht von den Grundrechten des Grundgesetzes, welche die Staatsgewalt der Länder ebenso wie die des Bundes binden, starker Nivellierungsdruck aus. Sie überlagern die Besonderheiten der Länder in ihren Kultur- und Wirtschaftsverfassungen, ihren Schul- und Staatskirchenartikeln. Die Bundesgrundrechte haben sich in der Interpretation so breit und wirksam entfaltet, daß den Landesgrundrechten wenig Raum für eine gesonderte Entfaltung übrig ist. Es hilft jenen wenig, wenn die Bundesgrundrechte nach Maßgabe des Art. 142 GG nur den Mindeststandard der Freiheit vorgeben sollen, den die Landesgrundrechte überschreiten dürfen. Dem grundrechtlichen Plus zugunsten des einen korrespondiert häufig ein grundrechtliches Minus zu Lasten des anderen, wie es der Fall ist beim hessischen Aussperrungsverbot oder der bayerischen Rundfunkgarantie und (falls hier überhaupt eine Grundrechtsbegünstigung vorliegt) bei den saarländischen wie den hessischen Sozialisierungsartikeln. Derart ambivalente Regelungen der Landesverfassung scheitern am Grundgesetz.

Ich erwarte den Einwand, daß einzelne Länder in den letzten Jahren verfassungspolitische Initiative gerade auf den Gebieten der Grundrechte und der Staatsziele bewiesen hätten mit der Aufnahme des Datenschutzes oder des Umweltschutzes in ihre Verfassungsgesetze, daß sie hier sogar der verfassungspolitischen Entwicklung auf Bundesebene vorausgeeilt seien. Doch die Länder haben verfassungspolitische Aktivität auf Gebieten bekundet, auf denen sie nur geringe

Gesetzgebungskompetenzen besitzen, auf denen sie also kaum praktische Konsequenzen aus ihren verfassungsgesetzlichen Proklamationen ziehen können und müssen. Es regt sich der Verdacht, daß hier eine Alibi-Aktivität vorliegt, wenn die Verfassungsergänzung sich nicht auf den eigenen Handlungs- und Verantwortungsbereich bezieht. Manche Landesregierung operiert vorsichtiger, wenn die Aufnahme eines Umweltschutz-Artikels in das Grundgesetz im Bundesrat erörtert, als wenn im eigenen Landtag eine entsprechende Ergänzung der Landesverfassung diskutiert wird.

Man würde sich die Sache zu einfach machen, wenn man die geringe Bedeutung der Landesverfassungen damit erklärte, daß sie strukturnotwendig nur eine geringere Bedeutung als die Bundesverfassung besäßen. Denn die Bundesverfassung ist ihrem Wesen nach doppelfunktional: sie ist die Verfassung des Zentralstaates, also des Kompetenzträgers neben den Ländern; sie ist darüber hinaus die gesamtstaatliche Verfassung, die Zentralstaat und Gliedstaaten gemeinsam ist und beide Staatsebenen verklammert.

Die deutschen Landesverfassungen bleiben hinter der Bedeutung zurück, die ihnen an sich die bundesstaatliche Ordnung des Grundgesetzes offen hält. Die Verfassung ist Ausweis der Staatlichkeit. Den Ländern fehlt es an hinreichendem Staatsbewußtsein und damit auch an eigenem Verfassungsbewußtsein. Aufschlußreich ist in diesem Zusammenhang bereits der Wortgebrauch der Staatsrechtslehre. Sie spricht den Ländern „Verfassungsautonomie" zu, verwendet also eine Vokabel, die an Selbstverwaltung und an Satzungsautonomie erinnert. Nicht zufällig begnügt sich das Land Schleswig-Holstein mit einer „Landessatzung"; dem semantischen Understatement entspricht der Verzicht auf ein eigenes Landesverfassungsgericht, damit der Verzicht auf autochthone Verfassungsinterpretation, und die Verweisung der Verfassungsstreitigkeiten des Landesbereichs an das Bundesverfassungsgericht. Ich frage mich, ob nicht auch die Staatsrechtslehre besser täte, nicht von „Verfassungsautonomie" der Länder zu reden, sondern von „Verfassungshoheit", ein Wort, das die Staatlichkeit der gliedstaatlichen Verfassunggebung zum Ausdruck brächte.

Das Defizit an Verfassungsbewußtsein, das auf Landesebene zu bemerken ist, besteht auf Bundesebene nicht. Im Gegenteil: Hier ist das Verfassungsbewußtsein vital und machtvoll. Es vermag in gewissem Maße sogar, das notleidende deutsche Staatsbewußtsein zu kompensieren. Der Verfassungspatriotismus bildet eine Art Surrogat des Patriotismus. Doch der Verfassungspatriotismus konzentriert sich auf die demokratischen, die rechtsstaatlichen und die sozialstaatlichen Verfassungselemente. Die Bundesstaatlichkeit bleibt ausgespart.

Auch die Staatsrechtslehre neigt dazu, die Bundesstaatlichkeit zu den minderen Verfassungselementen zu zählen. So figuriert der Begriff des „Verfassungsstaates“ durchwegs als das integrale Ganze der parlamentarischen Demokratie und des sozialen Rechtsstaates – ohne den Bundesstaat. Dieser erscheint denn auch häufig als dem Einheitsstaat unterlegen, als eine Art Kümmerform des modernen Staates. Das antiquierte Ideal monolithischer Geschlossenheit, das vormals gegen Gewaltenteilung und Grundrechte, gegen Parteiendemokratie und Pluralismus ankämpfte, hat zwar für die demokratischen und rechtsstaatlichen Bereiche abgedankt, nicht aber für den föderalen. Dabei wird verkannt, daß der Föderalismus eine Steigerung der verfassungsstaatlichen Idee bedeutet. Er führt zu einer zusätzlichen Dimension der Gewaltenteilung, zu rechtlicher Definition, Bindung und Mäßigung der Staatsgewalt über ein verfassungsrechtliches Kompetenzgefüge. Die staatliche Einheit als solche wird nicht angetastet, wohl aber ausdifferenziert. Der Bundesstaat hat ein besonders hohes Maß an Verfassungsbedarf. Seine Einheit gründet auf der Verfassung; sie vermag nicht, ohne sie zu bestehen.

Eine außerrechtliche Bedeutung ist der gliedstaatlichen Verfassung geblieben. Sie ist Symbol der Staatlichkeit, Symbol wie Wappen und Fahne. Das ist immerhin etwas. Der Integrationswert darf nicht unterschätzt werden. Aber das ist nicht genug.

Es bestehen weder rechtliche noch politische Notwendigkeiten, daß die Landesverfassungen auf dem niedrigen Bedeutungsniveau verharren, auf dem sie sich heute befinden. In ihnen steckt ein ungenutztes normatives Potential, das dem föderalen Verfassungsstaat vielfältige Lebensimpulse geben könnte: ein Potential an Interpretationsvielfalt, an Innovation, an regionalem, dezentralem Experiment, an kreativer Ergänzung der Bundesverfassung. Selbst dort, wo die Verfassungstexte des Bundes und eines Landes übereinstimmen, bietet sich mehr als die Verdopplung der Rechtsschutzwege. Es verdoppeln sich auch die Interpretationswege, wenn nur genug Interpretationsphantasie und föderales Selbstbewußtsein vorhanden sind. Im föderalen Verfassungsstaat führen viele Wege zur gesamtstaatlichen Einheit, mehr als sie der blockhafte Einheitsstaat kennt. Vielleicht wird diese Staatsrechtslehrertagung dazu beitragen, daß die Chancen, die in den gliedstaatlichen Verfassungen brach liegen, genutzt werden.

Vorsitzender: Das ist die Analyse eines Staatsrechtslehrers aus Nordrhein-Westfalen. Und jetzt Herr *Fleiner.*

Fleiner: Herr Vorsitzender, meine Damen und Herren, ich bin aufgefordert worden, einige Diskussionspunkte zur rechtsvergleichenden Betrachtungsweise an die drei so hervorragenden Referate anzufügen. Und da es sich um hervorragende Referate handelt, möchte ich nicht nochmals über die Schweiz, die Bundesrepublik oder Österreich sprechen, sondern möchte den rechtsvergleichenden Bogen etwas weiter ausdehnen.

Erster Punkt dazu: Legitimität der Gliedstaatlichkeit oder der gliedstaatlichen Verfassung. Hier haben wir m.E. bereits einige erhebliche Unterschiede feststellen können. Einmal, das kam in einigen Referaten zum Ausdruck, beruht die Legitimität auf der ursprünglichen Staatlichkeit – das gilt sicher für die Schweiz, z.T. für die Bundesrepublik – und auf der Demokratie, was sicher für alle drei Föderativstaaten gilt. Die Legitimität der Gliedstaatlichkeit kann aber auch z.B. in der Krone begründet sein. Ich darf Sie daran erinnern, daß in Kanada wie auch in Australien sowohl der governor wie auch der state-governor der Gliedstaaten von der Krone, d.h. von der englischen Königin, auch heute noch eingesetzt wird und die Legitimität, namentlich der Provinzen in Australien, sich noch aus der Legitimität der englischen Krone ableitet. Wir finden hier also ein ganz anderes Konzept der Legitimität der Gliedstaatlichkeit. Schließlich glaube ich, – das müssen wir föderalistischen Schweizer anerkennen –, gibt es auch eine Legitimität, die sich wahrscheinlich selbst in einem Föderativstaat aus dem Gesamtstaat ableiten läßt. Ich meine beispielsweise etwa in Indien. Namentlich Bundesstaaten, die ihr Bundesparlament mit der uneingeschränkten Souveränität nach dem „Westminster Modell" ausgestattet haben, gewähren den Gliedstaaten Staatlichkeit, obwohl sich diese nur aus der Souveränität des Gesamtstaates ableiten läßt.

Zweitens: Von Bedeutung für die vergleichende Betrachtungsweise ist die Stellung und die Funktion der Verfassung, die sich m.E. in Kontinentaleuropa – im Gegensatz zu derjenigen der alten common law-Staaten – wesentlich gewandelt hat. Was meine ich damit? Wir haben in europäischen Kontinentalstaaten die Entwicklung zum Monopol des Gesetzgebungsstaates gemacht, eingeleitet durch die Französische Revolution. In den *common law*-Staaten aber, das gilt m.E. auch für die Vereinigten Staaten, gibt es immer noch zwei wesentliche Rechtsquellen, das positive Gesetz und auf der anderen Seite die Präzedenzfälle der Gerichte, d.h. das common law. Was hat das für Bedeutung für den Föderativstaat? Meines Erachtens hat dieses Gesetzgebungsmonopol wesentlich dazu beigetragen, daß erstens einmal die Verfassungen mehr als Grundgesetze und nicht als *Instrument of Government* verstanden werden. Zweitens hat dieses Konzept dazu geführt, daß wir den Föderativstaat auf die Hierarchie der Stufenordnung der positiven Rechtserlasse reduzieren, was dann letztlich zum Konzept des Vollzugsföderalismus geführt hat, ein Vollzugsföderalismus, den wir z.B. in den Vereinigten Staaten nicht finden. Dort gibt es im Prinzip zwei voneinander weitgehend unabhängige Rechtskreise und Vollzugsordnungen, nämlich diejenigen des Bundes und diejenigen der entsprechenden Gliedstaaten.

Das bringt mich auf das dritte Element, das m.E. zu betrachten ist, wenn wir über Föderalismus sprechen: Wir haben Ende des 18. Jahrhunderts zwei Revolutionen gehabt. Die eine, von der wir immer sprechen, die französische, hat zur Einheit und zum Monopol des Gesetzgebungsstaates geführt, die andere, die amerikanische, ist von der Idee getragen worden, das es möglich sein muß, zur Erhaltung der Demokratie, die Demokratie in der Demokratie zu verwirklichen, d.h. wir können eine übergeordnete Demokratie haben, die zum Ziel hat, die gliedstaatliche Demokratie zu erhalten und zu verteidigen. Diese defensive Haltung des Föderalismus der Vereinigten Staaten konnte sich kaum in Europa durchsetzen, es scheint aber, daß die neuen Föderalismusdiskussionen auch in Europa vielleicht der politischen Grundidee zum Durchbruch verhelfen, das sich nämlich durch den Föderalismus allein die Demokratie auf kleinem Raum mit der Demokratie auf großem Raum in eine Harmonie bringen läßt. Und wenn man von diesem Konzept ausgeht, dann muß man letztlich mit *Madison* akzeptieren, das es eben eine zweifache Souveränität, eben in diesem Sinne eine geteilte Souveränität gibt. Wir sind getragen vom Gedanken der geistesgeschichtlichen Entwicklung von *Hobbes* über *Rousseau* bis zu *Kelsen* und haben übersehen, das es neben dieser geistesgeschichtlichen Entwicklung eine Entwicklung von Locke über die amerikanische Unabhängigkeitsbewegung zu *Madison* gibt, die von der Idee getragen ist, das der Staat immer ein Staat ist, der über eine begrenzte und damit eine teilbare Souveränität verfügt.

Schließlich müssen wir für die Zukunft Lösungsmodelle erarbeiten, um den Dualismus, Föderalismus und Rechte, zu bewältigen. Grundsätzlich ermöglicht der Föderalismus den Schutz der Minderheitenrechte auf der Grundlage der territorialen Diversität. Die integrale Gewährleistung der Grundrechte schützt die Minderheiten auf der Grundlage einer zentralistischen, aber pluralistischen gesellschaftlichen Diversität. Dies gilt z.B. für die Vereinigten Staaten, die den gesellschaftlichen Pluralismus nicht durch Föderalismus, sondern nur auf der Basis zentralistischer Gleichbehandlung und Gewährleistung der Freiheit aufrecht erhalten können. Gegenüber diesem ausgeprägten Schutz der individuellen Freiheit stellt sich aber mehr und mehr die Frage, ob der Grundrechtsschutz nicht nur Individuen, sondern auch ganze Gruppen umfassen soll. Muß es neben den Individualrechten nicht auch Gruppenrechte geben, die z.B. kulturelle oder konfessionelle Minderheiten unmittelbar schützen? Wenn wir die Idee der Zielsetzung der amerikanischen Revolution vor Augen halten, daß es letztlich im Föderalismus darum geht, daß wir die kleinen Demokratien durch eine übergeordnete Demokratie schützen können, dann müssen wir natürlich akzeptieren, daß sich Föderalismus, aber auch Gliedstaatlichkeit, mit reiner Souveränitätslehre letztlich kaum völlig erklären lassen. Und so meine ich, und damit möchte ich schließen, sollten wir uns auch vom Leitbild der amerikanischen Verfassungsväter tragen lassen, die ihre Arbeit dem folgenden Leitbild unterstellt haben: *„Let experience be our guide because reason might mislead us."* Ich danke Ihnen.

Vorsitzender: Vielen Dank Herr *Fleiner* für die Hinweise auf die Geschichte und die Erfahrungen des ältesten Bundesstaates, der in der Gegenwart noch existiert. Nun Herr *Doehring* und danach Herr *Partsch.*

Doehring: Es hat vor 25 Jahren eine Staatsrechtslehrertagung stattgefunden, bei der zu einem ähnlichen Thema einer unserer älteren Kollegen gesagt hat, für ihn seien im Grunde die Länder nur Verwaltungseinheiten. Kurz nach der Bemerkung ist er dann verstorben. – (Gelächter) – Aber damals schon stand dem entgegen, daß doch das Bundesverfassungsgericht gesagt hatte, die Länder seien Staaten, echte Staaten mit eigener und richtiger Eigenstaatlichkeit. Das waren die beiden extremen Positionen, vor denen man vor 25 Jahren auch schon stand. Wenn ich dann höre, daß wir hier von der Staatlichkeit der Länder sprechen, hat das immer wieder etwas Gequältes. Es gibt hier offenbar keine Evidenz, denn sonst müßten wir nicht immer wieder beweisen, die Länder haben doch Staatlichkeit; und immer wieder muß betont werden, warum sie diese haben. Offenbar ist das alles nicht selbstverständlich. Das macht nachdenklich, und vor allen Dingen auch hinsichtlich der Terminologie. Können wir denn wirklich sagen, Staatlichkeit des Bundes und Staatlichkeit der Länder sei die gleiche Staatlichkeit? Was ist denn die Staatlichkeit eigentlich? Ich komme auf das internationale Recht noch später in einer Bemerkung zu sprechen. Wenn es dann in den Leitsätzen von *Graf Vitzthum* heißt, Grundgesetz, Bundesverfassung und Landesverfassung seien jeweils „Teilverfassungen", kommt mir das merkwürdig vor, weil doch das Grundgesetz, wenn man so sagen darf, die Oberverfassung ist und sicherlich mehr Staatlichkeit beinhaltet – nach allen Seiten, nach innen und nach außen – als die Landesverfassungen, die dann vielleicht wirklich „Teilverfassungen" sind. Also, ich meine, man müßte den Begriff der Staatlichkeit zurechtrücken. Man kann nicht für die Kompetenzen der Länder und die Kompetenzen des Bundes den gleichen Begriff der Staatlichkeit verwenden. Das bringt schon terminologische Verwirrung. Denn es ist auch in der Sache nicht das Gleiche. Wir haben im Staat auch nicht nur an die Möglichkeit der Autonomiegewährung zu denken. Die Länder haben ihre Kompetenzen vom Grundgesetz erhalten, andere Träger von Rechten und Pflichten auch – bis hin zur Einzelperson im Hinblick auf die Grundrechte. Die Gemeinden haben „Staatlichkeit" als Zuständigkeit dort, wo ihnen nichts weiteres vorgeschrieben ist. Im Grunde also ist der Unterschied zu den Ländern bezüglich der Autonomie nur ein gradueller. Der einzelne Bürger ist mit seinen Grundrechten auch ausgegrenzt von der Staatsmacht und trotzdem wacht die Staatsmacht darüber, daß er sie nicht mißbraucht; sie können eingeschränkt werden, aber der Bürger hat doch erst einmal diese Freiheit, so wie die Länder ihre Kompetenzfreiheit auch innehaben. Wenn man das Ganze etwas abgerundet betrachtet, dann muß der Begriff der Staatlichkeit auch einmal von außen gesehen werden. Wir sind doch nicht so introvertiert, daß wir den Staat nur von innen sehen können. Wir haben, aus der Außensicht, die völkerrechtliche Aussage im Report über die *Responsibility of States,* daß die Subdivisions eines Staates für eigenes Unrecht nicht selbst haften, sondern der Gesamtstaat. Wenn ein Land der Bundesrepublik ein Völkerrechtsdelikt begeht, haftet selbstverständlich der Bund. Das ist die Staatlichkeit, die umfassende. Man kann auch nicht das Vermögen von Bayern auf irgendeiner französischen Bank beschlagnahmen, um Bayern haften zu lassen; man wird deutsches Vermögen beschlagnahmen. Und dann sieht es schon mit der „Staatlichkeit" der Länder ein wenig anders aus. Mich hat übrigens erstaunt, daß auf die Bundesexekution niemand eingegangen ist. Das Bundesrecht ist nach dem Grundgesetz mit Gewaltmitteln durchsetzbar. Diese Erwägung ist wohl für die „Staatlichkeit" auch nicht uninteressant. *Carl Schmitt* hat gesagt, für ihn sei überhaupt das Wesen der Staatlichkeit am *jus ad bellum* meßbar. Wer kann denn Krieg führen? Ein einzelnes Mitglied eines Bundesstaates kann nicht einmal einen selbständigen Verteidigungskrieg führen. Auch das war ein Kriterium für Staatlichkeit. Wir haben auch sonst noch Gebilde, denen Autonomie garantiert ist. Denken Sie an das Verhältnis von Staat und Kirche. *Ulrich Scheuner* hat immer die These betont, daß beide Partner seien, der Staat und die Kirche. Aber was bedeutet hier Partner, wenn einer den Bestand des anderen garantiert? Das Grundgesetz garantiert den Bestand der Kirchen. Ohne diese Garantie wären sie vielleicht gar nicht vorhanden. Das Grundgesetz garantiert den Bestand der Länder, und wenn ich die Kompetenzverteilung so sehe, ist das eine Art Delegation, auf die sich die Länder selbstverständlich berufen können. So wie sich das Individuum auf Grundrechte berufen kann, kann sich das Land auf seine Rechte gegenüber dem Bund berufen, aber die Bestandsgarantie kommt von oben. Aller Segen kommt von oben. Danke schön.

Partsch: *Graf Vitzthum* hat gesagt, Staatlichkeit hätten die Länder, soweit der Bund es ihnen erlaubte. Ich möchte dem die Gegenthese entgegenhalten: Staatlichkeit haben die Länder zunächst nur, wenn sie sie überhaupt wollen. Wie kann man denn von Staatlichkeit reden, wenn man das Bewußtsein, ein Staat zu sein, überhaupt beiseite läßt? Als die Landessatzung von Schleswig-Holstein verabschiedet wurde, hat der damalige Justizminister *Katz*, später Vizepräsident des Bundesverfassungsgerichts, gesagt: Ob das, was wir hier organisieren, ein Staat ist, diese Frage wollen wir den Professoren überlassen. Jedenfalls aber wollen wir durch unsere Terminologie in keiner Weise dieser Diskussion vorgreifen.

Ich lebe in einem Land, welches sehr zufällig entstanden ist. Das Gebiet von Rheinland-Pfalz war das Land mit den schlechten Kasernen, welches deswegen gut genug war, den Franzosen als Besatzungszone überlassen zu werden. Wenn ich heute in Ingelheim jemanden frage, in welchem Land er lebt, dann ist die selbstverständliche Antwort: „Mir sind Hesse", weil die Erinnerung an das Großherzogtum Hessen viel stärker ist als das Bewußtsein, in Rheinland-Pfalz zu leben. Ich will damit nicht behaupten, das Bewußtsein alleine schaffe schon die Staatlichkeit; denn das Bewußtsein kann vorhanden sein, und es kann dennoch verhindert werden, daß dieses Bewußtsein sich durchsetzt. Wir haben schon einige rechtsvergleichende Ausführungen gehört, aber ich möchte hier an ein Land anknüpfen, das uns viel näher liegt als Indien – gleich um die Ecke: die Tschechoslowakei ist ein Bundesstaat oder nennt sich so – einzige Frucht des Prager Frühlings. Die beiden Länder Tschechei und Slowakei haben keine Verfassung. Es ist auch dem vorgebeugt, daß die Slowaken einen eigenen Willen betätigen können, indem nämlich die slowakische kommunistische Partei den Weisungen der Zentralpartei der Tschechoslowakei unterworfen ist und indem die Mitglieder des Parteiausschusses der slowakischen kommunistischen Partei gleichzeitig Mitglieder des slowakischen Landesparlaments sind. Ist das ein Bundesstaat? *Graf Vitzthum* wird wahrscheinlich sagen: nein, obwohl es auf die rein formale Frage nach der Existenz einer Landesverfassung ja wohl nicht ankommen darf, sondern auf die Autonomie der Willensbildung. Beides muß zusammenkommen. Wo das Staatsbewußtsein fehlt, ist auch ein autonomes Gebilde kein Staat.

Vorsitzender: Vielen Dank, Herr *Partsch*. Ich weiß nicht, ob ein Rheinland-Pfälzer wegen des Quereinstiegs ein Bekenntnis zur Staatlichkeit von Rheinland-Pfalz ablegen will. Dies scheint nicht der Fall zu sein. Dann kommt Herr *Öhlinger*.

Öhlinger: Ich spreche primär zur Staatlichkeit der *österreichischen* Länder, möchte aber doch gewissermaßen mit dem genius loci beginnen und bitte Lokalhistoriker um Verzeihung. Als das Bistum Passau vor knapp 200 Jahren säkularisiert wurde, war es meines Wissens Wunsch der Passauer, zu Österreich zu kommen. Wäre das geschehen, so wäre Passau heute wahrscheinlich ein Land – ein selbständiges Land, wie es im Art. 2 unserer Bundesverfassung heißt – des Bundesstaates Österreich. Das kann ein wenig die mangelnde historische Substanz einer Staatlichkeit der österreichischen Bundesländer illustrieren. So wie wahrscheinlich manche von Ihnen die Idee eines „Staates" Passau etwas befremdlich finden, so würde wohl der Großteil der Österreicher die Idee eines „Staates" Salzburg, eines „Staates" Burgenland kaum verstehen. Das Bewußtsein einer Staatlichkeit ist in den österreichischen Ländern kaum vorhanden. Das läßt sich historisch belegen, etwa in Protokollen auch der Landtage aus den Jahren 1918/19. Damals lautete die zentrale Frage: Soll Österreich ein Bundesstaat oder ein Einheitsstaat werden? Einem Abgeordneten zum Salzburger Landtag schien die Idee eines Staates Salzburg so absurd, daß er sie geradezu als Argument gegen eine bundesstaatliche Verfassung benutzte. Die Staatlichkeit der österreichischen Länder ist ein Thema, das auch heute wohl nur im Kreise von Öffentlichrechtlern und rechtlich geschulten Landesfunktionären auf Verständnis stößt, aber den meisten Österreichern fremd ist.

Unser österreichischer Kollege *Funk* hatte es daher mit einem sehr schwierigen Thema zu tun. Pointiert zusammengefaßt, müßte man sagen: das Landesverfassungsrecht hat in Österreich nahezu keine Bedeutung. In diesem „nahezu" liegt die ganze Möglichkeit eines Referates über unser Thema aus österreichischer Sicht. Darum beneide ich Herrn *Funk* nicht. Wenn etwa der Eindruck entstanden sein sollte, daß sein Bericht sehr kritisch war und nicht der Realität des österreichischen Bundesstaates entsprach, so würde ich sagen: sein Bericht liegt eher einige Grade über dieser Realität, gewiß aber nicht unter dieser Realität.

Daß das Landesverfassungsrecht juristisch geringe Bedeutung hat, läßt sich auch statistisch belegen. Aus der immerhin bis zum Jahre 1920 zurückreichenden Geschichte der österreichischen Verfassungsgerichtsbarkeit, die eine gesamtstaatliche Verfassungsgerichtsbarkeit ist – der Verfassungsgerichtshof ist auch Verfassungsgericht jedes einzelnen Landes – erinnere ich mich ad hoc nur an drei Fälle, in denen eine Bestimmung des Landesverfassungsrechts entscheidungsrelevant war. Wenn man bedenkt, daß der Verfassungsgerichtshof schon seit längerer Zeit pro Jahr an die tausend Fälle zu entscheiden hat, ergeben diese drei Fälle nur einige Promillezahlen. Das ist die juristisch meßbare Bedeutung des Landesverfassungsrechts. Sie liegt, soweit sie gegeben ist, in Wahrheit auf einer anderen Ebene. Gerade die neuere Diskussion um die Reformen und Revisionen der Verfassungen der Länder hat gewiß zu einem gesteigerten Landesbewußtsein beigetragen. Doch auch hier sollten wir uns als Juristen keinen Illusionen hingeben. Die Wiltener Schützen sind für Tirol und der Stefansdom ist für

Wien sicher von ungleich größerer integrativer Wirkung als die jeweilige Landesverfassung. Trotzdem hat in diesem Punkt das Landesverfassungsrecht einige Bedeutung.

Wenn ich jetzt – das wurde uns ja vom Vorsitzenden erlaubt – einen Sprung zu III. machen darf: Die Länder klagen nun immer, daß ihre Verfassungsautonomie so eng begrenzt sei und daher die Bedeutung des Landesverfassungsrechts nicht größer sein könne. Das ist gewiß richtig. Herr *Funk* hat das treffend dargestellt. Die Schranken, die das Bundesverfassungsrecht den Landesverfassungen setzt, sind sehr groß, und bewirken etwa, das in verfassungsrechtlichen Streitigkeiten, die die materielle Verfassung eines Landes betreffen, viel öfter das Bundesverfassungsrecht als das jeweilige Landesverfassungsrecht entscheidungsrelevant ist. Doch etwas ist merkwürdig, und auch das hat Herr *Funk* schon erwähnt: Auch innerhalb dieses begrenzten Spielraums haben die Länder ihre Autonomie nicht voll genützt. Offenbar ist für Landespolitiker, auch für die Landesgesetzgeber, das Verfassungsrecht kein besonderes Anliegen. Etwa in der zentralen Frage des Verhältnisses von Parlament und Regierung haben die Länder regelmäßig nur die Neuerungen der Bundesverfassung nachvollzogen. Mir fällt jedenfalls kein Beispiel ein, wonach die Länder im Sinne eines Wettbewerbes moderne Vorstellungen zu diesem Thema gegen den Gehalt der Bundesverfassung eingebracht hätten. Auch die Beispiele der direkten Demokratie und des Briefwahlrechtes sind kein überzeugender Gegeneinwand. Auch in diesen Fällen ging es um Diskussionen, die auf Bundesebene initiiert wurden, dort aber parteipolitisch blockiert waren, so daß die Länder, je nach parteipolitischer Dominanz, das, was die jeweilige Partei auf Bundesebene nicht machen konnte, auf Landesebene versuchten. Aber der Anstoß kam von der Bundesebene.

Dennoch, das möchte ich noch sagen, sollte man daraus nicht den Schluß ziehen, der Föderalismus selbst habe in Österreich keine Bedeutung. Der Föderalismus ist hier eine zentrale, auch politisch zentrale, Größe. Er spielt sich nur merkwürdigerweise in der Realität außerhalb der Kategorien der klassischen Bundesstaatstheorie ab. So haben, um ein Beispiel zu nennen, die Landeshauptleute bedeutsame Positionen mit großem politischen Gewicht, das sie aus ihrer Stellung in den Ländern heraus gewinnen. Das sollte – und das ist ein Appell an mich und meine österreichischen Kollegen – Anlaß zum Überdenken geben, inwieweit man den österreichischen Bundesstaat nicht besser in anderen als den traditionellen Kategorien der klassischen Bundesstaatslehre zu begreifen hat, um seiner Realität gerecht zu werden.

Vorsitzender: Vielen Dank. Nun hat Herr *Grimm* das Wort.

Grimm: Meine Damen und Herren, ich melde mich mit einer kurzen Intervention zu Wort, weil ich befürchte, daß wir die Problematik in einem verkürzten Rahmen diskutieren. Als die Frage nach der Bedeutung der gliedstaatlichen Verfassungen zum Tagungsthema gemacht wurde, war sicherlich primär an ihre juristische Bedeutung gedacht, und fast nur von der juristischen Bedeutung ist in den Referaten und der bisherigen Diskussion die Rede gewesen. Dabei scheint mir aber aus dem Blickfeld zu geraten, daß die juristische Bedeutung von einem außerjuristischen Kontext abhängt, der das Anwendungsfeld und die Entfaltungsmöglichkeiten der Landesverfassungen begrenzt. Dieser außerjuristische Rahmen wird hauptsächlich durch das reale Substrat gezogen, das der Föderalismus heute noch vorfindet. Die Frage danach habe ich in den meisten Referaten und Diskussionsbeiträgen vermißt. Wenn man sie stellt, wird sich zeigen, daß viel mehr als das Vorgetragene von den Landesverfassungen überhaupt nicht zu erwarten ist. Ich will drei Bedingungen nennen, die sich bedeutungsmindernd auswirken. Sie sind an sich jedermann bekannt. Die erste resultiert aus der Problemstruktur und betrifft alle föderalen Staaten mittleren oder kleinen Zuschnitts. Zahlreiche Staatsaufgaben, darunter gerade die modernen wohlfahrtsstaatlichen, sind mittlerweile so beschaffen, daß sie sich in dem kleinräumigen regionalen Rahmen, ja, oft sogar im nationalstaatlichen Rahmen nicht mehr wirksam lösen lassen. Sie wandern dann formell oder informell aus der Zuständigkeit der Gliedstaaten und damit auch aus dem Zugriff der gliedstaatlichen Verfassungen ab. Die beiden anderen Bedingungen treffen zwar nicht für jeden Födealstaat, wohl aber für die Bundesrepublik Deutschland zu. In der Bundesrepublik sind die historischen, ethnischen, kulturellen, religiösen Wurzeln des Föderalismus durch die Folgen des Krieges und die Folgen einer mobilen Industriegesellschaft größtenteils zerstört. Dadurch schwindet aber das natürliche Bedürfnis nach Ausbildung und Wahrung von Verschiedenheit und also die soziale Basis eines kraftvollen Landesverfassungsrechts. Gegenläufige Tendenzen, die in jüngerer Zeit auftauchen und wieder die kleine selbstgenügsame Einheit begünstigen, sind nach meinem Eindruck weder regional radiziert noch politisch motiviert und werden daher kaum der Bedeutung der Landesverfassungen aufhelfen. Drittens überlagert in der Bundesrepublik, aber auch in Österreich, die Parteistruktur den Föderalismus; Parteiloyalitäten sind wirksamer als regionale Eigenständigkeiten. Auch dadurch büßen die Landesverfassungen ohne irgendeine Änderung ihres Normenbestands an realer Bedeutung ein. Erst wenn man diese Bedingungen berücksichtigt, kann man sich ein zutreffendes Bild über die rechtliche Bedeutung von Landesverfassungen und ihr Entwicklungspotential verschaffen. Es wird, wie ich annehme, kein allzu optimistisches.

Vorsitzender: Herr *Selmer* muß leider noch warten. Es hat sich Herr *Maurer* zu Wort gemeldet, noch zum Punkt I, und Herr *Vitzthum* möchte auch noch kurz Stellung nehmen. Dann beginnen wir mit der zweiten Runde.

H. P. Ipsen: Ich würde gern unmittelbar hieran anschließen.

Vorsitzender: Bitte, Herr *Ipsen*.

H. P. Ipsen: Meine Bemerkung gehört zum Anfang von II, zumal das von Herrn *Grimm* hervorgehobene Element unter 3) nicht zur Geltung kommt.

Ich vermisse in den Referaten, die von einer gewissen normativen „Sterilität" bestimmt sind, eine Verdeutlichung der Tatsache, daß unser Staat ein Parteienstaat ist und in allen Beziehungen von Parteienstaatlichkeit beherrscht wird. Als allenfalls „gehobener Positivist", als den ich mich einschätze, steht mir zur empfehlenswerten Methode kaum zu, in unserem Kreis auch politologisch zu argumentieren. Aber hier war und ist es nötig. Denn für die Unterschiedlichkeit der Landesverfassungen erscheint mir wesentlich, ihre parteipolitischen Strukturierungen, auch ihre Wahlrechts- und Regierungssysteme, ihre Teilhabe an der Willensbildung im Bundesrat zu beachten. Wenn es danach etwa in Schleswig-Holstein möglich ist, daß das Verhalten eines einzigen Minderheiten-Abgeordneten die dortige Regierungsbildung und damit die entscheidende Mehrheitsbildung im Bundesrat verändert, kann diese etwaige Auswirkung der Parteienstruktur nicht unbeachtet bleiben – wobei ich offen lasse, ob ein solcher Abgeordneter sich nicht nur wegen des politischen Taktes, sondern aus einer Verfassungspflicht heraus solcher etwaigen Einflußnahmen auf die Bundespolitik enthalten sollte.

Im übrigen bewirken Einflußmöglichkeiten von im Bund führenden Parteipolitikern auf die Landespolitik, die sie über die jeweiligen Landesvorsitzenden wahrnehmen (wenn sie dies nicht selbst sind, wie wiederum in Schleswig-Holstein), daß die Landespolitik auch von oben und außen gesteuert werden kann. Wenn alljährlich mehrere Landtagswahlen stattfinden, können solche Einflüsse sich vielfach personalpolitisch und in Fragen der Koalitionsbildung mit Rücksicht auf die bundespolitische Situation auswirken.

Derartige Erscheinungen in ihrer Bedeutung für die landespolitischen Lagen sind in den Referaten nicht zur Sprache gekommen.

Vorsitzender: Meine Damen und Herren, man versucht, mir zu signalisieren durch Blickkontakt, daß man jetzt und genau zu diesem Zeitpunkt etwas zu sagen habe, aber ich glaube, wir sollten bei der

Ordnung bleiben, wie sie nun einmal vermerkt ist. Sie kommen alle dran. Es scheint so zu sein, daß wir jetzt wirklich den Kern der Sache betrachten. Nun zunächst Herr *Maurer.*

Maurer: Es ist mehrfach die Frage gestellt worden, ob die Bundesländer Staaten sind oder nicht. Das hängt davon ab, was man überhaupt unter einem Staat versteht. Das Problem ist, daß wir erhebliche Schwierigkeiten haben, den „Staat" zu bestimmen. Wir stehen im Staatsrecht vor der gleichen crux wie im Verwaltungsrecht. Wir haben zwar ein ausgefeiltes Verwaltungsrecht, kommen aber in Verlegenheit, wenn es darum geht, den Gegenstand des Verwaltungsrechts, die Verwaltung, zu definieren. Ähnlich liegt es offenbar im Staatsrecht.

Es gibt bekanntlich eine Reihe von Kriterien, die in der Diskussion um den Staatsbegriff angeführt werden, etwa die Souveränität, die Staatsgewalt, die Integration, das Staatsbewußtsein, die Rechtsordnung usw. Sie ermöglichen jedoch allenfalls Annäherungen, keine exakte Bestimmung des Staates. Herr *Schmid* hat zu Recht betont, daß die Souveränität heute nicht mehr geeignet ist, die Staatlichkeit festzumachen; sie ist in unserer Staatenwelt mit vielfältigen internationalen Verpflichtungen und Abhängigkeiten mehr als fraglich, jedenfalls nicht mehr im traditionellen Sinne zur begrifflichen Abgrenzung einsetzbar. Aber selbst wenn man sich über einen Begriff des Staates verständigen könnte, bliebe zweifelhaft, ob er im konkreten Fall weiterhilft und zu einer überzeugenden Lösung führt.

Die andere Methode ist, daß man nicht deduktiv, sondern induktiv vorgeht, daß man auf die Feststellung eines vorgegebenen Staatsbegriffs verzichtet und statt dessen bestimmte, für den Staat typische Merkmale entwickelt. An diesen Merkmalen wäre dann zu prüfen, ob den Ländern der Charakter von Staaten zukommt. Ein wesentliches Merkmal ist m.E. die Gesetzgebung. Gerade in dieser Hinsicht bleibt den Ländern jedoch wenig. Die Gesetzgebungskompetenzen der Länder waren schon von Anfang an eng begrenzt. Sie sind im Laufe der Zeit durch die Praxis und durch Verfassungsänderungen noch weiter eingeengt worden. Die korrespondierende Erweiterung der Zustimmungsbefugnis des Bundesrates bringt keinen vollen Ausgleich. Zudem sind die Gewinner nicht die Landesparlamente, sondern die Landesregierungen, und auch sie nicht durchweg, sondern wegen des im Bundesrat herrschenden Majoritätsprinzips nur ihre (jeweilige) Mehrheit. Eine Mittellösung scheint die Rahmengesetzgebung des Bundes zu eröffnen, die ebenfalls, vor allem im Bereich des Umweltschutzes, ausgedehnt worden ist, da sie die Gesetzgebung auf Bund und Länder verteilt. Bei näherer Betrachtung zeigt sich jedoch, daß auch insoweit die Länder im Hintertreffen sind. Wenn der Bund ein Rahmengesetz erläßt, dann bedeutet das, daß er die politische Konzeption entwickelt und damit die eigentlichen gesetzgeberischen Entscheidungen trifft. Der Landesgesetzgeber kann nur noch ausfüllende Detailregelungen erlassen, nicht viel anders als der Rechtsverordnungsgeber, der gesetzlich zum Erlaß von Ausführungsbestimmungen ermächtigt wird.

Aber selbst dort, wo der Bundesgesetzgeber nicht eingreifen darf und auch nicht eingreift, kommt es zu Beschränkungen des Landesgesetzgebers. Das Staatskirchenrecht, das unbestritten eine Domäne der Länder ist, wird zwar nicht durch den Bundesgesetzgeber, aber durch die Rechtsprechung des Bundesverfassungsgerichts weitgehend determiniert. Das Bundesverfassungsgericht hat in einer Reihe von Judikaten aufgrund der Art. 4 GG und Art. 140 GG in Verbindung mit Art. 137 WRV die Grundlinien des Staatskirchenrechts ausgezogen und zahlreiche staatskirchenrechtliche Einzelfragen entschieden. Die Landesgesetze und die landesgesetzlich sanktionierten Staatskirchenverträge spielen gegenüber der dominierenden Rechtsprechung des Bundesverfassungsgerichts nur eine untergeordnete Rolle.

Die Gesetzgebung ist freilich nur *ein* Aspekt unter anderen. Die Entwicklung drängt auf eine bundeseinheitliche und damit bundesrechtliche Regelung. Es sei nur auf das Staatshaftungsrecht verwiesen, das allerdings derzeit rechtlich nicht vom Bund und tatsächlich nicht von den Ländern, also überhaupt nicht geregelt werden kann. In anderen Bereichen, vor allem im Bereich der Exekutive, zeigen sich dagegen wieder mehr „staatskonstituierende" Momente. Andererseits fragt es sich, ob der Bund alle Essentialia der Staatlichkeit erfüllt. Vieles spricht dafür, daß beide – Bund und Länder – zusammen den „Staat" ausmachen.

Vorsitzender: Vielen Dank. Nun hat *Graf Vitzthum* das Wort.

Graf Vitzthum: Ein Zwischenruf nur zu den Stellungnahmen der Herren *Ipsen* und *Grimm.* Ohne mich als Meister der Realanalyse aufspielen zu wollen – – es ist überaus wichtig, daß wir bei unserer jetzigen Debatte von vornherein die Realität, das heutige Sein des Bundesstaats ganz ins Auge fassen; ich habe einiges dazu im Referat bereits anzudeuten versucht. Meines Erachtens ist die Welle, die scheinbar eindeutig, dauerhaft und irreversibel immer nur in Richtung auf größere Einheitlichkeit und stärkere Unitarisierung läuft, an ein Ende, ja bereits ans Kippen gekommen ist. Dadurch, daß Fragen des Vollzugs wie der Kultur, der Ausbildung, der regionalen Wirtschaftsstruktur usw. so wichtig geworden sind, befinden wir uns mittlerweile in einer Bewegung, in der differenzierteres, stärker regionalbezogenes staatliches Agieren und Regieren wesentlich wird. Differenzierung, Nähe, Eigenständigkeit – – dies alles erhält nun einen positiveren Akzent. Wir müssen diesen neuen empirischen Befund in unserer Debatte über die verfassungsrechtliche Funktion und Legitimation des Föderalismus stärker berücksichtigen.

Vorsitzender: Vielen Dank, *Graf Vitzthum.* Nun Herr *Selmer.*

Selmer: Ich bin noch nicht sicher, ob der Beitrag von Herrn *Ipsen* eine Hamburgensie war, eine halbe vielleicht. Mein Beitrag ist gewiß eine. Sie knüpft an *Graf Vitzthum* an – an Ihre These 4.5. Im Verlaufe dieser These haben Sie auch den Satz aufgestellt, es gäbe keinen Grundsatz landesverfassungsfreundlicher Auslegung von Bundesrecht. Das ist gewiß richtig. Es gibt andererseits aber wohl auch keinen allgemeinen Grundsatz bundesfreundlicher oder bundesrechtskonformer Auslegung, Ausfüllung oder gar Modifizierung des Landesverfassungsrechts. Ein Gegenbeispiel, daß man die Sache auch anders sehen kann, hat leider vor einiger Zeit das Hamburgische Verfassungsgericht geliefert und damit zugleich den Beweis dafür angetreten, daß das Landesverfassungsrecht gelegentlich gegen seine eigenen Freunde geschützt werden muß. Das Hamburgische Verfassungsgericht hat es unternommen, den Grundsatz des bundesfreundlichen Verhaltens zur Aushebelung des Landesverfassungsrechts (Art. 72 I HVerf.) heranzuziehen. Es ging dort um die Einführung des Nettokreditprinzips anstelle des in Hamburg in der Verfassung verankerten Bruttoprinzips durch einfaches Hamburgisches Haushaltsrecht. Das Haushaltsgrundsätzegesetz (§ 12 I 2) stellt in das Ermessen des einfachen Gesetzgebers, welches Prinzip einzuführen ist – das Bruttoprinzip oder das Nettoprinzip. Das Hamburgische Verfassungsgericht registrierte das wohl, registrierte und anerkannte auch, daß die Hamburgische Verfassungsrechtslage damit eine nach Bundesrecht an sich mögliche Entscheidung getroffen hat. Gleichwohl stellte sich das Gericht auf den Standpunkt, mit Hilfe des Grundsatzes bundesfreundlichen Verhaltens sei die entsprechende Vorschrift der Hamburgischen Verfassung im Sinne der Offenheit gegenüber dem Nettoprinzip auszulegen; damit sei dem einfachen Hamburgischen Gesetzgeber das Recht eingeräumt, das Nettoprinzip einzuführen. Ich halte das auch nach nochmaliger Überlegung für unrichtig, zugleich für ein Beispiel dafür, was man mit dem Grundsatz bundesfreundlichen Verhaltens nicht machen sollte. Es ist hinzuzufügen, daß das einzige Mitglied des Hamburgischen Verfassungsgerichts, das unserer Vereinigung angehört, diese Auffassung nicht geteilt hat. Herr *Bettermann* hat sich vielmehr auf Art. 31 zurückgezogen und ist den immerhin vertretbaren, wenn auch angesichts der Entstehungsgeschichte des § 12 I 2 HGrG zweifelhaften Weg gegangen, mit Hilfe dieser Bestimmung das Ergebnis ohne den Schnörkel des bundesfreundlichen Verhaltens zu begründen.

Vorsitzender: Vielen Dank, Herr *Selmer*. Jetzt Herr *Kisker*.

Kisker: Herr Vorsitzender, meine Herren, die Begriffe „Staatlichkeit" und „Souveränität", wenn bezogen auf die Länder, sind bundesstaatspolitische Kampfbegriffe. Das wird deutlich, wenn man die Diskussion um „Souveränität" und „Staatlichkeit" der Glieder eines Bundesstaates in ihrem politisch historischen Kontext sieht. Dies gilt sowohl für die US-amerikanische Debatte in Philadelphia und später wie für die deutsche Diskussion vor und nach der Reichsgründung von 1870. – Die Anerkennung von Länderstaatlichkeit hatte politisch wohl auch eine Beschwichtigungsfunktion. Die depossedierte Fürstenherrlichkeit wurde mit einem Charaktermajor abgefunden. Das ging nur, so hat es *Paul Laband* gemacht, wenn man im Staatsbegriff das nun wirklich nicht auf die Länder passende Erfordernis der Souveränität (im völkerrechtlichen Sinne) durch das geheimnisvolle Kriterium der Originarität ersetzte. Ich warne davor, diese Debatte losgelöst von ihrem politischen Hintergrund erneut zu führen. Wer sich intensiver mit der Problematik befaßt hat, weiß, daß dabei nicht mehr herauskommt als unendliche Variationen von Begriffsspielereien.

Nun zu unserem Thema: „Bedeutung gliedstaatlicher Verfassungen heute". Die Referenten, insbesondere aber auch Herr *Isensee* haben letztlich gezeigt, daß es mit dieser Bedeutung nicht so sonderlich weit her ist. Für denjenigen, der Verfassungsautonomie für etwas hält, was wesentlich zu „der Staatlichkeit" der Länder gehört, klingt das erschreckend und läßt für die Vitalität der Länder und damit der bundesstaatlichen Ordnung fürchten. Dem möchte ich widersprechen. Letzten Endes kommt es doch nicht darauf an, ob die Länder speziell über Verfassungsautonomie im großen Stil verfügen, sondern darauf, wieviel Spielraum ihnen die bundesstaatliche Ordnung insgesamt zur autonomen Gestaltung beläßt. Ob die Länder diesen Spielraum mit Verfassungsnormen oder durch einfaches Gesetz ausfüllen, ist für ihre Vitalität als Glieder des Bundesstaates ziemlich belanglos. Ein funktionsfähiges bundesstaatliches System mit lebenskräftigen, selbstbewußten Ländern wäre theoretisch durchaus auch ohne Verfassungsautonomie der Länder denkbar: Wenn die Bundesverfassung den Ländern etwa aus Gründen bundesstaatlicher Homogenität ihre Verfassungsordnungen vorgeben sollte, bedeutet das ja noch keineswegs, daß sie die Länder generell in die Zwangsjacke bundesstaatlicher Vorgaben steckt. Sie könnte ihnen durchaus die Verfassungsautonomie nehmen, ihnen zugleich aber viel umfassendere Gesetzgebungskompetenzen belassen als dies heute in der Bundesrepublik Deutschland geschieht.

Danach wäre es also ganz abwegig, die auf den ersten Blick hin etwas betrüblichen Antworten auf unsere Frage nach der Bedeutung gliedstaatlicher Verfassung als Hinweis auf ein Demontieren bundesstaatlicher Prinzipien zu werten. Derartige Demontagegefahren drohen aus anderer Richtung.

Nun zu Herrn *Ipsens* Forderung, intensiver die tatsächlichen Voraussetzungen für das Funktionieren einer bundesstaatlichen Ordnung, speziell selbständiger Landesordnungen zu erforschen. Für die Bundesrepublik Deutschland gibt es keine umfassende und systematische Untersuchung, welche z.B. die Potenzen vergleichend analysiert, welche die Länder ins Spiel bringen können oder verläßlich ermittelt, inwieweit sich die Bürger mit jeweils ihrem Land identifizieren („Landesstaatsbewußtsein"). *D. J. Elazar* hat diese Frage für die US-amerikanischen Einzelstaaten in sehr anregender Weise untersucht. – Es fehlt bei uns auch an einem umfassend begründeten verwaltungswissenschaftlichen Versuch zu klären, was man (um der Entmachtung der Länder entgegenzuwirken) den Ländern an zusätzlichen Kompetenzen überlassen könnte und was ihnen umgekehrt früher oder später um der Funktionsfähigkeit des Gesamtverbandes willen wird entzogen werden müssen. – Angesichts solcher Defizite stimme ich also Herrn *Ipsen* zu: Wir müssen uns um die tatsächlichen Voraussetzungen für das Funktionieren unserer bundesstaatlichen Ordnung intensiver kümmern, auch wenn dies uns Staatsrechtler im Ergebnis dazu zwingen sollte, diese oder jene liebgewonnene, tradierte Denkfigur beiseitezulegen.

In diesen Zusammenhang gehört auch die, wenn ich das richtig verstanden habe, von Herrn *Grimm* vorgetragene These, in einer modernen Industriegesellschaft wie der unsrigen sei der Trend hin zu mehr Unitarisierung unausweichlich. Das kann wohl so eindeutig nicht sein: In der Schweiz gibt es doch eine moderne Industriegesellschaft und trotzdem leistet man sich dort (prinzipiell unangefochten) eine gliedstaatliche Selbständigkeit, die über die Selbständigkeit unserer Bundesländer weit hinausgeht. Auch was diese sehr wichtige Problematik angeht, müßten wir endlich einmal über das ständige Wiederholen sozialwissenschaftlich nicht abgesicherter Thesen hinauskommen.

Ähnlich ist es mit der von Herrn *Ipsen* ausdrücklich angesprochenen Problematik des „Parteienbundesstaates". Wenn man mit diesem Schlagwort einen Bundesstaat meint, der faktisch von zentralistisch organisierten politischen Parteien gesteuert wird, so meine ich: das gibt es in der Bundesrepublik Deutschland nicht. Man darf sich die politischen Parteien nicht als wirklich straff organisierte Blöcke vorstellen, die bundesweit einheitlich auf das Kommando einer Parteizentrale reagieren. Daß dies bei den Unionsparteien (CDU/CSU) nicht klappt, haben wir ja in jüngster Zeit immer wieder den Nachrichten entnehmen können. Aber auch innerhalb der SPD gibt es sehr gewichtige regionale Varianten; so etwa in Hessen den „linken" Bezirksverband Hessen-Süd einerseits und den eher „gemäßigten" Bezirksverband Hessen-Nord andererseits. – Diese Vielfalt hat ihren Grund auch in der bundesstaatlichen Ordnung. Insoweit kann man von einer Föderalisierung der politischen Parteien sprechen. Es ist also nicht nur so, daß die Bundeszentralen der politischen Parteien in der Regel unitarisch orientiert sind, sondern zugleich bewirkt die föderalistische Organisation des Staates und die an sie angelehnte quasi-föderalistische Organisation der politischen Parteien eine beträchtliche Entmachtung der Parteizentralen. Das ist ein m.E. durchaus positiv zu wertender Prozeß, der die These, in der Bundesrepublik Deutschland werde die föderalistische Vielfalt von unitarisch orientierten Parteien überformt, doch erheblich einschränkt.

Das alles scheinen mir Fragen zu sein, deren Beantwortung für die Erhaltung einer lebensfähigen bundesstaatlichen Ordnung wesentlich bedeutsamer ist, als die Bewahrung einer schon begrifflich fragwürdigen „Landesstaatlichkeit" oder gar „Landessouveränität", ja sogar wichtiger als die Erhaltung und der Ausbau von Landesverfassungsautonomie.

Vorsitzender: Vielen Dank, Herr *Kisker.* In dem Thema steckte offenbar eine gewisse Zweideutigkeit, weil zwar primär von der Bedeutung des Landesverfassungsrechts die Rede, gleichzeitig damit aber auch der Status der Länder selbst angesprochen ist. Somit bewegt sich das Thema zwischen diesen beiden Polen etwa in der Mitte. Nun Herr *Stern,* bitte.

Stern: Versucht man, Gemeinsames aus den drei Referaten herauszusuchen, so hatte ich den Eindruck, daß wiederum die Grundhaltung überwog, die Landesverfassung und die Landesstaatlichkeit, um beide zusammen zu nehmen, aus ihrem Schattendasein herauszuführen, gewissermaßen die Renaissance, die von einigen von uns bereits mit Büchern und Aufsätzen eingeleitet worden ist, fortzusetzen. Allerdings glaube ich, daß vor allen Dingen in der Diskussion jetzt doch einiges Wasser in diesen Wein geschüttet wurde. Hier möchte ich einige Gegenpositionen setzen; die gute Regie des Vorsitzenden hat mich vielleicht auch deshalb gerade jetzt aufgerufen.

Natürlich ist es wichtig, wenn gefragt wird: Wo ist denn das Staatsbewußtsein in den Ländern? Ich stelle die Frage etwas anders gewendet: Haben die Länder noch politische *Eigenständigkeit,* haben sie insonderheit die Möglichkeit, verfassungsrechtlich leistungsfähig zu sein? *Graf Vitzthum* und die anderen Referenten haben mit Recht aufgezeigt, daß beides eingebettet ist in die Bundesverfassung und für die Bundesrepublik Deutschland dazu noch in die supra-nationale Gemeinschaft. Wenn man nun das *Popitz*'sche Gesetz der Anziehungskraft des größeren „Etats" heranzieht, dann ist selbstverständlich die

Diagnose richtig, daß die Bundesverfassung in allen drei Ländern einen Sog auch zur Auszehrung der Landesverfassungen ausgeübt hat. Aber dennoch meine ich, daß skeptische Untertöne aus dieser mehr von oben herrührenden Betrachtung nicht angebracht sind, wenn man die Dinge auch einmal von unten, also von den Gliedstaaten her, betrachtet und fragt: Gibt es nicht doch noch einen spezifisch eigenen Rechtswert der gliedstaatlichen Verfassungen? Daß dieser für die einzelnen Bundesstaaten unterschiedlich ist, liegt einmal an den Grundbefindlichkeiten der drei hier behandelten Länder, aber im Rahmen der Bundesrepublik Deutschland selbstverständlich auch der einzelnen Bundesländer selbst. Wer an den Universitäten von drei deutschen Bundesländern gewirkt hat wie ich – in Bayern, Berlin und Nordrhein-Westfalen –, hat natürlich sehr rasch gespürt, daß hier wesentliche Unterschiede in der Staatskraft bestehen. Stellt man also die Frage, was läßt sich vom gliedstaatlichen Verfassungsrecht als verfassungsrechtliche Kraftfelder aufrechterhalten, dann meine ich, daß von daher, – und das erinnert an das, was der Vorsitzende gesagt hat, es sollte das Thema auch etwas verfassungstheoretisch betrachtet werden – Gewichtungen, Potentiale und Spannungslagen der gliedstaatlichen Verfassungen in sehr unterschiedlicher Weise auftreten.

Zunächst einmal ist es ganz selbstverständlich, daß die Landesverfassungen die Ausformung der Organisation der Eigenstaatlichkeit der Länder vorzunehmen haben. Ich stimme *Graf Vitzthum* zu, daß Art. 28 I GG nur geringe Schranken zieht; andere Bestimmungen der Bundesverfassung sind in ihren Einwirkungen auch nicht so stark, daß die Länder nicht doch erhebliche Eigenstaatlichkeit entwickeln können.

Das Zweite ist die *Vorbild- und Vorreiterfunktion,* die einige Landesverfassungen gehabt haben. Das gilt natürlich vor allen Dingen für diejenigen, die bis 1949 ergangen sind. Viele Formulierungen sind aus diesen – besonders im Grundrechtsteil, aber auch anderswo – in das Grundgesetz eingegangen. Gleiches gilt auch, und nicht zuletzt in wichtigen Fällen, für die Rechtsprechung der Landesverfassungsgerichte, die das Bundesverfassungsgericht zumindest im ersten Jahrzehnt deutlich beeinflußt haben. Möglicherweise spielt jetzt auch das Umweltschutzstaatsziel, über das in Kürze von Bundes wegen entschieden werden soll, das in einigen Landesverfassungen bereits enthalten ist, eine Rolle.

Drittens kann man die *Komplementärfunktion* herausstellen, die im Bereich von Kultur, Erziehung, Bildung und Schule von Bedeutung ist. In diesen Bereichen ist immerhin in den Ländern auch einiges geschehen. So haben sich in Hessen Eltern und Schüler auf die entsprechenden Artikel der Landesverfassung berufen und aus ihnen für sie Günstiges herausgeholt. Nichts anderes gilt für die Privatschulen in

Nordrhein-Westfalen. Auch hier wurden die entsprechenden Artikel aktiviert; wer sie etwas genauer durchliest, der wird alsbald die Frage stellen müssen: Wie sieht es denn in der Praxis des Schulwesens aus im Verhältnis zu den einschlägigen Bestimmungen der Landesverfassungen? Auch hier ist also noch landesverfassungsrechtlich entwicklungsfähiges Potential vorhanden.

Schließlich ist auch eine gewisse *Konkurrenzfunktion* zwischen Bundes- und Landesverfassungen zu beachten. Ich habe gerade beispielhaft das Umweltschutzstaatsziel erwähnt, aber auch gewisse Grundrechte sind zu nennen. Art. 4 I der Landesverfassung NW hat ebenso wie die baden-württembergische Verfassung die Grundrechte des Grundgesetzes rezipiert. Was bedeutet dies? Sind das jetzt Grundrechte des Landes? Wie steht es, wenn Grundrechte übereinstimmen, wenn neue Grundrechte hinzukommen – etwa in Nordrhein-Westfalen das Grundrecht des Datenschutzes, Art. 4 II – im Verhältnis zur Grundrechtsrechtsprechung des Bundesverfassungsgerichts, etwa zum Urteil über das informationelle Selbstbestimmungsrecht? Eine Reihe offener Fragen, bei denen Art. 31, 142 GG – jedenfalls in meinen Augen – so einfach die Antwort nicht geben, sondern eine Reihe schwieriger Probleme aufwerfen. Oder wie steht es mit der Kollisionslage bei den Sozialisierungsgrundrechten, die in einzelnen Landesverfassungen enthalten sind, und verschiedenen anderen mit der Bundesverfassung in Widerspruch stehenden Grundrechten? Wie ist es mit den noch offenen Fragen des Staatskirchenrechts?

Der Bereich der *Landesverfassungsgerichtsbarkeit* darf nicht unerwähnt bleiben: Natürlich ist die Landesverfassungsgerichtsbarkeit in den Sog der Verfassungsgerichtsbarkeit des Bundes geraten. Möglicherweise spielt hier der Art. 100 III GG eine gewisse einschränkende Rolle, der freilich auch anders ausgedeutet werden kann. Ich habe einen diesbezüglichen Versuch an anderer Stelle unternommen. Meine dezidierte Zustimmung gilt der Bemerkung von *Graf Vitzthum,* ohne eine Verfassungsbeschwerde zu den Landesverfassungsgerichten ist eine Effektuierung der Landesgrundrechte nicht groß, jedenfalls nicht zureichend. Das sieht man an Bayern und Hessen auf der einen Seite und anderen Ländern, etwa Nordrhein-Westfalen, auf der anderen Seite. Der Art. 4 II der Landesverfassung NW mit dem Datenschutzgrundrecht ist gewiß das wichtigste Beispiel dafür, daß der Bevölkerung durch eine Verfassungsvorschrift etwas gewährt wird, etwas gewährt werden sollte, aber wenn es dann an die Umsetzung geht, nutzt diese Verfassungsvorschrift im verfassungsgerichtlichen Verfahren herzlich wenig. Vielen Dank.

Vorsitzender: Herzlichen Dank. Herr *Bachof,* bitte.

Bachof: *Graf Vitzthum,* Sie haben in Ihrem Leitsatz 4.6 geäußert, die starke Anlehnung der Landesverfassungsgerichte an die Rechtsprechung des Bundesverfassungsgerichts sei nicht unabdingbar. Ich möchte die Gegenthese aufstellen: Sie ist unabdingbar. Sie haben sicher recht, wenn Sie die Dinge allein unter dem Aspekt des Verfassungs*rechts* betrachten. Aber wenn wir, was auch Herr *Grimm* getan hat, die Dinge im Blick auf die Verfassungs*wirklichkeit* betrachten, so sieht das anders aus. Herr *Stern* hat recht, daß die Rechtsprechung des Bundesverfassungsgerichts anfangs sehr stark von derjenigen der zum Teil älteren Landesverfassungsgerichte beeinflußt war. Aber das Verhältnis hat sich seitdem zunehmend umgekehrt. Ich habe das in den 27 Jahren als Landesverfassungsrichter beobachtet, nicht ohne lebhaftes Bedauern. Zwar gibt es zahlreiche Materien, in denen eine Konkurrenz zwischen Bundesverfassungsgericht und Landesverfassungsgerichten kaum auftaucht. Hier bleibt die Bedeutung des Landesverfassungsgerichtes bestehen, denken Sie an das Polizeirecht, das Schulrecht, das Hochschulrecht, vor allem aber an das Gemeindeverfassungsrecht, für welches die Rechtsprechung des Landesverfassungsgerichts von größter Bedeutung wurde, wie wir bei der Kommunalreform gesehen haben. Aber bei allen vor die Landesverfassungsgerichte gebrachten Fragen, mit denen sich schon, unmittelbar oder mittelbar, das Bundesverfassungsgericht befaßt hatte, zeigten die Landesgerichte eine ausgesprochene Scheu, davon abzuweichen. Ja, selbst auf solchen Gebieten wie etwa der Regierungsbildung, dem Wahlrecht, dem Untersuchungsausschußrecht, wo das Grundgesetz nicht einmal mit der betreffenden Landesverfassung übereinstimmende, sondern nur mehr oder minder ähnliche Regelungen enthält: Selbst dort hat man eher versucht, die Ähnlichkeiten als die Verschiedenheiten herauszufinden, damit man sich dem Bundesverfassungsgericht anschließen konnte. Diese Tendenz hat freilich gewichtige Gründe, weshalb ich meine, daß sie auch in Zukunft nicht anders verlaufen wird.

Solch ein Grund sind vor allem die vergleichsweise geringen Kompetenzen der Landesverfassungsgerichte (günstiger steht es damit in Bayern und z.T. auch in Hessen). Die meisten Länder kennen keine Verfassungsbeschwerde, und auch sonst sind die Kompetenzen der Landesverfassungsgerichte insgesamt relativ gering. Ein Gericht, das wegen seiner wenigen Zuständigkeiten nur selten zusammentritt, wird schwerlich zu einer kontinuierlichen und in sich geschlossenen Rechtsprechung gelangen.

Mit den geringen Kompetenzen und dem damit auch relativ geringen politischen Gewicht der Landesverfassungsgerichte hängen Mängel ihrer Besetzung zusammen. Jedenfalls gilt das für Baden-Württemberg; in anderen Bundesländern mit anderen gesetzlichen Regelungen mag das anders sein. In unserem Bundesland jedenfalls kann man sich des Eindrucks nicht erwehren, als wenn die Besetzung für den Landtag als Kreationsorgan mitunter fast eine quantité négligeable sei. Der Gesichtspunkt fachlicher Befähigung ist mit den Jahren zunehmend hinter politische Erwägungen zurückgetreten. Als ich, 1958, erstmals in den Staatsgerichtshof gewählt wurde, wußte und fragte niemand, ob ich Mitglied oder Sympathisant einer Partei sei, und ggf. welcher. Inzwischen ist das anders geworden. Jetzt hat jede Partei ein bestimmtes „Kontingent" an Richtersitzen, und Fragen der (tatsächlichen oder vermuteten) politischen „Richtung" der zu Wählenden sind durchaus relevant geworden. Auch Prestigegesichtspunkte spielen eine Rolle für die Wahl. Wir haben eine Dreiteilung der Richterbank: 3 Berufsrichter, 3 weitere Juristen, 3 Nichtjuristen. Es scheint nun eine Prestigefrage für die Chefpräsidenten der Oberlandesgerichte und des Verwaltungsgerichtshofs zu sein, Mitglied des Staatsgerichtshofs zu werden. In meiner langen Amtszeit waren meist alle drei, mindestens aber 2 der Berufsrichterstellen so besetzt. Abgesehen davon, daß Zivil- oder Strafrichter nicht unbedingt eine besondere fachliche Nähe zum Verfassungsrecht aufweisen müssen, werden Chefpräsidenten wegen ihrer Beanspruchung im Hauptamt nicht immer die erforderliche Zeit zur intensiven Befassung mit einem Verfahren des Verfassungsgerichts aufbringen können, und als Berichterstatter fallen sie in aller Regel ganz aus. Kann man sich wundern, daß ein so besetztes Gericht nicht gerade den Ehrgeiz entwickelt, eine eigenständige Rechtsprechung zu entwickeln, wenn es die Möglichkeit sieht, sich an ein „Simile" des Bundesverfassungsgerichts anzulehnen? Hinzu kommt der Zeitfaktor. Sind die Mehrzahl der Richter oder gar – wie in Baden-Württemberg – alle Richter des Verfassungsgerichts neben- oder ehrenamtlich tätig, so ist es schon schwierig, einen für sämtliche (bei uns 9) Richter verfügbaren Verhandlungstag zu finden. Verhandlung, Beratung, Abstimmung und Absetzung des Urteils müssen also innerhalb eines oder allenfalls zweier zusammenhängender Tage durchgeführt werden; denn dieselben 9 Richter nochmals zu einem späteren Termin zusammenzubringen, erweist sich als kaum möglich. Die Zeit ist also jeweils äußerst knapp bemessen; die Tendenz, es sich möglichst einfach zu machen, ist daher nur zu verständlich. Dazu nur ein Beispiel: Der Bad.-Württ. SGH hatte anfangs die Antragsberechtigung politischer Parteien im Normenkontrollverfahren verneint. Als das Bundesverfassungsgericht diese Frage anders entschied, hat sich der StGH dem sofort angeschlossen. Es gab sicher manche Gründe für die Auffassung des Bundesverfassungsgerichts, es hätte aber sicher auch gewichtige Gründe für den StGH gegeben, seine Rechtsprechung aufrechtzuerhalten. Diese Frage ist aber im StGH kaum diskutiert worden. Warum sollte man sich den Kopf zerbrechen über eine Frage, die das Bundesverfassungsgericht, wenn auch zu einem anderen Gesetz, schon entschieden hatte? Auch in anderen Fällen bin ich nicht auf Gegenliebe gestoßen, wenn ich die Frage aufgeworfen habe, ob der StGH sich wirklich einer Ansicht des Bundesverfassungsgerichts anschließen müsse.

Ich will mit meinen Ausführungen die Bedeutung der Landesverfassungsgerichte keineswegs herabspielen. Es gibt, wie gesagt, Rechtsgebiete, auf denen sie wegen ihrer insoweit ausschließlichen Kompetenz ihre Bedeutung behalten werden. Aber im ganzen ist doch die Neigung der Landesverfassungsgerichte, sich an das Bundesverfassungsgericht anzulehnen, groß, und das wird m.E. auch so bleiben.

Vorsitzender: Vielen Dank, Herr *Bachof.* Ich habe eine Reihe von Wortmeldungen speziell zu den Fragen der Landesverfassungsgerichtsbarkeit. Ich möchte aber doch zunächst den Rednern, wie angekündigt, das Wort geben, die zu II. allgemein sprechen wollen. Deswegen gebe ich jetzt Herrn *Bayer* das Wort.

Bayer: Ich darf an das anknüpfen, was Herr *Stern* sagte. Ich habe, Herr *Stern,* aus Ihrem Statement entnommen, Sie wollen sich bemühen, das Landesverfassungsrecht ein wenig mehr zur Geltung zu bringen. Auch ich würde mich gern gegen die Minimalisierung dieses Rechtsgebietes, vor allem zunächst durch Sie, Herr *Isensee,* wenden, und ich glaube darüber hinaus, daß eine wichtige sachliche Seite unseres Themas hier bisher zu kurz gekommen ist.

Ich schließe an das an, was Herr *Fleiner* gesagt hat. Herr *Fleiner,* Sie haben sozusagen horizontale bundesstaatliche Rechtsvergleichung betrieben. Ich meine, es gehört zum Thema auch ein wenig das, was man die vertikale bundesstaatliche Rechtsvergleichung nennen könnte. Herr *Zacher* hat heute morgen unsere japanischen Freunde und Kollegen besonders herzlich begrüßt. Ich darf diese Begrüßung noch einmal aufgreifen und sie mit der These 2.7 von Herrn Kollegen *Schmid* verknüpfen. Vor einigen Wochen ist im „Betrieb“, also in einer Zeitschrift, die in diesen Kreisen sicherlich nicht ganz regelmäßig gelesen wird, ein Aufsatz eines Experten der Steuerrechtsvergleichung, nämlich des Herrn *Rädler,* erschienen. Der Aufsatz beschäftigt sich mit dem Thema „Steuererhebung und Steuerwirklichkeit in Japan“. Das Resümee dieses Aufsatzes: Wir müssen uns als Deutsche fragen, was können wir von den Japanern lernen? Dahinter die noch weitergehende Frage: Können wir denn überhaupt von den Japanern – in bezug auf das Steuerrecht – etwas lernen? Dieses seinerseits wieder mit einem gewissen Zweifel versehen, nämlich dem Zweifel: Japan etwas ganz Fernes, Japan etwas ganz Fremdes, Japan etwas Exotisches, kurz: eine *terra incognita.*

Die Referate heute morgen haben mich ein wenig an diesen Aufsatz von Herrn *Rädler* erinnert. Die Parallelen liegen, wie mir scheint, auf der Hand. Ich würde nämlich an einer Stelle wie dieser einmal Fragen wie diese formulieren wollen: Können wir Deutsche, bezogen auf unser Verfassungsrecht, überhaupt etwas von den Baden-Württembergern, von den Bayern, von den Burgenländern oder sogar – sicherlich noch etwas weitergehend – von den Aargauern oder den Appenzellern lernen? Können wir Deutsche, um die These, Herr Kollege *Ipsen,* vollends abzurunden, vielleicht sogar etwas von den Hamburgern lernen? Die Frage, hier aus der Sicht der Bundesrepublik Deutschland gestellt, ließe sich selbstverständlich genauso auch aus der Sicht der Österreicher und der Schweizer stellen, aber es ist nicht meine Aufgabe, das zu tun. Also: Können wir Deutsche überhaupt etwas vom Volk der Gliedstaaten lernen? Und wenn ja, dann was?

Zunächst zur ersten Frage: Ich bin in der Tat der Meinung, daß wir als deutsche Verfassungsjuristen von den Schwaben, den Bayern usw. immer wieder nur lernen können. Es bestätigt sich da bloß die alte Erfahrung, daß man aus zwei Dingen um so mehr lernen kann, um so verschiedener sie liegen. Und, die Dinge bei unserem Thema liegen, wie im Laufe des Tages nun schon mehrfach angeklungen ist, sehr verschieden; sie liegen deshalb sehr verschieden, weil es eben eine unterschiedliche Art von Staatlichkeit in einem Bund einerseits und in dessen Gliedern andererseits gibt.

Zur Verdeutlichung meiner ersten These nur dies: Herr *Wacke* hat vor etwa 40 Jahren einen Aufsatz geschrieben, in dem er sich um die Frage bemühte: Wie läßt sich das Steuerrecht rechtstechnisch am besten darstellen? Und darin steckte die Frage: Sollen wir dem Steuerrecht die Form von Verfassungsrecht geben? Und Herr *Wacke* hat uns damals gezeigt, daß wir als deutsche Verfassungsjuristen jedenfalls niemals ganz übersehen sollten, wie es diesbezüglich einmal in den schweizerischen Urkantonen ausgesehen hat. Folge ich Herrn *Wacke,* so ist dort ein Beispiel dafür gesetzt worden, daß das gesamte Steuerrecht eines Staates in dessen Verfassung zu finden sein kann: Oder: Verfassungsrecht „ferner" Gliedstaaten als Lehrstück für mögliches – oder unmögliches – deutsches Bundesverfassungsrecht.

Ich komme zu meiner zweiten Frage: Was können wir im einzelnen für die Verfassung des deutschen „Bundes" aus dem Verfassungsrecht der Gliedstaaten entnehmen? Ich bin zunächst einmal der Ansicht, es läßt sich – Urkantone hin oder her – mit Hilfe der Gliedstaaten auch heute noch manches im Hinblick auf die Frage gewinnen, was in eine Verfassung hineingehört und was nicht. Die Weimarer Reichsverfassung zeichnete sich dadurch aus – und entschuldigen Sie bitte, daß ich schon wieder bei meinem Lieblingsthema bin –, die Weimarer Reichsverfassung zeichnete sich dadurch aus, daß sie einen Art. 134

enthielt und dieser Artikel nahm das auf, was 140 Jahre früher der große *Adam Smith* uns in seinem „Wohlstand der Nation“ vorgeführt hatte: Dank des Art. 134 gab es in Weimar verfassungsrechtlich umschriebene Besteuerungsgrundsätze. Im Grundgesetz ist das vergessen worden. Man hat sich hier ganz und gar auf das bundesstaatliche Steuerorganisationsrecht beschränkt, steuerliche Grundrechte und Grundpflichten kommen bekanntlich im Grundgesetz an keiner Stelle vor. Aber ich meine, es ist dieses ein Regelungsbereich, in dem man durchaus das Gefühl für eine Lücke empfinden kann, vor allem dann, lieber Herr *Schmid,* wenn man als Deutscher sein Geld in der Bundesrepublik und nicht in der Schweiz verdienen muß. Es könnte eine Lücke bestehen. Und wie schließen wir diese Lücke? Macht uns nicht allein das jeweilige Landesverfassungsrecht das Problem und dessen Lösung bewußt? Ich möchte nur festhalten: Es gibt gegenwärtig eine einzige deutsche Landesverfassung, nämlich die bayerische, die in ihrem Art. 123 ausdrücklich die Besteuerungsgrundsätze des alten Schotten wieder aufleben läßt. Und wir haben heute zusätzlich gehört – ich nehme an, es geht dies vor allem auch auf Anregungen von Herrn *Häberle* zurück –, wir haben heute auch gehört, daß es in der Schweiz die Vorschriften des kantonalen Verfassungsrechts gibt, die die alten *Smith'*schen Besteuerungsmaximen so gut wie selbstverständlich zu etwas für jeden Verbindlichen erklären. Ich komme noch einmal zu dem Schluß: Es ist nicht ganz unwichtig, um des Bundesverfassungsrechts willen auf das Landesverfassungsrecht zu schauen.

Es bliebe die Frage: Können wir in bezug auf das Wie einer Regelung aus dem gliedstaatlichen Verfassungsrecht etwas für die nächsthöhere Ebene, die des Bundes, ableiten? In der Tat, hier ist es wohl so, daß die Probleme sich potenzieren. Denn hier steht manches entgegen, was heute schon erwähnt worden ist: Das Homogenitätsgebot, der Art. 31 und vielleicht – wenn ich das nur am Rande noch einmal als Stichwort bringen darf – die Bundestreue. Diese Grundsätze stehen entgegen. Und trotzdem meine ich, wir sollten uns fragen: Können nicht landesverfassungsrechtlich Regeln entstehen, die irgendwann einmal für die Auslegung des Grundgesetzes oder der anderen hier diskutierten Bundesverfassungen von Bedeutung sein könnten? Es ist hier gelegentlich schon der Gedanke der allgemeinen Rechtsgrundsätze angeführt worden. Und es wäre in der Tat wohl so: Allgemeine Rechtsgrundsätze könnten sich auf der Ebene des Landesverfassungsrechts entwickeln und könnten dann danach rufen, auf irgendeine Weise sich auch auf der Ebene des Grundgesetzes usw. bemerkbar zu machen. In aller Regel steht dem sicher das Prinzip der kleinen Zahl entgegen, die allgemeinen Rechtsgrundsätze sind Grundsätze, die sich, wenn überhaupt, nur aus einer größeren Zahl von Verfassungen gewinnen lassen. Oder anders gewendet: Wenn hier von dem Beispiel Aussperrungsverbot nach der Hessischen Verfassung die Rede gewesen ist, so würde ich sagen: Wenn es dieses Aussperrungsverbot in einer größeren Zahl von Landesverfassungen geben würde, könnte daraus vielleicht doch etwas für den Umfang mit dem Problem: Aussperrung zulässig oder nicht? auf der Ebene des Bundes folgen. Meine These würde also lauten: Es gibt in mehrfacher Hinsicht eine Bedeutung des gliedstaatlichen Verfassungsrechts, und zwar aus deutscher Sicht eine solche für das deutsche Grundgesetz, aus österreichischer und schweizerischer aber, mit aller Vorsicht, sicher auch etwas entsprechendes für deren jeweilige Bundesverfassung. Danke.

Vorsitzender: Meine Herren, bevor ich Herrn *Frowein* das Wort gebe, noch kurz zum zeitlichen Ablauf: Wir sollten vielleicht gegen 17.30 Uhr zum Ende kommen. Vorher müssen die Referenten auch noch ausreichend Zeit haben für ihr Schlußwort. Es liegen ungefähr noch 12 Wortmeldungen vor. Man sollte daher nicht allzu ausführlich sprechen, sondern sich relativ kurz fassen. Nun Herr *Frowein,* bitte.

Frowein: Herr Vorsitzender, der präzise Sprachgebrauch des Vorstandes und der Referenten heute wird, wie ich denke, eines sicher erreicht haben: der schreckliche Doppelplural Länderverfassungen wird aus dem deutschen Staatsrecht verschwinden und man wird, wie der Vorstand dies mit Recht gesagt hat, von Landesverfassungen sprechen, genau wie die Schweizer nicht von Kantoneverfassungen, sondern von Kantonsverfassungen sprechen. Wie aber ist deren Bedeutung zu ermitteln? Doch wohl nur über den Versuch einer Bestandsaufnahme, den, wie ich meine, die Herren *Funk* und *Schmid* vorzüglich vorgeführt haben, der mir aber, wie ich gestehen muß, bei *Graf Vitzthum* ein wenig gefehlt hat. So reizvoll es ist, sich abstrakt um Bundesstaatlichkeit und Staatlichkeit überhaupt zu kümmern, so wenig, glaube ich, kann man der Fragestellung nach der Bedeutung der Landesverfassungen heute allein damit gerecht werden. Nun kann man sicherlich in einem kurzen Diskussionsbeitrag das hier nicht leisten, aber ich möchte doch zu den jetzt schon gegebenen Beispielen, und da will ich insbesondere auf Herrn *Stern* hinweisen, noch einige kleine Punkte nennen. Ich denke, im Regierungs- und Wahlsystem ist mehr drin, als deutlich geworden ist. Etwa die Regelungen, die in der Verfassung von Hamburg vor gar nicht so langer Zeit eingeführt worden sind, über die besondere Rolle der Opposition und, vielleicht noch wichtiger, Fragerecht und Antwortpflicht der Regierung, wozu das Bundesverfassungsgericht auf Bundesebene in Kürze wahrscheinlich Interessantes sagen wird. Ich meine schon, daß hier einiges an wirklichem Vergleich sinnvoll sein kann und uns auch zeigen kann, wo sich Dinge weiterentwickeln.

Gewundert hat mich eigentlich, daß der doppelte Schulkampf, den wir erlebt haben in einer ganzen Reihe unserer Bundesländer auf Verfassungsebene, gar nicht recht zu Wort gekommen ist, wenn auch Herr *Stern* ihn dann angedeutet hat. Ich meine mit „doppelt" folgendes: Der erste in Bayern, Baden-Württemberg und Nordrhein-Westfalen, diesen großen Bundesländern, vor sich gegangene war der um die Verfassungsänderung zum Vorrang der Gemeinschaftsschule (BVerfGE 41). Dieses war ein Vorgang von hoher Dramatik. Ich habe mich damit seinerzeit ein wenig näher beschäftigen müssen. Aber ich glaube, es ist wirklich ein Beispiel, daß wir in bestimmten Fällen Landesverfassungsrecht sehr bedeutsam in der politischen Auseinandersetzung finden. Der zweite war der, wo es um die Frage ging, wie weit man das Schulrecht durch den einfachen Gesetzgeber ändern kann und wie weit etwa Volksgesetzgebungsverfahren und verfassungsgerichtliche Verfahren in der Lage sind, hier zu bremsen. Dies ist m.E. ein Beispielsmaterial, das der Auswertung noch harrt.

Schließlich meine ich, daß, obwohl die Landesverfassungsgerichtsbarkeit jetzt mehrfach erwähnt worden ist, es doch gut wäre, sich zu fragen: Können wir nicht die Rechtsprechung der Landesverfassungsgerichte wirklich in ganz interessanter Weise vergleichen (natürlich mit dem von Herrn *Bachof* dargelegten unterschiedlichen Gewicht dieser Gerichte)? Aber wir haben eben, um das Schulrecht wieder aufzugreifen, einen weiten Bereich, wo Landesverfassungsgerichtsbarkeit bei uns eine echte Rolle gespielt hat. Oder die Frage: Wie hat sich eigentlich die radikale Rechtsprechungsänderung des Bayerischen Verfassungsgerichtshofes zu seiner Kompetenz, bezogen auf bundesrechtlich geregelte Entscheidungen, in der Praxis ausgewirkt? Ich habe diese Rechtsprechungsänderung seinerzeit, wie Sie alle, zur Kenntnis genommen. Mir ist aber nicht bekannt, was das eigentlich bedeutet hat in der dann nachfolgenden Rechtsprechung des Bayerischen Verfassungsgerichtshofes? Vielleicht könnte man als zwei Oberstichworte zur Diskussion dieser Fragen die bekannten Stichworte „Homogenisierung" einerseits, „Identitätsfindung des Landes" andererseits noch weiter verwenden und sich fragen, wie weit – und da stimme ich völlig mit einer Bemerkung von *Graf Vitzthum* in der Diskussion überein – in der letzten Phase bestimmte Tendenzen zu stärkerer Identitätsbetonung auf Landesseite auch in der verfassungsrechtlichen Dimension ihre Rolle spielen. Daß es solche Wege von Homogenität zu stärkerer Identität auch ganz ungewollt geben kann, das merkt man ja, wenn man sich ansieht, wie heute der Terminus Freistaat Bayern von der Bevölkerung verstanden wird. Fragen Sie mal jemanden. Niemand wird Ihnen antworten, dies sei die deutsche Übersetzung von Republik; homogen in der Weimarer Zeit für alle Staaten geltend – Freistaat Preußen usw. –, nur beibehalten von Bayern, aber heute nach allgemeinem Verständnis die Besonderheit Bayerns betonend. Danke schön.

Vorsitzender: Vielen Dank. Ich gebe nun Herrn *Häberle* das Wort.

Häberle: Herr Vorsitzender, verehrte Kollegen, erlauben Sie eine Fußnote zu dem Votum von Herrn *Öhlinger*, einen Zwischenruf zur Methodenfrage, schließlich drei Punkte, die „zwischen" die drei ersten Nummern Ihrer Gliederung fallen, Herr Vorsitzender. – Herr *Öhlinger* hat eindrucksvoll geschildert, daß das gastgebende Passau im 19. Jahrhundert gerne zu Österreich gestoßen wäre. Ich möchte im Gegenzug, aus Paritätsgründen diskret darauf hinweisen, daß Vorarlberg 1918 gerne der Schweizer Eidgenossenschaft beitreten wollte, diese wünschte aber keinen „Zuwachs". – Nun die methodische Zwischenbemerkung. Dank der Voten mehrerer Kollegen, darunter auch dank Herrn *Grimm*, ist ein wichtiges Zwischenergebnis erarbeitet worden: Wenn es *ein* Gebiet der Staatsrechtslehre gibt, in dem wir Fragen der politischen Kultur, des Sozio-Ökonomischen, der Verfassungspsychologie und -symbolik in Kooperation mit den Politikwissenschaften kulturwissenschaftlich behandeln müssen, dann ist es die praxisorientierte Lehre vom Bundesstaat und in ihrem Rahmen das Nachdenken über die Bedeutung des gliedstaatlichen Verfassungsrechts, seiner Verständnisse und Selbstverständnisse. *Graf Vitzthum* hat soeben in einer Intervention den EG-Horizont nach dieser Seite der Kultur hin eindrucksvoll umrissen. –

Jetzt zu meinen *drei* Fragen, auch an die drei Referenten, Fragen, die in das Kraftfeld des Gliederungsschemas 1, 2, und 3 zu integrieren sind. Die *erste* Frage zielt auf die „richtige" verfassungsstaatliche Bundesstaatstheorie. Welche Bundesstaatstheorie haben die Referenten ihrem eindrucksvollen Verständnis des gliedstaatlichen Verfassungsrechts zugrundegelegt? Mein Vorschlag zielt auf eine *„gemischte"* Bundesstaatstheorie, sie ist dem Typus Verfassungsstaat der heutigen Entwicklungsstufe angemessen. *Zweitens* geht es um den spezifischen, hohen Funktionswert gliedstaatlichen Verfassungsrechts heute, Maßgebliches hat bereits Herr *Stern* ausgeführt. Beflügelt vor allem durch die Schweiz nenne ich als Stichwort: „Werkstattcharakter" für den Typus Verfassungsstaat, Prozesse der Rezeption und Produktion über die Verfassunggeber, Verfassungsänderungen, Verfassungsinterpreten innerhalb des einzelnen Bundesstaates und grenzüberschreitend zwischen solchen. *Drittens*, hier im Einklang mit unserem Kollegen, dem „Bundestreue-Bayer", wie er sich nennen darf: Gibt es „gemeines" Recht im Bundesstaat, gemeinschweizerisches, gemeinösterreichisches, gemeindeutsches? Wie ist es methodisch und theoretisch zu begründen? Stichwort: „innerbundesstaatliche Rechtsvergleichung", Einheit der Rechtskultur, ein Lückenproblem? Wir stehen vor einer Fülle von Fragen. – Zunächst zum *ersten* Punkt, zur „richtigen" verfassungsstaatlichen Bundesstaatstheorie: Wir Spätgeborenen, die wir als Zwerge und Epigonen „auf den Schultern von Riesen" stehen, vor allem auf denen von Weimar, verfügen ja über ein großes Theorieangebot dank intensiver Theorieentwicklungen: ich erinnere an das klassische Modell des *„dual federalisme"*, an die Lehre vom „kooperativen Föderalismus" und an den „unitarischen Bundesstaat" meines Lehrers *Konrad Hesse* (1962), auch an neuere Versuche zu einer kulturellen Bundesstaatstheorie (1980). Auf dem Hintergrund der drei Referate, die das höchst Individuelle der Entwicklungsphase ihres jeweiligen konkreten Bundesstaats so überzeugend herausgearbeitet haben, plädiere ich für eine *„gemischte"* Bundesstaatstheorie. Ich darf das erläutern: Wir haben einmal die von Herrn *Hesse* für die 60er Jahre gültig beschriebenen unitarischen Tendenzen, sodann „Textspuren" des kooperativen Föderalismus z.B. in Art. 91a und b GG; in der Entwicklung der 80er Jahre beobachten wir ein verstärktes Interesse an kultureller Differenzierung, an sozio-ökonomischem Trägerpluralismus und ihm entsprechender Dezentralität. Auf der Linie solcher Pluralität bewegte sich wohl auch Herrn *Fleiners* Votum zur weltweiten Bundesstaatsvergleichung bis Indien hin. Meines Erachtens läßt sich gar nicht abstrakt-generell ein für alle mal sagen, welches die „richtige" Bundesstaatstheorie ist. Innerhalb des Typus „Verfassungsstaat" als Rahmen sind die Unterschiede allzu groß. In der Entwicklung des Typus Bundesstaats im Rahmen der westlichen Demokratien gibt es nur *Teil*elemente, die gemischt werden müssen. Das ist mein Modell der *gemischten* Bundesstaatstheorie. In ihr behalten entwicklungsgeschichtlich und je aktuell die einzelnen Theorien ihr *relatives* Recht: Bald treten das Unitarische i.S. vertikaler Gewaltenteilung, ebenso das Dualistische, bald die kooperative Politikverflechtung, bald mehr die sozio-kulturelle, auch wirtschaftliche Vielfalt als Elemente eines gemischten Ensembles hervor. Der verfassungsstaatliche Bundesstaat sollte sich nicht auf *eine*, „reine" Theorie festlegen, auch zeigen sich Entwicklungsstufen und wechselnde Varianten und Akzentverschiebungen in Raum und Zeit, heute etwa eine gewisse Absetzbewegung weg vom Kooperativen, eine wachsende Mischung von mehreren Theorieelementen, die alle doch irgendwie präsent bleiben. Erst in den Koordinaten einer solchen – gemischten – Bundesstaatstheorie läßt sich die gegenwärtig wachsende Bedeutung des gliedstaatlichen Verfassungsrechts bestimmen. – Damit bin ich beim *zweiten* Punkt, dem Stichwort „verfassungspolitischer Werkstattcharakter" der gliedstaatlichen Verfassungen im jeweiligen Bundesstaat, aber auch über diesen hinaus im Blick auf den Typus Verfassungsstaat, für Total- und Partialrevisionen von Bundes- und Länderverfassungen. Die Schweiz ist hier vorbildlich. Wir sehen hier intensive Vorgänge der Produktion und Rezeption, „Wellenbewegungen", in Gestalt von Teil- und Totalrevisionen, und zwar nicht nur innerhalb der Schweiz, bei den Kantonen untereinander sowie (mit Herrn *Schmid*) Ausstrahlungen von diesen zum Bund hin, vielmehr sogar im Außenverhältnis, etwa im Austausch mit der Bundesrepublik Deutschland. So stammen manche Elemente des Schweizerischen Staatskirchenrechts, die neuerdings in einigen totalrevidierten Kantonsverfassungen rezipiert wurden, letztlich aus unserer Weimarer Reichsverfassung. So wurde die Verfassung Tirols kürzlich um eine eindrucksvolle Präambel angereichert, nach dem Vorbild Schweizer Urkantone bzw. deutscher Länderverfassungen. So gibt es Beispiele differenzierter Staatsaufgaben- und Grundrechtskataloge, die zunächst in Einzelverfassungen erprobt wurden. So könnte der laufende Ausbau der Volksrechte in österreichischen Ländern eine Vorreiterrolle spielen, gibt es Zeichen für wachsendes Kulturverfassungsrecht in vielen Gliedstaaten Österreichs und der Schweiz. – Der *dritte* und letzte Punkt: Wie rechtfertigen wir „gemeindeutsches", „gemeineidgenössisches", „gemeinösterreichisches" Verfassungsrecht? Um mit diesem zu beginnen: In der österreichischen Literatur kommt es, Herr *Funk*, noch nicht vor. Vor allem weil Österreichs Bundesstaat in der Entwicklung des *gliedstaatlichen* Verfassungsrechts etwas weiter zurückliegt. Vielleicht darf man insoweit von einem West-Ost-Gefälle „Schweiz/Bundesrepublik/Österreich" sprechen. Das deutsche BVerfG, das Schweizer Bundesgericht und Teile der eidgenössischen Literatur arbeiten schon mit „gemeinem Verfassungsrecht" als Kategorie. Wie begründen wir es? Innerhalb *desselben* Bundesstaates ist Rechtsvergleichung eine ganz spezifische „interne". Die Gliedstaaten sind unter sich mehr als bloß „Nachbarn". Legitimation des gemeinen Verfassungsrechts ist die Einheit der Rechtskultur. Es geht um ein Erarbeiten „allgemeiner Rechtsgrundsätze", um das methodische Problem des Schließens von planwidrigen Lücken i.S. der Lückenlehren von *Zitelmann* bis *Meier-Hayoz*. Ich meine dessen Unterscheidung zwischen erlaubter richterlicher Rechtsfortbildung im „taktischen", nicht aber „strategischen" Bereich. Ich bin nach wie vor gegen die Schleswig-Holstein-Entscheidung des BVerfG im 27. Band. Art. 39 Abs. 2 GG ist im innerdeutschen Rechtsvergleich Ausdruck eines „allgemeinen Rechtsgedankens" des parlamentarischen Prinzips. Das BVerfG hat den Schleswig-Holsteinern damals „ewige" Regierungen zugedacht. Freilich war 1969 wohl nicht absehbar, was sich heute in Sachen *Barschel/Pfeiffer* abspielen könnte. Die Einheit der Rechtskultur ist für das „Wachsen" gemeinen Verfassungsrechts im Bundesstaat gewiß ein tragfähiger Gedanke, zumal auf dem Hintergrund einer kulturellen Bundesstaatstheorie. *Graf Vitz-*

thum hat klangschön formuliert, gemeindeutsches Verfassungsrecht sei keine Novität, sondern eine Banalität. Doch dürfen wir keinesfalls mit Hilfe gemeinen Rechts die bundesstaatliche Vielfalt „von oben" her vorschnell einebnen. Die Konsenshorizonte, in denen gemeines Verfassungsrecht „wird" oder im Gegenteil abzulehnen ist, sind im Interesse der Vielfalt, auch Ungleichzeitigkeit des gliedstaatlichen Verfassungsrechts sorgfältig zu erschließen. Man darf nicht einfach parallele Regelungen quantifizieren und äußerlich addieren oder „hochrechnen". In der Schweiz hat man mit Recht vor einem bundesgerichtlichen „Imperialismus" aus Lausanne zu Lasten der Kantone gewarnt. Es geht um einen Weg *zwischen Scylla* und *Charybdis:* Ja zu einem differenziert begründeten gemeindeutschen, gemeinschweizerischen bzw. gemeinösterreichischen Verfassungsrecht; aber auch Vorsicht: nicht zuviel Homogenisierung, sondern nach wie vor bundesstaatliche *Vielfalt.* Vielen Dank.

Vorsitzender: Vielen Dank, Herr *Häberle.* Herr *Püttner,* bitte.

Püttner: Meine Herren Kollegen, die Zeit ist fortgeschritten; wir müssen uns kürzer fassen. Aber gestatten Sie mir trotzdem noch den Versuch, einige Facetten dem Bild hinzuzufügen, das die Referenten und die vielen Vorredner gezeichnet haben. Es ist die Rede davon gewesen, daß wir Abschied nehmen müßten nicht nur von dem Stichwort Souveränität im Verhältnis Bund/Länder, sondern auch vom Begriff Staatlichkeit. Aber ich mache darauf aufmerksam, daß es dann keinen Unterschied mehr gibt im Rahmen von Dezentralisation zwischen Gemeinden und Bundesländern andererseits. Denn wenn nur die Eigenständigkeit in der Verwaltung und in der politischen Willensbildung betont wird (nach Art. 28 I 2 GG, gilt das gleiche Prinzip der Volksvertretung für Länder, Kreise und Gemeinden), dann ist kein Unterschied mehr zwischen Ländern und Kommunen. Dann ist alles einheitlich Ausdruck der Dezentralisation im Staat.

Es hinge also doch, so meine ich, einiges davon ab, ob wir gleichwohl behaupten könnten, die Länder hätten eine andere Qualität als die Gemeinden, und wenn sie nur Staaten honoris causa sind (vielleicht muß man eine solche Kategorie erfinden) oder ihr Prestige höher ist – das Wort ist bereits gefallen. Die Länder wollen ja hauptsächlich eine gewisse Dignität in Anspruch nehmen, die man mit dem Ausdruck Staatlichkeit belegen kann. Dies ist ein anspruchsvoller Titel, und diesen verleiht man den Untergliederungen, die man etwas herausheben will. Das hat schon eine gewisse Bedeutung, und zwar nicht nur rein juristische Bedeutung, sondern auch faktische Bedeutung. Wir beobachten heute in Staaten, die bisher zentralistisch waren, eine Regionalisierung – ich meine hier insbesondere Frankreich,

Italien und Spanien –, und es wäre schon zu fragen, ob die Bundesstaatlichkeit deutschen Musters, Schweizer Musters, österreichischen Musters qualitativ etwas ganz anderes darstellt als die Regionenbildung in diesen Staaten.

Ein anderes Stichwort: Haben unsere Bundesländer oder hat das Landesverfassungsrecht tatsächlich so wenig Gewicht, wie es in einigen Beiträgen zum Ausdruck kam? Herr *Stern* hat schon darauf hingewiesen, daß ja doch die Verfassungsgerichte der Länder – und ich möchte mich jetzt auf diesen Punkt beschränken – in den letzten Jahren eigentlich doch viel Eigenständigkeit bewiesen haben, Eigenständigkeit in der Rechtsprechung und auch in der Auslegung der jeweiligen Landesverfassung. Wer die Gebietsreform miterlebte, wird in Erinnerung haben, daß die Verfassungsgerichte der Länder, soweit sie zuständig waren, eine explizite Rechtsprechung entwickelt haben, den Grundsatz der Systemgerechtigkeit geformt und auch Beiträge zur Theorie der Auslegung der Verfassung und der Gesetzesbegründung geliefert haben, was recht bedeutsam gewesen ist. Demgegenüber mußte man gleichzeitig erleben, daß man beim Bundesverfassungsgericht vom Dreierausschuß einen Zweizeiler bekam, in dem z.B. einem feinsinnig bemerkt wurde, daß eine Anhörung auch dann gegeben sei, wenn sich jemand Gehör verschafft habe (obwohl er nicht gehört worden war). Das war doch ein merkwürdiger Kontrast, der mich bestärkte in der Auffassung, daß in der Eigenstaatlichkeit der Länder – hier in puncto Verfassungsrechtsprechung – eine gewisse staatsrechtliche Reserve liegt, die vielleicht nicht immer und jedes Mal in den Vordergrund treten muß, die aber doch Bedeutung besitzt und bei Bedarf hervorgekehrt werden kann. Mir ist in dem letzten Schulrechtsstreit, den ich in Hessen noch zu führen hatte (immerhin drei Tage Verhandlung vor dem Staatsgerichtshof) um das Förderstufenabschlußgesetz, doch aufgefallen, daß der Staatsgerichtshof größten Wert darauf legte, eigenständig aus der Hessischen Verfassung zu deduzieren, und nur ganz am Rande bundesrechtliche Vorgaben, wie das Förderstufenurteil des Bundesverfassungsgerichts, hinzuzog. Ich glaube also schon, daß Ansätze erkennbar sind, die gegebenenfalls eine Grundlage geben für ein eigenständiges Landesverfassungsrecht und auch eine entsprechende Auswirkung in der Rechtsprechung. Aber ein Punkt würde mich im Blick vor allem auf die Schweiz noch interessieren: Gibt es – und ich habe aufmerksam vermerkt, daß weder Herr *Schmid* noch Herr *Fleiner* davon ein Wort gesprochen haben – einen Einfluß der Sprachenfrage, vielleicht auch sogar der Frage der ethnischen Minderheiten oder Mehrheiten in gewissen Staaten auf die Theorie vom Bundesstaat? Ist der Bundesstaat ein anderer, gewinnt er eine andere Qualität, wenn unterschiedliche Völkerschaften oder unterschiedliche Sprachen in einem Staat zusammenleben oder ist das, wie ich aus dem Schweizer Referat entnehmen muß, völlig irrelevant für die Bundesstaatlichkeit? Ich wäre für einen ergänzenden Hinweis dankbar.

Vorsitzender: Vielen Dank, Herr *Püttner.*

Zippelius: In dem eindrucksvollen Referat von *Graf Vitzthum* scheint mir eine gewisse Spannung zu bestehen zwischen jenen Thesen, die das Grundgesetz und die Verfassungen der Länder als bloße Teilverfassungen bezeichnen und von einer Komplementarität der Gesamtstaatsverfassung und der Gliedstaatsverfassungen sprechen (2.1 und 2.5), und den anderen Thesen, nach denen die Verfassungsautonomie der Länder durch Art. 28 GG garantiert und beschränkt wird (3.4 und 4.2). Dies letzte legt nahe, nicht von einer bloßen Komplementarität, sondern von einem Rangverhältnis zwischen der Gesamtstaatsverfassung und den Gliedstaatsverfassungen zu sprechen und dann noch grundsätzlicher zu sagen: Die gesamtstaatliche Verfassung verteile überhaupt die gesamtstaatlichen Kompetenzen zwischen den Zentralorganen des Bundes und den Ländern. Wie auch immer die Entstehung eines Bundesstaates beginnt, im Ergebnis und verfassungssystematisch sind nicht nur die Kompetenzen der Zentralorgane des Bundes, sondern auch die Länderkompetenzen als konstituierte Gewalten zu begreifen. Der in der gesamtstaatlichen Verfassung begründete Dualismus von Entscheidungszentren, nämlich der Zentralorgane und der Länderorgane, unterscheidet den Bundesstaat vom Einheitsstaat, in welchem die Organsouveränität, Herr *Püttner,* eben ganz bei den Zentralorganen liegt. Dem von mir vorgetragenen Verfassungsverständnis entspricht es, daß die gesamtstaatliche Verfassung den Kompetenzendualismus näher ausgestaltet: durch die Verteilung der Gesetzgebungs-, der Verwaltungs- und der Rechtsprechungskompetenzen zwischen den Zentralorganen und den Ländern. Ich versuche also nicht, die Drei-Staaten-Theorie neu zu beleben, sondern spreche nur vom Gesamtstaat, den *Kompetenzen* der Zentralorgane und den Kompetenzen der Länder, wobei es dann eine zweitrangige Frage ist, ob man auch die (nichtsouveränen) Länder als „Staaten" bezeichnen will oder nicht.

Vorsitzender: Vielen Dank, Herr *Zippelius.* Nun Herr *Schmidt-Jortzig.*

Schmidt-Jortzig: Verehrte Kollegen, unter Genehmigung des Vorsitzenden möchte ich noch einmal auf Punkt 1 unserer Diskussion zurückkommen und versuchen, mit den mir nur begrenzt gegebenen Fähigkeiten pathetischer Ausdruckskraft Ihnen einen Eindruck davon zu vermitteln, in welcher Weise, in welcher Dramatik eine Landesverfassung ganz konkret zum Zentrum von Problemringen und Lösungsvorschlägen in einer Krise, zum Richtpunkt von Identifikation der Bevölkerung werden kann. Das Land Schleswig-Holstein erlebt das derzeit. Herr *Ipsen*, Sie haben zu Recht darauf hingewiesen, daß wir uns mit manchen Aspekten unseres Themas bisher ziemlich steril und theoretisch beschäftigen. Was nun an dem schleswig-holsteinischen Beispiel viel mehr Leben und Anschaulichkeit gewinnen kann, ist die immer wieder beschworene normative, einigende Rolle, die Integrationsfunktion einer Landesverfassung. Das Konstitutionsgesetz in Schleswig-Holstein nimmt sich zwar – mein verehrter Vor-Vor-Vorgänger im Kieler Lehrstuhl, Herr *Partsch*, hat das hier deutlich gemacht – schon nominell in einer Weise zurück, die gemessen am üblichen Standard fast an Bescheidenheit, an Selbstverleugnung grenzt: als „Landessatzung" bezeichnet sie sich. Und diese Konstitution würde, wenn man einige Kriterien von heute morgen anlegt, auch gar nicht als vollwertige, leistungsfähige Landesverfassung gelten können, denn sie hat bewußt auf jeden Grundrechtsteil verzichtet. Ein reines Organisationsstatut also liegt vor, welches seinen transitorischen Charakter auch noch in diesem ganz vorsichtigen Titel „Landessatzung" verdeutlicht. Aber dann kommt mit den nun offenliegenden, schweren Verdachtsmomenten gegen Ministerpräsident und Staatskanzlei eine Staatskrise größten Ausmaßes, völlig unvorhergesehen bricht sie herein. Und in dieser Situation beweist sich, wie jene Landessatzung die Kraft entfaltet, ruhender Pol und Richtungweiser, Integrationsbezug und Handlungsmaßstab für das Bundesland zu sein. Die öffentliche Diskussion in Schleswig-Holstein zur Frage Regierungsabwahl, Untersuchungsausschuß oder Parlamentsauflösung dreht sich nicht um Lösungen, die vielleicht das Grundgesetz bereithielte, sondern geht allein darum, ob und wie die Landessatzung einen Ausweg bietet. Fast jeder Schleswig-Holsteiner von Lauenburg bis Flensburg, von Heide bis Lübeck weiß mittlerweile (nicht zuletzt auch durch den imposanten Einstieg aller Medien), daß sein Land ein eigenes Verfassungsgesetz hat, daß dieses rechtliche Fundament viel Besonderheiten gegenüber anderen Landesverfassungen sowie vor allen Dingen gegenüber dem Grundgesetz hat, und daß dahinter auch ganz bestimmte historische Erfahrungen und Vorstellungen stehen. Was ich damit versuchen möchte zu vermitteln, ist, wie dramatisch und unmittelbar eine Landesverfassung sich in einer Krisensituation, die das Land ganz persönlich, ganz existenziell, bis zur persönlichen Erschütterung der Bewohner erfaßt, als der entscheidende Integrationsfaktor bewährt und bestätigt. Mir jedenfalls, der ich das Los und die Spannung habe, dies hautnah mitzuerleben, drängt sich der Eindruck auf, so stark wie in dieser Krise jetzt war das Landesbewußtsein Schleswig-Holsteins, das

Selbstgefühl der Schleswig-Holsteiner seit langem nicht. Dies also, verehrte Kollegen, der bescheidene Versuch einer Entsterilisierung des Stichwortes „Integrationsfunktion der Landesverfassung".

Darf ich dann vielleicht noch zu einem anknüpfenden Aspekt eine kurze Frage stellen? Der Begleitaufsatz von *Christian Pestalozza* zu unserem heutigen Thema hat in einem – wie es sich für das kleine Land geziemt – ganz knappen und kleingedruckten Abschnitt Schleswig-Holstein attestiert, seine Verfassung behaupte unter den Bundesländern gegenüber dem Bund die größte Originalität und Selbständigkeit. Immerhin aus der Entfernung von Berlin: *à la bonne heure!* Dann jedoch weist er auf die Besonderheit hin, daß Schleswig-Holstein andererseits das einzige Bundesland, jedenfalls Flächenland sei, das kein eigenes Verfassungsgericht hat. Damit deutet sich eine These an, die mir auch in manchen Beiträgen heute durchzuscheinen schien und geradewegs auf das hinführt, was Herr *Bachof* vorhin ausführte. Ein eigenes Verfassungsgericht mag dazu neigen, die Strukturen im Lande denen im Gesamtstaat interpretatorisch anzugleichen, die zentralen Richter in Karlsruhe hingegen bemühen sich um die Eigenheiten der betreffenden Landesverfassung mit besonderer Sorgfalt. Auch in dem Referat von Herrn *Schmid* habe ich mir, nachdem dort mit großer Eindringlichkeit die Validität der Schweizer Kantone geschildert wurde, sogleich den Satz von der „weitgehenden Absence eigenständiger Verfassungsgerichtsbarkeit in den Kantonen" unterstrichen. Gibt es da tatsächlich eine Verbindungslinie zwischen fehlender Verfassungsgerichtsbarkeit und bestehender Verfassungsoriginalität, so daß man ironisch den Ländern raten müßte, „schafft Eure Verfassungsgerichte ab"? Ich meine, wenn dieser Blickwinkel wirklich Substanz haben sollte, müßte er schon über rein psychologische Bewertung und systemtheoretische Mutmaßung hinausgelangen. Ich möchte mir deshalb herausnehmen, vielleicht Sie, *Graf Vitzthum,* da noch um eine Äußerung zu bitten. Danke sehr.

Vorsitzender: Vielen Dank, Herr *Schmidt-Jortzig.* Jetzt Herr *Starck,* bitte.

Starck: Ich erhalte erst zu vorgerückter Zeit das Wort und komme mir wie ein Zeitdieb vor, der den Berichterstattern ihre Schlußworte verkürzt. Die Probleme, die die Berichterstatter und die Diskutanten vor uns ausgebreitet haben, möchte ich gerne in ein *Spannungsfeld* einordnen, das bestimmt wird auf der einen Seite von Homogenitätsanforderungen, die die Bundesverfassungen je verschieden stellen, und auf der anderen Seite von der Verfassungsautonomie der Länder. Bei der Verfassungsautonomie muß man die rechtlichen Möglichkeiten von der tatsächlichen Inanspruchnahme unterscheiden. Uns ist eine

Augenblicksaufnahme gezeichnet worden, die man dahin kennzeichnen kann, daß die Verfassungsautonomie in der Schweiz am weitesten geht, am engsten in Österreich geschnitten ist und die Bundesrepublik etwa in der Mitte liegt. Nun kann man die Verfassung und auch die tatsächliche Lage nach Faktoren abfragen. Welche Faktoren sprechen für die Homogenität und welche Faktoren sprechen mehr für die Verfassungsautonomie? Dazu ist schon viel gesagt worden, weshalb ich mich kurz fassen kann.

Zwei Beispiele sprechen dafür, daß man die Verfassungsautonomie mehr betonen muß. Das eine ist das *Delegationsproblem,* das noch nicht angesprochen worden ist. Die Länder sind nicht verpflichtet, eine dem Art. 80 GG entsprechende Delegationsvorschrift in ihre Verfassung aufzunehmen oder entsprechende Verfassungsnormen über Delegation nach dem Maßstab des Art. 80 GG auszulegen. Es gibt viele Landesverfassungen, die entsprechend strenge Delegationsvorschriften haben, aber ich darf an die Diskussion in der Enquête-Kommission erinnern, die vorgeschlagen hat, die Delegationsvorschrift zu ändern, ohne damit in Konflikt mit der Rechtsstaatsgarantie zu kommen, die ein Faktor des Homogenitätserfordernisses in Art. 28 GG ist.

Den zweiten Punkt greife ich mit Rücksicht auf die Intervention von Herrn *Häberle* auf. Ich warne vor einem übermäßigen Gebrauch der Vorstellung vom *gemeindeutschen Verfassungsrecht* oder vom gemeindeutschen Landesverfassungsrecht. Hierin liegt meines Erachtens ein dogmatischer Hebel zur Entwertung des Landesverfassungsrechts. Da die Landesverfassungsgerichte, wie Herr *Bachof* richtig gesagt hat, eine Tendenz in diese Richtung zeigen, müßten wir eher gegensteuern. Wir haben im Gegensatz zu den Landesverfassungsrichtern die Zeit, uns mit diesen Fragen ausgiebig zu beschäftigen und zu vermitteln, was die Rechtslage nach der Landesverfassung des Landes X oder derjenigen des Landes Y ist.

Ein anderer Punkt, den ich leider nur kurz ansprechen kann, ist die Frage der Bedeutung der *Grundrechte* in den Landesverfassungen im Verhältnis zu den Grundrechten in der Bundesverfassung. Auf den ersten Blick sieht es so aus, als wenn die Grundrechte in den Landesverfassungen, sofern sie welche haben, ein starkes Stück Verfassungsautonomie der Länder darstellten. Das ist aber nur auf den ersten Blick richtig. Die Sozialrechte, die sich in der Bayerischen Verfassung finden, hat der Bayerische Verfassungsgerichtshof als Programm interpretiert und wohl auch interpretieren müssen. Was die kulturellen Rechte anbelangt, hat sich eigentlich nur auf dem Gebiete des Schulrechts etwas getan, im übrigen sind die kulturellen Rechte überaus zurückhaltend interpretiert worden. Die klassischen liberalen Rechte gibt es auch in den Landesverfassungen. Herr *Stern* hat auf den Datenschutz und die besondere Datenschutzvorschrift in der nordrhein-westfälischen Verfassung hingewiesen. Aber dieses Landesgrundrecht ist nicht deshalb in Nordrhein-Westfalen bedeutungslos, weil es dort keine Verfassungsbeschwerde gibt, sondern weil das Bundesverfassungsgericht Art. 2 Abs. 1 GG mit Unterstützung der Lehre extensiv so interpretiert, daß alle möglichen Freiheiten der Bürger immer in den Grundrechtsschutz fallen. Das ist der wahre Grund für die auffällige Schwäche der klassischen Grundrechte in den Landesverfassungen und für die auffällige Homogenität der Länder. Ein weiterer Homogenitätsfaktor ist das Bundesverwaltungsgericht. Das Bundesverwaltungsgericht ist Revisionsgericht für Landesrecht geworden, indem es prüft, ob dieses mit den Grundrechten im Einklang steht oder grundrechtskonform ausgelegt worden ist. Ein letzter Gesichtspunkt zeigt uns, welch starke vereinheitlichende Kraft die Grundrechte haben. Das Bundesverfassungsgericht hat aus den Grundrechten eine Koordinationspflicht der Länder, also eine bestimmte Art und Weise der Aufgabenwahrnehmung hergeleitet. Ich erwähne nur die beiden Beispiele der Vergabe von Studienplätzen und die Pflicht, einen Rundfunkstaatsvertrag zu schließen.

Eine allerletzte und kurze Bemerkung zu dem empirischen Befund. Ich würde das, was Herr *Grimm* gesagt hat, unterstützen und brauche es nicht zu wiederholen. Ich möchte aber in bezug auf das *Landesstaatsbewußtsein* Bemerkungen machen, die in eine etwas andere Richtung gehen. In Kreisen der Bevölkerung wird durch die Eigenständigkeit des Landesrechts immer noch die Freizügigkeit als bedroht angesehen. Ferner dürfen wir die Selbstangleichung, die die Bundesländer dauernd vornehmen, nicht unterschätzen. Wenn man etwa die neueren Legislationen auf dem Gebiete der klassischen Materien des Landesverwaltungsrechts betrachtet, findet eine Selbstkoordination über Mustergesetze, über Staatsverträge und über Gesetzesauslegung statt. Und was machen wir Professoren in der Lehre? In Bayern werden Vorlesungen über deutsches *und* bayerisches Staatsrecht gehalten. In welchem anderen Land liest man eigentlich deutsches und Landesstaatsrecht? Mit dieser Frage möchte ich schließen.

Vorsitzender: Vielen Dank, Herr *Starck.* Wir sind mit der Zeit sehr knapp. Bitte, Herr *Fiedler,* ganz kurz.

Fiedler: Erlauben Sie nur einen kleinen ergänzenden Hinweis auf einen Bereich, der heute in der Diskussion keine Rolle gespielt hat, obwohl in den Referaten ab und zu ein Hinweis gegeben wurde, wenn ich einmal absehe von der reizvollen Schilderung unseres schweizerischen Kollegens bezüglich der besonderen Nähe der Schweiz zu finanziellen Fragen. *Graf Vitzthum* hat in seiner These 2.3 von der finanziellen Unabhängigkeit gesprochen. Ich habe mich die ganze Zeit über gefragt, auch bei dem Beitrag von Herrn *Grimm*, was das eigentlich für Gesichtspunkte sind. Sind sie etwa vorrechtlich, außerrechtlich? Sie haben mit Recht, meine ich, diesen Gesichtspunkt nicht nach außen verlegt, sondern es handelt sich um einen zentralen Punkt – auch verfassungsrechtlicher Art. Denn worauf stützt sich die Kreativität des Landesverfassungsrechts – es fiel hier das Stichwort „Individualität" –, wenn nicht auch auf diesen Gesichtspunkt? Ich meine, man sollte ihn mitberücksichtigen, wenn man daran geht, eine etwas schwebende Bundesstaatstheorie zu konstruieren. Sie darf eben nicht über diesen finanziellen Dingen schweben. Vielen Dank.

Vorsitzender: Vielen Dank. Bitte, Herr *Wenger*.

Wenger: Von dem, was ich zu den Ausführungen der Referenten bezüglich der finanziellen Ressourcen der Gliedstaaten sagen wollte, hat Herr *Fiedler* schon Wesentliches vorgebracht. Staatlichkeit, auch Staatlichkeit der Gliedstaaten, ist notwendig inhaltlichen Änderungen unterworfen, die sich aus dem jeweiligen Rollenverständnis des Staates in bezug auf die Gesellschaft ergeben. In einer Zeit, die dem Staat eine weitgehende Verantwortung für den Wirtschaftsablauf und für die Entwicklung der Wirtschaftsstruktur zuerkennt, in der über 40% des Volkseinkommens in und über die Staatskassen fließen, erscheint mir die Frage, welchen Anteil an den öffentlichen Mitteln die Verfassungsordnung des Bundes den Gliedstaaten überläßt, um mit diesem Anteil die ihnen zukommenden wirtschaftspolitischen Aktivitäten finanzieren zu können, von zentraler Bedeutung zu sein; ebenso wie die Gliedstaaten die Planung und Verwendung dieser Mittel regeln und wie sie dabei auf die Wirtschafts- und Finanzpolitik des Bundes Bedacht zu nehmen haben. Aus dieser Sicht hätte ich mir eine eingehendere Auseinandersetzung nicht nur mit der Finanzverfassung im traditionellen Sinn, sondern auch mit dem Art. 109 des GG für die Bundesrepublik Deutschland, dem Art. $31^{\text{quinquies}}$ Abs. 1 der schweizerischen Bundesverfassung und Art. 13 Abs. 2 des österreichischen B-VG erwartet. Die Frage, inwieweit die in diesen Bestimmungen normierte Koordinierungs- und Kooperationsverpflichtung für Bund und Gliedstaaten bei ihren konjunktursteuernden Aktivitäten im gliedstaatlichen Verfassungs- und Haushaltsrecht Niederschlag findet, bzw. welche Regelungsdefizite hier noch bestehen und worin solche begründet sein dürften, gehört ohne Zweifel zu den Problemen, die der moderne gliedstaatliche Verfassungsgesetzgeber und der zur Konkretisierung berufene einfache Gliedstaatsgesetzgeber zumindest teilweise noch zu lösen haben. Wenn beispielsweise Herr *Funk* in Punkt III/9 seiner Leitsätze darauf hingewiesen hat, daß in Österreich die Länder die weitreichenden Möglichkeiten einer Modernisierung ihres

Haushalts(verfassungs-)rechts bisher kaum wahrgenommen haben, so ist das wohl euphemistisch ausgedrückt; realistisch gesehen haben die österreichischen Länder außer rudimentären Ansätzen derzeit überhaupt kein eigenes Haushaltsrecht. Mich und, wie ich annehme, nicht nur mich, hätte interessiert, wie die analoge Rechtslage in der Bundesrepublik und in der Schweiz ist und welche einschlägigen Probleme dort noch offen sind.

Vorsitzender: Vielen Dank, Herr *Wenger.* Bitte, Herr *Rack.*

Rack: Ich beziehe mich mit meinen Bemerkungen naturgemäß auf das Referat von Herrn *Funk,* nehme aber die Wortmeldung zum Anlaß, auch noch ein oder zwei Worte zu dem zu sagen, was Herr *Öhlinger* in meinen Augen etwas überzogen in seiner Wortmeldung zum Ausdruck gebracht hat. Ich gehe davon aus, daß Herr *Funk* nicht eine Stunde lang über ein Thema gesprochen hat, das es in Österreich nicht gibt. Und ich glaube, daß in diesem Zusammenhang zu konstatieren ist, daß es in Österreich neben anderen derartigen Gefällen auch ein Bundesstaatlichkeitsgefälle gibt, und zwar eines von Westen nach Osten; man sieht daher gerade dieses Thema außerhalb von Wien anders als „in der Provinz".

Zu den Ausführungen von Herrn *Funk* kann ich mich relativ kurz halten, weil das, was er hier geschildert hat, ein Ambiente war, in dem ich mich durchaus wohlfühlen konnte. Was man meines Erachtens noch tun sollte, ist, den einen oder anderen Schattenstrich zu dem von Herrn *Funk* gezeichneten Bild anzufügen. Dazu meine ich, daß die Status-quo-Analyse, die Herr *Funk* gegeben hat, im Sinne des Föderalismus vielleicht sogar etwas optimistischer zu sehen ist, als er das getan hat; in bezug auf die Zukunftserwartungen bin ich hingegen etwas pessimistischer als er.

Lassen Sie mich das nur an einigen Beispielen kurz illustrieren. Herr *Funk* hat unter Punkt III beschrieben, was die Länder im Zusammenhang mit ihrer Landesverfassungsautonomie gemacht oder eben auch nicht gemacht haben. Diesbezüglich wäre insbesondere zum Thema Einrichtungen der unmittelbaren Demokratie nachzutragen, daß hier die bisher schlummernde Verfassungsphantasie der Länder in den letzten Jahren zu neuer Lebendigkeit erwacht ist, und die österreichischen Länder doch das eine oder andere Kind geboren haben, das wert ist, näher betrachtet zu werden und das auch wert sein könnte, in weiterer Folge Vorbild für den Bund zu sein. Ich denke dabei insbesondere an das von Herrn *Funk* en passant erwähnte Institut der Verwaltungsinitiative, wo die einschlägig Interessierten nunmehr in einer Art und Weise in eine Domäne des Staates eingreifen können, wie sie bisher nicht vorgesehen war. Auf der Ebene der Gemeinden, wo einzelne Landesverfassungen dieses Rechtsinstitut ebenfalls vorgesehen haben, beginnt sich auch das eine oder andere aktive Mitgestaltenwollen der Bürger schon ganz konkret abzuzeichnen.

Zu den Themen Parlamentarisches System, bzw. Kontrolle der Vollziehung, wäre darauf hinzuweisen, daß auch hier einige durchaus interessante neue Entwicklungen zu vermelden sind, die die Länder entwickelt haben – zum Teil aus dem Rechtsvergleich, zum Teil auch aus der unmittelbaren Situation ihrer Staatlichkeit heraus – und wo sich damit auch hier eine gewisse Vorbildfunktion für das Verfassungsrecht des Bundes anbietet. Ich denke etwa an Einrichtungen, wie die Projektkontrolle, wo Kontrollverfahren geschaffen wurden und auch derzeit bereits gehandhabt werden, die es auf Bundesebene zumindest in dieser Form noch nicht gibt, von denen man aber annehmen kann, daß man sie auch dort schaffen müßte. Ein weiteres Beispiel, das man nachahmen sollte: Nach steirischem Verfassungsrecht ist es möglich, daß auch bereits zwei Prozent der Stimmbürger eine sog. Kontrollinitiative in Gang setzen, d.h., daß die Rechnungskontrolle, nicht nur wie bisher von den Staatsorganen selbst, sondern etwa auch durch die Aktivbürgerschaft in Gang gesetzt werden kann.

Ausdrücklich zuzustimmen ist Herrn *Funk*, daß im Zusammenhang mit der Reform des parlamentarischen Systems die Minderheitenrechte noch nicht in der Weise ausgebaut worden sind, wie man das erwarten könnte. Ich weise aber zu diesem Kritikpunkt auf ein technisches Problem hin. Aus der Tatsache, daß in unseren Ländern ein gewisser Proporz der Großparteien in der Regierung nahezu die Regel ist, ergibt sich eine Situation, in der auf Länderebene Minderheitenrechte nun tatsächlich Rechte sehr kleiner Minderheiten sein würden. Hier stellt sich ganz ernsthaft die Frage, wo man etwa eine Untergrenze einsetzen kann, für das Verlangen nach einem Unterausschuß, wenn mit einem Drittelrecht noch überhaupt nichts erreicht ist.

Zu den Tendenzen künftiger Entwicklung meine ich, und ich habe das ja vorhin bereits angedeutet, daß man die Dinge im Zweifel eher skeptischer sehen sollte, als dies der Referent bereits getan hat. Ich vermute, daß zukünftige Einbußen der Kompetenzen der Länder nicht nur im Zusammenhang mit den von Herrn *Funk* genannten Umweltschutzagenden zu erwarten sind, sondern daß es zukünftige Eingriffe in die Verfassungsautonomie der Länder auch im Zusammenhang mit Fragen des Krisenmanagements bzw. der finanziellen Sanierung in unserem Staat geben wird. Hier zeichnet sich bereits ab, daß tiefergreifende Sanierungsversuche immer nur dann erfolgversprechend zu sein scheinen, wenn sie alles, was in diesem Staat auf Bundes-, Landes- und Gemeindeebene anfällt, über einen Leisten scheren. Ich denke dabei etwa an Diskussionen in Österreich zum Thema Pensionsreform,

Steuerreform und dergleichen mehr. Da gibt es schon in der Vergangenheit eine Reihe von schlechten Beispielen, von denen ich glaube, daß sie Schule machen werden. Als man seinerzeit in Österreich über das Thema Vergabereform auf Bundesebene nachgedacht hat, ist man sehr rasch mit der Idee gekommen, in Form einer Verfassungsbestimmung dasselbe Regime auch gleich den Ländern aufzuoktroyieren.

Ein letztes Wort noch zu den künftigen Entwicklungen: Auch für Österreich wird sich, nicht im selben Maß wie das in der Bundesrepublik der Fall ist, aber eben auch, im Zusammenhang mit europäischen Integrationsentwicklungen für die Länder das Problem von Kompetenzverlusten ohne wirkliche Kompensation ergeben.

Vorsitzender: Ich darf noch einmal appellieren, möglichst doch etwas Selbstdisziplin zu üben, damit wir den Zeitrahmen einigermaßen einhalten können. Nun hat Herr *Wahl* das Wort.

Wahl: Die Hauptfrage ist nach meiner Meinung nach wie vor die: was lassen die gesamtstaatlichen Verfassungen für die Landesverfassungen übrig? Wir haben genug Stichworte gehört, die Anlaß zur Skepsis und zur Frage nach den Hypotheken geben, die auf den Landesverfassungen liegen. Da war vom Schatten des Bundes die Rede und davon, daß der Bund praktisch ein Gesetzgebungsmonopolist ist; angeführt wurden zu Recht die Dynamik des Sozialstaats, die einheitshervorbringende Kraft der Bundesgrundrechte, die ebenfalls einheitlich wirkende Parteienstaatlichkeit und dann die vielbesprochene Ausstrahlungswirkung des Bundesverfassungsgerichts auf die Landesverfassungsgerichtsbarkeit. In den Referaten ist als Maßstab für die Bewertung der Rolle der gliedstaatlichen Verfassung zurecht immer die Vorfrage nach den Funktionen der Verfassung gestellt worden. In aller Kürze möchte ich hier unterscheiden zwischen der Verfassung als rechtlicher Grundordnung und den politischen Funktionen der Verfassung.

Was sind im Kontext der Verfassung als rechtlicher Grundordnung und als Verfassungsgesetz die Substanz und die Funktion der Landesverfassungen? Hier ist wohl am ehesten sicherer Grund zugunsten der Landesverfassungen wenigstens in der Perspektive der Staatsrechtslehre. Wir haben die Stichworte vom Experimentalcharakter der Landesverfassungen und von ihrer möglichen Vorbildfunktion gehört; Herr *Schmid* hat auf das wechselseitige sich-Anregen von Bundes- und Bundes- und Landesverfassungen bei der Ungleichzeitigkeit der Verfassungen hingewiesen. Erwähnt waren schon die Spielräume der Länder beim Regierungs- und Wahlsystem. Aber wie gewichtig ist dies alles im Verhältnis zu den erwähnten Hypotheken? Und dann ist in diesem Bereich natürlich als Bereich möglicher Substanz – für die

Bundesrepublik unvermeidlich bei unserem gerichtsorientierten Denken – die Verfassungsgerichtsbarkeit in den Ländern ins Spiel gebracht worden, wobei wir jedoch gehört haben, daß es sie in Österreich nicht gibt, und daß sie in der Schweiz wenig Bedeutung hat, sicherlich auch deswegen, weil dort plebiszitäre Elemente eine ganz andere und wichtige Rolle spielen. Ich glaube aber doch, davor warnen zu sollen, daß wir das Heil für die Landesverfassungen nun fast ausschließlich in der Produktivität von Landesverfassungsgerichten sehen. Herr *Schmid* hat demgegenüber eine ganz ‚einfache' und dabei höchst wirkungsvolle Grundlage für die Bedeutung der Landesstaatlichkeit aufgezeigt, nämlich die ausgeprägte Steuerstaatlichkeit der Kantone. Wenn der größte Anteil der direkten Steuern bei den Kantonen anfällt, dann verbürgt eine solche Regelung in hohem Maß Substanz für die Länder.

Zum zweiten Punkt, zu den politischen Funktionen der Verfassung: Wenn eine Verfassung Integration und Identifikation ermöglichen soll, dann stellt sich die Frage nach den Ansatzpunkten für die Integration, also im Hinblick auf die Integrationsfunktion der Landesverfassung die Frage nach dem realen Substrat für Bundesstaatlichkeit. Aus meiner Sicht ist dabei die entscheidende Frage: wieviel Vielfalt ist eine Gesellschaft bereit hinzunehmen? In welchen Bereichen sind die Bürger bereit, unterschiedliche Regelungen in den einzelnen Bundesländern zu akzeptieren? In allen Fragen der Wirtschaft ist dies sicherlich nicht der Fall, in vielen anderen Bereichen auch nicht. Exemplarisch haben wir die Eigenständigkeit der Länder in Schulfragen diskutiert, sind dort aber sehr rasch auf ein gesellschaftliches Einheitlichkeitsbedürfnis, zumindest in der Bundesrepublik gestoßen, das zu dem rechtlich abgesichert ist. Ich darf in diesem Zusammenhang erinnern an die Entscheidung über die Schulformen im weltanschaulich-religiösen Sinne. Da hat das BVerfG im ersten Schritt sehr schön den Spielraum der Länderverfassungen aufgezeigt, um dann im zweiten entscheidenden Schritt die Grenzen aus Art. 4 I GG entgegenzusetzen. Im Ergebnis ist auch die Schule ein solcher Bereich, in dem die Gesellschaft nur sehr begrenzt Vielfalt hinzunehmen bereit ist.

Ein weiterer Bereich ist die Kultur; man möchte geradezu sagen, wenn irgendwo, dann herrscht im Bereich der Kultur die Vorstellung von Vielfalt und damit von Unterschiedlichkeit. Das wäre dann die Kulturstaatstheorie des Bundesstaates, die Herr *Häberle* eindrucksvoll dargelegt hat und bei der er heute dezent als bekannt vorausgesetzt hat, daß er ihr Autor ist. Aber auch beim Bereich der Kultur kommt man beim näheren Nachdenken in erhebliche Schwierigkeiten, wenn man danach fragt, wieviel binnennationaler Vielfalt wir uns hier leisten können, wenn wir einmal den Bereich der Folklore verlassen. Nehmen wir als Beispiel die Medienlandschaft: angesichts der weitreichenden internationalen Verflechtungen geht es doch heute nicht mehr darum, ob es im privaten Fernsehen bayerische oder fränkische oder sonstige Medienkonzerne gibt, sondern allein noch darum, ob wir den amerikanischen Konzernen noch überhaupt ein oder zwei europäische Konzerne entgegensetzen können. Es begegnet uns also gerade im Kernbereich von Kultur, in dem man auf binnennationale Vielfalt setzen möchte, die ganz andere, weit über den nationalen Rahmen hinausweisende Linie, daß wir kulturelle Identität nur noch als europäische gegenüber der amerikanischen verteidigen zu können glauben.

Bleibt die abschließende Frage, was eigentlich den Bundesstaat und die Eigenständigkeit der Länder prägt. Herr *Püttner* hat auf eine interessante Entwicklung in anderen europäischen Ländern hingewiesen, auf den dortigen Regionalismus. Damit stellt sich aber die Frage, wie sich Bundesstaatlichkeit und Regionalismus zueinander verhalten. Sind die deutschen Länder vergleichbar mit den Regionen anderer europäischer Staaten? Was prägt das Landesbewußtsein in Bayern? Und wie verhält sich bayerisches Landesbewußtsein zum schwäbischen, fränkischen oder oberbayerischen Regionalbewußtsein? Die generelle Frage nach der Substanz, die die Landesverfassungen trägt, möchte ich gerne an die drei Referenten stellen, um auch Unterschiede in den einzelnen Ländern zu erfragen. Denn ich meine, was die Landesverfassungen trägt, sind sicherlich nicht die Normen allein.

Vorsitzender: Vielen Dank. – Bitte, Herr *Lerche*.

Lerche: Die letzte Bemerkung von Herrn *Wahl* gibt mir Anlaß, vielleicht noch eine punktuelle Frage aufzugreifen. Das Bundesverwaltungsgericht hat sich vor einiger Zeit mit der Ihnen vielleicht wieder inzwischen entrückten Konstellation zu befassen gehabt, daß sich der Bayerische Verfassungsgerichtshof in der Auslegung des Gleichheitssatzes einer etwas anderen Bahn bediente als die anderen Bundesländer. Das Bundesverwaltungsgericht hat die Wirkung dieser Entscheidung des Bayerischen Verfassungsgerichtshofes praktisch kassiert; also eine Kollision zwischen Landesverfassungsgerichtsbarkeit und Bundesverwaltungsgerichtsbarkeit, die, glaube ich, sehr viel tiefere Probleme in sich birgt, als es jetzt hier aus Zeitgründen dargelegt werden kann.

Vorsitzender: Vielen Dank, Herr *Lerche*. Nun Herr *Ipsen*.

J. Ipsen: Herr Vorsitzender, meine Damen und Herren, ich möchte – und der Beitrag von Herrn *Lerche* macht mir Mut hierzu – zum Abschluß Ihre Aufmerksamkeit noch einmal auf das Detailproblem der

Landesverfassungsgerichtsbarkeit zurücklenken. Gegen die von Herrn *Bachof* vorgetragene Realanalyse läßt sich natürlich nicht viel einwenden. Gleichwohl würde ich in Frage stellen, ob die Entwicklung in irgendeiner Weise *zwangsläufig* war. Ich würde mich eher der These von Herrn *Stern* verbunden fühlen, daß es vielfach am verfassungsprozessualen Instrumentarium zur Ausbildung von Verfassungsrecht fehlt. Auch die These von Herrn *Püttner* von einer Reservefunktion der Landesverfassungsgerichtsbarkeit würde ich für diskutabel halten. Wo immer der Zugang zum Verfassungsgericht verengt oder gar nicht erst eröffnet wird, bleibt das Verfassungsrecht unentfaltet, kann sich kein Verfassungsbewußtsein bilden und folgerichtig bezeugt die Rechtswissenschaft nur geringes Interesse. Mit einer gewissen Zuspitzung läßt sich behaupten, daß die Bedeutung des gliedstaatlichen Verfassungsrechts eine Funktion der gliedstaatlichen Verfassungsgerichtsbarkeit ist. Gestatten Sie mir, diesen Befund ganz kurz an einem Beispiel aus Niedersachsen zu illustrieren; ein Beispiel, in dem nach Herrn *Bachof*s Meinung an sich die Landesverfassungsgerichtsbarkeit ihre eigentliche Wirkung entfalten müßte. Die Gemeinden A, B und C werden durch ein Neugliederungsgesetz zusammengeschlossen und erhalten den Namen der Gemeinde A. Nach Wechsel der Regierung und neuen Mehrheitsverhältnissen im Landtag wird ein Neugliederungsänderungsgesetz beschlossen, daß der Gemeinde nunmehr den Namen der Gemeinde B gibt. Auf die Verfassungsbeschwerde der Gemeinde A wird das Änderungsgesetz vom Bundesverfassungsgericht für nichtig erklärt, weil es die Garantie der kommunalen Selbstverwaltung aus Art. 28 II verletze. Die niedersächsische Verfassung enthält in Art. 44 ebenfalls eine Garantie der kommunalen Selbstverwaltung, die sogar detaillierter ist als die des Grundgesetzes. Überdies wäre der Staatsgerichtshof schon wegen seiner Sachnähe fraglos besonders geeignet, eine derartige Streitigkeit zu entscheiden. Da das niedersäschsische Verfassungsprozeßrecht aber keine kommunale Verfassungsbeschwerde kennt, bleibt nur der Weg zum – im Gegensatz zum Staatsgerichtshof überlasteten – Bundesverfassungsgericht. Deshalb kommt es nicht zur Ausbildung von Landesverfassungsrecht, deshalb bleibt nur die Rezeption von Bundesverfassungsrecht. Unter solchen Umständen kann sich kein Landesverfassungsbewußtsein entfalten, und die Wissenschaft richtet ihren Blick wieder auf das Grundgesetz. Dieses Beispiel mag als Beleg dafür dienen, daß es nicht zuletzt an den Ländern selbst liegt, wenn das gliedstaatliche Verfassungsrecht in seiner Bedeutung hinter dem Bundesverfassungsrecht zurückbleibt. Nur vermag ich in dieser Entwicklung keine Zwangsläufigkeit zu erkennen, sondern glaube, daß sie jederzeit umkehrbar ist, und ich meine, Zeichen dafür zu entdecken, daß wir vor einer Renaissance auch des Landesverfassungsrechts stehen. Schönen Dank.

Vorsitzender: Vielen Dank. Herr *Zuleeg*, bitte.

Zuleeg: Ich vertrete den Standpunkt, daß die Wirkungsreserven der Landesverfassungen in der Bundesrepublik Deutschland nicht vollständig ausgeschöpft sind. Aus Zeitgründen kann ich das nur exemplarisch belegen. Ich denke etwa an die Rechtsprechung des Bundesverfassungsgerichts zu den Schranken der Grundrechte aus der Verfassung, angewandt auf die Grundrechte ohne benannte Schranken. Ich glaube, man kann diese Rechtsprechung auch auf Grundrechte mit benannten Schranken ausdehnen. So sehr dieser Ansatz in meinen Augen zu begrüßen ist, hat das Bundesverfassungsgericht aber doch die Schwierigkeit, alle schützenswerten Rechtsgüter auf der Ebene des Grundgesetzes zu entdecken. Bezeichnend dafür ist, daß man sogar Kompetenzvorschriften strapaziert, um daraus schützenswerte Rechtsgüter abzuleiten. Ich bin nun nicht darauf versessen, Schranken der Grundrechte aufzuzeigen, ich meine aber, daß auf einigen Gebieten die Ausgeglichenheit fehlen würde, wenn solche Schranken nicht vorhanden wären, dort nämlich, wo die Zurückhaltung des Grundgesetzes groß ist. Das ist mit Rücksicht auf die Länderstaatlichkeit namentlich im Bereich der Kultur der Fall, aber auch in sozialen Angelegenheiten. Gewiß besteht das Bedenken, Herr *Vitzthum*, auf die Partikularität zurückzugreifen. Wir können nicht Bundesverfassungsrecht je nach dem Land verschieden ausgestalten. Aber ich meine, es bietet sich doch eine Möglichkeit, den Inhalt der Landesverfassungen in das Bundesverfassungsrecht einzuführen, wenn sich ein Anhaltspunkt im Grundgesetz findet. Und da denke ich in erster Linie an die Sozialstaatlichkeit. Das heißt also: Konkretisierung der Sozialstaatlichkeit aus Verfassungsbestandteilen der Länderverfassungen. Genauso könnte man bei kulturverfassungsrechtlichen Problemen vorgehen. Allerdings ist dafür eine so griffige Formel wie die der Sozialstaatlichkeit im Bundesrecht nicht enthalten. Da müßte man dann schon etwas mehr an Auslegung leisten und dazu etwa das Einfallstor des Art. 5 Abs. 3 GG benutzen. Darüber hinaus finde ich, daß die Landesverfassungen wie bei rechtsvergleichender Betrachtung herangezogen werden könnten, um Hinweise und Bausteine für die Fortentwicklung des Bundesverfassungsrechts zu gewinnen.

Vorsitzender: Vielen Dank, Herr *Zuleeg*. Herr *Steiger*, bitte.

Steiger: Herr Vorsitzender, Frau Kolleginnen, meine Herren Kollegen, ich möchte etwas zu Punkt 5 sagen. *Graf Vitzthum* hat mit Recht in seiner ersten These darauf hingewiesen, daß alles das, was zur Bedeutung des gliedstaatlichen Verfassungsrechts in der Bundesrepublik zu sagen ist, im Hinblick und im Zusammenhang der übernationalen Einbettung der Bundesrepublik zu sehen ist. Ich bin einer von denen, die die Bedeutung des Landesverfassungsrechts in der Bundesrepublik heute höher einschätzen als manche von Ihnen, vielleicht auch als *Graf Vitzthum* selbst. Auch die zukünftige Bedeutung des Landesverfassungsrechts werte ich höher, als manche von Ihnen das tun. Herr *Kisker* und Herr *Stein* haben dankenswerterweise zu Punkt 2 schon einniges gesagt. Überraschenderweise ist die eigentliche politische Diskussion um die Länder und ihr Verfassungsrecht von Europa her gekommen im Zusammenhang mit der Einheitlichen Europäischen Akte. Da bildeten sich so eigentümliche Koalitionen wie die zwischen Bayern und Nordrhein-Westfalen, zwischen Herrn *Strauß* und Herrn *Rau.* Da wurde auf einmal die Gefährdung der Länder in besonderer Weise deutlich, die faktisch die Bundesebene übersprang und auch zu überspringen geeignet ist. Andererseits hat aber meines Erachtens gerade, um auf die Frage des Landesbewußtseins einzugehen, diese Diskussion gezeigt, daß dieses vielleicht so unterentwickelt doch nicht ist. Ich glaube auch, daß in den 40 Jahren, die manche unserer Bundesländer inzwischen bestehen, andere sind natürlich viel älter, sich doch allmählich ein gewisses Landesbewußtsein entwickelt hat. Wenn man durch die deutschen Bundesländer reist, dann sieht man durchaus unterschiedliche Strukturen. Nun heißt es, daß selbst nationales Verfassungsrecht auf europäischer Ebene, wenn man die ganz radikale Position nimmt, eigentlich keine Rolle spiele, da es überlagert werde vom europäischen Recht. Diese Position ist inzwischen zurückgenommen. Bei den Grundrechten befinden wir uns, auch dank der Rechtsprechung des EuGH, im Prozeß der Entwicklung eines gemeineuropäischen Rechts der Grundrechte. Wenn man nun als ein dem Landesverfassungsrecht Geneigter versucht, gegen die Auszehrung des Landesverfassungsrechts durch europäischen Zugriff einen theoretisch-dogmatischen Damm zu bauen, dann fällt das nicht leicht und müßte eigentlich im einzelnen entwickelt werden.

Wegen der Kürze der Zeit mehr zu Protokoll erklärt, scheint mir doch folgendes zu bedenken zu sein: Die Europäischen Gemeinschaften sind in einem weiten Sinn, wie ich sehr viel früher einmal dargelegt habe, bündische Einheiten, wobei „bündisch" sehr weit und nicht sehr präzise gedacht ist – ich war damals von *Carl Schmitt* ausgegangen. Wenn man diesen Ansatz wählt, gehört zu der bündischen Struktur die Garantie der Glieder. Das ist der eigentliche Sinn der Sache und kommt doch wohl auch in den Europäischen Gemeinschaften zum Ausdruck. Ich erinnere in dem Zusammenhang auch an das, was Herr *Fleiner* vorhin zur Demokratiegarantie gesagt hat. Je weiter sich nun das Tätigkeitsfeld der Europäischen Gemeinschaften über den wirtschaftlichen Bereich im engen Sinne hinaus ausdehnt, auch durch die Auswirkungen der Wahrnehmung der Kompetenzen auf diesem Bereich in anderen Feldern, desto weiter zieht sich meines Erachtens auch eine Garantiepflicht der Europäischen Gemeinschaften für ihre Mitglieder und deren Bestand. Dies ist nicht nur im formalen Sinne zu verstehen, sondern auch in bezug auf die Substanz und die Funktion. Meines Erachtens bezieht sich daher diese Garantiepflicht auch auf den Bestand der Mitglieder, so wie die EG sie vorfinden, das heißt konkret für die Bundesrepublik in ihrer bundesstaatlichen Struktur mit den Ländern, mit deren Aufgaben, mit deren Funktionen und mit deren eigenem Verfassungsrecht. Mir scheint es nicht möglich zu sein, das von Herrn *Doehring* vorhin noch einmal in seiner klassischen Form dargelegte Prinzip der Abschottung der innerstaatlichen Struktur gegenüber dem Völkerrecht auch auf das Integrationsverfahren zu übertragen. Denn dieses Prinzip, das Herr *Doehring* vorhin ja nicht ohne Grund und sicherlich nicht zufällig am Haftungsproblem deutlich gemacht hat, ist ein Abgrenzungsprinzip gewesen, während wir es hier mit der Lösung von Kooperations- und Integrationsproblemen zu tun haben. Daher meine ich, daß die Europäischen Gemeinschaften auch für die Garantie des Bestandes der Länder verantwortlich sind. Zwei konkrete Dinge: Es ist mir durchaus verständlich, *Graf Vitzthum,* daß Sie sagen, die kulturellen Bestimmungen in den Landesverfassungen können nicht gegen eine Öffnung des Medienmarktes als eine Art Abschottung provinzieller Kultur geltend gemacht werden, obwohl ich sonst sehr viel gegen diese Öffnung des Medienmarktes habe, das hängt aber mehr mit meinem Thema vom vergangenen Jahr zusammen. Aber ich meine, die Niederlassungsfreiheit mit den dazu vorausgesetzten Äquivalenzen berechtige die Europäischen Gemeinschaften nicht, ein Einheitsabitur in den Mitgliedstaaten einzuführen, sei es nach deutschem, sei es nach französischem, sei es nach irgendeinem anderen Muster, weil dabei Beschränkungen, Abgrenzungen eintreten würden, während es ja, wie Sie gesagt haben, um Öffnung, die Möglichkeit der Einbringung von Vielfalt gehen muß. Es scheint mir auch, von einer anderen Seite her, Ansätze zu geben, etwa aus der Systemtheorie, die die funktionale Bedeutung von Gliederungen und Untergliederungen deutlich gemacht hat und von dem heute noch nicht erwähnten, aber vielleicht doch nicht ohne weiteres in die Vergessenheit zu verstoßenden Prinzip der Subsidiarität. Das würde allerdings für den Bund bedeuten, und vielleicht wäre das für die Länder sogar hilfreich, daß er gezwungen ist, seinerseits seine Garantiefunktion gegenüber den Ländern und ihrer verfassungsmäßigen Möglichkeiten auch wieder stärker gegenüber den Europäischen Gemeinschaften wahrzunehmen. Dankeschön.

Vorsitzender: Vielen Dank, Herr *Steiger.* Herr *Ipsen,* ja, kurz und bündig.

H. P. Ipsen: Was hier eben postuliert worden ist, ließe sich allenfalls begründen mit der Kehrseite des Art. 5 des EWG-Vertrages, wonach die Gemeinschaft Rücksicht auch auf die Mitgliedstaaten zu nehmen hat. Dabei ist folgendes zu bedenken: Die EG-Verfassung ist das, was ich eine Wandelverfassung genannt habe. Sie ist nach ihrer ganzen Anlage, ihrer Zweckbestimmung auf Dynamik ausgerichtet. Sie entwickelt sich weiter, und zwar auch außerhalb des im Vertrag vorgesehenen Vertragsänderungsverfahrens. Das hat sich z.B. im Ergebnis im „Mittlerweile-Beschluß" (Herr *Hilf* nennt ihn „Solange II") des Bundesverfassungsgerichts gezeigt – der Europäische Gerichtshof als gesetzlicher Richter i.S.d. Grundgesetzes. Diese Wandelverfassung überlagert sich den nationalen Verfassungen der Mitgliedstaaten, und die Bundesrepublik hat den Ländern gegenüber im Ratifikationsgesetz zur Einheitlichen europäischen Akte zugesichert, sich für die Interessen der Länder einzusetzen vorbehaltlich außenpolitischer oder integrationspolitischer Gründe. Die Kompetenz, diese Gründe zu qualifizieren, ist Sache des Bundes und nicht der Länder. Es ist kein Zweifel, daß darin ein Gefahrenmoment für die Länderzuständigkeiten gegeben ist, insbesondere auf dem Kulturgebiet (das ist heute morgen angeklungen in Ihrem Referat, Herr *Vitzthum,* in den Vorbereitungsaufsätzen der Zeitschriften leider in keinem Punkt berührt worden). Die Gemeinschaft operiert auf dem Gebiet der Kultur mit dem höchst verfänglichen Begriff der „Kulturwirtschaft", und damit werden Kulturerzeugnisse wie Bücher, Zeitschriften, Zeitungen Objekte der Wirtschaft – auch wenn sie nur aus Papier, wie Zeitungen, bestehen, die am nächsten Tag Altpapier sind. Infolgedessen aber sind sie „Wirtschaft" und werden von der Gemeinschaft vereinnahmt ohne Rücksicht darauf, daß nicht das Papier, sondern der geistige Gehalt die Essenz dieser Produkte darstellt. Das ist der Gefahrenpunkt, der für die Länderkompetenzen besteht im Bereich der Kultur.

Vorsitzender: Vielen Dank, Herr *Ipsen.* Herr *Zeh,* ich darf nun Sie bitten.

Zeh: Meine Herren, warum ich nicht auf meinen Beitrag ganz verzichte, hat nur den einen Grund: Ich möchte nicht, daß das Protokoll dieser Besprechung erscheint, ohne daß der Haupttäter für die mangelnde Relevanz des Länderverfassungsrechts – Entschuldigung: Landesverfassungsrechts – und die ausgehöhlte Staatlichkeit wenigstens namhaft gemacht ist. Der Hauptverantwortliche ist die Staatspraxis des kooperativen Föderalismus. Was ist von einer Verfassungsautonomie der Länder zu halten – was ja doch wohl heißen würde: Chance zur Verfassungsgesetzgebung durch die Landesparlamente –, wenn es diesen Landesparlamenten nicht einmal gelingt, das Agieren der jeweils eigenen Regierungen im Bundesrat, in den Verhandlungen über den Anteil an der Mehrwertsteuer, in den Fachministerkonferenzen und ihren etwa 1000 Subgremien usw. überhaupt ein wenig zu kontrollieren oder parlamentarisch anzubinden oder wenigstens sich Informationen darüber zu beschaffen? Selbst das gelingt ja nicht, und vor diesem Hintergrund sehe ich den Hauptpunkt. Ich denke, daß Staat im demokratischen Sinne erst dann gegeben ist, wenn man im Prinzip vollgültige Parlamente und Regierungen hat. Wenn aber diese Parlamente darauf verzichten, einige der wesentlichen Parlamentsfunktionen im parlamentarischen Regierungssystem wahrzunehmen, nämlich Regierungskontrolle und Vermittlung dessen, was geschieht, so daß das Landesvolk überhaupt weiß, wer für was zuständig und verantwortlich ist, wenn auf das verzichtet wird, dann kann es mit Länderstaatlichkeit und Relevanz von Landesverfassungsrecht freilich nicht allzu weit her sein. Natürlich wissen wir alle, warum das so ist. Parlamentarisches Regierungssystem heißt, daß die Landtagsmehrheit die Regierung aus sich selbst hervorbringt und folglich mit ihr politisch identisch und auf relative Konfliktfreiheit angewiesen ist. Trotzdem glaube ich, daß es die Möglichkeit gäbe, die – ich will mal sagen – latente Relevanz von Landesverfassungsrecht doch wieder etwas wirksamer zu machen, wenn man sich die Reparlamentisierung des kooperativen Föderalismus vornehmen würde. Dann könnte es plötzlich wieder ganz spannend werden, was die Bedeutung von Länderstaatlichkeit angeht. Schönen Dank.

Vorsitzender: Vielen Dank, Herr *Zeh.* Nun eine Frage von Herrn *Dittmann* an *Graf Vitzthum.*

Dittmann: Meine Frage an *Graf Vitzthum* bezieht sich auf seinen Leitsatz 7.1, in dem er die Bedeutung des Landesverfassungsrechts u.a. durch ein Verwertungsverbot zusätzlich relativiert und zwar durch ein Verwertungsverbot, wie es dort heißt, für die pointierten Werte der jeweiligen Landesverfassung. Ich verstehe dieses Verwertungsverbot, *Graf Vitzthum,* inhaltlich so, daß die Länder sowohl bei der Auslegung grundgesetzlicher Zweifelsfragen wie auch bei Abstimmungsprozessen im Rahmen des kooperativen Föderalismus Ihrer Ansicht nach gehindert sein sollen, sich gegenüber dem Bund bzw. den anderen Ländern auf Ihre landesverfassungsrechtlichen Besonderheiten, etwa im kulturellen oder schulischen Bereich, zu berufen. Sollten Sie, *Graf Vitzthum,* damit lediglich eine verfassungspolitische Empfehlung meinen, so bin ich damit einverstanden. Sollte Ihr Verwertungsverbot aber im Sinne einer rechtlichen Unzulässigkeit der Verwertung dieser landesverfassungsrechtlichen Besonderheiten zu verstehen sein, so würde mich interessieren, woraus Sie dieses Verwertungsverbot herleiten.

Vorsitzender: Vielen Dank, Herr *Dittmann.* Meine Damen und Herren, die Rednerliste ist nicht nur abgeschlossen, sondern sie ist auch abgehakt. Und jetzt haben die Referenten die Last des Schlußwortes nach einer langen Debatte. Sie haben sich nicht zwischendurch geäußert. Ich gebe zunächst Herrn *Schmid* das Wort.

Schlußwort Schmid: Ich möchte mit dem Feierlichsten einsteigen, mit der Frage, die Herr *Wahl* von unserer lieben alemannischen Schwesteruniversität Freiburg im Breisgau an uns gestellt hat, von wo her denn die Substanz des kantonalen Verfassungsrechts aus meiner Sicht noch kommen soll. Ich habe versucht, teilweise in meinem Referat eine Antwort zu geben. Wenn ich das nochmals ganz kurz zusammenfasse, glaube ich, daß es zwar einer Substanz bedarf an Autonomie der Kantone, an Handlungsspielräumen kantonaler Politikgestaltung, an einer entsprechenden finanziellen Ausstattung, daß aber kardinal dann wohl der Wille zur Behauptung kantonaler Eigenständigkeit und zur Behauptung einer föderalistischen Ordnung besteht, und der ist wohl nicht zu ersetzen. Wenn ich für einen Moment noch weitergehe, dann möchte ich mich auseinandersetzen mit etwas, was Herr *Grimm* in den Raum gestellt hat und was mich etwas beschäftigt hat, nämlich quasi die These, die Probleme seien im kleinen Raum nicht lösbar und im Grunde genommen sei die Entwicklung der Zeit so, daß der Wind dem Föderalismus oder auch der kantonalen Eigenständigkeit ins Gesicht bläst. Es ist hier dem gegenübergehalten worden, es funktioniere ja einigermaßen in der Schweiz. Ich glaube aber, wir haben sowohl wirtschaftliche als auch politische Verhältnisse, die das beweisen. Vielleicht ist es so, wie ein welscher Regierungsrat einmal festgehalten hat zum politischen System der Schweiz: *C'est illogique, mais ça fonctionne.* Aber es gibt vielleicht auch einige Gründe dafür. Ich versuche, sie anzutippen. Ich glaube, es gibt Abwägungsprozesse zwischen vielleicht weniger perfekten und weniger homogenen Lösungen, um Zugewinn an Partizipationsvorteilen zu erreichen. Es gibt auch Marktnischen kantonaler Politikgestaltung. Es braucht einfach genügend Phantasie, die aufzufinden. Und mir scheinen die Aufgabenkataloge der neueren Kantonsverfassungen durchaus aufzuzeigen, daß die Kantone dran sind, diese Marktnischen wieder zu entdecken und stärker zu besetzen. Dazu kann vielleicht auch beitragen, daß man bei gewissen Dingen, die man vereinheitlicht hat, nachher erhebliche andere Defizite wieder festgestellt hat, daß man Schwerfälligkeiten dafür eingetauscht hat. Also ich kann für unser Land nach wie vor eine gewisse Renaissance des Föderalismus feststellen, ohne daß ich stringent widerlegen könnte, daß Ihre Tendenz, die Sie namhaft gemacht haben, nicht auch im Zug der Zeit liegt. Es braucht vermutlich einiger Flexibilität und Phantasie, hier ein Optimum herauszudestillieren, in welchem die

Kantone hier nach und vor Überleben können. Zu Herrn *Häberle:* Sie haben mir die Gretchenfrage gestellt, welcher Bundesstaattheorie ich nachfolge oder anhänge. Nun, das ist eine schwierige Frage, weil ich, um *George Bernard Shaw* zu zitieren, zu jenen praktizierenden Katholiken gehöre, die im religiösen Bereich schon so viel glauben müssen, daß sie im säkularen Bereich nicht mehr viel glauben. – (Gelächter). Wenn ich mich unter dem entscheiden müßte, etwa in einem *multiple-choice*-Test, was Sie mir zur Verfügung angeboten haben, dann hätte ich noch am ehesten Neigung, der gemischten Theorie zu folgen – (Gelächter), schon weil sie irgendwie verheißt, daß sie vielleicht doch keine Theorie ist. – (Gelächter). In Verlegenheit bringt mich auch die Aufforderung, über die Begründung für das gemeineidgenössische Recht nachzudenken, trotz der erwägenswerten Dinge, die Sie im Jahrbuch für öffentliches Recht darüber geschrieben haben. Ich gehöre eigentlich zu den Leuten, denen diese Kategorie nicht so gefällt, und bin eigentlich auch der Meinung, auch die Lückenfüllung im kantonalen Verfassungsrecht habe sich autochthon am kantonalen Staatsrecht auszurichten und nicht gemeineidgenössisches Staatsrecht beizuziehen. Ich könnte mir auch schlecht vorstellen, und vielleicht ist das ein gewagter Vergleich, aber zeigt die partikularistische Denkweise eines Baselstädters, ich könnte mir auch schlecht vorstellen, daß das Bundesgericht bei Lücken im schweizerischen Staatsrecht sich schlichtweg auf das Grundgesetz berufen würde und erklären würde, es liege da irgendeine weitere Rechtskategorie vor, die wir zur Lückenfüllung hinziehen. Ich bin genügend Partikularist, um mich beinahe so zu stören an dem, daß das Bundesgericht mir einfach mit einer Kategorie hantiert, die es eigentlich selbst generiert hat und die nach meiner Überzeugung wenig einsichtig erscheint. Wenn ich also jetzt Ihnen Begründungen liefern müßte, so würde ich mein Ziel aus den Augen verlieren und der berühmten Metapher unterliegen, daß man, wenn man das Ziel aus den Augen verliert, dann wenigstens seine Anstrengungen verdoppelt. – (Gelächter). Zu Herrn *Püttner:* Sprachenfragen, ethnische Verschiedenheiten. Ich habe den Eindruck, daß diese für die Konzeptionen des kantonalen Verfassungsrechts keine Rolle gespielt haben. Es ist vielleicht sogar so, daß die ethnische Verschiedenheit der Schweiz, der „Willensnation Schweiz", in welcher ja eben sehr wenig direkt verbindendes, außer der historischen Entwicklung, zu verzeichnen ist, gerade den Zwang zur föderalistischen Ordnung und zu einer gewissen Staatlichkeit der Kantone einschließlich Verfassungsstaatlichkeit nach sich gezogen hat. Die Frage, wie weit unsere welschen Kollegen von der französischen Rechtskultur beeinflußt werden, ist eine interessante Frage. Soweit ich es sehe, ist das eher im Bereich des Verwaltungsrechts der Fall. Denn die staatsrechtliche Anlehnung an französische Kategorien mit dem doch immer stark vorhandenen Zentralismus ist wirklich kein verheißungsvolles Unterfangen für die welsche Minorität im schweizerischen Bundesstaat. Dort besteht, glaube ich, doch eine gewisse Immunität, so sehr man kulturell zum Teil nach Paris schaut. Politisch aber ist das aus der Minderheitsposition heraus keine verlockende Alternative. Zu Herrn *Schmidt-Jortzig:* Verfassungsgerichtsbarkeit in den Kantonen, das ist hauptsächlich ein Defizit in der Schweiz. Ich würde aber nicht so weit gehen und sagen, die Abschaffung der Verfassungsgerichtsbarkeit auf kantonaler Ebene stärke die Eigenständigkeit der Kantone. Es scheint mir hier ein pragmatischer Ansatz in der Schweiz Pate zu stehen für diese „Fehlanzeige" der Verfassungsgerichtsbarkeit auf kantonaler Ebene. Es fehlt irgendwie an der kritischen Masse für eine Verfassungsgerichtsbarkeit. Wenn Herr *Bachof* für das große Land Baden-Württemberg erklärt, daß das ein Problem gewesen sei, daß die Verfassungsrichter nur sporadisch zusammentreten und keine konsistente, kohärente Praxis entwickeln können, dann gilt das für die ungleich kleineren 26 Schweizer Kantone in noch erhöhterem Ausmaß. Also für mich ist das ein Problem kritischer Masse für die Kantone. Und zuletzt zu Herrn *Wenger:* Artikel 31^{quinquies} der Bundesverfassung sieht tatsächlich solche konjunkturpolitischen Ausgleichsfunktionen des Finanzgebarens vor und sieht tatsächlich vor, daß der Bund sie gegenüber den Kantonen in gewissen Grenzen in Anwendung bringen könnte. In der Staatspraxis hat das nie eine Rolle gespielt. *Deficit spending* ist aus Schweizer Sicht etwas, das geschehen kann, aber das man sicher nicht vorsätzlich unternimmt. Es gilt als so unanständige Unsolidität, daß man auch in Zeiten, als *Keynes* noch modern, darauf verzichtet hat.

Schlußwort Funk: Herr *Grimm,* Herr *Ipsen* und Herr *Häberle* haben eine stärkere Berücksichtigung des Realstatus der Länder, also des Föderalismus im sozio-politischen Sinne, und dabei insbesondere auch der tatsächlichen Rolle der politischen Parteien, moniert. Zweifellos sind diese Aspekte zu beachten. Ich glaube aber, daß ich für alle Referenten spreche, wenn ich sage, daß dies ohnehin geschehen ist – zum Teil implizit, zum Teil auch in ausdrücklicher Form, jedenfalls aber in jenem Rahmen, in dem sich eine staatsrechtliche Betrachtungsweise zu bewegen hat. Den genannten Gesichtspunkten der sozio-politischen Realität kommt dabei erkenntnisleitende und systemstiftende Funktion zu. Im übrigen müssen wir uns aber der Grenzen staatsrechtlicher Fachkompetenz bewußt sein (was aber nicht als Ausklammerungsstrategie gemeint ist). Eine professionelle Analyse dieser Phänomene, deren Wichtigkeit außer Streit steht, liegt jenseits der Grenzen staatsrechtlicher Methodologie.

Ich teile die Diagnose von Herrn *Öhlinger.* Für das Staatsrecht und die Verfassungspolitik stellt sich dabei die Frage nach einer Reform des Föderalismus in Österreich – eine Reform, die nur als Gesamtreform auf Bundesebene stattfinden könnte. Was die von Herrn *Öhlinger* angesprochenen Tendenzen eines neuen Föderalismus betrifft, die sich etwa in einem verstärkten Selbstbewußtsein der Länder und einem stärkeren Auftreten der Landeshauptmänner gegenüber dem Bund zeigen, so bin ich mir nicht sicher, ob es sich nicht dabei in Wahrheit nur um gewisse Umbruchserscheinungen in der Reichweite der Machtkompetenzen der politischen Parteien handelt, zusammenhängend mit einem Verfall der integrativen Kraft und Stabilität dieser Parteien auf Bundesebene. Wenn das der Fall ist, so bleibt abzuwarten, ob von daher ein nachhaltiger Effekt auf die Grundlagen des Föderalismus in Österreich zu erwarten ist.

Herr *Öhlinger* hat gemeint, ich hätte die Bedeutung des gliedstaatlichen Verfassungsrechts in Österreich in manchen Punkten eher zu optimistisch geschildert. Ob man diesem Bereich „nahezu keine Bedeutung" beimißt oder aber doch „einige Bedeutung" zugesteht, ist eine Frage von Akzenten. Es ist auch zu bedenken, daß hier noch lange nicht all das ausgeschöpft wurde, was darin an Möglichkeiten schlummert.

Zu den Fragen von Herrn *Häberle,* der von einer „gemischten Bundesstaatstheorie" gesprochen hat: Für Österreich hängt die Antwort auf die Frage nach der maßgebenden Bundesstaatstheorie mit dem Bundesstaatsstreit zusammen, dessen Ergebnis nach wie vor offen ist. Lange Zeit war die minimalistische Auffassung der Dezentralisationstheorie vorherrschend. Sie ist inzwischen unter massiven Beschuß geraten und es scheint, daß eine Kompromißvariante in Form der von Herrn *Häberle* angesprochenen gemischten Bundesstaatstheorie auch in Österreich im Begriff ist, sich durchzusetzen. Im übrigen ist anzumerken, daß es eine Art amtsoffizielle Bundesstaatstheorie auch in Österreich nicht gibt.

Herr *Häberle* hat weiters die Frage des Werkstattcharakters des Landesverfassungsrechts aufgeworfen: Sind die Länder sozusagen das „Westgalizien" für eine künftige Reform des Bundesverfassungsrechts? Manches deutet in diese Richtung. So wurde vor einigen Jahren versucht, durch eine Diskussion über die Aufnahme von Grundrechten in die Landesverfassungen stimulierend auf die seit langem festgefahrene Grundrechtsreform auf Bundesebene einzuwirken. Inzwischen dürfte auch hier einiges – wenn auch zögernd – in Bewegung geraten sein. Eine Werkstattfunktion des Verfassungsrechts der Länder könnte aber darüber hinaus auch in anderen Bereichen wirksam werden, etwa bei den plebiszitären Elementen oder beim Ausbau der Kontrollrechte parlamentarischer Minderheiten.

Was den von Herrn *Häberle* angesprochenen Begriff des gemeinösterreichischen Verfassungsrechts angeht, so würde allein schon die Frage als solche bei einem Teil der österreichischen Kollegen Verwunderung hervorrufen, weil dieser Begriff keiner terminologischen Kategorie des österreichischen Verfassungs- und Staatsrechtsdenkens entspricht. Herr *Häberle* vermutet aber mit Recht, daß es so etwas auch in Österreich gibt (es ist nur bisher kaum noch gesehen worden). So ist in der neueren Rechtsprechung des Verfassungsgerichtshofes – überraschend für denjenigen, der den Stil traditioneller Verfassungsrechtsprechung kennt – neuerdings öfters die Rede vom Grundsatz von Treu und Glauben, vom Verbot des Rechtsmißbrauchs, im besonderen auch vom Verbot mißbräuchlicher Kompetenzausübung und dergleichen. Mit solchen Argumentationsfiguren sind der Sache nach allgemeinrechtliche Prinzipien des österreichischen Verfassungsrechts angesprochen. In meinem Referat habe ich erwähnt, daß einige Landesverfassungen in ihrem proklamatorischen Teil ebenfalls darauf Bezug nehmen. Ob man dabei von „gemeinösterreichischem Verfassungsrecht" sprechen will oder – wie Herr *Starck* meint – diese Terminologie besser vermeiden sollte, mag dahingestellt bleiben. Tatsache ist, daß das Phänomen als solches existiert.

Herr *Schmidt-Jortzig* vermutet, daß die Abschaffung der Verfassungsgerichtsbarkeit der Länder der Bedeutung des gliedstaatlichen Verfassungsrechts nützen könnte. Aus österreichischer Sicht möchte ich Zweifel anmelden. Bei uns hat jedenfalls der Verzicht auf eigene Verfassungsgerichte der Länder nicht geholfen.

Zur Frage von Herrn *Wahl,* was denn das Landesverfassungsrecht eigentlich trägt und wie es mit dem Landesverfassungsbewußtsein aussieht: In Österreich sind die Grundlagen eines solchen Verfassungsbewußtseins – sofern man von einem solchen überhaupt sprechen kann – wohl kaum im ethnischen Bereich zu suchen. Die österreichische Bundesstaatlichkeit hat keine ethnische Basis, mag auch bisweilen versucht werden, eine besondere Eigenart des steirischen, vorarlbergerischen, tirolerischen oder burgenländischen Menschen zu behaupten. An den in Österreich ansässigen ethnischen Minderheiten ist die bundesstaatliche Struktur völlig vorbeigegangen. Daran wird sich auch in absehbarer Zukunft (leider) nichts ändern. Eher schon könnte eine Grundlage für so etwas wie ein Verfassungsbewußtsein der Länder in einer weit verbreiteten, gegen Wien gerichteten Antipathie gesehen werden. Zum Teil gibt es auch – mit einem West-Ost-Gefälle – in den Ländern das Bewußtsein der historischen Einheit. Im übrigen müßte das Phänomen des Landesverfassungsbewußtseins mit den Mitteln vor allem der Sozialpsychologie und der Politikwissenschaft näher untersucht werden.

Zuletzt zu der von Herrn *Rack* für nicht ausreichend erachteten

Berücksichtigung der Kontrollinstrumente, speziell im Bereich der Steiermärkischen Verfassung: Der Aufschwung dieser Einrichtungen verdient gewiß Beachtung, ihre besondere Entwicklung in einzelnen Ländern ändert jedoch nichts am Gesamtbefund. Ich versichere, daß all das in der schriftlichen Fassung meines Beitrages in den Fußnoten berücksichtigt wird. Die von Herrn *Rack* geäußerte Sorge, daß die Verfassungshoheit der Länder im Zuge der finanziellen Sanierung des Staates und im Zusammenhang mit der Hinwendung zu Europa weitere Einbußen erleiden könnte, teile ich nicht, denn ich frage mich, was den Ländern hier noch genommen werden könnte.

Wenn man sich die geradezu kriegerischen Töne vor Augen hält, die von Länderseite (besonders aus der Steiermark) aus Anlaß des Streites um die Stationierung von Luftraumüberwachungsflugzeugen zu vernehmen sind, und wenn man weiters davon ausgeht, daß das ius ad bellum ein Attribut gliedstaatlicher Staatsqualität ist, dann könnte man meinen, daß wir soeben Zeugen eines dramatischen Prozesses der Staatswerdung speziell eines österreichischen Bundeslandes sind.

Schlußwort Graf Vitzthum: Zunächst sage ich meinen Dank für die im besten Sinne belebenden, belehrenden und weiterführenden Diskussionsbeiträge. Ich bedanke mich sodann für die fünf Begleitaufsätze, die über mich während der Arbeit an dem Vortrag geradezu heruntergeprasselt sind. Es war – ich bin mehrfach danach gefragt worden – keineswegs so, daß sie mich behindert haben; im Gegenteil, sie waren eine Hilfe. Ich habe das Referat dann auch etwas im Sinne einer Komplementarität auf diesem Gebiet verstanden, indem ich Akzente u.a. bei Aspekten zu setzen gesucht habe, auf die die Begleitaufsätze zum Teil nicht eingegangen sind.

Nun in sechs Punkten kurze, fast überspitzte Antworten auf die verschiedenen Fragen und Stellungnahmen, stark zugespitzt aus Gründen der Zeit.

Erster Bereich: Staatlichkeit, Verfassungshoheit und – wie ich mehrfach in meinem Referat gesagt und in meinem Zwischenruf erneut gefordert habe – Realanalyse. Herr *Doehring* fragte nach dem Staatsbegriff des Völkerrechts. Der ist so ruiniert, daß wir von daher die Staatlichkeit der Gliedstaaten nicht konstruieren oder dekonstruieren können. Herr *Partsch* warf die Frage nach dem Landesbewußtsein auf: er bezweifelte sein Vorhandensein. Nun, wenn man sich an die fast panikartige Reaktion des verfassungsändernden Gesetzgebers erinnert, der nach den Abstimmungen in Schaumburg-Lippe und Oldenburg dem Art. 29 GG die Zähne ausschlug, kann man schwerlich bestreiten, daß eben doch offenbar noch einiges an irrationaler Substanz in den historischen Regionen, vielleicht auch in einigen älteren Ländern sowie nun bereits in manchen neueren Bundesländern vorhanden ist, und daß sich daraus ein Landesbewußtsein zunehmend Nahrung holt. Daß die Parteienstaatlichkeit oder das Parteienwesen bei uns unitarisch seien und deswegen eine lebenskräftige Landesstaatlichkeit in Zweifel zu ziehen sei – – auch diese These mag naheliegen; aber sie ist doch – selbst wenn sie empirisch belegbar wäre – zumindest höchst gefährlich für die herrschende Bundesstaatslehre, die ja gerade im Föderalismus eine Möglichkeit zur Auflockerung des Parteienwesens sieht. Man muß zumindest diese beiden Dinge zusammen sehen. Der Theorie von der Komplementärwirkung des Bundesstaats für die Förderung des demokratischen Lebens – Herausbildung von Oppositionsführern, von regionalen Parteizentren usw. – würde zum Teil der Boden entzogen, wenn man die Parteienstaatlichkeit nicht doch als föderativ aufgelockerter ansieht, als in unserer Aussprache wiederholt vermutet wurde. Die Geschichte der Reform des Art. 29 GG scheint mir meine These von der in Wirklichkeit gar nicht so unitarischen Parteienlandschaft zu belegen. Es waren offenbar gerade nicht die „Großen Elefanten" in Bonn, die die Entschärfung der Neugliederungsbestimmung betrieben haben, sondern die Landesparteifürsten; sie fürchteten, daß ihre Parteien – die austarierten Mehrheiten in ihren Ländern – gefährdet wären, wenn die Länder teilweise anders zugeschnitten würden. Verschiedentlich wurde in der Aussprache die finanzielle Unabhängigkeit der Länder angeschnitten – – in der Tat ein entscheidender Punkt. Zum diesbezüglichen realen Spielraum der Gliedstaaten ein erster Hinweis: Vor Beginn des Ersten Weltkrieges verfügte das Reich über 10% der Nettoeinnahmen, in der Weimarer Republik über 30%; heute sind es bekanntlich 50%. Herr *Wenger* fragte zu Recht, was denn aus Stabilitätsgesetz und mittelfristiger Finanzplanung geworden ist, die doch auch das Aktionsfeld der Länder beeinflussen (sollen). Nun, diese Instrumente sind in ihrer Wirkung weitgehend geschwächt worden. Die Gefahren jedenfalls, die hier aus der Sicht des parlamentarischen Regierens wegen der nur marginalen Einschaltung der Parlamente gesehen worden waren, haben sich als haltlos erwiesen, da das Instrumentarium – ein weiteres Beispiel für das Nichtfunktionieren großräumiger, umfassender Steuerungsversuche – sich als labil, als durchschlagsarm herausgestellt hat. Beim Bundesverfassungsgerichtsurteil zum Länderfinanzausgleich schließlich taucht plötzlich an versteckter Stelle „das bündische Prinzip", der Gedanke des Füreinandereinstehens, als ein Prinzip auf, das hier zu beachten sei. So unitarisch ist eben auch dieser Bereich offenbar nicht zu sehen. Verschiedentlich erwähnt wurde die Kultur als der vielleicht letzte Bereich, und dem sich die Länder stärker darstellen und definieren. Ich bin hier recht optimistisch. Denken sie etwa an einen Bereich, der gar nicht erwähnt wurde, den des Museumswesens. Wir erleben Versuche in vielen Bundesländern, Häuser der Geschichte einzurichten. Baden-Württemberg etwa macht ein derartiges Haus speziell für die baden-württembergische Geschichte, als Kontrast und Korrektur zu den nationalen Denk- und Gedenkstätten.

Zum zweiten Punkt, der Bundesstaatstheorie, die Herr *Häberle* mit Recht angefordert hat. Ich habe erwähnt, daß ich einen doppelten Funktionssinn des Bundesstaats – und das mag dann auf den Begriff der Mischung, des gemischten Systems, zielen – sehe: Sicherung eigener staatlicher Untergliederungen und gesamtstaatliche Mitwirkung. In beiden zusammengenommen sehe ich nach wie vor die Rechtfertigung und Lebensmöglichkeit für die Bundesländer, die von daher gesehen in der Tat – darauf hat insbesondere Herr *Püttner* hingewiesen – etwas qualitativ anderes sind als lediglich hochpotenzierte Selbstverwaltungskörperschaften. In jener Erhaltung der eigenen staatlichen Gliederung ist eben auch etwas Gefühlsmäßiges, etwas nicht rein rational Abdeckbares oder Ersetzbares enthalten; dies tritt neben die klassische Funktionsweise der Mitwirkung am Gesamtstaat und verstärkt insgesamt die Legitimation bundesstaatlicher Gliederung heute. Nun fragt Herr *Zippelius* – und dies ist die für mich schwierigste Frage –, ob es nicht doch so etwas wie ein Rangverhältnis zwischen Bundes- und Landesverfassung gibt, ob also der von Herrn *Wahl* eingeführte Begriff der Komplementarität nicht eine falsche Assoziation hervorruft. Nun, Sie haben selbst angedeutet, die Entstehungsgeschichte leitet hier zum Teil in eine andere Richtung. Das zweite Argument, das mich gegen ein Rangverhältnis sprechen läßt, ist, daß es sich hier in der Tat um ein Zusammenordnen von selbständigen politischen Einheiten handelt, wenn auch keine von ihnen die vollständige Wahrnehmung aller Staatsaufgaben in Anspruch nehmen kann. Im Fall der Kollision gibt es zwar eine „Überordnung" der Bundesverfassung, aber daraus folgt nicht, daß das prinzipielle Verhältnis der Komplementarität gegen ein solches der Vor- und Nachrangigkeit auszutauschen wäre. Bund und Länder sind natürlich, Herr *Hesse* hat das in seinem Lehrbuch in der berühmten langen Fußnote zu Beginn des Bundesstaatskapitels ja eingehend geschildert, intensiv aufeinander zu bezogen, und man kann darüber streiten, ob dieses Zusammenordnen und Einordnen nicht so umfassend ist, daß dann nur eben das Gesamtgebilde als Staat bezeichnet werden kann. Meines Erachtens sprechen aber die besseren Argumente dafür, daß auch die Glieder in unserem System Staatsqualität haben, jedenfalls in dem von mir als Glied-Staatlichkeit hervorgehobenen Sinne.

Drittens: die Landesverfassungsgerichtsbarkeit. Hier kann ich mich kurz fassen. Herr *Schmidt-Jortzig*, die über Art. 99 GG initiierte Rechtsprechung halte ich im Hinblick auf unser Spezialthema für uninteressant, jedenfalls was die Staatsqualität oder die Identität des Landes Schleswig-Holstein angeht. Da besteht hier kein Nexus zwischen dem speziellen Amt für Karlsruhe und der Bedeutung der Landessatzung für Kiel. Im übrigen ist kontrovers und eingehend diskutiert worden, ob die Landesverfassungsgerichtsbarkeit bedeutungsvoll ist oder nicht, und ob sie notwendigerweise anlehnungsbedürftig ist oder nicht. Ich glaube, ich kann mich darauf zurückziehen, daß Herr *Bachof,* der als Insider die größte Skepsis hinsichtlich der Bedeutung und Eigenständigkeit der Landesverfassungsgerichte geäußert hat, seinerseits der Autor einiger in jeder Hinsicht origineller Urteile des Staatsgerichtshofs Baden-Württemberg ist, so daß er sich im Grunde genommen selbst widerlegt durch seine Bescheidenheit. Die Frage: Landesverfassungsgerichtsbarkeit versus Bundesfachgerichtsbarkeit, Herr *Lerche,* hat sich mir so noch nicht gestellt. Vielen Dank für den Hinweis. Dem muß ich nachgehen.

Viertens: gemeindeutsches Verfassungsrecht. Ich hatte befürchtet, dies würde ein Schlüsselbegriff unserer Diskussion werden, so wie damals in Basel, als Sie, Herr *Tomuschat,* über den Verfassungsstaat im Geflecht der internationalen Beziehungen referierten und plötzlich die ganze Staatsrechtslehrervereinigung nur noch den Begriff soft law erörterte. Dazu ist es zu Recht heute nicht gekommen, wenn sich auch interessanterweise neben Herrn *Häberle* etwa die Herren *Bayer* und *Zuleeg* stärker für diese Kategorie erwärmt haben, und, wenn ich das richtig notiert habe, sich nur Herr *Starck* ähnlich dezidiert dagegen geäußert hat wie ich in meinem Referat. Meine Absicht und Aufgabe konnte hier lediglich sein, diese Kategorie zu nennen und auf die mit ihr verbundenen Probleme und Versuchungen hinzuweisen. Deswegen habe ich bewußt pointiert, ja kantig formuliert. Im Grunde genommen müßte man einsteigen in die gesamte juristische Methodenlehre, müßte weit über *Laband* und *Gerber* zurückgreifen, zumindest bis in die Mitte des 18. Jahrhunderts, und man müßte dann etwa wissenschaftsgeschichtlich die Ausstrahlungen in die Allgemeine Staatslehre und die Rechts- und Verfassungsgeschichte mitbehandeln. Im übrigen habe ich einen Spalt der Tür offen gelassen, indem ich von einer gewissen Interpretationsrelevanz dieser Kategorie sprach. Ich sehe diese übrigens, anders als Herr *Zuleeg,* in erster Linie bei der grammatikalischen Auslegung. Wenn Begriffe auf Landes- und Bundesebene gleich lauten, ist es naheliegend, daß sie auch das Gleiche meinen, selbst wenn man – entgegen Herrn *Zippelius* – nicht ein Rangverhältnis, nicht eine so eng geordnete normative Ordnung befürwortet. Ich habe dagegen große Bedenken, die Kategorie „gemeindeutsches Verfassungsrecht" im Rahmen einer systematischen Interpretation anzuwenden. Die systematische Auslegung setzt *ein* Rechtssystem voraus, während sich der Bundesstaat gerade dadurch auszeichnet, daß er (auch) ein System der Widersprüche ist, ein System von Widersprüchen, die nicht durch eine solche Kategorie nun künstlich nivelliert werden dürfen.

Die Selbstkoordination der Länder – der fünfte Diskussionsschwerpunkt, also praktisch das Gebäude des kooperativen Föderalismus, Herr *Kisker* und die Folgen – wurde vielfach angesprochen, und ich kann den Ergänzungen nur zustimmen. Allerdings möchte ich Herrn *Zehs* Beitrag dazu nutzen, meine These als bestätigt anzusehen, daß es den Landesparlamenten, die ja im wesentlichen die Landesverfassungen ändern könnten, mehr am politischen Wollen als am rechtlichen Dürfen mangelt. Die Landtage könnten ihre Position gegenüber dem Exekutivföderalismus stärken, sie tun es aber nicht. Sie verzichten auf entsprechende rechtliche Positionsverbesserungen, weil hier – da gebe ich Herrn *Partsch* Recht – die Parteienstaatlichkeit, die Parteisolidarität über das institutionelle Gefühl, das gewaltenteilende Wollen des Parlaments, siegt. Man muß fast die Landtage zum Jagen tragen in diesem Bereich der Kontrolle der gliedstaatlichen Kooperation.

Besonders dankbar war ich – und damit bin ich beim sechsten und letzten Punkt –, daß die Herren *Wahl, Ipsen, Rack* und *Steiger* – ich hoffe, ich habe keinen vergessen – meine EG-Thesen zumindest aufgegriffen, also anerkannt haben, wenn ich das richtig bewerte, daß die heutige Problematik des Gliedstaatsverfassungsrechts jedenfalls für die Bundesrepublik Deutschland auch in diesem dreistufigen – *Hans Kelsen* würde sagen: dreistöckigen – Bundesstaat zu sehen ist, und daß von dieser tendenziellen Dreistufigkeit die eine oder andere Relativierung gerade im Vergleich zu den föderativen Nachbarländern notwendig ist.

Mit einer letzten, in diesem Fall realanalytischen Bemerkung darf ich enden. Der Staat und gerade der Gesamtstaat ruht auf einer metajuristischen Basis. Dieses Fundament ist für die Bundesrepublik Deutschland, genauso wie es *Nawiasky* bereits für die Ära nach dem Ersten Weltkrieg konstatierte, der Wille zu nationaler Einheit. Dieses Bewußtsein und dieser Wunsch, weiterhin einer größeren Einheit zuzugehören, schließt nicht aus, daß man auch den kleineren Einheiten die gebührende Aufmerksamkeit widmet und auch ihren Rang und ihre Würde anerkennt. Danke.

Vorsitzender: Frau Kollegin, meine Herren, wir sind am Ende unserer Beratungen angelangt. Es steht dem Diskussionsleiter nicht an, irgendwelche Zensuren zu vergeben. Ich darf aber doch feststellen, daß wir eine fruchtbare und erhellende Debatte gehabt haben – mancher zunächst geäußerten Skepsis zum Trotz, wobei ich vor allem Herrn *Meyer* anschaue. Das Thema hat mich etwas an unsere Berliner Beratungen über Deutschland nach 30 Jahren Grundgesetz erinnert. Dort mußten wir auch in einer Zwitterstellung sowohl die Statur der Bundesrepublik wie auch die Verfassung der Bundesrepublik erörtern. Hier konnten wir die Probleme des Landesverfassungsrechts ebensowenig diskutieren, ohne uns gleichzeitig Gedanken zu machen über die Befindlichkeit der Gliedstaaten selbst.

Ich möchte nur zum Abschluß ganz herzlich den Referenten danken, sowie allen Diskussionsteilnehmern. Zudem möchte ich mich bei allen denen entschuldigen, die frühzeitig eine Meldung abgegeben haben, die geglaubt haben, ich hätte ihre Meldung falsch eingeordnet, und die demzufolge zu dem Schluß gekommen sind, sie seien zu spät aufgerufen worden. Trotz des äußeren Anscheins ist aber einem jeden Recht widerfahren. Nur hat sich die Debatte in den Erstlingsabschnitten der vorgesehenen Gliederung verhakt und ausgedehnt. Wichtig scheint mir jedenfalls, daß sie bis zum Schluß substanzreich geblieben ist, wofür auch die Tatsache Zeugnis ablegt, daß der Saal trotz der späten Stunde noch gut gefüllt ist.

Zweiter Beratungsgegenstand:

Die Einheit der Verwaltung als Rechtsproblem*

1. Bericht von Professor Dr. *Brun-Otto Bryde*, München

Inhalt

Seite

---

* Meinen Mitarbeitern an der Universität der Bundeswehr München, insbesondere Frau *Gabriele Oestreich*, schulde ich Dank für den gemeinsamen Kampf mit der „Einheit der Verwaltung".

A. Verwaltung zwischen Einheit und Differenzierung

I. Die pluralisierte Verwaltung

„Einheit“ ist kaum das Wort, das einem als Erstes einfällt, wenn man an die deutsche Verwaltung denkt. Die zweite Gewalt weist im Gegenteil eine kaum übersehbare Vielfalt und einen verwirrenden Formenreichtum rechtlich und faktisch verselbständigter Einheiten auf und auch die Binnenstruktur der Hauptverwaltungsträger Bund, Länder und Gemeinden ist durch Erscheinungen gekennzeichnet, die man je nach Temperament als Pluralismus oder Fragmentierung bezeichnen kann[1].

Aus der Perspektive des Bürgers läßt sich diese Situation als unübersichtlicher Behördendschungel darstellen, in dem man Schwierigkeiten hat, den für das eigene Anliegen Zuständigen zu finden, in dem man auch für einfache Projekte eines Bündels von Genehmigungen bedarf und in der das Plazet der einen Behörde keinesfalls gegen Eingriffe einer anderen sichert.

Aus der Sicht der Verwaltung löst eine Situation, in der der eigene Beitrag zur Verwirklichung des Gemeinwohls dem einzelnen Spezialisten nicht mehr deutlich ist, möglicherweise Entfremdungsgefühle[2], sicher aber erheblichen Koordinierungsbedarf aus. Die Erfüllung der eigenen Aufgaben kann nicht nur durch die Verwaltungsumwelt, sondern auch durch Mit- oder Gegenspieler im Verwaltungssystem selbst frustriert werden: durch Vorenthaltung von Unterstützung oder auch dadurch, daß offen mit unterschiedlicher Zielsetzung gegeneinander gearbeitet wird (ein Verdacht, mit dem sich z.B. Sozialarbeiter und Polizei bei der Rauschgiftbekämpfung begegnen).

Diese Skizze mag Erwartungen an unser Thema auslösen, es solle mit dem Mittel des Rechts Einheit an Stelle von Fragmentierung gesetzt werden. Für einen realistischen Zugang zu unserem Thema ist jedoch wichtig, sich die Gründe für die zunehmende Ausdifferenzierung der Verwaltung klar zu machen.

Am Anfang kann die systemtheoretische Binsenweisheit stehen, daß das politisch-administrative System die Anforderungen einer hochkomplexen Umwelt nur bewältigen kann, wenn es einen ausrei-

---

[1] Zum Befund vgl. nur *F. Wagener*, in: König/von Oertzen/Wagener (Hrsg.), Öffentliche Verwaltung in der Bundesrepublik Deutschland, 1981, S. 73ff.; *Brohm*, VVDStRL 30 (1972), S. 245, 261f.; *R. Scholz*, VVDStRL 34 (1976), S. 145, 153 Fn. 26; *Steinberg*, Politik und Verwaltungsorganisation, 1978, S. 274ff.; *ders.*, DÖV 1982, S. 619, 624; *Siedentopf*, in: Götz/Klein/Starck (Hrsg.), Die öffentliche Verwaltung zwischen Gesetzgebung und richterlicher Kontrolle, 1985, S. 279, 288ff.; *Schuppert*, Die Einheit der Verwaltung als Rechtsproblem, DÖV 1987, S. 757ff.; *Mögele*, Die Einheit der Verwaltung als Rechtsproblem, BayVBl. 1987, S. 545f., alle m.w.N.

[2] *Lottermoser*, in: Götz/Klein/Starck, a.a.O. (Anm. 1), S. 257, 268.

chenden Grad innerer Differenzierung entwickelt[3]. Da Gesetzgebung und Rechtsprechung auf einen eng umschriebenen numerus clausus von Organisationsstrukturen und Handlungsformen festgelegt sind, trifft dieser Differenzierungsdruck voll die zweite Gewalt. Es geht dabei nicht um ein bloßes Wachstum der Staatsaufgaben, das durch Arbeitsteilung im Rahmen eines hierarchisch-bürokratischen Verwaltungsmodells bewältigt werden könnte. Die heterogenen, ja widersprüchlichen Anforderungen einer ausdifferenzierten Umwelt verlangen vielmehr auch eine Ausdifferenzierung von Verwaltungskultur und -instrumenten, ein Tatbestand, der in juristischer wie sozialwissenschaftlicher Literatur meist in Dichotomien z.B. zwischen rechtsstaatlichem und sozialstaatlichem Verwaltungstyp[4], Eingriffs- und Leistungsverwaltung[5], vollziehender und gestaltender Verwaltung[6], oder – ganz neu – interventionistischem und post-interventionistischem Recht erfaßt wird[7].

Das Modell bürokratischer Verwaltung findet seine Grenzen auch, wo der Gesetzgeber der Verwaltung keine Handlungsanweisungen liefert. Er ist immer weniger im Stande, die Forderungen einer komplexen Umwelt zu aggregieren und delegiert die Aufgabe, das Gemeinwohl zu konkretisieren, an die Träger unterschiedlicher öffentlicher Interessen in der Verwaltung[8] Der für die pluralistische Demokratie kennzeichnende Prozeß der Gemeinwohlkonkretisierung durch Konflikt wird in die Verwaltung hineinverlagert.

---

[3] Vgl. nur *Luhmann*, Soziologie als Theorie sozialer Systeme, in: Soziologische Aufklärung, I, 4. Aufl., 1974, S. 113ff., 123ff. Zur juristischen Rezeption: *Schlink*, Die Amtshilfe, 1980, S. 80 m.w.N.

[4] *Offe*, Leviathan 3 (1974), S. 333ff., 336ff.; *Ossenbühl*, Verwaltungsvorschriften und Grundgesetz, 1968, S. 17ff. m.w.N.; *Faber*, Verwaltungsrecht, 1987, S. 30ff.; *Badura*, Verwaltungsrecht im liberalen und sozialen Rechtsstaat, 1966.

[5] *Forsthoff*, Lehrbuch des Verwaltungsrechts I, 10. Aufl. 1973, S. 368ff.; *Faber*, a.a.O. (Anm. 4), S. 32f.

[6] *Brohm*, a.a.O. (Anm. 1), S. 259, 274; *Schmidt-Aßmann*, VVDStRL 34 (1976), S. 221, 223ff.

[7] *Teubner*, in: *ders.* (Ed.), Dilemmas of Law in the Welfare State, 1984; *Teubner/Wilke*, ZRSoz. 1984, S. 4ff. Zur Kritik: *Münch*, ZRSoz. 1985, S. 19ff.; *Nahamowitz*, ZRSoz. 1985, 29ff. Zur Anwendung auf die Verwaltungspolitik vgl. z.B. *Rucht/Treutner*, Regulierung Gesellschaftlicher Arbeit, Jahresschrift f. Rechtspolitologie 1987, S. 115ff.

[8] *Brohm*, a.a.O. (Anm. 1), S. 277ff.; *Burmeister*, in: Brohm (Hrsg.), Drittes deutsch-polnisches Verwaltungssymposium, 1983, S. 45, 65ff.; *Schmidt-Aßmann*, a.a.O. (Anm. 6), S. 226; *Scholz*, a.a.O. (Anm. 1), S. 151 m.w.N.; zur Pluralität „öffentlicher Interessen": *Häberle*, Öffentliches Interesse als juristisches Problem 1970, S. 60; *W. Schmidt*, VVDStRL 33 (1975), S. 183, 195, m.w.N.; *v. Zezschwitz*, Das Gemeinwohl als Rechtsbegriff, Diss. 1967, S. 123ff.; *H. Steiger*, FS für H. J. Wolff, 1973, S. 385ff.

Damit verbunden erfolgt eine zunehmend fachliche Ausdifferenzierung der Verwaltung, die man neutral als Multidisziplinarität, positiv als Professionalismus oder negativ als Fachegoismus bezeichnen kann[9]. Sie äußert sich in der Ausdifferenzierung von Rollen, professionellen Werten, Verhaltensmustern und Problemlösungstechniken. Die Orientierung an der Profession tritt in Konkurrenz zu der am öffentlichen Dienst (deutlich bei Lehrern, Polizei, Sozialarbeitern), auch wenn man die vereinheitlichende Wirkung von Traditionen, einheitlichem Dienstrecht und der nach wie vor überwiegend juristischen Ausbildung nicht unterschätzen sollte[10].

Die Ausdifferenzierung der Verwaltung wird verstärkt durch die Verflechtung der verschiedenen Verwaltungsstrukturen mit ihrer Umwelt. Über die Beziehung zu je verschiedenen Klientelen und Sachproblemen schlägt die Differenzierung der Verwaltungsumwelt auf diese durch[11]. Dies ist vor allem insoweit unumgänglich, als die Erbringung von Verwaltungsleistungen in einem zweiseitigen Verhältnis erfolgt, d.h. auf die Kooperation des Adressaten angewiesen ist[12], wie z.B. in Betreuungs- und Förderungsverhältnissen. Auch dieser Tatbestand kann wiederum positiv unter dem Gesichtspunkt der Klientenorientierung und der Partizipation oder negativ unter dem Gesichtspunkt der Verfilzung von Verwaltung und Interessen und der Gefährdung der Gesetzmäßigkeit der Verwaltung durch informalen Rechtsstaat und tauschförmiges Recht[13] gesehen werden. Über den Grundtatbestand einer auf eine differenzierte Umwelt notwendigerweise mit der Ausbildung differenzierter Strukturen reagierende Verwaltung kann kein Zweifel bestehen.

Die angedeuteten Gefährdungen verweisen auf die Aufgabe auch eines ausdifferenzierten Verwaltungssystems, seinen Zusammenhang und seine Grenzen gegenüber der Umwelt zu wahren[14]. Komplexität

---

[9] *Geib*, Verwaltungseinheit, Prinzip und Gegentendenzen, in: Morstein-Marx (Hrsg.), Verwaltung, 1966, S. 148, 155f.; *Mayntz*, Soziologie der öffentlichen Verwaltung, 3. Aufl., 1985, S. 178; *Scholz*, a.a.O. (Anm. 1), S. 152; *Ellwein*, Hdb. Verf.R., 1983, S. 1131f.; *von Arnim*, Staatslehre der Bundesrepublik Deutschland, 1984, S. 358ff.

[10] *Schuppert*, a.a.O. (Anm. 1), S. 762.

[11] *Schuppert*, a.a.O. (Anm. 1), S. 758; *Mögele*, a.a.O. (Anm. 1), S. 546; *Siedentopf*, a.a.O. (Anm. 1), S. 289, 291.

[12] *Offe*, a.a.O. (Anm. 4), S. 339ff.; *Schuppert*, Die Erfüllung öffentlicher Aufgaben durch verselbständigte Verwaltungseinheiten, 1981, S. 282ff. Vgl. auch *Ritter*, AÖR 104 (1979), S. 389ff.; *H. Krüger*, Von der Notwendigkeit einer freien und auf lange Sicht angelegten Zusammenarbeit zwischen Staat und Wirtschaft, 1966; *ders.*, Das wirtschaftspolitische Mitwirkungsverhältnis, 1974.

[13] *Schuppert*, in: Hoffmann-Riem (Hrsg.), Bürgernahe Verwaltung?, S. 279ff.; *Hoffmann-Riem*, VVDStRL 40 (1982), S. 187, 203ff.; *Bohne*, Der informale Rechtsstaat, 1981; *G. Winter*, Jb. R Soz. R Th. Bd. 8 (1982), S. 9, 24 („tauschförmiges Recht“).

erfordert nicht nur Differenzierung, sondern bedeutet auch Interdependenz[15], schlichter gesagt, daß alles mit allem zusammenhängt, und das Handeln von Spezialisten in einem Bereich Folgeprobleme in anderen Bereichen auslöst. Die Gleichzeitigkeit von zunehmender Spezialisierung und zunehmender Koordinierungsnotwendigkeit stellt die Verwaltung vor Probleme, von denen noch nicht sicher ist, ob und wie sie zu lösen sind[16].

Nun wäre das Bild der deutschen Verwaltung unvollkommen gezeichnet, würde man nicht auch entgegenlaufende Entdifferenzierungsprozesse berücksichtigen, ohne daß diese jedoch notwendig funktionale Antworten auf den Koordinierungsbedarf wären.

Von Entdifferenzierung betroffen ist insbesondere die vertikale Gliederung der Verwaltung. Die Gefährdung der Bundesstaatlichkeit durch unitarisierende Tendenzen, übertriebene Koordinierungssucht und Politikverflechtung ist ein Dauerthema der Förderalismusdiskussion[17], wie wir nicht erst seit der gestrigen Sitzung wissen. Ebenso kann für die kommunale Selbstverwaltung eine lange Verlustliste einer ortsnahen Erfüllung der Verwaltungsfunktion (durch vertikale Aufgabenwanderung und Vereinheitlichungsmanie der Aufsichtsbehörde) aufgemacht werden[18]. Antrieb ist dabei auch – und insoweit wirkt die Beziehung zwischen Verwaltung und Bürger nicht nur differenzierend – ein über das rechtlich Gebotene weit hinausgehender Anspruch der bundesdeutschen Öffentlichkeit auf Gleichbehandlung und einheitliche Lebensverhältnisse[19] (oder auch mangelnde Bereitschaft, die staatstheoretischen Vorteile des Förderalismus mit Schulschwierigkeiten der eigenen Kinder zu erkaufen).

Auch andere Differenzierungsmechanismen wirken ambivalent: Professionelle Differenzierung führt zu *Frido Wageners* ebenen- und zuständigkeitsübergreifenden „vertikalen Fachbruderschaften"[20] und

---

[14] Auch dies eine systemtheoretische Selbstverständlichkeit: *Luhmann*, Funktionale Methode und Systemtheorie, a.a.O. (Anm. 3), S. 39ff.

[15] *Brohm*, a.a.O. (Anm. 1), S. 258 m.w.N.; *Schmidt-Aßmann*, a.a.O. (Anm. 6), S. 224; *Ellwein*, Hdb. Verf. R., S. 1131f.

[16] *Teubner/Willke*, a.a.O. (Anm. 7), S. 9ff.

[17] Vgl. nur *Stern*, StaatsR I, 2 Aufl., S. 747ff., m.w.N.; *Ellwein*, HdbVerfR, S. 1117f.; *Kisker*, Kooperation im Bundesstaat, 1971, S. 100ff.; *Lerche*, in: VVDStRL 21 (1964), S. 66, 68ff. – Zur Politikverflechtung grundlegend: *Scharpf/Reissert/Schnabel*, Politikverflechtung, 1976.

[18] *Blümel*, VVDStRL 36 (1978), S. 171, 188ff., 206ff. m.w.N.; *Grawert*, ebd., S. 277, 281, 285; *H. J. Vogel*, Hdb.VerfR, S. 857f. – Als Fallstudie (Weiterbildung): *Losch*, VerwArch. 1987, S. 145ff.

[19] *Vgl. auch W. Schmidt*, in: Meyer/Stolleis (Hrsg.), Hess. Staats- u. VerwR 1983, S. 58: Einheitliche Lebensverhältnisse als heimliche Staatshauptzielbestimmung.

[20] *Wagener*, VVDStRL 37 (1979), 214, 238ff.; vgl. auch *von Arnim*, a.a.O. (Anm. 9), S. 360, sowie *Schmidt-Aßmann*, NVwZ 1987, S. 265f.

auch die Ausrichtung auf bestimmte Klientelen wirkt integrierend hinsichtlich unterschiedlicher Akteure mit der gleichen Klientel.

Entdifferenzierend wirkt auch die Landnahme der Parteien in der Verwaltung[21], vor allem verbunden mit bürokratischem Zentralismus innerhalb der Parteien, und vor allem dort, wo wir auf Landesebene Einparteiensysteme im politikwissenschaftlichen Sinne finden[22].

Nicht zu übersehen ist schließlich das Entdifferenzierungspotential, das im technologischen Wandel in Gestalt moderner Kommunikations- und Informationstechnik steckt. Rein tatsächliche Verwaltungsdifferenzierung aus Gründen von Größenwachstum, Unübersichtlichkeit und Kommunikationsschwierigkeiten läßt sich dadurch weitgehend reduzieren. Räumliche und personelle Ausdifferenzierung der Verwaltung braucht nicht mehr zu bedeuten, daß Verwaltungsprobleme auch vor einem unterschiedlichen Informationshintergrund mit unterschiedlichem Handwerkszeug angegangen werden. Andererseits kann gerade der Wegfall technischer Schranken eine Zusammenballung staatlicher Macht zu Lasten des Bürgers bedeuten. Technisch wird der Überwachungsstaat möglich[23]. Im Volkszählungsurteil des BVerfG ist die Vorstellung deutlich, daß es früher eine Art Grundrechtsschutz durch Ineffizienz gab, der nunmehr gefährdet ist[24].

2. Pluralismus und Einheit der Verwaltung unter dem GG

Wenden wir uns der normativen Ebene zu, finden wir eine gewisse Entsprechung zur Ambivalenz von Differenzierungs- und Entdifferenzierungsprozessen in einer nicht schlicht aufzulösenden Spannung zwischen Pluralismusgeboten und einem rechtlichen Verständnis der Verwaltung als Einheit.

a) Anders als in Staaten mit ungebrochenem Einheitsmythos (Frankreich, Großbritannien), in denen sich die Differenzierungserfordernisse sozialstaatlicher Verwaltung gegen zentrale verfassungs- und verwaltungsrechtliche Glaubenssätze durchsetzen müssen und daher häufig in einer Grauzone von paragouvernementalen Erscheinungen verwirklichen[25], ist die bundesrepublikanische Verwaltungsorgani-

---

[21] *Stolleis*, VVDStRL 44 (1986), S. 8, 22ff.; *von Arnim*, a.a.O. (Anm. 9), S. 276ff.

[22] Zur Entstehung von Quasi-Einparteiensystem bei regionalisierten Parteiensystemen in Bundesstaaten: *von Beyme*, Parteien in westlichen Demokratien, 2. Aufl., 1984, S. 332ff.

[23] *H. P. Bull*, Datenschutz und die Angst vor dem Computer, 1984, S. 34ff. m.w.N.; *Scholz/Pitschas*, Informationelle Selbstbestimmung und staatliche Informationsverantwortung, 1984, S. 19ff. m.w.N.

[24] BVerfGE 65, 1, 42.

[25] Vgl. zu Großbritannien: *Hood*, in: Hood/Schuppert (Eds.), Delivering Public Services in Western Europe, 1987, S. 75ff.

sation schon von ihren verfassungsrechtlichen Vorgaben her auf Pluralisierung angelegt.

Mit der Verteilung der Verwaltungsfunktion auf Bund, Länder und Kommunen hat sich das GG für einen vielfältig dezentralisierten, problem- und ortsnahen Verwaltungsvollzug entschieden[26], es geht von der Existenz weiterer rechtlich und faktisch verselbständigter Verwaltungsträger aus[27] (auch wenn man nicht jeder Kompetenznorm eine institutionelle Garantie entnimmt)[28] und im Ressortprinzip findet die fachliche Ausdifferenzierung eine Basis[29]. Auch das Gewaltenteilungsprinzip des GG legt die zweite Gewalt nicht auf hierarchische Geschlossenheit fest[30], sondern ist mit seiner Tendenz freiheitssichernder Aufteilung der Staatsgewalt und funktionsrichtiger Zuordnung der Staatsfunktionen offen für ihre Pluralisierung[31].

Über diese Grundstrukturen hinaus finden sich in der öffentlichrechtlichen Dogmatik weitere Ansätze zu einer Absicherung der Binnenpluralisierung der Verwaltung.

Die erste Phase grundgesetzlicher Verwaltungsrechtslehre schuf die unerläßlichen Vorbedingungen mit der rechtlichen Durchdringung des Innenlebens der Verwaltung[32], und die Ausdehnung des Gesetzesvorbehalts sorgte für eine gesteigerte rechtliche Fixierung von Organisationsstruktur, Zuständigkeiten und Kompetenzen[33].

---

[26] *Schmidt-Aßmann*, a.a.O. (Anm. 20), S. 265; *Mögele*, a.a.O. (Anm. 1), S. 545; *Kisker*, a.a.O. (Anm. 17), S. 105.

[27] Art. 87 II (Sozialversicherung), III GG; *Dittmann*, Die Bundesverwaltung 1983, S. 93ff.

[28] Zur Autonomie der Bundesbank: BVerwGE 41, 334, 349f.; *Bauer*, in: v. Münch, GG, Art. 88 Rdn. 4ff. m.w.N.

[29] *Oebbecke*, Die Einheit der Verwaltung als Rechtsproblem, DVBl. 1987, S. 866, 870; *Sachs*, Die Einheit der Verwaltung als Rechtsproblem, NJW 1987, S. 2338, 2341; *Stern*, StaatsR II, S. 308ff.

[30] Anders *Leisner*, FS für Maunz, 1971, S. 405ff., auf der Grundlage der Annahme einer „Balance“ der drei Montesquieuschen Gewalten, die sich weder historisch noch erst recht aus dem Grundgesetz begründen läßt; dagegen *Schlink*, a.a.O. (Anm. 3), S. 15ff.

[31] Grundlegend *H. Peters*, Die Gewaltentrennung in moderner Sicht, 1954, S. 23ff.; *Forsthoff*, Lehrbuch des Verwaltungsrechts, 1. Aufl., 1950, S. 370; vgl. nunmehr insbesondere *Schlink*, a.a.O. (Anm. 3), S. 15ff. und passim. Vgl. auch *Brinckmann*, ÖVD 1975, S. 239; *Bull*, DÖV 1979, S. 689, 690ff.; *Oebbecke*, a.a.O. (Anm. 29), S. 869. Zur funktionsrichtigen Zuordnung vgl. die Nachweise bei *Scholz*, a.a.O. (Anm. 6), S. 160; *Schmidt-Aßmann* (1987), a.a.O. (Anm. 6), S. 267.

[32] *H. J. Wolff*, VerwR II, 1960, § 73 II; *H. H. Rupp*, Grundfragen der heutigen Verwaltungslehre, 1965, S. 19ff.; *E. W. Böckenförde*, Organisationsgewalt im Bereich der Regierung, 1964, S. 70ff.; *Ossenbühl*, Verwaltungsvorschriften und Grundgesetz, 1968, S. 154ff. Kritische Rekonstruktion dieser Entwicklung bei *Burmeister*, a.a.O. (Anm. 8), S. 55ff.

[33] BVerfGE 40, 237 (250); *Böckenförde*, FS für H.J. Wolff, 1973, S. 287ff.; *Stern*, StaatsR II, S. 732f.; *Stettner*, Grundprobleme einer Kompetenzlehre,

Aber auch die Besinnung auf die Eigenständigkeit und Freiräume der Exekutive, die seit einiger Zeit Konjunktur hat[34], stellt die Verwaltungsdifferenzierung nicht in Frage, sondern ist eher geeignet, sie zu verstärken: Ein Verwaltungsvorbehalt[35] z.B. läßt sich nicht als Vorbehalt für die Exekutive schlechtin begründen, sondern nur als flexibler Schutz für die Sachnähe der Entscheidung gegenüber gesetzlicher Überprogrammierung, mithin als Behörden-[36] oder Selbstverwaltungsvorbehalt[37]. Und die Betonung der Verwaltungsverantwortung gegenüber der Verwaltungsgerichtsbarkeit[38] kann unter der Geltung des Art. 19 IV nie gerichtsfreie Räume der Exekutive begründen, sondern nur Konkretisierungsspielräume, deren Rechtfertigung in der konkreten Ausgestaltung der jeweiligen Verwaltungsorganisation und -funktion liegt, also z.B. einen Beurteilungsspielraum des Lehrers, nicht der Kultusverwaltung[39].

Auch aus der Perspektive des Bürgers und seiner Grundrechte ergeben sich Forderungen auf ein differenziertes Innenleben der Verwaltung. Die Einsicht in die Bedeutung von Organisation und Verfahren für die Verwirklichung der Grundrechte[40] führt zu einer rechtlichen Aufwertung von Organisationsstrukturen, zu Garantien bestimmter Organe und Organisationsformen, ganz allgemein zur grundrechtli-

---

1983, S. 339ff. m.w.N.; *Schmidt-Aßmann*, FS für Ipsen, 1977, S. 333ff.; *Sachs*, a.a.O. (Anm. 29), S. 2339.

[34] Die natürliche nie ganz verschüttete, aber doch zurückgedrängte Vorstellung exekutiver Eigenständigkeit (grundlegend *H. Peters*, Die Verwaltung als eigenständige Staatsgewalt, 1965) erhielt verstärkten Auftrieb durch BVerfGE 49, 89 (126f.); 68, 1 (68). Repräsentativ für die Entwicklung einer neuen „h.L." die Beiträge in: Götz/Klein/Starck (Hrsg.), a.a.O. (Anm. 1); vgl. auch bereits *Scholz*, a.a.O. (Anm. 1); *Schmidt-Aßmann*, a.a.O. (Anm. 6), sowie *Stern*, Staatsrecht II, S. 754ff.

[35] *Maurer/Schnapp*, Der Verwaltungsvorbehalt, VVDStRL 43 (1985), S. 135ff., 172ff. m.w.N.; *Ossenbühl*, in: Götz/Klein/Starck (Hrsg.), a.a.O. (Anm. 1), S. 9, 29ff.

[36] Vgl. *Scholz*, a.a.O. (Anm. 1), S. 149: „Eigenverantwortung als Funktionsvorbehalt, ausgefüllt durch die einzelne Verwaltungskompetenz und ihre verantwortliche Wahrnehmung". – Zum „Behördenvorbehalt" vgl. auch *Maurer*, a.a.O. (Anm. 35), S. 140.

[37] *Ossenbühl*, a.a.O. (Anm. 35), S. 30.

[38] *Scholz*, a.a.O. (Anm. 1); *Schmidt-Aßmann*, a.a.O. (Anm. 6); *Püttner*, in: Götz/Klein/Starck (Hrsg.), a.a.O. (Anm. 1), S. 131ff.

[39] *Bryde*, Anforderungen an ein rechtsstaatliches Schulbuchgenehmigungsverfahren, 1981, S. 57ff. m.w.N. – Bedenklich: *Lerche*, Bayerisches Schulrecht und Gesetzesvorbehalt, 1981, S. 52; BVerwG NVwZ 1984, S. 102.

[40] *Goerlich*, Grundrechte als Verfahrensgarantien, 1981; *von Münch*, Vorb. 25–27 vor Art. 1, GGK, 3. Aufl., 1981; *Denninger*, AKGG vor Art. 1 Rdn. 15–22; *Hesse*, Hdb. Verf.R., S. 100ff.; *Häberle*, VVDStRL 30 (1972), S. 86, 121ff.; *Pietzcker*, VVDStRL 41 (1983), S. 193, 196f.; *Kunig*, Das Rechtsstaatsprinzip, 1986, S. 362ff.; *Bethge*, Grundrechtsverwirklichung und Grundrechtssicherung durch Organisation und Verfahren, 1982, S. 1ff.

chen Relevanz nicht nur des Ergebnisses von administrativen Entscheidungsprozessen, sondern auch ihres Ablaufes und damit zu grundrechtlich abgestützten Forderungen nach der Einhaltung von Kompetenzvorschriften und Verfahrensschritten, selbst wenn man nicht den ganzen Weg zum „Recht auf den gesetzlichen Verwaltungsbeamten“[41] oder einen einklagbaren Anspruch auf eine bestimmte Verwaltungsorganisation geht, wie er im „Recht am eingerichteten und ausgeübten Schulbetrieb“[42] aufscheint.

b) Solchen Pluralismusgeboten steht die teils konstatierende, teils beschwörende Behauptung gegenüber, die Verwaltung in der Bundesrepublik sei – in all ihrer Vielfalt – als funktionelle Einheit zu begreifen[43].

Dagegen spricht nicht, daß das GG eher sparsam in der Normierung von Einheitspostulaten ist[44]. Es ist nicht die Aufgabe einer Verfassung, selbstverständliche Folgerungen aus der Staatlichkeit eines Gemeinwesens zu ziehen. Daß die Erfüllung von Verwaltungsaufgaben einer einheitlichen demokratischen Staatsgewalt zuzurechnen ist, gehört zu diesen Selbstverständlichkeiten[45].

Mit der Verankerung in einer Staatsgewalt ist die Einheit der Verwaltung hergestellt, allerdings eher theoretisch anspruchsvoll als folgenreich. Die Einheit der Verwaltung wird durch einheitliche Zurechnung gewahrt, aber damit ist nicht entschieden, ob die Verwaltungsaufgaben für das Gemeinwesen hierarchisch oder pluralistisch, kooperativ durch gemeinsame Anstrengungen oder additiv durch bloßes Zusammenfügen selbständig erbrachter Verwaltungsleistungen erfüllt werden.

---

[41] *Mußgnug*, Das Recht auf den gesetzlichen Verwaltungsbeamten, 1970; *Stettner*, a.a.O. (Anm. 33), S. 355ff. m.w.N.

[42] *Dietze*, Das Recht am eingerichteten und ausgeübten Schulbetrieb, RdJB 1976, S. 30.

[43] *Faber*, a.a.O. (Anm. 4), S. 28; *Forsthoff*, a.a.O. (Anm. 5), S. 16; *Oldiges*, Einheit der Verwaltung als Rechtsproblem, NVwZ 1987, S. 737, 738; *Wendt*, Einheit der Verwaltung, NRVwBl. 1987, S. 33, 34f.; *Püttner*, Verwaltungslehre, S. 81; *Lerche*, MDHS, Art. 83, Rdn. 92; *Scholz/Pitschas*, a.a.O. (Anm. 23), S. 114; *Maurer*, a.a.O. (Anm. 35), S. 139 („wenn auch weitverzweigte“).

[44] *Göldner*, Integration und Pluralismus im demokratischen Rechtsstaat, 1977, S. 77; *Oebbecke*, a.a.O. (Anm. 29), S. 869; *Mögele*, a.a.O. (Anm. 1), S. 545. Die Forderung nach „Wahrung der notwendigen Einheitlichkeit der Verwaltung“ findet sich in Art. 77 Abs. 2 BayVerf. (allerdings auch dort nur als Grenze der primär angestrebten Dezentralisierung). Vgl. auch Art. 4 I HambVerf. („In der Freien und Hansestadt Hamburg werden staatliche und gemeindliche Tätigkeit nicht getrennt“).

[45] *Forsthoff*, a.a.O. (Anm. 5), S. 16; *Mögele*, a.a.O. (Anm. 1), S. 547; *Oldiges*, a.a.O. (Anm. 43), S. 737f.; *Sachs*, a.a.O. (Anm. 29), S. 2339; *Schuppert*, a.a.O. (Anm. 1), S. 760.

Einheit der Verwaltung folgt genauso selbstverständlich aus der Festlegung des gesamten Verwaltungssystems auf ein durch Grundrechte und Staatszielbestimmungen definiertes einheitliches Programm zur Gemeinwohlverwirklichung[46]. Diesem Programm, insbesondere auch grundrechtlichen Schutzpflichten[47], lassen sich auch Mindestanforderungen an Effizienz[48] und Widerspruchsfreiheit der staatlichen Verwaltungstätigkeit entnehmen, jedoch wiederum ohne Festlegung auf eine bestimmte Verwaltungsorganisation.

Für das bundesstaatliche Verwaltungsgefüge von Bund, Ländern und Gemeinden hat das GG dabei ein ausbalanciertes Verhältnis von dezentralisierter Aufgabenwahrnehmung und Einheitswahrung gefunden. Einheit wird sowohl durch die Bindung der Verwaltung in den Ländern an eine überwiegend bundeseinheitliche Gesetzgebung[49] wie Ingerenzrechte des Bundes[50] gesichert, findet in den Grenzen dieser Instrumente aber auch ihre Grenzen. Wo die Bundesgesetze Spielräume lassen und wo die Mittel der Bundesaufsicht nicht greifen, bleibt Einheitlichkeit auf Koordination und Kooperation angewiesen. Diese findet in der Staatspraxis in so überreichem Maße freiwillig statt, daß die Frage, wieweit eine „gleichsinnige"[51] Erfüllung der Verwaltungsaufgabe aller Verwaltungsträger im Bundesstaat auch Rechtsgebot ist, eher theoretisch bleibt.

Ein solches Rechtsgebot enthält der Grundsatz bundesfreundlichen Verhaltens[52]. Auch dieser Grundsatz hebt die Balance des GG zwischen Einheit und Pluralismus jedoch nicht auf: er begründet nicht nur Kooperations- und Rücksichtsnahmegebote der Länder, sondern auch die Pflicht, deren Eigenständigkeit zu achten.

---

[46] *Mögele*, a.a.O. (Anm. 1), S. 547; *Oldiges*, a.a.O. (Anm. 43), S. 738; *Wendt*, a.a.O. (Anm. 43), S. 37.

[47] Vgl. BVerfGE 39, 1 (46) – § 218; 46, 160 (165) – Schleyer, 49, 89 Kalkar; 53, 30 (55ff.) – Mühlheim-Kärlich; 56, 54 (78). – Fluglärm; sowie nunmehr grundlegend *Murswiek*, Die staatliche Verantwortung für die Risiken der Technik, 1985.

[48] *Häberle*, Grundrechte im Leistungsstaat, VVDStRL 30 (1972), S. 43, 53ff.; *Pietzcker*, a.a.O. (Anm. 40), S. 193, 196; *Scholz/Pitschas*, a.a.O. (Anm. 23), S. 120f.

[49] Ergänzt durch bundeseinheitliches paralleles allgemeines Verwaltungsrecht (VwVfGe, HaushOen.): *Oldiges*, a.a.O. (Anm. 43), S. 739.

[50] Art. 84 II-V, 85 II–IV GG.

[51] *Lerche*, MDHS, Art. 83 Rdn. 3; *Wolff/Bachof*, Verwaltungsrecht II, 4. Aufl., 1976, § 76 II d 3, S. 98; *Oldiges*, a.a.O. (Anm. 43), S. 742; *Scholz/Pitschas*, a.a.O. (Anm. 23), S. 114, Anm. 390 m.w.N.

[52] BVerfGE 1, 299 (315) unter Berufung auf *Smend*, Ungeschriebenes Verfassungsrecht im monarchischen Bundesstaat, 1916; seither st. Rspr.: *Stern*, StaatsR I, S. 699ff. m.w.N. – Kritisch insbes. *Hesse*, Der unitarische Bundesstaat, 1962, S. 7ff.

Auch das Amtshilfegebot des Art. 35 GG wird in der Literatur sowohl als Ausdruck der Einheit der Verwaltung[53] wie als Institut einer gegliederten Verwaltung gesehen[54]. Und beides ist richtig, wie nicht nur die rechtsvergleichende Perspektive zeigt. Für Bundesstaaten ist die Art, wie das GG die Grenzen unterschiedlicher staatlicher Gebietskörperschaften für Verwaltungskooperation durchbricht, nicht selbstverständlich[55], während in einem Staat mit durchgehend hierarchischem Verwaltungsaufbau die Verwaltungsakteure „schneidiger" zu einem Handlungsverbund zusammengeschlossen werden könnten, als durch den Verweis[56] auf das verwaltungsrechtliche Amtshilfeinstitut, das die Grenzen zwischen den Beteiligten wahrt[57].

Innerhalb der Länder finden wir ein vergleichbares Geflecht von Aufsicht, Dezentralisierung und Kooperation im Verhältnis von Land und kommunalen Gebietskörperschaften.

Einfacher liegen die Dinge, jedenfalls auf den ersten Blick, innerhalb der Herrschaftsapparate von Bund, Ländern und Gemeinden[58] (weshalb Erörterungen unseres Themas auch oft hier ansetzen und eine diese überwölbende „Einheit der Verwaltung" für die ganze Bundesrepublik gar nicht erst suchen)[59]. Zwar finden wir im GG (und mit gewissen Modifikationen insbesondere in den Hansestädten auf Landesebene) auf der obersten Leitungsebene wieder eine unaufgelöste Spannung zwischen Ressortprinzip, Richtlinienkompetenz und Kabinettssolidarität[60], aber für die Verwaltung unterhalb dieser Ebene ist als Regel von einem hierarchischen Verwaltungsaufbau unter der Verantwortung eines Ministers auszugehen[61]. Daraus folgt jedoch keine institutionelle Garantie der traditionellen Behördenorganisa-

---

[53] Maunz, MDHS, Art. 35 Rdn. 5 m.w.N.; *Scholz/Pitschas*, a.a.O. (Anm. 23), S. 118; *Gubelt*, in: v. Münch, GGK, Art. 35, Rdn. 1; *Stern*, Staatsrecht II, S. 788f.

[54] *Schlink*, a.a.O. (Anm. 3), S. 31f. und passim; *Bull*, AKGG, Art. 35, Rdn. 8f.

[55] Vgl. zur historischen Diskussion über das Verhältnis von Bundesstaat und Amtshilfe: *Dreher*, Die Amtshilfe, 1959, S. 1ff.; *Schlink*, a.a.O. (Anm. 3), S. 34ff.

[56] Zur „Verweisungs"-natur des Art. 35: *Schlink*, a.a.O. (Anm. 3), S. 146; *Stern*, StaatsR II, S. 789; *Gubelt*, in: v. Münch, GGK, Art. 35, Rdn. 8; *Bull*, AKGG, Art. 35, Rdn. 10.

[57] Vgl. unten (2. b).

[58] Zur Einheit der Gemeindeverwaltung: *Oebbecke*, a.a.O. (Anm. 29), S. 869.

[59] *Mögele*, a.a.O. (Anm. 1), S. 545; *Oebbecke*, a.a.O. (Anm. 29), S. 869; *Sachs*, a.a.O. (Anm. 29), S. 2340; *Kisker*, In-Sich-Prozeß und Einheit der Verwaltung, 1968, S. 9, Fn. 2.

[60] Dazu *Herzog*, MDHS, Art. 62, Rdn. 8ff.; *Stern*, Staatsrecht II, S. 290ff.; *Böckenförde*, a.a.O. (Anm. 32), S. 168ff.; *Oldiges*, Die Regierung als Kollegium, 1983, S. 44ff.

[61] *Herzog*, MDHS, Art. 65, Rdn. 59; *Stern*, Staatsrecht II, S. 308ff.; *Sachs*, a.a.O. (Anm. 29), S. 344.

tion[62]. In verfassungsrechtlicher Sicht ist sie kein Selbstzweck, sondern Mittel zur Verwirklichung von Gesetzmäßigkeitsprinzip und Ministerverantwortlichkeit[63], erlaubt also Ausnahmen, wenn diese Prinzipien es zulassen. Wenn der Gesetzgeber die Verwirklichung des Gemeinwohls nicht von hierarchischer Bindung, sondern pluralistischer Spannung, der Freisetzung professioneller Energie und der Einbeziehung der Betroffenen erwartet, und wenn Kontrolle anders – und besser – z.B. durch den Einbau unabhängiger Institutionen erreicht werden kann, steht das Verfassungsrecht einer Pluralisierung des Verwaltungsaufbaus daher nicht entgegen[64].

Wird die Erfülllung der Verwaltungsaufgaben für das eine Gemeinwesen derart pluralisiert, bedeutet das aber auch, daß die zunächst für die Koordination rechtlich selbständiger Gebietskörperschaften entwickelten Instrumente auch für ihr Innenleben gesteigerte Bedeutung erlangen. Das ist unproblematisch für die Amtshilfe, die zwar historisch auf die Überwindung bundesstaatlicher Verwaltungsgrenzen zielte[65], aber von Art. 35 GG auf diesen Zusammenhang nicht begrenzt worden ist[66]. Aber auch der Grundsatz gegenseitiger Rücksichtnahme bei der Erfüllung von Verwaltungsaufgaben, der für das Bund-Länder-Verhältnis im Grundsatz bundesfreundlichen Verhaltens erfaßt wird, ist in einem solchen Verwaltungssystem auf die Beziehungen aller Verwaltungsträger zu erweitern[67], und zwar wiederum in seiner doppelten Tendenz, der Verpflichtung zur Rücksichtnahme wie der Achtung von Grenzen.

3. Die Aufgabe des Verwaltungsrechts

Vergleicht man das Spannungsverhältnis pluralistischer und einheitswahrender Tendenzen im Verfassungsrecht mit den eingangs skizzierten Differenzierungs- und Entdifferenzierungsprozessen, ist deutlich, daß sie teilweise quer zueinander verlaufen. Entdifferenzie-

[62] *Schuppert*, a.a.O. (Anm. 12), S. 351ff.

[63] *Stern*, StaatsR II, S. 313; *K. Kröger*, Die Ministerverantwortlichkeit in der Verfassungsordnung der Bundesrepublik Deutschland, 1972; *Oldiges*, a.a.O. (Anm. 43), S. 741.

[64] *Schuppert*, a.a.O. (Anm. 12), S. 375f.; *Dittmann*, a.a.O. (Anm. 27), S. 61. Anderer Auffassung: *E. Klein*, Die verfassungsrechtliche Problematik des ministerialfreien Raums, 1974; kritisch auch *Sachs*, a.a.O. (Anm. 29), S. 2342f. m.w.N.

[65] *Schlink*, a.a.O. (Anm. 3), S. 34ff.

[66] *Maunz*, MDHS, Art. 35, Rdn. 9; *Gubelt*, in: v. Münch, GGK, Art. 35, Rdn. 3; *Dreher*, Die Amtshilfe, 1959, S. 93.

[67] *Oldiges*, a.a.O. (Anm. 43), S. 742; vgl. auch die Nachweise in Anm. 51 sowie zum Verhältnis der Staatsorgane: *Schenke*, Die Verfassungsorgantreue, 1977.

rungsprozesse finden wir bei der vertikalen Verwaltungsgliederung, die das GG pluralistisch organisiert hat; parteienstaatliche Rückbindung an die politische Führung gefährdet verfassungsrechtlich geforderte Autonomie z.B. der Rundfunkanstalten; neue Technologien ermöglichen es, freiheitsschützende Handlungs- und Informationsschranken zu überspielen.

Umgekehrt sind nicht sämtliche faktischen Differenzierungen akteptable Antworten auf die Probleme einer sozialstaatlichen Verwaltung in einer hochkomplexen Umwelt. Die Orientierung an professionellen Werten wie die an den Interessen der Klientel sind immer in Gefahr, in Konflikt mit der Gesetzesbindung der Verwaltung zu geraten; und die Pluralisierung der Verwaltung kann zu einem Gegeneinander führen, das sowohl die effiziente Aufgabenerfüllung wie den Anspruch des Bürgers auf Widerspruchsfreiheit und Überschaubarkeit des Verwaltungshandelns gefährdet.

Das Thema „Einheit der Verwaltung als Rechtsproblem“ steht in diesem Spannungsfeld gegenläufiger tatsächlicher Entwicklungen und normativer Forderungen. Es läßt sich nicht darauf reduzieren, einer pluralisierten Verwaltung ein rechtliches Einheitspostulat entgegenzuhalten. Sicherlich begründet die skizzierte Entwicklung neuartige und gesteigerte Koordinierungsnotwendigkeiten, für die „Einheit der Verwaltung“ als Kürzel stehen mag[68]. Rechtsprobleme können jedoch auch auftauchen, weil unter der Überschrift „Einheit der Verwaltung“ erfaßte Denkfiguren die sachgerechte juristische Erfassung notwendiger Pluralisierung der Verwaltung behindern. Die Verfassung zieht sowohl übermäßiger Fragmentierung der Verwaltung wie der Überwältigung des verfassungsgebotenen Pluralismus Grenzen, ohne jedoch die Konkretisierung für den Verwaltungsalltag leisten zu können. Diese bleibt Aufgabe des Verwaltungsrechts und ist durch die organisatorische Zuordnung der Verwaltungsaufgaben, vor allem aber durch das Zusammenführen und die Abgrenzung unterschiedlicher administrativer Beiträge zur Gemeinwohlverwirklichung im Verwaltungsverfahren zu lösen.

B. Einheit und Differenzierung der Verwaltung durch Organisation

I. Einheit der Verwaltung als Einheit einer juristischen Person

a) Die für eine juristische Bewältigung des Spannungsverhältnisses von Einheit und Pluralismus in der Verwaltung naheliegende Lösung ist die Aufteilung der Verwaltungsfunktionen auf eine Mehrzahl von

[68] So auch *Oebbecke*, a.a.O. (Anm. 29), S. 867, m.w.N.; *Schuppert*, a.a.O. (Anm. 1), S. 757.

juristischen Personen. Diese Konstruktion erleichtert sowohl die Verteidigung autonomer Gestaltungsspielräume nach außen wie hierarchische Einheitswahrung nach innen[69]. Der bisherige Befund legt aber die Vermutung nahe, daß die Anforderungen an Differenzierung und Koordination in der Verwaltung nicht parallel zum formalen Bau der Verwaltung laufen.

So liegt der Wahl der Rechtsform für Dienstleistungsbetriebe ein betriebswirtschaftliches Kalkül zugrunde, bei dem die Absicht, dem Betrieb ein gesteigertes Maß an Unabhängigkeit zu gewähren, nicht im Vordergrund steht. Eine rechtliche Verselbständigung hat u.U. gerade das Ziel, ein besonders kontrolliert einsetzbares Instrument zu haben[70]. Auch viele rechtlich verselbständigte Verwaltungsträger im Bereich der Wirtschaftslenkung dienen trotz ihrer begrifflichen Erfassung als „Selbstverwaltung" häufig mehr der Einordnung wirtschaftlicher Akteure als der Ermöglichung autonomer Artikulation von Interessen[71].

Da Herr *Haverkate* dem Verhältnis rechtlich selbständiger Verwaltungsträger sein besonderes Augenmerk widmen wird, kann ich mich auf den umgekehrten Fall konzentrieren, nämlich tatsächlich bestehende und/oder rechtlich geforderte Freiräume innerhalb des juristisch abgeschlossenen Körpers von Verwaltungsträgern.

Nur wenig verallgemeinernd kann man sagen, daß es zu fast allen Typen rechtsfähiger verselbständigter Verwaltungseinheiten[72] Parallelerscheinungen ohne (Voll-)Rechtsfähigkeit innerhalb der unmittelbaren Bundes- und Landesverwaltung gibt. Unabhängige Beratung, quasi-judizielle Funktionen, die Einbeziehung der Betroffenen in den Verwaltungsvollzug oder kulturelle Autonomie können sowohl mit eigener Rechtspersönlichkeit ausgestattet, als Behörde organisiert oder innerhalb einer solchen eingerichtet werden.

Es ist sicher eine zweckgerechte Lösung, die Erfüllung kultureller Staatsaufgaben, insbesondere wenn sie gleichzeitig Grundrechtsbetätigung ist, mit eigener Rechtspersönlichkeit auszustatten. Aber notwendig ist das nicht. Aus Art. 5 III GG läßt sich keine institutionelle Garantie der Rechtsform der Universität entnehmen[73], sondern er garantiert umgekehrt auch in den Behördenapparat eingegliederten

---

[69] *K. Lange*, VVDStRL 44 (1986), S. 169, 188ff.

[70] Zur Motivation bei der Wahl privatrechtlicher Formen siehe den Überblick bei *Schuppert*, a.a.O. (Anm. 12), S. 125f.; *Püttner*, Verwaltungslehre, 1982, S. 84ff.

[71] Zur Partizipation als Steuerungsinstrument: *Schuppert*, a.a.O. (Anm. 12), S. 368ff.

[72] Vgl. insbesondere die Typologie bei *Schuppert*, a.a.O. (Anm. 12), S. 6ff., 93ff., 95.

[73] BVerfGE 35, 79 (116); *Scholz*, MDHS, GG, Art. 5 Rdn. 134; *v. Münch*, GGK, Art. 5 Rdn. 73.

Hochschulen wie den Universitäten der Bundeswehr die Freiheit ihres Lehr- und Forschungsbetriebes[74]. Und auch ohne dieses etwas atypische Beispiel finden wir im Bereich der Kulturverwaltung Einrichtungen ohne eigene Rechtspersönlichkeit, denen zur Erfüllung ihrer Aufgabe Freiheit gerade auch gegen ihren juristischen Träger zu sichern ist, wie z.B. Theatern oder Museen[75]. Das gilt auch für die Erfüllung der pädagogischen Funktion der Schule, selbst wenn die h.L. dem für sie erforderlichen Freiraum grundrechtlichen Schutz zu Unrecht verweigert. Der eigenständige pädagogische Auftrag wie auch die körperschaftlichen Elemente der Schulverfassung sind in einer Sicht, die nur ihre rechtliche Eingliederung in den Behördenapparat als unselbständige Anstalt erfaßt, denkbar unzureichend gewürdigt. Sie ist eine „nicht-rechtsfähige Körperschaft", der zur Erfüllung ihrer Aufgaben eine gesteigerte Autonomie auch gegenüber Träger und Schulaufsicht zukommt[76].

b) Im Hinblick auf Existenz und Sicherung von Freiräumen innerhalb von juristischen Personen des öffentlichen Rechts war das Argument von der „Einheit der Verwaltung"[77] lange eher eine Denkbarriere für die Umsetzung innerorganisatorischer Differenzierungen in juristischen Formen[78]. Zumindest war dies die häufigste Verwendung unseres Begriffs als spezifisch juristische Argumentationsformel[79]. Allerdings sind die grundlegenden Schlachten zur Überwindung dieses Dogmas schon vor längerer Zeit geschlagen worden. Der bloße Hinweis auf die „Einheit der Verwaltung" ist kein hinreichendes Argument mehr, um die Ausstattung von Teilen einer juristischen Person mit eigenen Rechten auch gegen das Ganze oder die gerichtliche Austragung von Streitigkeiten innerhalb des Verwaltungskörpers als abwegig hinzustellen.

Die *Teilrechtsfähigkeit* ist ein etabliertes und praktisch unverzichtbares Institut des öffentlichen Rechts[80], das insbesondere unter dem

---

[74] *Weise*, Die Hochschule der Bundeswehr Hamburg, 1979, S. 37ff.; *Dittmann*, a.a.O. (Anm. 27), S. 218.

[75] *Hufen*, Freiheit der Kunst in staatlichen Institutionen, 1982, S. 524; *Scholz*, MDH, Art. 5 III, Rdn. 47 u. 49; *Mangoldt/Klein/Starck*, Art. 5 III, Rdn. 201. Anderer Auffassung: *Ossenbühl*, DÖV 1983, S. 785.

[76] Nachweise zur h.L. bei *v. Münch*, GGK, 3. Aufl., Art. 5, Rdn. 69; *Scholz*, MDHS, Art. 5 III, Rdn. 7. – Zur hier vertretenen Gegenansicht: *Laaser*, Wissenschaftliche Lehrfreiheit und Schule, 1981; *Bryde*, a.a.O. (Anm. 39), S. 44ff. m.w.N.; vgl. auch BVerfGE 46, 46 (83); *Maunz*, MDHS, Art. 7, Rdn. 3.

[77] Hier im Sinne der Einheit des jeweiligen Herrschaftsapparates: *Kisker*, a.a.O. (Anm. 59), S. 9, Fn. 2.

[78] *Böckenförde*, a.a.O. (Anm. 33), S. 286ff.

[79] Vgl. etwa im Streit um den „In-Sich-Prozeß" OVG Münster, NJW 1953, S. 1158ff.; OVG Hamburg, DVBl. 1951, S. 479; OVG Münster, OVGE 6, 224 (227).

[80] Grundlegend *Bachof*, AÖR 1958, S. 208ff.

Gesichtspunkt der Grundrechtsfähigkeit weiter entwicklungsfähig ist, wie die Beispiele aus dem Kulturbereich gezeigt haben.

Auch der *In-sich-Prozeß* wird spätestens seit *Gunter Kiskers* Antrittsvorlesung 1967[81] nicht mehr als Denkunmöglichkeit gesehen, sondern pragmatisch betrachtet. Der Gesetzgeber kann die Übertragung der Gemeinwohlkonkretisierung an einen konfliktiven Prozeß innerhalb der Verwaltung so weit treiben, daß einzelnen Akteuren ein Recht auf gerichtlichen Schutz der von ihnen vertretenen Position zukommt[82].

Die Pluralisierung der Verwaltung mag gerichtliche Hilfe bei der Zusammenführung unterschiedlicher öffentlicher Interessen verstärkt notwendig machen. Aber diese Notwendigkeit sollte nicht überschätzt werden. Nicht jedes „Kontrastorgan" bedarf gerichtlichen Schutzes[83]. Die Bedeutung von Beauftragten[84] (z.B. im Daten- und Umweltschutz) kann bereits in Auftrag und Befugnis zur bewußt einseitigen Betreuung bestimmter öffentlicher Belange liegen und auf die Kontrolle durch Öffentlichkeit oder Parlament angelegt sein.

2. *Einheit der Verwaltung als Organisationsmaxime*

a) Ebensowenig wie für die Aufteilung der Verwaltungsaufgaben auf unterschiedliche juristische Personen gibt es für die Behördenorganisation innerhalb dieser eine Patentformel. Die verwaltungswissenschaftliche Organisationsmaxime der „Einheit der Verwaltung", nach der die Verwaltungsaufgaben territorial bei einer Behörde (bzw. einer Gruppe chefangegliederter Behörden) zusammengefaßt (werden sollen) und auf Sonderbehörden möglichst verzichtet werden soll[85], beschreibt weder die deutsche Verwaltungswirklichkeit[86] noch ist sie praktisch realisierbar. Vor allem aber würden die Koordinationspro-

---

[81] *Kisker*, a.a.O. (Anm. 59).

[82] *Kisker*, a.a.O. (Anm. 59); *Schuppert*, a.a.O. (Anm. 1), S. 767ff.; *Oldiges*, a.a.O. (Anm. 43), S. 743; *Lorenz*, AÖR 93 (1968), S. 308, 316ff.; *Hoppe*, Organstreitigkeiten vor dem Verwaltungs- und Sozialgericht, 1970, S. 233f.; *Tsatsos*, Der verwaltungsgerichtliche Organstreit, 1969, S. 18ff.; eher restriktiv dagegen *Löwer*, VerwArchiv 68 (1977), S. 327ff.; kritisch *Burmeister*, a.a.O. (Anm. 8), S. 71ff.

[83] *Schmidt-Aßmann*, a.a.O. (Anm. 20), S. 274f.

[84] *M. Fuchs*, „Beauftragte" in der öffentlichen Verwaltung, 1985.

[85] Nachweise bei: *Mögele*, a.a.O. (Anm. 1), S. 548; *Oebbecke*, a.a.O. (Anm. 29), S. 866; *Sachs*, a.a.O. (Anm. 29), S. 2338f.; *Thieme*, Verwaltungslehre, 4. Aufl., 1984, S. 203; *Wagener*, a.a.O. (Anm. 1), S. 73, 77; *Wolff/Bachof*, VerwR II, 4. Aufl., 1976, § 77 Ia) 1.B; *v. Unruh*, DVBl. 1979, S. 761, 763; *Geib*, a.a.O. (Anm. 9), S. 148ff.

[86] *Schuppert*, a.a.O. (Anm. 1), S. 758; *Mögele*, a.a.O. (Anm. 1), S. 1; *Ellwein*, a.a.O. (Anm. 9), S. 1130ff.; *Püttner*, a.a.O. (Anm. 70), S. 79ff.

bleme einer pluralisierten Verwaltung nicht verschwinden, wenn man die Verwalter unterschiedlicher öffentlicher Interessen, mit unterschiedlicher professioneller Orientierung und unterschiedlichen Klientelen in einer Behörde versammelt. Das soll kein Postulat für organisationsreformerischen Immobilismus sein. Zweifellos gibt es unnötige Fragmentierungen und Verkomplizierungen des Behördenaufbaus. Aber auch wenn diese beseitigt würden, blieben Koordinierungsprobleme bestehen. Jede Zusammenfassung von Aufgaben schafft neue Differenzierungen. Man kann den Immissionsschutz mit der Gewerbeaufsicht zusammenfassen und schafft dann eine starke Sonderbehörde, oder man kann ihn bei der allgemeinen Verwaltung ansiedeln und muß dann die Zusammenarbeit mit den Verwaltern spezialisierten Umweltsachverstandes organisieren[87]. Das Grundproblem der Zusammenarbeit von Juristen und Technikern bleibt sogar erhalten, wenn sie im gleichen Zimmer sitzen.

b) Die Koordinationsprobleme einer pluralisierten Verwaltung lassen sich auch deshalb nicht durch ihre Zusammenfassung in einer Behörde lösen, weil das Hierarchieprinzip, dem man die Lösung damit anvertraut, weniger leistungsfähig ist als vielleicht angenommen.

Wenn im administrativen Entscheidungsprozeß die Artikulation unterschiedlicher öffentlicher Interessen fruchtbar gemacht werden soll, ist die Auflösung dieses Interessengegensatzes durch Entscheidung des gemeinsamen Vorgesetzten nicht unbedingt die ideale Lösung. Das mag in Einzelfällen sogar ein Argument für Sonderbehörden (gerade für durchsetzungsschwache Interessen)[88] oder jedenfalls weisungsfreie Kontrastorgane sein. Auch den Grenzen des dienstlichen Weisungsrechts[89] und des Selbsteintritts[90] kommt Bedeutung für die Wahrung der Sachnähe der Entscheidung zu.

Allerdings stellen sich die Probleme in der Praxis eher umgekehrt. Nicht so sehr die Überwältigung pluralistischer Entscheidungsfindung durch Hierarchie ist das Problem, sondern deren Durchsetzungsschwäche. Jedenfalls erweisen empirische Untersuchungen, daß Rücksichtnahme auf die Meinung des Vorgesetzten nicht zu den wichtigsten Mo-

---

[87] Noch immer gültige Analyse der organisatorischen Alternativen für den Vollzug von Umweltrecht und ihrer Bedeutung für die Verwaltungseffizienz; *Mayntz u.a.*, Vollzugsprobleme der Umweltpolitik, 1978, S. 89ff., S. 517ff.

[88] Zu möglichen Grenzen der Zusammenfassung von Behörden: *Oebbecke*, a.a.O. (Anm. 29), S. 868f.

[89] *E. Stein*, Die Grenzen des dienstlichen Weisungsrechts, 1965.

[90] *Maurer*, Allgemeines Verwaltungsrecht, 5. Aufl., 1986, S. 423; BayVGH, BayVBl. 1977, S. 503 m.w.N.; OVG Berlin, NJW 1977, S. 1066f.; zur Kontroverse um die – durch den Widerstand des zuständigen Landrats in der Frage der WAA Wackersdorf motivierte – Normierung des Selbsteintrittsrechts in § 3a BayVwVfG: *Süß*, BayVBl. 1987, S. 1ff.

tivationen administrativer Entscheidungsfindung gehört[91]. Auch rechtlich durch autoritative Entscheidung lösbare Konflikte werden in der Praxis regelmäßig einem Verhandlungsprozeß anvertraut. Selbst innerhalb einer Behörde kommt daher Einheit der Verwaltung nicht ohne horizontale Koordinations- und Verhandlungsmechanismen aus.

C. Die Herstellung einer differenzierten Handlungs-, Informations- und Entscheidungseinheit im Verfahren

Wenn es nur in begrenztem Maße möglich ist, Einheit und Pluralismus durch organisatorische Zusammenfassung und Trennung von Verwaltungsaufgaben zum Ausgleich zu bringen, verweist das auf das Verwaltungsverfahren als Ort solchen Ausgleichs. Das Verfahren zielt auf eine Entscheidung und damit einen Punkt, an dem der institutionalisierte Konflikt unterschiedlicher Verwalter öffentlicher Belange gelöst werden muß. Das Verfahrensrecht vermag nicht nur Wegweiser für den Weg des Bürgers durch den Behördendschungel aufzurichten, es bietet auch die Instrumente, die Beiträge unterschiedlicher Verwaltungsakteure zusammenzufassen, Grenzen zwischen ihnen zu ziehen und die Reichweite der Verbindlichkeit von Entscheidungen einer Behörde für die Gesamtverwaltung zu bestimmen[92].

1. Zugang zum Verwaltungsverfahren

Am Beginn steht das relativ schlichte Problem des Bürgers, Zugang zu einer für ihn unübersichtlichen Verwaltung zu finden[93]. Eine mustergültige Lösung findet sich im Sozialrecht, wo andernfalls besondere Zugangsprobleme bestünden. § 16 SGB-AT begründet eine allgemeine Pflicht, Anträge an den zuständigen Leistungsträger weiterzuleiten. § 24 III VwVfG verpflichtet die Behörde hingegen zur Entgegennahme von Anträgen und Erklärungen nur im Rahmen ihres „Zuständigkeitsbereiches". Diesem Wortlaut läßt sich der Sinn des § 16 SGB-AT kaum unterschieben[94], weshalb die h.L. auch nur eine nobile officium zur Abgabe an die zuständige Behörde annimmt[95]. Es kann je-

---

[91] *Mayntz u.a.*, a.a.O. (Anm. 87), S. 195ff.; weitere Nachweise bei *Mayntz*, a.a.O. (Anm. 9), S. 112f., 226f.; allerdings dürfte der eigene Spielraum häufig über-, die Abhängigkeit von Vorgesetzten unterschätzt werden: *Mayntz*, ebd.

[92] *Steinberg*, DÖV 1982, S. 624; *Wahl*, VVDStRL 41 (1983), S. 151, 164.

[93] Zur Klarheit und Überschaubarkeit der Behördenzuständigkeit als Rechtsstaatgebot vgl. *Burmeister*, a.a.O. (Anm. 8), S. 58.

[94] So aber *Kopp*, VwVfG, 3. Aufl., 1983, § 24 Rdn. 38.

[95] *Stelkens*, in: Stelkens/Bonk/Leonhardt, VwVfG, 2. Aufl., 1983, § 24 Rdn. 22, m.w.N.

doch kein Recht einer Behörde geben, Begehren eines Bürgers in den Papierkorb zu werfen. Der „Zuständigkeitsbereich" des § 24 ist nicht mit örtlicher und sachlicher Zuständigkeit gleichzusetzen, sondern als aus der Perspektive des Bürgers zu bestimmendes generelles Tätigkeitsfeld zu verstehen. Unzuständigkeit im technischen Sinne begründet dann lediglich die Unzulässigkeit des Antrags und verpflichtet die Behörde zur begründeten Ablehnung, wobei bei unklarer Zuständigkeit diese Begründung nur sachgerecht gegeben werden kann, wenn auf die tatsächlich zuständige Stelle verwiesen wird.

2. *Die Verwaltung als differenzierte Handlungseinheit bei der Entscheidungsvorbereitung*

Die Einheit einer pluralisierten Verwaltung muß sich auch dort bewähren, wo eine Behörde ein Verwaltungsverfahren nicht allein zu Ende führen kann, sondern die dafür erforderlichen Handlungsbefugnisse auf unterschiedliche Akteure verteilt sind.

a) Das kann auf der bewußten Entscheidung des Gesetzgebers beruhen, unterschiedliche Phasen des Verfahrens unterschiedlichen Akteuren zuzuweisen. Beispiele finden sich im Recht der Planfeststellung[96] und im Enteignungsrecht[97]. Anders als im amerikanischen Verwaltungsrecht, wo die personelle Trennung von Entscheidungsvorbereitung und Entscheidung ein systemprägendes Instrument der Verwaltungskontrolle ist[98], bleibt eine solche Zergliederung des Verfahrens im deutschen Verwaltungsrecht mit seiner Fixierung auf die gerichtliche Kontrolle Ausnahme. Auch dort, wo der Gesetzgeber sie anordnet, wie in §§ 73, 74 VwVfG, wird sie mit der Annahme einer zulässigen Identität von Anhörungs- und Entscheidungsbehörde[99] und nur lockerer Bindung der Entscheidung an den der Anhörung zugrundeliegenden Sachverhalt[100] nicht wirklich ernst genommen.

---

[96] Trennung von Träger (der in aller Regel eine Behörde ist), Anhörungsbehörde und Planfeststellungsbehörde, §§ 73, 74 VwVfG.

[97] Z.B. §§ 104 BauGB, §§ 11, 28 LBG, Art. 19ff., BayEG.

[98] *Scharpf*, Die politischen Kosten des Rechtsstaates, 1970, S. 19ff., 23.

[99] Nicht nur für den Fall einer wegen § 1 VwVfG natürlich möglichen spezialgesetzlichen Regelung, sondern auch, wo der Gesetzgeber auf das VwVfG verweist und den Ländern die Bestimmung der Behörden vorbehält: BVerwGE 58, 344, 348f.; BVerwG NVwZ 1987, S. 578, 580; BayVGH, BayVBl. 1979, 243f.; BayVGH, BayVBl. 1981, 244ff. und h.L. vgl. nur *Leonhardt*, in: Stelkens/Bonk/Leonhardt, VwVfG, § 73 Rdn. 13; anderer Auffassung zu Recht: *Kopf/Schönfelder/Richter*, BayVBl. 1979, 393ff.; *H. Meyer*, in: Meyer/Borgs, VwVfG, 2. Aufl., 1982; § 74 Rdn. 4.

[100] BayVGH, BayVBl. 1985, S. 399; strikter: BVerwG NVwZ 1987, S. 578, 580.

b) Aber auch, wo eine Behörde an sich für das Gesamtverfahren zuständig ist, kann sie an die Grenzen ihrer tatsächlichen Möglichkeiten und rechtlichen Befugnisse stoßen. Die Frage ist, wieweit solche Mängel durch Rückgriff auf die Ressourcen anderer Behörden ausgeglichen werden können.

Daß das *Amtshilferecht* eine solche Handlungseinheit hinsichtlich personeller und sachlicher Ressourcen, aber auch der Überwindung örtlicher Zuständigkeitsschranken herstellt, ist unbestritten. Dagegen erlaubt es nicht generell, Befugnismängel auszugleichen.

Gesicherter Ausgangspunkt ist dabei, daß sowohl ersuchende wie ersuchte Behörden an die jeweiligen Rechtsgrundlagen ihres Handelns gebunden sind[101]. Wenn das Recht der ersuchenden Behörde in einem Verfahren den Einsatz bestimmter Mittel (z.B. die eidliche Vernehmung) nicht erlaubt, kann sie diesen Mangel nicht durch Rückgriff auf eine Behörde ausgleichen, die mit diesen Mitteln ausgestattet ist[102]. Umgekehrt kann eine Behörde, der eine bestimmte Befugnis für einen ganz bestimmten Zweck verliehen worden ist, diese nicht zugunsten einer anderen Behörde für einen anderen Zweck einsetzen[103]. Wenn trotz dieser schlichten Ausgangslage erhebliche Kontroversen um die Amtshilfe bestehen[104], betrifft das paradoxerweise gar nicht die Dogmatik des Amtshilferechts, sondern hat seinen Grund in grundgesetzlich angeleiteten Entwicklungen der allgemeinen Verwaltungsrechtsdogmatik.

Auf der Seite der ersuchenden Behörde ist dies die strikte Trennung von Aufgabennorm und Befugnisnorm (der Ort der Tagung verlangt, daß ich auf die bayerische Vorreiterrolle verweise)[105] i.V. mit strengeren Anforderungen des Gesetzesvorbehalts: wenn man früher den Rückgriff auf Zwangsmittel der Polizei zuließ, wenn er nicht ausgeschlossen war[106], kann er heute nur noch erlaubt werden, wenn er gestattet ist.

Auf der Seite der ersuchten Behörde hat die Entwicklung des Verhältnismäßigkeitsprinzips eine erhebliche Verschärfung der Zweck-

---

[101] § 7 I VwVfG.

[102] *Dreher,* Die Amtshilfe, 1959, S. 101; *Leonhardt,* a.a.O. (Anm. 99), § 5 Rdn. 10; *Meyer,* a.a.O. (Anm. 99), § 5 Rdn. 4, 13.

[103] *Dreher,* ebd., S. 99ff.; *Kopp,* a.a.O. (Anm. 94), § 5 Rdn. 14, 16f.

[104] Vgl. insbes. *Schlink,* a.a.O. (Anm. 3) und dazu *Barbey,* FS 125 Jahre Jurist. Ges. Berlin, 1984, S. 25ff.; *Scholz/Pitschas,* a.a.O. (Anm. 23), S. 116ff.; sowie z.B. *Bull,* DÖV 1979, S. 689ff.; *Denninger,* in: BMI (Hrsg.), Verfassungsschutz und Rechtsstaat, 1981, S. 19ff.; *Goebel,* Amtshilfe durch Informationshilfe, 1981.

[105] *F. Mayer,* Die Eigenständigkeit des Bayerischen Verwaltungsrechts, 1958, S. 13ff.; differenzierter *Schlink,* a.a.O. (Anm. 3), S. 96ff.

[106] *Dreher,* a.a.O. (Anm. 102), S. 100, m.w.N. auch zu frühen abweichenden Ansichten.

bindung von verliehenen Befugnissen bewirkt. Gerade die „interessanten“ – weil vom Gesetzgeber bewußt nur sparsam verliehenen – Instrumente (geheimdienstliche Mittel, unmittelbarer Zwang) sind durch das Verhältnismäßigkeitsprinzip in einer Art und Weise zweckgebunden, die ihre beliebige Mobilisierung zu fremden Behördenzwecken ohne ausdrückliche gesetzliche Regelung ausschließt. Auch wenn man nicht mit *Bernhard Schlink* die Vorbehaltslehre um einen „Vorbehalt des Spezialgesetzes“ erweitert[107], sondern traditionell die Amtshilfe von ihren Grenzen her bestimmt und erlaubt, wenn sie nicht verboten ist[108], kommt man also kaum zu anderen Ergebnissen als er.

Die praktisch wichtigsten Anwendungsfälle (eidliche Vernehmung und polizeiliche Vollstreckungshilfe) haben auch längst ihre gesetzliche Regelung gefunden[109], ohne daß man Fälle allein deshalb, weil die Hilfeleistung im Recht der ersuchten Behörde ausdrücklich geregelt ist, als Wahrnehmung eigener Aufgaben (§ 4 II 2 VwVfG) aus dem Amtshilfebegriff jedenfalls des Art. 35 auswandern lassen sollte[110].

c) Auch die Wahrnehmung eigener Aufgaben im eigentlichen Sinne bleibt aber Problem kooperativer Aufgabenwahrnehmung in einer pluralisierten Verwaltung. Die Kooperations- und Rücksichtnahmegebote, die die Behörden bei der gemeinsamen Arbeit am Gemeinwohl binden, gehen über die Amtshilfepflicht hinaus. Auch wenn die Bitte der einen Behörde nur ein „Hinweis“ und kein „Ersuchen“ ist, und die andere Behörde die Eingriffsvoraussetzungen nach ihrem eigenen Recht selbständig bestimmen muß, ist der Anstoß durch eine andere Behörde nicht gleichgültig, sondern wirkt ermessensleitend[111]. Deutlich ist dies vor allem im Verhältnis der verschiedenen Fachbehörden zu den Ordnungsbehörden, jedenfalls in den Ländern, in denen die Fachbehörden sich nicht selbst auf eine generalklauselartige Befugnis zur Gefahrenabwehr in ihrem Arbeitsbereich stützen können: der Hinweis der sachlich kompetenten und sachverständigen Behörde, daß in ihrem Zuständigkeitsbereich eine Gefahr droht, ist allemal ein gutes Beispiel für eine Ermessensschrumpfung auf Null.

---

[107] *Schlink*, a.a.O. (Anm. 3), S. 149.

[108] *Barbey*, a.a.O. (Anm. 104), S. 36ff.; *Leonhardt*, a.a.O. (Anm. 99), § 5 Rdn. 2; *H. Meyer*, a.a.O. (Anm. 99), § 7 Rdn. 7.

[109] Zur Vollzugshilfe die Nachweise bei *Drews/Wacke/Vogel/Martens*, Gefahrenabwehr, 9. Aufl., 1986, S. 147, 152f.; zur eidlichen Vernehmung die Nachweise bei *Wolff/Bachof*, Verwaltungsrecht III, 4. Aufl., 1978, § 156 Rdn. 35.

[110] So aber in Übereinstimmung mit Reg. Begründung (BT Drs. 7/910, S. 38) *H. Meyer*, a.a.O. (Anm. 99), § 4 Rdn. 27; wie hier: *Schlink*, a.a.O. (Rdn. 3), S. 225f.

[111] Nach *H. Meyer*, a.a.O. (Anm. 99), § 4 Rdn. 26, wird in einem solchen Fall aus der Wahrnehmung eigener Aufgaben wieder ein Fall der Amtshilfe.

3. Informationseinheit und Informationsschranken

Besonders umstritten ist die informationelle Zusammenarbeit. Das ist nicht erstaunlich.

Information ist zentral für die Erfüllung von Verwaltungsaufgaben. Für Teilbereiche der Verwaltung, insbesondere die Sicherheitsbehörden, ist Informationsbeschaffung und -aufbereitung Hauptaufgabe. Die Erfüllung des Gesetzmäßigkeitspostulats ist von der möglichst korrekten Sachverhaltsaufklärung abhängig[112]. Vor allem aber hat die Pluralisierung der Verwaltung und der schwindende Einfluß hierarchischer Koordination die Bedeutung von Koordination durch Informationsaustausch verstärkt[113].

Das Recht erkennt die Bedeutung der Information an, indem es die Sachverhaltsaufklärung im Untersuchungsgrundsatz zur Behördenpflicht macht[114] und indem es bei der Kontrolle komplexer (planerischer) Entscheidungen der richtigen Zusammenstellung des Abwägungsmaterials besondere Aufmerksamkeit widmet[115].

Die Entwicklung der Informationstechnik eröffnet Möglichkeiten, diese Informationsversorgung der Verwaltung in früher ungeahntem Maße sicherzustellen.

Selbst unter Effizienzgesichtspunkten ist jedoch keine Maximierung der Informationsbeschaffung zu verlangen, die die Verwaltung unter einem „information overload" nicht mehr zum Entscheiden kommen läßt. Auch hat das Verwaltungsrecht sich seit jeher bemüht, den Informationsfluß zu kanalisieren und bestimmte Quellen (z.B. befangene Amtsträger) auszuschließen, um die entscheidende Stelle vor unsachlicher Beeinflussung und Ermessensfehlern zu bewahren[116].

Die Aussage, daß nicht nur zuwenig, sondern auch zu viel Information in ein Verwaltungsverfahren eingebracht werden kann[117], gewinnt ihre eigentliche Bedeutung aber erst vor dem Hintergrund der Rechte der betroffenen Bürger. Auch ohne Entwicklung des Grundrechts auf informationelle Selbstbestimmung müßte die administrative Entscheidung über das Ausmaß der Informationsgewinnung zwischen der Pflicht zu möglichst vollständiger Sachaufklärung und möglichst geringer Belastung der Betroffenen abwägen[118]. Dem Untersuchungs-

[112] Zum Zusammenhang von Gesetzmäßigkeits- und Untersuchungsgrundsatz: *W. Berg*, Die Verwaltung 2 (1976), S. 161, 165; *Pestalozza*, FS für Boorberg Verlag, 1977, S. 185, 199; *Ule*, VerwArch. 62 (1971), S. 114, 127.

[113] *Ladeur*, Jahresschrift f. Rechtspolitologie I (1987), S. 248ff.

[114] § 24 VwVfG und N. in Anm. 112.

[115] BVerwGE 34, 301, 309; 45, 309, 322ff.; 48, 56, 63f.; *Bonk*, in: Stelkens/Bonk/Leonhardt, VwVfG, § 74, Rdn. 23, m.w.N.; *Hoppe*, DVBl. 1977, 136ff.

[116] *P. Kirchhof*, Verw.Arch. 66 (1975), S. 370, 371.

[117] *Hufen*, Fehler im Verwaltungsverfahren, 1986, S. 114.

[118] *Berg*, a.a.O. (Anm. 112), S. 168.

grundsatz lassen sich daher keine überspannten Anforderungen entnehmen, insbesondere auch keine unbedingte Pflicht, bei anderen Behörden vorhandene Informationen im Wege der Amtshilfe einzuholen[119].

Bei der umgekehrten Frage, in welchem Umfang Behörden ein Recht auf Informationshilfe haben, liegen die Probleme wiederum weniger in der Dogmatik der Amtshilfe als in der grundrechtlichen Aufarbeitung der Informationsbeziehungen. Das Amtshilfegebot fand nämlich schon immer seine Grenzen in Geheimnissen, die die ersuchte Behörde zu bewahren hatte[120], ein bißchen dumm mußte sich der Staat also schon lange stellen. Die Säkularisierung des Beichtgeheimnisses auf alle möglichen Formen von Beratern und Betreuern hat diesen Bereich ausgeweitet. Gleiches gilt als Reaktion auf das Gefährdungspotential der Datenverarbeitung für die Datenschutzgesetze[121].

Die Entwicklung des Grundrechts auf informationelle Selbstbestimmung[122] verschärft die Anforderungen an den staatlichen Umgang mit Informationen nochmals und ebnet damit die das bisherige Gesetzesrecht kennzeichnende Unterscheidung von besonderen Geheimnissen und sonstigen Daten[123] auf erhöhtem Niveau ein. Man mag die begriffliche Fassung dieses Grundrechts kritisieren[124], seine Herleitung aus Art. 1 und 2 I GG ist schlüssig und lange vorbereitet[125]. Außerdem läßt sich Informationsschutz je nach betroffenem Lebensbereich zusätzlich auf andere Grundrechte stützen[126]. Auch Art. 12 und 14 als Grundlage unternehmerischen informationellen Schutzes sind längst entdeckt[127].

Wenn es aber richtig ist, daß der behördliche Umgang mit Informationen über seine Bürger an das Verhältnismäßigkeitsprinzip gebun-

---

[119] So aber: *Kriele,* NJW 1979, S. 1, 5f.; *Meyer-Teschendorf,* ZBR 1979, S. 261, 264; *Borgs,* in: Meyer/Borgs, VwVfG, § 24, Rdn. 3, wie hier: *H. Meyer,* in: Meyer/Borgs, VwVfG, § 5 Rdn. 10.

[120] *Dreher,* a.a.O. (Anm. 102), S. 101ff., m.w.N. auch zur vorkonstitutionellen Rechtslage.

[121] Allerdings beschränkt auf „Dateien“; zum Verhältnis von § 10 DatenSchG und Amtshilfe, vgl. *Meyer,* a.a.O. (Anm. 99), § 5 Rdn. 19 m.w.N.

[122] BVerfGE 65, 1 (43); zur Begriffsgeschichte vgl. *Simitis,* NJW 1984, S. 398f.

[123] § 30 VwVfG; § 10 I BDatenSchG.

[124] *H. Schneider,* DÖV 1984, S. 161f.

[125] BVerfGE, 27, 1 – Mikrozensus; 27, 344; 34, 205 – Ehescheidungsakte; 32, 373 – Krankenblatt; 34, 238 – Tonband; 36, 174 – Bundeszentralregister; 44, 353 – Suchtberatung; sowie *Benda,* FS für Geiger, 1974, S. 23ff.; *Denninger,* ZRP 1981, S. 231f.; *Schlink,* a.a.O. (Anm. 3), S. 172ff.; *W. Schmidt,* ZRP 1979, S. 185ff.; *Podlech,* AK, GG, Art. 1 Abs. 1 Rdn. 39; Art. 2 Abs. 1 Rdn. 45; weitere Nachweise bei *Simitis,* a.a.O. (Anm. 122), S. 399.

[126] *Schlink,* a.a.O. (Anm. 3), S. 198ff.

[127] *M. Schröder,* UPR 1985, S. 394, 396ff.

den ist, dann steht dieses nicht nur an der Eingangstür zur Verwaltung, sondern bestimmt das Schicksal der Information auch nach dem Passieren[128]. Es kommt nicht darauf an, ob man diesen grundrechtlichen Anforderungen ein selbständiges Weitergabeverbot entnimmt[129], sie den „ihrem Wesen nach" geheim zu haltenden Informationen i.S. von § 5 II VwVfG zuordnet oder – was am zwanglosesten in das System des VwVfG paßt – dem Geheimnisschutz des § 30 VwVfG subsumiert[130]: für Daten, deren Erhebung und Verwertung rechtlich an einen bestimmten Zweck gebunden sind, ist die vom BVerfG geforderte „Amtshilfefestigkeit"[131] schon durch die Vorschriften des VwVfG garantiert. Dabei ist die Zweckbindung – trotz der etwas voreiligen Beerdigung der „Sphärentheorie"[132] – um so enger, je stärker der Bezug der erhobenen Information zu Menschenwürde, Persönlichkeitsentfaltung und Verwirklichung anderer Grundrechte ist[133], je intensiver die Eingriffsnatur der Informationserhebung ist (z.B. bei zwangsweiser und geheimer[134] Erhebung), und je gefährlicher Verwendungszusammenhang und -verfahren sind, wobei der letzte Gesichtspunkt auf die elektronische Verarbeitung zielt und systematisch insbesondere Sache des Datenschutzrechts ist[135].

Gerade weil die grundgesetzlich angeleitete Auslegung des Verwaltungsverfahrensrechts den informationellen Grundrechtsschutz sichert, kann auf der anderen Seite aber die Informationshilfe den Amtshilfevorschriften anvertraut werden. Wo die Weitergabe von Informationen weder gesetzliche noch grundrechtliche Weitergabeverbote verletzt, z.B. weil sie die Zweckbindung nicht gefährdet oder weil die Informationserhebungsbefugnisse von ersuchender und ersuchter Behörde sich entsprechen, ist sie zulässig. Dabei ist der Kreis der zu einem Zweckverbund gehörenden Behörde nicht unbedingt

---

[128] Der Innenraum der Verwaltung ist wie *Oebbecke* für die Gemeindeverwaltung plastisch formuliert keine „datenschutzrechtliche Freihandelszone" (a.a.O., Anm. 29, S. 875).

[129] *Benda*, a.a.O. (Anm. 125), S. 39f.

[130] Daß § 30 VwVfG ein gesetzliches Geheimhaltungsgebot i.S. von § 5 II ist, dürfte inzwischen h.L. sein: *H. Meyer*, a.a.O. (Anm. 99), § 5 Rdn. 17 m.w.N.

[131] BVerfG 65, 1 (46).

[132] *Podlech*, Leviathan 1984, S. 92f.; zur Kritik an der Sphärentheorie auch umfassend *Schlink*, a.a.O. (Anm. 3), S. 192ff.; *Podlech*, AK, GG, Art. 2, Abs. 1, Rdn. 36ff.

[133] Zur insoweit nach wie vor notwendigen Differenzierung vgl. auch *Hufen*, JZ 1984, S. 1076; *P. Krause*, JUS 1984, S. 270, 286; vgl. auch die an der Sphärentheorie orientierte Abstufung bei *Mangoldt/Klein/Starck*, Art. 2 Abs. 1, Rdn. 80.

[134] *Riegel*, DVBl. 1987, S. 325, 326.

[135] Das z.Z. allerdings durch den grundgesetzlichen Datenschutz sozusagen „überholt" worden ist; *Bull*, JURA 1987, S. 295, 297. Zur Reform vgl. BT-Drs. 10/4737, §§ 9, 10.

auf die mit gleicher sachlicher Zuständigkeit beschränkt[136], jedenfalls nicht, wenn man diesen Begriff technisch versteht. Es gehört zum Wesen einer pluralisierten und gleichzeitig interdependenten Verwaltung, daß unterschiedliche Behörden aufgrund unterschiedlicher Zuständigkeiten in Bezug auf die gleichen Lebenssachverhalte zusammenarbeiten und sich gerade durch Informationsaustausch koordinieren müssen. So können die von Land zu Land unterschiedlich komplizierten Zuständigkeitsregelungen im Umweltschutzrecht keine Grenze für Informationsaustausch bilden. Auf der anderen Seite reicht ein allgemeiner Staatszweck, wie der der Sicherheit, auch wenn man ihn zum Grundrecht erhebt[137], nicht, das Ensemble aller Sicherheitsbehörden zu einem Zweckverbund zusammenzuschließen[138] und damit die Trennung von Polizei und Verfassungsschutz aufzuheben[139].

Die Leistungsfähigkeit des allgemeinen Verwaltungsrechts wird daher in der rechtspolitischen Diskussion wohl unterschätzt. Eine Auslegung der jeweils für ersuchende wie ersuchte Behörden geltenden Rechtsvorschriften dürfte einen großen Teil der Probleme klären. Ein neuer Verrechtlichungsschub, der allen Verwaltungsgesetzen Ermächtigungen zur Informationserhebung und -weitergabe einfügt, ist nicht erforderlich[140].

Trotzdem kann nur der Gesetzgeber die Verwaltung zu der erforderlichen differenzierten Informationseinheit zusammenschließen. Gesetzliche Regelungen sind nötig, wo ein die Zweckbindung überschreitender Informationsfluß eröffnet werden soll. Für Extremsituationen des „Grundrechtsnotstands"[141] läßt sich eine solche Durchbrechung der Zweckbindung unmittelbar der „Befugnis" zum Geheimnisbruch in § 30 VwVfG subsumieren[142]. Im übrigen ist es aber zunächst einmal Sache des Parlaments, Grundrechte und Informationsbedürfnisse

---

[136] Anders vor allem *Schlink*, a.a.O. (Anm. 3), S. 202; allerdings zunächst nur „heuristisch", eine Begrenzung, die im späteren Verlauf fallen gelassen wird.

[137] *Isensee*, Das Grundrecht auf Sicherheit, 1983; ihm folgend *Scholz/Pitschas*, a.a.O. (Anm. 23), S. 110f.

[138] So aber *Scholz/Pitschas*, ebd. (Anm. 23), S. 184f.

[139] Zur Bedeutung des Trennungsgebots, das sich nicht nur mit Hilfe des „Polizeibriefs" der Alliierten entstehungsgeschichtlich und systematisch in Art. 87 lozieren (*Kalkbrenner*, FS für Samper, 1982, S. 69, 77ff.; *Gusy*, ZRP 1987, S. 45ff.), sondern auch als Grundrechtsschutz durch Organisation verstehen läßt, als Grenze der Zusammenarbeit: *Kalkbrenner*, ebd.; *Gusy*, ebd.; *Denninger*, a.a.O. (Anm. 104), S. 19ff.; *Bull*, ebd., S. 133ff.; *Riegel*, NJW 1979, S. 52ff.; *Schlink*, a.a.O. (Anm. 3), S. 268ff., alle m.w.N.; grundsätzlich abweichend *Scholz/Pitschas*, a.a.O. (Anm. 138); zurückhaltend *Evers*, in: Verfassungsschutz und Rechtsstaat (Anm. 104), S. 65ff.

[140] Dagegen auch *Hufen*, a.a.O. (Anm. 133), S. 1076.

[141] *W. Schmidt*, a.a.O. (Anm. 125), S. 187.

[142] Vgl. *Borgs*, a.a.O. (Anm. 99), § 30 Rdn. 6.

der Verwaltung in ein ausbalanciertes Verhältnis zu bringen, und zwar nicht nur, weil es um die Verwirklichung von Grundrechten[143], sondern auch, weil es um politisch höchst umstrittene Entscheidungen geht[144]. Anders als bei der Vergesetzlichung des Schulrechts[145] ist für unser Thema jedenfalls ein Anliegen der Lehre vom Parlamentsvorbehalt erfüllt, nämlich eine kontroverse politische Diskussion zu eröffnen. Die vom BVerfG gepriesene „bereichsspezifische" Lösung im Sozialrecht[146] bietet nicht nur ein Modell abgestufter Weitergabebefugnisse, sondern belegt auch die politische Entscheidungsverantwortung des Gesetzgebers: die sehr weitgehenden Weitergabeverbote für die Verfolgung von Vergehen (im Unterschied zu der von Verbrechen) werden mit gewissem Recht kritisiert[147], unzulässig ist ein so weitgehender Schutz des Sozialgeheimnisses aber ebensowenig, wie es eine stärkere Berücksichtigung der Belange der Strafverfolgung wäre.

Der Gesetzgeber ist auch gefordert, wo es um verfahrensmäßige und organisatorische Sicherungen, insbesondere Auskunfts- und Kontrollrechte, geht, die Eingriffe in das Grundrecht auf informationelle Selbstbestimmung abfedern müssen, aber auch kompensieren können. Aus dem Verdikt des BVerfG gegen eine Gesellschaft, „in der die Bürger nicht mehr wissen können, wer was bei welcher Gelegenheit über sie weiß"[148] ist zwar sicher nicht zu folgern, daß alles in Ordnung ist, wenn man genau weiß, wer was über einen weiß. Aber besonders bei stark sozialbezogenen Daten, die die Interessen Vieler berühren, kann Öffentlichkeit und Kontrollierbarkeit eine Alternative zum Geheimnisschutz sein[149].

Umgekehrt muß ein Geheimhaltungsbedürfnis, wie es die geheimdienstlich arbeitenden Sicherheitsbehörden für den Kernbereich ihrer Tätigkeit geltend machen, entweder mit besonders strikten Weitergabeverboten erkauft oder aber aufgegeben werden[150].

---

[143] BVerfGE 48, 46 (79); 49, 89 (126).

[144] *Kisker*, NJW 1977, S. 1313, 1318.

[145] Wo Parlamente von der ihnen vom BVerfG aufgezwungenen Gestaltungsmacht kaum Gebrauch gemacht, sondern Verwaltungsvorschriften in Gesetze übernommen haben: *Bryde*, DÖV 1982, S. 661ff.

[146] BVerfGE 65, 1 (45).

[147] *Mertens*, Kriminalistik 1986, S. 527ff.; *Schoreit*, ZRP 1987, S. 153, 156.

[148] BVerfGE 65, 1 (43).

[149] *Ladeur*, a.a.O. (Anm. 113), S. 268; *Hufen*, a.a.O. (Anm. 133), S. 1076; zur Bedeutung von Öffentlichkeit insbes. *Scherer*, Verwaltung und Öffentlichkeit, 1978.

[150] Für die Mitwirkung des Verfassungsschutzes bei der Einstellung jenseits der Sicherheitsüberprüfung ist die Beschränkung auf „gerichtsverwertbare Tatsachen" die Zweifel an der Verfassungstreue begründen (§ 3 III ndsVerfSchG; § 7 III rhpfVerfSchG) äußerste Grenze. Zu den Folgen solcher Mitwirkung für

Eine besonders wichtige Sicherung des Grundrechts auf informationelle Selbstbestimmung betrifft schließlich die Folgen rechtswidriger Weitergabe von Informationen. Unabhängig von der Art der Regelung wird die Rechtmäßigkeit der Informationshilfe häufig von einer komplizierten Abwägung abhängen[151]. Selbst die ausdifferenzierte Lösung im Sozialrecht kommt für die wirklich harten Fälle, den Bruch des Arztgeheimnisses, nicht ohne sie aus[152]. Die Rechtswidrigkeit der Weitergabe wird oft erst mit der Entscheidung der Behörde des Ausgangsverfahrens feststehen. Effektiver Rechtsschutz verlangt daher auch für das Verwaltungsverfahren Verwertungsverbote[153].

c) Amtshilfe ist begrifflich ergänzende Hilfe. Über dieses Institut lassen sich daher die technisch anspruchvollsten Formen des Informationsaustausches, die Ermöglichung der Direktabfrage im on-line-Anschluß nicht rechtfertigen[154]. Das bedeutet nicht, daß sie unzulässig ist[155]. Die beteiligten Behörden können einen solchen Informationsverbund vereinbaren. Soweit Grundrechte betroffen sind, bedarf das jedoch nicht nur einer gesetzlichen Grundlage, sondern auch besonderer organisatorischer und technischer Vorkehrungen, die sicherstellen, daß kein unzulässiger Zugriff auf zweckgebundene Daten erfolgt[156].

d) Ebenfalls nicht unter dem Begriff der Amtshilfe, wohl aber zu unserem Thema gehört die Information anderer Behörden ohne Ersuchen. Diese ist teilweise i.S. einer gegenseitigen Unterrichtungspflicht gesetzlich geregelt[157]. Die Grenzen solcher unangeforderten Hilfe sind mit denen der Informationshilfe identisch. Eine Verpflichtung zur Information kann sich aus den Aufgaben der beteiligten Behörden und Rücksichtnahmepflichten ergeben. *Rudolf Steinberg* hat jüngst Informationspflichten über Gefahren von Atomkraftwerken herausgeargeitet, und diese auf das Gebot bundesfreundlichen Verhaltens ge-

---

den Geheimnisschutz des Verfassungsschutzes vgl. jüngst OVG Bremen v. 10.3. 1987, OVG 1 BA 50/86.

[151] Die Hoffnung von *Simitis*, a.a.O. (Anm. 122), S. 400, man könne ohne Generalklausel auskommen, dürfte illussorisch sein; vgl. auch *Krause*, a.a.O. (Anm. 133), S. 272.

[152] Vgl. die Nachweise bei *Schlink*, a.a.O. (Anm. 3), S. 320ff.

[153] BVerfGE 65, 1 (46); *Hufen*, a.a.O. (Anm. 133), S. 1077f.

[154] *W. Schmidt*, a.a.O. (Anm. 125), S. 185; *Schlink*, a.a.O. (Anm. 3), S. 202; *H. Meyer*, a.a.O. (Anm. 99), § 4, Rdn. 19.

[155] Anderer Auffassung *Goebel*, a.a.O. (Anm. 104), S. 58f., 1001.

[156] Vgl. *Schlink*, a.a.O. (Anm. 3), S. 202f., vgl. zum on-line-Abruf bei ZEVIS in Flensburg (Ges. zur Änderung d. StVG v. 28.1.1987, BGBl. I, S. 486): *Riegel*, a.a.O. (Anm. 134), S. 331f.

[157] Vgl. im Ordnungsrecht die Unterrichtungspflichten mit unterschiedlicher Reichweite in Art. 9 I Bay. POG; § 2 II hess. SOG; § 2 II nds. SOG; § 82 rhpf. PVwG.

stützt[158], ohne daß derartige gegenseitige Unterrichtungspflichten auf das Verhältnis von Ländern beschränkt zu sein brauchen.

4. Die Verwaltung als differenzierte Entscheidungseinheit

a) Die Aufgabe, ausdifferenzierte Fachkompetenz zu einer Entscheidungseinheit zusammenzuführen, besteht insbesondere, wo unterschiedliche Träger öffentlicher Belange an einen einheitlichen Lebenssachverhalt unterschiedliche Anforderungen stellen. Das ist nun schon fast eher die Regel als die Ausnahme. Die Interdependenz aller Lebenssachverhalte in einer komplexen Umwelt führt dazu, daß nicht nur Großprojekte, die die Verwaltungsrechtsdogmatik der letzten Jahre beherrscht haben, sondern auch die schlichte Gaststättenerlaubnis[159], die Wärmepumpe[160] oder das Altöllager[161] ein ganzes Rudel von Verwaltern öffentlicher Interessen mobilisieren.

Das Verwaltungsrecht steht hier vor einem klassischen Dilemma der Entscheidungstheorie: die Kosten, zu einer Entscheidung zu kommen, und die Kosten der Nichtberücksichtigung von Interessen sind gegeneinander abzuwägen[162]. Die Entscheidungsfähigkeit der Verwaltung ist besser gewahrt, wo das Verfahren in der Hand einer Behörde bleibt, und andere Beteiligte lediglich über Anhörungs- und Beratungsrechte verfügen[163]. Die auf unterschiedliche Zuständigkeiten und Vorschriften verteilte Sachkompetenz und Betreuung unterschiedlicher Belange andererseits sind besser gesichert, wenn Zustimmungs- und Mitentscheidungsrechte bestehen[164]. Diese Lösung tendiert jedoch zu einer bloß negativen Koordination durch die Anhäufung von Verhinderungsrechten[165]. Besondere rechtliche Schwierigkeiten weist weder die Bindung der Entscheidung einer Behörde an die Zustimmung anderer Stellen noch die beratende Mitwirkung auf. Daß der Mitwirkungsakt kein Verwaltungsakt ist, dürfte ebenso abschließend geklärt sein[166], wie die Fehlerfolgen unterbliebener Anhörung[167].

---

[158] *Steinberg*, NJW 1987, S. 2345ff.

[159] Vgl. u.a. OVG Rh.-Pf., GewArch. 1981, S. 382; VG Freiburg, NVwZ 1983, S. 697.

[160] *Rauschning*, in: Götz/Klein/Starck (Hrsg.), a.a.O. (Anm. 1), S. 367.

[161] BayVGH, BayVBl. 1976, S. 368.

[162] *J. Buchanan/G. Tullock*, The Calculus of Consent, 1962, S. 97ff.; *B. Frey*, Theorie demokratischer Wirtschaftspolitik, 1981, S. 37ff.

[163] Z.B. § 73 II VwVfG; § 10 V BImSchG, § 7 IV, S. 1 AtG.

[164] *Jarass*, Konkurrenz, Konzentration und Bindungswirkung von Genehmigungen, 1985, S. 63ff.

[165] Zur negativen Koordination: *W. Scharpf*, Komplexität als Schranke der politischen Planung, in: *ders.* (Hrsg.), Planung als politischer Prozeß, 1973, S. 73, 85f.

Äußerst kompliziert liegen die Dinge hingegen, wo ein Projekt ein Bündel unterschiedlicher Genehmigungen von verschiedenen Behörden und nach verschiedenen rechtlichen Vorschriften erfordert[168], und diese nicht durch Konzentrationsvorschriften auf dem sicheren dogmatischen Boden des Mitwirkungsverwaltungsakts zusammengeführt worden sind.

Das brauchte zunächst noch kein rechtliches Problem der Einheit der Verwaltung zu sein. Wenn es dem Gesetzgeber gelingt, die jeweils von den verschiedenen Fachbehörden zu betreuenden Aspekte des Projekts zu spezifizieren und auf verschiedene Genehmigungen zu verteilen, besteht ein Problem nur für den Betroffenen, der die verschiedenen Genehmigungen einsammeln muß. Es mag aber auch Vorteile haben, ein Begehren nach der Salamitaktik anzugehen.

Tatsächlich aber gelingt dem Gesetzgeber eine solche Abschichtung nur selten, wenn er sie überhaupt versucht. Die Tendenz geht eher in die umgekehrte Richtung. Unter dem Motiv „doppelt genäht hält besser" bindet er die unterschiedlichen Fachbehörden an die Gesamtheit oder jedenfalls eine Vielzahl rechtlich gesicherter öffentlicher Interessen, indem er die Genehmigung an die Nichtverletzung der Gesamtheit öffentlich-rechtlicher Vorschriften[169] oder generell das „Wohl der Allgemeinheit" bindet[170]. Solche Vorschriften symbolisieren die Einheit der Verwaltung[171], nehmen aber ihre tatsächliche Differenzierung unzureichend zur Kenntnis und lösen dadurch Verwirrung aus.

Ähnliche Konkurrenzprobleme entstehen, wenn der Gesetzgeber im Bemühen, einer bestimmten Staatsaufgabe (Umweltschutz) ein besonderes Gewicht zu geben, ihre Beachtung in möglichst vielen Verfahren vorschreibt.

Auf diese Weise überschneiden sich die Beurteilungsmaßstäbe, jede Behörde ist nicht nur für den Bereich ihrer eigenen Fachkompetenz, sondern für alles Mögliche zuständig.

Rechtsprechung und Lehre tendieren mit unterschiedlichen Ansätzen zur Auflösung dieser Konkurrenz[172], indem sie versuchen zu leisten, was der Gesetzgeber nicht geleistet hat, nämlich die unterschiedlichen Aspekte des Gesamtprojektes der Zuständigkeit unter-

---

[166] BVerwGE 22, 342ff.; 28, 145ff.; *Badura*, in: Erichsen/Martens (Hrsg.), Allg. VerwR, 7. Aufl., 1986, S. 332f. m.w.N.

[167] *Badura*, ebd., S. 333; *Hufen*, a.a.O. (Anm. 117), S. 125f.

[168] Vgl. die Aufstellung bei *Jarass*, a.a.O. (Anm. 164), S. 33ff.; *Henseler*, DVBl. 1982, S. 390ff.

[169] So im Baurecht vgl. Art. 74 I Bay. BO.

[170] Z.B. § 6 WHG, vgl. dazu *Gieseke/Wiedemann/Czychowski*, WHG, 4. Aufl., 1985, § 6 Rdn. 21 m.w.N.

[171] BayVGH, BayVBl. 1978, S. 179, 180 zu Art. 74 I bay. BauO.

[172] Überblick über die Modelle (Bindung, „Fachbindung", „Separation") bei *Jarass*, a.a.O. (Anm. 164), S. 68ff.

schiedlicher spezialisierter Fachbehörden zuzuweisen. Die für die Gaststättenerlaubnis zuständige Behörde soll trotz § 4 I Z. 3 GastG keine Einwendungen im Hinblick auf den allgemeinen Gebietscharakter machen dürfen, wenn die Baugenehmigung erteilt ist[173]; die bergrechtliche Genehmigung bindet die Baugenehmigungsbehörde hinsichtlich der Bewertung der von der Anlage ausgehenden Umweltbelastungen[174].

Solche Auflösung von Konkurrenzen ist zwar gelegentlich mit Text und möglicherweise Sinn einer gesetzlichen „Doppelsicherung" schwer zu vereinbaren[175], aber sie verdient nicht nur als Hilfe für den Bürger im Gestrüpp widersprüchlicher Verwaltungsäußerungen Sympathie. Soweit den Gerichten eine korrekte Zuweisung von Teilaspekten an die sachnächste Behörde gelingt, wird auf diesem Wege eine positive Koordination möglicherweise besser erreicht als in allen anderen Modellen, sogar den aufwendigen Konzentrationsverfahren.

Parallel zu den Bemühungen der Gerichte hat im übrigen auch die Verwaltungspraxis z.T. in Verwaltungsvorschriften eine Abstimmungspraxis entwickelt, die der jeweils sachnächsten Behörde das entscheidende Wort über die von ihr besonders zu wahrenden Belange sichert[176].

b) Mit der Erörterung solcher Bindungswirkungen sind wir beim letzten Stadium, in dem der Einheit einer pluralisierten Verwaltung nachzugehen ist, der Wirkung der Entscheidungen einer Behörde für das gesamte Verwaltungssystem.

Hier sind die Maßgeblichkeit eines Verwaltungsaktes schon aufgrund seiner Tatbestandswirkung[177], aber auch die bundesweite Wirkung von Verwaltungsakten der Länder bei der Ausführung von Bundesrecht[178] und die weitgehende gegenseitige Anerkennung von solchen auf der Grundlage von Landesrecht so selbstverständlich, daß wohl nur rechtsvergleichende Distanz, z.B. der Blick in die Vereinig-

---

173 OVG Rhld.-Pf., GewArch. 1981, S. 382ff.; vgl. auch: OVG Hamburg, DVBl. 1956, S. 728ff.; OVG NW GewArch. 1981, 173f.; VG Freiburg, NVwZ 1983, 697f.; *Michel/Kienzle*, GaststättenG, 1982, § 4 Rdn. 37ff.; *v. Ebner*, GewArch. 1978, 48ff.; *Jarass*, a.a.O. (Anm. 164), S. 22f., 68f.

174 BVerwG, UPR 1987, 106.

175 *Jarass*, a.a.O. (Anm. 164), S. 83.

176 Gem. Bek. d. bay. St.min. d. Innern u. des St.min. f. Landesentw. u. Umweltfr. v. 6. und 29.8.1975, MABl. Nr. 47/1975, S. 955 gem. Bek. des bay. St.min. d. Innern u. f. Ernährung, Landw. u. Forsten v. 7.8.1985, MABl. 1985, S. 368; Bek. des bay. St.min. f. Unterricht u. Kultus v. 25.4.1984, KABl. 1984, S. 297; „Musterentwurf VwVGastG", den die Länder übernommen haben, abgedr. in: *Michel/Kienzle*, a.a.O. (Anm. 173), Anl. 5.

177 Vgl. allerdings zur terminologischen Verwirrung und dogmatischen Defiziten *Knöpfle*, BayVBl. 1982, S. 225ff.

178 BVerfGE 11, 6 (19).

ten Staaten, wo der Umzug von einem Bundesstaat in den anderen einen neuen Führerschein notwendig macht, erkennen läßt, wie effektiv das deutsche Recht die Verwaltung zu einer Entscheidungseinheit zusammenschließt.

Immerhin bleiben offene Fragen. Aktuell und umstritten ist, vor allem im Zusammenhang mit der Altlastenproblematik, welchen Schutz öffentlich-rechtliche Genehmigungen gegenüber ordnungsbehördlichen Eingriffen bieten[179]. Das ist ein altes Problem der „Einheit der Verwaltung", denn in der Frühphase der Industrialisierung fühlten sich die Ortspolizeibehörden durchaus noch berufen, Anlagen, die wegen ihrer Gefährlichkeit einem besonderen Genehmigungsverfahren unterworfen waren, wegen eben derselben Gefährlichkeit zu verbieten. Das ist der verhältnismäßig schlichte Ausgangspunkt der Judikatur des preußischen OVG zur Polizeifestigkeit derartiger Genehmigungen[180].

Damit enden jedoch die selbstverständlichen Folgerungen aus der notwendigen Widerspruchsfreiheit des Verwaltungshandelns. Eine darüber hinausgehende „Legalisierungswirkung"[181] käme nur in Betracht, wenn die Genehmigung auch die Verursachung von Schäden im Rahmen genehmigungsmäßigen Verhaltens rechtmäßig machte. Derartige „Schädigungsprivilegien" kommen vor, zu nennen ist etwa die wasserrechtliche Bewilligung im Gegensatz zur wasserrechtlichen Erlaubnis[182]. Sie sind Ausgangspunkt der Lehre, daß nicht polizeiwidrig handelt, wer in Ausübung eines Rechts handelt[183], sie sind aber nicht die Regel[184].

Entscheidendes Kriterium ist insbesondere die Auswirkung der Genehmigung auf die Rechte Dritter. Wo deren Verletzung – wie im Immissionsschutzrecht (und im ehemaligen Gewerberecht) rechtswidrig

---

[179] Dazu *Papier*, Altlasten und polizeiliche Störerhaftung 1985; *Koch*, Bodensanierung nach dem Verursacherprinzip 1985, S. 11ff.; *Kloepfer*, NUR 1987, S. 7ff.; *Breuer*, NVwZ 1987, S. 751ff.

[180] PrOVGE 5, 286; 10, 260; 56, 366.

[181] BVerwGE 55, 118 (221ff.); *Martens*, DVBl. 1981, S. 605f.; *Papier*, a.a.O. (Anm. 179), S. 24ff.; differenzierend *Breuer*, a.a.O. (Anm. 179), S. 755. Anders für das Bergrecht: OVG Münster, UPR 1984, 279.

[182] Vgl. zur unterschiedlichen Auswirkung auf die Rechtswidrigkeit von Schädigungen *Gieseke/Wiedemann/Czychowski*, a.a.O. (Anm. 170), § 22, Rdn. 25, 26; zur (fehlenden) „Legalisierung" der Erlaubnis auch *Koch*, a.a.O. (Anm. 179), S. 96f.

[183] PrOVGE 56, 366 (367); 59, 413 (415), entgegen einem verbreiteten Mißverständnis (auch BVerwGE 55, 118ff.) hat das PrOVG die Genehmigung nach § 16 GewO a.F. nicht als Recht i.d.S. angesehen. Diese war nach seinerzeitiger Terminologie kein Recht: *Scholz-Forni*, VerwA 30 (1925), S. 244, 270f.

[184] *Pietzcker*, JZ 1985, S. 210ff. m.w. Beispielen (Kontrollerlaubnis, Produktgenehmigungen); *Breuer*, a.a.O. (Anm. 179), S. 755.

bleibt[185], u.U. sogar strafbar macht[186], kann die Schädigung auch polizeirechtlich zugerechnet werden, und zwar auch nach der Lehre von der rechtswidrigen Verursachung[187]. Ordnungsbehördliche Maßnahmen sind dann nicht mangels Störereigenschaft ausgeschlossen, sondern lediglich, soweit das die Genehmigung regelnde Recht eine abschließende Regelung darstellt und das Polizeirecht kraft Spezialität verdrängt[188]. Das ist bei durch Immissionen verursachten Altlasten nur für nachträglich betriebsbezogene Maßnahmen der Fall, nicht aber z.B. für Folgeschäden[189]. Damit ist das notwendige Maß an Widerspruchsfreiheit zwischen Genehmigungs- und Ordnungsrecht gewahrt, ohne das allgemeine Sicherheits- und Ordnungsrecht zu verdrängen.

Damit verweist dieser abschließende Beispielsfall auf die oft übersehene Ambivalenz zwischen Effizienz und Einheit der Verwaltung. Überzogene Forderungen an das Einheitsprinzip würden den Staat in diesem Beispiel seiner effizientesten Instrumente aufgrund allgemeinen Ordnungsrechts berauben.

Schluß

Damit bin ich am Ende angelangt. Um die Einheit der Verwaltung steht es besser, als eine erste tour d'horizon vermuten ließ. Die Verwaltung ist – und dafür gibt es sachliche wie verfassungsrechtliche Gründe – eher durch Differenzierung und Pluralismus gekennzeichnet, als durch stromlinienförmige Einheit. Aber das Verwaltungsrecht bietet die Instrumente, diese Vielfalt zu einer differenzierten Handlungs- und Entscheidungseinheit zusammenzuführen. Ich habe mich bemüht, die Spannung von Pluralismus und Einheit nicht aufzulösen, sondern in Balance zu halten. Es wird Ihre Aufgabe in der Diskussion sein, zu prüfen, ob dieser Balanceakt ein kräftiges Schütteln aushält.

---

[185] §§ 5, 14 II BImSchG; § 26 GewO a.F., dazu insbes. *Suhr*, Immissionsschäden vor Gericht, 1986, S. 50ff.

[186] Vgl. auch BayObLG, GewA 1963, 248: gewerberechtlich erlaubter Lärm als ungebührlich.

[187] Vgl. schon am Ausgangspunkt dieser Lehre *Schnur*, DVBl. 1961, S. 1, 5.

[188] Das ist der Ansatz des PrOVG in st. Rspr. seit PrOVGE 10, 260.

[189] *Kloepfer*, a.a.O. (Anm. 179), S. 13f., 16; vgl. auch *Martens*, DVBl. 1981, S. 605.

Leitsätze des 1. Berichterstatters über:

Einheit der Verwaltung als Rechtsproblem

A. Verwaltung zwischen Einheit und Differenzierung

1. Die deutsche Verwaltung ist durch Vielfalt und Formenreichtum unterschiedlicher Träger mit differenzierter Binnenstruktur gekennzeichnet. Die Pluralisierung der Verwaltung ist Reaktion auf die Anforderungen einer hochkomplexen Umwelt. Der Gesetzgeber delegiert die Gemeinwohlkonkretisierung zunehmend an den Konflikt von Trägern unterschiedlicher öffentlicher Belange in einer Verwaltung, die sich professionell und klientenorientiert ausdifferenziert.

2. Zunehmende Ausdifferenzierung und Spezialisierung geht einher mit der Notwendigkeit, die Einheit des Gesamtsystems im Verhältnis zur Umwelt zu wahren und einen erhöhten Kooperationsbedarf zu befriedigen.

3. Der Differenzierung stehen Entdifferenzierungsprozesse gegenüber, insbesondere hinsichtlich der vertikalen Verwaltungsgliederung (Bundesstaat, Selbstverwaltung), im Gefolge parteienstaatlicher Erscheinungen und technischen Wandels.

4. Das GG hat sich für ein vielfältig differenziertes Verwaltungssystem entschieden. Die rechtliche Durchdringung des Innenlebens der Verwaltung wie die Betonung ihrer Eigenständigkeit und die Bedeutung der Grundrechte für Organisation und Verfahren tragen zur rechtlichen Absicherung einer pluralisierten Verwaltung bei.

5. Die Einheit der Verwaltung findet ihre Grundlage in der Zurechnung aller Verwaltungshandlungen zu einer Staatsgewalt und ihrer Festlegung auf ein einheitliches, durch Grundrechte und Staatszielbestimmungen definiertes Programm (ohne daß sich daraus unmittelbare Konsequenzen für die Organisation der Verwaltung unter dem GG ergeben).

6. Das bundesstaatliche Verwaltungsgefüge ist durch ein ausbalanciertes Verhältnis von dezentralisierter Aufgabenwahrnehmung und Einheitswahrung gekennzeichnet. Rechtsgebote zur gegenseitigen Rücksichtnahme und Hilfe (bundesfreundliches Verhalten, Amts-

hilfe) heben die Balance nicht auf, da sie sowohl zur Kooperation wie zur Grenzwahrung verpflichten.

7. Auf der obersten Leitungsebene der Bundes- und Landesverwaltung besteht ein Spannungsverhältnis zwischen Ressortprinzip und Richtlinienkompetenz. Unterhalb dieser Ebene ist der hierarchische Verwaltungsaufbau unter Verantwortung eines Ministers die Regel, aber nicht institutionell garantiert, sondern Mittel zur Verwirklichung von Gesetzmäßigkeitsprinzip und Ministerverantwortlichkeit und im Rahmen dieser Prinzipien durchbrechbar.

8. Mit zunehmender Bedeutung horizontaler Ausdifferenzierung der Verwaltung gewinnen primär für die vertikale Verwaltungsgliederung entwickelte Koordinationsinstrumente (Amtshilfe, Rücksichtsnahmegebote nach Vorbild der Bundestreue) Bedeutung für das gesamte Verwaltungssystem.

9. Faktische Differenzierungs- und Entdifferenzierungsprozesse und rechtliche Forderungen nach Pluralismus und Einheitswahrung verlaufen teilweise quer zueinander. „Einheit der Verwaltung als Rechtsproblem" verweist daher auf die doppelte Aufgabe, Koordination zu sichern und Pluralismus nicht durch ein rechtliches Dogma der Einheit der Verwaltung überwältigen zu lassen. Diese Aufgabe hat das Verwaltungsrecht durch die organisatorische Zuordnung und Trennung von Verwaltungsaufgaben und durch differenziertes Zusammenführen unterschiedlicher administrativer Beiträge zur Gemeinwohlverwirklichung im Verwaltungsverfahren zu leisten.

B. Einheit und Differenzierung der Verwaltung durch Organisation

10. Die Anforderungen an Differenzierung und Koordination in der Verwaltung verlaufen nicht parallel zur Gliederung der Verwaltung in juristische Personen. Rechtsfähigkeit braucht keine Unabhängigkeit zu bedeuten, umgekehrt können auch ohne (Voll-)Rechtsfähigkeit Freiräume innerhalb der Verwaltung bestehen oder gefordert sein (in der Kultusverwaltung: nicht rechtsfähige Universitäten, Theater, Schulen).

11. „Einheit der Verwaltung" ist kein juristisch tragfähiges Argument gegen Teilrechtsfähigkeit (insbes. auch Grundrechtsfähigkeit), In-Sich-Prozeß und die Befugnis von Kontrastorganen zur einseitigen Wahrnehmung öffentlicher Belange.

12. Die verwaltungswissenschaftliche Organisationsmaxime der „Einheit der Verwaltung" i.S. der territorialen Konzentration von Verwaltungsaufgaben bei einer Behörde ist weder verwirklicht noch realisierbar.

13. Das Hierarchieprinzip vermag die Koordinationsprobleme allein nicht zu lösen, da es dafür teils dysfunktional teils zu ineffektiv ist.

C. Die Herstellung einer differenzierten Handlungs-, Informations- und Entscheidungseinheit im Verfahren

14. Für den Zugang des Bürgers zu einer unübersichtlichen Verwaltung (wie er in § 16 SGB-AT mustergültig garantiert ist) verlangt § 24 VwVfG auch bei fehlender Zuständigkeit eine begründete, auf die richtige Zuständigkeit verweisende Antwort.

15. Eine gesetzliche Zuweisung von Entscheidungsvorbereitung *und Entscheidung an unterschiedliche Behörden ist für das deutsche Verwaltungsrecht (anders als für das amerikanische) nicht systemprägend und wird auch, wo sie angeordnet ist (wie in §§ 73, 74 VwVfG), in ihren Konsequenzen nicht ernst genug genommen.*

16. Das Amtshilferecht *faßt sachliche und personelle Ressourcen der Verwaltung zu einer Handlungseinheit zusammen und überwindet örtliche Zuständigkeitsschranken, ist aber nicht generell geeignet, das Fehlen von Eingriffsbefugnissen auszugleichen. Mittel, deren Einsatz in einem Verwaltungsverfahren nicht erlaubt ist, können nicht ausgeliehen, an einen bestimmten Zweck gebundene Mittel nicht für andere Zwecke eingesetzt werden.*

17. Die Wahrnehmung eigener Aufgaben ist zwar keine Amtshilfe, kann aber Kooperations- und Rücksichtsnahmegeboten unterfallen. Das „Ersuchen“ einer anderen Behörde kann in solchen Fällen ermessensleitend wirken.

18. Trotz der überragenden Bedeutung der Information*sversorgung für Gesetzmäßigkeit und Rationalität des Verwaltungshandelns kann in ein Verfahren nicht nur zu wenig, sondern auch zu viel Information eingebracht werden. Dem Untersuchungsgrundsatz läßt sich daher keine unbedingte Pflicht zur Einholung von Informationshilfe entnehmen.*

19. Bei der Amtshilfe durch Informationshilfe ist der Bereich der klassischen „Geheimnisse“, die die ersuchte Behörde zu wahren hatte, kontinuierlich ausgeweitet worden, zuletzt und am folgenreichsten durch das Grundrecht auf informationelle Selbstbestimmung. Schon aufgrund allgemeinen Verwaltungsrechts besteht ein „amtshilfefester“ Schutz von Informationen, die bei der ersuchten Behörde einer besonderen Zweckbindung unterliegen.

20. Trotz einer unterschätzten Leistungsfähigkeit des allgemeinen Verwaltungsrechts ist Herstellung und Ausgestaltung einer dif-

ferenzierten Informationseinheit in erster Linie Sache politischer Entscheidungen des Gesetzgebers. Dieser muß insbesondere tätig werden, wenn eine „Zweckentfremdung" von Informationen zugelassen werden soll und durch Kontrollmechanismen kompensiert werden muß.

21. Öffentlichkeit kann Alternative zum Geheimnisschutz sein, Geheimhaltungsbedürfnisse der Verwaltung erzwingen eine besonders enge Zweckbindung. Weitergabeverbote sind, insbesondere auch wegen unvermeidbarer Abwägungsunsicherheiten, durch Verwertungsverbote zu sichern.

22. Die Ermöglichung der Direktabfrage im on-line-Anschluß ist nie Amtshilfe. Sind Grundrechte berührt, bedarf sie der gesetzlichen Grundlage, sowie rechtlicher und technischer Vorkehrungen gegen die Zweckentfremdung von Informationen.

23. Die unaufgeforderte Versorgung anderer Behörden mit Informationen hat die gleichen Grenzen wie die Amtshilfe. Eine Pflicht zur Unterrichtung kann sich aus Rücksichtnahmegeboten ergeben.

24. Wo unterschiedliche Träger öffentlicher Belange unterschiedliche Anforderungen an einen Lebenssachverhalt *stellen, führt die Bindung der behördlichen Entscheidung an eine Vielzahl von Zustimmungen zu einer Anhäufung von Verhinderungsrechten (negative Koordination), während die bloß beratende Beteiligung anderer Stellen die Gefahr der Übergehung von Belangen eröffnet.*

25. Die Komplikationen nehmen zu, wo unterschiedliche Genehmigungserfordernisse weder klar gegeneinander abgegrenzt noch durch Konzentration zusammengeführt worden sind. Versuche der Rechtsprechung und der Verwaltungspraxis (unter Korrektur des Gesetzeswortlautes), die beteiligten Behörden auf ihre Sachkompetenz zu beschränken, zeigen den Weg zu einer positiven Koordination.

26. Hinsichtlich der Entscheidungswirkung *schließt das deutsche Verwaltungsrecht das Verwaltungssystem durch rechtsgestaltende Wirkung und Geltungsbereich von Verwaltungsakten zu einer effektiven Entscheidungseinheit zusammen.*

27. Genehmigungen für gefährliches Verhalten schließen i.d.R. eine Gefährdungserlaubnis, aber kein Schädigungsprivileg ein. Ordnungsrechtliche Maßnahmen bleiben daher möglich, soweit das Ordnungsrecht nicht durch Spezialregelungen verdrängt ist.

28. Insgesamt bietet das Verwaltungsrecht die Instrumente, eine pluralisierte Verwaltung zu einer differenzierten Handlungs-, Informations- und Entscheidungseinheit zusammenzuführen.

Die Einheit der Verwaltung als Rechtsproblem

2. Mitbericht von Professor Dr. *Görg Haverkate*, Frankfurt

Inhalt

A. Die Frage

1. Die Einheit der Verwaltung in der Verwaltungspolitik des 19. und 20. Jahrhunderts

Das gute, alte Brandenburg-Preußen wird heute so einheitlich verwaltet wie eine Sklavenplantage und die Regierung nimmt die Rolle eines Sklavenhalters ein. So lautet – kurz zusammengefaßt – das Ergebnis einer verwaltungspolitischen Analyse, die im Jahre 1811 *Friedrich August von der Marwitz* vorlegte, der geistreiche und kühne Kopf der altständischen Partei in der preußischen Reformzeit.[1] Der historische Hintergrund: Moderne Verwaltung hatte sich entwickelt im Kampf des absolutistischen Souveräns gegen ständische Gewalten: gebildet hatte sich „Einheit der Verwaltung" – die Verwaltung war ein einheitlicher Machtapparat in der Hand des Souveräns.

Als nach der französischen Revolution und Besatzungszeit die Grundfragen preußischer Verwaltungspolitik neu beantwortet werden mußten, lautete die Alternative: Soll die aus dem Absolutismus stammende Einheitsstruktur der Verwaltung in den Dienst der Reformziele gestellt werden – so die Reformpartei – oder soll die einheitliche Verwaltung wieder aufgelöst werden zugunsten des „guten, alten Rechts" ständischer Prägung in eine Vielzahl selbständiger, sachnaher Verwaltungsträger? – so die Altständischen, so vor allem *von der Marwitz.* Wir wissen, wessen Vorstellungen in dieser Auseinandersetzung obsiegten. *Marwitz* wurde wegen unpassender Wortwahl in seinem Kampf gegen die Einheit der Verwaltung mit fünfwöchiger Festungshaft bestraft.[2] Die Attacke der Altständischen gegen die Einheit der Verwaltung blieb verwaltungspolitisch folgenlos.

Kündet die Formel von der Einheit der Verwaltung nur von vergangenen Kämpfen der preußischen Reformzeit? Nein. Für das ganze 19.

---

[1] *Friedrich August Ludwig von der Marwitz,* Ein märkischer Edelmann im Zeitalter der Befreiungskriege, *Friedrich Meusel* (Hrsg.), 2. Bd., 2. Teil, Politische Schriften und Briefe, Berlin 1912, S. 1ff.: Letzte Vorstellung der Stände von Lebus und Beeskow-Storkow an den König. (Als „Ghostwriter" war *Adam Müller* an der Abfassung dieser Denkschrift beteiligt, vgl. *Otto Brunner,* Neue Wege der Sozialgeschichte, 1956, S. 194ff., 195.) *Marwitz* vergleicht die Staaten, in denen die Grundsätze herrschen, die übernommen zu haben er den Staatskanzler von Hardenberg bezichtigt, „einer indischen Pflanzung, wo die Sklaven zur Arbeit getrieben werden und wo der Herr seiner großen Gewalt ungeachtet keinen Augenblick ruhig schlafen kann".

Hardenbergs sarkastische Anmerkung zu dieser Stelle lautet: „Der Vergleich mit einer Indischen Pflanzung paßt mehr auf manchen Gutsherrn und seine erbuntertänigen Bauern", a.a.O. – und spielt damit auf die Interessengebundenheit der Vorschläge des Gutsherrn *von der Marwitz* an.

[2] *Friedrich August Ludwig von der Marwitz,* a.a.O., 1. Bd., Lebensbeschreibung, Berlin 1908, S. 534; „fünf Wochen lang auf der Festung Spandau eingesperrt . . . ohne Urteil . . .".

Jahrhundert – und für einen großen Teil auch noch des 20. Jahrhunderts – bleibt die Vorstellung bestimmend, die Verwaltung bilde, ungeachtet aller organisatorischer Differenzierungen, eine innere Einheit.[3] Verkörpern sollte sich die Einheit der Verwaltung vor allem in drei Prinzipien des Verwaltungsrechts, die noch die Genese des Einheitsbegriffs aus dem Kampf gegen ständische Mitverwaltung erkennen lassen: Die Prinzipien der Hierarchie, der Staatsaufsicht, der Trennung von Verwaltungsapparat und gesellschaftlichen Kräften sollten in ihrer Durchgängigkeit die Verwaltung als innere Einheit kennzeichnen.[4]

2. Das Gegenkonzept: Die Pluralität der Verwaltung

Eine ausdrückliche Abrechnung mit dieser Einheitsvorstellung von Verwaltung hat in der Rechtswissenschaft und in der politischen Wissenschaft vor allem seit dem Beginn der siebziger Jahre stattgefun-

---

[3] Diese Vorstellung bildet geradezu ein Kennzeichen des „Verwaltungsstaates", des „Beamtenstaates". Dessen Rolle ist ambivalent: Als es in Preußen nach den Befreiungskriegen nicht zu der vom König versprochenen Verfassung kommt, sieht sich eine reformgestimmte Beamtenschaft in die Pflicht genommen, „in einem Staat ohne die Gegengewichte der freien Presse und (ohne) constitutionelle Institution, die ungeheure Aufgabe zu lösen, deren Stelle zu vertreten" (*Johann Jacoby, Heinrich Simon*, Berlin 1865, S. 250). Der Beamtenstaat war zunächst also ein Versuch, Reformpolitik weiterzubetreiben, ohne das schützende Dach einer Verfassung (hierzu *Reinhart Kosselek*, Preußen zwischen Reform und Revolution, Stuttgart 1967, S. 337ff.). Dieser Grundzug bleibt für die gesamte Zeit der konstitutionellen Monarchie bestimmend: Der Kern der Staatlichkeit liegt in der Verwaltung, nicht in der Verfassung. Der Rechtsstaat ist, wie *Otto Mayer* definierte, der Staat des wohlgeordneten Verwaltungsrechts – unter bezeichnender Aussparung der verfassungsrechtlichen Dimension (*Otto Mayer*, Deutsches Verwaltungsrecht, Bd. 1, 3. Aufl. 1924, S. 13). Der Rechtsstaat bleibt Beamtenstaat, Verwaltungsstaat. Selber der monarchische Souverän kann in den Rechtsbau des Verwaltungsrechts eingebunden werden, als Spitze der Verwaltungshierarchie (vgl. *F. Fleiner*, Institutionen des deutschen Verwaltungsrechts, 3. Aufl. 1913, S. 91). In der Einheit der Verwaltung liegt zugleich die Einheit des Staates, die staatliche Identität. Und so bleibt es auch noch bis weit in das 20. Jahrhundert. Die Kontinuität des Verwaltungsrechts, die in ihr begründete Einheit der Verwaltung wird zum entscheidenden Trostgedanken angesichts des Wechsels der Verfassungen. Ein Trostgedanke war es für *Otto Mayer*, der sich nach dem Verfassungswechsel von 1919 auf den verfassungsüberdauernden Charakter des Verwaltungsrechts besann (a.a.O., Vorwort); es mag für manchen rechtsstaatlich denkenden Verwaltungsbeamten auch nach 1933 ein Trostgedanke geblieben sein, daß das Verwaltungsrecht den Wechsel der Verfassungen überdauere. Die so begriffene „Einheit der Verwaltung", die Idee des Verwaltungsstaates, ist damit der Inbegriff aller Versuche, das – rechtsstaatliche – Verwaltungsrecht gegen den Wechsel der Verfassungen zu immunisieren.

[4] Zu diesen drei Prinzipien vgl. *Brohm*, VVDStRL 30, 1972, S. 245ff., 293ff.

den.[5] Statt Hierarchie – Staatsaufsicht – Trennung von Verwaltung und gesellschaftlichen Kräften galten nun die Gegenparolen: Kooperation, „Pluralisierung des Gesamtsystems", Mitwirkung gesellschaftlicher Kräfte. Statt „Einheit der Verwaltung" also „Ausdifferenzierung der Verwaltung"[6] oder „Pluralisierung der Verwaltung".[7] Das Ziel ging dahin, einen umfassenden Neuentwurf einer modernen Verwaltungspolitik zu liefern. Die kalte Einheit der Hierarchien sollte ersetzt werden durch eine lebendige Vielfalt von Verwaltungsträgern. Statt Weisung und Aufsicht sollte Kooperation gelten zwischen den Verwaltungsträgern untereinander ebenso wie zwischen Verwaltung und Bürger. Die Befürworter dieses Modells führten die mangelnde Leistungskraft des hierarchischen Prinzips an.[8] Auch die staatliche Aufsicht über verselbständigte Verwaltungseinheiten versage vielfach.[9]

Dieses Verwaltungsmodell war gekennzeichnet durch eine freundliche Grundhaltung gegenüber einer Pluralisierung der Verwaltung im Inneren – Infragestellen des hierarchischen Prinzips – wie im Äußeren – Vervielfältigung der Zahl der Verwaltungsträger. Man lehnte eine „überkommene Trennung von Staat und Gesellschaft" ab; man forderte, möglichst viele gesellschaftliche Kräfte in die Tätigkeit der Verwaltung einzubeziehen. In der Realität hieß das: Einbeziehung vor allem der formierten, gesellschaftlichen Kräfte, der Interessenverbände.[10]

Bemerkenswert ist, daß beide konträren Verwaltungsmodelle – das Modell der Einheit der Verwaltung und das Modell der Pluralität – weitgehend auf eine normative Herleitung verzichtet haben; sie ar-

---

[5] Einen Überblick über die verwaltungspolitischen Kontroversen bei: *Brohm*, a.a.O., S. 261ff.; *R. Walter/W. Schmitt-Glaeser*, VVDStRL 31, 1973, S. 147ff., 170ff.; *H. P. Bull* (Hrsg.), Verwaltungspolitik, Neuwied 1979. – Zu der Auseinandersetzung über die „Verwaltungsreform" und das Strukturproblem des Verhältnisses Bürger – Verwaltung vgl. *Werner Thieme*, Mängel im Verhältnis von Bürger und Staat, 1970, insbes. S. 57ff.; *Hanns Friedrich Lorenz*, Verwaltung in der Demokratie, 1972, S. 67ff., 87ff.; *Wolfgang Hoffmann-Riem* (Hrsg.), Bürgernahe Verwaltung? Analysen über das Verhältnis von Bürger und Verwaltung, 1979; *Norbert Wimmer*, Das Einmaleins der Verwaltungsreform, Berlin 1977; Senator für Inneres (Hrsg.), Verwaltung im modernen Staat, Berlin 1977; *Heiner Geißler* (Hrsg.), Verwaltete Bürger – Gesellschaft in Fesseln, 1978; *Heinz Laufer*, Bürokratische Demokratie, 1983, S. 97ff.; weitere Nachweise bei *Werner Thieme*, Verwaltungslehre, 4. Aufl., § 24; *Hans-Werner Laubinger*, Verwaltungsreform, Evangelisches Staatslexikon, 1975, S. 2803f.; *Andreas Greifeld*, VerwArch. 722 (1981), S. 107ff.

[6] *Brohm*, a.a.O., S. 308 LS 7.

[7] *Brohm*, a.a.O.

[8] *Brohm*, a.a.O., S. 262, 293ff.

[9] *Brohm*, a.a.O., S. 294.

[10] Zur Theorie der Interessenverbände vgl. den Sammelband „Staat und Verbände", hrsg. von *R. Steinberg*, Darmstadt 1985.

gumentieren nicht aus der Verfassung, sie treten nahezu apriorisch auf.[11]

3. *Die Einheit der Verwaltung als Rechtsproblem*

Ich werde im folgenden über diesen „Götterstreit" zwischen sogenannten „klassischen" und sogenannten „modernen" Verwaltungskonzeptionen nicht sprechen. Es geht mir um die schlichte juristische Frage, welche normativen Sätze am Begriff der „Einheit der Verwaltung" festzumachen sind. Statt über freischwebende verwaltungspolitische Konzeptionen ist heute über die juristische Relevanz des Themas Einheit oder Pluralität der Verwaltung zu reden.

Damit kommen wir zu der Grundfrage: Ist die Einheit der Verwaltun ein Rechtsprinzip? Oder ist sie nur ein staatstheoretischer Begriff,[12] ein politischer Gegenhaltebegriff gegen eine sich immer weiter „ausdifferenzierende" Verwaltung?[13]

Die Verfassung gibt eine erste und entscheidende Antwort: Alle Staatsgewalt geht vom Volk aus, Art. 20 Abs. 2 Satz 1 GG. Sie kennt also ein Rechtsprinzip der Einheit des Ursprungs der Staatsgewalt. Die Staatsgewalt differenziert sich in einer rechtsstaatlich-gewaltenteilen-

---

[11] Das versteht sich bei dem Theorem von der „Einheit der Verwaltung" im oben gekennzeichneten Sinne von selbst, ist es doch Ausdruck dessen, daß der Beamtenstaat sich nicht von der Verfassung her definierte, Rechtsstaat und Verfassungsstaat nicht als identisch angesehen wurden. Zu den fehlenden Bemühungen um eine Herleitung des „Pluralitäts-Modells" aus der Verfassung vgl. *Brohm*, a.a.O. – Lebhaft wurde in der politischen Diskussion der Zeit zwar die Forderung nach „Demokratisierung" erhoben, aber das meinte gerade nicht den – als zu eng angesehen – Begriff der im Grundgesetz verankerten repräsentativen Demokratie.

[12] So *Bernhard Schlink*, NVwZ 1986, 249, 250; *ders.*, Die Amtshilfe, 1982, S. 62ff.

[13] Der Topos der „Einheit der Verwaltung" taucht in höchst unterschiedlichen Zusammenhängen auf: etwa in der Diskussion um Amtshilfe und Datenschutz (dazu siehe unten Abschn. 14; vgl. BVerfGE 7, 183, 190: in der durch Art. 35 GG gesicherten Beistandsleistung komme die „Einheit des Staatsorganismus" zum Ausdruck); bei der gerichtlichen Organklage (dazu *Bethge*, DVBl. 1980, S. 309ff.; *Kisker*, Insichprozeß und Einheit der Verwaltung, Baden-Baden 1968); in der Debatte um die Privatisierung kommunaler Unternehmen (vgl. *W. Graf Vitzthum*, AöR 104, 1979, S. 580ff., 615, 625ff.); in den Überlegungen zur Ausgliederung von Sonderbehörden (vgl. *Maurer*, Allgemeines Verwaltungsrecht, 5. Aufl. 1986, § 22 II 1 Rdn. 16); in den Erörterungen zu einer Grundrechtsfähigkeit juristischer Personen des öffentlichen Rechts (vgl. BVerfGE 21, 362). Zu diesen und weiteren Bezügen des Topos „Einheit der Verwaltung" vgl. die nach Abschluß dieses Vortragstextes erschienenen Begleitaufsätze zur Tagung: *J. Oebbecke*, DVBl. 1987, S. 866ff.; *G. F. Schuppert*, DÖV 1987, S. 757ff.; *M. Sachs*, NJW 1987, S. 2338ff.; *R. Wendt*, NWVBl. 1987, S. 33ff.; *Oldiges*, NVwZ 1987, S. 737ff.

den Kompetenzordnung, bleibt aber dabei dem einheitsstiftenden Ursprung dieser Kompetenzordnung verpflichtet. Es gibt also einen Rechtsbegriff der Einheit des Staates, und zwar einen Einheitsbegriff, der gerade Bezug nimmt auf die Vielheit von gewaltausübenden Organen und Kompetenzen und diese Vielheit bündet.

„Einheit der Verwaltung" kann dann nur meinen: Die rechtliche Bedeutung dieser im Demokratieprinzip begründeten Einheit des Staates speziell für die Verwaltung. Das führt uns zu der Frage: Welche rechtlichen Folgerungen sind aus dem einheitsstiftenden demokratischen Prinzip für die Verwaltung zu ziehen?

Die Verwaltung bedarf in personeller und sachlicher Hinsicht der demokratischen Legitimation.[14] Das Erfordernis personeller Legitimation – von jedem einzelnen Amtswalter muß eine ununterbrochene Kette der Berufungsakte bis auf das Volk als Träger der Staatsgewalt zurückführen[15] – ist einfach und einleuchtend.[16] Das Erfordernis sachlicher domokratischer Legitimation – die Tätigkeit der Verwaltung muß auch inhaltlich auf den Volkswillen zurückgehen[17] – wirft Schwierigkeiten auf.

Versucht man das Erfordernis sachlicher demokratischer Legitimation der Verwaltung auf eine einfache Formel zu bringen, so könnte sie lauten: Der Bürger als Wähler hat einen Anspruch darauf, daß seine demokratische Wahlentscheidung Folgen haben kann für die Verwaltung; und dies ist sichergestellt in der Durchgängigkeit demokratisch-parlamentarischer Leitung, durch Gesetzgebung und Kontrolle. Gefährdet ist die demokratische Herrschaft weniger im Bereich der Gesetzgebung, eher in dem der parlamentarischen Kontrolle.

Der erste Teil meiner Überlegungen (Abschnitt B) wird daher der Frage gelten: An welchen Stellen koppelt sich die Verwaltung vom demokratischen Prozeß ab?

Ich werde dabei vor allem, wenn auch nicht ausschließlich, die Tätigkeit verselbständigter Verwaltungsträger[17] untersuchen, da hier der

---

[14] *Herzog*, in: Maunz/Dürig/Herzog/Scholz, GG Art. 20 Rdn. 53.

[15] Es wird überhaupt nur dort in Frage gestellt, wo zugleich und in erster Linie das Erfordernis sachlicher demokratischer Legitimation in Frage gestellt werden soll. Vgl. Urteil des VerfGH NW v. 15.9.2986, DVBl. 1986, S. 1196f.

[16] *Kriele*, VVDStRL 29, 1971, S. 46ff., 63; *Herzog*, a.a.O.

[17] Im folgenden verstehe ich unter „Verwaltungsträgern" (zum Begriff vgl. *Hartmut Maurer*, Allgemeines Verwaltungsrecht, 5. Aufl. 1986, S. 621, Rdn. 1ff.; vgl. auch *Püttner*, Die öffentlichen Unternehmen, 2. Aufl., Stuttgart 1985, S. 239) nicht nur die unmittelbare, die mittelbare Staatsverwaltung und die Selbstverwaltung, sondern auch die einem öffentlichen Zweck dienenden Unternehmen der öffentlichen Hand, sowie deren gesamte nichtunternehmerische Betätigung in Privatrechtsform. Eine Beteiligung der öffentlichen Hand macht eine juristische Person des Privatrechts selbst zum Verwaltungsträger, wenn der öffentlichen Hand eine beherrschende Stellung zukommt (vgl. *Püttner*, DÖV 1983, S. 697ff., 700 [zu Art. 90 EWG-Vertrag]). Dieser weite Begriff des Ver-

demokratische Einfluß am meisten gefährdet ist und das Problem der Einheit der Verwaltung am schärfsten beleuchtet wird.[18]

Geht es zunächst um die Wahlentscheidung des Bürgers in Bezug auf die Verwaltung, um den Bürger als Wähler, so schließt sich hieran nahezu zwangsläufig die Frage nach dem Bürger als dem vom Verwaltungshandeln Betroffenen an. Welche Interessen kann der Bürger als Betroffener gegenüber einer ausdifferenzierten, arbeitsteilig verfaßten Verwaltung geltend machen? Fragen aus diesem Bereich werde ich im Abschnitt C behandeln.

B. Einheit der Verwaltung als Konsequenz des demokratischen Prinzips

Es gibt zwei Typen der Verselbständigung der Verwaltung gegenüber dem demokratischen Prozeß: Zum einen sind es Abkoppelungen durch Isolierung von Verwaltungsinteressen, vor allem organisatorisch verselbständigter Verwaltungseinheiten, häufig im Namen einer Versachlichung von Politikbereichen; zum anderen sind es Verselbständigungen durch Übertragung von Entscheidungsbefugnissen an organisierte Privatinteressen. Beide Typen der Abkoppelung vom demokratischen Prozeß zeigen die Gefahr einer Emanzipation der Verwaltung vom öffentlichen Interesse.

4. Ministerialfreie Verwaltung

Demokratische Kontrolle über die Verwaltung ist in der Regel dadurch gewährleistet, daß die Verwaltung der Regierung untersteht und die Regierung ihrerseits parlamentarisch verantwortlich ist.[19]

Ausnahmen von dieser Regel – Fälle der sogenannten ministerialfreien Verwaltung – sind zum Teil grundgesetzlich geregelt (Weisungsfreiheit im Bereich der Universitäten/des Rundfunks)[20]; Aus-

---

waltungsträgers ist erforderlich, weil es uns darum gehen muß, alles Handeln der öffentlichen Hand in unsere Betrachtung einzubeziehen, das auf die Erfüllung öffentlicher Zwecke zielt.

[18] *G. F. Schuppert,* Die Erfüllung öffentlicher Aufgaben durch verselbständigte Verwaltungseinheiten, 1981; *F. Wagener* (Hrsg.), Verselbständigung von Verwaltungsträgern, 1976.

[19] Vgl. *Mangoldt-Klein,* GG, Art. 83 Vorbem. III; *Stern,* Staatsrecht, Bd. II, § 31 IV 3a, 5; § 35 I 3d; § 41 IV 10b; *Eckart Klein,* Die verfassungsrechtliche Problematik des ministerialfreien Raumes, Berlin 1974; für die Unternehmen der öffentlichen Hand: *Püttner,* Die öffentlichen Unternehmen, 2. Aufl., S. 224. Neuestens *Oebbecke,* Weisungs- und unterrichtsfreie Räume in der Verwaltung, 1986.

[20] Vgl. *Mangoldt-Klein,* a.a.O.; *Stern,* Staatsrecht, Bd. II, § 41 IV 10b; *Klein,* Die verfassungsrechtliche Problematik des ministerialfreien Raumes, 1974, S. 130, 133; zur Selbstverwaltung siehe hier im Text unter 10.

nahmen sind des weiteren unproblematisch, soweit es um unvertretbare höchstpersönliche Wertungen der Amtswalter in Fragen ohne größere politische Tragweite[21] geht (Prüfungs- und Beurteilungswesen); wo mit guten Gründen Beurteilungsspielräume der Verwaltung[22] gegenüber der Gerichtskontrolle eingeräumt werden, dort darf mit gleichen guten Gründen eine Freiheit der Verwaltung von parlamentarischer Kontrolle gesetzlich verankert werden.

Wie steht es aber in politisch wichtigen Bereichen? Wohl am bedeutsamsten ist hier die gesetzlich geregelte Unabhängigkeit der Deutschen Bundesbank.[23] Ist diese Unabhängigkeit mit dem demokratischen Prinzip vereinbar? In der Antwort auf diese Frage werden Weichen gestellt. Zwei Denkschulen sind hier zu unterscheiden – und sie treffen nicht nur bei diesem Problem aufeinander. Die einen wollen die Unabhängigkeit damit rechtfertigen, sie diene der Sachlichkeit der Notenbankpolitik, sie sei eine Autonomie zwecks „Sicherung der Sachlichkeit".[24] Ich halte diese Begründung weder für zureichend, noch für in sich tragfähig. Alle Ausübung von Staatsgewalt, alle Politik steht unter dem Gebot der Sachlichkeit, d.h. unter dem Gebot sachlich zu rechtfertigender Entscheidungen. Der Gegensatz von weisungsunabhängig zu sichernder Sachlichkeit und demokratisch zu verantwortender Politik ist grundsätzlich verfehlt.

Die andere Ansicht will strengere Anforderungen an die Zulässigkeit ministerialfreier Verwaltung stellen. Sie fordert zu Recht eine spezielle verfassungsrechtliche Legitimation für die Abkoppelung vom demokratischen Prozeß.[25]

Worin liegt diese Legitimation im Falle der Bundesbank? Die Unabhängigkeit der Bundesbank beruht auf einem bewußten Willen zur po-

---

[21] Vgl. BVerfGE 22, 106, 113; BVerfGE 9, 268, 282.

[22] Zum Beurteilungsspielraum vgl. *Haverkate*, Rechtsfragen des Leistungsstaats, 1983, S. 252ff.

[23] Zur Unabhängigkeit der Deutschen Bundesbank vgl. die ausführlichen Literaturhinweise bei *Stern*, a.a.O., § 35 V 1, Fn. 111. Aus der Rechtsprechung: BVerwGE 41, 334ff. Das BVerwG hat in dieser Entscheidung die Unabhängigkeit der Bundesbank damit rechtfertigen wollen, sie sei eingebunden in ein System von Abhängigkeiten personeller und sachlicher Art, die einen Verstoß gegen das demokratische Prinzip ausschlössen. Die meisten der im Bundesbankgesetz zu entdeckenden Abhängigkeiten sind indes wenig relevant; es sind Berichts-, Beratungs-, Auskunftspflichten und eine allgemein gehaltene Unterstützungspflicht gegenüber der Bundesregierung. Von Belang ist eigentlich nur die Möglichkeit des Gesetzgebers, Maßnahmen der Bundesbank zu korrigieren. Aber diese Notbremse bezeichnet freilich nur die äußerste Grenze der ansonsten gesetzlich garantierten Unabhängigkeit, rechtfertigt diese selbst aber nicht.

[24] *Püttner*, a.a.O., S. 226. Zum Gesichtspunkt der „Versachlichung" von Verwaltungstätigkeit durch Unterbindung von Einfluß der Volksvertretung (bzw. der Gemeindevertretung) vgl. *Bachof*, Diskussionsbeitrag, VVDStRL 44, 1986, S. 257.

[25] *Stern*, a.a.O., § 35.

litischen Gewaltenteilung. Es geht um die Verhinderung staatlicher Übermacht; um eine Entflechtung derjenigen staatlichen Machtpositionen, die mit einer umfassenden Verfügungsmacht über die Wahrung und den Geldwert gegeben sind. Es ist die eigentlich von keinem Geldtheoretiker bestrittene Tatsache, daß alle großen Inflationen der letzten 100 Jahre, alle großen Erschütterungen des Geldwesens „durch die Defizitfinanzierungen der Staaten entstanden" sind;[26] es ist diese Tatsache, die am Anfang einer Analyse der Unabhängigkeit der Bundesbank stehen muß. Es sollen Raubzüge des Staates gegen das Vermögen seiner Bürger – denn das sind Inflationen – verhindert werden.

Der entscheidende Punkt ist nicht nur, daß hier die Rechte der Bürger geschützt werden sollen, sondern daß die erforderliche Sicherung dieser Rechte wegen der Eigenart des Sachbereichs nicht wirksam genug durch Rechtskontrollen erfolgen kann. Die Unabhängigkeit der Bundesbank ist also eine scharf umrissene Ausnahme, die keine Verallgemeinerung zugunsten ministerialfreier Verwaltung zuläßt.

Einheit der Verwaltung ist (i.d.R.) Einheit ihrer Ministerialgebundenheit.

5. *Verwaltungsprivatrecht*

Die Verwaltung kann sich zur Erfüllung ihrer Aufgaben der Rechtsformen des Privatrechts bedienen. Im Rahmen unseres Themas ist nicht die ganze Problematik der privatrechtsförmigen Verwaltung zu erörtern.[27] Unter dem Gesichtspunkt der Einheit der Verwaltung geht es um die Frage, ob die Verwaltung durch die Wahl privatrechtlicher Rechtsformen die für sie verbindlichen Setzungen des demokratischen Gesetzgebers unterlaufen kann.

Es ist allgemein anerkannt: Durch die Wahl der Privatrechtsform darf sich die Verwaltung nicht den bestehenden öffentlich-rechtlichen Bindungen entziehen.[28] Wenn man diese vernünftige Maxime strikt beherzigte, wäre für die Verwaltung die Wahl der privaten Rechtsform wohl unattraktiv. In Wahrheit kann die Wahl der Privatrechtsform überhaupt nur verstanden werden als ein Ausweichen vor gewissen Normen des öffentlichen Rechts. Die Befürworter eines Wahlrechts der Verwaltung müßten also eigentlich erst einmal eine unzweideutige Unterscheidung anbieten, welche Regelungen des öffentlichen Rechts nach ihrer Ansicht verzichtbare und welche unverzichtbare Anforderungen an die Verwaltung formulieren.

---

[26] *Heinrich Rittershausen*, Die Zentralnotenbank, Frankfurt/M., 1962, S. 25.

[27] Vgl. *Dirk Ehlers*, Verwaltung in Privatrechtsform, 1984; *ders.*, DÖV 1986, S. 897ff.; *Schachtschneider*, Staatsunternehmen und Privatrecht, 1986; *Wolff/Bachof/Stober*, Verwaltungsrecht II, 5. Aufl. 1987, § 104 a.

[28] Statt aller: *Maurer*, Allgemeines Verwaltungsrecht, 5. Aufl., § 3, Rdn. 9.

Einheit der Verwaltung heißt nicht: Einheit der Rechtsform;[29] wohl aber: Einheit des Vorrangs derjenigen Rechtssätze des öffentlichen Rechts, die das für die Verwaltung maßgebliche öffentliche Interesse sichern.

Ich möchte dem damit angesprochenen Problem in einem speziellen Fall nachgehen:

6. *Kollisionen zwischen dem öffentlichen Interesse und dem Unternehmensinteresse der öffentlichen Unternehmen*

Es wird die These vertreten: Wenn sich die Verwaltung privater Rechtsformen bedient, dann unterwirft sie sich dem Privatrecht und muß es hinnehmen, wie es ist.[30] Dieser These mag man nicht in jedem Fall widersprechen, sofern es etwa um Förmlichkeiten geht, die mit der gewählten Privatrechtsform notwendigerweise verbunden sind. Auch die Privatrechtsform bringt eben Bindungen mit sich – aber: Die öffentlich-rechtlichen Bindungen müssen Vorrang haben.

Die Frage ist also: Ist sichergestellt, daß auch für die privatrechtsförmige Verwaltung der unbedingte Vorrang des vom Parlament definierten und kontrollierten öffentlichen Interesses gilt?

Diese Frage wird unmittelbar relevant, wenn Rechtssätze des öffentlichen Rechts, die die Durchsetzung des öffentlichen Interesses sichern, kollidieren mit Vorschriften des Aktienrechts, die das Unternehmensinteresse der Aktiengesellschaft sichern. (Aktuell ist der Konflikt zwischen den Gewinninteressen der öffentlichen Energieversorgungsunternehmen und dem öffentlichen Interesse an weniger Energieverbrauch bzw. am Einsatz nur bestimmter Energiequellen.)

Frage: Dürfen die in den Aufsichtsrat einer Aktiengesellschaft der öffentlichen Hand entsandten Vertreter des Staates Beschlüssen des Parlaments oder der parlamentarisch verantwortlichen Regierung folgen, auch wenn durch diese Verfolgung des öffentlichen Interesses der Gewinn des Unternehmens geschmälert werden könnte? Nach dem Aktienrecht macht die Verfolgung gewinnschmälernder Absichten gegenüber der Gesellschaft und anderen Aktionären schadensersatzpflichtig.[31] Gilt das auch für Unternehmen der öffentlichen Hand?

---

[29] Anders wohl *Burmeister*, Diskussionsbeitrag VVDStRL 45, 256f.; *ders.*, Der Begriff der ‚vollziehenden Gewalt' unter dem Grundgesetz, in: Recht und Gesetz im Dialog (Hrsg.: E. Wadle), 1982, S. 105ff.; *ders.*, Die Privatrechtsfähigkeit des Staates – Symptom verfassungskonträrer Theoriebildung im öffentlichen Recht, in: Recht und Gesetz im Dialog III (Hrsg.: H. Prütting), 1986, S. 1ff.

[30] So *Püttner*, a.a.O., S. 275.

Nach Ansicht vieler: Ja. Wo bleibt aber dann der Vorrang des öffentlichen Interesses? Darauf gibt man die Antwort: Es gebe hier keinen Grund von der Verbindlichkeit der aktienrechtlichen Regelung abzugehen. Denn der Staat habe es in der Hand, durch die Mittel des Aktienrechts die Gesellschaft auf die Beförderung der öffentlichen Belange zu verpflichten. So wird der Staat darauf verwiesen, er könne zwar die Satzung ändern oder einen Beherrschungsvertrag abschließen – alle diese Möglichkeiten allerdings verbunden mit der Folge einer Schadensersatzpflicht gegenüber dem Unternehmen und den anderen (Minderheits-)Aktionären.[32]

Die Grundeinstellung bei derartigen Schadensersatzkonstruktionen scheint zu sein: Es handele sich bei der verselbständigten Verwaltungseinheit um eine Person, die dem Staat ebenso gegenüberstehe wie jeder andere Bürger; die sich in ihrem Unternehmensinteresse nicht unterscheide von den Interessen anderer Unternehmen. Diese Art der Verselbständigung erinnert an ein Beispiel aus der Literatur, an *Gogols* Novelle „Die Nase": Ein Mann bemerkt, daß seine Nase sich selbständig gemacht hat; er entdeckt sie auf der Straße, sieht, wie sie aus einer Kutsche steigt, in der Uniform eines Staatsrats, mit besonders hohem Kragen; die Nase geht sogar in die Kirche und betet „mit großer Andacht" – und über den Nasenträger, der mit ihr notgedrungen Kontakt aufnehmen möchte, sieht sie verachtungsvoll hinweg, als hätte sie nie etwas mit ihm zu tun gehabt; ein, wie ich denke, abschreckendes Beispiel von Verselbständigung. In der heutigen, aktienrechtlichen Version stellt die Nase so hohe Schadensersatzforderungen an den Nasenträger, daß dieser es sich finanziell gar nicht mehr erlauben kann, die Selbständigkeit der Nase in Zweifel zu ziehen.

---

[31] Nach §§ 117, 311ff. AktG. Zum Verhältnis der §§ 117 und 317 AktG vgl. *Mertens*, in: Kölner Kommentar zum Aktiengesetz, § 317, Rdn. 34ff. m.w.N.

[32] Prägnant *Klaus-Peter Martens*, FAZ v. 2.7.1987, S. 5. Vgl. auch *Würdinger*, Aktienrecht und das Recht der verbundenen Unternehmen, 4. Aufl. 1981, § 75 I 1 b, S. 356f. Ein Anspruch gegen die öffentliche Hand aus § 317 I AktG setzt voraus, daß man den aktienrechtlichen Unternehmensbegriff auf den Verwaltungsträger, der schädigenden Einfluß nimmt, anwenden kann. Dafür sprechen sich aus z.B. *Emmerich*, AG 1976, S. 225, 227f.; *ders.*, Konzernrecht, 2. Aufl. 1977, S. 39f.; BGHZ 69, 334ff. (Gelsenberg), für die BRD als Aktionär der VEBA-AG – allerdings im übrigen offengelassen – vgl. dazu die Urteilsbesprechungen von *Zöllner*, AG 1978, S. 40ff.; *Lutter/Timm*, BB 1978, S. 836ff.; *Koppensteiner*, ZGR 1979, S. 91ff.; *Kropff*, ZHR 144 (1980), S. 74ff.; *Würdinger*, ebenda. Dagegen z.B. *Wiedemann/Martens*, AG 1976, S. 232, 238f.; vgl. im übrigen die Nachweise bei *Zöllner*, in: Kölner Kommentar zum AktG, Vorb. § 394, Rdn. 4; *Biedenkopf/Koppensteiner*, ebd., § 15, Rdn. 15ff. Die These, das Aktienrecht habe bei den Aktiengesellschaften der öffentlichen Hand grundsätzlich Vorrang vor dem öffentlichen Recht, vertritt, neben anderen, *Schuppert*, Gutachten, Anlage zur Drucks. 9/4545 der Hamburgischen Bürgerschaft, S. 24ff. (mit ausführlichen weiteren Nachweisen); s. dazu auch Fn. 34.

Wir müssen festhalten: Alles privatrechtsförmige Staatshandeln steht unter der fortwirkenden Maßgabe des öffentlichen Rechts. Nicht die Verselbständigung ist das entscheidende Datum, sondern der öffentliche Zweck.[33] Diesem öffentlichen Zweck dient die verselbständigte Verwaltungseinheit; ihm verdankt sie ihre Entstehung, an ihn bleibt sie gebunden.[34] Mit dem Vorrang des öffentlichen Zwecks sind alle Verselbständigungen von Erwerbsinteressen ausgeschlossen.[35] Auch wenn der öffentliche Zweck in der Satzung der Aktiengesellschaft nicht ausdrücklich formuliert ist, gibt es zu seinen Gunsten einen ungeschriebenen Rangvorbehalt in der Satzung.[36]

Das verselbständigte Unternehmen kann sich also gegenüber dem Staat, gegenüber dem Muttergemeinwesen nicht auf Gewinninteressen berufen.

---

[33] Das Bundesverfassungsgericht hat die Frage des öffentlichen Zwecks bei Unternehmen der öffentlichen Hand in einer neueren Entscheidung (E 66, 248) behandelt: Es ging um die Enteignung zugunsten eines privatrechtlich organisierten Energieversorgungsunternehmens. Auf die Bedenken, ob eine Enteignung zugunsten eines Privaten zulässig sei, antwortet das Gericht: Entscheidend sei, daß dies zu einem in einem öffentlichen Nutzen liegenden Zweck geschehe: „die besondere Zielrichtung des Unternehmens ‚überlagert' dessen privatrechtliche Struktur sowie den auf die Erzielung von Gewinn gerichteten Zweck . . ." (S. 257). Diese Feststellung ist nicht nur im Enteignungsrecht richtig (worauf sie sich im konkreten Fall bezieht); sie gilt allgemein: Der öffentliche Zweck ist das Entscheidende; die Privatrechtsform tritt, wo immer es der öffentliche Zweck erheischt, in den Hintergrund.

[34] Zu der Ansicht, das Aktienrecht habe Vorrang vor dem öffentlichen Recht, ist zu bemerken: sie verkennt auch das Telos des Aktienrechts. Dieses ist nämlich von vornherein gar nicht darauf zugeschnitten, einen Ausgleich vorzunehmen zwischen den hier konfligierenden Interessen, nämlich zwischen dem öffentlichen Interesse, wie es der Staat sieht, und dem öffentlichen Interesse, wie es der ausgegründeten Tochter in ihrem Autonomiestreben erscheint. Wir müssen nämlich sehen: Es geht in derartigen Fällen gar nicht um die Kollision eines privaten Unternehmensinteresses mit dem öffentlichen Interesse, sondern um Kollisionen zwischen verschiedenen Auffassungen über das öffentliche Interesse. Es besteht also auch aus einem ganz zivilistischen Blickwinkel keine Veranlassung, die um die Definitionsmacht über das öffentliche Interesse entbrannten Konflikte mit zivilrechtlichen Mitteln lösen zu wollen, die eben auf ganz andersartige Interessenlagen zugeschnitten sind. Es sollte dem Zivilrechtler eigentlich nichts daran liegen, in den Verdacht zu kommen, in einem Streit um öffentliche Interessen, genauer gesagt: in einem Kompetenzstreit zwischen verschiedenen Verwaltungsträgern, wer für die Bestimmung des öffentlichen Zwecks zuständig ist, mit den insoweit eindeutig inadäquaten Mitteln des Zivilrechts parteiisch eingreifen zu wollen.

[35] Zutreffend *Püttner*, Öffentliche Unternehmen als Instrument staatlicher Politik, DÖV 1983, S. 697f., 700: „Art und Inhalt der öffentlichen Aufgaben bestimmen, inwiefern Raum bleibt für die Erzielung von Gewinnen."

[36] *Zöllner*, in: Kölner Kommentar zum AktG, Vorbemerkung § 394, Rdn. 8 verweist darauf: es sei bei fehlender Bestimmung in der Satzung hins. des öffentlichen Zwecks eine „ergänzende Interpretation (sc. der Satzung) unter Heranziehung des § 157 BGB" erforderlich.

Aber auch Minderheitsaktionäre können nicht ohne weiteres Schadensersatzansprüche geltend machen, wenn der Gewinn des Unternehmens durch den Vorrang des öffentlichen Interesses geschmälert wird. Wer sich an einem von der öffentlichen Hand beherrschten Unternehmen in Kenntnis dieses Herrschaftsverhältnisses beteiligt,[37] muß wissen, daß ein öffentliches Unternehmen, ein von der öffentlichen Hand beherrschtes Unternehmen nicht in erster Linie Gewinne zu machen, sondern einen öffentlichen Zweck zu verfolgen hat.[38]

Die Frage des Vorrangs des parlamentarisch formulierten oder zumindest parlamentarisch verantworteten öffentlichen Interesses ist im Augenblick bedeutsam in der Auseinandersetzung um die Atomwirtschaft. Es geht hier nicht um eine Stellungnahme für oder wider die Nutzung der Atomkraft. Aber eines ist klar: Der Bund, die Länder und viele Gemeinden haben sich in der Vergangenheit in Erwägung öffentlichen Interesses in der Atomwirtschaft engagiert. Auch die weitere Entwicklung in diesem Bereich muß ausschließlich von Erwägungen legitimer öffentlicher Zwecke gesteuert werden. Die Gewinninteressen der öffentlichen Energieversorgungsunternehmen zählen hier nicht.

Einheit der Verwaltung ist Einheit der Verfolgung öffentlicher Interessen durch die Verwaltung.

7. *Ausgründungen und öffentlicher Zweck*

Ausgründungen von Verwaltungsträgern müssen einen öffentlichen Zweck verfolgen. Auch die wirtschaftliche Betätigung der öffentlichen

---

[37] Zutreffend, wenn *Zöllner*, a.a.O., Vorbem. § 394 Rdn. 9 meint: Soweit eine ursprünglich rein erwerbswirtschaftlich strukturierte Gesellschaft erst später unter den maßgeblichen Einfluß der öffentlichen Hand gerate, bedürfe es, um das öffentliche Interesse durchzusetzen, einer Änderung des Zweckes der Gesellschaft.

[38] Die hier vertretene Ansicht steht im übrigen nicht im Gegensatz zur Gelsenbergentscheidung des BGH (BGHZ 69, 334ff.). In dieser Entscheidung ging es um die Frage, ob bei einem von der öffentlichen Hand beherrschten Unternehmen die aktienrechtlichen Vorschriften über die Konzernherrschaft anwendbar sein könnten. Der BGH bejaht diese Frage. Die Minderheitsaktionäre seien gegen die Geltendmachung „unternehmerischen Fremdinteresses" (S. 337) zu schützen. – Ein von der öffentlichen Hand verfolgtes Interesse *kann* in der Tat ein „Fremdinteresse" für das beherrschte Unternehmen sein. Hingegen ist dasjenige öffentliche Interesse, das überhaupt die Beteiligung der öffentlichen Hand legitimiert, kein „Fremdinteresse", sondern konstitutives „Eigeninteresse" des öffentlichen Unternehmens. Unabhängig davon, in welcher Form und Klarheit auch immer dieses für das öffentliche Unternehmen konstitutive öffentliche Interesse ausgedrückt ist, kann es bei Unternehmen der öffentlichen Hand, die einem öffentlichen Zweck dienen, per definitionem keinen Vorrang eines gegenüber dem öffentlichen Zweck verselbständigten Gewinninteresses geben.

Hand ist nur mit der Maßgabe zulässig, daß ein öffentlicher Zweck verfolgt wird.[39] Wenn das Vorliegen eines öffentlichen Zwecks das Handeln der Verwaltungsträger überhaupt erst legitimiert, dann ist eine Zweckkontrolle unumgänglich.[40] Es ist die bekannte crux der verselbständigten Verwaltungseinheiten, daß die öffentlichen Zwecke nicht oder nicht hinlänglich definiert werden und dementsprechend eine Kontrolle, die auf die Erreichung des öffentlichen Zwecks zielt, nicht stattfinden kann.[41] Das demokratische Prinzip erfordert es, daß das Parlament die Kontrolle über die Zweckverfolgung der verselbständigten Verwaltungseinheiten behält. Deshalb muß eine Pflicht des Parlaments angenommen werden, die Zwecke so genau anzugeben, daß die nötige Kontrolle ermöglicht wird. Ich nenne das die Zweckverdeutlichungspflicht[42], die hier aus dem demokratischen Prinzip folgt.

Der Zweck der ausgegründeten Verwaltungseinheit muß durch den Gesetzgeber – also durch Gesetz – festgelegt werden. Das gilt unabhängig von der Rechtsform. Im öffentlichen Recht ist es selbstverständlich, daß die Ausgründung durch Gesetz (oder, im Kommunalrecht, durch Satzung) zu erfolgen hat. Bei den Ausgründungen in Privatrechtsform fehlt es in der Regel daran; gerade hier ist eine gesetzgeberische Entscheidung über den Zweck der ausgegründeten Einheit schon deshalb unabdingbar, weil die Privatrechtsform als solche die gesteigerte Gefahr von Kontroll- und Einwirkungsverlusten mit sich bringt.[43, 44]

---

[39] Nachdrücklich *Püttner,* DÖV 1983, S. 697ff., 700. Im Kommunalrecht gilt dies i.d.R. kraft der ausdrücklichen gesetzlichen Bestimmungen in den Gemeindeordnungen (Nachfolgebestimmungen zu § 67 I DGO), für die nichtkommunalen Unternehmen der öffentlichen Hand gilt dies kraft Haushaltsrechts, vgl. § 65 Abs. 1 Ziff. 1 BHO, sowie die entsprechenden Vorschriften der Landeshaushaltsordnungen.

[40] Daß ohnehin die Gefahr einer „Versickerung und Verdünnung" öffentlicher Zwecksetzungen besteht, zeigt das Beispiel der Hamburgischen Stadtentwicklungsgesellschaft mbH, deren Zweck es laut Satzung zunächst war, Aufgaben im Bereich der Stadtentwicklung zu übernehmen. Als es an Aufträgen fehlte, baute die Gesellschaft 6.000 Wohnungen im Iran – mit großen finanziellen Verlusten. Der Geschäftszweck wurde nachträglich angepaßt: Durchführung von „Bauvorhaben aller Art", vgl. Drucksache 9/4545 der Hamburgischen Bürgerschaft; *Schuppert,* Gutachten, Anlage zur Drucksache, a.a.O.; *Ehlers,* Verwaltung in Privatrechtsform, S. 261, Fn. 41.

[41] *Püttner,* Die öffentlichen Unternehmen, 2. Aufl. 1985, S. 131; *Schuppert,* Gutachten, a.a.O., S. 23f.

[42] Eine „Zweckverdeutlichungspflicht" bei Subventionen habe ich begründet in: Rechtsfragen des Leistungsstaats, 1983, S. 204f., 290ff. Im Recht der staatlichen Leistungen wie bei den öffentlichen Unternehmen ist die Deutlichkeit des öffentlichen Zwecks unabdingbare Voraussetzung für die Kontrolle, ob das angegebene Interesse wirklich besteht und ob das angegebene öffentliche Interesse durch das staatliche Handeln tatsächlich verwirklicht wird.

Einheit der Verwaltung ist die Einheit der Verfolgung öffentlicher Zwecke; das setzt die Präzisierung der Zwecke voraus.

8. *Rechnungsprüfung*

Durch die Rechnungsprüfung wird die Volksvertretung in vielen Sachfragen überhaupt erst in die Lage versetzt, die Verwaltung effektiv zu kontrollieren.[45] Es gilt der Grundsatz einer möglichst lückenlosen Rechnungsprüfung;[46] er hat Verfassungsrang.[47] Dementspre-

---

[43] Gerade bei den öffentlichen Unternehmen darf der Zweck nicht zu statisch verstanden werden. Es geht hier nicht um eine einmalige Zweckverdeutlichung – das ist bei den öffentlichen Unternehmen anders als bei den Subventionen, wo punktuelle, auf kürzere Zeit berechnete Zweckfestlegungen die Regel sind. Die öffentlichen Unternehmen sollen ein (begrenztes) Eigenleben entfalten; die Zweckfestlegung hat daher auch den Variabilitätsbedürfnissen eines in die Zukunft hineinwirkenden Unternehmens Rechnung zu tragen.

[44] Es ist zu Recht eine „Tautologisierungsstrategie" genannt worden, wenn statt der Benennung präziser Handlungszwecke auf die allgemeine Pflicht zur Förderung des Gemeinwohls verwiesen wird; so *Walter Schmidt*, Rechtswissenschaft und Verwaltungswissenschaft, in: Grimm (Hrsg.), Rechtswissenschaft und Nachbarwissenschaften, 1. Bd., 2. Aufl., München 1976, S. 89ff.; zum Präzisierungsgrad der Zweckbenennung vgl. noch *von Mutius*, in: Kontrolle öffentlicher Unternehmen, Bd. 2, 1982, S. 25ff., 29ff. *Hans Peter Ipsen* hat in seinem Subventionsreferat (VVDStRL 25, 1967, S. 284) Beispiele dafür angeführt, daß die Subventionszwecke wechseln, die Subvention selbst über die Zeit hinweg konstant bleibt. Bei den öffentlichen Unternehmen würde sich vielleicht in manchem Ähnliches ergeben. Wir haben sicherlich allen Grund, den angegebenen öffentlichen Zwecken – sofern sie angegeben sind – nicht einfach Glauben zu schenken. Die Frage ist nur, was wir daraus für Folgerungen ziehen. Sollen wir milde-skeptisch über das Fehlen präziser öffentlicher Zweckangaben hinwegsehen und die Frage der Erfolgskontrolle hinsichtlich ihrer Erreichung auf sich beruhen lassen? (vgl. *Schuppert*, Anlage zur Drucksache, a.a.O., S. 23f.). Mir scheint es richtiger, auf der Angabe eines präzisen öffentlichen Zwecks zu bestehen, auf die Gefahr hin, zunächst nur einen fälschlicherweise angegebenen, nicht den wirklichen Zweck des Unternehmens zu erfahren. Die Diskrepanz zwischen Zweckangaben und wirklichen Zwecken aufzudecken, ist dann immerhin möglich.

[45] Bericht des Rechtsausschusses zu BT-Drucksache V 3605, S. 13 (Neufassung des Art. 114 GG): „Eine sinnvolle Wahrnehmung des Budgetrechts erfordert die Kenntnis zahlreicher Daten, die der Bundestag ohne Mithilfe des Rechnungshofs nicht erlangen kann. Darüber hinaus ist das Parlament bei Ausübung der Kontrolle über Regierung und Verwaltung in weitem Maße auf die Mithilfe des Rechnungshofes angewiesen."

[46] Vgl. *Stern*, Staatsrecht, Bd. II, § 34 III 2b. – Das Haushaltsgrundsätzegesetz erfaßt, entgegen einer mitunter geäußerten Ansicht (so etwa *Ehlers*, Verwaltung in Privatrechtsform, S. 266, Fn. 76) alle Ausgründungen von Verwaltungsträgern, gleichgültig welcher Rechtsform, nicht nur Töchter, sondern auch die Enkel und die weitere Nachkommenschaft (wie hier: *Püttner*, JA 1980, S. 218ff., 219); die Entfernung vom ursprünglichen Verwaltungsträger darf weder eine Verdünnung der Parlamentskontrolle noch einen Verzicht auf die Rech-

chend sind Ausnahmen von der Rechnungsprüfung begründungsbedürftig.[48]

Freistellungen von der Rechnungsprüfung sind zulässig, wenn kein öffentliches Interesse an einer Rechnungsprüfung besteht.[49] Keinesfalls kann dem Argument gefolgt werden, die Unternehmensqualität als solche rechtfertige ohne weiteres einen Ausschluß der Rechnungsprüfung.[50] Auch Unternehmen können von der Rechnungsprüfung befreit werden, wenn bei ihnen nach Einschätzung des Gesetzgebers eine anderweitige ausreichende Prüfung gewährleistet erscheint.[51, 52] Von der Rechnungsprüfung bei Unternehmen kann aber nur dann abgesehen werden, wenn es sich um ein überschaubares Risiko für den Staat bzw. für den Unternehmensträger handelt.[53] Grundsätzlich gilt: Die Haftung des Staates bei juristischen Personen des öffentlichen Rechts ist beschränkt auf das Vermögen der juristischen Person.[54]

---

nungsprüfung zur Folge haben. Die rechtliche Regelung möglicher Befreiungen von der Rechnungsprüfung im Haushaltsgrundsätzegesetz ist freilich zum Teil unübersichtlich und verworren. Das Gesetz fördert insoweit Tendenzen zu einer laxen Prüfungspraxis, denen es von seiner Grundintention her eigentlich entgegentreten will.

[47] Die Reform des Haushaltsrechts 1969 hat das Leitprinzip möglichst lückenloser Rechnungsprüfung formuliert. Dieser Grundgedanke der damals erfolgten Verfassungsänderungen (und der Normierungen des Haushaltsgrundsätzegesetzes und der Haushaltsordnung) hat selbst Verfassungsrang.

[48] Wenn Einheit der Verwaltung Einheit demokratischer Verwaltungskontrolle bedeutet, dann meint das zugleich ein Prinzip durchgängiger Rechnungsprüfung zugunsten effektiver parlamentarischer Kontrolle. Wo Defizite der Rechnungsprüfung festzustellen sind, dort liegt zugleich der Verdacht nahe, daß auch die parlamentarische Kontrolle in diesen Bereichen defizitär ist.

[49] Es gibt eine Vielzahl von Verwaltungsträgern, an denen der Staat in keiner Weise finanziell interessiert ist, die weder Zwangsbeiträge erheben, denen sonstige gesetzliche Befugnisse nicht zustehen, die besondere staatliche Unterstützung nicht genießen. Hier ist nicht ersichtlich, warum der Gesetzgeber nicht Kontrollbefreiungen wegen fehlenden öffentlichen Interesses vorsehen sollte. Vgl. *Bank*, AöR, Bd. 80, 1955/56, S. 262ff., 266.

[50] *Piduch*, Bundeshaushaltsrecht, Bd. II, § 111, BHO, Rdn. 7; *Giesen/Fricke*, Das Haushaltsrecht des Landes Nordrhein-Westfalen, § 112 LHO, Rdn. 5; vgl. auch Begründung der Landesregierung Nordrhein-Westfalen zum Entwurf der LHO, LT-Drucksache 7/618 zu § 112 LHO, S. 186. Eine sehr genaue und überzeugende Analyse zur Stellung der (bundesunmittelbaren) Unternehmen des öffentlichen Rechts im Haushaltsrecht findet sich bei *Rüfner*, in: Recht im Dienst des Friedens, FS für Eberhard Menzel zum 65. Geburtstag, hrsg. von J. Delbrück u.a., Berlin 1976, S. 67ff.

[51] So ausdrücklich Ausschußbericht zu BT-Drucksache V/43/8 und 43/9 (zu § 46 E-HGrG = § 48 HGrG).

[52] Vgl. § 48 Abs. 2 S. 2 HGrG.

[53] § 55 Abs. 1 HGrG.

[54] Vgl. hierzu *Püttner*, Die öffentlichen Unternehmen, 1969, S. 262 mit Fn. 14, 2. Aufl. 1985, S. 186. Für die Beteiligung des Staates an Unternehmen in der Rechtsform des Privatrechts ist in § 65 Abs. 1 Ziffer 2 BHO/LHO bestimmt, daß

Gleiches gilt gemäß § 65 BHO für die Ausgründung privatrechtlich organisierter Unternehmen oder die Beteiligung an ihnen. Das maximale Risiko des Unternehmensträgers in diesen Fällen ist überschaubar; es ist der Verlust seiner Einlage bzw. der Verlust dessen, was er einzubringen versprochen hat.

Es gibt aber landesgesetzliche Regelungen, die darüber hinaus Freistellungen von der Rechnungsprüfung vorsehen: Das bedeutsamste Beispiel ist die Befreiung der Westdeutschen Landesbank, einer Körperschaft des öffentlichen Rechts, von der Rechnungsprüfung.[55] Dieser Verwaltungsträger ist die drittgrößte deutsche Geschäftsbank.[56] Die Besonderheit: Es besteht eine gesetzliche Garantieverpflichtung des Landes Nordrhein-Westfalen – das Land haftet als Gesamtschuldner für sämtliche Verbindlichkeiten der Bank.[57] Der Unterschied fällt sogleich auf: Während im Normalfalle das maximale Risiko des Trägergemeinwesens begrenzt ist, ist hier, wo dem Staat eine Garantieverpflichtung obliegt, das Prinzip der beschränkten Haftung aufgegeben. Durch gesetzliche Zuschuß- und Garantieverpflichtungen wird aus der beschränkten Haftung insoweit eine unbeschränkte. Das Risiko des Trägergemeinwesens bei solchen Garantieverpflichtungen ist völlig unkalkulierbar, und dies im konkreten Fall bei einem Geschäftsvolumen des Unternehmens, das ein Mehrfaches des nordrhein-westfälischen Staatshaushalts ausmacht. Wegen fehlenden öffentlichen Interesses kann in diesem Fall die Rechnungsprüfung wohl nicht ausgeschlossen worden sein.[58] Diese Prüfungsbefreiung ist mit den Bestimmungen des Verfassungsrechts und des Haushaltsgrundsätzegesetzes nicht vereinbar.

Nur beiläufig möchte ich anfügen: Der Ausfall des klassischen Kontrollinstruments Rechnungsprüfung wird nicht kompensiert durch die Mitarbeit von Parlamentariern in den Aufsichtsorganen der verselbständigten Einheit. Diese Mitarbeit ist nicht „Parlamentskontrolle", sie rechnet vielmehr zur Tätigkeit der verselbständigten Einheit, die gerade zu kontrollieren ist. Schwerwiegende Bedenken gegen eine

---

der Bund bzw. ein Land sich nur dann beteiligen soll, wenn die Einzahlungsverpflichtung des Staates auf einen bestimmten Betrag begrenzt ist. Für öffentlich-rechtliche Unternehmen versteht sich die Haftungsbeschränkung grundsätzlich von selbst, so daß in § 112 Abs. 2 Satz 1 BHO/LHO nicht mehr eigens auf die Bestimmung des § 65 Abs. 1 Ziffer 2 rekurriert werden mußte.

[55] Gem. § 112 Abs. 2 S. 2 LHO NW.

[56] Mit einer Bilanzsumme von zuletzt 141 Mrd. DM und einem Umsatz von 190 Mrd. DM, s. Geschäftsbericht der Westdeutschen Landesbank 1987.

[57] Gem. § 37 Abs. 2 Sparkassengesetz NW, § 4 der Satzung der Westdeutschen Landesbank.

[58] Die Aufmerksamkeit richtet sich – hier wie sonst – eher auf die kleineren Beträge als auf die größeren Summen. Das hat *Parkinson* ‚the point of vanishing interest' genannt.

solche Mitarbeit von Parlamentariern ergeben sich aus dem Gewaltenteilungsprinzip: Wegen der vorangegangenen Arbeit in den Organen der zu kontrollierenden Verwaltungseinheit ist die nachfolgende parlamentarische Kontrolltätigkeit dieser Abgeordneten in ihren Wertungen befangen.[59]

Einheit der Verwaltung ist Einheit der Rechnungsprüfung zugunsten parlamentarischer Kontrolle.

9. Mitbestimmung in der Verwaltung

Die Einheit der Verwaltung kann auch durch Mitbestimmungsregelungen berührt sein.[60] Das demokratische Prinzip ist der entscheidende Maßstab verfassungsrechtlicher Überprüfung.

---

[59] Vgl. auch *Ehlers*, Verwaltung in Privatrechtsform, S. 271: eine Mitgliedschaft von Abgeordneten in den Aufsichtsräten publizistischer oder verwaltungsbeherrschter Unternehmen sei grundsätzlich nicht mit dem Prinzip der parlamentarischen Kontrolle vereinbar; im gleichen Sinne *Schuppert*, Anlage zur Drucksache 9/4545 der Hamburgischen Bürgerschaft, S. 42 (anders soll es sich nach *Ehlers*, S. 272f., verhalten bei den Mitgliedern von Gemeindevertretungen, da es im Gemeindebereich eine ähnliche Gewaltenteilung wie im staatlichen Bereich nicht gebe). Dafür, daß die Praxis anders verfährt, Beispiele bei *Ehlers*, S. 271. – Zur Illustration dieser verfassungsrechtlichen Bedenken möge ein Beispiel dienen: Im Verwaltungsrat der oben erwähnten Landesbank des Landes Nordrhein-Westfalen sitzen auch Abgeordnete des Landtags. Die Vorsitzenden des Finanzausschusses und des Wirtschaftsausschusses des Landtags – als solche beide Mitglieder des Verwaltungsrats der Bank – wurden nacheinander zu Geschäftsführern einer 100%igen Tochter der Bank bestellt, der „Westdeutschen Lotterie-GmbH" (mit einem Gehalt, wie eine Zeitung schrieb, von „berufsmäßigen Lottokönigen", Kölner Stadtanzeiger v. 1.4.1987, Nr. 77/14). Wenn die parlamentarischen Kontrolleure von der kontrollierten Anstalt auf solche Weise nachträglich belohnt werden, tritt die Notwendigkeit klarer Gewaltenteilung besonders hervor. Soll nicht das Parlament in eine Verfilzung mit Partikularinteressen des verselbständigten Verwaltungsträgers hineingezogen werden, soll sich nicht gar die Kontrolltätigkeit des Parlaments verquicken mit finanziellen Privatinteressen von Abgeordneten, dann wird man auf einer klaren Scheidung von zu kontrollierender Verwaltungstätigkeit und der Kontrolltätigkeit des Parlaments bestehen müssen.

[60] Vgl. zur Mitbestimmung in der öffentlichen Verwaltung: *Ellwein*, Mitbestimmung im öffentlichen Dienst – eine Gefahr für den Staat?, in: Ellwein/Zehnder/Minde/Betzmeier, Mitbestimmung im öffentlichen Dienst, 1969; *Biedenkopf*, Mitbestimmung im Unternehmen, Kommissionsgutachten vom 4.2.1970, Bundestags-Drs. Nr. 334, VI Wahlp., S. 66; *Leisner*, Mitbestimmung im öffentlichen Dienst, Bonn 1970; *Thieme*, Gutachten für den 48. Deutschen Juristentag, München 1970, S. 56; VG Düsseldorf, DVBl. 1971, 225; *Biedenkopf/Säcker*, Grenzen der Mitbestimmung in kommunalen Versorgungsunternehmen, ZfA 1971, S. 211ff.; *Ossenbühl*, Erweiterte Mitbestimmung in kommunalen Eigengesellschaften, Rechtsgutachten für die ÖTV, Stuttgart 1972; *Thomas Raiser*, Recht der Arbeit 1972, S. 65; *Ritter*, JZ 1982, S. 107ff.; *Hans Peter Schneider*, DÖV 1972, S. 598ff.; *Wössner*, Paritätische Mitbestimmung in kommunalen

Zum einen geht es in den Auseinandersetzungen um die verfassungsrechtliche Zulässigkeit von Mitbestimmung um die Frage, ob eine Mitbestimmung von Beschäftigtenvertretern zulässig ist, wenn diese Vertreter von den Beschäftigten gewählt worden sind und keine Bestellung durch demokratisch legitimierte Amtswalter erfolgt ist. Hier ist das Erfordernis personeller demokratischer Legitimation verletzt.[61] Wer öffentliche Gewalt ausübt, und darunter fällt auch die Tätigkeit im Rahmen der Mitbestimmungsregelungen, bedarf einer Bestellung durch demokratische legitimierte Amtswalter.

Zum anderen geht es um Fragen sachlicher demokratischer Legitimation. Die Mitbestimmung will die Interessen der Beschäftigten berücksichtigen. Das sind Partikularinteressen,[62] die in aller Klarheit zu unterscheiden sind von dem Interesse aller Bürger, das zu verwirklichen den Staatsorganen aufgetragen ist.[63] Die Berücksichtigung

---

Eigengesellschaften aufgrund vertraglicher Stimmrechtsbindungen, Diss. jur., Frankfurt a.M. 1972; *Schmitt Glaeser*, Partizipation an Verwaltungsentscheidungen, VVDStRL 31, 1973, S. 179ff.; *Söllner*, Recht der Arbeit, 1976, S. 64ff.; *Farthmann*, in: Eichhorn (Hrsg.), Auftrag und Führung öffentlicher Unternehmen, Berlin 1977, S. 137ff.; LG Bremen, DVBl. 1977, S. 50ff.; OLG Bremen, DÖV 1977, S. 899ff.; *Dietz/Richardi*, Bundespersonalvertretungsgesetz, 2. Aufl. 1978, Bd. I, Vorbem. zu § 1; *Faber*, Personalvertretung und Mitbestimmung im öffentlichen Dienst in der BRD und in Frankreich, 1979; *Stern*, Das Staatsrecht der BRD, Bd. I, 2. Aufl. 1984, § 18 II 4; *Ehlers*, Verwaltung in Privatrechtsform, 1984, S. 145ff., S. 314ff.; *Püttner*, Die öffentlichen Unternehmen, 2. Aufl. 1985, S. 138ff.; *Kisker*, Personalvertretung 1985, S. 137ff.

[61] So zutreffend VerfGH NW DVBl. 1986, S. 1196ff.

[62] Alle Versuche, aus der Legitimität der Mitbestimmung in der Privatwirtschaft („Demokratisierung der Wirtschaft") Argumente für eine Mitbestimmung auch im Bereich des öffentlichen Dienstes zu entwickeln, scheitern an der Unterschiedlichkeit beider Bereiche. Während die Mitbestimmung in der Privatwirtschaft damit begründet werden kann, es gelte, der privaten Verfügungsgewalt des Kapitals Mitwirkungsbefugnisse der davon in erster Linie betroffenen Arbeitenden an die Seite zu stellen, also mehr Beteiligung Betroffener zu ermöglichen, ist es im staatlichen Bereich umgekehrt: Durch eine Mitbestimmung der im öffentlichen Dienst Beschäftigten an der demokratisch zu verantwortenden Arbeit der Verwaltung würde nicht mehr Demokratie erreicht, sondern der erreichte Stand der Demokratisierung im Staat zugunsten einer Partikulardemokratisierung rückgängig gemacht. Zur Mitbestimmung in privaten Unternehmen s. BVerfGE 50, 290.

[63] *Farthmann*, a.a.O., S. 138f.: „Es kann nämlich nach unserer Verfassungsordnung nicht zweifelhaft sein, daß die Vollziehung des politischen Willens des demokratisch gewählten Parlaments – sei es auf Bundes-, Landes- oder Kommunalebene – durch die Mitbestimmung, d.h. durch den Willen der gerade dort Beschäftigten nicht behindert oder aufgehoben werden darf. Alles andere würde bedeuten, die Selbstbestimmung des Volkes aufzuheben durch die Selbstbestimmung der Beschäftigten"; *Ossenbühl*, a.a.O.; *Biedenkopf/Säcker*, a.a.O.; *Püttner*, a.a.O.; *H. P. Schneider*, a.a.O.; *Leisner*, a.a.O.; *Obermayer*, a.a.O.; anderer Auffassung: *Thomas Raiser*, RdA 1972, S. 65ff.; ferner die Thesen des Deut-

von Partikularinteressen der Bediensteten ist jedoch unproblematisch, soweit es um deren persönliche Rechtssphäre geht, um die dienstlichen, nicht um die amtlichen Belange der Beschäftigten. Hierauf beziehen sich die (meisten) Regelungen der Personalvertretungsgesetze. Es gibt aber auch Mitbestimmungsregelungen, die die Vertretung der Beschäftigten in allgemeinen Leitungsorganen, vor allem selbständiger Verwaltungseinheiten (z.B. in den Aufsichtsorganen der Sparkassen) vorsehen. Gibt es einen Grund, den Bediensteten mehr Einfluß auf die Politik der Verwaltung einzuräumen als allen anderen Bürgern? Es fällt nicht leicht, diese Frage zu bejahen. Eine eigenständige demokratische Legitimation hat die Interessenvertretung der Bediensteten insoweit nicht.[64] Man wird sie nur rechtfertigen können mit Rücksicht auf die erkannten Mängel parlamentarischer Kontrolle vor allem der selbständigen Verwaltungseinheiten.

Mitbestimmung bleibt aber Vertretung von Partikularinteressen. Parlament und Regierung haben die Aufgabe, umfassend die Belange aller Bürger zu vertreten. Dieses öffentliche Interesse muß Vorrang haben. Es muß sichergestellt sein, daß die Entscheidungen des Parlaments und der ihm verantwortlichen Regierung, die das öffentliche Interesse betreffen, sich durchzusetzen vermögen. Das schließt in allen nicht unbedeutenden Fragen[65] Letztentscheidungen paritätisch besetzter Einigungsstellen o.ä. aus.[66]

Diese Einschränkung der Mitbestimmung gilt nicht nur im Hoheitsbereich; sie gilt auch für das privatrechtsförmige Verwaltungshandeln.[67] Solange es im Belieben der Verwaltung steht, ob sie ihre

---

schen Gewerkschaftsbundes zur Mitbestimmung in öffentlich-rechtlichen Unternehmen und Einrichtungen (Schriftenreihe Mitbestimmung, Nr. 4, 1983).

[64] Anders *Battis,* DÖV 1987, S. 2ff., 4: „Die Personalvertretung verwirklicht . . . innerhalb des Repräsentativsystems (!?) eine ergänzende und optimierende demokratische Kontrollfunktion (sc. neben dem Parlament)."

[65] Das Bundesverfassungsgericht hat in seiner Entscheidung zum Bremer Personalvertretungsgesetz darauf abgestellt, ob die mitbestimmte Sachfrage von „erheblichem politischem Gewicht" sei (BVerfGE 9, 268, 282ff.). Dies ist nicht dahin mißzuverstehen, die Mitbestimmung sei grundsätzlich zulässig, außer wenn sie Fragen von herausragender politischer Bedeutung betreffe. Im Gegenteil: Alles Handeln der Verwaltung im Inneren und nach Außen ist „politisch" in dem Sinne, daß es dem Parlament und der ihm verantwortlichen Regierung unbenommen sein muß, Regelungen zu erlassen, wenn es ihnen gutdünkt. Was hier letztlich auf dem Spiel steht, ist das Prinzip der Positivität des demokratisch gesetzten Rechts. Das Recht muß im demokratischen Staat beweglich bleiben, den erkannten Erfordernissen im Interesse der Bürger Rechnung zu tragen. Die Parlamente dürfen deshalb nicht eingemauert werden von partikularen und ständischen Interessen; sie müssen in der Lage sein, den von ihnen repräsentierten Volkswillen zu verwirklichen.

[66] Insoweit zutreffend Urteil d. hess. StGH v. 30.4.1986, DVBl. 1986, S. 936.

[67] In erfreulicher Weise klar das Urteil des VerfGH NW vom 15.9.1986, DVBl. 1986, S. 1196ff.: „Es soll keine vom Volk nicht legitimierten (und kontrollier-

Aufgaben in der Form des Privatrechts oder des öffentlichen Rechts erfüllt, kann die Zulässigkeit von Mitbestimmung nicht von der Zufälligkeit der Rechtsform abhängen.[68]

Einheit der Verwaltung ist Einheit unverkürzter und durch Mitbestimmung von Partikularinteressen nicht einschränkbarer Verfolgung öffentlicher Interessen.

10. Selbstverwaltung

Einheit der Verwaltung ist Einheit demokratischer Kontrolle. Dies bedeutet jedoch keinen Zwang zu einem demokratisch-parlamentarischen Zentralismus. Nicht alle Verwaltung ist vom Parlament zu steuern und zu kontrollieren, nämlich nicht die – selbst demokratisch legitimierte – Selbstverwaltung.[69] Dies gilt unter der strikten Voraussetzung, daß die jeweiligen Selbstverwaltungskörperschaften zweifelsfrei demokratisch verfaßt sind und daß sie nicht Belange Dritter verwalten.

Hierzu nur drei sehr kurze Anmerkungen:

a) Im Bereich der Selbstverwaltung zeigen sich Tendenzen zu einem falschen Begriff von „Einheit der Verwaltung"; ich meine hier vereinheitlichende Maßnahmen des Gesetzgebers, die nicht am Geiste der Selbstverwaltung orientiert sind, wie z.B. die Gemeindegebietsreform[70] seit dem Ende der 60er Jahre oder die Dauereingriffe des Ge-

ten) Bereiche verwaltender Tätigkeit geben, unabhängig davon, ob es sich um obrigkeitliche Hoheitsverwaltung, schlichte Hoheitsverwaltung oder verwaltungsprivatrechtliche Tätigkeit handelt"; nicht überzeugend hier das Urteil des hess. StGH, DVBl. 1986, S. 936 (zu diesem Urteil allgemein: *Battis*, NVwZ 1986, S. 884ff.; *Plender*, Arbeit und Recht, 1987, S. 1ff. – Zum Recht der Personalvertretung: *Lecheler*, NJW 1986, S. 1079f.).

[68] Auch für die Unternehmen der öffentlichen Hand kann im Prinzip nichts anderes gelten. Von seiten der Gewerkschaften ist für die Mitbestimmung angeführt worden: Von der Autonomie, die den Unternehmen gewährt werde, dürften nicht nur die Manager profitieren, sie müsse auch den Arbeitnehmern zugute kommen (Thesen des Deutschen Gewerkschaftsbundes, a.a.O.). Ich halte dieses Gleichheitsargument für zutreffend; es trifft allerdings in umgekehrter Richtung. Auch die verselbständigten Unternehmen dürfen sich nicht der Definitionsmacht des Parlaments über das öffentliche Interesse entziehen. Die Manager haben also gerade in Fragen des öffentlichen Interesses keine Letztentscheidungsbefugnis. Entscheidungen des Unternehmens, die das öffentliche Interesse berühren – solche, die den Kurs des Unternehmens betreffen oder Entscheidungen in Einzelfragen, die vom Träger für bedeutsam gehalten werden –, dürfen nicht aus der Regelungskompetenz der demokratisch legitimierten Organe herausfallen; dies gilt gegenüber den Mitbestimmungsforderungen der Beschäftigten ebenso wie gegenüber den Autonomiebestrebungen der Unternehmensleitungen.

[69] Mit anderer Tendenz – für eine umfassende Verantwortung der Bundes- und Landesparlamente – *Schmitt Glaeser*, VVDStRL 31, 1973, S. 179ff., 217.

setzgebers in die parafiskalisch verfaßte Sozialversicherung, um Lükken im Staatshaushalt zu stopfen.[71]

b) Demokratische Legitimation kann sich nur aus wirklichen, nicht aus fiktiven Wahlen ergeben. Solche fiktiven Wahlen, wie die sogenannten „Friedenswahlen"[72] in der Sozialversicherung, legitimieren nichts.

c) Durch den Facharztbeschluß des Bundesverfassungsgerichts ist die Autonomie der Selbstverwaltung berufsständischer Interessen – hier: der Heilberufe – zurückgedrängt worden zugunsten zentral-parlamentarischer Verantwortung.[73] Da die Selbstverwaltung der Heilberufe zu einem nicht unerheblichen Teil Interessenten-Verwaltung mit Durchsetzungsrichtung gegen andere beteiligte Interessen darstellt, ist diese Entscheidung richtig. Bei einer demokratisch voll legitimierten Selbstverwaltung hingegen gelten die in der Facharztentscheidung entwickelten Grundsätze nicht.[74]

Wer die Idee der Selbstverwaltung hoch einschätzt, muß skeptisch sein gegenüber manchen Formen heutiger sogenannter Selbstverwaltung. Das Potential wirklicher demokratischer Selbstverwaltung ist wohl noch unausgeschöpft.

Demokratisch legitimierte Selbstverwaltung steht nicht im Gegensatz zur – demokratisch interpretierten – Einheit der Verwaltung, sondern trägt zu ihr bei.

---

[70] Zur Bewertung der Gemeindegebietsreform: *W. Blümel/R. Grawert*, VVDStRL 36, 1978, S. 171ff., 277ff. mit den Diskussionsbeiträgen; vgl. ferner die Diskussionsbemerkungen *Wagener* und *Dürig*, VVDStRL 37, 1979, S. 301, 302.

[71] Eine gute Übersicht über die Verlagerungen von Finanzmassen zwischen dem Bund, den Trägern der Sozialversicherung (GKV, RV und ArbeitslosenV) sowie den Beitragszahlern und Leistungsempfängern für die Jahre 1981–85 enthält der Jahreswirtschaftsbericht 1986 (hrsg. vom Bundesminister für Wirtschaft). Zur Bestandsaufnahme der Sparaktionen vgl. *Karl-Jürgen Bieback*, Das Sozialleistungssystem in der Krise, ZfS 1985, S. 577ff., 641ff.

[72] Zu den „Friedenswahlen" vgl. den Bericht der Bundesregierung zu Fragen der Selbstverwaltung in der Sozialversicherung vom 3.11.1975, BT-Drucks. 7/4244, S. 15, 34; *Diemer*, SGB 82, 432ff.; *Horst Peters*, SGB, Gemeinsame Vorschriften für die Sozialversicherung, Loseblattsammlg., 1986, § 46, Anm. 4. – Das Bundessozialgericht hielt solche Wahlen für rechtswirksam, vgl. BSGE 36, 242ff., mit zustimmender Besprechung von *Tannen*, DRV 1974, S. 108, 109f. – Zur Kritik an „Friedenswahlen" im Kommunalwahlrecht vgl. BVerfGE 13, 1, 17f. und Hessischer Staatsgerichtshof, ESVGH 21, 113ff.; vgl. für das Kammerwesen auch BVerwG, DÖV 81, 844 (LS).

[73] BVerfGE 33, 125.

[74] Wie hier: *Meyn*, Gesetzesvorbehalt und Rechtssetzungsbefugnis der Gemeinden, Göttingen 1977.

11. Öffentliches Interesse und Partikularinteressen

Ich ziehe aus meinen bisherigen Überlegungen einige Schlußfolgerungen:

Das klassische, absolutistisch gefärbte Einheitsmodell – Hierarchie, Staatsaufsicht, Trennung von Verwaltungsapparat und gesellschaftlichen Kräften – ist ungeeignet, die Wirklichkeit heutiger Verwaltung auch nur annähernd zu begreifen.[75] Aber auch als normatives Modell ist es wenig brauchbar; es ist nicht ersichtlich, woher etwa ein allgemeines Hierarchiegebot für die öffentliche Verwaltung abzuleiten wäre.

Verwaltung ist in weiten Bereichen heute tatsächlich „pluralistisch" verfaßt.

Die organisierten Interessen drängen in die Verwaltung, werden wohl auch vom Gesetzgeber in einer Art Konsenshunger in die Verwaltung hineingezogen. Zunächst ist dieser Vorgang bei den verselbständigten Verwaltungseinheiten zu beobachten: die soziale Selbstverwaltung; die wirtschaftliche, berufsständische, landwirtschaftliche Selbstverwaltung; die Beiräte in der mittelbaren Staatsverwaltung; Mitbestimmung in den öffentlichen Unternehmen – überall sind organisierte Wirtschaftsinteressen vertreten.[76]

Diese Einbeziehung organisierter Interessen greift ersichtlich auch auf die allgemeine Verwaltung über, das ist an der Entwicklung des Personalvertretungsrechts bis hin zu den Schiedsverfahren zwischen gewerkschaftlicher Personalvertretung und Behörden ablesbar; die „pluralisierende" Bewegung geht von der Peripherie ins Zentrum.

Alle diese Beteiligungen von Partikularinteressen an der Verwaltung bringen die handgreifliche Gefahr mit sich, daß die Unterscheidung zwischen öffentlichem Interesse und Partikularinteressen fällt.[77]

---

[75] Vgl. *Brohm*, VVDStRL 30, 1972, S. 245ff., 293ff.

[76] Hierzu ausführlich *Schuppert*, Die Erfüllung öffentlicher Aufgaben durch verselbständigte Verwaltungseinheiten, 1981, S. 30ff. und passim.

[77] Wer am Begriff des öffentlichen Interesses festhält, wird gescholten, er laufe einer Ideologie des neutralen Staates nach, der über allen Interessen throne. Dieser Vorwurf trifft nicht. Der Staat thront nicht über den Interessen. Im Gegenteil: er ist heute mehr denn je das entscheidende Instrument, private Interessen durchzusetzen, rechtlich verbindlich zu machen, abzusichern. Gerade deshalb ist darauf zu bestehen: Staatliches Handeln steht bei der Bevorzugung bestimmter privater Interessen unter dem Begründungszwang, daß hier zugleich ein öffentliches, ein allgemeines Interesse vorliege.

Mit *W. Schmidt*, VVDStRL 33, 1975, S. 183ff., 194f., bin ich einig, daß das „öffentliche Interesse" nicht in einem apriorischen Gegensatz zu dem „partikularen Interessen" gesehen werden darf. Vgl. zu dieser Entgegensetzung auch *Häberle*, Öffentliches Interesse als juristisches Problem, 1970, S. 69. Es geht im Kern darum: Es trifft den Staat eine Begründungspflicht, warum er bestimmte private Interessen vor anderen privaten Interessen bevorzugt. Diese Begründungs-

Und wen wundert es, wenn sich die Leitungen verselbständigter Verwaltungseinheiten an diesem Vorgang der Emanzipation vom öffentlichen Interesse beteiligen und befinden, sie könnten ebenfalls selbst ihre partikularen (etwa: Unternehmens-)Interessen geltend machen, wie die in die Verwaltung einbezogenen privaten Interessenverbände?

Überall in der Verwaltung werden also starke zentrifugale Kräfte wirksam. Das „pluralistische" Modell ist realistisch; es läßt aber keine Ansätze zu einer normativen Disziplinierung der pluralen Tendenzen erkennen. Das öffentliche Interesse stellt sich nicht von selbst her in den Kämpfen der Sonderinteressen. Nicht alle Interessen sind organisiert und viele Interessen sind auch nicht organisierbar.

Soviel Pluralität, wie die Verwaltung heute kennzeichnet, soviel Entfaltung partikularer Interessen in der Verwaltung ist nur erträglich, wenn wir sehr klar die verfassungsrechtlichen Grenzen einer solchen Pluralität bestimmen. Der entscheidende Ansatz ist die einheitsherstellende Durchgängigkeit des demokratischen Prinzips. Es geht bei dieser Einheit nicht um die Rettung eines hierarchisch-absolutistischen Modells von Verwaltung. Es geht um die institutionellen Bedingungen der Durchsetzung öffentlicher Interessen.[78] Über den plural verfaßten Verwaltungsträgern muß es eine Entscheidungsinstanz geben, die in relativer Distanz zu den organisierten Interessen durch Rechtsetzung eingreifen, entscheiden, korrigieren kann.[79] Geboten ist hiernach die Durchgängigkeit parlamentarischer Kontrolle: denn sie setzt erst das Parlament in die Lage, sich mit bestimmten Sachfragen zu befassen, Erfahrungen in der Kontrolltätigkeit zu machen, Konsequenzen für die Ausübung der Gesetzgebungsbefugnis zu ziehen. Geboten ist hiernach auch, daß das Parlament einer Regierung gegenübersteht,

---

pflicht wird im Begriff des „öffentlichen" – das heißt nämlich: verallgemeinerungsfähigen – Interesses festgehalten.

[78] Wir finden heute an vielen Stellen des öffentlichen Rechts Momente einer „Einigung" des Staates mit den beteiligten Interessen, statt einseitiger Regelung durch den Staat. Diese Tendenz wird noch verschärft, wenn es zu Kondominien zwischen Staat und organisierten Interessen kommt, wenn nämlich der potentielle Partner der Einigung selbst in die Verwaltungsorganisation einbezogen wird. Zwei Fragen stellen sich hier: Zum einen: Wird die Einigung mit den „richtigen" Beteiligten gesucht, geht sie auf Kosten anderer nicht am Aushandeln beteiligter Interessen? Beschönigend ist die gern benutzte Sprachregelung, es geht hier um „Begegnungen von Staat und Gesellschaft"; die partikularen Interessen sind aber niemals „die Gesellschaft", sondern immer nur ein Teil von ihr, es bleibt die Frage, warum gerade diese Teilinteressen vor anderen aus dem gesamtgesellschaftlicher Interessen bevorzugt worden sind. Zum anderen stellt sich die Frage, ob durch die verwaltungsorganisatorische Weichenstellung, private Interessen in die Verwaltung hineinzuziehen, der Vorgang der Einigung nicht unsichtbar und unkontrollierbar wird.

[79] So zutreffend – in Auseinandersetzung mit pluralistischen Demokratiemodellen – *Fritz Scharpf*, Demokratietheorie zwischen Utopie und Anpassung, 1970, S. 75.

die es als verantwortlich für den fraglichen Verwaltungsbereich ansprechen kann. Man verstehe mich recht: Es geht mir nicht darum, ein trügerisches Idealbild umfassender parlamentarischer Verwaltungskontrolle zu entwerfen.[80] Entscheidend ist: Das Parlament muß in der Lage sein, Kontrolle auszuüben.[81] Es ist ihm rechtlich versagt, auf Kontrolle und Einwirkung zu verzichten.[82]

Einheit der Verwaltung ist die Einheit demokratischer Einwirkung auf die Verwaltung: Der Gesetzgeber hat die für die Verwaltung maßgeblichen öffentlichen Interessen zu positivieren; ihre Verwirklichung durch die Verwaltung unterliegt seiner Kontrolle; für die Setzung der öffentlichen Interessen wie für die Kontrolle ihrer Verwirklichung ist das Parlament dem Wähler verantwortlich.

C. Einheit der Verwaltung aus der Sicht des betroffenen Bürgers

12. Regeln der Zusammenarbeit – die Gestaltungsfreiheit des Gesetzgebers und die Rechte des Bürgers

Wir haben bis jetzt die Einheit der Verwaltung als Konsequenz des demokratischen Prinzips betrachtet. Von den unmittelbaren Interessen des betroffenen Bürgers war noch nicht die Rede. Diese Betrachtung ergänzt die vorangegangene. Die Anforderungen des demokratischen Prinzips, die Anforderungen einer Einheit ‚nach oben', finden spiegelbildliche Entsprechungen in den Einheitsanforderungen ‚nach unten', zum betroffenen Bürger hin. Normative Hinweise, daß um der Belange des betroffenen Bürgers willen die in sich differenzierte Verwaltung als Einheit zu behandeln oder zu einer Einheit zusammenzu-

---

[80] Vgl. zu den Defiziten parlamentarischer Kontrolle *Oppermann*, VVDStRL 33, 1975, S. 5, 7ff.; *H. Meyer*, ebd., S. 69ff., 101f.

[81] Die Entscheidungsmöglichkeit des Parlaments ist freilich im Gesamtzusammenhang demokratischer Legitimation zu sehen. Der Bürger hat sich nicht etwa nur in Wahlen zu äußern und der Rest wäre schweigender Gehorsam (*H. Krüger*, Allgemeine Staatslehre, 2. Aufl. 1966, S. 893; *W. Schmidt*, VVDStRL 33, 1975, S. 183ff., 212). Hinzu treten die Einwirkungen der öffentlichen Meinung (dazu *W. Schmidt*, a.a.O.) und Beteiligung der Betroffenen (hierzu unten Abschnitt C) – hier tritt der Zusammenhang von Grundrechten und Demokratie besonders hervor. Wesentlich ist die Einsicht, daß diese anderen Legitimationselemente die parlamentarische Einwirkung und Kontrolle nicht zu ersetzen vermögen.

[82] Das Parlament kann auf die Wahrnehmung seiner Bestimmungs- und Kontrollrechte nicht verzichten (abweichend *E. Klein*, Die verfassungsrechtliche Problematik des ministerialfreien Raumes, 1974, S. 190ff.). Die Durchgängigkeit demokratischer Bestimmung des Staatswillens ist entscheidendes Strukturmerkmal des demokratisch verfaßten Staates. Ob sich der demokratisch geformte Staatswille in der Verwaltung durchsetzen kann, steht nicht im Belieben des Parlaments – es ist „Pflicht", nicht verzichtbares Recht.

fassen sei, finden sich ebenfalls in der Verfassung. In Art. 33 Abs. 2 und 3 GG ist die Einheitlichkeit der Dienstfunktion der Verwaltung angesprochen. Die weltanschaulich-politische Neutralität der Beamtenrekrutierung und ihre positive Kehrseite: der Leistungsbezug der Beamtenauswahl sichern zum einen die Durchgängigkeit demokratischer Einwirkungsstruktur – die von wechselnden politischen Mehrheiten im Parlament verabschiedeten Gesetze sollen jeweils ohne hemmende Eigeninteressen der Amtswalter vollzogen werden; diese Bestimmungen sichern aber zum anderen auch das Interesse des Bürgers als Betroffenen, nicht einer Verwaltung gegenüberzustehen, die wegen einseitiger politischer Festlegung dazu neigen könnte, den Bürger parteiisch zu behandeln.[83] Wir erkennen hierin zugleich den inneren Zusammenhang zwischen der Einheit der Verwaltung aus der Sicht des Bürgers als Wähler und aus der Sicht des Bürgers als Betroffenem. Das Interesse des Wählers an der Durchgängigkeit demokratischer Einwirkungsstrukturen in der Verwaltung ist weitgehend identisch mit dem Interesse des Betroffenen an einer Verwaltung, die ihm gegenüber unvoreingenommen und sachlich arbeitet.

Zentral angesprochen wird die Einheit der Verwaltung – als Amtshilfe – und darüber hinaus die Einheit der Staatsgewalt – als Rechtshilfe – in Art. 35 GG.[84] Seine Stellung im Abschnitt „Der Bund und die Länder" darf ebensowenig zu Fehlschlüssen veranlassen wie die Stellung der Art. 33 und 34 GG in diesem Abschnitt. Das Prinzip der Amtshilfe gilt durchgängig für alle Verwaltung, nicht nur im Verhältnis zwischen Bundes- und Landesbehörden.[85] Die Vorschrift sichert die Effizienz einer ausdifferenzierten Verwaltung. Verwaltungseffizienz[86] ist kein Selbstwert: sie ist aber ein Rechtswert in Bezug auf die Bürgerbelange, die die Verwaltung wahrzunehmen hat. Dies festzuhalten ist nicht unwichtig, wenn es um den Rang der in Art. 35 GG geschützten Belange geht. Bei Art. 35 GG wird indessen eines deutlich: Die Einheit der Verwaltung ist von der Verfassung nicht im Sinne einer konkreten Verhaltenspflicht normiert. Es handelt sich um eine Rahmenbestimmung, die durch die Regelungen des einfachen Gesetzes konkretisiert werden muß. Die Verfassung zeichnet sozusagen eine Trasse vor; die Straße zu bauen, die die verschiedenen

---

[83] Diesen Zusammenhang hat in aller Klarheit *Dürig* herausgearbeitet, in: Maunz/Dürig/Herzog/Scholz, Grundgesetz, Art. 3 Abs. III GG, Rdn. 8ff., 13, 14.

[84] Vgl. *Schlink*, Amtshilfe, 1983.

[85] Ebenso *Maunz*, in: Maunz/Dürig/Herzog/Scholz, a.a.O., Art. 35, Rdn. 9; anderer Auffassung: *Schlink*, a.a.O.

[86] Zur rechtlichen Bedeutung der Verwaltungseffizienz vgl. *Wahl/Pietzcker*, VVDStRL 41, 1983, S. 153ff., 194ff.; ferner *Leisner*, Effizienz als Rechtsprinzip, 1971.

Verwaltungskompetenzen miteinander verbindet, ist Sache des Gesetzgebers. Das kann auch nicht anders sein. Aufgabe des Gesetzgebers ist es, die staatliche Kompetenz- und Ämterordnung auszuformen. Er ist grundsätzlich frei darin, Verwaltungsträger zu schaffen und Kompetenzen zu verteilen. Er ist grundsätzlich ebenso frei darin, die von ihm geschaffene Kompetenzordnung durch Regeln der Zusammenarbeit wieder zu modifizieren.

Nur punktuell und ausnahmsweise enthält die Verfassung konkrete Anweisungen zur Herstellung von Einheit der Verwaltung. Hier müssen wenige Beispiele genügen.

13. Ansprüche des betroffenen Bürgers auf Einheit der Verwaltung

Ein Gebot zur Herstellung von Einheit zugunsten des betroffenen Bürgers kann sich auf verschiedenen Ebenen ergeben:

a) Zunächst auf der Ebene des Rechtsschutzes:

Durch Verselbständigung und Ausgründung von Verwaltungsträgern darf nicht der Rechtsschutz des Bürgers unterlaufen werden. Das ergibt sich aus Art. 19 Abs. 4 GG. Als Beispiel für eine solche Gefahr sei hier auf die Ausgründung privatrechtlich organisierter Verwaltungsträger verwiesen.

Ausgangspunkt muß sein: Ein bestehender öffentlich-rechtlicher Anspruch kann durch die Ausgründung eines privatrechtlich verfaßten Verwaltungsträgers nicht ins Leere gehen; er kann auch nicht durch einen privatrechtlichen Anspruch ersetzt werden. Das subjektiv-öffentliche Recht gegen den ursprünglich verpflichteten Verwaltungsträger wandelt sich also um in ein subjektiv-öffentliches Recht gegen den ausgegründeten Verwaltungsträger.[87] Zusätzlich[88] hat der Bürger einen Anspruch gegen das Muttergemeinwesen, daß dieses seine Einwirkungspflicht[89] gegen die privatrechtlich verfaßte Tochter ausübt. Denn die Einwirkungspflicht, die das Muttergemeinwesen gegenüber ihrer privatrechtlichen Tochter hat, dient ersichtlich – auch – den In-

---

[87] *Ossenbühl*, DVBl. 1973, S. 289ff., 294; vgl. auch *Wolff/Bachof/Stober*, Verwaltungsrecht II, 5. Aufl. 1987, § 104a, Rdn. 40.

[88] Das mag auf den ersten Blick zweifelhaft erscheinen. Ist dem Bedürfnis des Bürgers nicht genügt, wenn er seine Rechte gegen die „Tochter" geltend machen kann? Aber: ob ein subjektives Recht besteht, richtet sich nicht nach einem „Bedürfnis", sondern nach der Schutzrichtung des Rechts. Eine andere Frage ist, ob für Klagen des Bürgers aus seinem Einwirkungsanspruch gegen den ursprünglich verpflichteten Hoheitsträger ein Rechtsschutzinteresse besteht, solange er seinen primären Anspruch gegen die „Tochter" durchsetzen kann. Es spricht aber wohl mehr dafür, Klagen gleichzeitig in beide Richtungen zuzulassen. Warum soll der Bürger in seinen Rechtsschutzmöglichkeiten beschränkt werden, wenn die Verwaltung sich „vervielfältigt"?

teressen des Bürgers, nach dem Wechsel des verpflichteten Rechtssubjekts nicht schlechter dazustehen als vorher.

b) Ein Gebot zur Herstellung von Einheit der Verwaltung kann sich dann auch auf der Ebene des Verwaltungsverfahrens ergeben:

Ist eine spezielle ärztliche Untersuchung desselben Patienten für mehrere Verwaltungsträger von Bedeutung, so folgt aus Art. 2 Abs. 2 GG, daß der Untersuchungspatient nicht unnötig mehrmals den unter Umständen erheblichen Eingriffen unterworfen wird, die die Untersuchung mit sich bringt (etwa Röntgenaufnahmen, Punktierungen, Liquorentnahme). Das Sozialgesetzbuch hat diesen Anspruch positiviert.[90]

Problematisiert worden ist auch die Befugnis der RVO-Kostenträger, Bedenken gegen die Wirksamkeit eines vom Bundesgesundheitsamt zugelassenen Arzneimittels geltend zu machen. Die Zulassung erfolgt durch das Bundesgesundheitsamt nach einer Wirksamkeitsbeurteilung; diese schließt die Frage der Wirksamkeit ein. Nimmt man einmal an, beide Wirksamkeitsprüfungen seien inhaltsgleich,[91] so bedürfte es dennoch zur Annahme einer Feststellungswirkung einer ausdrücklichen gesetzlichen Anordnung.[92] Diese aber fehlt. Helfen hier die Grundrechte weiter? Weder Art. 12 noch Art. 14 GG schützen den Hersteller des Arzneimittels davor, daß im Einzelfall konkrete Bedenken gegen die Wirksamkeit durch den RVO-Kostenträger geltend gemacht werden. Unverhältnismäßig sind hingegen systematische und durchgängige Zweitüberprüfungen der Wirksamkeit im Rahmen der RVO.[93]

---

[89] *Püttner*, DVBl. 1985, S. 353ff.

[90] § 96 I, II, S. 1 SGB X; vgl. auch § 65 I, Ziff. 3 SGB I.

[91] In einer Kostenentscheidung (BVerwGE 58, S. 167ff.) hat das BVerwG angenommen, beide Wirksamkeitsprüfungen gingen in unterschiedliche Richtung: Während das Arzneimittelrecht nur negativ-abwehrend Gefahren für die Sicherheit im Verkehr mit Arzneimitteln im Blick habe, sei das Kassenarztrecht durch eine positive Zielsetzung geprägt, in Richtung auf eine möglichst effiziente Arzneimittelversorgung. Das ist in der Sache unzutreffend. Dem Arzneimittelrecht geht es um positive Wirksamkeit, nicht nur um Gefahrenabwehr, vgl. § 25 ArzneimittelG. Zu dieser Entscheidung vgl. auch *Denninger*, Arzneimittelrichtlinien und „Verschreibungsfähigkeit", 1981, S. 39ff.; sowie *Schwerdtfeger*, Bindungswirkung der Arzneimittelzulassung, 1983, S. 25ff.

[92] Es geht hier nicht um die Bindung einer Behörde an den Verwaltungsakt einer anderen Behörde. Die RVO-Kostenträger mißachten ja nicht etwa die Zulassungsentscheidung des Bundesgesundheitsamtes; sie beurteilen nur die Wirksamkeit des Arzneimittels anders. Es geht also um eine Bindung an die Gründe, die die Zulassungsentscheidung tragen. Eine solche Bindung – üblicherweise als „Feststellungswirkung" bezeichnet – besteht nur dann, wenn sie gesetzlich vorgeschrieben ist; vgl. *Maurer*, Allgemeines Verwaltungsrecht, § 11 1 5, Rdn. 9.

Zwingt der allgemeine Gleichheitssatz zu einer Vereinheitlichung der Entscheidungspraxis verschiedener Kompetenzträger? Zu Recht wird diese Frage verneint.[94] Die Verschiedenheit der Kompetenzen ist ein sachlicher Grund für unterschiedliche Entscheidungen.

Kann sich aus dem Sozialstaatsprinzip eine Pflicht mehrerer Verwaltungsträger ergeben, sich zugunsten des betroffenen Bürgers bei der Wahrnehmung ihrer Kompetenzen abzustimmen?[95] Das ist zweifelhaft. Der Sinn der verschiedenen Kompetenzzuweisungen liegt gerade darin, eine polyphone Stimmenführung zu ermöglichen. Eine Abstimmungspflicht mit dem Ziel einheitlicher Entscheidung würde zu einem Unterlaufen der Kompetenzordnung führen können, die dem betroffenen Bürger wenig Vorteil brächte. Der politisch stärkere Verwaltungsträger könnte seine Entscheidung auch für Bereiche verbindlich machen, für die er keine Kompetenz hat.

c) Schließlich kann sich ein Gebot zur Herstellung von Einheit der Verwaltung auch auf der Ebene der Verwaltungsorganisation ergeben:

Das Bundesverfassungsgericht hat aus Art. 3 Abs. 1 in Verbindung mit Art. 12 GG einen Zwang zu bundeseinheitlichen Kapazitätsmaßstäben für alle Hochschulen und die Notwendigkeit einer zentralen Verteilung gefolgert.[96] War diese Veränderung der Kompetenzordnung wirklich eine unabdingbar notwendige Bedingung für die Realisierung des Grundrechts aus Art. 12 GG?

Nur dann wäre der Entscheidung zuzustimmen. Das Gericht hat diese Frage nicht gestellt; es hat nicht nach anderen Möglichkeiten der Grundrechtseffektuierung geforscht als durch bundeseinheitliche Maßstäbe und durch Installierung einer zentralen Verteilungsbürokratie für die Studienplätze. (Hätte man nicht die Hochschulen ihre Studenten auswählen lassen können? Hätte man nicht durch die Mittelzuteilungen eine Anreizstruktur für die Hochschulen schaffen können, zur Bewältigung der größeren Studentenzahlen beizutragen?)

Die Entscheidung des Bundesverfassungsgerichts wäre nur dann überzeugend gewesen, wenn sie diese Fragen beantwortet hätte.

---

[93] Zu verfassungsrechtlichen Bedenken gegen die Doppelprüfungen der Wirksamkeit vgl. *Schwerdtfeger*, a.a.O., S. 63ff.; *Denninger*, a.a.O., S. 57ff.; die Bedenken dieser Autoren richten sich, wie hier, vor allem gegen eine systematische, nicht gegen eine punktuelle Doppelprüfung.

[94] Vgl. BVerfGE 32, S. 346, 360; hierzu jetzt auch *Oebbecke*, DVBl. 1987, S. 866.

[95] Für eine solche allgemeine Pflicht: *Lange*, VVDStRL 44, 1986, S. 169ff., 191, Fn. 58 (ohne Bezugnahme auf das Sozialstaatsprinzip).

[96] BVerfGE 33, 303, 357f. Zu den Folgen der Numerus-Clausus-Rechtsprechung ausführlich *Haverkate*, Rechtsfragen des Leistungsstaats, 1983, S. 206ff.

14. Einheit der Verwaltung und die Gegenansprüche des Bürgers: Koordination der Verwaltung und Datenschutz

Der Bürger kann nicht nur ein Interesse daran haben, daß Verwaltungsträger und Behörden zusammenwirken; er kann auch das entgegengesetzte Interesse haben, daß ein Zusammenwirken verschiedener Verwaltungsstellen unterbleibt. Mögliche Ansprüche des Bürgers richten sich hier vor allem gegen den Austausch persönlicher Daten.

Datenschutz ist notwendig geworden als Konsequenz der Entwicklung der automatisierten Datenverarbeitung. Das Datenschutzrecht ist insofern beispielhaft, als hier der Gesetzgeber rechtzeitig und angemessen Regelungen zur Bewältigung neuer Technologien getroffen hat.[97] Der Ausgangspunkt der gesetzlichen Regelungen ist: Die automatische Datenverarbeitung birgt Gefahren für die individuelle Freiheit. Zugleich stellt sich das Problem, ob die automatische Datenverarbeitung nicht die gewaltenteilende Kompetenzordnung in Richtung auf eine gewaltenteilungswidrige Einheit verändern könne. Der Gesetzgeber hat damit ein zentrales Problem angesprochen: Den Vereinheitlichungsdruck durch die technische Entwicklung – am Parlament vorbei. Durch das Datenschutzrecht hat er eindeutig zu erkennen gegeben, daß er sich solchen „Sachzwängen" nicht beugt: die Herstellung von Einheit der Verwaltung bleibt Sache gesetzgeberischer Entscheidung.

Den erkannten Gefahren für Freiheit und Gewaltenteilung wollen die gesetzlichen Regelungen begegnen:

– durch eine gesetzliche Limitierung des Datenzugangs und des Datenaustauschs durch die allgemeinen Datenschutzgesetze,
– durch spezifische Regelungen für besonders gefährdete Bereiche des Datenverkehrs,
– durch eine Kontrolle des Datenverkehrs durch unabhängige Datenschutzbeauftragte.

Das Bundesverfassungsgericht hat in seinem Urteil zum Volkszählungsgesetz ein von ihm so genanntes Recht auf informationelle Selbstbestimmung als Konkretisierung des allgemeinen Persönlichkeitsrechts entwickelt.[98] Es hat dabei grundsätzliche Ausführungen zum verfassungsrechtlich gebotenen Datenschutz gemacht. Auf die vorhandenen Datenschutzgesetze ist es nicht eingegangen. Hier deuten sich bedenkliche Schwergewichtsverlagerungen vom Gesetzesrecht zum Verfassungsrecht an.

Das Datenschutzrecht ist immer politisch umstritten geblieben, auch nach der Entscheidung des Bundesverfassungsgerichts. Die Ge-

---

[97] Vgl. *H. P. Bull*, Datenschutz, oder Die Angst vor dem Computer, 1984, S. 71ff.
[98] BVerfGE 65, 1ff., LS 1 u. 2.

gensätze scheinen groß: Diejenigen, die für den Datenschutz Partei ergreifen, sehen trotz der Datenschutzregelungen Gesichtspunkte nackter Staatsräson an Eigengewicht über die Grundrechtsauslegung gewinnen. Die Gegenpartei sieht in dem, was sie als Übertreibung der Datenschutzforderungen ansieht, einen bewußt oder unbewußt unternommenen Versuch zur Lähmung des Staates.[99]

Versuchen wir, uns zu orientieren. Es soll im folgenden nicht um Einzelergebnisse gehen, sondern um strukturelle Überlegungen, und zwar zu drei grundsätzlichen Fragen: zum Gesetzesvorbehalt, zum Gebot bereichsspezifischen Datenschutzes und zum Verhältnis von Verfassungsrecht und einfachem Recht im Datenschutz.

15. Gesetzesvorbehalt und Wesentlichkeit

Den Datenschutzgesetzgebern ging es darum, die Gefahren der automatischen Datenverarbeitung zu erfassen.[100] Von Anfang an bestand dabei die Tendenz, aus Praktikabilitätsgründen die Regelungen nicht nur auf den Bereich der automatischen Verarbeitung zu beziehen.[101] Das Bundesverfassungsgericht hat, hieran anknüpfend, jeden Umgang der Verwaltung mit Daten, auch außerhalb der automatischen Datenverarbeitung, unter den Schutzbereich des informationellen Selbstbestimmungsrechts gestellt.[102] Hier liegt die Gefahr einer Inkongruenz zwischen Problem und Lösung. Beim Datenschutz geht es um die Gefahr des „gläsernen Menschen". Diese Gefahr ergibt sich durch die Mittel der modernen Informationstechnik. Alle Überlegungen zum Datenschutz müssen sich daran messen lassen, ob sie auf diesen Punkt konzentriert sind. Es gibt freilich auch Probleme der Datengeheimhaltung außerhalb der automatischen Datenverarbeitung, Probleme des Amtsgeheimnisses und der Amtshilfe; diese Probleme haben schon immer bestanden. Und man sollte sich überlegen,

---

[99] Mitunter wird gegen das Grundrecht auf Datenschutz die „Effizienz der Verwaltung" als Gegenwert beschworen. Solche Entgegensetzung ist höchst mißverständlich; in ihr erscheint das Staatsinteresse bzw. das Interesse des bürokratischen Apparats verselbständigt gegenüber den Zwecken, denen der Apparat eigentlich zu dienen hat. Es wird darum gehen, eine solche Verselbständigung aufzubrechen und die mit der Effizienzformel jeweils gemeinten Grundrechtsinteressen deutlich zu machen. Verwaltungseffizienz darf nicht gegen die Grundrechte ausgespielt werden; es geht um effiziente Grundrechtsverwirklichung.

[100] Das hessische Datenschutzgesetz von 1970 – die erste gesetzliche Regelung überhaupt – erfaßte „alle für Zwecke der maschinellen (!) Datenverarbeitung erstellten Unterlagen sowie alle gespeicherten Daten und die Ergebnisse ihrer Verarbeitung".

[101] Vgl. etwa die späteren Novellierungen des hessischen Datenschutzrechts.

[102] BVerfGE 65, 1 LS 1 Satz 2.

ob man diese „Postkutschen“-Probleme vermengt mit den drängenden und sich mit jeder Wendung der Technik in aller Schärfe neu stellenden Problemen der automatischen Datenverarbeitung. Der einheitliche Ansatz, es gehe um das informationelle Selbstbestimmungsrecht, darf nicht verdecken, daß wir es hier mit sehr verschiedenen und mit sehr verschieden gefährlichen Fallgruppen zu tun haben. Geht es um die Gefahr der automatischen Datenverarbeitung, tritt jedenfalls die klassische Amtshilfe, wie sie in der Verwaltung seit je bekannt war, eindeutig in den Hintergrund; es geht nicht so sehr um das punktuelle Ersuchen, sondern um den Datenverbund, um die Vernetzung, um den Direktabruf – um einen Verbund verschiedener Stellen ohne Ersuchen, das von der angegangenen Stelle geprüft werden könnte. Auf diese neuen Formen der Zusammenarbeit muß das Gesetz eine Antwort finden; hier handelt es sich um Veränderungen der Kompetenzordnung, die im Einzelfall vom Gesetzgeber beschlossen werden müssen.[103]

Der Streit darum, wann ein „Eingriff“ in das Grundrecht auf Datenschutz vorliegt, ob es sich nur auf zwangsweise oder auch auf anders erhobene Daten bezieht,[104] ist ebenfalls im Licht des Problems der automatischen Datenverarbeitung zu sehen; deren Gefahren ergeben sich unabhängig vom ursprünglichen Erhebungsmodus der Daten.

Vor allem nach dem Volkszählungsurteil des Bundesverfassungsgerichts ist die Ansicht geäußert worden, jede Datenerhebung, jede Datenspeicherung und -übermittlung falle unter den Gesetzesvorbehalt.[105] Dem Grundgesetz ist ein Totalvorbehalt des Gesetzes unbe-

---

[103] Hier geht es nämlich gerade um die Gefahren, die dem Persönlichkeitsrecht des Einzelnen „unter den Bedingungen der modernen Datenverarbeitung“ drohen (BVerfGE 65, 1 LS 1 sowie S. 43). Vgl. hierzu auch die Bemerkungen von *Gallwas*, Datenschutzrecht, § 1 BDSG, Rdnr. 14.2.

[104] Fallen nur zwangsweise erhobene Daten in den Schutzbereich des Grundrechts auf Datenschutz? Oder ist dies auch bei freiwillig vom Bürger angegebenen Daten der Fall? Oder ist dies auch der Fall, wenn Daten unbemerkt vom Bürger erfaßt werden? Die eine Ansicht geht dahin: Das Volkszählungsurteil des BVerfG habe sich nur auf zwangsweise erhobene Daten (Volkszählung) bezogen und eine unbedachte Übertragung auf andere Erhebungsmodalitäten sei nicht angebracht. *Krause*, JuS 1984, S. 268ff.; *Scholz/Pitschas*, Informationelle Selbstbewtimmung und staatliche Informationsverantwortung, 1984, S. 157ff. Die andere Ansicht: Der Bürger sei in jeder Hinsicht schutzbedürftig und das Urteil des Bundesverfassungsgerichts lasse einen umfassenden Ansatz erkennen. *Simitis*, NJW 1986, S. 318f., 402; *Schlink*, NVwZ 1986, S. 249ff., 253f. (unter Berufung auf BVerfGE, a.a.O., S. 43). Vgl. auch zum Streitstand vor dem Urteil *Eberle*, DÖV 1977, S. 306ff.

[105] *Schlink*, NVwZ 1986, S. 249, 252: „. . . die sachliche Stimmigkeit treibt dahin, alle Akte der Informations- und Datenerhebung und des Informations- und Datentauschs dem Eingriffs- oder Wesentlichkeitsbereich zuzuordnen“; anderer Auffassung: *Kloepfer*, Datenschutz als Grundrecht, 1980, S. 22ff.; *Lo-*

kannt. Der Gesetzesvorbehalt erstreckt sich nur auf wesentliche Fragen. Die Wesentlichkeitsdoktrin gibt keine Antwort, sondern sie hilft, die richtige Frage zu stellen, nämlich: Sind die wirklichen Gefahrenpunkte für das Grundrecht erfaßt? Alles andere ist nämlich unwichtig. Ich habe Zweifel, ob die These vom Totalvorbehalt bei allem Datenumgang der Verwaltung wirklich problemzentriertem Denken entspricht.

Man muß sich klarmachen: Verwaltung ist überhaupt nichts anderes als Umgang mit personenbezogenen Daten. Ein datenschutzrechtlicher Totalvorbehalt müßte also dem gesamten Verwaltungsrecht, wie es heute gilt, allen gesetzlichen Regelungen, die sich auf die Tätigkeit von Verwaltungsbehörden beziehen, ein völlig neues Gesicht geben. Kaum eine einzige Aufgabenbeschreibung einer Behörde im geltenden Recht würde mehr Bestand haben können; jegliche Tätigkeit der öffentlichen Verwaltung wäre nur noch zulässig, wenn sie sich auf Aufgabenbeschreibungen stützen könnte, die so genau gefaßt wären wie Eingriffsermächtigungen.[106]

Ich glaube, der Gesetzgeber ist bislang einen besseren Weg gegangen: er hat zielgenau und problembewußt zu reagieren versucht und spezielle Datenschutzregeln dort gesetzt, wo nach seiner Ansicht solche speziellen Regelungen nötig sind; so im Melderecht, im Recht der Sozialdaten und der Statistik. Dieser Weg, auf klar angesprochene Probleme zu reagieren, sollte fortgesetzt werden.

16. Bereichsspezifische Regelungen

Der Gesetzgeber selbst hat also den Gedanken bereichsspezifischer Regelungen formuliert: In gefahrenträchtigen Bereichen müssen die gesetzlichen Regelungen hinsichtlich des Datenumgangs auf den jeweiligen Sachbereich zugeschnitten sein; die Zwecke des Datenumgangs müssen bestimmt sein. Das Bundesverfassungsgericht hat diesen Gedanken aufgegriffen und ihm, wie ich meine: zu Recht, Verfassungsrang verliehen.[107] Es gibt nun eine Tendenz – sie verbindet sich mit der Tendenz zu einem Totalvorbehalt – in dem Erfordernis bereichsspezifischer Regelungen einen verfassungsrechtlichen Zwang zu einer abschließenden Kasuistik aller nur denkbaren Anwendungsvarianten

schelder, Der Staat, 1981, S. 349ff., 359ff. – Weitere ausführliche Nachweise zum Streitstand bei *Gallwas,* a.a.O., Rdn. 14.2.

[106] Durch eine solche Totalisierung müßte der rechtsstaatliche und demokratisch gebotene Gesetzesvorbehalt einen grundlegenden Funktionswandel erleben: Statt rechtsstaatlicher Verläßlichkeit herrschte Unübersichtlichkeit; aus der Maßgeblichkeit des parlamentarischen Willens würde parlamentarische Ohnmacht gegenüber der verfassungsrechtlich auferlegten Normierungsflut.

[107] BVerfGE, a.a.O., S. 46.

und Fallgruppen zu sehen.[108] Man nimmt hier eine verfassungsrechtliche Notwendigkeit an, alle Erwägungen, ob in concreto dem Grundrecht auf Datenschutz oder anderen Rechtsgütern der Vorrang gebühre, bereits im Gesetzgebungsverfahren anzustellen und zu lösen. Würde man einer solchen Tendenz nachgeben, so müßte die Gesetzgebung von Verfassungs wegen abstraktionsfeindlich und in einer engen Weise kasuistisch werden. Wir wären von Verfassungs wegen auf den Stand der Gesetzgebungstechnik des preußischen Allgemeinen Landrechts von 1794 gebracht. Wir würden der Verwaltung so gründlich mißtrauen, daß wir vernünftige Überlegungen auf ihrer Seite nicht nur nicht vermuten, sondern im Gegenteil ausdrücklich ausschließen müßten.

Worin liegt der eigentliche Sinn des Gebots bereichsspezifischer Regelungen? Er zielt auf eine effektive Verhältnismäßigkeitskontrolle. Der Gesetzgeber soll sich nicht mit allzu abstrakten Regelungen aus der Affäre ziehen können und der Verwaltung das gesamte Risiko vernünftiger Abwägung zuschieben dürfen. Die Verwaltung braucht klare Vorgaben des Gesetzgebers und innerhalb dieser Vorgaben Raum für eigenverantwortliches Verhalten. Ohne Vorgaben bleibt die Verwaltung orientierungslos und der Bürger weiß nicht, worauf er sich einzurichten hat.

In Bereichen geringer Datengefährdung oder bei mangelnder Voraussehbarkeit der entstehenden Rechtsgüterkonflikte sind auch generalklauselartig formulierte Datenverkehrsregeln zulässig.[109] Wenn

---

[108] Vgl. *Simitis,* NJW 1984, S. 398ff., 400: „Die informationelle Selbstbestimmung versperrt den Rückzug in die Generalklauseln." – Dieser Tendenz liegt das Ziel zugrunde, das Grundrecht auf Datenschutz vor unangemessenen Relativierungen zu schützen. Das Ziel verdient uneingeschränkt Zustimmung. Der Irrweg begänne da, wo man meinte, man könne der inhaltlichen Gestaltungsaufgabe, die damit gestellt ist, hinreichend beikommen durch formale Mittel wie Gesetzesvorbehalt und bereichsspezifische Regelungen (weshalb man denn auch diese formalen Mittel verabsolutiert). Weil es – eigentlich – um die inhaltliche Vernünftigkeit des Rechts geht, muß man hierüber auch ausdrücklich streiten und sich nicht nur um die formalen Qualitäten des Rechts kümmern.

[109] Anders *Simitis,* Datenschutzgesetzgebung: Vorgaben und Perspektiven (Manuskript, 1987), S. 5: „Generalklauseln mögen zuweilen unvermeidlich sein, sie dürfen jedoch nur dann benutzt werden, wenn der Versuch, präziser zu formulieren, zuvor wirklich stattgefunden hat und gescheitert ist." – Nicht erst an der praktischen Unmöglichkeit, ins einzelne gehende, kasuistische gesetzliche Bestimmungen überhaupt zu formulieren, findet das Gebot bereichsspezifischer Regelung seine Grenze – das nenne ich die „Erschöpfungsgrenze" einer falsch angelegten Rechtsstaatlichkeit. Das Gebot bereichsspezifischer Regelungen muß vielmehr verstanden werden als schlichte und einleuchtende Konsequenz aus der grundrechtlich gebotenen Verhältnismäßigkeitskontrolle: Gesetzgeber und Verwaltung sind beide an der Arbeit vernünftiger Abwägung zu beteiligen. Generalklauseln sind nur dort unzulässig, wo sich der Gesetzgeber mit ihrer Hilfe aus der Verantwortung zu stehlen versucht.

hingegen absehbare, auf der Hand liegende Konflikte zwischen verschiedenen Grundrechtsgütern geregelt werden sollen, wäre das Ausweichen in Generalklauseln so etwas wie die Fahnenflucht des Gesetzgebers. Liegt etwa der Konflikt zwischen Datenschutz und Sicherheitsbelangen offen zu Tage, dann kann sich der Gesetzgeber nicht darauf berufen, eine Generalklausel biete Raum für sachgerechte Abwägungen der Verwaltung. In den Bereichen klar erkennbarer Konflikte zwischen verschiedenen Verfassungsrechtsgütern hat der Gesetzgeber die wesentlichen Ansätze zur Konfliktlösung zu geben.

17. Datenschutzrecht und Datenschutzpolitik

Der Gesetzgeber muß die Einheit der Verwaltung im Sinne einer Kooperationsordnung herstellen – unter Beachtung der verfassungsrechtlichen Rahmenbestimmungen. Das bedeutet: Über die rechte Einheit der Verwaltung muß gestritten werden können, wo sie nicht ausnahmsweise von vornherein dem politischen Streit entzogen ist. Das Verhältnis von Gesetzesrecht – als dem Recht, das auf politischen Streit und demokratischen Wechsel angelegt ist – und Verfassungsrecht – als dem Recht, das dem demokratischen Wechsel wenigstens prinzipiell entzogen ist – ist nicht ausgewogen. Es gibt eine starke Bewegung, möglichst viele Fragen dem politischen Für und Wider, dem Streit der Parteien zu entziehen und jeweils die eigene Ansicht durch Verfassungsauslegung obsiegen zu lassen. Diese sozusagen natürliche Neigung, alle Fragen unter der Hand zu Verfassungsfragen zu machen, trifft sich mit einer grundlegenden methodischen Schwäche der verfassungsrechtlichen Dogmatik: Wo das Gesetzesrecht Verfassungswerte berührt, werden alle Fragen zu Verfassungsrechtsfragen gemacht, werden alle Abwägungen zu verfassungsrechtlichen Abwägungen, wird Gesetzgebung insgesamt zum Verfassungsvollzug.[110] (Unter unseren Händen wird alles zu Verfassungsrecht – fast hätte ich gesagt, wie unter *Midas'* Händen alles zu Gold wurde.) Nur ein Beispiel unter vielen ist das Datenschutzrecht; es wird nicht nur vom Recht auf informationelle Selbstbestimmung geprägt, auch von anderen grundrechtlich geschützten Belangen, die mit dem Datenschutz kollidieren können, Sicherheitsbelangen, Schutz von Leib und Leben. Sind damit alle datenschutzrechtlichen Fragen zu verfassungsrechtlichen Fragen

---

[110] Kritik an dieser Tendenz: *R. Wahl*, NVwZ 1984, S. 401ff.; vgl. auch *E. Schmidt-Aßmann*, in: Maunz/Dürig/Herzog, Art. 19 Abs. 4 GG, Rdn. 4.
Es ist eine Vereinahmungstendenz, ein Expansionsdrang des Verfassungsrechts aus Schwäche, nämlich aus dem Unvermögen, eine Unterscheidung zu finden zwischen Verfassungsrecht und einfachem Recht.

geworden?[111] Manche meinen dies. In Wahrheit ist die Aufgabe aller Gesetzgebung, nach der Einsicht *Kants,* die Freiheit des einen mit der Freiheit des anderen auszugleichen. Aber das kann eben nicht bedeuten, daß alle Gesetzgebungsfragen, weil sie einen Freiheitsbezug haben, nunmehr zu Verfassungsfragen würden. Wenn Gesetzgebung über weiteste Strecken als Verfassungsvollzug begriffen wird, wird das Verfassungsrecht unfähig, den demokratischen Wechsel zu begreifen. Der Bürger als Wähler hat einen Anspruch darauf, daß eine Wahlentscheidung Folgen haben kann für die Verwaltung – auch in der Datenschutzpolitik, auch in der Sicherheitspolitik. Der Verfassungsinterpret hat nicht seine Ansicht über das Optimum an Datenschutz (oder an innerer Sicherheit) in den Rang des Verfassungsrechts zu erheben. Er hat vielmehr zu fragen, ob sich der behauptete Verfassungssatz wirklich als zwingende, alternativlose Konsequenz aus den anerkannten Prämissen des Verfassungsrechts erweisen läßt und deshalb dem demokratischen Wechsel prinzipiell entzogen sein muß. Im Rahmen des so bestimmten Verfassungsrechs bleibt es Sache des Gesetzgebers, die Einheit der Verwaltung im Sinne einer Zusammenarbeitsordnung zu verwirklichen.

D. Schluß

18. Einheit der Verwaltung und die Gefahr von Sonderimperien

Je komplexer die Verwaltungsstrukturen, um so stärker wächst das Bedürfnis nach Einheit der Verwaltung, das Bedürfnis nach einheitlichen und sicheren Maßstäben, das Bedürfnis nach Zusammenarbeit. Die Frage ist nur, wer es unternimmt, die Einheit der Verwaltung herzustellen. Wenn es das Parlament nicht vermag oder wenn man ihm diese Möglichkeit zu sehr beschneidet, dann werden andere Mächte versucht sein, an seiner Stelle „vereinheitlichend" zu handeln. Die Parteien, die großen Interessenverbände, bieten ihre „Vereinheitlichungsdienste" an, über alle Kompetenzgrenzen hinweg. An Konkurrenzmächten zum einheitsschaffenden Parlament fehlt es nicht. Jedes Tolerieren parlamentskontrollfreier Verwaltungstätigkeit führt zu einem Machtvakuum; und jedes Machtvakuum will ausgefüllt sein. Es bilden

[111] Bedenklich vor allem der methodische Ansatz des Bundesverfassungsgerichts, das im Volkszählungsurteil (E 65, 1ff.) weitreichende verfassungsrechtliche Anforderungen des Datenschutzes entwickelt, aber die bisherigen Anstrengungen des Bundes- und der Landesgesetzgeber seit 1970 zu erwähnen vergißt. Wird das Gericht hier noch seiner Aufgabe gerecht, Gesetzgebung zu kontrollieren? Erweckt es nicht den Anschein, als beanspruche es, die Sache Datenschutz erstmalig kompetent zu ordnen – so als sei die Entwicklung des Datenschutzes allein eine Frage der Anwendung verfassungsrechtlicher Maßstäbe?

sich unkontrollierbare Sonderimperien, die nach immer größerer Macht greifen und das Bedürfnis nach „Einheit" für ihre Zwecke ausnutzen.

Tendenzen zu einer Vereinheitlichung in anderen Händen als denen des Parlaments zeigen sich auch, wie wir gesehen haben, in der technischen Entwicklung, vor allem der Datentechnik, wenn man sie denn einfach laufen ließe. Auch hier muß das Parlament mit großer Energie die von ihm gesetzte einheitsschaffende Kompetenzordnung gegen einen Ansturm scheinbarer Sachgesetzlichkeiten verteidigen. Die Einheit des parlamentarisch geformten Volkswillens in der Verwaltung ist nicht selbstverständlich; sie muß kämpfend behauptet werden.

Leitsätze des Mitberichterstatters über:

Die Einheit der Verwaltung als Rechtsproblem

A. Einleitung: Die Frage

1. Die Vorstellung, die Verwaltung stelle, ungeachtet aller organisatorischer Differenzierungen, eine Einheit dar, gehört zu den prägenden Leitbildern des rechtsstaatlichen Verwaltungsrechts im 19. und 20. Jahrhundert.

Verkörpern sollte sich die Einheit der Verwaltung in drei Prinzipien des Verwaltungsrechts: in den Prinzipien der Hierarchie (innerhalb der staatlichen Behördenorganisation), der Staatsaufsicht (gegenüber selbständigen Verwaltungsträgern) und dem Prinzip der Trennung von Verwaltungsapparat und gesellschaftlichen Kräften.

2. Gegen die „Einheit der Verwaltung" ist seit dem Ende der 60er Jahre, in einer Zeit lebhafter verwaltungspolitischer Diskussion, der Begriff der „Pluralität der Verwaltung" entwickelt worden. Dieses Gegenkonzept beruht auf den Forderungen: Kooperation (zwischen Verwaltungsträgern wie zwischen Verwaltung und Privatinteressen), „Ausdifferenzierung der Verwaltung", Mitwirkung gesellschaftlicher Kräfte.

3. Wird nach dem rechtlichen Gehalt des Begriffs Einheit der Verwaltung gefragt, so ist nicht von diesen historisch geprägten, gegensätzlichen verwaltungspolitischen Globalkonzeptionen auszugehen, sondern von der Verfassung.

Die Grundfrage lautet: Ist die Einheit der Verwaltung ein Rechtsprinzip?

Die Verfassung kennt ein Rechtsprinzip der Einheit des Ursprungs der Staatsgewalt (Art. 20 Abs. 2, S. 1 GG). Das demokratische Prinzip ist die entscheidende einheitsstiftende Norm der Verfassung, auch im Hinblick auf die Verwaltung. (Abschnitt B)

Die Verfassung enthält auch Rahmenbestimmungen für eine Einheit der Verwaltung im Sinne einer Ordnung des Zusammenwirkens mehrerer beteiligter Verwaltungsträger und Behörden im Interesse des betroffenen Bürgers. Zugleich gibt es verfassungsrechtlich geschützte Interessen, die gegen ein Zusammenwirken gerichtet sind. (Abschnitt C)

In beiden Fällen geht es um die Einheit der Verwaltung aus der Sicht des Bürgers: beim demokratischen Prinzip um den Bürger als Wähler – die demokratische Wahlentscheidung muß Folgen haben können auch für die Verwaltung; bei den Zusammenarbeitspflichten und -beschränkungen geht es um den Bürger als vom Verwaltungshandeln Betroffenen.

B. Einheit der Verwaltung als Konsequenz des demokratischen Prinzips

Es gibt zwei Typen der Abkoppelung der Verwaltung vom demokratischen Prozeß: zum einen Abkoppelungen durch Isolierung von Verwaltungsinteressen (vor allem organisatorisch verselbständigter Verwaltungsträger), im Namen einer Versachlichung von Politikbereichen; zum anderen Abkoppelungen durch Übertragung von Entscheidungsbefugnissen an organisierte Privatinteressen. Beide Typen der Abkoppelung vom demokratischen Prozeß zeigen die Gefahr einer Emanzipation der Verwaltung vom öffentlichen Interesse.

4. Demokratische Kontrolle der Verwaltung ist in der Regel dadurch gewährleistet, daß die Verwaltung der Regierung untersteht und die Regierung ihrerseits dem Parlament verantwortlich ist. Ausnahmen von dieser Regel – Fälle der sogenannten ministerialfreien Verwaltung – lassen sich in politisch nicht unbedeutsamen Bereichen nicht schon damit rechtfertigen, es sei eine „Sicherung von Sachlichkeit" bezweckt. Es bedarf vielmehr einer speziellen verfassungsrechtlichen Legitimation.

Einheit der Verwaltung ist (i.d.R.) Einheit ihrer Ministerialgebundenheit.

5. Bedient sich die Verwaltung privatrechtlicher Rechtsformen, so besteht die Gefahr, daß sie sich den Bindungen des öffentlichen Rechts entzieht. Es bedarf einer klaren Unterscheidung, welche Regelungen des öffentlichen Rechts verzichtbar und welche unverzichtbar sind.

Einheit der Verwaltung heißt nicht: Einheit der Rechtsform, wohl aber: Einheit des Vorrangs derjenigen Rechtssätze des öffentlichen Rechts, die das öffentliche Interesse sichern.

6. Kollidieren im Bereich der öffentlichen Unternehmen Vorschriften des öffentlichen Rechts, die die Durchsetzung des öffentlichen Interesses betreffen, mit Vorschriften des Aktienrechts, die das Unternehmensinteresse der Aktiengesellschaft sichern, so kann die Lösung dieser Kollision nicht im Vorrang der aktienrechtlichen Regelungen gefunden werden. Zu den unabdingbaren Anforderungen des öffentlichen Rechts gehört die Bindung der Verwaltung an den für sie maßgeblichen öffentlichen Zweck. Damit sind alle Verselbständigungen von Erwerbsinteressen der öffentlichen Unternehmen ausgeschlossen.

Einheit der Verwaltung ist Einheit der Verfolgung öffentlicher Interessen durch die Verwaltung.

7. Jegliche Ausgründung von Verwaltungsträgern, insbesondere die Gründung von Unternehmen wie auch sonstige wirtschaftliche Betätigung der öffentlichen Hand, ist nur mit der Maßgabe zulässig, daß ein öffentlicher Zweck verfolgt wird. Das Parlament muß die Kontrolle über die Zweckverfolgung der verselbständigten Verwaltungseinheiten behalten. Deshalb muß eine Pflicht des Parlaments angenommen werden, die Zwecke durch Gesetz (oder, bei den Gemeinden, durch Satzung) so präzise zu setzen, daß sie handlungsanweisende, steuernde und kontrollbegründete Kraft haben.

Einheit der Verwaltung ist die Einheit der Verfolgung öffentlicher Zwecke; das setzt die Präzisierung der Zwecke voraus.

8. Durch die Rechnungsprüfung wird das Parlament in vielen Sachfragen überhaupt erst in die Lage versetzt, die Verwaltung effektiv zu kontrollieren. Freistellungen von der Rechnungsprüfung sind zulässig, wenn kein öffentliches Interesse an einer Rechnungsprüfung besteht. Unternehmen können von der Rechnungsprüfung befreit werden, wenn bei ihnen nach Einschätzung des Gesetzgebers eine anderweitige ausreichende Prüfung gewährleistet erscheint. In Fällen unbeschränkter Haftung des Staates bzw. des Unternehmensträgers – bei gesetzlichen Zuschuß- und Garantieverpflichtungen – ist die Rechnungsprüfung unverzichtbar.

Einheit der Verwaltung ist Einheit der Rechnungsprüfung zugunsten parlamentarischer Kontrolle.

9. Die Einheit der Verwaltung kann auch durch Mitbestimmungsregelungen im öffentlichen Dienst betroffen werden. Eine gleichberechtigte Mitbestimmung der im öffentlichen Dienst Beschäftigten in politisch nicht unbedeutenden Sachbereichen verstößt gegen das demokratische Prinzip.

Einheit der Verwaltung ist Einheit unverkürzter, durch Mitbestimmung von Partikularinteressen letztlich nicht einschränkbarer Verfolgung öffentlicher Interessen.

10. Einheit der Verwaltung bedeutet keinen Zwang zu einem demokratisch-parlamentarischen Zentralismus. Nicht alle Verwaltung ist vom Parlament zu steuern und zu kontrollieren, nämlich nicht die – selbst demokratisch legitimierte – Selbstverwaltung. Dies gilt unter der strikten Voraussetzung, daß die jeweiligen Selbstverwaltungskörperschaften zweifelsfrei demokratisch verfaßt sind und daß sie nicht Belange Dritter verwalten.

Die demokratisch legitimierte Selbstverwaltung steht nicht im Gegensatz zur – demokratisch interpretierten – Einheit der Verwaltung, sondern trägt zu ihr bei.

11. Die vorhandenen Tendenzen zu einer „Pluralität“ der Verwaltung, zur Einbeziehung partikularer Interessen sind nur annehmbar, wenn die Einheit demokratischer Einwirkung auf die Verwaltung gesichert ist.

Die Einheit demokratischer Einwirkung bedeutet: Der Gesetzgeber positiviert die für die Verwaltung maßgeblichen öffentlichen Interessen; ihre Verwirklichung durch die Verwaltung unterliegt parlamentarischer Kontrolle; für die Setzung der öffentlichen Interessen und für die Kontrolle ihrer Verwirklichung ist das Parlament dem Wähler verantwortlich.

C. Einheit der Verwaltung aus der Sicht des betroffenen Bürgers

12. Die Anforderungen des demokratischen Prinzips, die Anforderungen einer Einheit ‚nach oben‘, finden spiegelbildliche Entsprechungen in den Einheitsanforderungen ‚nach unten‘, zum betroffenen Bürger hin. Normative Hinweise auf eine Einheit der Verwaltung zugunsten des betroffenen Bürgers enthalten insbesondere die Art. 33 Abs. 2 und 3 GG (Einheitlichkeit der Dienstfunktion der Verwaltung, die das Interesse des betroffenen Bürgers sichert, einer sachlich arbeitenden Verwaltung gegenüber zu stehen) und Art. 35 GG (Effektivität der Verwaltung durch Amtshilfe – zugunsten der vom Verwaltungshandeln betroffenen Bürgerbelange).

Konkrete Anweisungen zur Herstellung von Einheit der Verwaltung zugunsten des betroffenen Bürgers enthält die Verfassung nur punktuell und ausnahmsweise.

13. Ein Gebot zur Herstellung von Einheit der Verwaltung zugunsten des betroffenen Bürgers kann sich auf verschiedenen Ebenen ergeben:

- *auf der Ebene des Rechtsschutzes: Der Bürger hat einen Anspruch darauf, daß sein Rechtsschutz durch an sich zulässige Ausgründungen von Verwaltungsträgern nicht unterlaufen wird;*
- *auf der Ebene des Verwaltungsverfahrens: Es kann zugunsten des betroffenen Bürgers eine Pflicht anzunehmen sein, daß mehrere Verwaltungsträger bzw. Behörden zusammenwirken;*
- *auf der Ebene der Verwaltungsorganisation: Es kann sich zugunsten des betroffenen Bürgers sogar eine Pflicht ergeben, verschiedene Kompetenzen organisatorisch zusammenzufassen.*

Im übrigen bleibt die Herstellung von Einheit der Verwaltung zugunsten des betroffenen Bürgers Sache gesetzgeberischer Entscheidung.

14. Der Bürger kann auch ein Interesse daran haben, daß ein Zusammenwirken verschiedener Verwaltungsstellen unterbleibt. Das ist vor allem beim Datenverkehr der Fall. Die Datenschutzgesetze gehen zutreffend davon aus, daß der Vereinheitlichungsdruck, der durch die Entwicklung der automatischen Datenverarbeitung entstanden ist, Gefahren für die individuelle Freiheit und für die gewaltenteilende Kompetenzordnung birgt. Durch den Erlaß der Datenschutzgesetze haben Landes- und Bundesgesetzgeber zu erkennen gegeben, daß die Herstellung von Einheit der Verwaltung nicht Sache blinder Anpassung an die scheinbaren „Sachgesetzlichkeiten" der technischen Entwicklung sein kann, sondern Sache bewußter gesetzgeberischer Entscheidung bleiben muß.

15. Es wird die Ansicht vertreten, es falle jede Datenerhebung, jede Datenspeicherung und -übermittlung unter den Gesetzesvorbehalt. Dem Grundgesetz ist ein Totalvorbehalt des Gesetzes auch im Hinblick auf den Datenschutz unbekannt. Der Gesetzesvorbehalt erstreckt sich auch im Datenschutzrecht nur auf wesentliche Fragen. Beim Datenschutz geht es um die Gefahr des „gläsernen Menschen"; diese Gefahr ergibt sich durch die Mittel der modernen Informationstechnik. Alle Überlegungen zum Datenschutz müssen sich daran messen lassen, ob sie auf diesen Gefahrenpunkt konzentriert sind. Die Formen des Datenaustauschs ohne punktuelles Ersuchen, durch Direktabruf, stellen Veränderungen der Kompetenzordnung dar, die im Einzelfall vom Gesetzgeber beschlossen werden müssen.

16. Es wird die Ansicht vertreten, das Verfassungsrecht gebiete durchgehend bereichsspezifische Datenschutzregeln in allen Sachbereichen; die allgemeinen Datenschutzgesetze dürften nur noch als Auffangtatbestände dienen. Dieser Ansicht ist zu widersprechen. Der eigentliche Sinn des Erfordernisses bereichsspezifischer Regelungen liegt darin, eine wirksame Verhältnismäßigkeitskontrolle im Datenschutzrecht zu ermöglichen. In besonders gefahrenträchtigen Bereichen des Datenumgangs braucht die Verwaltung klare Weisungen des Gesetzgebers. Ein Zwang zu umfassender, abschließender Kasuistik ist dem Verfassungsrecht nicht zu entnehmen.

17. Die Grundlagen des Datenschutzrechts sind verfassungsrechtlicher Natur, nicht jedoch alle datenschutzrechtlichen Rechtssätze und Abwägungen. Der Verfassungsinterpret hat nicht seine Ansicht über das Optimum an Datenschutz in den Rang des Verfassungsrechts zu erheben. Verfassungsrecht ist nur das, was sich als zwingende, alternativlose Konsequenz aus anerkannten verfassungsrechtlichen Prämissen ausweisen läßt und deshalb dem demokratischen Wechsel prinzipiell entzogen sein muß.

Im Rahmen des so bestimmten Verfassungsrechts bleibt es Sache des Gesetzgebers, die Einheit der Verwaltung im Sinne einer Zusammenarbeitsordnung zu verwirklichen.

3. Aussprache und Schlußworte

Die Einheit der Verwaltung als Rechtsproblem

Vorsitzender (Kriele): Liebe Kolleginnen und Kollegen. Nun kommen wir zur Diskussion des heutigen Nachmittags. Ich darf vielleicht die Gliederung ein bißchen erläutern: I. Historisches und Grundsätzliches – z.B. Demokratieprinzip, Zweckbestimmung; II. Organisationsfragen – z.B. Verwaltungsgliederung, verselbständigte Verwaltungsträger, öffentliche Unternehmen; III. Verfahrensfragen – z.B. Amtshilfe; IV. Bürgerrechte – z.B. Datenschutz, Rechtsschutz.

Ich weiß, daß sich das manchmal überschneidet, aber das macht ja nichts. Ich hätte es gerne, wenn wir nicht bei den grundsätzlichen Fragen hängen blieben, sondern auch noch zu den besonderen Fragen kommen können. Wenn ich mal aus dem Nähkästchen plaudern darf: Ganz am Anfang hieß das Thema „Amtshilfe und Datenschutz". Dann haben wir ähnliche Themen gefunden und uns gesagt, das müssen wir auf eine höhere Abstraktionsebene bringen, gerade so abstrakt, daß Herr *Meyer* es nicht mehr versteht, und darum haben wir dieses Thema so gewählt, wie wir es heute haben. Aber gemeint war, daß wir auf einige ganz konkrete und höchst aktuelle Fragen Antworten finden, oder wenigstens Leitlinien, nach denen man sie beantworten kann. Ich würde Sie gerne bitten, das im Auge zu behalten.

Da wir sehr viele Diskussionsteilnehmer haben – das Thema stößt auf größtes Interesse – und es im Interesse der Lebendigkeit der Diskussion sicher zweckmäßig ist, daß möglichst auch alle drankommen, wäre ich dankbar, wenn wir uns kurzfassen. Zu diesem Zweck habe ich eine Glocke angeschafft. Diese Glocke ertönt spätestens nach fünf Minuten. Im Anschluß an die Sitzung wird diese Glocke dem Nachfolgevorstand zusammen mit den ungelösten Problemen weitergegeben. – Nein, das ist keine so richtig grobe Kuhglocke, sondern eine, die der Vornehmheit der Vereinigung angepaßt ist: eine Ziegenglocke, hell und zart. – Ich bitte noch zu bedenken, daß wir Zeit haben müssen für die Schlußworte der beiden Referenten – und diese auch zwischendurch drankommen sollen. Ich finde es auch immer gut, wenn sich Spontandiskussionen ergeben, also jemand unmittelbar einem anderen erwidern will, daß wir das zulassen. Aber das geht nur unter der Bedingung der Disziplin. Wir sind ja im Rundfunk- und Fernsehzeitalter, wissen ja alle, wie man Interviews gibt, und daß man Dinge elastisch handhaben kann. Man kann sie in ein, zwei Minuten oder in zwanzig Minuten oder in einer Stunde ausführen. Das ist alles möglich. Man kann es ganz kurz machen, ohne daß die Substanz wesentlich Verluste erleidet – wenigstens im allgemeinen. Was die Spontandiskussionen betrifft, so unterscheiden wir allerdings zweierlei: wir unterscheiden die spontane Spontaneität und die vorbereitete Spontaneität – diese kriegen etwas länger Zeit und kein Glöckchen. Dafür bin ich aber nicht verantwortlich, sondern Herr *Zacher*.

Zunächst aber mal ein paar Worte aus der Sicht der Schweiz und Österreichs, wie das alte Gepflogenheit ist. Und dann beginnen wir die Diskussion mit den allgemeinen Fragen. Darf ich zunächst Herrn *Müller* bitten?

G. Müller: Herr Vorsitzender, meine Damen, meine Herren! Zum heutigen Tagesthema kann ich leider nicht über etwas Exotisches aus der Schweiz berichten, nicht einmal über einen besonders gesunden Zustand, von dem wir gestern für das Verfassungsrecht der schweizerischen Gliedstaaten gehört haben, sondern ich kann generell feststellen, daß wir in der schweizerischen Verwaltung bezüglich des Einheitsproblems eine sehr ähnliche Situation haben, wie sie heute in beiden Referaten vorgestellt worden ist. Auch die schweizerische Verwaltungslandschaft zeichnet sich durch eine sehr starke Kammerung aus. Die Zentralverwaltungen des Bundes, der Kantone und der großen Gemeinden sind einmal nach dem Departementalprinzip in einzelne Ressorts gegliedert, die dann ihrerseits wieder in mehrere Ämter aufgeteilt sind. Die Staatsmaxime, daß die Kantone das Bundesrecht vollziehen, führt zu einer ausgeprägten vertikalen Dezentralisation der Bundesverwaltung. Dazu kommt, daß auch die Gemeinden neben eigenen Aufgaben solche des Bundes und der Kantone erfüllen. Auf allen drei Staatsebenen finden wir überdies eine Vielzahl von unterschiedlichen Formen horizontaler Dezentralisation wie Anstalten, Körperschaften, Stiftungen des öffentlichen Rechts, gemischtwirtschaftliche und privatwirtschaftliche Verwaltungsträger. Das ist grundsätzlich gleich, wie wir es in den Berichten über die deutsche Verwaltung gehört haben. Nun, die Besonderheiten möchte ich doch noch etwas hervorheben, eben nicht geradezu exotische, aber Eigenheiten, die sich vor allem aus dem politischen System ergeben und sich auswirken auf das Problem der Einheit der Verwaltung. Ich glaube, es sind vier wesentliche Punkte. Sie sind übrigens zum Teil schon ein bißchen vorbereitet worden im Referat gestern von Herrn *Schmid*. In Bund und Kantonen, z.T. auch in den Gemeinden sind alle Chefs der Departemente, also die Minister, zugleich völlig gleichberechtigte Mitglieder der Kollegialregierung. Diese eigenartige Kombination von Kollegial- und Departementalsystem wäre eigentlich eine ideale Voraussetzung für eine ressortübergreifende Koordination und damit Herstellung der Einheit der Verwaltung. Die Wirklichkeit sieht aber leider wesentlich anders aus. Die Doppelbelastung der Regierungsmitglieder – eben als Mitglied der Kollegialregierung und Chef des Departements, d.h. Ministeriums – schwächt die Führungskraft der Kollegialregierung, die kaum mehr Prioritäten setzen, Impulse geben und die Verwaltung auf bestimmte Ziele hinlenken kann, sondern weitgehend zur Absegnungsinstanz von Departemententscheidungen geworden ist. Die anonyme Arbeit im Kollegium als Mitglied der Regierung wird politisch nicht honoriert, da sich die Regierungsmitglieder in erster Linie als Departementchef profilieren müssen. Sie legen deshalb das Schwergewicht auf die Leitung des Ressorts und versuchen, dessen Interessen möglichst erfolgreich im Kollegium zu vertreten. Auch in den Parlamenten und in der Öffentlichkeit treten Regierungsmitglieder primär als Departementchefs in Erscheinung. Diese Tendenz zur Departementalisierung, wie man das in der Schweiz nennt, und damit zur Zersplitterung der Verwaltung konnte man nur unwesentlich korrigieren durch Versuche, die Departementchefs zu entlasten und die Führungsorganisation der Kollegialregierung auszubauen. Die zweite Besonderheit, auf die ich hinweisen möchte, liegt im Bereich der horizontalen Dezentralisierung und zeigt sich vor allem in den Kantonen und Gemeinden und hier besonders bei der Erfüllung von Verwaltungsaufgaben wirtschaftlicher Natur durch öffentliche Unternehmen, namentlich im Bereich der Energieversorgung oder des öffentlichen Verkehrs. Hier gibt es ein deutliches Defizit an Einheitlichkeit der Verwaltung. Diese öffentlichen Unternehmen beanspruchen unter Berufung auf die Notwendigkeit einer effizienten Aufgabenerfüllung eine so große Autonomie, daß sie eine eigene Politik führen können, die mit derjenigen des Trägergemeinwesens nicht immer übereinstimmt, ja sie manchmal geradezu durchkreuzt. Ich weiß nicht, ob man bis hierher gehört hat vom sog. Berner Finanzskandal – er betrifft den Kanton Bern, nicht die Eidgenossenschaft –, der u.a. dadurch ausgelöst worden ist, daß öffentliche Unternehmen mit ihren Mitteln in Abstimmungskämpfe eingegriffen haben, z.T. sogar unter der Hand Parteienfinanzierung betrieben haben. Es entstehen so Staaten im Staate, kleine Fürstentümer, die zwar nicht vererbt, aber nach dem alles beherrschenden schweizerischen Parteienproporz an verdiente oder jedenfalls altgediente Politiker verliehen werden. Solchen Entwicklungen müßte durch eine verstärkte Kontrolle entgegengetreten werden, die heute oft nur von den Parlamenten, also nicht von den Regierungen ausgeht, eine Art, wenn ich das richtig verstanden habe, ministerialfreie Verwaltung. Ich würde deshalb auch für die Schweiz das Postulat, das Herr *Haverkate* aufgestellt hat, sehr unterstützen, daß nämlich die Kontrolle verstärkt werden muß gegenüber diesen ausgegliederten Organisationen. Mit den Parlamenten läßt sich das aber schlecht bewerkstelligen. Vor allem ist es da kaum mehr möglich, die Koordination zwischen diesen Sonderpolitiken der öffentlichen Unternehmen und der eigentlichen Regierungspolitik herzustellen. Manchmal wären zwar die Kontroll- und Koordinationsinstrumente vorhanden, werden aber zu wenig genutzt – aus praktisch-politischen Gründen. Man will den Parteifreunden an der Spitze der öffentlichen Unternehmen nicht zu nahe treten. Dritte Besonderheit: Im Bereich der vertikalen Dezentralisierung bemüht man sich meines Erachtens – meine Schweizer Kollegen können mich da vielleicht korrigieren – eher zu stark um Einheit der Verwaltung. Und auch da ergibt sich eine Übereinstimmung mit dem, was in den Referaten dargelegt worden ist. Die Flut der Erlasse, Richtlinien und Weisungen, die ständig auf die kantonalen und kommunalen Verwaltungen herabprasselt, hat bereits vielerorts zu eigentlichen Vollzugskrisen geführt. Die unzähligen Koordinationsgremien und Kooperationsverfahren, die das Zusammenwirken von Bund, Kantonen und Gemeinden auf Verwaltungsebene gewährleisten sollen, erschweren den Entscheidungsprozeß und verwischen vor allem die Verantwortlichkeiten. Genehmigungsvorbehalte und Einspracherechte von kantonalen oder Bundesbehörden engen den Gestaltungsspielraum der Verwaltung der unteren Stufe, ganz ausgeprägt bei uns im Bereich der Raumplanung, übermäßig ein. Eine ganz kurze Bemerkung noch zur Amtshilfe oder zum Amtshilferecht. Da kann ich nur sagen: da ist die Schweiz noch ein Entwicklungsland oder höchstens ein Schwellenland. Wir besitzen noch immer keine Bundesgesetzgebung über den Datenschutz, obwohl seit vielen Jahren an einem Entwurf gearbeitet wird. Einige Kantone haben Gesetzgebungen auf diesem Bereich gemacht. Die meisten Kantone sagen sich, wie das den bundesstaatlichen Gepflogenheiten entspricht: Wir wollen erst mal sehen, was der Bund macht, und machen vorerst nichts. Also beim Amtshilferecht und beim Datenschutz können wir eigentlich kaum ernsthaft mitreden. Ich darf einfach noch die Bemerkung anfügen: Bisher sind wir trotz dieses Mankos davongekommen. Danke.

Vorsitzender: Vielen Dank, Herr *Müller*. Ich will mal eben etwas zwischendurch sagen: Die Zahl der Diskussionsmeldungen beträgt im Augenblick 34. Das bedeutet, daß für jeden maximal nur drei Minuten zur Verfügung stehen. Wenn Sie einverstanden sind, dann begrenze ich das so, daß alle drankommen und wir die Themen auch durchsprechen können. Das bedeutet, daß Sie sich alle schon einmal überlegen, was die Pointe Ihrer Aussage ist, und voraussetzen, daß die Kollegen so wach und intelligent sind, daß sie die Pointe verstehen, auch ohne daß das eingeleitet und ausführlich begründet wird. – Herr *Wielinger* für Österreich, bitte.

Wielinger: Herr Vorsitzender, Frau Kollegin, meine Herren! Ich bin am Thema des heutigen Tages besonders interessiert, da ich auch in der Verwaltung tätig bin. Ich bin hauptberuflich Beamter eines österreichischen Bundeslandes. Erlauben Sie mir, daß ich einige Bemerkungen im Hinblick auf die Verwaltung in Österreich mache. Die Gegebenheiten und Probleme sind grundsätzlich mit jenen in der Bundesrepublik, wie sie Herr *Bryde* dargestellt hat, vergleichbar. Auch in Österreich kann von einer Einheit der Verwaltung schon insoweit nicht die Rede sein, als es Bundesverwaltung, Landesverwaltung und Selbstverwaltung gibt – die Selbstverwaltung wieder differenziert in territoriale und personale Selbstverwaltung. Und zudem kann auch deswegen von einer Einheit keine Rede sein, weil es im Bereich der jeweiligen Organisationskomplexe Sonderbereiche gibt, die sich rechtlich, nämlich durch ein eigenes Verfahrensrecht, als auch was ihr Selbstverständnis anlangt, von allen übrigen Verwaltungsbereichen unterscheiden. Hier ist besonders an die Finanzverwaltung zu denken, die ein eigenes Verfahrensrecht hat und in der das Selbstbewußtsein besonders stark ausgeprägt ist. Dazu gibt es ein Scherzwort, das einiges an sich hat, nämlich: Die Finanzverwaltung fasse die Republik Österreich als einen unselbständigen Bestandteil des Fiskus auf. – (Gelächter).

Erlauben Sie mir noch eine Bemerkungen zum Verständnis von der Funktion der Verwaltung. Es ist heute vormittag auch im Referat von Herrn *Bryde* gesagt worden, die Aufgabe der Verwaltung sei die Gemeinwohlverwirklichung. Diesbezüglich ist man in Österreich, einer auf *Josef II.* zurückgehenden Tradition entsprechend, etwas prosaischer, nüchterner. Man spricht bei uns nicht von der Gemeinwohlverwirklichung, sondern schlicht und einfach von der Vollziehung der Gesetze als Funktion der Verwaltung, gelegentlich von der Wahrung des öffentlichen Interesses.

Es gab, und damit kann ich gleich einen Beitrag zum Teil „Historisches" leisten, in Österreich vor relativ kurzer Zeit einen Versuch, die organisatorische Einheit der Verwaltung stärker zu betonen, und zwar die Verwaltungsreform von 1925. Damals sollten die Bundesverwaltung und die Landesverwaltung organisatorisch zusammengefaßt werden, funktionell freilich getrennt bleiben. In der Verfassung wurde der Grundsatz festgeschrieben, die Verwaltung des Bundes in den Ländern ist grundsätzlich durch den Landeshauptmann mit den ihm unterstehenden, vom Land eingerichteten Verwaltungsorganen zu führen. Träger der Bundesverwaltung auf Landesebene ist also in Österreich nicht das Land, sondern der Landeshauptmann, der gleichzeitig Vorsitzender der Landesregierung ist. Das oberste Organ der Landesverwaltung ist die Landesregierung. Landeshauptmann und Landesregierung haben einen gemeinsamen administrativen Hilfsapparat, das Amt der Landesregierung. In diesem werden also sowohl Bundesgesetze als auch Landesgesetze vollzogen. Freilich gibt es auch auf Landesebene Behörden der unmittelbaren Bundesverwaltung, d.h. vom Bund eingerichtete Behörden. Die Besorgung von Bundesaufgaben durch Organe, die vom Land eingerichtet sind, findet sich auch auf unterster Ebene: Die Bezirkshauptmannschaften besorgen Aufgaben der mittelbaren Bundesverwaltung und unterstehen dabei dem Landeshauptmann und Aufgaben der Landesverwaltung, in diesem Fall der Landesregierung untergeordnet. Sie sind aber auch mit der Vollziehung des Sicherheitsrechts betraut und unterstehen dabei der Sicherheitsdirektion.

Durch die Konstruktion, die vorsieht, daß Aufgaben des Bundes und der Länder im selben Verwaltungsapparat vollzogen werden, wäre an sich die Möglichkeit zur Koordination und Einheitlichkeit geschaffen. Allerdings gibt es da genauso jene Kommunikationsbarrieren zwischen den einzelnen Ressorts, von denen eben unser Schweizer Kollege berichtet hat. Um diese zu überwinden und die Berücksichtigung der Umweltschutzaspekte in den einzelnen Verwaltungsmaterien zu verbessern, hat man in der Steiermark, dem Land in dessen Verwaltung ich arbeite, eine besondere Vorkehrung getroffen: Ein Mitglied der Landesregierung ist für Umweltschutzagenden zuständig. In allen Angelegenheiten, die umweltschutzrelevant sind, also z.B. in gewerberechtlichen Verfahren oder Sachen aus dem Straßenverkehrsrecht, muß die ihm unterstehende, für Umweltschutz zuständige Abteilung von den anderen Abteilungen des Amtes befaßt werden.

Ich möchte noch auf eine Regel hinweisen, die dem Bürger im Labyrinth der Verwaltung helfen soll: § 6 des Allgemeinen Verwaltungsverfahrensgesetzes verpflichtet schon seit 1926 jede Behörde, Anbringen, für deren Behandlung sie nicht zuständig ist, ohne Aufschub an die zuständige Stelle weiterzuleiten. Allerdings trägt das Risiko für das rechtzeitige Einlangen bei der zuständigen Stelle derjenige, der das Schriftstück eingebracht hat.

Lassen Sie mich noch auf einen Punkt eingehen, der zeigt, wie die fehlende Einheit der Verwaltung für den Bürger zu einem großen Problem werden kann: Das österreichische Amtshaftungsrecht sieht vor, daß für eine rechtswidrige Schadenszufügung durch Organe nicht jener Rechtsträger haften muß, dem das Organ organisatorisch zugeordnet ist, sondern jener, dem es funktionell zugeordnet ist. Das kann in der Praxis folgende Konsequenz haben: Ein Gendarm vollzieht im Auftrag einer Bezirkshauptmannschaft in ein und derselben Amtshandlung die Straßenverkehrsordnung und das Kraftfahrgesetz und wird zudem im

Rahmen der Sicherheitspolizei tätig. Funktionell ist er damit sowohl als Organ der Bundesverwaltung als auch der Landesverwaltung tätig geworden. Der von der Amtshandlung und der Schadenszufügung Betroffene muß nun genau unterscheiden, in welchem Funktionsbereich des Gendarmen ihm der Schaden zugefügt worden ist. Denn Voraussetzung für die passive Klagslegitimation des Bundes oder des Landes ist die funktionelle Zuordnung der schädigenden Tätigkeit zum jeweiligen Zuständigkeitsbereich. Ich darf in diesem Zusammenhang gleich Herrn *Bryde* fragen, wie das Problem der passiven Klagslegitimation im Amtshaftungsverfahren in der Bundesrepublik gelöst ist.

Erlauben Sie mir zum Abschluß noch eine Bemerkung zum Referat von Herrn *Haverkate*. Die Einheit der Verwaltung wurde von ihm als Konsequenz des demokratischen Prinzips dargestellt. Das war für mich eine sehr interessante Bemerkung, denn genau dieses Argument wurde in der Diskussion in der schon erwähnten österreichischen Verwaltungsreform in der Zwischenkriegszeit verwendet. Man hat damals gesagt, das demokratische Prinzip verlange eine Befugnis zur Weisungserteilung von den dem Parlament verantwortlichen Spitzen der Verwaltung bis zu den untersten Verwaltungsorganen. Dies wurde als Argument gegen eine Gestaltung der Bezirksverwaltung in Form der Selbstverwaltung verwendet. Ich danke.

Vorsitzender: Herr *Schäffer*, Salzburg, bitte.

Schäffer: Herr Vorsitzender, Frau Kollegin, meine Herren! Da ich gebeten war, das Österreich-Statement abzugeben, die Situation aber durch die Reihenfolge der Worterteilung verändert ist, werde ich versuchen, meinen Diskussionsbeitrag allgemeiner zu halten, gleichwohl mit österreichischer Färbung. Um meine These vorwegzunehmen: Einheit der Verwaltung ist weder ein allgemeines rechtspolitisches Desiderat noch ein als solches durchgängig nachweisbares positivrechtliches Prinzip, sondern eine regulative Idee, die in durchaus unterschiedlicher Ausformung und Intensität in unserer modernen Verwaltungsrechtsordnung verwirklicht ist. Ich hatte an sich vor, die Einheit der Verwaltung zum Teil als Organisationsmaxime, zum Teil als Handlungsmaxime zu behandeln.

Das Organisatorische hat Herr *Wielinger* ziemlich detailliert dargestellt, nur ein Punkt wäre noch nachzutragen: Grundsätzlich kann man festhalten, daß die Einheit in unserem Verwaltungsaufbau gerade durch die Behörden der allgemeinen staatlichen Verwaltung in weitreichendem Maße verwirklicht ist. Hinzu tritt auf der Ebene der obersten Bundesverwaltung das aus Art. 69 Abs. 1 und Art. 70 Abs. 1 B-VG ableitbare Ressortprinzip, welches als streng aufgefaßtes Ministerialprinzip keinen ministerialfreien Raum zuläßt. Darin manifestiert sich eine durchgängige Vorstellung von der Leitungsgewalt verantwortlicher oberster Organe, die ja mit dem Demokratieprinzip und der strengen Gesetzesgebundenheit der Vollziehung (Art. 18 B-VG: Totalvorbehalt!) in Verbindung steht. Eine gewisse Durchbrechung dieser Aufbauprinzipien gestattet freilich Art. 20 Abs. 2 unserer Bundesverfassung hinsichtlich der Einrichtung kollegialer Verwaltungsbehörden mit richterlichem Einschlag, bei denen wohl gerade wegen dieser Struktur eine besonders gesetzestreue und wenig kontrollbedürftige Organisationsform unterstellt worden ist. Daß dies in der Praxis nicht immer zutrifft, ist bereits öfters kritisch vermerkt worden. Mit einer vor wenigen Jahren ergangenen Verfassungsnovelle ist dieses Organisationsmodell, das eigentlich eher ein historisch überkommenes Randphänomen war, verfassungsrechtlich abgesichert worden und stellt nun auf Grund dieser Ermächtigung an den einfachen Gesetzgeber möglicherweise die Keimzelle für eine Unterwanderung des Regelaufbaus der Verwaltung dar. Es können nun unabhängige und infolge ihres Besetzungsmodus vielleicht auch interesseninfluenzierte Kollegialbehörden geschaffen werden. Sie bilden ein neues, mit dem hierarchischen Verwaltungsmodell konkurrierendes Organisationsmodell ausgelagerter Fachbehörden, die – sieht man von der allgemeinen Gesetzesbindung ab – keinen Rückbezug zu Legitimation und Verantwortung aufweisen. Ich will mich aber nun vorwiegend dem Gesichtspunkt der Einheit der Verwaltung als Handlungsmaxime zuwenden.

Wesentlich bedeutsamer als die organisatorischen Vorkehrungen erscheinen ja angesichts der vielfältigen Ausdifferenzierungen der modernen öffentlichen Verwaltung die Mechanismen, wie ein – unter dem Gesichtspunkt der Gemeinwohlverantwortung und Gemeinwohlverträglichkeit einheitlich abgestimmtes Verhalten der Verwaltungseinheiten und ihrer verschiedenen Organe erzielt werden kann. Selbst wenn Herrn *Wielinger* das Wort Gemeinwohl zu antiquiert oder zu hoch gegriffen scheint, würde ich das Wort doch auch für Österreich in Anspruch nehmen. Denn: Was ist das öffentliche Interesse? Da gibt es viele öffentliche Interessen.

Lassen Sie mich zum Einstieg für meine Problemsicht drei österreichische Beispielsfälle nennen: Erstes Beispiel: Nach einer Budgetklausur der Bundesregierung in der lineare Kürzungen aller Ressortansätze beschlossen worden sind, erklärt ein Bundesminister, im Pressefoyer, er könne für seinen Bereich (insbesondere bei der Arbeitsmarktförderung) solche Kürzungen nicht hinnehmen. Der Bundeskanzler, anschließend befragt, wie er diese Äußerung verstehe und ob nun etwa eine Kabinettskrise vorliege, sieht sich genötigt, die Situation dahingehend zu erklären, der betreffende Bundesminister habe die Äußerung als Gewerkschafter gemacht. Nun, das sind politische Widersprüche, mit denen wir auch in Hinkunft leben werden müssen – trotz der Einheitsvorstelleung von der Verwaltung. – Zweiter Fall (Ähnliches haben wir auch heute vormittag in den Referaten gehört; die Situation ist nicht ungewöhnlich auch für österreichische Verhältnisse): Verschiedene Fachbehörden, z.B. eine Baubehörde, eine Denkmalschutzbehörde, eine Naturschutzbehörde, müssen je eine Bewilligung für ein Projekt erteilen. Die eine Behörde entscheidet so, die andere so. Das Projekt ist nicht verwirklichbar, es sei denn, man erwirkt kumulativ alle Bewilligungen. Das Ergebnis ist freilich bloß Negativkoordination. Das Beispiel zeigt, daß eben nicht nur das eine öffentliche Interesse existiert, sondern eine Vielfalt von öffentlichen Interessen, die zum Teil widersprüchlich sind. – Drittes Beispiel (Vielleicht etwas technischerer Art): Bei einer Behörde beträgt die Berufungsfrist 14 Tage (so im Anwendungsbereich des Allgemeinen Verwaltungsverfahrensgesetzes), bei einer anderen vier Wochen (so im Abgabeverfahren). Bei einer Behörde sind Computerbescheide zulässig, in anderen Verwaltungsbereichen muß die Bescheidausfertigung unbedingt eine Unterschrift aufweisen – Unterschiede und Differenzierungen, die der Bürger eigentlich nicht einzusehen vermag.

All dies sind Fragen, die sich zum Problem der Einheit der Verwaltung assoziieren lassen. Und man kann sich nicht damit begnügen, daß eben die Differenziertheit der Verwaltung und die Vielfalt der Lebensverhältnisse das erfordern und wir mit dem Widerspruch leben müssen. Als Antwort darauf hat die Staatspraxis längst eine Vielfalt von Koordinationsmechanismen entwickelt. Man hat ja auch schon versucht, sie in eine Skala von abstrakten Typen zu bringen. Diese Skala reicht – nach rechtlicher Relevanz und Intensität des Zusammenwirkens gereiht – von Information über Bedachtnahme, Anhörung, Konsensbemühung, Antragsbindung, Einvernehmensherstellung bis zum Vertragsabschluß und schließlich bis zur Schaffung spezieller Organisationseinrichtungen zu Koordinationszwecken. Neben diesen rechtlichen Wegen der Koordination darf freilich nicht die rechtsfreie (freiwillige) Kooperation vergessen werden. Welchen Weg man wählt, hängt sicher nicht nur vom Einigungswillen ab, sondern auch von den verfassungs- und verwaltungsrechtlichen Grundlagen. Rechtliche Schranken der Organisationsgewalt und Grenzen der Vereinbarungsbefugnis müssen hier beachtet werden. So ist es etwa nach österreichischem Verfassungsverständnis nicht zulässig, gemeinsame Bund-Länder-Organe mit Entscheidungsbefugnissen, höchstens solche mit Beratungs- und Vorbereitungskompetenzen zu kreieren. Vielfach ist man aus diesen Gründen entweder in privatrechtsförmige Kooperationen oder gar in informelle Kooperationen in der Form des politischen gentleman-agreement ausgewichen; letztere haben zwar den Vorteil, formlos und leicht handhabbar zu sein, sie haben aber andererseits nicht jene Bindungs- und Verpflichtungswirkung, die man gerne haben möchte. Wenn das politische geltneman-agreement gebrochen wird, gibt es letztlich nur das Aufeinander-Böse-Sein, also eine soziale und politische, aber keine rechtliche Sanktion.

Was die rechtlich gebotene Koordination anlangt, sind in der neueren Entwicklung des österreichischen Verwaltungsrechts – nicht nur im Raumordnungsrecht, dort allerdings am deutlichsten – die Koordinationsinstrumente in einem Maße ausgebaut worden, wie es wahrscheinlich nicht mehr steigerbar ist. Damit sind – und dies gilt auch für klassische Verwaltungsmaterien – insbesondere durch Bedachtnahmeklauseln und Anhörungsrechte in den Entscheidungsgang Hemmnisse eingebaut worden, die eigentlich dazu führen, daß verwaltungsbehördliche Entscheidungen zunehmend zu schwierigen Abwägungs- und Prognoseentscheidungen geraten. Ich spreche damit ein Problem an, das auch vormittags in den Referaten angeklungen ist, daß der Gesetzgeber zwar vielfach formelle Prozeduren schafft, sich aber der eigentlichen Entscheidung, wie abzuwägen ist, dadurch entzieht, daß er nicht einmal Kriterien für diese Abwägung angibt oder sie zumindest nicht deutlich genug angibt.

Ein wichtiger Aspekt scheint mir noch die Form des Vertrages. Der förmliche Vertrag als Mittel der Koordination von Entscheidungen verschiedener Verwaltungsträger oder Organe hat trotz eines gewissen Vordringens im österreichischen Recht noch nicht den Stellenwert, der ihm zukommen könnte. Öffentlich-rechtliche Verträge zwischen Verwaltungsträgern über Angelegenheiten der Hoheitsverwaltung sind von Verfassungs wegen nur vorgesehen als vertikale (Bund/Länder) oder horizontale (Land/Land) Konkordate gemäß Art. 15a B-VG (sog. „Gliedstaatsverträge"). Hingegen fehlt der koordinationsrechtliche Vertrag zwischen dem Staat und den Kommunen bzw. weithin auch auf der interkommunalen Ebene (bzw. mit anderen Selbstverwaltungsträgern). Es gibt also keine Möglichkeit, hier verbindliche Absprachen zu treffen, was auch unter dem Aspekt der Schutzwirkung bedauerlich ist, denn natürlich hat es trotz der freiwilligen Kooperationen dann der stärkere Partner in der Hand, einseitig die Bedingungen nachträglich wieder zu ändern, was vor allem bei längerfristig zu planenden und finanzintensiven Materien unangenehm ist – man denke an die Raumordnung, an den Finanzausgleich, aber etwa auch an die Fragen der Pensionsfinanzierung usw.

Ich möchte schließlich noch eine andere Blickrichtung einschlagen. Soviel nämlich prinzipiell für mehr Koordinierung als Einheitsstrategie spricht, sowenig darf man deren faktische und verwaltungspsychologische Grenzen verkennen. a) Übermäßige Koordinierungszwänge – und dazu hat das eben erwähnte Raumordnungsrecht schon Indizien geliefert – führen dazu, daß Sachentscheidungen in den Hintergrund gedrängt und Entscheidungsmechanismen überhaupt gelähmt werden können. b) Mitsprache und Entscheidung müssen je und je ihr eigenes Gewicht behalten, was für allem für die die in Österreich besonders ausgeprägten Mitwirkungsrechte der Verbände anzumerken und festzuhalten wäre. Vor allem dürfen Anhörungs- und Beratungsfunktionen gegenüber der staatlichen Verwaltung nicht zu Be- und Verhinderungskompetenzen entarten. c) Zu betonen ist auch, daß trotz rechtlicher Koordinationsmechanismen Situationen entstehen und Konflikte offenbleiben können, die einer Lösung nach rechtlichen Maßstäben nicht zugänglich sind. Gerade das vorhin erwähnte Beispiel des Konflikts zwischen Ministern macht das deutlich. Trotz der ausgeklügelten Regeln, die das österreichische Bundesministeriengesetz kennt (– in der Regel führende Kompetenz eines Ministeriums, daneben Anhörungsrechte, Mitbeteiligungsrechte der anderen fachlich berührten Ressorts –), kann es durchaus dazu kommen, daß zwischen den Ressorts und ihren Ministern Konflikte bestehen bleiben, die letzten Endes nur nach Beratung „im Schoße der Bundesregierung", wie das bei uns so schön heißt, einvernehmlich beigelegt werden können, zumal eine Richtlinienkompetenz des Kanzlers in Österreich nicht existiert. Er kann seit jeher nur auf das einheitliche Zusammenarbeiten der Ressorts „hinwirken", wobei ihm dafür kein (echter) Sanktionsmechanismus zur Verfügung steht, weil Beschlüsse der Bundesregierung in Österreich nach herrschender Staatspraxis und Lehre der Einstimmigkeit bedürfen. Die Einheitlichkeit der gesamten Verwaltung und der Regierungspolitik im Bund ist daher letztlich eine Frage der politischen Kohärenz der Bundesregierung.

Lassen Sie mich zu guter letzt die Frage berühren: Wie kann „Handlungseinheit" der Verwaltung sonst weiter gefördert werden? Ich glaube, zum einen ist es der Lehre, uns selbst, aufgegeben, durch Typenbildung und Modellvorschläge gedankliche Vorarbeit zu leisten und jene Problemzonen aufzudecken, in denen Vereinheitlichung möglich und wünschenswert wäre. Zum Beispiel wäre es für den österreichischen Bereich durchaus denkbar, angesichts der vielfältigen Fonds und Verbände jeweils ein allgemeines Fonds- oder Verbändegesetz zu erlassen, wie es andererseits auch wünschenswert wäre, Methoden der Verfahrenskonzentration zu entwickeln. In zweiter Linie ist der Gesetzgeber aufgerufen, nicht vor den divergierenden Interessen und tagespolitischen Anliegen zu kapitulieren, vor Abwägungsentscheidungen nicht zurückzuscheuen und selbst die Kodifikationsaufgabe nicht aus den Augen zu verlieren. Auch wenn, wie *Antoniolli* vor einigen Jahren skeptisch gemeint hat, ein allgemeiner Teil des Verwaltungsrechts vorläufig nicht erreichbar scheint, wären Teilkodifikationen in der von mir angedeuteten weniger ambitiösen Form sicher denkbar, und ich darf als Beispiel dafür die enorm verfahrens-

und verwaltungsvereinfachende vereinheitlichende Wirkung der Verfahrensgesetze des Jahres 1925 in Erinnerung rufen. Man kann sie nicht hoch genug rühmen. Letzten Endes bleibt natürlich auch die Verwaltung selbst, ihrer Eigeninitiative und ihrem Erfindungsreichtum einiges überantwortet. Auch dazu ein Beispiel, wie man durch kooperative Gesinnung zu Vereinfachungen kommen könnte: Jüngst plant man in einem Verwaltungsreformprojekt der Stadt Salzburg folgendes: Man will im Sinne einer bürgernahen Verwaltungsvereinfachung ein Modell erproben, das übrigens dem „Bürgeramt" der Stadt Unna ähnelt. Hat ein Bürger mit einem Projekt mehrere Dienststellen der Stadt zu befassen, die als Statutarstadt zugleich die Funktion einer Bezirksverwaltungsbehörde erfüllt, so braucht er nur mehr eine zentrale Anlaufstelle zu kontaktieren. Diese wird dann intern das Verfahren mit den verschiedenen Dienststellen weiter koordinieren und erst die inhaltlich abgestimmte Gesamtentscheidung ihm gegenüber als dem Verwaltungskunden einheitlich vertreten, d.h. ihm bekanntgegeben und erläutert. Dies wäre ein gewiß nicht ganz unproblematischer Zugang zum einheitlichen Agieren der Verwaltung, aber immerhin ein verfolgenswerter Ansatz.

Vorsitzender: Ich frage Sie, Herr Kollege *Mußgnug*, unterwerfen Sie sich freiwillig der Drei-Minuten-Bedingung?

Mußgnug: Gerne. Obgleich ich mich knapp fassen muß, möchte ich aber zunächst bekennen, daß ich zu denen gehörte, die das in der Mitgliederversammlung laut gewordene Vorurteil teilten, unser heutiges Thema sei juristisch unergiebig. Ich muß jedoch Abbitte tun. Die beiden Referenten haben bewiesen, daß der Vorstand mit der Einheit der Verwaltung eine glückliche Themenwahl getroffen hat. Es war mein Fehler, das anfangs nicht durchschaut zu haben. Ich hätte schärfer nachdenken sollen. Dann wäre mir auch ohne Herrn *Bryde*s und Herrn *Haverkate*s Nachhilfe klar geworden, daß es sich nachhaltig lohnt, über die Einheit der Verwaltung nachzudenken, und daß dies keineswegs in blasser Theorie versanden muß, sondern, richtig angepackt, handfesten verfassungs- und verwaltungsrechtlichen Ertrag bringt.

Mich hat vor allem beeindruckt, wie Herr *Bryde* und Herr *Haverkate* die Einheit der Verwaltung verfassungsrechtlich beleuchtet und durchleuchtet haben. Herrn *Haverkate*s Ansatz beim Demokratieprinzip erscheint mir plausibel. Es hätte freilich nahegelegen, auch bei der Gewaltenteilung und beim Wortlaut des Art. 20 Abs. 3 GG einzuhaken, der ersichtlich mit Vorbedacht nicht im Plural von *den* vollziehenden Gewalten, sondern im Singular von *der* vollziehenden Gewalt spricht. M.E. belegt Art. 20 Abs. 3 GG damit, daß die Einheit der Verwaltung als ein verfassungsrechtliches Postulat aufzufassen ist, das ernst genommen werden will. Mit der in den Begleitaufsätzen zu unserer Tagung vorherrschenden These, bei der Einheit der Verwaltung handle es sich lediglich um ein Organisationsschema, dessen rechtliche Tragweite nicht überbewertet werden sollte, vermag ich mich daher nicht anzufreunden.

Gegen diese These spricht auch die unterschiedliche Behandlung, die das Grundgesetz der vollziehenden und der rechtsprechenden Gewalt angedeihen läßt. In Art. 95 GG ist die Aufgliederung der Justiz in die ordentliche, die Verwaltungs-, Finanz-, Sozial- und Arbeitsgerichtsbarkeit verfassungsrechtlich angelegt. Hier hat sie auch ihren guten Sinn. Die Garantie des gesetzlichen Richters in Art. 104 GG wird durch die Zergliederung der Justiz in eigenständige Gerichtsbarkeiten gefördert. Bei der Verwaltung liegen die Dinge anders. Während bei der Justiz die Person des Richters im Vordergrund steht, tritt die Verwaltung dem Bürger als in sich geschlossene Institution gegenüber, hinter der nicht nur ihre Beamten, sondern auch ihre Behörden zurücktreten.

Herr *Haverkate* hat am Beispiel des weisungsfreien Theaterintendanten aufgezeigt, daß es Sonderfälle gibt, in denen Teilbereiche aus der Einheitlichkeit der Verwaltung ausscheren. Diese Bereiche bilden jedoch nicht die Regel, sondern die Ausnahme, die der besonderen Rechtfertigung bedarf. Aus der Weisungsfreiheit des Theaterintendanten folgt keineswegs, daß auch die Baurechtsbehörden, Sozialämter, Orts- und Kreispolizeibehörden ein Eigenleben führen dürften, das ihre Einbindung in die einheitlich zu erfüllende Staatsfunktion „Verwaltung“ in Frage stellt. Gewiß auch die Verwaltung kennt ihre Binnendifferenzierungen. Aber darin gleicht sie der Bundeswehr, die ebenfalls in das Heer, die Luftwaffe und die Marine unterteilt ist, aber gleichwohl einen alle ihre Waffengattungen und Truppenteile miteinander zur Einheit verbindenden Verteidigungsauftrag erfüllt. Wie die Bundeswehr trotz ihrer ausdifferenzierten Binnenstruktur einheitlich geführt werden muß, so verlangt das Verfassungsrecht auch die Zusammenfassung der Verwaltung zu einem grundsätzlich unaufteilbaren Ganzen. Anders würde die Verwaltung ihrem Auftrag, die Politik der Regierung in konkretes Staatshandeln umzusetzen, nicht gerecht. Ich würde das gerne näher präzisieren. Aber Herr *Kriele* zeigt auf die Uhr. Da meine Zeit abgelaufen ist, muß ich es bei dieser Andeutung bewenden lassen.

Vorsitzender: Nun Herr *Grimm,* dann Herr *Häberle,* Herr *Ebsen.*

Grimm: Meine Damen und Herren, wenn ich versuche, die beiden Referate in ihren Grundzügen zu vergleichen, dann scheint mir die auffälligste Differenz darin zu liegen, daß Herr *Bryde* die Spannung zwischen Einheit und Fragmentierung der Verwaltung als unvermeidlich ausgehalten hat und nur noch formal überbrückt, indem er ein einheitliches Zurechnungssubjekt in Gestalt der abstrakten Staatsgewalt annimmt. Im übrigen bleibt es bei einem von ihm selbst wohl so bezeichneten Balanceakt, der mehr oder weniger gelingen kann. Dagegen hat Herr *Haverkate* den Versuch gemacht, das Spannungsverhältnis zwischen Einheit und Fragmentierung der Verwaltung in einem übergeordneten Prinzip aufzulösen. Er schlägt dafür das Demokratieprinzip und den Begriff des öffentlichen Interesses vor, die zueinander wiederum im Verhältnis von Weg und Ziel stehen sollen. Unter diesen beiden Ansätzen ist mir der *Haverkate*sche auf den ersten Blick sympathischer, weil intellektuell befriedigender und wissenschaftlich ambitionierter. Bei näherem Hinsehen zeigt sich aber, daß er auf Voraussetzungen beruht, die keineswegs als gegeben unterstellt werden können. Die Fragen, die hier auftreten, sind erstens, ob sich das öffentliche Interesse von privaten Interessen noch hinreichend unterscheiden läßt, und zweitens, ob das Demokratieprinzip gegenüber der Verwaltung mittels parlamentarischer Steuerung noch zulänglich verwirklicht werden kann. Zu beiden Annahmen je drei kurze Stichworte. Erstens: die Identifizierbarkeit des öffentlichen Interesses. Ich sehe hier drei Probleme, von denen Herr *Haverkate* nur eines genannt hat, nämlich den Umstand, daß die staatliche Verwaltung nicht allein öffentliche Interessen, sondern durchaus auch organisationsspezifische Eigeninteressen verfolgt. Es kommen aber zwei weitere Schwierigkeiten hinzu. Zunächst: Die pluralistische Demokratie nach dem Muster des Grundgesetzes setzt sich als oberstes Ziel die Selbstentfaltung der Individuen. Selbstentfaltung von Individuen ist aber nichts anderes als die Möglichkeit einer je spezifischen Kombination von Interessen. Diese macht die Persönlichkeit aus. Das öffentliche Interesse kann in der Demokratie also nicht als überpersonale Größe, sondern nur als sinnvoller Ausgleich partikularer Interessen zum Zwecke gleicher Entfaltungschancen verstanden werden. Sodann: Die staatliche Funktionsausweitung zur Globalverantwortung für Sozialgestaltung und Zukunftsentwicklung verwischt die ehedem relativ klare Scheidelinie zwischen öffentlichen und privaten Interessen. In einem Staat, der für Vollbeschäftigung verantwortlich ist, liegen beispielsweise Unternehmergewinne im öffentlichen Interesse. Nun zu den Problemen, die mit der Steuerungsfähigkeit der parlamentarischen Gesetzgebung verbunden sind. Mir scheint, daß Herr *Haverkate* hier diejenigen Bedingungen ausgeblendet hat, die die gesetzliche Steuerung der Verwaltung beeinträchtigen, und zwar nicht aus einem subjektiven Versagen der gesetzgebenden Gremien, sondern aus strukturellen Gründen. Auch dazu wieder drei Unterpunkte in Stichworten.

Der erste: die chronische und durch die ihrerseits wieder demokratisch und rechtsstaatlich motivierte Ausweitung des Gesetzesvorbehalts noch verschärfte Überlastung des Gesetzgebers. Der zweite Punkt: Sobald der Staat zur Sozialgestaltung und Zukunftsplanung übergeht, statt nur einen vorausgesetzten gesellschaftlichen Normalzustand zu garantieren, versagt das gesetzliche Steuerungsinstrumentarium, weil sich die komplexen und zukunftsgerichteten Aufgaben gedanklich nicht mehr vollständig vorwegnehmen und in Tatbestand und Rechtsfolge einfangen lassen. Bei den gleichwohl ergehenden Gesetzen für die planende und lenkende Verwaltung haben wir es weitgehend mit einer parlamentarischen Scheinsteuerung zu tun. Letzter Punkt: Wenn die Verwirklichung der ausgeweiteten staatlichen Zwecke wegen der fortbestehenden und grundrechtlich gesicherten gesellschaftlichen Autonomie zum großen Teil von der Folgebereitschaft privater Entscheidungsträger abhängt, geht die staatliche Entscheidung vielfach nicht mehr aus dem demokratischen Prozeß staatlicher Organe, sondern aus einer Verhandlung von staatlichen und privaten Akteuren hervor. Bedenkt man das alles, erscheint mir trotz der Faszination des *Haverkate*schen Weges der *Bryde*sche am Ende der realistischere.

Vorsitzender: Vielen Dank.

Häberle: Herr Vorsitzender, verehrte Kollegen, ich werde versuchen, nur zwei Minuten zu sprechen, d.h. unter dem Zeitlimit von drei Minuten zu bleiben.

Zwischenfrage: Warum?

Häberle: Ich stimme den Vorrednern zu: die beiden Referate haben sich vortrefflich ergänzt. Herr *Bryde* bot im guten Sinne eher „Weißbrot", Herr *Haverkate* dank seiner Durchstrukturierung und vielen konkreten praxisnahen Beispiele im guten Sinne eher „Schwarzbrot". Sie, Herr Vorsitzender, baten darum, bei umständlichen Diskussionsbeiträgen die „Pointe" vorwegzunehmen. Meine „Pointe", sie ist natürlich in Anführungszeichen zu setzen, lautet: Wie stellt sich das Problem „Einheit" der Verwaltung und diese in welcher Qualität in ihrem Zusammenhang mit dem gewandelten Staatsverständnis dar, wie im Blick auf die *pluralistische* und *kooperative* Gemeinwohlverwaltung bzw. Trägerschaft? Wie sind die Vorgänge der stetigen Vermehrung von *Verwaltungsbeauftragten* zu deuten? Wir beobachten den faszinierenden, aber d.h. auch problematischen Vorgang der Ausgliederung einer Fülle von sog. Verwaltungsbeauftragten, Datenschutz- und Bürgerbeauftragten, Ombudsmännern und Ombudsfrauen, Bürgerreferaten, Beauftragten für Frauenfragen – eines Tages vielleicht auch für Männerfragen –, anderwärts „Mediateure“ genannt. Hier ist eine differenzierte Sicht nötig, doch drohen zum Teil die Entleerung, eine Ausgliederung von Teilfeldern öffentlicher Gemeinwohlverwaltung und -verantwortung; „Bürgerreferate“ sind verwaltungsedukatorisch fragwürdig, es entsteht zu Lasten der allgemeinen Verwaltung eine negative Optik: In Wahrheit hat jedoch *jede* Verwaltungsbehörde per se „Bürgerauftrag“. Eine kleine Kritik an Herrn *Haverkate:* Sie haben meist von *„dem“* öffentlichen Interesse im Singular gesprochen. Als Konsequenz aus dem Abschied vom vorgegebenen Staatssubjekt ergeben sich im Verfassungsstaat aber eine Vielzahl von pluralistischen, öffentlichen Interessen, privaten Interessen, komplexe In-sich-Konflikte öffentlicher Interessen, Gemeinwohl im Plural und vielgliedrige Verfahren zur schließlichen Konfliktlösung, so sehr die Verfassung auch Inhalte vorgibt. Herr *Bryde* hat den Verwaltungsbeauftragten genannt. Wo und wie sieht er dieses Problembeispiel im Rahmen seines schönen Grundansatzes der Balance zwischen Einheit der Verwaltung und ausdifferenzierter Vielfalt angesiedelt?

Vorsitzender: Ich danke Ihnen, Herr *Häberle.* Es war hervorragend. Nun Herr *Ebsen,* Herr *von Arnim,* Herr *Schuppert,* Herr *Fiedler.*

Ebsen: Ich habe Bedenken dagegen, den Grundsatz der Einheit der Verwaltung auf das Demokratieprinzip zu stützen. Auch die föderative Aufgliederung und die kommunale Selbstverwaltung, und damit die Ausdifferenzierung der Verwaltung, sind demokratisch legitimiert. Es macht für den Stimmbürger als Teil verschiedener Staatsorgane: „Volk“ durchaus Sinn, in Bund, Land und Kommunen bei seiner Wahl unterschiedlichen Gesichtspunkten Vorrang zu geben. Aus diesem Grunde ist gerade auch der Pluralismus von Gemeinwohlkonkretisierungen durch unterschiedliche Träger öffentlicher Belange demokratisch legitimiert. Konkret: Die Kompetenz des Landes zur Wahrung des Denkmalschutzes ist ebenso demokratisch legitimiert wie die Kompetenz des Bundes für das Bundeseisenbahnwesen oder – um ein aktuelleres Beispiel zu wählen – die Bundestagsverwaltung.

Hier stellt sich das Problem der Herstellung von Entscheidungseinheit, für welches Hierarchie von vornherein regelmäßig nicht in Betracht kommt. Praktisch bleibt nur der Weg, einem der beteiligten Träger öffentlicher Belange die Gesamtentscheidungskompetenz zu übertragen. Damit ist allerdings – wohl unvermeidlich – die Gefahr verbunden, daß die Belange, die in dessen spezifische Kompetenz gestellt sind, in den Vordergrund gerückt werden. So dürfte es beispielsweise für die generelle Tendenz der Abwägungsentscheidung nicht irrelevant sein, daß gem. § 9 BNatSchG bei Eingriffen in Natur und Landschaft durch den Bund dieser als Natur*nutzer* die Abwägungsentscheidung zu treffen hat und nicht die für den Naturschutz und die Landschaftspflege zuständigen Landesbehörden.

Angesichts dieses wohl unvermeidlichen Dilemmas der Herstellung von Entscheidungseinheit bei gleichermaßen demokratisch legitimierten konfligierenden Gemeinwohlkonkretisierungen ist das Augenmerk auch auf die Verwaltungsgerichtsbarkeit zu lenken. Wenn schon einer der konkurrierenden Gemeinwohlträger – meistens dürfte es die übergeordnete Entscheidungseinheit sein – unvermeidlicherweise auch über die „kompetenzfremden" Belange mit zu entscheiden hat, so liegt es m.E. in der Logik eines rationalen Entscheidungsprozesses, durchgängig die Entscheidung einer verwaltungsgerichtlichen Prüfung anhand der Maßstäbe zu unterwerfen, die die Rechtsprechung für die gerichtliche Prüfung von Abwägungsentscheidungen entwickelt hat. Dies setzt voraus, die Kompetenz zur Wahrung der „Fremdbelange" durch deren eigentlichen Träger als rechtsschutzbewährtes Recht nach dem Muster der kommunalen Planungshoheit zu begreifen.

Vorsitzender: Vielen Dank.

von Arnim: Vielen Dank für die beiden anregenden Referate. In Anbetracht der knappen Zeit möchte ich mich auf einen Punkt beschränken, wenn auch auf einen grundsätzlichen, und zugleich versuchen, den Bogen zum gestrigen Thema zu schlagen. Herr *Haverkate* hat die Begründung der Einheit der Verwaltung zweigeteilt. Erstens in die Einheit des Ursprungs der Staatsgewalt: Demokratieprinzip, zweitens in die Einheit des Interesses der Bürger. Handelt es sich hier aber wirklich um zwei unterschiedliche Kategorien, die nichts miteinander zu tun haben? Muß man nicht beide Aspekte auf einer höheren Ebene miteinander verbinden? Die höhere Ebene wäre das „Um-des-Menschen-willen des Staates". Art. 1 I GG des Herrenchiemsee-Entwurfs lautete bekanntlich: Der Staat ist um des Menschen willen da, nicht der Mensch um des Staates willen. Die andere Formulierung, die sich dann in Art. 1 I GG niedergeschlagen hat, sollte keine sachliche Änderung bringen. Aus dem „Um-des-Menschen-willen" des Staates und aller seiner Organe ergibt sich beides: das Demokratieprinzip (Entscheidung *durch* das Volk) und die Entscheidung im Interesse der Menschen (Entscheidung *für* das Volk). Ausgehend von dieser Einheitsvorstellung nicht nur der Verwaltung, sondern des Staates insgesamt, läßt sich, wie ich meine, auch ein Bezug zum gestrigen Thema herstellen. Gestern wurde z.B. von Herrn *Doehring* die Frage gestellt, was eigentlich das Wesentliche des Staates – Bund, Länder – ausmache und worin z.B. der Unterschied zu den Gemeinden liege. Die überkommene Antwort lautet: Der Staat hat originäre Staatsgewalt, die Gemeinden abgeleitete. Es fragt sich, ob diese Konstruktion unserer grundgesetzlichen Demokratie noch gerecht wird. In der Demokratie kann die Legitimation zum Gebrauch öffentlicher Gewalt nur vom Volk ausgehen. Beim Staat geht die Legitimation vom Staatsvolk, bei den Gemeinden und Kreisen dagegen nach dem Grundgesetz vom Gemeindevolk aus (Art. 28 I 2 GG). Das ist allerdings nur die demokratische Legitimation durch den *pouvoir constitué,* also die Legitimation durch die periodischen Volkswahlen. Davon zu unterscheiden ist die demokratische Legitimation durch den *pouvoir constituant.* Und insoweit unterscheiden sich Staat und Gemeinden, denn der Staat ist in beiden Hinsichten vom Staatsvolk legitimiert, während die Gemeinde, was die Legitimation durch den *pouvoir constitué* anbelangt, vom Gemeindevolk legitimiert ist, was die Legitimation durch den *pouvoir constituant* angeht, aber vom Staatsvolk. Die Gemeinde hat also eine „zweibeinige" demokratische Legitimation, der Staat eine einheitlich auf das Staatsvolk zurückgehende. Das ist der prinzipielle Unterschied.

Vorsitzender: Vielen Dank. Herr *Berg,* bitte. Dann Herr *Schuppert.*

Berg: Auch zunächst eine persönliche Erklärung: Ich habe den Terminus der Einheit der Verwaltung noch nie gemocht, und die beiden brillanten Referate, das möchte ich hier betonen, haben meine Sympathien für diesen Terminus nicht steigern können.

Wenn ich es richtig gewichte, hat Herr *Bryde* ohnehin mehr von Vielfalt und Differenzierungen als von Einheit gesprochen, und Herr *Haverkate* hat den Terminus der Einheit der Verwaltung wohl eher für das verwendet, was wir gemeinhin u.a. als „Gesetzmäßigkeit der Verwaltung" bezeichnen.

Stärkerer Beachtung als bisher bedarf allerdings, worauf Herr *Bryde* nachdrücklich hingewiesen hat, der Umstand, daß die Differenziertheit der Verwaltungszuständigkeiten nicht noch mehr als bisher für den Bürger zum Zugangshindernis wird. Die immer noch wachsende Konjunktur bei den Petitionsausschüssen und der verzweifelte Versuch vieler Bürger, mangels erkennbarer Verwaltungszuständigkeiten ihre Anliegen an der Staatsspitze oder an der Basis auf der Straße vorzubringen, ist hier alarmierend. Es darf kein Recht der unzuständigen Behörde geben, Anträge des Bürgers in den Papierkorb zu werfen. Aber ein Blick auf die Gerichtsbarkeit zeigt, daß man im Rechtsmittelbereich von einem solchen „Recht" keineswegs weit entfernt ist. Wehe dem Anwalt oder dem Vertreter, dem Referendar, der die Berufungsschrift in den falschen Briefkasten geworfen hat!

Was bleibt im übrigen von der Einheit der Verwaltung? Letztlich wird man nichts anderes verlangen als Widerspruchsfreiheit verbindlicher Verwaltungsentscheidungen. Es darf nicht dahin kommen, daß auf dem Rücken des Bürgers ausgetragen wird, wenn die Linke nicht mehr weiß, was die Rechte tut. Das ist übrigens nicht politisch gemeint. Seit Waterkantgate weiß man dort sehr gut, was die eine Seite von der anderen zu halten hat. Den Terminus von der Einheit der Verwaltung braucht man für das, was ich eben nannte, nämlich für die Sicherung der Widerspruchsfreiheit verbindlicher Verwaltungsentscheidungen, nicht. Der demokratische Rechtsstaat hat genügend andere griffige, ja subsumierbare Institutionen. Vielen Dank.

Schuppert: Verehrte Frau *Lübbe-Wolff*, Herr Vorsitzender, verehrte Kollegen! Ich möchte ganz kurz sprechen zu dem Grundanliegen von Herrn *Haverkate*, nämlich den institutionellen Bedingungen der Durchsetzung öffentlicher Interessen. Ich bin natürlich auch – wer in dieser Vereinigung wäre das nicht – dafür, daß die öffentlichen Interessen durchgesetzt werden. Herr *Haverkate* hat als besondere Sorgenkinder bei der Durchsetzung des öffentlichen Interesses verselbständigte Verwaltungseinheiten entdeckt, die ja, wenn Sie mir diese Bemerkung erlauben und ich anknüpfen darf an eine früher sehr populäre Fernsehserie, so etwas sind wie die *Richard Kimbles* der Verwaltungsorganisation – immer auf der Flucht, nämlich auf der Flucht aus dem Budget, der Flucht in das Privatleben und der Flucht aus der öffentlichen Zweckbindung. Nun, was soll man dagegen tun? Herr *Haverkate* hat einen sehr prinzipiellen Vorschlag gemacht. Er hat gesagt, das Rezept sei die Einheit der Verwaltung, die sich äußerte in einem einheitlichen Organisationsprinzip der hierarchischen Ministerialverwaltung, in einem Vorrang des öffentlichen Rechts gegenüber den Gestaltungsformen des Aktiengesetzes und dergleichen. Ich glaube, daß eine solche weitgehende Abhilfe nicht nötig ist, sondern wir bereichsspezifisch argumentieren müssen, und zwar wie folgt:

Wenn man den Ihnen allen bekannten Begriff der grundrechtstypischen Gefährdungslagen im Wege einer Art Begriffstransplantation auf das Gebiet der Verwaltungsorganisation überträgt, so kann man untersuchen, ob es organisationstypische Gefährdungslagen gibt, also Situationen, in denen Organisationen dazu neigen, den Ihnen aufgegebenen öffentlichen Zweck zu vernachlässigen, zu übersehen oder versickern zu lassen. Insoweit kann man anknüpfen an Einsichten der Organisationssoziologie, indem man drei Organisationstypen näher in den Blick nimmt: nämlich einmal öffentliche Unternehmen, die ihre öffentliche Zweckbindung manchmal vergessen, weil sie den anstrengenden Kampf mit den Gesetzen des Marktes führen müssen. Dann gibt es die interessenvertretenden Körperschaften; von denen hat Herr *Haverkate* gesprochen. Stichwort: Facharztbeschluß. Und es gibt die klientelorientierten Verwaltungseinheiten, die dazu neigen, das öffentliche Interesse durch die Brille ihrer Klientel zu sehen. Nun kann man in zwei Schritten folgendes tun:

Man kann die jeweiligen Gefährdungen und ihre Ursachen analysieren, um dann zu überlegen, wie sichergestellt werden kann, daß der Steuerungsvorrang des Parlaments gewährleistet bleibt. Wie das bei öffentlichen Unternehmen gemacht werden kann, zeigt das Hamburger Beispiel: hier wurden – im Anschluß an den Skandal um die Hamburgische Stadtentwicklungsgesellschaft – drei Dinge angeregt bzw. inzwischen in die Tat umgesetzt: eine stärkere Hervorhebung der öffentlichen Zweckbestimmung öffentlicher Unternehmen durch Ausformulierung von Unternehmenszielen, die Erstreckung der Berichtspflicht nicht nur auf dem Punkt, wie und wieviel Geld verdient worden ist, sondern auch auf die Frage, was zur Beförderung des öffentlichen Interesses getan wurde, sowie schließlich eine Umorganisation der Beteiligungsverwaltung, indem die öffentlichen Unternehmen nicht mehr unter der dominierenden fiskalischen Perspektive bei der Finanzbehörde ressortieren, sondern bei der jeweiligen Fachbehörde. Bei den interessenvertretenden Körperschaften hat das Bundesverfassungsgericht den Weg gewiesen: es dürfe ihnen nicht alles überlassen bleiben, vielmehr unterfielen die grundsätzlichen Dinge dem Gesetzesvorbehalt, also der Steuerung durch Normsetzung. Bei den klientelorientierten Verwaltungseinheiten brauchen wir sehr wahrscheinlich regelmäßige Berichtspflichten und – verwaltungswissenschaftlich gesprochen – eine Art Evaluation, um reagieren zu können, falls sie vom Pfade des Gemeinwohls abweichen. Also meine These – Herr Vorsitzender, um Ihrer Bitte um ein Zugabe zuvorzukommen – ist: Wir brauchen ein solch weitgehendes Rezept wie das der Einheit der Verwaltung, die es, glaube ich, nicht gibt und auch nicht geben kann, nicht, sondern wir brauchen ein problemspezifisches Arsenal, um auf solche Gemeinwohlgefährdungen zu reagieren. Vielen Dank.

Vorsitzender: Herr *Ossenbühl* spricht eigentlich zu Punkt IV. Ich habe ihn aber vorgezogen, weil er uns verlassen muß.

Ossenbühl: Herr Vorsitzender, meine Damen und Herren, die Behandlung unseres Themas verlangt eine Antwort auf die Frage: Enthält das Grundgesetz Organisationsdirektiven und Handlungsmaximen, die die Einheit der Verwaltung als ein normatives Leitbild erscheinen lassen? Bei dieser Frage kommen natürlich verschiedene Verfassungsprinzipien in die Diskussion, insbesondere das Demokratieprinzip, das von Herrn *Haverkate* sehr ausführlich hier traktiert worden ist. Meines Erachtens ist aber, und das ist eigentlich schon die vorweggenommene Pointe meines Beitrages, der Gedanke des Bürgerrechtsschutzes bei der Betrachtung des gesamten Themas etwas zu kurz gekommen. Herr

Haverkate hat dem Rechtsschutz zwar in Leitsatz 13 Raum gewährt, aber, wie ich meine, ihn doch zu sehr in den Hintergrund gestellt. Wir müssen uns bei der Behandlung des Thams fragen: Gibt es vielleicht aus Gründen des Bürgerrechtsschutzes von Verfassungs wegen Organisationsdirektiven, Korrekturen, Schranken, Einengungen für die Verwaltungsorganisation? Die Verwaltungsorganisation vollzieht sich von selbst und sie vollzieht sich im wesentlichen nicht, in erster Linie jedenfalls nicht, unter dem Gesichtspunkt des Bürgerrechtsschutzes, sondern der effektiven und optimalen Aufgabenerfüllung. Und bei diesem Vorgehen bleibt der Bürgerrechtsschutz oft im Hintergrund. Ich muß daran erinnern, wie der Bürger die Verwaltung erlebt: als anonymen Apparat, als Labyrinth. Ich erinnere etwa an die unterschiedlichen Äußerungen, die von Verwaltungsseite abgegeben worden sind nach dem Reaktorunfall von Tschernobyl. Da hörte man aus Bonn anderes als aus den verschiedenen Ländern. Dies führte auf Seiten der Bürger zu erheblichen Verwirrungen und Desorientierungen. Ich bin auch erinnert an die Weinbauern in Rheinland-Pfalz, die Opfer einer unterschiedlichen Interpretation des Weingesetzes geworden sind. Vor der Weinlese fragten sie den zuständigen Weinbauminister, wie man die Weinlese methodisch angehen kann. Die Auslegung der einschlägigen Vorschrift des Weingesetzes war in dieser Frage streitig. Sie bekamen die Auskunft A. Sie wurden dann, nachdem sie den Wein gelesen hatten, wegen Verstoßes gegen das Weingesetz durch den Staatsanwalt angeklagt, weil der Staatsanwalt das Weingesetz anders interpretierte als der zuständige Weinbauminister. Das sind natürlich Situationen, die berücksichtigt werden müssen. Meines Erachtens müssen wir bedenken, daß die Einheit der Verwaltung als Rechtsproblem dahin abgetastet werden muß, ob sie – die Einheit der Verwaltung ist kein Rechtsprinzip – als Entscheidungsmaßstab respektive als Kriterium aus anderen Verfassungssätzen abgeleitet werden kann. Und insofern habe ich vermißt etwa die Konkretisierungsreihe Rechtsstaatsprinzip, Rechtssicherheit, effektiver Rechtsschutz, Vertrauensschutz; Stichworte, die m.E. hier kommen mußten. Mit dem in diesen Stichworten angesprochenen Verfassungsgehalt kann man viele praktische Probleme lösen. Wir haben auch schon Läsungen in diese Richtung. Wir haben Vorbilder, etwa in Gestalt des Organisationsverschuldens in der Staatshaftung, das weiter ausbaufähig ist und letztlich auf dem Gedanken der Einheit der Verwaltung beruht. Mit dem Vertrauensschutz kann man sicher auch noch einige andere Probleme lösen, insbesondere etwa den Weinbauern helfen. Ich sehe hier noch ein gewaltiges Potential, das in der Lage ist, die nachteiligen Auswirkungen einer spezialisierten Verwaltung für den Bürger auszuräumen.

Vorsitzender: Herr *von Mutius*, bitte.

von Mutius: Im Ergebnis in Übereinstimmung mit Herrn *Ebsen* und Herrn *Schuppert* hege ich erhebliche Zweifel, ob der von Herrn *Haverkate* vorgetragene, mich an und für sich faszinierende Ansatz, das Ziel einer Einheit der Verwaltung über das Demokratieprinzip mit den Erfordernissen demokratischer Legitimation, parlamentarischer Determination und Kontrolle zu erreichen, wirklich trägt. Insbesondere erscheint mir fraglich, ob mit diesem Ansatz die dogmatischen Konsequenzen, die sich in den unterschiedlichen Bereichen und auf den verschiedenen Ebenen der Verwaltung ergeben, bewältigt werden können. Ich möchte dies an zwei Problemen verdeutlichen:

1. Ausgehend von dem auch von mir stets betonten Instrumentalcharakter öffentlicher Unternehmen kann man gewiß mit Ihnen, Herr *Haverkate*, der Erfüllung öffentlicher Zwecke, die möglichst präzisiert werden sollten, alle Parikularinteressen unterordnen. Dies mag bei gemischt-wirtschaftlichen Unternehmen in den Fällen auch noch angängig sein, in denen der Private seine Anteile später einbringt. Wie aber ist zu entscheiden, wenn sich die öffentliche Hand zur Erfüllung bestimmter wirtschaftspolitischer Aufgaben, also öffentlicher Interessen, an vorhandenen, bis dahin ausschließlich privaten Unternehmen beteiligt? Diese Beteiligung wandelt doch nicht die Interessenausrichtung der im Unternehmen vorhandenen privaten Kapitalanteile. Dieses Beispiel zeigt, daß hier ein Interessengegensatz nicht nur denkbar bzw. faktisch vorhanden, sondern m.E. sogar rechtsnormativ angelegt ist. Dies wird noch deutlicher bei gemischt-öffentlichen Unternehmen, bei denen mehrere Verwaltungsträger beteiligt sind und jeweils unterschiedlich demokratisch legitimiert und kontrolliert diese Beteiligung ausüben. Es kommt hierbei zu der Verfolgung verschiedener öffentlicher Zwecke, die im Unternehmen verwirklicht werden und die in eine Konflikt- oder Spannungslage miteinander treten können. Insoweit zeigt sich hier ein Phänomen, welches an die Überlegungen des gestrigen Tages anknüpft. In einem föderativen, dezentral organisierten Staat kommt es von Verfassungs wegen zu unterschiedlichen demokratischen Ableitungen, Determinationen und Kontrollen, mithin zu unterschiedlich definierten öffentlichen Zwecken. Dies besagt für unser Thema heute: Wo verfassungsrechtlich Differenzierung gewollt ist, darf es keine Einheit der Verwaltung geben. Dies ist zumindest die Grenze Ihres Ansatzes, Herr *Haverkate*; es ist möglicherweise sogar ein Indiz dafür, daß das Demokratieprinzip schon vom Ansatz her nicht das leistet, was Sie daraus ableiten.

2. Die Ableitung aus dem Demokratieprinzip führt – und insoweit möchte ich an die Kölner Tagung erinnern, auf der wir uns bemüht haben, die Grenzen zwischen Innen- und Außenrecht neu zu überdenken – zu Konsequenzen, die ich hier nur andeuten kann: Es ist vielleicht einleuchtend, über die Rechtsschutzgarantie des Art. 19 Abs. 4

GG Rechtsschutz gegenüber dem Handeln öffentlicher Unternehmen in Privatrechtsform zu erstrecken auf die Einwirkungen der von den Verwaltungsträgern in die Unternehmen Entsandten, wobei ich davon ausgehe, daß insoweit sogar eine Einwirkungspflicht besteht. Nur, wie soll dieser Rechtsschutz konkret aussehen? Soll es eine verwaltungsgerichtliche Leistungsklage geben gerichtet auf eine bestimmte Einwirkung auf die Unternehmensentscheidung? Wenn wir dies bejahen, so verändern wir mit Sicherheit die bisher gültige Grenze zwischen Innen- und Außenrecht. Bislang haben wir nämlich diese Einwirkungen ausschließlich dem Innenrecht zugeordnet. Oder ein zweites Beispiel: Herr *Haverkate*, Sie haben in These 13 ausgeführt – und Herr *Ossenbühl* hat dies soeben aufgegriffen – es gebe eine Pflicht zur Zusammenlegung von Kompetenzen. Handelt es sich dabei um eine Pflicht des objektiven Rechts oder meinen Sie dies subjektiv-rechtlich? Besteht im letzteren Fall also ein ggfs. gerichtlich durchsetzbarer Anspruch? Falls Sie dies bejahen, so frage ich mich, ob damit nicht das Prinzip subjektiven Rechtsschutzes in einen Gegensatz tritt zu der auch verfassungsrechtlich abgeleiteten Organisationsgewalt der Exekutive, die ebenfalls demokratisch legitimiert ist. Wie soll also nach welchen Kriterien dieser Konflikt gelöst werden? Und schließlich ein drittes Beispiel: Bei mehrstufigen Entscheidungsprozessen in der Verwaltung hat Herr *Bryde*, wenn ich das richtig verstanden habe, im Anschluß an die traditionelle Lehre Mitwirkungsakte als Verwaltungsinternum qualifiziert. Sie, Herr *Haverkate*, müßten eigentlich – und insoweit würde ich Ihnen gern folgen – zu einer differenzierenden Betrachtung kommen. Sie müßten nämlich danach unterscheiden, ob und inwieweit Mitwirkungsakte entscheidungserhebliche Elemente enthalten. Also, die Versagung oder Erteilung des Einvernehmens der Gemeinde im Baugenehmigungsverfahren ist dann auch in Ihrem Sinne, Herr *Haverkate*, wohl nicht mehr Innenrecht, wenn darauf gestützt die Baugenehmigung seitens des Kreises abgelehnt wird. Diese drei Beispiele zeigen also, daß nicht nur die grundlegende Ableitung der Einheit der Verwaltung aus dem Demokratieprinzip einer kritischen Reflektion und Begrenzung bedarf, sondern daß andererseits die Folgen für die Verwaltungsrechtsdogmatik konkretisiert werden müssen.

Vorstzender: Vielen Dank, Herr *von Mutius*. Und nun Herr *Fiedler*.

Fiedler: Ich möchte mich mit den Thesen 5 und 6 von Herrn *Haverkate* beschäftigen, weil ich sie in der Grundlinie überzeugend finde. Die erste Anmerkung ist hier bereits erledigt worden. Ich wiederhole sie nur noch. Denn es wird spannend erst dann, wenn verschiedene öffentliche Interessen miteinander in Konflikt geraten und dann die

Priorität festgestellt werden muß. Dies ist aus berufenem Munde ja schon mehrfach festgestellt worden. Ich möchte auf einen anderen Aspekt hinweisen, den Herr *Haverkate* aufgegriffen hat. Er hat nicht ohne Grund, wenn auch eindämmend, das Stichwort von der Einheit der Rechtsform in die Diskussion gebracht. Wenn es um die Erkennbarkeit des Vorrangs des öffentlichen Interesses geht, dann spielt die Rechtsform eine erhebliche Rolle, und zwar nicht nur aus Rechtsschutzgründen. Meines Erachtens hat der Ansatz von Herrn *Haverkate* die Konsequenz, daß man auf verschiedene Schleichwege im Sinne der Rechtsklarheit und der Beschränkung der Rechtsformen verzichten kann und die Nebenschauplätze ein wenig zurücknimmt, wie etwa das unkontrollierte, zügellose, sehr oft verfassungsferne Zurückgreifen auf kodifizierte Nachbarbereiche wie das Zivilrecht. Es ist auch nicht möglich, oder sollte nicht möglich sein, im Interesse der Erkennbarkeit eines Vorranges des öffentlichen Interesses etwa die Einheit der Rechtsordnung der Einheit der Verwaltung entgegenzustellen und in einem ziemlich undurchsichtigen Nebel der Rechtsformen durch Rückgriff auf verschiedene andere Bereiche zu verharren. Die Notwendigkeit der Erkennbarkeit des Vorrangs öffentlicher Interessen auch in der Rechtsform bietet ein weites Feld, in dem die Anregungen und Ansätze der Referenten durchaus nutzbar gemacht werden können.

Vorsitzender: Vielen Dank, Herr *Fiedler*. Und nun kommen dran: Herr *Wahl*, Herr *Wenger*, Herr *Vogel*, Herr *Fleiner*, Herr *Kisker* und Herr *Meyer*.

Wahl: Aus Zeitknappheit möchte ich alles Zustimmende weglassen und nur drei Punkte eher anreißen als ausführen. Zum ersten: Herr *Haverkate* hat an zentraler Stelle mehrfach die Formel gebraucht, es sei Sache des Gesetzgebers, die Einheit der Verwaltung zu verwirklichen, so in These 7, 11 und 13–16. Sie haben, wenn ich recht sehe, aus Anlaß des Themas der Einheit der Verwaltung sozusagen das hohe Lied des Gesetzgebers vorgetragen und unter anderem bei These 7 gesagt, daß die Einheit der Verwaltung die Einheit der Verfolgung öffentlicher Zwecke sei und daß dies die Präzisierung der Zwecke durch den Gesetzgeber voraussetze. Zuvor aber hatten Sie, wenn ich mich recht erinnere, ausgeführt, daß es nur schwer möglich sei, die öffentlichen Zwecke zu präzisieren. Also, ich überspitze: wir können zwar die öffentlichen Zwecke nicht präzisieren, wir müssen es aber aus rechtlichen Gründen tun. Wie soll etwa im Planungsrecht der Gesetzgeber die öffentlichen Zwecke genau präzisieren. Über die allgemeine Abwägungsformel kommt das Gesetz an Präzisierungsmöglichkeiten nicht hinaus. Genau dies macht aber die Verwaltung auch interessant, und eben deshalb hat die Verwaltung auch politische Funktionen, weil später noch sehr viel bei der Konkretisierung an Entscheidungen übrigbleibt.

Zweitens und prinzipiell halte ich die verwaltungswissenschaftliche Vorfrage für entscheidend, die Frage nach den tatsächlichen Möglichkeiten der Herstellung von Einheit. Das Bewirken von relativer Einheit ist, wie Herr *Bryde* ausführlich gezeigt hat, nicht selbstverständlich, sondern eine höchst kunstvolle Daueraufgabe. Das Normale ist die Spezialisierung, die Fachbruderschaft und die Fragmentierung. Demgegenüber ist die Herstellung von relativer Einheit der Verwaltung sehr voraussetzungsvoll und sehr anspruchsvoll. So ist etwa im organisatorischen Bereich die Ausdifferenzierung sozusagen ein naturwüchsiger Vorgang. Schwierig ist demgegenüber die Re-Integration, die man ständig versuchen muß und ständig Anläufe unternehmen muß, um einiges von dem wieder zurückzuholen, was sich ausdifferenziert hat. Insoweit ist die Einheit der Verwaltung natürlich keine Beschreibung der Wirklichkeit, kein subsumtionsfähiges Rechtsprinzip, sondern eine verwaltungspolitische Dauermaxime.

Entsprechend verhält es sich drittens mit der Herstellung der relativen Einheit im Verwaltungsverfahren. Normal ist wiederum die Aufspaltung der Verfahren und die selektive Aufmerksamkeit der verfahrensleitenden Beamten. Normal ist auch, daß jede Behörde ein sektoral interpretiertes Gemeinwohl verfolgt; häufig sind die einzelnen Behörden Anwälte bestimmter spezifischer öffentlicher Interessen. Das Problem der Gemeinwohlkonkretisierung angesichts der pluralisierten Verwaltung besteht darin, im Verwaltungsverfahren über die sektorale Sicht der jeweiligen Behörde hinaus zu gelangen. Normativ wird dies durch die Öffnungsklauseln (Berücksichtigung aller anderer öffentlich-rechtlicher Vorschriften) oder durch die allgemeine Gemeinwohlklausel gefordert. Wiederum ist die Realisierung höchst anspruchsvoll und keineswegs selbstverständlich. Entgegen von Herrn *Berg* meine ich, daß Herr *Bryde* nicht zu viel über Differenziertheit der Verwaltung gesprochen hat. Er hat zu Recht von beidem gesprochen, von der Differenziertheit und der Herstellung von Einheit. Wie Herr *Bryde* meine ich, daß die Schwierigkeit der heutigen Verwaltung gerade darin liegt, die Balance zwischen Effizienz und spezialisiertem Sachverstand auf der einen Seite und Einheit der Verwaltung im Sinne der Berücksichtigung möglichst vieler oder aller Belange zu halten. Deshalb möchte ich den Ausführungen zu den parallelen Genehmigungen voll zustimmen. Die Problematik ist ein anschauliches Beispiel dafür, daß das Ärgernis der Aufspaltung in viele parallele Genehmigungen nicht durch einfache oder glatte Lösungen zu bewältigen ist, eine Patentlösung gibt es hier überhaupt nicht. Weil es immer eine höchst anspruchsvolle Aufgabe ist, relative Einheit in der Verwaltungsorganisation und im Verwaltungsverfahren herzustellen, sollten wir nicht in erster Linie über eine Fülle von normativen Postulaten, sondern über die Frage nachdenken, wie Formen von Einheitlichkeit tatsächlich verwirklicht werden können.

Wenger: Ich möchte davon ausgehen, daß ich mit der Intention, die Herr *Haverkate* in Punkt 5 seiner Leitsätze zum Ausdruck gebracht hat, voll einverstanden bin. Ich möchte mich aber von der Grundsatzebene herabbegeben auf die Ebene des österreichischen positiven Rechts. Das österreichische B-VG konstituiert in Art. 17 Bund und Länder und in Art. 116 Abs. 2 die Gemeinden ausdrücklich als Privatrechtssubjekte. Als solche können sie selbstverständlich nur juristische Personen sein. Das Übel liegt m.E. darin, daß die Öffentlichrechtler diese Selbstverständlichkeit, aus der auch folgt, daß die vertretungsbefugten Organe einer juristischen Person hinsichtlich ihres Könnens im Außenverhältnis und hinsichtlich ihres Dürfens im Innenverhältnis durchaus unterschiedlichen Bindungen und Beschränkungen unterliegen können, nicht immer hinreichend beachten. Das österreichische ABGB unterscheidet in § 26 klar zwischen den Rechten der Mitglieder bzw. Organe einer erlaubten Gesellschaft unter sich und den Rechten dieser im Verhältnis gegen andere. Während im Innenverhältnis der Vertrag (Satzung) oder Zweck und die besonderen für dieselben bestehenden Vorschriften maßgeblich sind, genießen sie im Verhältnis gegen andere, also im Außenverhältnis, in der Regel gleiche Rechte wie die einzelnen (= physischen) Personen. Und § 290 ABGB bestimmt, daß von den Verwaltern des Staats- und Gemeindevermögens in der Regel die für den Erwerb, die Erhaltung und Übertragung von Vermögen maßgeblichen privatrechtlichen Vorschriften zu beachten sind; aber auch, daß die in Hinsicht auf die Verwaltung und den Gebrauch dieser Güter sich beziehenden Abweichungen und besonderen Vorschriften im Staatsrecht und in den politischen Verordnungen enthalten sind. Schon nach den allgemeinen Interpretationsregeln gilt hier der Satz „*lex specialis derogat legi generali*".

Für jeden, der praktisch schon einmal mit einem Verein oder mit einer AG zu tun gehabt hat, bedeutet es kein besonderes Problem, aus der Satzung festzustellen, was die Organe im Innenverhältnis tun dürfen und welche Rechtsfolgen es auslöst, wenn sie ihre internen Bindungen mißachten. Was für den Verein und die AG die Satzung ist, ist für die Gebietskörperschaften deren öffentliches Organisationsrecht und die damit verbundenen Zweck- oder Aufgabenbestimmungen. Das ist jener Teil des öffentlichen Rechts, der für die in privatrechtlichen Rechtsformen handelnde Verwaltung unabdingbar ist.

Wie wirkt sich nun diese positivrechtliche Regelung in der Verwaltungspraxis aus? Die Auswirkung ist im Grunde dieselbe wie bei einer

AG. Wenn der Vorstand einer AG mit einem Geschäftspartner einen Vertrag abschließt, zu dem er laut Satzung vorher die Zustimmung des Aufsichtsrates einholen müßte, dies aber unterläßt, so kann ihn die AG entsprechend zur Rechenschaft ziehen. Dasselbe gilt, wenn privatrechtlich handelnde Organe der staatlichen Verwaltung ihre internen Bindungen mißachten. Als Beispiel möchte ich den § 99 des neuen österreichischen Bundeshaushaltsgesetzes anführen. Danach hat der zuständige Bundesminister, wenn gegen einen Beamten wegen eines schuldhaften Verstoßes gegen die Haushaltsvorschriften, z.B. wegen Eingehens einer haushaltsrechtlich unzulässigen Verpflichtung namens des Bundes, ein Disziplinarverfahren eingeleitet wird, den Bundesminister für Finanzen vom Ergebnis eines solchen Verfahrens in Kenntnis zu setzen. Wurde durch haushaltsrechtliche Pflichtverletzung des Beamten dem Bund ein Schaden zugefügt, so hat der zuständige Bundesminister den Bundesminister für Finanzen und den Rechnungshof von der Geltendmachung des diesbezüglichen Ersatzanspruches nach den Rechtsvorschriften über die Organ- bzw. Dienstnehmerhaftung und vom Erfolg dieser Geltendmachung bzw. von den für eine allfällige Abstandnahme von der Geltendmachung maßgeblichen Gründen in Kenntnis zu setzen. Das ist jedenfalls ein konkreter Versuch, das interne Sanktionsproblem zu lösen. Wie weit dieser Versuch praktische Auswirkungen haben wird, läßt sich nach einem Dreivierteljahr seit dem Inkrafttreten der Bestimmung naturgemäß noch nicht sagen. Wenn Herr *Haverkate* die Einheit der Verwaltung in der Einheit des Vorranges derjenigen Rechtssätze des öffentlichen Rechts sieht, die das öffentliche Interesse sichern, dann kann wohl auch die angeführte haushaltsrechtliche Regelung als positiv-rechtlicher Beleg dafür herangezogen werden. Voraussetzung dafür, daß solche Zweckbestimmungen praktisch auch wirksam werden, ist, daß der jeweilige öffentliche Zweck durch die zuständigen demokratisch legitimierten Staatsorgane einerseits hinreichend operational normiert und andererseits hinreichend effektiv kontrolliert wird. Dazu gehört auch eine sachgerechte Differenzierung der öffentlichen Zwecke. Es gibt spezifische öffentliche Zwecke des Bundes, der Länder und der Gemeinden. Nicht zufällig haben wir in der Zweckbestimmung des selbständigen Wirkungsbereiches der klassischen territorialen Selbstverwaltung die Beschränkung auf die örtliche Gemeinschaft und auf die durch diese aufgebrachten Mittel. Zu der Frage, was ist rechtens, wenn sich für in Organe einer privatrechtlichen Gesellschaft entsendete Beamte eine Kollision zwischen ihren Verpflichtungen gegenüber dem öffentlichen Interesse und gegenüber dem Gesellschaftsinteresse ergibt, kurz folgendes: Ein solcher Fall kann sich überhaupt nur ergeben, wenn in der Satzung der Gesellschaft der öffentliche Zweck entweder überhaupt nicht oder nur unzureichend bestimmt ist.

Ist dagegen der satzungsgemäß zu verfolgende öffentliche Zweck eindeutig normiert, was das Aktienrecht durchaus zuläßt, dann ist das Privatrecht sehr wohl elastisch genug, um eine Entscheidung zu treffen, die sowohl dem Vorrang des öffentlichen Zwecks gerecht wird als auch der privatrechtlichen Organverpflichtung nicht widerspricht. Das Problem, das manches Mal nicht gesehen wird, ist freilich, daß das Gesellschaftsrecht, wenn nicht ausdrücklich eine abweichende Festlegung des Gesellschaftszwecks erfolgt, davon ausgeht, daß der Gesellschaftszweck die Gewinnmaximierung ist. Deshalb muß sich der Staat als Gesellschafter bzw. Aktionär bei der Festlegung des Gesellschaftsvertrages (der Satzung) entsprechend deklarieren und eindeutig sagen, welchen öffentlichen Zweck die Gesellschaft zu verfolgen hat, sowie ob und inwieweit diese Zweckrealisierung gegenüber dem dem Gesellschaftsrecht immanenten Erwerbszweck Vorrang hat.

Vorsitzender: Vielen Dank, Herr *Wenger.*

Vogel: Erlauben Sie mir eine kurze Bemerkung zu den Thesen 4 und 6 von Herrn *Haverkate.*

Zunächst: es leuchtet mir zwar grundsätzlich ein, wenn er das Prinzip der Einheit der Verwaltung aus dem Gedanken der Volkssouveränität herleitet. Aber man sollte doch auch die Gefahr sehen, die darin besteht, daß man sehr leicht die Selbstbeschreibung der Demokratie mit ihrer Realität verwechselt. *Gordon Tullock* hat gezeigt, daß in einer Hierarchie, je höher man schaut, zwangsläufig der Anteil derer steigt, die bereit sind, das öffentliche Interesse gegenüber ihrem Aufstiegsinteresse zurückzustellen. Das gilt nicht nur für die Demokratie, sondern für alle Staatsformen; deswegen ist die Demokratie immer noch die beste Staatsform. Aber auch die Demokratie wird eben von Menschen verwaltet; man braucht darum Sicherungen, auch gegen Volksvertreter. Und so stimme ich Herrn *Haverkate* gern darin zu, daß Art. 88 der Bundesbank die Selbständigkeit gewährleistet.

Ein vergleichbares Problem ist das des öffentlichen Ausgabenverhaltens. Ich war gerade auf einer Tagung vorwiegend von Finanzwissenschaftlern, auf der weithin übereinstimmend die pessimistische Ansicht vertreten wurde, daß auch in Zukunft weltweit mit einem weiteren Anstieg des Staatsanteils am Sozialprodukt zu rechnen sei. Nicht wegen neuer Aufgaben, die gibt es auch, besonders in den Entwicklungsländern, sondern hauptsächlich deshalb, weil es für Politiker eben so schön ist, über anderer Leute Geld zu verfügen (Stichwort: „Späthkapitalismus"). Wenn dieses Problem gelöst werden soll, so bräuchte es dafür wohl ähnliche Vorkehrungen wie zur Sicherung der Geldwertstabilität.

Jetzt noch schnell eine Bemerkung zum öffentlichen Zweck im Aktienrecht. Vor vielen Jahren habe ich, wohl in jugendlichem Übereifer, einmal vorgeschlagen, die öffentlichen Unternehmungen verwaltungsrechtsdogmatisch den öffentlichen Sachen gleichzustellen. Die allgemeine Meinung hat das nicht übernommen, vermutlich mit Grund. Hier hilft es aber zu einem klärenden Vergleich. Nehmen wir ein privates Grundstück, über das ein öffentlicher Fußweg führt, kraft einer Widmung des Grundstücks zu einem öffentlichen Zweck. Soll dieses Grundstück jetzt für einen weiteren, weiter gehenden öffentlichen Zweck genutzt werden, dann geht das nur mit Zustimmung des Eigentümers, gegebenenfalls auf dem Wege der Enteignung gegen Entschädigung. Die gemischtwirtschaftlichen Energieversorgungsunternehmen sind durch ihre Gesellschafts- und Konzessionsverträge der öffentlichen Versorgung zu erträglichen Preisen gewidmet. Wenn sie einem anderen, weitergehenden Zweck gewidmet werden sollen, dann müssen nach meiner Überzeugung die privaten Aktionäre zustimmen oder entschädigt werden.

Vorsitzender: Vielen Dank, Herr *Vogel*.

Fleiner-Gerster: Meine Damen und Herren, ich möchte anhand zweier Beispiele kurz zeigen, daß das öffentliche Interesse manchmal für Einheit, manchmal aber auch für Autonomie und Differenzierung spricht. Als ich vor etwa zehn Jahren den Auftrag bekam, einen Entwurf für ein neues Umweltschutzgesetz zu redigieren, hat mir der damalige Bundesrat gesagt: Erstens: Es darf nichts kosten. Zweitens: Es dürfen keine neuen Beamten eingestellt werden. Das war eine fast nicht lösbare Aufgabe. Wir konnten sie nur lösen mit dem Prinzip der Einheit der Verwaltung, indem wir davon ausgingen, daß wir die Grundsätze des Umweltschutzrechtes für alle bestehenden Behörden als verbindlich erklärten, keine neuen Umweltschutzbewilligungen einführten, sondern an die bestehenden Bewilligungen anknüpften – ein Problem, das Herr *Bryde* im Prinzip aufgeworfen hat – und damit auch keine neue Bürokratie schafften. Ob das gelang, das wird die Zukunft zeigen. Das Gesetz ist jetzt in Kraft, und wir werden sehen, was herauskommt. Zur Zeit sind wir daran, ein neues Gesetz über die Eidgenössischen Technischen Hochschulen zu erarbeiten. Hier geht es darum, ein Hochschulgesetz zu erlassen, das ein modernes Management vorsieht, Wirtschaftlichkeitsüberlegungen erlaubt und es ermöglicht, die Hochschule wirtschaftlich zu führen. Und hier scheint mir übrigens der Schnittpunkt zwischen den öffentlichen und den privaten Unternehmen zu sein. Beide haben vielleicht unterschiedliche Interessen, aber beide müssen wirtschaftlich geführt werden. Die wirtschaftliche Führung eines Unternehmens setzt oft voraus, daß im Bereich des Personal- und Budgetrechtes eigenhändige, von der Zentralverwaltung unabhängige Wege eingeschlagen werden können. Die neuen Entwicklungen der Hochschulen, namentlich im Bereich Dienstleistung, – die amerikanischen Profit-Centers – erfordern es, daß wir gerade im Budget- und Personalrecht den Hochschulen gewisse Ausnahmen gestatten. Ich danke.

Vorsitzender: Vielen Dank. Herr *Kisker*, bitte.

Kisker: Bedenken melde ich an gegen die Gleichsetzung von Problemen der Ausdifferenzierung der Verwaltung mit Problemen der Partizipation. Die Frage, ob etwa der Umweltschutz durch eine besondere Behörde betreut werden sollte, hat doch wenig zu tun mit der Frage, welche Mitbestimmungsrechte dem Personalrat zuzuerkennen sind.

Speziell zu dem Stichwort „Mitbestimmung". Sie sagen, Herr *Haverkate*, und das habe auch ich häufig betont, Mitbestimmung des Personalrats sei Teilhabe an der öffentlichen Gewalt. Demgegenüber wird von Gewerkschaftsseite behauptet, es handele sich bei der Mitbestimmung nur um Wahrnehmung von Grundrechten. Haben Sie darauf eine Antwort?

Wenig Hoffnung besteht, daß man so, wie das Herr Haverkate vorschlägt, säuberlich scheiden kann zwischen Sachfragen und Fragen, die das Dienstrecht betreffen. Denken Sie etwa an eine Umsetzung innerhalb einer Dienststelle. Wie soll man hier trennen zwischen dem dienstrechtlichen Aspekt (Fürsorge für den Bewerber) und der Sachfrage (optimale Betreuung des zur Diskussion stehenden Referates).

Vorsitzender: Herr *Meyer*, bitte, und dann unsere beiden Referenten.

Meyer: Die Referate waren deswegen so gut, weil sie nicht zum Thema gesprochen haben: Die Einheit der Verwaltung als Rechtsprobleme. – (Gelächter). – Die Referenten sind offensichtlich sehr viel früher als Herr *Zacher* klug geworden zu erkennen, daß sie sonst über das Thema gesprochen hätten: Ein Mythos als Rechtsproblem. In Wirklichkeit haben sie nämlich über das Problem der weitgehenden Differenzierung von Verwaltung gesprochen. Und wenn ich ihren kärglichen Ableitungen des Rechtsprinzips Einheit der Verwaltung nachgehe, kann ich ihnen beweisen, daß es die Einheit der Verwaltung nach der Verfassung gar nicht geben darf. Das ist hier schon angedeutet worden. Art. 20, Herr *Mußgnug*, befaßt sich ausschließlich mit der Bundesstaatsgewalt. Art. 28 befaßt sich mit der Landesstaatsgewalt. Art. 28 Abs. 1 Satz 2 und Absatz 2 befaßt sich mit den Gemeinden.

Hier nennen wir das nicht Staatsgewalt, sondern Gemeindegewalt. Alle drei Gewalten sind demokratisch organisiert, also haben wir mindestens, ich weiß nicht, wieviel Kommunen es mittlerweile gibt, 11.000 oder 12.000 Einheitsverwaltungen in der Bundesrepublik. Und die Erkenntnis, daß selbst diese Einheitsverwaltungen keine Einheitsverwaltungen sind, vermittelt ebenfalls das Grundgesetz. So sagt etwa Art. 65 ganz deutlich, daß die Ressorts getrennt sind und die Minister für ihren Geschäftsbereich die Verantwortung zu tragen haben und sonst niemand.

Wir haben also das Prinzip der Einheit der Verwaltung nicht, und die Folge daraus ist, daß man sich überlegen muß, ob die Probleme, die ja vernünftigerweise behandelt worden sind, nicht sehr viel vernünftiger behandelt worden wären zum einen unter dem Gesichtspunkt der parlamentarischen Verantwortung: Wie weit ist sie effektuierbar? Wie weit greift tatsächlich der parlamentarische Gesetzgeber und das Parlament kontrollierend auf die Verwaltung des jeweiligen Systems? – Und da ist die Skepsis ja hinreichend groß. Der zweite Aspekt, unter dem das Thema zu behandeln gewesen wäre und zum Teil ja auch behandelt worden ist, ist der Aspekt der Grundrechtsposition des Bürgers. Wie sieht es aus der Position des Bürgers aus, wenn er einer so differenzierten Verwaltung gegenübersteht? Daraus ergeben sich eine Reihe von Problemen und Lösungen. Ich bin dankbar, daß sie hier vorgetragen worden sind und das Thema verfehlt worden ist!

Vorsitzender: Vielen Dank. Herr *Ipsen,* bitte.

H. P. Ipsen: Ich pflichte der These 5 von Herrn *Haverkate* bei, wonach die Verwaltung bei privatrechtlicher Rechtsformbenutzung in der Gefahr steht, sich den Bindungen des öffentlichen Rechts zu entziehen. Ihm stand wahrscheinlich das auch mir naheliegende Beispiel Brokdorf vor Augen. Für diesen Fall kann ich, vor allem auch im Anschluß an Herrn *Vogel,* der das Thema berührt hat, Herrn *Haverkate* aber nicht in der Meinung folgen, im Falle eines solchen Formenmißbrauchs durch die Verwaltung müßten die Minderheitsaktionäre in Kauf nehmen, sich an einem solchen Unternehmen beteiligt zu haben. Wer sich in dieser Weise beteiligt, darf nicht in seinem Vertrauen enttäuscht werden, daß eine Verwaltung rechtmäßig handeln muß.

Ihre These 6 stützen Sie auf das demokratische Prinzip. Herr *Mußgnug* hat auf Gewaltenteilung hingewiesen. Ich würde eher meinen, daß das eine Konsequenz des Gesetzmäßigkeitsprinzips ist, und daraus dann auch die Folgerung, die ich eben für die Minderheitsaktionäre angedeutet habe.

Eine Vorgriffsbemerkung noch zu Ziff. 8: die Westdeutsche Landesbank wurde mit einer etwas maliziösen Wendung vorgeführt wegen ihrer Freistellung von der Rechnungsprüfung. Dieses Problem mag sich für manche Gebilde ergeben. Für die Westdeutsche Landesbank bleibt aber doch wohl zu bedenken, daß sie damit nicht von der Bankenaufsicht freigestellt worden ist.

Vorsitzender: Vielen Dank. Nun Herr *Bryde.*

Bryde: Ich werde versuchen, mich an die Begrenzung, die für andere Redner gilt, zu halten um dann in meinem Schlußwort vielleicht etwas länger zu reden. Ich sehe es zwar nicht als meine Aufgabe an, den Vorstand in seiner Themenwahl zu verteidigen, möchte aber trotzdem etwas zu Herrn *Meyer* sagen. Bei allen Punkten, zu denen ich gesprochen habe, ist in der Literatur die Einheit der Verwaltung als Argumentationstopos aufgetaucht. Sie ist sicher kein Rechtsprinzip, aus dem man deduzieren kann, aber ein Argument, mit dem bei der Amtshilfe, beim Datenschutz usw. argumentiert wird. Man darf den Vorstand also verteidigen, wenn er diese Probleme unter dieser Überschrift zusammenfaßt. Ich habe sonst eigentlich Bemerkungen nur zu Herrn *Mußgnug* und Herrn *Ossenbühl.* Herr *Mußgnug,* es wäre tragisch, wenn Sie recht hätten. Ich bin zwar kein Anhänger der normativen Kraft des Faktischen, aber einer Verfassungsauslegung, die dazu führen würde, daß die gesamte deutsche Verwaltung verfassungswidrig ist, würde ich nicht gerne folgen. Zu Herrn *Ossenbühl:* Es wird die Referenten sicher noch öfter treffen, daß Defizite angemeldet werden, Dinge, die man noch hätte vertiefen können. Aus dem Rechtsstaat deduziere ich ungern, weil ich mir dann die Kritik meines Freundes *Philip Kunig* zuziehe. Auf die Staatshaftung, die Sie erwähnt haben, möchte ich kurz eingehen. Das war eines der Themen, wo ich fündig zu werden hoffte und die Kommentare zu § 839 BGB daraufhin durchgesehen habe. Die Rechtsprechung arbeitet aber kaum damit, daß sie z.B. das Wissen eines Beamten einem anderen Beamten zurechnet. Sie ist da eher zurückhaltend. Zum Männerbeauftragten will ich nichts sagen, obwohl er sicher kommen wird, Herr *Häberle.* Genauso, wie Quoten in dem Augenblick kein rechtliches Problem mehr sein werden, wo Frauen drohen, irgendwo privilegierte Mehrheit zu werden, wie wir in den USA schon sehen können.

Vorsitzender: Vielen Dank.

Haverkate: Ich danke für liebenswürdige Kritik und für Zustimmung. Zunächst zu den Diskussionsbeiträgen, die sich mit der Themenstellung und mit dem Konzept meines Beitrags befaßt haben.

Herr *Meyer* hat das Thema getadelt und die Referate gelobt. Nun, Herr *Meyer,* beim Thema Einheit der Verwaltung steht man vor der Wahl: Entweder spricht man vor allem über die falschen Begriffe von Einheit der Verwaltung, über Mythen, Phantome und Schloßgespenster, also über die überholten Einheitsvorstellungen – die *Sie* wohl als das eigentliche Thema angesehen haben; oder man versucht, über diejenige Einheit der Verwaltung zu sprechen, die es gibt und nach der Verfassung geben muß. Ich jedenfalls habe mich bemüht, mich auf die wirklichen Probleme zu konzentrieren – die Phantomprobleme lasse ich gerne beiseite.

Zu den Anmerkungen von Herrn *Grimm:* Jeder Referent ist glücklich, wenn er in seinen Intentionen und auch in seinen eigenen Zweifeln so präzise erkannt wird. Herr *Grimm,* jedes Fragezeichen, das *Sie* gesetzt haben, setze auch ich. In den beiden Hauptpunkten neigen wir wohl zu unterschiedlichen Antworten. Wir werden das hier nicht richtig ausdiskutieren können. Ich denke, es gibt eine Identifizierbarkeit des öffentlichen Interesses, und ich denke auch, es gibt Potentiale von Steuerungsfähigkeit im Bereich der gesetzgebenden Gewalt, Potentiale, die ausreichen, um ein Konzept demokratischer Kontrolle der Verwaltung zu vertreten. Das also in aller Kürze. Zum Begriff des öffentlichen Interesses: Das scheint zunächst einer der Grundmythen des öffentlichen Rechts. In der Tat: Wir haben nicht einfach das „Gemeinwohl". Wir sind zu Recht skeptisch gegenüber Ansätzen, die uns das Gemeinwohl einfach als vorgegeben darstellen wollen. Aus dieser gesunden Skepsis gegen jede Art von naturrechtlicher Ontologie hat sich nun so etwas wie Relativismus entwickelt: Als lasse sich das öffentliche Interesse nicht erkennen, oder – wie Herr *Häberle* gemeint hat, als gäbe es die öffentlichen Interessen – unverbindlich – nur im Plural. Ich möchte den Begriff des öffentlichen Interesses ganz gern im Singular formulieren. Wir müssen es nämlich zum Schluß jeweils im Singular setzen: Wir müssen den Vorrang desjenigen öffentlichen Interesses begründen, dem in der konkreten Entscheidung der Vorzug gegeben wird. Also, unbeschadet aller Skepsis: Es gibt das öffentliche Interesse. Aber ich sehe auch, Herr *Grimm,* daß alle Interessen zunächst einmal partikulare sind. Es gibt keine geborenen öffentlichen Interessen. Aber – es gibt partikulare Interessen, die für alle so wichtig sind, daß sie zu bevorzugen sind. Das öffentliche Interesse ist also eigentlich das verallgemeinerungsfähige private Interesse. Der Begriff des öffentlichen Interesses meint nichts anderes als den scharfen Begründungszwang, der für Gesetzgeber und Verwaltung gilt, wenn sie partikulare, private Interessen fördern: Dieses geförderte private Interesse muß verallgemeinerungsfähig sein. Und mit diesem aufgeklärten Begriff des öffentlichen Interesses kommen wir, so glaube ich, auch den

Problemen einer „pluralistischen" Verwaltung ganz gut bei. Dies nur als Stichwort.

Herr *Mußgnug:* Zum Stichwort Gewaltenteilung – *Sie* hätten die Einheit der Verwaltung nicht so gerne auf das demokratische Prinzip gestützt, sondern eher auf das Prinzip der Gewaltenteilung. Gewaltenteilung, für sich genommen, scheint mir eher in Richtung Differenzierung zu gehen, nicht so sehr in Richtung Einheitsschaffung. Ich denke also, das demokratische Prinzip ist die entscheidende einheitsstiftende Norm. Daß die aus dem Demokratieprinzip begründete Einheit der Verwaltung ihrerseits eine komplimentäre Entsprechung in einer eher auf dem Gewaltenteilungsprinzip beruhenden Einheit der Verwaltung findet („Einheit der Verwaltung aus der Sicht des betroffenen Bürgers"), habe ich selbst in meinem Referat ausgeführt.

Zu Herrn *von Arnim:* Sie haben die Verknüpfung des ersten und des zweiten Teiles meines Referats angesprochen. Ich stimme ihren Ausführungen gerne zu. Ich habe das vielleicht unvollkommen in meinem Text angedeutet. Aber es ist der Gedanke, den *Sie* am Anfang des zweiten Teils, aber auch in den Thesen, finden (These 12). Die Einheit der Verwaltung aus der Sicht des Bürgers als Wähler findet spiegelbildlich Entsprechungen in der Einheit der Verwaltung aus der Sicht des Bürgers als Betroffenen.

Zu meinen Einzelthesen: Zu den Thesen 4 und 6 haben mehrere Redner gesprochen. Herr *Fiedler,* Herr *Wenger* und Herr *Ipsen* haben hier im wesentlichen Zustimmung bekundet. Auf Widerspruch gestoßen bin ich am ehesten bei der Frage der öffentlichen Unternehmen und ihrer Zweckbindung. Ich weiß, vor allen Dingen bei der Frage der Minderheitsaktionäre in öffentlichen Unternehmen befinde ich mich auf ungesichertem Boden. Aber meine Kontrahenten vielleicht auch. Ich möchte herausfinden, an genau welchem Punkt der Dissens entsteht. Meine Argumentation ist im wesentlichen die: Erstens. Für die Unternehmen in öffentlicher Hand ist ein öffentlicher Zweck erforderlich. Zweitens: Die Wahl der Privatrechtsform ist für diese Unternehmen zulässig aufgrund eines öffentlich-rechtlichen Rechtssatzes, der diese Wahl erlaubt; und das öffentliche Recht kann diese Wahl nur freigeben nach Maßgabe der Wahrung öffentlicher Zwecke. Der dritte Gedankenschritt war: Der öffentliche Zweck hat Vorrang vor dem Gewinninteresse des öffentlichen Unternehmens. Und wenn sie mir bei diesen drei Gedankenschritten zustimmen – und mir scheint, Sie stimmen mir zu –, dann habe ich eigentlich keine Veranlassung, daran zu zweifeln, daß die Überschrift über jeder Aktiengesellschaft der öffentlichen Hand lautet: „Hier werden in erster Linie öffentliche Zwecke verwirklicht." Und dann weiß ich nicht, warum ich die Minderheitsaktionäre – wohlgemerkt: diejenigen Minderheitsaktionäre, die wissen, woran sie sich beteiligt haben – davor schützen sollte, daß der maßgebliche öffentliche Zweck verwirklicht wird. Deshalb habe ich von einem ungeschriebenen, aber festem Rangvorbehalt des öffentlichen Zwecks vor dem Gewinninteresse gesprochen. Im übrigen: In meinem Referat habe ich gesagt, es komme sicher nicht in jedem Fall eine Entschädigungspflicht zugunsten der Minderheitsaktionäre in Betracht: Ich habe nicht kategorisch verneint. Da wird man im Einzelfall zunächst einmal nachfragen müssen, welches der öffentliche Zweck ist und wie sich dieser konkrete öffentliche Zweck zu dem Gewinninteresse, auf das sich die Minderheitsaktionäre berufen könnten, verhält. Im Fall „HEW" war es ja wohl so, daß die finanziellen Interessen der Minderheitsaktionäre auf etwa eine halbe Milliarde veranschlagt wurden und der Hamburgische Senat daher etwas abfallende Schultern bekam und sagte: Dann können wir uns die Durchsetzung der für richtig erkannten Energiepolitik nicht erlauben. Da ist dann doch ein heikler Punkt erreicht. Die demokratisch verantwortete Politik darf nicht mit dem – rechtlich unzutreffenden – Hinweis auf einen Vorrang des Gewinninteresses des öffentlichen Unternehmens torpediert werden können. Also, wir müssen dem Gedanken Geltung verschaffen: Der öffentliche Zweck geht vor.

Herr *von Mutius,* Sie haben die Frage gestellt: Wie steht es mit den Interessen der Minderheitsaktionäre, wenn diese nicht gewußt haben, worauf Sie sich einlassen? Da ist meine Antwort sehr einfach: Dann ist es anders. Daß ich solchen Minderheitsaktionären nicht den Vorrang des öffentlichen Interesses vorhalten kann, sollte klar sein. – Ich habe auch nicht zu dem Fall gesprochen: Wie steht es, wenn mehrere Verwaltungsträger zusammen ein Unternehmen tragen und diese unterschiedliche Auffassungen zum öffentlichen Zweck haben? Diese Frage ist reizvoll, aber ich habe sie ausgelassen, ich konnte nicht zu allen reizvollen Problemen sprechen.

Zu meiner These 7 (Gebot der Präzisierung der Zwecke von Ausgründungen): Herr *Schuppert:* Sie sind mir im Grundsätzlichen entgegengetreten; aber in den Einzelheiten haben Sie mir, unter der Überschrift „bereichsspezifische Lösungen der Probleme", weitgehend zugestimmt. Ich denke, wir sollten uns, unbeschadet aller Verschiedenheit in der grundsätzlichen Konzeption, einig werden: 1. Eine Zweckpräzisierung ist notwendig als Voraussetzung demokratischer Kontrolle. 2. Die Zweckpräzisierung ist ein Rechtsgebot. 3. Dieses Rechtsgebot ist aus dem Demokratieprinzip ableitbar – denn das war ja bislang immer die Klage in der Literatur: Die Präzisierung der Zwecke ist nötig – nur woher nehmen wir ein Gebot der Zweckpräzisierung *de constitutione lata* her? Die Antwort ist: Wir finden es im demokratischen Prinzip, in der verfassungsrechtlichen Notwendigkeit wirksamer demokratischer Kontrolle der Verwaltung durch das Parlament.

Herr *Wahl,* Sie vermuten bei mir einen Widerspruch: Ich forderte die Präzisierung der Zwecke von Ausgründungen – und ich hielte sie zugleich eigentlich für nicht möglich. Ich halte eine Präzisierung der Zwecke sehr wohl für möglich. Man hat ja klare Zwecke vor Augen, wenn man eine selbständige Verwaltungseinheit gründet. Man weiß ja, was man will, wenn man so etwas macht. Aber wenn es dann um eine verbindliche Fixierung der präzis erkannten Zwecke geht, hält man inne: Man benutzt bewußt unklare Formulierungen, um sich für später Beweglichkeit zu erhalten. Aber das scheint mir nicht legitim zu sein und dieser Tendenz, mag sie auch noch so verbreitet sein, ist klar entgegenzutreten.

Zur Rechnungsprüfung, meine These 8. Herr *Ipsen:* Ich stimme Ihnen insofern zu: Die Westdeutsche Landesbank unterliegt auch anderen Aufsichtsinstrumenten als der Rechnungsprüfung. Sie haben die Bankenaufsicht genannt. Man könnte noch die Sparkassenaufsicht hinzusetzen, der sie auch unterliegt. Aber, so denke ich, das ist alles eine Frage der „anderweitigen ausreichenden Prüfung", die sichergestellt sein muß, um ein Unternehmen bei *beschränkter* Haftung des Staates von der Rechnungsprüfung freizustellen. Die anderweitigen Unternehmensprüfungen rechtfertigen es hingegen nach der Regelung des Haushaltsgrundsätze-Gesetzes und auch nach den verfassungsrechtlichen Normen nicht, das Unternehmen dann von der Rechnungsprüfung freizustellen, wenn der Staat *unbeschränkt* haftet. Das ist der eigentliche Punkt, den ich hervorgehoben habe.

Zur Mitbestimmung, meine These 9: Herr *Kisker,* Sie wollen Fragen der Ausdifferenzierung von Verwaltungsträgern unterschieden wissen von den Fragen der Mitbestimmung. Freilich, das sind jeweils ganz andere Fallgruppen. Aber sie zeigen, in unterschiedlicher Akzentuierung, eine einheitliche Grundproblematik, nämlich die zentrifugalen Tendenzen in der Verwaltung. – Sie haben mich gefragt, wie ich mich zu dem gewerkschaftlichen Argument stellte: Die mitbestimmenden Personalräte im öffentlichen Dienst nähmen doch nur ‚anwaltsgleich' Rechte der Bediensteten wahr. Da sage ich: Ja, wenn die Mitbestimmung nur in einem *Plädieren* zugunsten von Rechten der Bediensteten bestünde, wenn es nicht Mitentscheiden wäre, sondern Mitberaten, Mitüberlegen, dann wäre es wohl etwas anderes. Aber es wird hier in Wahrheit mitentschieden, und damit geht das Argument ins Leere. – Daß wir amtliche und dienstliche Belange – in der *Wolff*'schen Terminologie – nicht immer ganz sauber auseinanderhalten können, denke ich auch, Herr *Kisker.* Da stimme ich Ihnen gerne zu. Die Frage ist aber, ob nicht dennoch diese Unterscheidung im Prinzip richtig ist und auch in vielen Einzelfragen Hilfe bietet. Ich nehme das an; so möchte ich diese Unterscheidung nicht aufgeben.

Zur Selbstverwaltung, meine These 10: Herr *von Mutius* hat –

ganz in meinem Sinne – betont, daß eine Staatlichkeit mit Selbstverwaltung und Föderalismus notwendigerweise zu unterschiedlichen Entscheidungen über die bevorzugungswürdigen öffentlichen Interessen führt. Das sind gewollt unterschiedliche Entscheidungen; so sehe ich es auch.

Herr *Ebsen* hat gemeint, mein Ansatz Demokratieprinzip sei zu eng, weil auch Selbstverwaltung und Föderalismus hier zu berücksichtigen seien. Es ergibt sich klar und deutlich aus meinem Referat: Das demokratische Prinzip darf nicht als das Prinzip eines demokratisch-parlamentarischen Zentralismus mißverstanden werden; es schließt Selbstverwaltung (und Föderalismus) ein. Die Idee der Selbstverwaltung ist, richtig verstanden, eine eigenständige Ausprägung des demokratischen Gedankens, sie steht insofern, neben dem Parlamentarismus, vom Prinzip demokratischer Kontrolle her betrachtet auf eigenen Beinen.

Vorsitzender: Die Referenten kommen zum Schluß noch mal. Herr *Bachof*, jetzt sind wir bei Punkt II.

Bachof: „Einheit der Verwaltung" – ein sehr facettenreicher Begriff, das haben wir heute gesehen. Aber ich möchte darauf hinweisen, daß dieser Begriff in der Verwaltung selbst, vor allem in der preußischen Verwaltung, aber darüber hinaus in der ganzen allgemeinen inneren Verwaltung Deutschlands früher in einem ganz bestimmten Sinne gebraucht wurde und auch heute noch weittehend gebraucht wird: nämlich im Sinne der organisatorischen Einheit speziell auf der Kreisstufe. Die Ressortverteilung auf der Regierungsebene können wir hier außer Betracht lassen. In der Mittelinstanz war die organisatorische Einheit weitgehend unproblematisch, desgleichen auf der Gemeindeebene. Um so problematischer war sie in der Kreisinstanz. Hier war sie aber keineswegs nur eine Verwaltungsmaxime. Sie war vielmehr, insbesondere in Preußen, rechtlich geregelt. Das ist offenbar heute ganz vergessen. Die so geregelte organisatorische Einheit war nicht Selbstzweck, ihr Sinn war vielmehr ein einheitliches, d.h. abgestimmtes und widerspruchsfreies Verwaltungs*handeln* der verschiedenen Kreisbehörden im Interesse der Bürger: „Bürgerfreundlichkeit" also. Keineswegs war diese Einheit nur, wie ein Kollege einmal gemeint hat, ein „Mythos", und keineswegs diente sie dem „Machtstreben" des Landrats. Der Landrat hatte, das weiß ich aus Erfahrung, wahrlich genug zu tun, als daß er noch Neigung empfunden hätte, sich zusätzliche Aufgaben unter den Nagel zu reißen. Organisatorische Einheit mit solcher Zielsetzung war geregelt in der Preußischen Vereinfachungsverordnung vom 3.9.1932. Diese brachte übrigens der Sache nach nichts Neues; geregelt war das längst durch Dienstinstruktionen (nachzulesen im damals berühmten „Handbuch der Verfassung und Verwaltung in Preußen und im Deutschen Reiche" von *Graf Hue de Grais*, in der von *Hans Peters* besorgten letzten Auflage von 1930). Neu war aber die rechtssatzförmige Form der Regelung. Die genannte Verordnung bestimmte im § 12: „Die allgemeine Landesverwaltung innerhalb des Landkreises leitet unter Aufsicht des Regierungspräsidenten der Landrat. Der Landrat hat darüber zu wachen, daß die Geschäftsführung der übrigen staatlichen Kreisbehörden nicht mit den Interessen der allgemeinen Landesverwaltung in Widerspruch gerät. Zu diesem Zwecke haben sich die Vorsteher der Kreisbehörden mit dem Landrat in ständiger Fühlung zu halten. Sie haben nach näherer Anweisung des Regierungspräsidenten Verfügungen und Berichte durch die Hand des Landrats zu leiten und ihm zur Kenntnis zu bringen. Hält der Landrat die Maßnahme einer Kreisbehörde mit den Interessen der allgemeinen Landesverwaltung nicht für vereinbar, so hat er, falls sich ein Einvernehmen nicht herstellen läßt, die Entscheidung des Regierungspräsidenten einzuholen. Ist dies wegen Gefahr im Verzug nicht möglich, so ist der Landrat berechtigt, einstweilige Anordnungen zu treffen." Das war eine rechtsnormative Regelung mit Gesetzeskraft, auf einer Notverordnung des Reichspräsidenten beruhend. Unter den neueren Kreisordnungen gibt es nur eine, deren Verfasser das offenbar noch gekannt und berücksichtigt haben: § 55 der hessischen Landkreisordnung hat jene Koordinationsfunktion des Landrats, in freilich etwas abgeschwächter Form, noch festgeschrieben. Ein ganz verwässerter Anklang findet sich auch noch in § 48 IV der nordrhein-westfälischen Kreisordnung. Ich meine, solche Koordination ist nach wie vor eine wichtige und notwendige Aufgabe des Landrats. Ohne eine rechtliche Verankerung wird sie freilich ihrer Funktion kaum gerecht werden können.

Vorsitzender: Herr *Selmer*, bitte.

Selmer: Mein Beitrag knüpft an eine Lücke an, die Herr *von Mutius*, wie ich meine, noch gelassen hat. Herr *Haverkate*, die Privatisierungsdiskussion ist ja in den letzten Jahren weit über das hinausgegangen, was herkömmlicherweise unter dem Begriff Ausgründung von Verwaltungsträgern und verselbständigten Verwaltungsträgern verstanden wird. Ich meine die Sachverhalte, die jetzt Herr *Stober* als materielle Privatisierung bezeichnet hat im Band 2 des *Wolff/Bachof*'schen Verwaltungsrechts wie auch in seinem Kommunalrecht. Ein Beispiel, das offenbar Schule macht: In Baden-Württemberg errichtet eine Gemeinde ein Heizwerk zur Versorgung der Bevölkerung, verpachtet es aufgrund eines Betreibervertrages an ein Mineralölunternehmen, das durch den Betreibervertrag zur preisgünstigen Versorgung der Bevölkerung verpflichtet wird. Der Vertrag enthält u.a. Anspruchsgewährungen zugunsten der Betroffenen sowie Kündigungsrechte für den Fall nicht hinreichender Gemeinwohlwahrung. Er wird abgesegnet von der Gemeindevertretung, ist insoweit also demokratisch legitimiert. Herr *Haverkate,* halten Sie das noch für einen Gegenstand Ihres Themas, oder ist das ein Sachverhalt, der sich unserem heutigen Gegenstand entzieht? Ist das Ganze abgedeckt durch Art. 28 II 1 GG, d.h. durch die Organisationsmacht der Gemeinde? Reicht, wenn die Frage verneint werden sollte, die Absegnung des Vertrages durch die Gemeindevertreter aus? Welche, um an Ihre These 13 anzuknüpfen, Anforderungen richten Sie an die ausreichende Rechtsschutzgarantie? Was muß ferner in dem Betreibervertrag an materieller Substanz normiert sein, damit Ihren rechtsstaatlichen Anforderungen und damit der Herstellung von Einheit von Verwaltung in Ihrem Sinne Genüge getan ist? Danke schön.

Vorsitzender: Jetzt Herr *Gallwas,* dann Herr *Denninger,* Herr *Zacher,* Herr *Püttner,* Herr *Schmidt-Jortzig* und Herr *Tomuschat.*

Gallwas: Ich möchte nur ganz kurz eine Bemerkung zu dem machen, was *Hans Meyer* gesagt hat. Wenn ich ihn recht verstanden habe, ist er der Meinung, daß Einheit der Verwaltung kein Rechtsbegriff sei. Dies spricht dafür, daß er vielleicht nicht genug an das gedacht hat, was wir gestern hätten tun sollen. Ich möchte damit auf Art. 77 II der Bayerischen Verfassung verweisen. Dort heißt es, für die Organisation der Behörden und die Regelung ihres Verfahrens hat als Richtschnur zu dienen, daß unter Wahrung der notwendigen Einheitlichkeit der Verwaltung alle entbehrliche Zentralisation vermieden usw. wird.

Vorsitzender: Herr *Denninger,* bitte.

Denninger: Frau *Lübbe-Wolff,* meine Herren, ich kann dem Vorbild von Herrn *Gallwas* folgen und auch einige Sekunden im Interesse der Einheit der Diskussion hier einsparen. Ich möchte an zwei Beispielen erläutern, warum ich von dem Topos „Einheit der Verwaltung", und ich sage ausdrücklich „Topos" und nicht Rechtsbegriff, nur höchst sparsamen und sehr vorsichtigen Gebrauch zu machen gedenke. Das erste Beispiel betrifft den Zusammenhang von Grundrechten und Verwaltungsorganisation. Das ist heute mehrfach schon angesprochen worden. Herr *Haverkate* hat es in seiner These 13 aufgegriffen. Organisation muß, um es so ganz abgekürzt zu sagen, grundrechtsfreundlich sein, und das kann einerseits dazu führen, daß die Verwaltung differenziert werden muß. Es kann aber auch andererseits dazu führen, daß die Verwaltung zusammengefaßt werden muß, also Kompetenzen koordiniert oder sogar zusammengefaßt werden. Aus dem Topos Einheit der Verwaltung lassen sich unter dem Gesichtspunkt der Grundrechtsfreundlichkeit oder der Grundrechtsrelevanz von Verfahren und Organisation hier also keinerlei konkrete Ergebnisse ableiten. Mein zweiter Hinweis betrifft nun ein etwas spezielleres Problem, das aber doch, wie ich meine, zentrale praktische Bedeutung entfaltet. Es ist der Begriff der Zweckentfremdung, der im Datenschutzrecht, § 10 des Datenschutzgesetzes, eine zentrale Rolle zu spielen begonnen hat. Man kann umgekehrt fragen: Wann liegt datenschutzrechtlich gesehen eine Zweckeinheit vor? Und da ist zu bemerken, daß hier eine, ich möchte fast sagen, völlige Beliebigkeit der Definition herrscht. Sie können als Zweckeinheit das Gemeinwohl schlechtin definieren und ansehen und dann entsprechend die Zweckbindung und die Weitergabe von personenbezogenen Daten behandeln, d.h., dann wäre alles möglich. Sie können das etwas einengen und die Zweckeinheit als innere Sicherheit definieren. Sie können aus diesem Bereich der inneren Sicherheit noch wieder einen Ausschnitt nehmen und Gefahrenabwehr sagen. Dann kommen Sie vielleicht schon z.B. zur Trennung von Verfassungsschutzbehörden und Polizeibehörden, vielleicht aber auch nicht. Und Sie können noch enger definieren und sagen: Zweckeinheit ist der Unfallschutz, z.B. als ein Spezialfall der Gefahrenabwehr. Dieses nur als das zweite Beispiel, daß ich aus dem Begriff „Einheit" – hier jetzt Zweckeinheit – auch keinerlei normative Vorgabe ableiten kann oder muß. Dieses Ergebnis haben, meine ich, die beiden Referenten, denen ich übrigens mein Kompliment schon persönlich gemacht habe und das ich hier noch einmal öffentlich sagen darf, auch unterstrichen. Aber ich möchte das doch mit diesen Beispielen noch mal von der Notwendigkeit her belegen. Fazit also für mich: Die Einheit der Verwaltung ist kein selbständiges, methodisches Prinzip, ist auch kein Rechtsbegriff im strengen Sinne, sondern vielleicht ein verwaltungspolitischer und verwaltungswissenschaftlicher Topos. Es gibt die Einheit der Staatsgewalt als Rechtsbegriff, und es gibt die Einheit der Verfassung als Rechtsbegriff, aber weder aus dem einen noch aus dem anderen darf ein Schluß auf die Einheit der Verwaltung gezogen werden. Ich sagte heute morgen beim Frühstück Herrn *Haverkate* scherzhaft, er solle sich nun einmal mit diesem Gespenst beschäftigen. Ich möchte jetzt, nachdem ich heute klüger geworden bin, nicht mehr von einem Gespenst sprechen, wenn ich an die Einheit der Verwaltung denke, aber doch von einem Gerippe oder vielleicht von einem Vampir, der immer des Blutes bedarf, um lebendig zu sein, des Blutes, das ihm der Gesetzgeber, und zwar in ganz spezifischer Weise eingeben muß.

Vorsitzender: Und jetzt kommt Herr *Zacher*.

Zacher: Erstens: In meiner Eigenschaft als Mitglied des Vorstands möchte ich das Folgende sagen: Herr *Mußgnug*, Sie haben gesagt, Sie hätten sich beim Thema zunächst gelangweilt. Die Referenten hätten Sie dann positiv enttäuscht. Der Vorstand hat sich demgegenüber beim Thema von vornherein nicht gelangweilt. Er hat sich von vornherein das Spannende vorgestellt, das Sie heute erfahren haben.

Zweitens: Herrn *Meyer* wollte ich sagen, daß das Thema ja gar nicht heißt „Einheit der Verwaltung als Rechts*prinzip*", auch nicht heißt „Einheit der Verwaltung als Rechts*begriff*". Das Thema heißt: „Einheit der Verwaltung als Rechts*problem*". Wie der Vorstand das formuliert hat, hat er gedacht, daß die Kollegen, die, wie wir wissen, natürlich klüger sind als der Vorstand, daß diese Kollegen sich dann denken können, wenn wir von einem „Problem" sprechen, dann muß es ja Alternativen zu dieser „Einheit" geben, und die Alternative ist die Differenzierung. Das Thema hieß sogar ursprünglich „Differenzierung und Einheit der Verwaltung". Dann haben wir gesagt: das Rechtsproblem muß hervorgehoben werden. Und dann schien uns das Ganze zu lang. Und wir haben gesagt: auf alle Fälle wollen wir vermeiden, daß die Kollegen ein langes Thema schon wegen seiner Länge langweilig finden. Und wir haben das so gestutzt, wie Sie es vor sich sehen. Damit haben wir Sie offenbar überfordert. – (Gelächter). –

So, jetzt zur Sache: Ich meine, daß ich jetzt nicht als Vorstandsmitglied, sondern als Diskutant spreche. Herr *Haverkate*, zu Ihren Thesen 10, 11 und 13. Zu 10 und 11 melde ich Widerspruch an, zu 10 den entschiedensten. Die demokratisch legitimierte Selbstverwaltung, heißt es da am Ende, steht nicht im Gegensatz zur demokratisch legitimierten Einheit der Verwaltung, sondern trägt zu ihr bei. Damit wird das Problem der Einheit der Verwaltung, das Problem von Differenziertheit und Einheit der Verwaltung einfach wegdefiniert. Denn damit wird einfach geleugnet, daß es zu Widersprüchen kommen kann. Das Problem der Einheit der Verwaltung besteht ja darin, daß die Differenzierung vorgegeben ist, sei es bräuchlich, sei es mißbräuchlich, aber daß sie vorgegeben ist und daß das zu Unzuträglichkeiten führen kann. Und von daher muß dann die Frage gestellt werden: Wo finde ich denn die Rechtsnormen, die mir nun helfen, diese Unzuträglichkeiten oder Unerträglichkeiten, die sich aus der Differenzierung für das Gemeinwohl und für den Bürger ergeben, aufzuheben? Da kann man nicht einfach sagen: das ist alles die eine Staatsgewalt. Die Widersprüche, die auftreten, wenn eben verschiedene demokratische Legitimationsprozesse in verschiedenen Organisationseinheiten stattfinden, die sind nicht damit wegzudefinieren, daß im Hintergrund ein einheitliches demokratisches Prinzip steht.

Zu Nr. 11 kann man streiten, wie weit das geht, diese Steuerungsfähigkeit. Herr *Grimm* hat das schon angesprochen. Ich wollte nur noch einmal sagen: Auch mit der parlamentarischen Kontrolle kann man das Problem, daß es eben selbständige Einheiten gibt, die zu selbständigen Äußerungen, Willensbildungen kommen, und daß es daraus zu Unzuträglichkeiten kommt, nicht wegdefinieren. Das gilt übrigens auch für Herrn *Schuppert.* Mit der Strategie von Herrn *Schuppert* kommt man weit. Aber aufheben kann man das Problem damit nicht. Ich fühle mich da durchaus in einem Boot mit Herrn *Schuppert.* Man kann von der Einheit her die Probleme mildern. Aber ihre letzte Lösung muß woanders herkommen.

Und damit komme ich zu These 13, denn da haben Sie eigentlich dern Kern angesprochen. Da wäre natürlich noch einmal *Fritz Ossenbühl* zu zitieren. Man muß auf diese Probleme, die in These 13 umschrieben sind, von den verschiedensten Möglichkeiten her, sei es grundrechtlich, sei es rechtsstaatlich, sei es demokratisch, sei es auch vom allgemeinen Prinzip der Einheit einer Verwaltung her, zukommen. Man muß für die konkreten Probleme, wie sie etwa im Referat *Bryde* aufgelistet sind, erstens einmal überhaupt den Indikator suchen – das Kriterium: Wo sind hier Unerträglichkeiten, die Abhilfe verlangen? – und zweitens die Lösungen. Sie müssen von diesen Verfassungsprinzipien, aber natürlich auch vom Sinn der spezifischen Organisation, von allgemeinen Verfahrensprinzipien her gesucht werden.

Vorsitzender: Herr *Püttner,* bitte.

Püttner: Im Gegensatz zu Herrn *Zacher* stimme ich These 10 von Herrn *Haverkate* zu. Allerdings sind dann wahrscheinlich alle Universitätsverfassungen verfassungswidrig. (Aber das nur in Klammern.) Ich möchte den Referenten, wie viele Vorredner, meinen Dank aussprechen für die Referate, und nur einige wenige kritische Punkte anmerken.

Die Unabhängigkeit der Bundesbank ist in meinen Augen, Herr *Haverkate,* keineswegs in der Verfassung garantiert, und sie ist auch gar nicht so weitgehend, wie gemeinhin angenommen wird. Es steht die Gefolgschaftspflicht im Bundesbankgesetz (§ 12), die viel weitergeht als die Abhängigkeit mancher anderen Institutionen. Hier setze ich also ein kleines Fragezeichen.

Den zweiten Punkt (These 6) haben Sie weitgehend schon ausgeräumt. Ich möchte nur noch einmal deutlich betonen: Ein Rechtsprinzip des Inhalts, daß öffentliches Recht Privatrecht bricht, das gibt es nicht; das steht nicht in Art. 31 Abs. 2 GG (vielleicht ist es vergessen worden). Es bleibt bei dem Prinzip, daß Bundesrecht Landesrecht bricht, was z.B. bedeuten kann, daß das Aktienrecht, das ja Bundesrecht ist, nicht ohne weiteres zur Disposition von Ländern und Gemeinden steht, und zwar auch dann nicht, wenn sie öffentliche Interessen in ein Unternehmen einbringen wollen, wie Herr *Wenger* schon sagte, von den Möglichkeiten, die das Recht bietet, Gebrauch machen und in der Satzung verankern, was man geregelt sehen möchte. Es gibt dort Freiraum genug, so daß gar kein Anlaß besteht, das Aktienrecht zu kritisieren. Aber wenn die Minderheitsaktionäre sich nicht satzungsrechtlich eingelassen haben auf den Ausschuß des Erwerbszwecks, kann man das ihnen nicht nachträglich oktroyieren. Dann muß man eben die Gesellschaft umwandeln und sie abfinden oder den Gesellschaftszweck ändern, was aber bekanntlich nur einstimmig geht (insoweit gibt es keine Mehrheitsentscheidungen, vgl. § 33 BGB).

Einen anderen interessanten Punkt hat *Haverkate* angesprochen (und hier fühle ich mich endlich mit einem Bundesgenossen versehen), nämlich das Thema Abgeordnete in öffentlichen Unternehmen. Eine sehr, sehr merkwürdige Praxis, daß in Kontrollgremien öffentlicher Unternehmen Abgeordnete zu finden sind (z.B. bei der Bundesbahn und bei verschiedenen Landesbanken, früher auch bei Berliner Eigenbetrieben), eine Praxis, die in der Tat dazu führt, daß die parlamentarische Kontrolle nicht mehr richtig ausgeübt werden kann, die auch in einem gewissen Widerspruch steht zu dem Plenumsprinzip, daß es gut wäre, diesem Sonderproblem einmal näher nachzugehen, um aufzuklären, ob Sie recht haben. Hoffentlich haben Sie recht; dann muß aber auch gehandelt werden.

Vorsitzender: Herr *Schmidt-Jortzig,* bitte.

Schmidt-Jortzig: Ich spreche allein zur These 8 von Herrn *Haverkate.* Sie haben gesagt, lieber Herr Kollege, Einheit der Verwaltung sei Einheit der Rechnungsprüfung zugunsten parlamentarischer Kontrolle. Ich möchte dazu drei Einwände versuchen anzubringen. *Erstens:* Ihre Sentenz, das Prinzip der Lückenlosigkeit der Rechnungsprüfung habe Verfassungsrang, scheint mir nicht haltbar. Was Verfassungsrang hat, ist die parlamentarische Kontrolle, nicht aber das einzelne Mittel, das dazu eingesetzt wird. Ob man die repräsentativ-demokratische Kontrolle nun durch Herbeizitierung und Befragung von Regierungsmitgliedern verwirklicht, durch Mißtrauensvotum oder Ausgabenverweigerung, ob man auf die Rechtsaufsicht setzen will, auf Fachaufsicht oder Sonderaufsicht (und da möchte ich unmittelbar an Herrn *Ipsen* anknüpfen), bleibt eine Sache einfachgesetzlicher Disposition oder schlicht der real-praktischen Mittelauswahl. Insofern mag noch das Faktum einer Rechnungsprüfung als solcher Verfassungsrang haben, keinesfalls aber deren genaue Erstreckung oder Anwendung, also die Frage ihrer Lückenlosigkeit. Hier kann durch einfaches Gesetz modifiziert werden. *Zweitens:* Sie haben eine Freistellung von der Rechnungsprüfung dann für zulässig erklärt, wenn kein öffentliches Interesse daran bestehe, und das sei dort der Fall, wo anderweitig ausreichende Prüfung gewährleistet werde. Auch von dieser Seite aus zeigt sich meines Erachtens die Unstimmigkeit Ihrer These. Denn wenn die Lückenlosigkeit der Rechnungsprüfung ein Verfassungsprinzip sein soll, läßt sich juristisch keinerlei öffentliches Interesse denken, daß jene nun aus welchen Gründen und an welcher Stelle auch immer ersetzt werden solle. Also hier glaube ich schon methodisch, daß es so nicht geht; vielmehr scheint mir das Problem der Freistellung von Rechnungsprüfung eine Sache des Gesetzesvorbehaltes zu sein. Es gibt beispielsweise verschiedene Freistellungserlasse des Reichswirtschaftsministers nach dem Beiträgegesetz 1934 oder dem Kriegskontrollgesetz 1940, und deren Fortgeltung ist eigentlich nur dort streitig, wo die Landeshaushaltsordnungen sie nicht legislativ ausdrücklich für unberührt bleibend erklären, wie in Niedersachsen etwa. *Drittens:* Sie haben sinngemäß gesagt, bei einer Haftung des Staates für ausgelagerte Verwaltungstätigkeiten sei Rechnungsprüfung über die betreffenden Verwaltungsträger unverzichtbar. Ich unterstreiche diese These im Ergebnis voll, möchte aber doch nachfragen: Können wir eigentlich sicher sein, was dabei die Henne und was das Ei ist? Ich erinnere daran, daß es in der Verwaltungspraxis mitunter den Eindruck macht, als beanspruche der Staat bei bestimmten öffentlichen Unternehmen ein Rechnungsprüfungsrecht, um darüber seine finanzielle Involvierung (Stichwort „Anstaltslast") zu belegen und Einfluß auf das dortige Wirtschaftsgebaren zu nehmen. Als Beispiel mögen die öffentlichrechtlichen Bodenkreditinstitute gelten, welche oftmals argwöhnen, daß bei ihnen der Landesrechnungshof nur deshalb auf Einlaß drängt, weil damit zugunsten der Landesbank Kontrolle über das blühende Kommunalobligationengeschäft gewonnen werden kann. – Drei Nachfragen also zur These, daß die Lückenlosigkeit der Rechnungsprüfung Verfassungsrang habe und ein konstitutives Mittel zur Herstellung von Einheit der Verwaltung sei; danke sehr.

Vorsitzender: Vielen Dank. Herr *Tomuschat,* bitte.

Tomuschat: Ich möchte ganz kurz zu den Leitsätzen 6 und 7 von Herrn *Haverkate* Stellung nehmen und Argumente aufgreifen, die teilweise schon von Herrn *Schuppert* und Herrn *von Mutius* vorgetragen worden sind. Wenn ich die Ausführungen von Herrn *Haverkate* recht verstehe, dann postuliert er in seinen Thesen 6 und 7 einen Gesetzesvorbehalt für die Gründung erwerbswirtschaftlicher Unternehmungen. Es ist sicher richtig, daß solche verselbständigten Träger nicht völlig aus einem öffentlichen Verantwortungszusammenhang herausgelöst werden dürfen. Ob es dazu aber speziell eines Gesetzes bedarf, erscheint mir doch sehr fraglich. Wenn hier verlangt wird, daß jeweils durch Gesetz bestimmte Zwecke festgelegt werden, dann müßte das in jedem Einzelfall spezifisch geschehen. Mit anderen Worten: Hier wird ein neuer organisatorischer Gesetzesvorbehalt postuliert. Ein solcher Vorbehalt würde zu einer außerordentlichen Schwerfälligkeit der Verwaltung führen und würde sie auch daran hindern, in dringenden Fällen, wo legitime öffentliche Interessen auf dem Spiele stehen, sofort und rasch einzugreifen, etwa dann, wenn ein Unternehmen saniert werden muß und niemand anders bereitsteht als eine staatliche Gebietskörperschaft, eine Gemeinde vielleicht, um mit Kapitalmitteln einzugreifen und entweder sich zu beteiligen oder das Unternehmen ganz zu übernehmen. Es muß aber wohl differenziert werden je nach den Phänomenen, um die es geht. Wenn man es mit öffentlichen Versorgungsunternehmen zu tun hat, die im Bereich der Daseinsvorsorge tätig sind, so erscheinen diese immer als eine Art von Monopolist, und hier bedarf es sicher besonderer öffentlicher Aufmerksamkeit. Bei den erwerbswirtschaftlichen Unternehmungen darf man hingegen nicht übersehen, daß diese den Gesetzen des Wettbewerbs unterliegen und vom Markt her einer Kontrolle unterliegen, die ganz handfester Art ist. Man braucht deswegen keine zusätzlichen Bindungen, die speziell vom Gesetzgeber angeordnet werden. Vielen Dank.

Vorsitzender: Die nächsten: Herr *Eberle,* Herr *Schachtschneider,* Herr *Breuer,* Herr *Steinberg,* Herr *Wallerath.*

Eberle: Herr Vorsitzender, meine Damen und Herren, erlauben Sie, daß ich den Blick auf die Innenstrukturen der Verwaltung richte. Beide Referenten haben auf die einheitstiftende, tendenziell zentralisierende Wirkung der technischen Entwicklung abgestellt, der unter dem Aspekt des Datenschutzes gegengesteuert werden sollte. Ich habe Zweifel, ob damit die aktuelle informationstechnische Entwicklung zutreffend nachgezeichnet wird. Für die Verwaltungsautomation ist zukünftig weniger die zentrale Verarbeitungsmethode kennzeichnend, sondern die individuelle Informationstechniknutzung am Arbeitsplatz. Die Folgen für die Organisation sind offen und ambivalent. Einerseits kann es zu einer weiteren Ausdifferenzierung und Polarisierung kommen, wenn die Mitarbeiter Raum für selbstorganisierte Informationstechniknutzung erhalten. Andererseits kann die Informationstechnik aber auch zu verstärkter Steuerung und Überwachung herangezogen werden. Es handelt sich hier um eine zentrale Gestaltungsaufgabe, die zur Vorgabe von Standards und Regeln zwingt, und die weder zu einer Untersteuerung noch zu einer Übersteuerung führen darf.

Vor allem bedarf es einer Steuerung der technischen Kommunikationen innerhalb der Verwaltung, gemeint ist insbesondere die Bildschirmkommunikation von Arbeitsplatzcomputern aus, und die Nutzung von Datenbanken. Sie ist aus organisatorischen Gründen nötig, z.B. um die Informations- und Steuerungsfunktion des Dienstwegprinzips auf der Grundlage von funktionellen technischen Äquivalenten zu gewährleisten, damit die Verwaltungsführung auch zukünftig ihren Überwachungs- und Steuerungsaufgaben nachkommen kann. Nötig ist die Steuerung der Kommunikation aber auch, weil der Datenschutz gebietet, Kommunikationsschranken zu errichten und das behördliche Informationsgebaren transparent zu halten.

Muß die behördliche Kommunikationsinfrastruktur aber umfassend geregelt werden, dann führt dies zu einem Verrechtlichungsschub und damit zugleich zu einem Verrechtlichungsdilemma. Je umfangreicher und genauer die Regelungen, um so weniger erreichen sie ihr Ziel, Information und Transparenz herzustellen. Hier scheinen die Grenzen textlich-sprachlicher Darstellung erreicht. Abhilfe versprechen vielleicht behördenbezogene Informations- und Kommunikationspläne, die unter Verwendung graphischer Elemente, ähnlich wie Bauleitpläne, die Kommunikationsinfrastruktur der Verwaltung gestalten helfen. Die Aufstellung solcher Pläne könnte in weitem Umfang der Verwaltung überlassen bleiben, soweit es sich um stark sachstrukturell geprägte Regelungsbereiche handelt, für die zwar wegen des informationellen Selbstbestimmungsrechts der Gesetzesvorbehalt, aber nicht der Parlamentsvorbehalt gilt.

Vorsitzender: Vielen Dank.

Schachtschneider: Erlauben sie einige Ergänzungen zu den Leitsätzen 5–7 von Herrn *Haverkate:* Alle Sätze des öffentlichen Rechts dienen der Verwirklichung des öffentlichen Interesses. Es ist also nicht nötig oder auch nur möglich, bestimmte Sätze herauszukristallisieren, die dem öffentlichen Interesse dienen und die deswegen auch durchgesetzt werden müssen in dem Bereich der Verwaltung, der allgemein öffentliche Unternehmungen genannt wird. Der Begriff des öffentlichen Interesses ist notwendig formal. Er ist damit nicht beliebig. Das öffentliche Interesse hat vielmehr einen einzigen Zweck, den der Verwirklichung der allgemeinen Freiheit. Wie dies im einzelnen erreicht werden kann, ist eine Frage der Gesetze und auch der Kompetenzen und Verfahren. Nicht hinreichend geklärt ist die Frage: Wer bestimmt das öffentliche Interesse einer Unternehmung, etwa der Vorstand der als Aktiengesellschaft verfaßten Eigengesellschaft oder die Regierung? Im Hamburger Fall der „HEW“ geht der Streit darum, weil der Senat eine andere Strompolitik machen will als der Vorstand des Energieversorgungsunternehmens. Es spricht alles dafür, daß im Rahmen der Gesetze die Regierung die Politik bestimmt und in dem verbleibenden Spielraum der Vorstand das Unternehmen leitet. Die Unabhängigkeit des Vorstandes einer Aktiengesellschaft, ein Grundprinzip der privatrechtlichen Gesellschaftsform Aktiengesellschaft, läßt sich für öffentliche Unternehmen nicht aufrechterhalten. Deswegen – die Bemerkung von Herrn *Püttner* zu Art. 31 II GG, den es nicht gibt, spitzte die Frage eben deutlich zu – kommt das Aktienrecht als Gestaltungsform für öffentliche Unternehmen nicht in Frage. Die Kommunen, die Länder, der Bund könnten ja auch eine andere Rechtsform wählen und sich damit glatt dem Art. 31 I GG, den es gibt, entziehen. Typische auf das Private hin normierte Gesellschaftsformen sind für das Staatliche inadäquat. Es gibt bekanntlich verschiedene Instrumente der Einflußnahme auf Eigengesellschaften, die es erlauben, das öffentliche Interesse durchzusetzen. Das muß aber auch ohne Verlust möglich sein. Für die unternehmerische Verwaltung ist m.E. eine staatsadäquate eigenständige Rechtsform erforderlich. Das Eigenbetriebsrecht genügt keinesfalls. Ein weiteres Problem stellen die gemischtwirtschaftlichen Unternehmen für die Einheit der Verwaltung unter dem demokratierechtlichen Aspekt. Meine radikale These ist, daß gemischtwirtschaftliche Unternehmen grundsätzlich verfassungswidrig sind. Nur wenn ein spezifischer, vom Gesetz benannter Zweck mit der Beteiligung des Staates an privaten Unternehmen verfolgt wird, ist diese zulässig. Wenn der Zweck erreicht ist, muß auch die Beteiligung wieder beendet werden. Insofern ist die Privatisierung Verfassungsgebot und nicht nur eine politische Maßnahme oder gar nur ein Mittel der Finanzbeschaffung. Private dürfen sich umgekehrt nicht an einer staatlichen Verwaltung beteiligen, weil sonst die demokratische Legitimation gebrochen ist. So ist es im Fall der „HEW". Erlauben Sie eine weitere Bemerkung zu den vielfach für die Ausgrenzung dieser Verwaltungsbereiche aus der parlamentarischen Kontrolle genannten Grund, daß nämlich wenigstens diese Bereiche dem Einfluß der politischen Parteien entzogen werden. Wenn es so wäre, wäre das erfreulich und richtig, nur ist das die Kapitulation der freiheitlichen Demokratie, die notwendig mit parlamentarischer Repräsentation verbunden ist, vor der Verfallserscheinung dieser Demokratie und Republik, dem Parteienstaat. Die Probleme müssen in anderer Weise gelöst werden. Noch eine Bemerkung zur demokratischen Legitimation der Selbstverwaltung bitte: Nicht jede Art der Selbstverwaltung kann demokratisch legitimiert werden. In dem Bereich der wirtschaftlichen und der beruflichen Selbstverwaltung, dem Kammerwesen, ist das Demokratieprinzip nicht geeignet, die Verwaltung zu legitimieren. Welches die Legitimation denn sein könnte, ist eine überaus schwierige Frage. Demokratie ist immer (territorial) auf das Volk bezogen. Die Anwälte und die Unternehmer sind nicht das Volk. Nach der Legitimation dieser Selbstverwaltung, dieser Art von Ausübung von Staatsgewalt, wird man erst einmal suchen müssen. Danke schön.

Zwischenruf von H. P. Ipsen: Herr *Schachtschneider*, gestatten Sie eine Zusatzfrage? Wie lösen Sie denn das Problem der „HEW"?

Schachtschneider: Zunächst ist die Frage zu entscheiden: Wer entscheidet die Politik der „HEW", die Strompolitik? Ich würde sagen: Der Senat der Freien und Hansestadt Hamburg. Im übrigen ist von Rechts wegen dafür zu sorgen, daß die privaten Anteilseigner ausgezahlt werden. Das wäre vielleicht ein Weg, der Verfassung zu genügen. Jedenfalls dürfen Private fürderhin nicht an der HEW beteiligt sein, wenn die Stadt beteiligt bleibt an dieser sog. Aktiengesellschaft. Das kostet die Stadt allerdings Geld. Man kann die „HEW" auch materiell privatisieren. Das bringt der Stadt Geld, das sie nötig braucht, und genügt auch der Verfassung.

Vorsitzender: Herr *Breuer*, bitte.

Breuer: Beide Referenten haben in meinen Augen sehr eindrucksvoll ausgeführt, daß die deutsche Verwaltung auf der einen Seite vom Prinzip der Gliederung beherrscht ist und auf der anderen Seite durch einheitstiftende Elemente zusammengehalten werden muß. Es liegt also m.E. durchaus im Sinne des Themas, wenn nun gefragt wird, inwieweit einheitstiftende Elemente erforderlich und sinnvoll sind und inwieweit sie vernünftigen rechtspolitischen Postulaten entsprechen. Die verfassungsrechtlichen Vorgaben sind von beiden Seiten her sehr bescheiden und dürftig. Spannend wird es, wenn man sich fragt, was durch Gesetz an einheitstiftenden Elementen eingeführt werden muß und ob diese Elemente funktionsfähig sind. Ich will insoweit zwei Punkte herausgreifen. Der eine Punkt ist die Amtshilfe, die in meinen Augen eine Vertiefung verdient. Der andere Punkt ist die Frage, wie komplexe Verwaltungsentscheidungen gesetzlich klar strukturiert und danach von der Verwaltung getroffen werden können.

Zunächst zur Amtshilfe: Herr *Bryde* hat hierzu m.E. zu Recht auf das geltende Gesetzesrecht hingewiesen, nämlich auf die §§ 5 und 6 des Verwaltungsverfahrensgesetzes, die den Art. 35 GG ausfüllen. Auf der einen Seite ist die Amtshilfe ein klassisches Instrument zur Einheitstiftung innerhalb der gegliederten Verwaltung. Es ist auch heute von der überwiegenden Meinung, wie ich glaube, zu Recht anerkannt, daß die Vorschriften über die Amtshilfe Eingriffsermächtigungen schaffen, also nicht nur verwaltungsinterne Zuständigkeitsregelungen sind. Es besteht mithin eine Pflicht der Verwaltung, Amtshilfe zu leisten und insbesondere auch Informationen weiterzugeben. Auf der anderen Seite ist jedoch diese Pflicht zur Amtshilfe eingegrenzt, wo entgegengesetzte Verbote bestehen und überwiegende Interessen anderer auf dem Spiel stehen. Nun treffen wir immer wieder Situationen an, wo Verbote teils gar nicht vorhanden sind und teils mit unbestimmten Rechtsbegriffen normiert sind. Dort stehen auf der einen Seite unbestimmte Rechtsbegriffe, die zur Amtshilfe, namentlich zur Informationshilfe, verpflichten, und auf der anderen Seite ebenfalls unbestimmte Rechtsbegriffe, die dazu verpflichten, bestimmte sensible Angaben nicht weiterzugeben. Das Problem ist noch relativ leicht lösbar, wo wir bereichsspezifische Regelungen vorfinden. So ist etwa auf das Sozialgeheimnis hinzuweisen, ebenso auf das Steuergeheimnis und auch auf den Datenschutz. Es gibt jedoch Bereiche, wo alle diese Regelungen nicht eingreifen. Geschäfts- und Betriebsgeheimnisse, die etwa von Unternehmen in bestimmten Verwaltungsverfahren preisgegeben werden müssen, unterliegen dann der Gefahr, im Wege der „Amtshilfe durch Informationshilfe" an andere Behörden, im Rahmen anderer Verfahren und zu anderen Zwecken weitergereicht zu werden. Die gesetzlichen Regelungen lassen uns insoweit letztlich im Stich. Das Verwaltungsverfahrensgesetz, auf das Herr *Bryde* hingewiesen hat, schreibt nur in ganz allgemeinen Begriffen vor, daß Geheimhaltungsgebote eingehalten werden müssen. Prekär ist, daß hinter den kollidierenden Positionen jeweils Grundrechte stehen. Es genügt also nicht der einfache Hinweis, daß hier dem Amtshilfegebot grundrechtliche Belange des primär Betroffenen gegenüberstehen. Vielmehr stehen dabei auch die Belange von Drittbetroffenen im Raume, insbesondere deren Grundrechte, und die Allgemeinwohlbelange, wie z.B. im Bereich des Umweltschutzes und des Gesundheitsschutzes. Ich habe den Eindruck, daß das geltende Gesetzesrecht hier defizitär ist und daß die einheitstiftenden Elemente nur in einer verkümmerten Weise ausgeprägt sind. Ich bekenne allerdings die Verlegenheit, daß man auf Anhieb nicht zu sagen weiß, wie ein konkreteres Gesetz aussehen sollte. Indessen könnte ich mir vorstellen, daß hier die Geheimhaltungsgebote durch bestimmte Fristen präzisiert werden und daß das Gesetz vorschreibt, für welche anderweitigen Verfahren eine Information weitergegeben werden kann und für welche Zwecke dies nicht zulässig ist. Der bereichsspezifische Umgang mit solchen sensiblen Angaben, etwa Betriebs- und Geschäftsgeheimnissen, könnte vielleicht doch in präziserer Weise geregelt werden. Ich frage ausdrücklich Herrn *Bryde* und auch Herrn *Haverkate,* der sich im Bereich des Datenschutzes zu diesem Fragenkreis geäußert hat, ob es möglich ist, die sehr unbestimmte und m.E. notleidende Gesetzgebung insoweit zu verbessern mit dem Ziel, die einheitstiffenden Elemente der Amtshilfe zu verstärken.

Zweiter Punkt: Bei komplexen Verwaltungsentscheidungen, wie wir sie im Planungsrecht und im Umweltschutzrecht in einer geradezu bedrückenden Art und Weise vor uns haben, treffen wir oft parallele Verfahren und Verwaltungsentscheidungen an. Es ist eine Vielzahl von Verfahren und Genehmigungen erforderlich. Hier ist es m.E.

durchaus ein rechtsstaatliches Gebot, die Einheit der Verwaltung durch Verwaltungskonzentration zu verstärken. Herr *Bryde* hat auf die Rechtsprechung hingewiesen, welche die Unklarheiten der Kompetenzen und der Entscheidungsbefugnisse vielleicht glätten könnte. Das mag in Ansätzen ein gangbarer Weg sein. Ich glaube aber nicht, daß damit eine wirklich überzeugende Lösung erreichbar ist. Es liegt im Interesse des Antragstellers wie auch der Drittbetroffenen, und es dient dem Rechtsschutz, wenn hier eine einheitliche Verwaltungsentscheidung herbeigeführt wird, bei der natürlich die verschiedenen Ressorts beteiligt werden müssen und der Bürger weiß, welche Entscheidung in einer endgültigen Weise getroffen ist und eventuell im Wege des Rechtsschutzes angefochten werden kann. Hier ist m.E. das Defizit an klarer Kompetenzregelung und an klarer Regelung der Entscheidungsbefugnisse durch eine stärkere Verwaltungskonzentration zu beheben. Ich möchte fragen, ob die Referenten dies ähnlich sehen.

Vorsitzender: Vielen Dank, Herr *Breuer*. Jetzt Herr *Steinberg*, bitte. Dann Herr *Wallerath*, Herr *Gallwas*, Herr *Scherer*, Herr *Hilf*.

Steinberg: Herr Vorsitzender, beide Referenten sind in eindrucksvoller Weise zu dem Befund gekommen, daß Tendenzen der Ausdifferenzierung der Verwaltung bestehen, daß Tendenzen zur Entdifferenzierung bestehen und daß, und ich glaube, das war eine sehr glückliche Formulierung von Herrn *Bryde*, dieser Zustand in Balance zu halten ist. Es gibt also die Einheit der Verwaltung nicht als Substanz, sondern lediglich als Auftrag, als Handlungsmaxime, wie es eben von Herrn *Schäffer* formuliert worden ist. Ich denke, daß wir als Juristen in dieser Situation uns zu fragen haben: Was ist denn das Mindestmaß an Einheitlichkeit, das es herzustellen gilt? Staatliche Verwaltung als Wirkungszusammenhang, der immer wieder neu hervorzubringen ist und der niemals vollkommen gelingen kann, weil, auch darauf ist zutreffend bereits hingewiesen worden, jede Vereinheitlichung mit Kosten verbunden ist.

Hier zwei Dinge. Der erste: Welcher Mittel bedarf es, um dieses Mindestmaß an staatlicher, administrativer Vereinheitlichung zu verwirklichen? Mir scheint, Herr *Haverkate*, daß Sie zu stark, jedenfalls zu ausschließlich auf das Gesetz abgestellt haben, das sicherlich *ein* Instrument in diesem Zusammenhang sein kann. Mir schien es wichtig zu sein, auch auf andere Faktoren der Vereinheitlichung hinzuweisen, etwa organisatorische Steuerungsmittel, personelle Steuerungsmittel und schließlich ganz wesentlich das Verfahren. Herr *Schäffer* hat eine ganze Reihe derartiger Mechanismen genannt, die ich nicht wiederholen will. Das Ziel derartiger Instrumente, z.B. informeller Arbeitsgruppen oder von Benehmensregelungen, ist ein abgestimmtes Verhalten nicht nur im Bundesstaat, sondern auch zwischen den Ressorts.

Zweiter Punkt, auf den ich hinweisen möchte: Die Pluralisierung der Verwaltung ist unwiderruflich, solange das Substrat, nämlich die gesellschaftlichen Interessen, auch unterschiedlich sind. Dennoch ist durch geeignete Mittel u.a. durch Gesetz, u.a. durch Organisation und Verfahren sicherzustellen, daß der Bürger nicht das Opfer dieser pluralisierten Verwaltung wird. Herr *Ossenbühl* hat ein Beispiel genannt. Einen zweiten Bereich stellt das Problem der Entscheidung in komplexen Verfahren, Stichwort Parallelgenehmigung, dar. Den Bemerkungen von Herrn *Wahl* und Herrn *Breuer* möchte ich nachdrücklich zustimmen. Ich möchte noch auf ein drittes Beispiel aufmerksam machen, in dem m.E. das gebotene Mindestmaß an staatlicher Einheit nicht erreicht worden ist. Das ist ein hessisches Beispiel, und zwar das der Hanauer Nuklear-Betriebe, in dem ein Teil der staatlichen Verwaltung ein bestimmtes Verhalten genehmigte, und zwar nicht beiläufig, sondern nach gründlicher Prüfung und Abstimmung mit den Bundesaufsichtsbehörden, und ein anderer Zweig derselben Verwaltung eben dieses genehmigte Verfahren strafrechtlichen Sanktionen unterwirft. Ich bin der Meinung, daß das ein nicht hinzunehmender Zustand ist, daß es sich hierbei um ein staatliches Skandalon handelt.

Welche Antworten auf die Probleme staatlicher Einheit zu finden sind, scheint mir nicht in erster Linie dem geltenden Recht, auch nicht der Verfassung zu entnehmen zu sein – wie es eigentlich anklang. Die Verfassung ist kein politisches Grundbuch, sie gibt keine Handlungsrezepte, sie gibt punktuelle Anweisungen, aber ich denke, daß gerade zu den Fragen, über die wir heute gesprochen haben, die letztlich auf die gute Ordnung des Gemeinwesens zielen, die allgemeine Staatslehre, die Regierungslehre und die Verwaltungslehre eher weiterhelfen können. Vielen Dank.

Wallerath: Ich möchte die Aufmerksamkeit auf mögliche Instrumente qualitativer Gegensteuerung zur Segregation verschiedener Verwaltungseinheiten lenken. Es geht hierbei im wesentlichen um eine Vernetzung verschiedener Verwaltungsträger durch Elemente der Koordination und der Kooperation. Sie kompensieren die fehlende organisatorische Einheit unterschiedlicher Verbände zugunsten der Wahrung möglichst einheitlicher Verwaltungsqualität und der Vermeidung eines kontraproduktiven Verwaltungshandelns – und zwar sowohl im Verhältnis zwischen Verwaltung und Bürger wie im Verhältnis mehrerer Verwaltungseinheiten zueinander. Dogmatisch gründen die hierfür bereitstehenden Instrumente teils in rechtsstaatlichen, teils in sozialstaatlichen Überlegungen. Ein rechtsstaatlich fundiertes Beispiel für ein solches Instrumentarium ist die Rechtsaufsicht, die einheitliches Verwaltungshandeln, unabhängig vom subjektiven Rechtsschutz, sicherstellen soll. Vielfältiger sind primär sozialstaatlich motivierte Beispiele, wie sie – nicht zufällig – namentlich die Bereiche des Sozialrechts und des Sozialprozeßrechts bereithalten. Neben der bereits von Herrn *Bryde* angeführten Möglichkeit, Anträge auch bei anderen als den eigentlich zuständigen Behörden stellen zu können, wäre hier anzuführen die vorläufige Leistungspflicht des zuerst angegangenen Leistungsträgers bei einem Zuständigkeitsstreit unter mehreren Leistungsträgern, wie sie z.B. § 43 des allgemeinen Teils des SGB vorsieht, aber auch die in dieser Form nur dem Sozialgerichtsgesetz bekannte Möglichkeit, durch eine Beiladung des zuständigen Leistungsträgers im Falle der Klage gegen den unzuständigen Träger die Rechtskraftwirkung gegenüber dem zuständigen Träger herbeizuführen.

Im Verhältnis mehrerer Verwaltungsträger zueinander halte ich insbesondere die Bestimmung des Sozialgesetzbuches über die informationelle Amtshilfe für erwähnenswert, die – mit gewissen Differenzierungen für besonders sensible Daten – sehr weitgehend den gesamten Bereich der Sozialverwaltung als einheitlichen Verwaltungszweig behandeln. Ein ausdrückliches gesetzliches Gebot der Zusammenarbeit außerhalb der Amtshilfe findet sich schließlich in den §§ 86ff. des X. Buches des SGB. – Herr *Bryde* hat mit Recht ein allgemeines, von solchen gesetzlichen Vorgaben unabhängiges Gebot gegenseitiger Rücksichtnahme herausgestellt. Ein solches Gebot entspricht dem Gedanken lauteren Organverhaltens, der nicht nur im Grundsatz des bundesfreundlichen Verhaltens, sondern auch in den Geboten der zwischenländerrechtlichen bzw. interkommunalen Rücksichtnahme seine besondere Ausprägung erfahren hat. Die Weiterentwicklung eines entsprechenden Gebots loyaler Kompetenzwahrnehmung scheint mir in mancherlei Hinsicht lohnend, insbesondere wenn es um konkurrierendes Verhalten von Verbandseinheiten geht, die durch unterschiedliche Interessen geleitet werden, wie dies etwa bei der Mitgliederwerbung verschiedener Träger der gesetzlichen Krankenversicherung der Fall ist. Vielen Dank.

Vorsitzender: Herr *Gallwas,* bitte.

Gallwas: Eine klarstellende Bemerkung vorab: Ich verstehe Art. 77 II BV, vermutlich etwas im Gegensatz zu Herrn *Zacher,* als Verfassungsdirektive, die den Abwägungsprozeß im Bereich der Organisationsgewalt steuert.

Drei Bemerkungen zu den Thesen 14 und 15 von Herrn *Haverkate.* Erste Bemerkung: Datenschutzrechtlich steht für Einheit Informationsverbund bzw. Möglichkeit des Informationsverbundes und für Differenzierung steht Abschottung. Wenn man es so konkretisiert, fällt es zumindest mir sehr schwer, Informationsverbund mit Art. 20 I GG in Verbindung zu bringen. Ich meine, dies sei eher eine Frage der Organisationsgewalt des Staates. Zweite Bemerkung: Bis zur Volkszählungsentscheidung standen Informationsverbund einerseits und Abschottung andererseits in einem Regelausnahmeverhältnis. Verbund war die Regel, Abschottung die Ausnahme. Das Volkszählungsurteil hat dieses Regelausnahmeverhältnis in das Gegenteil verkehrt. Dritte Bemerkung: Das Volkszählungsurteil hat für die Verwendung personenbezogener Daten den Totalvorbehalt begründet. Will man diesen Vorbehalt begrenzen, so geht das wohl nur in der Weise, daß man bei dem Urteil selbst ansetzt. Das Urteil sagt, „unter den Bedingungen der modernen Datenverarbeitung" bestehe ein informationelles Selbstbestimmungsrecht. Hieraus folgt der Totalvorbehalt für die Erhebung und Verarbeitung personenbezogener Daten. Man kann also argumentativ nur den Weg gehen, daß man die Formel: „unter den Bedingungen der modernen Datenverarbeitung" nicht als allgemeines Motiv für das informationelle Selbstbestimmungsrecht, sondern als spezielle Voraussetzung versteht. Dann hat man den Totalvorbehalt wenigstens auf die automatische Datenverarbeitung beschränkt.

Vorsitzender: Herr *Zacher,* eine Zwischenfrage.

Zacher: Ich wollte nur zu Herrn *Gallwas* etwas sagen. Einheit der Verwaltung ist einmal, wenn ich das sagen darf, ein Topos. Man könnte auch sagen: ein Indikator, der, wo es um Differenzierung geht, auf Probleme hinführt und zu der Forderung: das muß einheitlicher sein. Das ist die eine Sache. Wenn man dann nach Prinzipien fragt, von denen her Antworten gegeben werden sollen, ist Art. 77 BV eines der Prinzipien. Aber die Lösung der Probleme kann man nicht mit dem Art. 77 BV alleine finden.

Gallwas: Das ist richtig. Man kann nur nicht wie *Hans Meyer* sagen, es sei überhaupt kein Rechtsbegriff.

Vorsitzender: Herr *Scherer,* bitte.

Scherer: Ich möchte Stellung nehmen zu Herrn *Haverkates* Thesen 14 bis 17 und implizit zu Herrn *Brydes* Thesen 20 bis 23. Herr *Haverkate,* ich kann mich des Eindrucks nicht ganz erwehren, daß Sie mit Ihren Thesen 15 bis 17 entweder offene Türen einrennen oder Eulen nach Passau tragen. Es gibt erstens, und insofern widerspreche ich Herrn *Gallwas,* keinen Totalvorbehalt für den Datenschutz. Den gibt es auch nicht, so meine ich, nach der Volkzählungsentscheidung des Bundesverfassungsgerichts. Verwaltung ist Datenverarbeitung. Sie ist dies unter den Bedingungen der modernen Datentechnik genau so wie schon früher und genau so wenig, wie es einen Totalvorbehalt für Verwaltungshandeln gibt, gibt es einen Totalvorbehalt für Datenverarbeitung einschließlich des Datenschutzes durch die und in der Verwaltung. Zweitens: Natürlich gebietet das Verfassungsrecht keinen durchgehenden bereichsspezifischen Datenschutz in allen Sachbereichen. Wie sollte ein solcher Datenschutz auch gewährleistet werden? Das Verfassungsrecht gebietet datenschutzrechtliche Regeln nur, aber überall dort, wo sie wegen der Grundrechtsrelevanz der Informationsverarbeitung erforderlich sind, und zwar unabhängig von der überkommenenen und jedenfalls für den Bereich des Datenschutzes wenig tragfähigen Unterscheidung zwischen Eingriffs- und Leistungsverwaltung. Drittens ist völlig unbestritten, daß das politisch Wünschbare und das verfassungsrechtlich Gebotene nicht zwingend identisch sind. Hier liegen die verfassungs- und verwaltungsrechtlichen Probleme des Spannungsverhältnisses von informationeller Verwaltungseinheit und dem Grundrecht auf informationelle Selbstbestimmung nicht. Sie liegen vielmehr darin, mit den Mitteln des Verwaltungsrechts zu verhindern, daß technische Innovationen ihre scheinbaren Sachgesetzlichkeiten entwickeln und sich der rechtlichen Steuerung entziehen. Ein Beispiel für eine solche technische Entwicklung ist die stille Herausbildung von hochintegrierten Informationssystemen, die geeignet sind, sämtliche Kompetenzgrenzen, sämtliche Aufgabenzuweisungen sowie die organisations- und verfahrensrechtlichen Schranken, die Herr *Bryde* beschrieben hat, zu überwinden. Die Datenschutzgesetze stammen, in der Perspektive dieser integrierten Kommunikationssysteme betrachtet, aus der Postkutschenzeit. Das Regelungsproblem liegt darin, die von Herrn *Bryde* geforderte Balance zwischen Verwaltungseinheit und Pluralisierung zu schaffen durch eine neuartige Verwaltungsinformationsordnung. Insofern möchte ich anknüpfen an das, was Herr *Eberle* gesagt hat: Erforderlich ist eine Verwaltungsinformationsordnung durch und aufgrund von Gesetzen. Dabei sind Verwertungsverbote, wie Herr *Bryde* sie gefordert hat, sicherlich ein wichtiges Durchsetzungsinstrument; angesichts der technischen Möglichkeiten integrierter Kommunikationssysteme reichen aber solche inhaltlichen Regelungen bei weitem nicht aus. Regelungen über die Erhebung, Speicherung, Verarbeitung und Weitergabe von Daten sind für sich genommen nicht länger geeignet, das Grundrecht auf informationelle Selbstbestimmung zu gewährleisten. Der Datenschutz wird künftig sehr viel früher, nämlich schon beim System-Design, bei der Planung von Kommunikationssystemen der Verwaltung ansetzen müssen. Zusammengefaßt: Nicht alles, was an Verwaltungseinheit informationstechnisch herstellbar ist, ist unter den Bedingungen des Grundrechts auf informationelle Selbstbestimmung zulässig, zumal dieses Grundrecht auch eine, von Herrn *Haverkate* vielleicht eine etwas zurückgestellte, objektiv-rechtliche Komponente hat.

Hilf: Herr Vorsitzender, die Verlustliste zu dem weit gespannten Thema ist erstaunlich kurz. Ich möchte zu dieser späten Stunde noch einen Gedanken nachtragen, der die Vorstellung eines Haftungsverbundes bzw. einer Haftungseinheit zwischen den verschiedenen Verwaltungsebenen betrifft. Herr *Haverkate* hat in den Thesen 12 und 13 aus der Sicht des Bürgers von Einwirkungspflichten der Muttergemeinwesen gesprochen. Diese Einwirkungspflichten bestehen ebenfalls zum Zeitpunkt des Gründungsvorgangs. Hierbei ist u.a. für eine ausreichende finanzielle Ausstattung zur Deckung der möglichen Risiken zu sorgen, die durch die Tätigkeit ausgegliederter Verwaltungseinheiten hervorgerufen werden können. Gliedert sich der Staat als Bundesstaat in verschiedene Ebenen auf, so würde nach der Vorstellung der Haftungseinheit die letzte Verantwortung auf den Bund als den Gestalter der Finanzverfassung fallen. Im Falle der Zahlungsunfähigkeit eines Teilorgans, einer Verwaltungseinheit mit eigener juristischer Persönlichkeit einer Kommune oder auch eines Landes würde die Vorstellung einer Haftungseinheit letztlich zu einer subsidiären Haftung des Bundes führen. Normative Anknüpfungspunkte sind hier für das Rechtsstaatsprinzip sowie die Gewährleistungspflicht des Bundes aus Art. 28 Abs. 3 GG abzuleiten. Auch auf die verfassungsrechtliche Verpflichtung zum Finanzausgleich ist in diesem Zusammenhang hinzuweisen.

Diese Haftungseinheit nach innen findet ihre Parallele in der Haftung des Staates nach außen, auf die Herr *Doehring* gestern hingewiesen hat. Hier haftet der Staat grundsätzlich für alle im internationalen Bereich errichteten Organisationseinheiten, die von ihm mitgetragen werden. So dürfte auch für die Europäische Gemeinschaft eine subsidiäre Haftung der Mitgliedstaaten bestehen. Die Gemeinschaft könnte daher in ihren Anleihebedingungen ausdrücklich auf diese subsidiäre Haftung hinweisen. Sie hat es bisher, soweit ich sehe, nicht getan. Mir sind keine Gründe bekannt, warum die Mitgliedstaaten nur ungern über diese subsidiäre Haftung sprechen.

Sind das nun Vorstellungen für die theoretische Spielwiese? Ich meine nicht. In der Weimarer Zeit hat es Fälle gegeben, in denen die Folgen der Zahlungsunfähigkeit von Gemeinden bedacht werden mußten. Im internationalen Bereich hat ein „Glücksfall" der Rechtswissenschaft einen Fall beschert, der zu einer gründlichen wissenschaftlichen Behandlung der Haftungsfragen führen wird. Der Internationale Zinnrat hat als internationale Organisation seine Zahlungen eingestellt. Die hinterlassenen Schulden in ungewöhnlicher Höhe haben zu einer Klagewelle geführt, die sowohl auf die Mitgliedstaaten des Zinnrates zurollt als auch auf die Europäische Gemeinschaft. Vor dem Gerichtshof der Europäischen Gemeinschaften ist kürzlich eine Schadensersatzklage auf der Grundalge des Art. 215 EWGV anhängig gemacht worden. Vorgeworfen wird den Staaten bzw. der Gemeinschaft die Verletzung von Gründungspflichten, die gegenüber potentiellen Gläubigern bestehen sollen, sowie die Verletzung von Einwirkungspflichten auf die laufende Tätigkeit des Zinnrats. Bei der Lösung dieses Falles werden sicherlich auch rechtsvergleichend die Fragen behandelt werden, die sich innerhalb des Staates in Bezug auf den Grundsatz der Haftungseinheit der Verwaltung stellen. Ich möchte ausdrücklich die Frage offenlassen, unter welchen Voraussetzungen Haftungsbeschränkungen auf den verschiedenen Ebenen möglich sind.

Vorsitzender: Und nun Herr *Hendler.*

Hendler: Die Einheit der Verwaltung gibt es nicht, jedenfalls nicht im Sinne der Einheitlichkeit der Verwaltungsorganisation. Dies hat Herr *Bryde* unter Verwendung des systemtheoretischen Erklärungsmodells der requisite variety anschaulich dargelegt. Gleichwohl ist der *Gedanke* der Einheit der Verwaltung rechtlich wirksam. Aus ihm ergeben sich durchaus rechtsdogmatische Konsequenzen. Ein Beispiel aus dem Staatshaftungsrecht: § 839 I 2 BGB bestimmt, daß bei fahrlässiger Amtspflichtverletzung ein Amtshaftungsanspruch ausscheidet, sofern der Geschädigte eine anderweitige Ersatzmöglichkeit besitzt. Nach der Rechtsprechung kann der Geschädigte auf die anderweitige Ersatzmöglichkeit nicht verwiesen werden, wenn der betreffende Anspruch sich ebenfalls gegen einen Hoheitsträger richtet. Dieses Beispiel legt es nahe, ungeachtet der verwaltungsorganisatorischen Vielfalt am Gedanken der Einheit der Verwaltung zum Schutz des Bürgers festzuhalten. Herr *Haverkate* hat den Rechtsschutzgesichtspunkt erörtert und in diesem Zusammenhang von Rechtsgeboten gesprochen (These 13). Ein Rechtsgebot wird sich allerdings aus dem Gedanken der Einheit der Verwaltung nur selten herleiten lassen. Auch in meinem Beispiel besteht kein Rechtsgebot, den § 839 I 2 BGB so auszulegen, wie es in der Rechtsprechung geschehen ist. Aber die Einheit der Verwaltung kann eine überzeugende Argumentationsfigur zur Effektivierung des Rechtsschutzes sein. Es gilt der Grundsatz, daß dem Bürger aus der Unübersichtlichkeit und Komplexität der Verwaltungsorganisation möglichst kein Nachteil entstehen soll.

Abschließend noch eine kurze Stellungnahme zur Selbstverwaltung. Dabei will ich nicht auf die sog. Friedenswahlen eingehen, obwohl an die Stelle der Bemerkung von Herrn *Haverkate*, daß sie nichts legitimierten, eine differenziertere Betrachtung treten sollte. Ich möchte vielmehr Ihre Aufmerksamkeit im Anschluß an Herrn *Zacher* auf den letzten Satz der These 10 lenken. Dort heißt es: „Die demokratisch legitimierte Selbstverwaltung steht nicht im Gegensatz zur – demokratisch interpretierten – Einheit der Verwaltung, sondern trägt zu ihr bei." Diese These ist m.E. erläuterungsbedürftig. Denn wenn man es unternähme, die gegenwärtige Staats- und Verwaltungsorganisation durch die Schaffung neuer Selbstverwaltungseinheiten – Beispiele: Journalistenkammern, Heilpraktikerkammern etc. – weiter auszudifferenzieren, dann hätte ich Zweifel, ob man hier, ungeachtet der verwaltungspolitischen Würdigung solcher Maßnahmen, von einem Beitrag zur Einheit der Verwaltung sprechen kann.

Vorsitzender: Vielen Dank. Die Schlußworte: Zunächst Herr *Haverkate.*

Schlußwort Haverkate: Ich danke für die vielfältige und anregende Kritik. Ich bin in einer Verlegenheit. Ich muß mich sehr kurz fassen. Ich muß mich daher darauf beschränken, ganz punktuell die Fragen zu beantworten, die unmittelbar an mich gerichtet worden sind.

Einige Diskussionsbeiträge haben sich auf meine Thesen 5 und 6 bezogen.

Herr *Selmer:* Handeln zu öffentlichen Zwecken liegt auch dann vor, wenn die Gemeinde das von ihr errichtete Heizwerk an einen Privaten – zum Zwecke der Versorgung der Bevölkerung – verpachtet. Und damit, so denke ich, sind wir in dem Bereich der Einwirkungspflicht, die der Gemeinde obliegt, wenn sie eine öffentliche Einrichtung einem anderen Rechtsträger anvertraut.

Herr *Püttner,* Sie haben sich gegen den Satz gewandt: „Öffentliches Recht bricht Privatrecht." Ich darf zur Klarstellung bemerken, daß ich diese These nicht aufgestellt habe. Ich habe ausgeführt: Das öffentliche Recht kann das Privatrecht als Handlungsform der Verwaltung *nur unter bestimmten Bedingungen* zulassen. Es gibt keine „unbedingte" Wahlfreiheit der Verwaltung zwischen öffentlichem Recht und Privatrecht. Und auf die Einhaltung dieser Bedingungen ist zu achten.

Ich freue mich über Ihren Zuspruch bei dem Problem der Abgeordneten in den Kontrollorganen der verselbständigten Einheiten. Dazu nur eine kurze Anmerkung: Ich habe über die Kontrollproblematik bei der Westdeutschen Landesbank gesprochen. Zwei Mitglieder des Verwaltungsrates der Westdeutschen Landesbank, der Vorsitzende des Finanzausschusses und der Vorsitzende des Wirtschaftsausschusses des Landtages, wurden kurz nacheinander nach Niederlegung ihres Abgeordnetenmandats zu Geschäftsführern einer 100%igen Tochter der Westdeutschen Landesbank, nämlich der Westdeutschen Lotto-GmbH

„befördert"; die Gehälter waren, wie eine Zeitung schrieb, die von „Lotto-Königen". Wenn wir das für zulässig hielten, daß die kontrollierte Verwaltungseinheit die Kontrolleure in dieser Weise belohnen dürfte (im Einverständnis aller Beteiligten), dann stünde es natürlich schlecht um die parlamentarische Kontrolle.

Zu den Bemerkungen von Herrn *Schachtschneider:* Ich glaube nicht, daß die Aktiengesellschaft von vornherein eine inadäquate Rechtsform für jedwede Verwirklichung öffentlicher Zwecke darstellt. Allerdings: Wenn man das Verhältnis von öffentlichem Recht und Aktienrecht falsch interpretiert, dann müßte man schließlich in der Tat dazu kommen, daß die Verwaltung sich der Rechtsform der Aktiengesellschaft nicht mehr bedienen dürfte, wenn mit dieser Rechtsform nämlich von vornherein ein Nachrang des öffentlichen Interesses verbunden wäre. Aber soweit muß es nicht kommen. Es wird unsere Aufgabe sein, den Vorrang des öffentlichen Interesses – ohne den aktienrechtlichen Regelungen Gewalt anzutun – zu verdeutlichen und festzuhalten.

Zum Gesetzesvorbehalt bei Ausgründungen, meine These 7: Herr *Tomuschat,* meine Vorschläge beziehen sich nicht auf die erwerbswirtschaftlichen Unternehmungen, sondern auf das Handeln der Verwaltung im Bereich öffentlicher Zwecke. Die rein erwerbswirtschaftlichen Unternehmen werden ja üblicherweise von den Unternehmen zu öffentlichen Zwecken unterschieden. Nur von diesen habe ich gesprochen. Die reine Erwerbswirtschaft ist ein Kapitel für sich. Bei den Unternehmen mit öffentlicher Zweckrichtung, so meine ich, muß aus Gründen der Kontrolle dieser maßgebliche öffentliche Zweck des Unternehmens präzisiert werden. Bei den Ausgründungen in öffentlichrechtlicher Rechtsform ist dies ja schon der Fall! Und bei den Ausgründungen in Privatrechtsform brauchen wir es, weil sonst handgreiflich die Gefahr von Kontrollverlusten für das Parlament besteht. Ich glaube auch nicht, daß durch diese von mir geforderte gesetzliche Zweckpräzisierung die Verwaltung schwerfällig würde; im Gegenteil, schwerfällig und unübersichtlich wird die Verwaltung, wenn Ausgründungen, durch vage Zweckbestimmungen nur unzulänglich angebunden, eine gegenüber dem Muttergemeinwesen verselbständigte Politik betreiben können.

Zur Rechnungsprüfung, These 8. Herr *Schmidt-Jortzig:* Sie haben zur Rechnungsprüfung drei Fragen an mich gerichtet. Zum einen: Nicht nur die parlamentarische Kontrolle, sondern auch die Rechnungsprüfung hat eine verfassungsrechtliche Verankerung. Es gibt eine institutionelle Garantie der Rechnungsprüfung: eine Bestandsgarantie des Rechnungshofs selbst, eine Garantie des Prüfungsgegenstandes (die gesamte Haushalts- und Wirtschaftsführung des Staates) und es gibt eine Garantie des Prüfungsmaßstabs (Ordnungsmäßigkeit und Wirtschaftlichkeit). Wir haben hier schon wichtige Verfassungssätze, die sich mit der Rechnungsprüfung befassen. Das ist nicht nur Gesetz, sondern hat Verfassungsrang. Und nun zu dem Satz, dem Sie, wenn ich Sie recht verstehe, Verfassungsrang bestreiten: Das Prinzip lückenloser Rechnungsprüfung – mit der Ausnahme bei fehlendem öffentlichem Interesse – das war doch der Grundgedanke der Verfassungsänderungen in der Zeit der Finanzreform (1969)! Das war das leitende Prinzip der damaligen Verfassungsänderungen. Daraus ergibt sich die Schlußfolgerung: Dieser Grundgedanke hat selbst Verfassungsrang. – Zum zweiten: Daß diesem Prinzip zufolge überhaupt keine Freistellungen zulässig sein könnten, weil an sich doch immer ein öffentliches Interesse an der Rechnungsprüfung gegeben sei, glaube ich nicht. Es gibt Verwaltungseinheiten, bei denen das öffentliche Interesse an der Rechnungsprüfung in der Tat sehr viel geringer ist als bei anderen, wie ich in meinem Referat ausgeführt habe. Hier kann dann der Gesetzgeber Verzicht leisten. – Zu Ihrem Punkt 3: Sie führen hier ein Mißbrauchsbeispiel an: Die Rechnungsprüfung greife ein, um der Landesbank Vorteile gegenüber ihren Wettbewerbern zu verschaffen. Ich kenne diesen Fall nicht. Das Problem müßte zu lösen sein. Es wäre sicherlich auch völlig unüblich, daß sich ein Rechnungshof in dieser Weise vor einen fremden Karren spannen ließe.

Zur Selbstverwaltung, meine These 10. Herr *Zacher,* Ihr „entschiedenster Widerspruch" zu These 10, so denke ich, trifft nicht das, was ich gesagt habe. In These 10 habe ich ausgeführt: Es gibt kein Prinzip eines demokratisch-parlamentarischen Zentralismus; es gibt keine Notwendigkeit, alles Verwaltungshandeln unter die zentralparlamentarische Kontrolle zu bringen; Selbstverwaltung steht auf eigenen demokratischen Beinen. Demokratische Legitimation kommt nicht nur über das Staatsparlament. Wahrscheinlich haben wir da in der Sache gar keinen Dissens. Ich habe mit meiner These 10 keineswegs, wie Sie meinen, geleugnet, daß es im Verhältnis verschiedener demokratisch legitimierter Institutionen zu Widersprüchen kommen könne, noch habe ich solche Widersprüche, wie Sie meinen, einfach „wegdefiniert". – Zu meiner These 13: Hier liegt nach Ihrer Ansicht der Kern des Problems. Ich sage, *auch,* auch ein Kern des Problems. Ich habe das Problem eben in zweierlei Hinsicht gesehen. Ich habe es einmal in der Einheit demokratischer Einwirkung und Kontrolle gesehen, und ich habe es zum anderen in der Herstellung von Einheit gegenüber dem betroffenen Bürger gesehen. Einen für mich wichtigen Punkt im Bereich der Selbstverwaltung hat noch Herr *Hendler* berührt. Herr *Hendler,* ich habe nicht einfach eine Lanze für die gegenwärtig praktizierte „Selbstverwaltung" gebrochen, wie Sie es wohl verstanden haben, sondern ich habe von einer wirklich demokratisch legitimierten Selbstverwaltung gesprochen. Ich habe klargemacht, daß die öffentlich-rechtlichen Kammern berufständischer und gewerblicher Interessenvertretungen nicht ohne weiteres als demokratisch legitimierte Selbstverwaltung qualifiziert werden können – denn sie sind zu einem erheblichen Teil eben nicht Selbstverwaltung, sondern sie sind „Interessentenverwaltung". Das ist ja gerade der eigentliche Grund, warum das Bundesverfassungsgericht im Facharztbeschluß diese Kammern an die Kandarre genommen hat. Unterscheiden wir also in aller Klarheit: Demokratisch legitimierte Selbstverwaltung – die eine zweifelsfrei demokratische Verfassung aufweist und nicht Belange Dritter verwaltet – auf der einen Seite; auf der anderen Seite eine Interessentenverwaltung mit Durchsetzungsrichtung gegen andere beteiligte Interessen.

Zum Rechtsschutzaspekt, meine These 13. Herr *Ossenbühl* hatte sich vorhin zu meiner These 13 geäußert. Ich stimme ihm gerne zu. Es ist geboten – ich möchte das nicht weniger nachdrücklich sagen als Herr *Ossenbühl* –, Einheit durch Rechtsschutz, durch einheitlichen Rechtsschutz zu gewähren und herzustellen.

Das Problem, das Herr *Hilf* angesprochen hat, ist faszinierend. Die Lösung dieser Haftungsprobleme freilich – Pflichten des Muttergemeinwesens, für eine hinlängliche finanzielle Ausstattung der Ausgründungen zu sorgen – ist ein weites Feld.

Herrn *Wallerath* bin ich dankbar für seine ergänzenden Hinweise zum Verwaltungsverfahren nach dem Sozialgesetzbuch.

Die Frage, die Herr *Breuer* angesprochen hat, sehe ich auch. Problemlösungen habe ich zunächst nicht.

Zum Datenschutz: meine Thesen 14 bis 17. Herr *Eberle* hat auf neuere technische Tendenzen hingewiesen. Ich glaube nicht, daß sich daraus ein Widerspruch ergibt zu dem, was ich gesagt habe. Mögen die Folgen der neuesten technischen Entwicklung (individuelle Informationstechniknutzung am Arbeitsplatz) auch in ihren Folgen ambivalent sein, ich sehe nach wie vor die vereinheitlichende Tendenz dieser Technik im Vordergrund.

Zu den Ausführungen von Herrn *Gallwas* zum Totalvorbehalt. Herr *Gallwas,* Sie sehen im Volkszählungsurteil wohl die Tendenz zu einem Totalvorbehalt „angelegt", wollen diese Tendenz aber wohl abmildern und relativieren. Sie sehen die Möglichkeit zu einer solchen Relativierung durch die Formulierung des Urteils „unter den Bedingungen der modernen Datentechnik". Ich folge dem gern. Das trifft durchaus meine Intention. Ich denke, daß mit dieser Formulierung nicht bloß das Motiv, sondern der tragende Grund der Entscheidung angegeben ist. Die Herausforderung, auf die das Recht reagieren muß, ist die moderne Datentechnik. Ohne diese Datentechnik wäre die gesamte Datenschutzgesetzgebung nicht nötig; dem müssen wir für die Ausformung des Gesetzesvorbehalts Rechnung tragen. Wir müssen den Gesetzesvorbehalt auf den eigentlich problematischen Punkt zuspitzen.

Herr *Scherer,* Sie hatten wohl eigentlich sagen wollen, daß keiner den Totalvorbehalt vertritt. Sie waren dann durch die vorangegangene Bemerkung von Herrn *Gallwas* bereits dementiert, ehe Sie Ihren Satz gesprochen hatte. Ich glaube also, Herr *Scherer:* Es gibt sehr wohl Autoren, die den Totalvorbehalt vertreten. Es gibt Autoren, die eine Totalität bereichsspezifischer Regelungen fordern. Und es gibt, dies zum Schluß, eindeutig belegbare Tendenzen einer Expansion des Verfassungsrechts auf Kosten der Regelungsspielräume des Gesetzgebers im Datenschutzbereich. Es gibt, hier im Datenschutzrecht wie anderswo, Versuche, die verfassungsrechtliche Strukturierung von Rechtsbereichen so intensiv zu betreiben, daß es auf eine totale Übernahme ganzer Rechtsgebiete ins Verfassungsrecht hinausliefe. Dem gilt es, unter demokratischen Aspekten, zu widersprechen.

Meine Damen und Herren, ich bin vorhin noch gefragt worden: Wie geht denn die *Gogol*'sche Geschichte mit der Nase aus? Man darf in der Tat Geschichten nicht anfangen, wenn man sie nicht, wenigstens in aller Kürze, zu Ende erzählen will: Die Nase, die sich in der Uniform eines Staatsrats selbständig gemacht hat, wird von der Polizei gefaßt, als sie gerade in die Kutsche nach Riga steigen will. – Wie konnte der Polizei das gelingen? Der Polizist war an sich kurzsichtig. Aber er hatte sich gerade die Brille aufgesetzt und konnte so die verkleidete Nase – als Nase erkennen.

Vielleicht liegt darin ein Hinweis: daß es dem juristischen Scharfsinn gelingen kann – wenn er nur die Brille aufsetzt! –, verfassungswidrige Verselbständigungen der Verwaltung gegenüber dem demokratischen Prozeß zu erkennen und zu verhindern. Ich danke schön.

Schlußwort Bryde: Natürlich gibt es bei einem Thema, wie wir es heute hier haben, eine gewisse Verlustliste. Herrn *Hilfs* Verweis auf die Haftungseinheit, Herrn *Steinbergs* auf das Verhältnis von staatsanwaltschaftlicher Verfolgung zur Genehmigung sind Beispiele. Auf letzteres wäre ich gern eingegangen und muß es wohl auch, weil ich in einem Nebensatz gesagt habe, daß man sich trotz Genehmigung strafbar machen kann. Damit meinte ich das allgemeine Strafrecht, nicht das verwaltungsakzessorische. Der Besitz einer Genehmigung kann einen Unternehmer, der weiß, daß er gesundheitsschädliche Auswirkungen auf seine Nachbarschaft ausübt, nicht vor dem Zugriff des allgemeinen Strafrechts schützen. Die Auffassung, daß jemand unbefugt einleiten kann, der eine Befugnis hat, trifft bei mir auf dasselbe Kopfschütteln wie bei Ihnen. Herr *Wallerath* hat schöne Beispiele aus dem Sozialrecht gebracht. Ich möchte verraten, warum ich sie nicht gebracht habe. Sie standen alle in dem Brief, mit dem Herr *Zacher* mir das Thema aus der Sicht des Vorstandes ankündigte. Ich hätte mich fast als Plagiator gefühlt, wenn ich nun gerade diese Beispiele hier aufgegriffen hätte. Zur Einheit der Verwaltung als Rechtsbegriff: Wir haben einiges Interessante gehört, z.B. den Verweis auf die preußische Verordnung von Herrn *Bachof,* die aber doch vor allem zeigt, wieviel sich geändert hat. Ich hätte natürlich gerne selbst darauf verwiesen, daß gerade Hessen in § 55 HKO noch gewisse Anklänge an eine solche Einheit auf Kreisebene hat. Herr *Gallwas* hat eine Fußnote von mir vorgetragen. Das konnte er nicht wissen. Ich habe in der Tat dort, wo ich sage, daß das Grundgesetz die Einheit der Verwaltung nicht explizit formuliere, in einer Fußnote auf die bayerische Verfassung verwiesen, und natürlich, Herr *Ipsen* ist leider schon gegangen, nicht nur auf die bayerische, sondern auch auf die hamburgische Verfassung. Hamburg ist von den Bundesländern der Staat, der am ehesten dem Modell eines Einheitsstaates entspricht, mit der Nichttrennung von gemeindlicher und staatlicher Tätigkeit und dem Senat als kollegialem Regierungsorgan. Nun ist aber gerade Hamburg ein ständiges Beispiel, nicht nur wegen der „HEW", für die Flucht ins Privatrecht auf allen möglichen Gebieten, und ein wunderschönes Beispiel für Quangoisierung, wie Herr *Schuppert* sagen würde. Also möglicherweise bestehen da Zusammenhänge. Wenn das öffentliche Recht zu wenig Differenzierung erlaubt, dann verschiebt sich diese in Grauzonen. Deswegen unterstrichen der Satz von Herrn *Steinberg:* Die Pluralisierung der Verwaltung ist unwiderruflich. Zum Datenschutz: Bei den Beiträgen von Herrn *Eberle* und Herrn *Scherer* hatte ich das Gefühl, daß es bei einem so umfassenden Thema, halt für viele Einzelthemen, die ich angesprochen habe, Kollegen gibt, die davon sehr viel mehr verstehen als ich. Und es ist natürlich gut, daß wir in der Vereinigung für diesen zukunftsträchtigen Bereich der Verbindung von Informatik und öffentlichem Recht, so sachverständige Mitglieder haben, angesichts der bevorstehenden Aufgaben bei der Schaffung einer Verwaltungsinformationsverordnung. Herr *Denninger* hat seinen Beitrag wohl nicht als Kritik verstanden, aber er war im Grunde eine Kritik. Denn ich halte von der Zweckbindung offenbar mehr als er. Ich halte sie für fruchtbarer, für auslegungsfähiger, für entwicklungsfähiger als er es tut. Man kann eigentlich jeden Rechtsbegriff „beliebig" nennen. Ich habe immer Bedenken, wenn wir dieses Grundproblem unseres Berufs, nämlich das Begriffe auslegungsbedürftig und konkretisierungsbedürftig sind, zum Argument machen. Der Begriff muß klein gearbeitet werden, wie man auf neudeutsch sagt. Er muß konkretisiert werden. Aber dem Gedanken der Zweckbindung lassen sich doch Grenzen entnehmen. Zweck kann sicher nicht einfach „Gemeinwohl" sein, aber vielleicht doch „Umweltschutz" oder „Arbeitsschutz". Wenn man bedenkt, wieviel zusätzliche Konkretisierungslemente wir bei dieser Abwägung haben in bezug auf die Nähe zu Grundrechten, in bezug auf die Gefährlichkeit des Vorgangs der Informationserhebung, in bezug auf die Gefährlichkeit der Informationsverarbeitung, bin ich der Meinung, daß man viel durch Auslegung herausholen kann und deswegen keine Informationsklausel in jedem Verwaltungsgesetz braucht. Mit Herrn *Scherer* gegen Herrn *Gallwas* bin ich der Meinung, daß es keinen Totalvorbehalt gibt. Und wenn das Volkszählungsurteil ihn enthält, dann wollen wir das getrost als obiter dictum ansehen. Aber auch wenn es keinen Totalvorbehalt gibt, bleibt es trotzdem Aufgabe des Gesetzgebers, und da haben die Beiträge von Herrn *Scherer* und Herrn *Eberle* viel Anregung gegeben, diese neuartigen Probleme der Informationsordnung zu lösen. Herrn *Eberle* bin ich auch dankbar für den Hinweis auf das Differenzierungspotential der Informationstechnologie. Das paßt gut in mein Referat: genauso wie Differenzierungsprozesse auch entdifferenzierende Aspekte haben, können Entdifferenzierungsprozesse differenzierende Wirkung haben. Datenverarbeitung kann zur Entdifferenzierung führen durch die neuen Technologien. Sie könnte aber auch zur Differenzierung genutzt werden, indem alte Abhängigkeiten nicht mehr bestehen, sondern man selber auf Daten zurückgreifen kann und selber am Arbeitsplatz weniger abhängig ist. Damit bin ich am Ende angelangt. Es gehört zum besonderen Reiz eines Vortrags vor der Staatsrechtslehrervereinigung, daß man bei jeder Fußnote, bei der man „anderer Ansicht:" schreibt, damit das Gesicht eines Kollegen verbindet, den man dann bei der Diskussion vor sich sieht. Gemessen daran waren Sie alle sehr gnädig.

Vorsitzender: Meine Herren, ich bitte Sie um die Geduld, noch ein Wort des Dankes anzuhören, das hier nun wirklich hingehört. Als wir dieses Thema formuliert haben, sind wir ausgegangen von einer Reihe von sehr konkreten Rechtsfragen, die uns lösungsbedürftig schienen. Der Problemkreis hat sich als außerordentlich schwierig und komplex erwiesen. Aber ich meine, daß ein Thema, das zwei so brillante Referate und eine derart lebhafte und interessante Diskussion ausgelöst hat, unmöglich ganz verfehlt sein kann. Wir haben zwar noch immer offene Fragen, und man kann wieder sagen: „*We are still confused, but on a very much higher level.*" Aber, nicht wahr, wir sind doch der Lösung vieler Probleme, meine ich, näher gekommen, indem wir die Topoi und die Gesichtspunkte zusammengetragen haben, die zu bedenken und zu berücksichtigen sind. Es ist ja nicht eine Platitüde, wenn Herr *Bryde* sagt, wir müßten die Probleme von Einheit und Differenzierung in Balance halten. Es ist halt so, nicht wahr? Das bedeutet den Verweis auf die Notwendigkeit konkreter Abwägung im Einzelfall. Im Grunde hat auch Herr *Haverkate* nichts anderes gesagt, sondern lediglich hinzugefügt, daß die Problemlösung in erster Linie dem Gesetzgeber vorbehalten sein soll und nicht den Gerichten, was ja, glaube ich, auch bei Herrn *Bryde* gar nicht auf Widerspruch gestoßen ist. Ich meine also, die beiden Referate haben sich nicht widersprochen, sondern sich ergänzt, auch ergänzt im Ansprechen verschiedener Beispielfälle und Problembereiche.

Ich möchte Ihnen allen nochmal herzlich danken, auch für die lebhafte Teilnahme an der Diskussion, die es nicht erforderlich gemacht hat, dieses Glöckchen hier zu benutzen. Sie wissen gar nicht, wie es klingt. Geben Sie mal her! Ich möchte, daß Sie es wenigstens einmal hören, damit Sie einmal einen Eindruck haben, welch schönes Glöckchen jetzt der Vorstand hat. (Das gilt jetzt mir selbst.) Ich danke Ihnen allen und danke nochmal ganz besonders den beiden Referenten, denen ich für diese wirklich ganz hervorragenden Referate Dank und Anerkennung aussprechen möchte.

Zacher: Meine Herren, nur noch ganz kurz. Ich muß ja schließlich die Jahrestagung auch noch schließen, dafür haben Sie doch Verständnis, und die Einheit unseres Zusammenseins herstellen. Ein großer Teil derer, denen zu danken ist, ist im Augenblick nicht da. Doch immerhin die Referenten. Also vielen Dank allen Referenten. Dann sind die Diskussionsleiter noch da und ein Teil, ein Rest, der Diskutanten. Vor allem aber Sie alle als der wirklich liebenswerte Kern der Teilnehmer: diejenigen, die nicht nur bis zum Freitag, sondern bis zur letzten Minute ausgeharrt haben. Sie glauben nicht, wie wichtig es für das Seelenleben des Vorstandes ist, daß der Vorstand um diese Zeit nicht schon ganz allein ist. Das könnte ja irgendwann einmal, wenn die Dinge weiterhin so in Verfall geraten, sein. Ein sehr herzlicher Dank an Herrn *Bethge* und seine ganze Mannschaft, die größte Verdienste um diese Tagung hat. Ja, und damit, wie man sagt, wenn man auf's Schiff geht: Gute Fahrt!

Verzeichnis der Redner

Verzeichnis der Mitglieder der Vereinigung der Deutschen Staatsrechtslehrer

Stand: 20.5.1988

Vorstand

1. *Heckel,* Dr. Martin, o. Universitätsprofessor,
Lieschingstr. 3, 7400 Tübingen, (0 70 71) 6 14 27;
Univ., (0 70 71) 29 29 71

2. *Denninger,* Dr. Erhard, Professor,
Am Wiesenhof 1, 6240 Königstein 3, (0 61 73) 7 89 32;
Universität Frankfurt, (0 69) 7 98 26 54

3. *Starck,* Dr. Christian, Professor,
Unter den Linden 20, 3400 Göttingen, (05 51) 79 26 44;
Univ., (05 51) 39 74 12

Mitglieder

1. *Abelein,* Dr. Manfred, o. Professor,
Rheinweg 12, 5300 Bonn, (02 28) 2 56 92
(Universität Regensburg)

2. *Achterberg,* Dr. Norbert, o. Professor,
Küperweg 11, 4400 Münster, (0 25 34) 74 22;
Univ., (02 51) 83 27 61

3. *Adamovich,* Dr. Ludwig, o. Professor a. D.,
Roosevelt-Platz 4, A-1090 Wien, (02 22) 42 73 95;
dienstl., (02 22) 66 16 23 61

4. *Alexy,* Dr. Robert, Professor,
Düstere-Eichen-Weg 56, 3400 Göttingen (05 51) 4 11 87
Universität Kiel (04 31) 8 80 35 43

5. *Antoniolli,* Dr. Dr. h. c. Walter, o. Universitätsprofessor,
Ottensteinstr. 35, A-2344 Maria Enzersdorf, (0 22 36) 45 09;
(Universität Wien)

6. *Armbruster,* Dr. Hubert, o. Professor,
An der Allee 69, 6500 Mainz, (0 61 31) 3 19 50;
Univ., (0 61 31) 39 23 84

7. *Arndt,* Dr. Hans-Wolfgang, o. Professor,
Waldstr. 34, 6730 Neustadt/Weinstraße (0 63 21) 3 33 85
Universität Mannheim, (06 21) 2 92 51 95

8. *v. Arnim,* Dr. Hans Herbert, o. Professor,
Im Oberkämmerer 26, 6720 Speyer, (0 62 32) 9 81 23;
Hochschule Speyer, (0 62 32) 910 343

9. *Arnold,* Dr. Rainer, o. Professor,
Plattenweg 7, 8400 Regensburg, (09 41) 7 44 65
Universität)09 41) 9 43 26 54/5

10. *Autexier,* Dr. Christian, Professor,
Bayernstr. 12, 6600 Saarbrücken, (06 81) 6 51 17;
Univers. Saarbrücken, Lehrstuhl f. französisches öffentliches Recht, (06 81) 3 02 21 21

11. *Baade,* Dr. Hans W., Professor,
6002 Mountain Climb Drive, Austin/Texas, USA, 78 731,
Tel. (512) 4 52 50 71 und 4 71 51 51

12. *Bachof,* Dr. Dr. h. c. Otto, o. Professor,
Auf dem Kreuz 3, 7400 Tübingen, (0 70 71) 6 11 44;
Univ., (0 70 71) 29 49 10 od. 29 25 49

13. *Badura,* Dr. Peter, o. Professor,
Am Rothenberg Süd 4, 8113 Kochel am See, (0 88 51) 52 89
Universität München

14. *Barbey,* Dr. Günther, apl. Professor,
Stallupöner Allee 22, 1000 Berlin 19, (0 30) 3 05 57 03

15. *Barfuß,* Dr. iur. Dr. rer. pol. Walter, a. o. Universitätsprofessor,
Tuchlauben 13, A-1014 Wien, (02 22) 63 87 61

16. *Bartlsperger,* Dr. Richard, o. Professor,
Schleifweg 55, 8521 Uttenreuth, (0 91 31) 5 99 16;
Universität Erlangen, (0 91 31) 85 28 18

17. *Battis,* Dr. Ulrich, Professor,
Rummenohler Str. 91, 5800 Hagen (0 23 55) 21 55;
Fernuniv., (0 23 31) 8 04 29 17

18. *Bayer,* Dr. Hermann-Wilfried, Professor,
Henkenbergstr. 45a, 4630 Bochum, (02 34) 79 17 44;
Univ., (02 34) 7 00 57 24

19. *Becker,* Dr. Jürgen, Privatdozent,
Scheffelstr. 13, 6000 Frankfurt/M. 1, (0 69) 5 97 44 74;
Börsenverein des Deutschen Buchhandels e.V., Rechtsabteilung, (0 69) 13 06 – 3 14/3 15/2 52

20. *Berchtold,* Dr. Klaus, Universitätsdozent,
Bräunerstr. 4–6/22, A-1010 Wien, (02 22) 53 14 34

21. *Berg,* Dr. Wilfried, o. Professor,
Waldsteinring 25, 8580 Bayreuth, (09 21) 9 31 25;
Univ., (09 21) 55 28 76

22. *Berka,* Dr. Walter, Universitätsdozent,
Birkenweg 2, A-5400 Hallein, (0 62 45) 6 25 52;
dienstl.: Weiserstr. 22, A-5020 Salzburg (06 62/80 44) 36 04

23. *Bernhardt,* Dr. Rudolf, o. Professor,
Gustav-Kirchhoff-Str. 2a, 6900 Heidelberg, (0 62 21) 4 36 99;
dienstl., (0 62 21) 4 82-1

24. *Bethge,* Dr. Herbert, o. Professor,
Am Seidenhof 10, 8390 Passau, (08 51) 4 16 97;
Univ., (08 51) 50 91 97

25. *Bettermann,* Dr. Dr. h. c. Karl-August, o. Professor,
Alte Landstr. 173, 2000 Hamburg 63, (0 40) 5 38 40 64;
Univ., (0 40) 41 23 45 57

26. *Binder,* Dr. Bruno, Universitätsdozent,
Mozartstr. 1, A-4020 Linz, (07 32) 27 51 10
oder Wischerstr. 30, A-4020 Linz, (07 32) 23 99 26.
Univ. Linz, Altenbergerstr. 69, A-4040 Linz
(07 32) 23 13 81-411

27. *Birk,* Dr. Dieter, o. Professor,
Borkumweg 43, 4400 Münster (02 51) 21 84 21
Universität (02 51) 83 27 95

28. *Blankenagel,* Dr. Alexander, Professor,
Uhlandstr. 20a, 8700 Würzburg, (09 31) 88 53 93;
Lehrstuhl für Öffentliches Recht und Ostrecht der Universität Würzburg, Domerschulstr. 16, 8700 Würzburg (09 31) 3 11/
App. 331

29. *Bleckmann,* Dr. Dr. Albert, o. Professor,
Straßburger Weg 44, 4400 Münster, (02 51) 79 60 00;
Univ., (02 51) 83 20 21

30. *Blümel,* Dr. Willi, Professor,
Angelhofweg 65, 6916 Wilhelmsfeld (0 62 20) 18 80;
Hochschule Speyer (0 62 32) 9 10–3 62/3 60

31. *Blumenwitz,* Dr. Dieter, o. Professor,
Tannenstr. 2, 8011 Baldham (0 81 06) 3 32 52;
Universität Würzburg (09 31) 3 13 08

32. *Böckenförde,* Dr. iur. Dr. phil. Ernst-Wolfgang, o. Professor, Türkheimstr. 1, 7801 Au bei Freiburg, (07 61) 40 56 23; Universität Freiburg, (07 61) 2 03 34 31

33. *Böckstiegel,* Dr. Karl-Heinz, Professor, Parkstr. 38, 5060 Bergisch-Gladbach, (0 22 04) 6 62 68; Universität Köln, (02 21) 4 70 23 37

34 *Bogs,* Dr. Harald, Professor, Dresdener Str. 7, 3406 Bovenden, (05 51) 815 95; Universität Göttingen, (05 51) 39 73 92

35. *Bothe,* Dr. Michael, Professor, Theodor-Heuss-Str. 6, 6140 Bensheim, (06 251) 43 45 Univ. Frankfurt a.M. 1, (069) 798 22 64

36. *Breuer,* Dr. Rüdiger, Professor, Heinrich-Brauns-Str. 4, 5500 Trier, (06 51) 2 14 78; Univ., (06 51) 201 25 78

37. *Brohm,* Dr. Winfried, o. Professor; Wydenmööslistr. 11, CH-8280 Kreuzlingen, (0 72) 75 15 25; Universität Konstanz, (0 75 31) 88 21 69/76

38. *v. Brünneck,* Dr. Alexander, Privatdozent, Blumenhagenstr. 5, 3000 Hannover 1, (05 11) 71 69 11 Universität Hannover, (05 11) 4 73 82 28

39. *Brünner,* Dr. Christian, o. Universitätsprofessor, Rosengasse 9, A-8042 Graz, (03 16) 4 45 18; Univ., (03 16) 3 15 81/4 76

40. *Brugger,* Dr. Winfried, LL.M., Professor, Quenstedtstr. 14, 7400 Tübingen, (0 70 71) 2 39 43; Universität Mannheim, Schloß, Westflügel, 6800 Mannheim 1, (06 21) 2 92 24 35

41. *Brunner,* Dr. Georg, o. Professor, Belvederestr. 94, 5000 Köln 41, (02 21) 4 97 35 94; Univ. Köln, Ubierring 53, 5000 Köln 1, (02 21) 31 51 10 u. 31 51 49

42. *Bryde,* Dr. Brun-Otto, Professor, Connollystr. 15, 8000 München 40, (0 89) 3 51 24 65; Hochschule der Bundeswehr München, Werner-Heisenberg-Weg 39, 8014 Neubiberg (0 89) 60 04/42 40 oder 42 41

43. *Bull,* Dr. Hans-Peter, o. Professor, Waldingstr. 35, 2000 Hamburg 65, (0 40) 6 40 04 33; dienstl. Univ. Hamburg, (0 40) 41 23 57 60

44. *Bullinger,* Dr. Martin, o. Professor,
Altschlößleweg 4, 7801 Au bei Freiburg, (07 61) 40 23 89;
Universität Freiburg, (07 61) 2 03 35 16

45. *Burmeister,* Dr. Joachim, o. Professor,
Blücherstr. 37, 6670 St. Ingbert-Rohrbach, (0 68 94) 5 75 83;
Univ., (06 81) 3 02 21 28

46. *v. Campenhausen,* Dr. Frhr. Axel, Professor,
Goßlenstr. 109, 3400 Göttingen; Univ., (05 51) 39 73 68

47. *Carstens,* Dr. Karl, o. Professor,
Dechant-Kreiten-Str. 43, 5309 Meckenheim, (0 22 25) 24 55

48. *Dagtoglou,* Dr. Prodromos, o. Professor,
Hippokrates Str. 33, Athen 144/Griechenland,
Universität Athen, 00 30/1/3 62 90 65

49. *Degenhart,* Dr. Christoph, Professor,
Stormstr. 3, 8500 Nürnberg 20, (09 11) 59 24 62;
Univ. Münster, (02 51) 83 98 03

50. *Delbrück,* Dr. Jost, Professor,
Schoolredder 20, 2300 Kiel-Altenholz, (04 31) 32 25 58;
Univ., (04 31) 8 80 21 49

51. *Denninger,* Dr. Erhard, Professor,
Am Wiesenhof 1, 6240 Königstein 3, (0 61 73) 7 89 32;
Universität Frankfurt, (0 69) 7 98 26 54

52. *Dicke,* Dr. Detlev Christian, o. Professor,
Alpenstr. 919, CH-3178 Bösingen
Universität Freiburg/Schweiz

53. *Dittmann,* Dr. Armin, o. Professor,
Karl-Brennenstuhl-Str. 11, 7400 Tübingen 9, (0 70 71) 8 24 56;
Universität Hohenheim-Schloß, Postf. 70 05 62,
7000 Stuttgart 70 (07 11) 4 59-27 91

54. *Doehring,* Dr. Karl, o. Professor,
Mühltalstr. 117/3, 6900 Heidelberg, (0 62 21) 4 58 80;
Univ., (0 62 21) 54 74 54

55. *Dörr,* Dr. Dieter, Privatdozent,
Altneugasse 11a, 6600 Saarbrücken, (06 81) 58 35 32;
Universität zu Köln, Institut f. Völkerrecht und ausländ. öffentl.
Recht, Gottfried-Keller-Str. 2, 5000 Köln 41 (02 21) 4 70 38 27

56. *Dolzer,* Dr. Dr. Rudolf, Privatdozent,
Am Pferchelhang 4/1, 6900 Heidelberg, (0 62 21) 80 33 44;
Max-Planck-Institut für Völkerrecht, Berliner Str. 48,
6900 Heidelberg 1, (0 62 21) 48 22 52

57. *Dreier,* Dr. Ralf, o. Professor,
Wilhelm-Weber-Str. 4, 3400 Göttingen, (05 51) 5 91 14;
Univ., (05 51) 39 73 84

58. *Dürig,* Dr. Günter, o. Professor,
Staufenstr. 9, 7400 Tübingen, (0 70 71) 8 25 08

59. *Eberle,* Dr. Carl-Eugen, Professor,
Ohnhorststr. 22, 2000 Hamburg 52, (0 40) 82 86 40
Univ., (0 40) 41 23-35 03

60. *Ebsen,* Dr. Ingwer, Professor,
Schürbusch 41, 4400 Münster, (02 52) 7 28 09 88;
Universität Münster (02 51) 83 27 18

61. *Ehlers,* Dr. Dirk, Professor,
Am Mühlenbach 14, 4403 Senden, (0 25 97) 84 15;
Westfälische Wilhelms-Universität, Institut für Wirtschafts-verwaltungsrecht, Universitätsstr. 14–16, 4400 Münster,
(02 51) 83 27 01

62. *Ehmke,* Dr. Horst, o. Professor,
Bundeshaus, 5300 Bonn 1, (02 28) 16 34 29 oder 16 48 34

63. *Eichenberger,* Dr. Dr. h. c. Kurt, o. Professor,
Bärenbrunnenweg 4, CH-4144 Arlesheim b. Basel,
(0 61) 72 33 86

64. *Erbel,* Dr. Günter, Professor,
Burbacher Str. 10, 5300 Bonn 1;
Universität (02 28) 73 55 83

65. *Erbguth,* Dr. Wilfried, Privatdozent,
Wermelingstr. 9 A, 4400 Münster, (02 51) 2 51 48;
Zentralinstitut für Raumplanung an der Universität Münster,
Wilmergasse 12/13, 4400 Münster (02 51) 83 97 85

66. *Erichsen,* Dr. Hans-Uwe, o. Professor,
Falkenhorst 17, 4400 Münster-St. Mauritz, (02 51) 3 13 12;
Universität Münster, (02 51) 83 27 41

67. *Ermacora,* Dr. Felix, o. Universitätsprofessor,
Karl-Lueger-Ring, A-1010 Wien I, (02 22) 42 76 11;
Univ., (02 22) 43 00 31 45, Schottenbastei 10–16

68. *Faber,* Dr. Heiko, Professor,
Wunstorfer Str. 1, 3007 Gehrden 1, (0 51 08) 22 34;
Universität Hannover, (05 11) 4 73 82 06

69. *Fiedler,* Dr. Wilfried, o. Professor,
Auf dem Löbel 1, 6602 Saarbrücken-Dudweiler,
(0 68 97) 76 64 01; Universität (06 81) 3 02 32 00

70. *Fleiner-Gerster,* Dr. Dr. h. c. Thomas, o. Professor,
Le Riedelet 9, CH-1723 Marly FR (0 37) 46 12 61;
Institut für Föderalismus, Universität Freiburg i. Ue.,
Miséricorde, CH-1700 Freiburg (0 37) 21 95 91

71. *Folz,* Dr. Hans-Ernst, Professor,
Bispinger Weg 11, 3000 Hannover 61
(05 11) 57 57 19 u. 56 28 92;
Universität Hannover, Fachbereich Rechtswissenschaften,
Hanomagstr. 8, 3000 Hannover 91, (05 11) 4 49 82 48/49

72. *Frank,* Dr. Götz, Professor,
Friedrichstr. 52, 3257 Springe 1;
Universität Hannover, (05 11) 4 73 82 08/82 29

73. *Friauf,* Dr. Karl Heinrich, o. Professor,
Eichenhainallee 17, 5060 Bergisch-Gladbach 1,
(0 22 04) 6 19 84

74. *Fröhler,* Dr. Ludwig, o. Universitätsprofessor,
Altebergerstr. 39, A-4010 Linz-Urfahr

75. *Fromont,* Dr. Dr. h. c. Michel, Professor,
9, Impasse Henri Bouchard, F-21000 Dijon, (80) 57 41 65;
Univ., (80) 39 53 62

76. *Frotscher,* Dr. Werner, o. Professor,
Habichtstalgasse 32, 3550 Marburg/Lahn, (0 64 21) 3 29 61
Univ., Universitätsstr. 6, (0 64 21) 28 31 22

77. *Frowein,* Dr. Jochen A., o. Professor,
Berliner Str. 48, 6900 Heidelberg 1
dienstl., (0 62 21) 4 82-1

78. *Funk,* Dr. Bernd-Christian, o. Professor,
Schönbrunngasse 46a, A-8010 Graz, (03 16) 3 10 82;
Universität (03 16) 3 15 81

79. *Gallent,* DDr. Kurt, Professor, Obersenatsrat i.R.,
Pestalozzistr. 1/III, A-8010 Graz, (03 16) 77 89 62;
dienstl., (03 16) 7 30 54

80. *Gallwas,* Dr. Hans-Ullrich, Professor,
Hans-Leipelt-Str. 16, 8000 München 40, (0 89) 32 83 66;
Univ., (0 89) 21 80 32 62

81. *Göldner,* Dr. Detlef, Privatdozent,
Wilhelmshavener Str. 20, 2300 Kiel, (04 31) 8 16 44

82. *Görg,* Dr. Hubert, o. Professor,
Ellersberg, 5064 Rösrath, (0 22 05) 25 40

83. *Goerlich,* Dr. Helmut, Privatdozent,
Brillkamp 13, 2000 Hamburg 63, (0 40) 5 38 59 91
dienstl.: (0 40) 38 07–21 25

84. *Götz,* Dr. Volkmar, o. Professor,
Geismarlandstr. 17a, 3400 Göttingen, (05 51) 4 31 19

85. *Gornig,* Dr. Gilbert, Privatdozent,
Ranwoldstr. 10a, 8400 Regensburg, (09 41) 7 43 30;
dienstl.: Universität Würzburg, (09 31) 3 13 08

86. *Grabitz,* Dr. Eberhard, o. Professor,
Cosimaplatz 2, 1000 Berlin 41, (0 30) 8 52 21 36;
Univ., (0 30) 8 38 49 49

87. *Gramlich,* Dr. Ludwig, Privatdozent,
Setzweg 13, 8707 Veitshöchheim, (09 31) 9 37 40;
Univ., (09 31) 3 13 34

88. *Grawert,* Dr. Rolf, o. Professor,
Aloysiusstr. 28, 4630 Bochum 1, (02 34) 47 36 92;
Univ., (02 34) 7 00 28 09

89. *Grewe,* Dr. Dr. h. c. Wilhelm G., o. Professor,
Zum Kleinen Ölberg 28, 5330 Königswinter 41 (Thomasberg),
(0 22 44) 68 74;
dienstl., (02 28) 21 41 60

90. *Grimm,* Dr. Dieter, o. Professor,
Fahlenbreede 2, 4802 Halle, (0 52 01) 1 02 40;
Universität Bielefeld, (05 21) 1 06 44 05

91. *Grupp,* Dr. Klaus, Universitätsprofessor,
Ostpreußenring 6, 6830 Schwetzingen, (0 62 02) 17 193;
Universität Saarbrücken, (06 81) 3 02 35 08

92. *Gusy,* Dr. Christoph, Privatdozent,
Scheffelstr. 47, 5000 Köln 41, (02 21) 43 88 57;
Universität Hannover, Fachbereich Rechtswissenschaften,
Hanomagstr. 8, 3000 Hannover 91, (05 11) 4 73 82 25

93. *Häberle,* Dr. Peter, o. Professor,
Universität Bayreuth, Universitätsstraße, Postfach 30 08,
8580 Bayreuth, (09 21) 55 29 47

94. *Häfelin,* Dr. Ulrich, o. Professor,
Müseliweg 1, CH-8049 Zürich, (01) 56 84 60

95. *Hahn,* Dr. Dr. h.c. Hugo J., LL. M. (Harvard), o. Professor,
Frankenstr. 63, 8700 Würzburg 1, (09 31) 28 42 86;
Univ., (09 31) 3 13 10

96. *Hailbronner,* Dr. Kay, o. Professor,
Toggenbühl, CH-8557 Fruthwilen, (0 72) 64 19 46;
Universität Konstanz, (0 75 31) 88 22 47

97. *Haller,* Dr. Herbert, a. o. Universitätsprofessor,
Felix-Mottl-Str. 48 Haus 2, A-1190 Wien, (02 22) 3 41 72 14;
Univ., (02 22) 34 75 41

98. *Haller,* Dr. Walter, o. Professor,
Burgstr. 264, CH-8706 Meilen, (01) 9 23 10 14;
Universität Zürich, (01) 2 57 30 03

99. *Hangartner,* Dr. Yvo, o. Professor,
Am Gozenberg 2, CH-9202 Gossau, (0 71) 85 15 11

100. *Haverkate,* Dr. Görg, Professor,
Fürst-Pückler-Str. 70, 5000 Köln 41, (02 21) 40 10 84;
Universität Frankfurt/M., (0 69) 7 98-27 03

101. *Heckel,* Dr. Martin, o. Universitätsprofessor,
Lieschingstr. 3, 7400 Tübingen, (0 70 71) 6 14 27;
Univ., (0 70 71) 29 29 71

102. *Hendler,* Dr. Reinhard, Professor,
Im Baumgarten 8, 7750 Konstanz 16, (0 75 31) 44 609
Universität Konstanz, (0 75 31) 88-27 55 od. 23 28

103. *Hengstschläger,* Dr. Johann, Universitätsprofessor,
Auf der Halde 16, A-4020 Linz;
Univ., (0 72 22) 3 13 81

104. *Henke,* Dr. Wilhelm, o. Professor,
Laufer Str. 5, 8501 Rückersdorf, (0 91 23) 27 85

105. *Herrmann,* Dr. Günter, Professor,
Joachimstr. 3, 1000 Berlin 38, (0 30) 8 02 48 66

106. *Herzog,* Dr. Roman, Professor,
Vizepräsident des Bundesverfassungsgerichts,
Schloßbezirk 3, Postfach 17 71, 7500 Karlsruhe 1
(07 21) 14 92 12; privat: (0 72 47) 2 26 28

107. *Hesse,* Dr. Dr. h. c. Konrad, o. Professor,
Schloßweg 29, 7802 Merzhausen, (07 61) 40 38 11;
Universität Freiburg, (07 61) 2 03 35 14

108. *Hettlage,* Dr. Karl-Maria, o. Professor,
Friedrich-Ebert-Str. 83, 5300 Bonn-Bad Godesberg,
(02 28) 36 43 61

109. *Frhr. v. d. Heydte,* Dr. jur., Dr. rer. pol. Friedrich-August,
o. Professor,
Hagschneiderweg 1, 8311 Aham-Vils, (0 87 44) 10 64

110. *Heyen,* Dr. Erk Volkmar, apl. Professor,
Maxburgstr. 25, 6730 Neustadt/Weinstraße, (0 63 21) 79 83;
Hochschule, (0 62 32) 91 03 46

111. *Hilf,* Dr. Meinhard, o. Professor,
Schelpsheide 12, 4800 Bielefeld 1, (05 21) 88 92 82;
Univ., (05 21) 1 06-44 03

112. *Hill,* Dr. Hermann, Professor,
Obere Rheinallee 8, 5407 Boppard/Rhein, (0 67 42) 29 93;
Hochschule für Verwaltungswissenschaften Speyer,
Freiherr-vom-Stein-Str. 2, 6720 Speyer, (0 62 32) 9 10–3 28

113. *Höhn,* Dr. Ernst, o. Professor,
Wiesenstr. 6, CH-9302 Kronbühl, (0 71) 25 51 46
(Hochschule St. Gallen) (0 00) 00 00 00

114. *Hoffmann,* Dr. Dr. h.c. Gerhard, o. Professor,
Ernst-Lemmer-Str. 10, 3550 Marburg 6-Wehrda,
(0 64 21) 8 16 45

115. *Hoffmann-Riem,* Dr. Wolfgang, Professor,
Kätnerweg 24, 2000 Hamburg 65, (0 40) 6 40 24 78;
Univ., (0 40) 41 23 54 16

116. *Hofmann,* Dr. Hasso, o. Professor,
Christoph-Mayer-Weg 5, 8700 Würzburg, (09 31) 8 73 88;
Univ., (09 31) 3 13 36

117. *Hollerbach,* Dr. Alexander, o. Professor,
Parkstr. 8, 7806 March-Hugstetten, (0 76 65) 22 51;
Universität Freiburg, (07 61) 203 35 35

118. *Hoppe,* Dr. Werner, o. Professor,
Händelstr. 2, 4400 Münster-Hiltrup, (0 25 01) 82 27;
dienstl.: (02 51) 83 27 03

119. *Hotz,* Dr. Reinhold, Privatdozent,
Wartensteinstr. 30, CH-9008 St. Gallen, (0 71) 24 67 77;
dienstl.: (0 71) 22 03 03

120. *Huber,* Dr. Ernst Rudolf, o. Professor,
In der Röte 2, 7800 Freiburg, (07 61) 5 37 13

121. *Huber,* Dr. Dr. h. c. Hans, o. Professor,
Mannenriedstr. 5, CH-3074 Muri b. Bern, (0 31) 52 09 25

122. *Hufen,* Dr. Friedhelm, Professor,
Hauptstr. 96, 8411 Lappersdorf-Kareth b. Regensburg,
(09 41) 8 18 57; Universität Regensburg (09 41) 9 43–26 08

123. *Ipsen,* Dr. Hans Peter, o. Professor,
Augustinum App. 1142, 2410 Mölln, (0 45 42) 81 31 42 oder
Seminaris App. 1, 2120 Lüneburg, (0 41 31) 40 11 31

124. *Ipsen,* Dr. Jörn, o. Professor,
Luisenstr. 41, 4550 Bramsche, (0 54 61) 44 96;
Universität Osnabrück, (05 41) 6 08-61 58/61 69

125. *Ipsen,* Dr. Knut, o. Professor,
Nevelstr. 59, 4630 Bochum-Weitmar, (02 34) 43 12 66;
Univ., (02 34) 7 00 28 20

126. *Isensee,* Dr. Josef, o. Professor,
Meckenheimer Allee 150, 5300 Bonn 1 (02 28) 69 34 69;
Universität (02 28) 73 79 83

127. *Jaag,* Dr. Tobias, Privatdozent,
Abeggweg 15, CH-8057 Zürich, (01) 211 25 50

128. *Jaenicke,* Dr. Günther, Professor,
Waldstr. 13, 6906 Leimen b. Heidelberg, (0 62 24) 35 71
(Universität Frankfurt)

129. *Jahrreiß,* Dr. jur., Dr. h. c. mult., Hermann, o. Professor,
Nasse-Str. 30, 5000 Köln 41, (02 21) 46 15 53;
Univ., (02 21) 4 70 22 66

130. *Jakob,* Dr. Wolfgang, o. Professor,
Wilhelmstr. 25, 8000 München 40,
(0 89) 39 05 06
(Universität Augsburg)

131. *Janssen,* Dr. Albert, Ministerialrat,
Kaiser-Friedrich-Str. 25, 3200 Hildesheim

132. *Jarass,* Dr. Hans D., LL.M (Harvard), o. Professor,
Kulmer Str. 12, 4630 Bochum 1, (02 34) 31 12 91;
Univ. Bochum, Postfach 10 21 48, (02 34) 7 00 28 18

133. *Kaiser,* Dr. jur., Dr. rer. pol. h. c. Joseph H., o. Professor,
Rothofweg, 7813 Staufen i. Br., (0 76 33) 57 28;
Universität Freiburg, (07 61) 2 03 35 67

134. *Karpen,* Dr. Ulrich, Professor,
Oldenfelder Str. 32, 2000 Hamburg 73 (Rahlstedt),
(0 40) 6 77 83 98;
Universität Hamburg, Seminar f. Öffentl Recht und Staatsrecht,
Schlüterstr. 28, 2000 Hamburg 13, (0 40) 41 23-30 23 od. 45 72

135. *Kewenig,* Dr. Wilhelm, o. Professor,
Schützallee 37, 1000 Berlin 37, (0 30) 8 02 84 87;
Univ., (0 30) 3 03 23 16

136. *Khol,* Dr. Andreas, Universitätsprofessor,
Cuviergasse 23, A-1130 Wien, (02 22) 84 15 73;
dienstl., (02 22) 83 15 31

137. *Kimminich,* Dr. Otto, o. Professor,
Killermannstr. 6, 8400 Regensburg, (09 41) 3 28 54;
Univ., (09 41) 9 43 26 60

138. *Kipp,* Dr. Heinrich, Universitätsprofessor,
Lanserstr. 61, A-6080 Igls, (0 52 22) 72 09

139. *Kirchhof,* Dr. Ferdinand, Professor,
Schopenhauerstr. 43, 7410 Reutlingen 1, (0 71 21) 34 04 11;
Juristische Fakultät der Universität Tübingen, Wilhelmstr. 7,
7400 Tübingen 1, (0 70 71) 29 25 61

140. *Kirchhof,* Dr. Paul, o. Professor,
Am Pferchelhang 33/1, 6900 Heidelberg 1, (0 62 21) 80 14 47;
Univ., (0 62 21) 54 74 57

141. *Kirn,* Dr. Michael, o. Professor,
Rummelburgerstr. 5, 2000 Hamburg 73, (0 40) 6 47 38 42;
Hochschule der Bundeswehr, (0 40) 65 41 27 82

142. *Kisker,* Dr. Gunter, o. Professor,
Waldstr. 74, 6301 Linden-Am Mühlberg, (0 64 03) 6 10 30;
Universität Gießen, (06 41) 7 02 50 25

143. *Klecatsky,* Dr. Hans R., o. Universitätsprofessor,
Reithmannstr. 20, A-6020 Innsbruck, (0 52 22) 46 76 74;
Univ., (0 52 22) 3 36 01/7 33

144. *Klein,* Dr. Eckart, o. Professor,
Ebersheimer Weg 35, 6500 Mainz, (0 61 31) 5 36 70

145. *Klein,* Dr. Hans Hugo, o. Professor,
Heilbrunnstr. 4, 7507 Pfinztal-Söllingen, (0 72 40) 73 00
Universität Göttingen, (05 51) 39 46 25

146. *Kloepfer,* Dr. Michael, o. Professor,
Sickingenstr. 16, 5500 Trier, (06 51) 4 19 32;
Univ., (06 51) 2 01-25 56

147. *Knemeyer,* Dr. Franz-Ludwig, o. Professor,
Unterdürrbacher Str. 353, 8700 Würzburg, (09 31) 9 61 18;
Univ., (09 31) 3 18 99

148. *Knies,* Dr. Wolfgang. o. Professor,
Am Botanischen Garten 5, 6600 Saarbrücken 11;
dienstl.: Niedersächsischer Kultusminister, Schiffgraben 12,
3000 Hannover 1, (05 11) 1 20 84 01

149. *Knöpfle,* Dr. Franz, o. Professor,
Höhenweg 22, 8901 Leitershofen;
Universität Augsburg, (08 21) 59 83 52

150. *Koch,* Dr. Hans-Joachim, Professor,
Wendlohstr. 80, 2000 Hamburg 61, (0 40) 5 51 88 04;
Univ., (0 40) 41 23 39 77

151. *König,* Dr. Dr. Klaus, Professor,
Wimphelingstr. 5, 6720 Speyer, (0 62 32) 59 01;
dienstl.: Hochschule für Verwaltungswissenschaften Speyer,
Freiherr-vom-Stein-Str. 2, 6720 Speyer, (0 62 32) 91 03 69

152. *Kopp,* Dr. Ferdinand O., o. Universitätsprofessor,
Innstr. 40, 8390 Passau

153. *Korinek,* Dr. Karl, o. Universitätsprofessor,
Auhofstr. 225, A-1130 Wien, (02 22) 8 20 91 53;
Univ., (02 22) 34 75 41

154. *Krause,* Dr. Peter, o. Professor,
Weinbergstr. 12, 5501 Korlingen, (0 65 88) 73 33
(Universität Trier)

155. *Krawietz,* Dr. Werner, o. Professor,
Nienborgweg 29, 4400 Münster, (02 51) 86 14 51;
Univ., (02 51) 83 25 91

156. *Krebs,* Dr. Walter, Professor,
Lortzingstr. 3, 4800 Bielefeld 1, (05 21) 6 97 39
Universität Bielefeld, Postfach 86 40, 4800 Bielefeld 1,
(05 21) 106-43 86

157. *Kriele,* Dr. Martin, o. Professor,
Richard-Wagner-Str. 10, 5090 Leverkusen 1, (02 14) 5 15 64;
Universität Köln, (02 21) 4 70 22 30

158. *Kröger,* Dr. Klaus, Professor,
Hölderlinweg 14, 6300 Gießen-Wieseck, (06 41) 5 22 40

159. *Krüger,* Dr. Hartmut, Professor,
Sielsdorfer Str. 10, 5000 Köln 41, (02 21) 43 49 27;
Universität Köln (02 21) 4 70 45 00

160. *Krüger,* Dr. Herbert, o. Professor,
Philosophenweg 14, 2000 Hamburg 50, (0 40) 8 80 79 34

161. *Küchenhoff,* Dr. Erich, Professor,
Dachsleite 65, 4400 Münster, (02 51) 24 72 71;
Univ., (02 51) 83 27 06/05

162. *Kühne,* Dr. Jörg-Detlef, Professor,
Eichenweg 5, 5204 Lohmar 1, (0 22 46) 25 50;
Universität Köln, (02 21) 4 70 38 34

163. *Kunig,* Dr. Philip, Professor,
Wildpfad 5, 1000 Berlin 33;
Institut f. Staatslehre, Staats- und Verwaltungsrecht,
Thielallee 52, 1000 Berlin 33, (0 30) 8 38 30 11

164. *Lange,* Dr. Klaus, Professor,
Lilienweg 22, 6302 Lich, (0 64 04) 56 81;
Universität Gießen, (06 41) 7 02 50 19

165. *Laubinger,* Dr. Hans-Werner, Professor,
Philipp-Wasserburg-Str. 45, 6500 Mainz-Gonsenheim,
(0 61 31) 4 31 91
Universität Mainz, Saarstr. 21, (0 61 31) 39 59 42

166. *Laurer,* DDr. Hans René, Universitätsprofessor,
Scheffergasse 27a, A-2340 Mödling, (0 26 36) 2 04 02;
Universität Wien, (02 22) 34 75 44/419

167. *Lecheler,* Dr. Helmut, o. Professor,
Würzburger Str. 10d, 8600 Bamberg, (09 51) 5 41 46;
Universität Erlangen, (0 91 31) 85 47 81

168. *Leisner,* Dr. Walter, o. Professor,
Kochstr. 2, 8520 Erlangen, (0 91 31) 85 22 59

169. *Lerche,* Dr. Peter, o. Professor,
Junkersstr. 13, 8035 Gauting b. München, (0 89) 8 50 20 88;
Universität München, (0 89) 21 80 33 35

170. *Link,* Dr. Heinz-Christoph, Professor,
Michaelisweg 4, 3400 Göttingen, (05 51) 4 86 57;
Hans-Liermann-Institut für Kirchenrecht, Hindenburgstr. 34,
8520 Erlangen, (0 91 31) 85 22 42

171. *Lipphardt,* Dr. Hanns-Rudolf, Professor,
Zur Forstquelle 3, 6900 Heidelberg, (0 62 21) 38 23 12;
Univ., (0 62 21) 54 74 40

172. *Listl,* Dr. Joseph, o. Professor,
Universitätsstr. 10, 8900 Augsburg, (08 21) 59 87 20 od.
59 87 30

173. *Löwer,* Dr. Wolfgang, Professor,
Lotharstr. 3, 5300 Bonn 1, (02 28) 21 82 73

174. *Lorenz,* Dr. Dieter, o. Professor,
Bohlstr. 21, 7750 Konstanz 18, (0 75 33) 68 22;
Univ., (0 75 31) 88 25 30

175. *Loschelder,* Dr. Wolfgang, Professor,
Am Ehrenmal 8, 5205 St. Augustin 3, (0 22 41) 31 23 16;
Univ. Bochum, (02 34) 7 00 52 63/7

176. *Luchterhandt,* Dr. Otto, Privatdozent,
Dürerweg 23, 4010 Hilden;
Universität Köln, Institut für Ostrecht, Ubierring 53,
5000 Köln 1, (02 21) 31 51 10

177. *Lübbe-Wolff,* Dr. Gertrude, Privatdozentin,
Kollwitzstr. 55, 4800 Bielefeld, (05 21) 88 26 59;
Fakultät f. Rechtswissenschaft d. Universität Bielefeld,
4800 Bielefeld, (05 21) 10 64 40

178. *Magiera,* Dr. Siegfried, o. Professor,
Feuerbachstr. 1, 6725 Römberg, (0 62 32) 8 44 54;
Hochschule für Verwaltungswissenschaften Speyer, Freiherr-vom-Stein-Str. 2, 6720 Speyer, (0 62 32) 91 03 48 od. 91 03 31

179. *Majer,* Dr. Diemut, Professorin, Privatdozentin an der Universität Bern, Welfenstr. 30, 7500 Karlsruhe, (07 21) 81 66 50 oder (0 78 41) 41 12; Fachhochschule des Bundes für öff. Verw. – Fachbereich Bundeswehrverw. – Seckenheimer Landstr. 8–10, 6800 Mannheim 25, (06 21) 40 80 91

180. *v. Mangoldt,* Dr. Hans, Professor,
Goetheweg 1, 7401 Nehren, (0 74 73) 79 08;
Universität Tübingen, (0 70 71) 29 33 02

181. *Mantl,* Dr. Wolfgang, o. Universitätsprofessor,
Wiener Str. 256/XI/33, A-8051 Graz, (03 16) 6 13 06;
Univ., (03 16) 3 15 81/Nbst. 479

182. *Marti,* Dr. Hans, a. o. Professor,
Waldriedstr. 29, CH-3074 Bern, (0 31) 52 12 66;
dienstl., (0 31) 22 16 83

183. *Maunz,* Dr. Theodor, o. Professor,
Hartnagelstr. 3, 8032 Gräfelfing b. München, (0 89) 8 54 39 85
Universität München

184. *Maurer,* Dr. Hartmut, o. Professor,
Säntisblick 10, 7750 Konstanz 19, (0 75 33) 13 12;
Univ., (0 75 31) 88 36 57

185. *Mayer-Tasch,* Dr. Peter Cornelius, Professor,
Am Seeberg 11, 8919 Schondorf, (0 81 92) 6 68;
Universität München, (0 89) 21 80 30 20/1

186. *Meessen,* Dr. Karl Matthias, Professor,
Zobelstr. 18, 8900 Augsburg, (08 21) 55 59 89;
Univ., (08 21) 59 84 79/2 55

187. *Meissner,* Dr. Boris, o. Professor,
Kleine Budengasse 1, 5000 Köln 1, (02 21) 23 97 54

188. *Melichar,* Dr. Erwin, o. Universitätsprofessor,
Schulerstr. 20, A-1010 Wien;
Universität (02 22) 5 13 12 70

189. *Menger,* Dr. Christian-Friedrich, o. Professor,
Piusallee 109, 4400 Münster, (02 51) 2 30 33 15;
Universität (02 51) 83 27 41

190. *Merten,* Dr. iur. Dr. rer. pol. Detlef, o. Professor,
Von-Dalberg-Str. 8, 6731 St. Martin, (0 63 23) 18 75;
Hochschule Speyer, (0 62 32) 91 03 49

191. *Meyer,* Dr. Hans, Professor,
Georg-Speyer-Str. 28, 6000 Frankfurt/M., (0 69) 77 57 94;
Univ., (0 69) 7 98 38 63

192. *Meyn,* Dr. Karl-Ulrich, Professor,
Leyer Str. 36, 4500 Osnabrück, (05 41) 12 64 82;
Universität (05 41) 6 08–61 36/61 72

193. *Mößle,* Dr. Dr. Wilhelm, o. Professor,
Schwindstr. 19, 8580 Bayreuth,
Univ., (09 21) 55 28 66

194. *Morscher,* Dr. Siegbert, Universitätsprofessor,
Tschiggyfreystr. 11a, A-6020 Innsbruck, (0 52 22) 8 62 10

195. *Mosler,* Dr. Dr. h. c. Hermann, Professor,
Mühltalstr. 117a, 6900 Heidelberg, (0 62 21) 48 03 81

196. *Müller,* Dr. Friedrich, o. Professor,
Von der Tann Str. 15, 6900 Heidelberg 1;
Univ., (0 62 21) 54 74 81

197. *Müller,* Dr. Georg, o. Professor,
Sugenreben 356, CH-5015 Untererlinsbach, (0 64) 34 38 73;
Universität Zürich, (01) 2 57 30 03/4

198. *Müller,* Dr. Jörg Paul, o. Professor,
Kappelenring 42a, CH-3032 Hinterkappelen, (0 31) 36 05 70;
Universität Bern, (0 31) 65 88 94/5

199. *Müller-Volbehr,* Dr. Jörg, Professor,
Universitätsstr. 6, 3550 Marburg;
Univ., (0 64 21) 28 38 10

200. *Münch,* Dr. Fritz, apl. Professor,
Zur Forstquelle 2, 6900 Heidelberg, (0 62 21) 3 35 99;
Univ., (0 62 21) 4 21 33

201. *v. Münch,* Dr. Ingo, Professor,
Hochrad 9, 2000 Hamburg 52, (0 40) 82 96 24;
Univ., (0 40) 41 23 46 01

202. *Murswiek,* Dr. Dietrich, Universitätsprofessor,
Hainbundstr. 12, 3400 Göttingen, (05 51) 4 10 81;
Jurist. Seminar der Georg-August-Universität, Nikolausberger Weg 9a, 3400 Göttingen, (05 51) 39-47 23 od. 73 93

203. *Mußgnug,* Dr. Reinhard, o. Professor,
Keplerstr. 40, 6900 Heidelberg, (0 62 21) 4 62 22;
Univ., (0 62 21) 54 74 66

204. *v. Mutius,* Dr. Albert, o. Professor,
Hof Altwasser, 2372 Brekendorf, (0 43 53) 5 15;
Universität Kiel, (04 31) 8 80 35 36

205. *Nicolaysen,* Dr. Gert, Professor,
Bockhorst 68a, 2000 Hamburg 55, (0 40) 8 70 17 47;
Univ., (0 40) 41 23 45 88

206. *Novak,* Dr. Richard, o. Universitätsprofessor,
Thadd. Stammel-Str. 8, A-8020 Graz, (03 16) 5 35 16;
Univ., (03 16) 3 15 81/4 80

207. *Obermayer,* Dr. Klaus, o. Professor,
Niendorfstr. 25, 8520 Erlangen, (0 91 31) 5 51 06

208. *Oberndorfer,* Dr. Peter, o. Universitätsprofessor,
Wolfauerstr. 94, A-4045 Linz, (0 72 22) 34 96 94

209. *Oebbecke,* Dr. Janbernd, Privatdozent,
Erphostr. 22, 4400 Münster, (02 51) 3 42 15;
Frh. v. Stein-Institut, Wissenschaftl. Forschungsstelle des Landkreistages NRW an der Universität Münster, v. Vincke-Str. 10, 4400 Münster, (02 51) 51 85 87

210. *Öhlinger,* Dr. Theo, o. Universitätsprofessor,
Tolstojgasse 5/6, A-1130 Wien, (02 22) 82 12 60;
Univ., (02 22) 43 00 31 44, Schottenbastei 10–16, A-1010 Wien

211. *Oldiges,* Dr. Martin, Professor,
Am Vossberge 6, 4800 Bielefeld, (05 21) 12 18 32;
Univ., (05 21) 1 06 43 99

212. *Olshausen,* Dr. Henning, o. Professor,
Frankenstr. 4, 6710 Frankenthal;
Universität Mannheim, (06 21) 2 92-55 97/56 31

213. *Oppermann,* Dr. Dr. h. c. Thomas, o. Professor,
Burgholzweg 122, 7400 Tübingen, (0 70 71) 4 95 33;
Univ., (0 70 71) 29 25 60

214. *Ossenbühl,* Dr. Fritz, Professor,
Laurentiusstr. 50c, 5330 Königswinter 1, (0 22 23) 41 14;
Universität Bonn, (02 28) 73 55 72/3

215. *Papier,* Dr. Hans-Jürgen, o. Professor,
Neusiedler Weg 14, 4904 Enger, (0 52 24) 52 02;
Universität Bielefeld, (05 21) 1 06 43 98

216. *Partsch,* Dr. Karl Josef, o. Professor,
Frankenstr. 10, 6507 Ingelheim, (0 61 32) 22 64
Universität Bonn

217. *Peine,* Dr. Franz-Joseph, Professor,
Telgter Str. 48, 4800 Bielefeld 1, (05 21) 10 53 25;
Univ. Hannover, Hanomagstr. 8, 3000 Hannover 91, (05 11) 4 49 82 27 od. 4 49 82 08

218. *Pernthaler,* Dr. Peter, Universitätsprofessor,
Philippine-Welser-Str. 27, A-6020 Innsbruck, (0 52 22) 41 82 84;
Univ., (0 52 22) 33 60 17 31

219. *Graf von Pestalozza,* Dr. Christian, o. Professor,
dienstl.: Thielallee 52, 1000 Berlin 33, (0 30) 8 38 30 14

220. *Pieroth,* Dr. Bodo, Professor,
Feldstr. 70, 4322 Sprockhövel, (0 23 24) 7 71 36;
Univ., (02 34) 7 00 52 62 oder 7 00 52 52

221. *Pietzcker,* Dr. Jost, Professor,
Hausdorffstr. 95, 5300 Bonn, (02 28) 23 39 54;
Univ., (02 28) 73 91 77

222. *Pirson,* Dr. Dietrich, o. Professor,
Agnesstr. 46, 8000 München 40, (0 89) 2 71 67 77;
Univ., (0 89) 21 80 27 15

223. *Podlech,* Dr. Dr. Adalbert, Professor,
Vorm Heiligen Kreuz 2, 6101 Weiterstadt, (0 61 50) 43 44
(TH Darmstadt)

224. *Püttner,* Dr. Günter, o. Professor,
Mörikestr. 21, 7400 Tübingen, (0 70 71) 6 63 94;
Univ., (0 70 71) 29 52 62 oder 29 52 63

225. *Quaritsch,* Dr. Helmut, o. Professor,
Otterstadter Weg 139, 6720 Speyer, (0 62 32) 3 26 37;
Hochschule, (0 62 32) 9 10–3 44

226. *Rack,* Dr. Reinhard, a. o. Universitätsprofessor,
Obere Teichstr. 19, A-8010 Graz, (03 16) 43 88 42;
Univ., (03 16) 3 15 81 Nbst. 4 74

227. *Randelzhofer,* Dr. Albrecht, o. Professor,
Van't-Hoff-Str. 8, 1000 Berlin 33, (0 30) 8 38 22 88

228. *Raschauer,* Dr. Bernhard, a. o. Universitätsprofessor,
Pfeilgasse 7, A-1080 Wien, (02 22) 4 39 43 02;
Univ., (02 22) 43 00 31 23, Schottenbastei 10–16, A-1010 Wien

229. *Rasenack,* Dr. Christian A.L., Professor,
Dahlemer Weg 63a, 1000 Berlin 37, (0 30) 8 17 37 96;
Techn. Univ., (0 30) 3 14 58 74/75

230. *Rauschning,* Dr. Dietrich, o. Professor,
Rodetal 1, 3406 Bovenden, (0 55 94) 3 31
Universität Göttingen

231. *Rengeling,* Dr. Hans-Werner, Professor,
Brüningheide 192, 4400 Münster, (02 51) 21 20 38;
Universität Osnabrück, (05 41) 6 08 61 17

232. *Ress,* Dr. jur. Dr. rer. pol. Georg, o. Professor,
Am Botanischen Garten 6, 6600 Saarbrücken,
(06 81) 3 02 30 55;
Univ., (06 81) 3 02 25 03

233. *Rhinow,* Dr. René A., o. Professor,
Jurastr. 48, CH-4411 Seltisberg, (0 61) 96 99 35;
Universität Basel, (0 61) 25 52 77

234. *Riedel,* Dr. Eibe H., Professor
Weintrautstr. 14, 3550 Marburg, (0 64 21) 2 36 19;
Institut f. öffentl. Recht, Abt. Völkerrecht,
Philipps-Universität Marburg, Universitätsstr. 6,
3550 Marburg, (0 64 21) 28 31 33 oder 28 31 27

235. *Rill,* Dr. Heinz Peter, o. Universitätsprofessor,
Peter-Jordan-Str. 145, A-1190 Wien, (02 22) 4 75 76 15;
Wirtschaftsuniversität, (02 22) 34 75 41/2 64

236. *Ringhofer,* Dr. Kurt, o. Universitätsprofessor,
Eduard-Macheiner-Str. 23, A-5020 Salzburg, (06 62) 84 47 67

237. *Robbers,* Dr. Gerhard, Privatdozent,
Dorfstr. 20, 7801 Sölden, (07 61) 40 79 75;
Universität Freiburg i.Br., Seminar f. Rechtsphilosophie
u. Kirchenrecht, Europaplatz 1, 7800 Freiburg i.Br.,
(07 61) 2 03 34 11

238. *Roellecke,* Dr. Gerd, o. Professor,
Kreuzackerstr. 8, 7500 Karlsruhe 41, (07 21) 49 17 39;
Universität Mannheim, (06 21) 2 92 51 86

239. *Ronellenfitsch,* Dr. Michael, Professor,
Augusta-Anlage 15, 6800 Mannheim, (06 21) 41 23 34;
Universität Bonn, (02 28) 73 91 51/91 50

240. *Rudolf,* Dr. Walter, o. Professor,
Rubensallee 55a, 6500 Mainz 31, (0 61 31) 7 26 51;
Universität, (0 61 31) 39 24 12

241. *Rüfner,* Dr. Wolfgang, Professor,
Hagebuttenstr. 26, 5309 Meckenheim, (0 22 25) 71 07;
Univ. Köln, (02 21) 47 02 679 oder 4 70 37 77

242. *Rühland,* Dr. Curt, o. Professor,
Dürerstr. 26, 3300 Braunschweig, (05 31) 33 21 16

243. *Ruland,* Dr. Franz, Professor,
Kälberstücksweg 55, 6380 Bad Homburg, (0 61 72) 3 11 09;
Univ. Frankfurt a.M. 1, (0 69) 152 22 19

244. *Rupp,* Dr. Hans Heinrich, o. Professor,
Am Marienpfad 29, 6500 Mainz, (0 61 31) 3 45 88

245. *Sachs,* Dr. Michael, Universitätsprofessor,
Dattenfelder Str. 7, 5000 Köln 91;
dienstl.: Eichleitnerstr. 30, 8900 Augsburg, (08 21) 59 84 29

246. *Saladin,* Dr. Peter, o. Professor,
Forrerstr. 26, CH-3006 Bern;
Universität Bern, (0 31) 44 80 06

247. *Salzwedel,* Dr. Jürgen, o. Professor,
Siebengebirgsstr. 86, 5300 Bonn 3, (02 28) 48 17 10;
Univ., (02 28) 73 55 80

248. *Sattler,* Dr. Andreas, Professor,
Ludwig-Beck-Str. 17, 3400 Göttingen, (05 51) 2 23 40;
Univ., (05 51) 39 73 77 u. 39 73 93

249. *Schachtschneider,* Dr. Karl Albrecht, Professor,
Am Waldesrand 18, 2000 Hamburg 73, (0 40) 6 77 62 50;
Universität, (0 40) 41 23 55 36

250. *Schäffer,* Dr. Heinz, o. Universitätsprofessor,
Große Neugasse 6/14, A-1040 Wien, (02 22) 5 76 96 73;
Univ. Salzburg, Weiserstr. 22,
A-5020 Salzburg, (06 62) 4 45 11/3 34

251. *Schambeck,* Dr. Herbert, o. Universitätsprofessor,
Hofzeile 21, A-1190 Wien, (02 22) 36 34 94;
Universität Linz, (07 32) 3 13 10

252. *Schenke,* Dr. Wolf-Rüdiger, o. Professor,
Beim Hochwald 30, 6800 Mannheim, (06 21) 74 42 00;
Univ., (06 21) 2 92 52 14

253. *Scherer,* Dr. Joachim, LL.M., Privatdozent,
Unterlindau 14, 6000 Frankfurt a.M. 1, (0 69) 72 57 37;
Univ. Frankfurt a.M. 1, (0 69) 7 98 27 79

254. *Scheuing,* Dr. Dieter H., o. Professor,
Finkenstr. 17, 8706 Höchberg b. Würzburg, (09 31) 4 83 31;
Univ. Würzburg, (09 31) 3 13 24

255. *Schick,* Dr. Walter, o. Professor,
Strindbergstr. 27, 8500 Nürnberg, (09 11) 50 14 22;
Univ., (09 11) 5 30 23 53

256. *Schiedermair,* Dr. Hartmut, o. Professor,
Univ. Köln, Gottfried-Keller-Str. 2,
5000 Köln 41, (02 21) 4 70 26 88 oder 4 70 23 64

257. *Schindler,* Dr. Dietrich, Professor,
Lenzenwiesstr. 8, CH-8702 Zollikon, (01) 3 91 41 40;
Universität Zürich, (01) 3 91 71 18

258. *Schlaich,* Dr. Klaus, o. Professor,
Wolkenburgstr. 2, 5202 St. Augustin 2, (0 22 41) 33 75 09;
Universität Bonn, (02 28) 73 91 25

259. *Schlink,* Dr. Bernhard, Professor,
Endenicher Allee 16, 5300 Bonn 1, (02 28) 65 23 58;
Universität Bonn, (02 28) 73 55 74

260. *Schlochauer,* Dr. Hans-Jürgen, Professor,
Blauenstr. 18, 6000 Frankfurt, (0 69) 67 58 07;
Univ., (0 69) 7 98 31 93

261. *Schmid,* Dr. Gerhard, Professor,
Hochwaldstr. 24, CH-4059 Basel, (0 61) 50 84 25;
Sandoz AG, (0 61) 24 78 30

262. *Schmidt,* Dr. Reiner, o. Professor,
Bachwiesenstr. 4, 8901 Gessertshausen, (0 82 38) 41 11;
Universität Augsburg, (08 21) 59 84 43

263. *Schmidt,* Dr. Walter, Professor,
Brüder-Knauß-Str. 86, 6100 Darmstadt, (0 61 51) 6 47 10;
Universität Frankfurt, (0 69) 7 98 21 89

264. *Schmidt-Aßmann,* Dr. Eberhard, o. Professor,
Höhenstr. 30, 6900 Heidelberg, (0 62 21) 80 08 03;
Univ., (0 62 21) 54 74 28

265. *Schmidt-Jortzig,* Dr. Edzard, Professor,
Graf-Spee-Str. 18a, 2300 Kiel 1;
Univ., (04 31) 8 80-35 45

266. *Schmitt Glaeser,* Dr. Walter, o. Professor,
Rübezahlweg 9A, 8580 Bayreuth, (09 21) 3 20 70;
Univ., (09 21) 55 29 42

267. *Schmitt-Kammler,* Dr. Arnulf, Professor,
Renthof 33, 3550 Marburg/Lahn, (0 64 21) 6 49 02;
Univ. Köln, (02 21) 4 70 35 44 oder 4 70 35 00

268. *Schnapp,* Dr. Friedrich E., o. Professor,
Efeuweg 22, 4630 Bochum 6, (0 23 27) 7 42 13;
Univ. Bochum, (02 34) 7 00 22 39

269. *Schneider,* Dr. Hans, o. Professor,
Ludolf-Krehl-Str. 44, 6900 Heidelberg, (0 62 21) 48 03 81

270. *Schneider,* Dr. Hans-Peter, Professor,
Delpweg 16, 3000 Hannover 91, (05 11) 46 71 66;
Univ., (05 11) 7 62 81 85/6

271. *Schneider,* Dr. Litt. D. h. c. Peter, o. Professor,
Goldenluftgasse 4, 6500 Mainz, (0 61 31) 22 32 73

272. *Schnur,* Dr. Roman, o. Professor,
Lindenstr. 49, 7407 Rottenburg 5, (0 74 72) 2 22 24;
Universität Tübingen

273. *Schoch,* Dr. Friedrich, Universitätsprofessor
In der Weede 116, 4400 Münster, (0 25 36) 64 86;
dienstl.: Westf. Wilhelms-Universität,
4400 Münster, (02 51) 83 27 45

274. *Scholler,* Dr. Heinrich, Professor,
Zwengauerweg 5, 8000 München 71, (0 89) 79 64 24;
Univ., (0 89) 21 80 27 24

275. *Scholz,* Dr. Rupert, o. Professor,
Erbacher Str. 1, 1000 Berlin 33, (0 30) 8 91 17 00;
Universität München, (0 89) 21 80 21 13

276. *Schröder,* Dr. Meinhard, o. Professor,
Zum Wingert 2, 5501 Mertesdorf, (06 51) 5 78 87;
Universität Trier, (06 51) 2 01 25 86

277. *Schulze-Fielitz,* Dr. Helmuth, Privatdozent,
Fockestr. 34, 5300 Bonn 1, (02 28) 25 45 12;
dienstl.: Universitätsstr. 30, 8580 Bayreuth, (09 21) 55 29 45

278. *Schuppert,* Dr. Gunnar Folke, Professor,
Beethovenstr. 1, 8900 Augsburg, (08 21) 15 12 71;
Univ. Augsburg, Eichleitner Str. 30,
8900 Augsburg, (08 21) 59 81

279. *Schwabe,* Dr. Jürgen, Professor,
Erlenweg 1, 2150 Buxtehude, (0 41 61) 8 71 41;
Universität Hamburg, (0 40) 41 23 44 54

280. *Schwarze,* Dr. Jürgen, o. Professor,
Universität Hamburg, Schlüterstr. 28, 2000 Hamburg 13,
(0 40) 41 23 45 64/45 71

281. *Schweitzer,* Dr. Michael, Professor,
Göttweiger Str. 135, 8390 Passau;
Univ., (08 51) 5 50 55 47

282. *Schwerdtfeger,* Dr. Gunther, Universitätsprofessor,
Neuer Kamp 20, 3101 Nienhagen, (0 51 44) 13 99;
dienstl.: Universität Hannover, Fachbereich Rechtswissenschaften, Hanomagstr. 8, (05 11) 4 49 82 80

283. *Scupin,* Dr. Hans Ulrich, o. Professor,
Robert-Koch-Str. 46, 4400 Münster, (02 51) 8 23 41;
Univ., (02 51) 83 27 64

284. *Seewald,* Dr. Otfried, o. Professor,
Peter-Griesbacher-Weg 11, 8390 Passau, (08 51) 3 51 45;
Universität, (08 51) 50 91 58 und 50 91 59

285. *Seidl-Hohenveldern,* Dr. Dr. h.c. Ignaz, o. Professor,
A-1010 Wien I, Schwertgasse 4, (0 04 32 22) 5 33 15 60

286. *Selmer,* Dr. Peter, Professor,
Akazienweg 9, 2000 Hamburg 55, (0 40) 86 47 43;
Univ., (0 40) 41 23 45 76

287. *Siedentopf,* Dr. Dr. h. c. Heinrich, o. Professor,
Hauptstr. 170, 6740 Landau-Godramstein, (0 63 41) 6 07 57;
Hochschule Speyer, (0 62 32) 9 10–2 12

288. *v. Simson,* Dr. Werner, o. Professor,
Luisenstr. 3, 7800 Freiburg, (07 61) 3 58 63

289. *Skouris,* Dr. Wassilios, Professor,
Nikolaou Manou 18, 54643 Thessaloniki, Griechenland,
(00 30 31) 83 14 44
Fachber. Rechtswissensch., (00 30 31) 99 13 89

290. *Söhn,* Dr. Hartmut, o. Professor,
Eppanerstr. 9, 8390 Passau, (08 51) 5 85 20;
Universität Passau, (08 51) 50 91 92

291. *Soell,* Dr. Hermann, o. Professor,
Domspatzenstr. 34, 8411 Etterzhausen, (0 94 04) 21 25;
Universität Regensburg, (09 41) 9 43 26 57

292. *Spanner,* Dr. Hans, o. Professor,
Candidstr. 24, 8000 München 90, (0 89) 65 21 41

293. *Staff,* Dr. Ilse, Professorin,
Am Forum 4, 6233 Kelkheim, (0 61 95) 33 08
dienstl.:

294. *Starck,* Dr. Christian, o. Professor,
Unter den Linden 20, 3400 Göttingen, (05 51) 79 26 44;
dienstl.: Juristisches Seminar, Platz der Göttinger Sieben 6,
3400 Göttingen (05 51) 39 74 12

295. *Steiger,* Dr. Heinhard, Professor,
Oberhof 16, 6307 Linden, (06 41) 2 32 52;
Univ., (06 41) 7 02 50 30

296. *Stein,* Dr. Ekkehart, Professor,
Jakob-Burckhardt-Str. 49, 7750 Konstanz, (0 75 31) 6 32 57;
Univ., (0 75 31) 88 23 29

297. *Stein,* Dr. Torsten, apl. Professor,
Ludolf-Krehl-Str. 1b, 6900 Heidelberg, (0 62 21) 48 04 38;
dienstl.: (0 62 21) 48 22 30

298. *Steinberg,* Dr. Rudolf, Professor,
Senckenberganlage 31, 6000 Frankfurt/M. 1;
Univ., (0 69) 7 98 24 38

299. *Steinberger,* Dr. Helmut, o. Professor,
Schloß West 140, 6800 Mannheim, (0 62 21) 3 69 54;
dienstl., (06 21) 2 92 33 68

300. *Steiner,* Dr. Udo, o. Professor,
Am Katzenbühl 5, 8400 Regensburg-Harting, (0 94 01) 43 13;
Univ., (09 41) 9 43 26 66/7

301. *Stern,* Dr. Dr. h.c. Klaus, o. Professor,
Am Stockberger Busch 10, 5067 Kürten, (0 22 68) 61 67;
Universität Köln, (02 21) 4 70 22 89

302. *Stettner,* Dr. Rupert, Professor,
Jahnstr. 6, 8060 Dachau, (0 81 31) 1 32 44;
Universität Bamberg, Postfach 15 49, 8600 Bamberg,
(09 51) 79 33 21 oder 79 33 18

303. *Stober,* Dr. Rolf, Professor,
Hohe Geist 32, 4400 Münster, (0 25 36) 17 34;
Univ., (02 51) 83 27 04

304. *Stock,* Dr. Martin, Professor,
Am Knick 22, 4800 Bielefeld 1, (05 21) 88 95 33;
Univ., (05 21) 1 06 43 82

305. *Stödter,* Dr. Rolf, Professor,
Golfstr. 7, 2057 Wentorf b. Hamburg, (0 40) 7 20 26 46

306. *Stolleis,* Dr. Michael, o. Professor,
Waldstr. 15, 6242 Kronberg 2,
Universität Frankfurt a.M., (0 69) 7 98 31 92

307. *Stolzlechner,* Dr. Harald, Universitätsdozent,
Sackengutstr. 5b, A-5020 Salzburg, (06 62) 42 02 52;
Univ., (06 62) 4 45 11

308. *Streinz,* Dr. Rudolf, Privatdozent,
Bricknerstr. 23, 8300 Landshut, (08 71) 6 17 09;
Universität Passau, Lehrstuhl f. Staats- u. Verwaltungsrecht,
Völker- u. Europarecht, Innstr. 40, 8390 Passau, (08 51) 50 93 12

309. *Suhr,* Dr. Dieter, Professor,
Birkenstr. 37, 8900 Augsburg 22, (08 21) 9 76 46;
Univ., (08 21) 59 83 55

310. *Tettinger,* Dr. Peter J., o. Professor,
Bergstr. 30, 5000 Köln 50, (0 22 36) 6 68 56;
Universität Bochum, (02 34) 7 00 52 75

311. *Thieme,* Dr. Werner, Professor,
Am Karpfenteich 58, 2000 Hamburg 63, (0 40) 5 38 49 92;
Univ., (0 40) 41 23 26 27

312. *Thürer,* Dr. Daniel, Professor,
Abeggweg 20, CH-8057 Zürich, (01) 3 62 65 47
Univ., (01) 2 57 31 18

313. *Tomuschat,* Dr. Christian, Professor,
Kautexstr. 43, 5300 Bonn 3, (02 28) 43 00 67;
Universität Bonn, (02 28) 73 91 72

314. *Trzaskalik,* Dr. Christoph, Professor,
Pf. Stockheimer Str. 30, 6500 Mainz-Bretzenheim,
(0 61 31) 36 94 14; Universität Mainz, (0 61 31) 39 21 38

315. *Tsatsos,* Dr. Dimitris Th., o. Professor,
Am Waldesrand 10e, 5800 Hagen, (0 23 31) 58 66 68;
Fernuniv., (0 23 31) 8 04 28 76

316. *Uber,* Dr. Giesbert, o. Professor,
Roseneck 5, 4400 Münster-Hiltrup, (0 25 01) 31 59;
Univ., (02 51) 83 27 01

317. *Ule,* Dr. Carl Hermann, o. Professor,
Oberer Gaisbergweg 9, 6900 Heidelberg, (0 62 21) 2 78 32;
Hochschule Speyer

318. *v. Unruh,* Dr. Georg-Christoph, o. Professor,
Steenkamp 2, 2305 Heikendorf, (04 31) 23 14 59;
Universität Kiel, (04 31) 8 80 35 22/69

319. *Vallender,* Dr. Klaus A., Professor,
Unterbach 4, CH-Trogen, (0 71) 94 27 69;
Institut f. Finanzwirtschaft u. Finanzrecht,
Varnbüelstr. 19, CH-9000 St. Gallen, (0 71) 22 72 27

320. *Graf Vitzthum,* Dr. Wolfgang, o. Professor,
Im Rotbad 19, 7400 Tübingen 1, (0 70 71) 6 38 44;
Univ. Tübingen, (0 70 71) 29 52 66

321. *Vogel,* Dr. Klaus, o. Professor,
Ottostr. 36, 8130 Starnberg, (0 81 51) 1 32 21;
Universität München, (0 89) 21 80 27 18

322. *Voigt,* Dr. Alfred, o. Professor,
Schwedenstr. 26, 8521 Spardorf, (0 91 31) 5 60 43

323. *Wagner,* Dr. Heinz, o. Professor,
Tietzenweg 54, 1000 Berlin 45, (0 30) 8 33 21 67;
Univ., (0 30) 8 38 36 39

324. *Wahl,* Dr. Rainer, o. Professor,
Sundgauallee 68, 7800 Freiburg, (07 61) 8 58 71;
Univ., (07 61) 2 03 44 65/6

325. *Wallerath,* Dr. Maximilian, Privatdozent,
Gudenauer Weg 86, 5300 Bonn 1, (02 28) 28 32 02;
dienstl.: (02 21) 37 10 78

326. *Weber,* Dr. Albrecht, Professor,
Weidenweg 20, 4516 Bissendorf, (0 54 02) 39 07;
Universität Osnabrück, (05 41) 6 08–61 88

327. *Weber-Dürler,* Dr. Beatrice, Professorin,
Zeughausgasse 10, CH-9000 St. Gallen, (0 71) 23 12 09;
Forschungsgemeinschaft für Rechtswissenschaft, HSG,
Tigerbergstr. 21, CH-9000 St. Gallen, (0 71) 22 34 30

328. *Weides,* Dr. Peter, o. Professor,
Franz-Marc-Str. 22, 5000 Köln 50, (02 21) 39 11 92;
Univ., (02 21) 4 70 44 54

329. *Wendt,* Dr. Rudolf, Professor,
Caspar-Olevian-Str. 57, 5500 Trier, (06 51) 3 80 47;
Universität Trier, Postfach 38 25, (06 51) 2 01 25 76/77

330. *Wenger,* DDr. Karl, Universitätsprofessor,
Meytensgasse 18, A-1130 Wien, (02 22) 8 22 72 44;
Univ., (02 22) 43 00 31 36, Schottenbastei 10–16,
A-1010 Wien

331. *Wengler,* Dres. Dres. h. c. Wilhelm, Professor,
Werderstr. 15, 1000 Berlin 37, (0 30) 8 01 65 35

332. *Wielinger,* Dr. Gerhart, Universitätsdozent,
Bergmanngasse 22, A-8010 Graz, (03 16) 31 87 14
dienstl., (03 16) 70 31 24 28

333. *Wildhaber,* Dr. Luzius, o. Professor,
Auf der Wacht 21, CH-4104 Oberwil, (0 61) 30 25 21

334. *Wilke,* Dr. Dieter, o. Professor,
Universität Berlin, Thielallee 52,
1000 Berlin 33, (0 30) 8 38 30 11

335. *Wimmer,* Dr. Norbert, o. Universitätsprofessor,
Claudiastr. 7, A-6020 Innsbruck, (0 52 22) 2 04 27;
Univ., (0 52 22) 3 36 01/7 31

336. *Winkler,* Dr. Günther, Universitätsprofessor,
Reisnerstr. 22/5/11, A-1030 Wien, (02 22) 73 44 15;
Univ., (02 22) 43 00 31 31, Schottenbastei 10–16, A-1010 Wien

337. *Wolfrum,* Dr. Rüdiger, o. Professor,
Lindenallee 13, 2300 Kiel 1 (Altenholz), (04 31) 32 18 44;
Univ., (04 31) 8 80-21 89

338. *Wollenschläger,* Dr. Michael, Privatdozent,
An den Forstäckern 15, 8706 Höchberg, (09 31) 4 91 96
Univ., (09 31) 3 13 05

339. *Würtenberger,* Dr. Thomas, o. Professor,
Im Brühl 9, 5501 Gutweiler, (0 65 88) 71 79;
Universität Trier, (06 51) 71 64 51

340. *Zacher,* Dr. Hans F., o. Professor,
Starnberger Weg 7, 8134 Pöcking, (0 81 57) 13 84;
Universität München, (0 89) 21 80 27 25

341. *Zeh,* Dr. Wolfgang, Ministerialrat,
Sibyllenstr. 40, 5300 Bonn 2, (02 28) 37 56 52;
dienstl., (02 28) 16 26 49 oder 16 30 44

342. *v. Zezschwitz,* Dr. Friedrich, Professor,
Petersweiher 47, 6300 Gießen, (06 41) 4 51 52;
Univ., (06 41) 7 02 50 20

343. *Zieger,* Dr. Gottfried, Professor,
Leuschnerweg 10, 3400 Göttingen, (05 51) 2 22 55

344. *Zimmer,* Dr. Gerhard, Privatdozent,
Bamberger Str. 22, 1000 Berlin 30, (0 30) 8 54 46 56

345. *Zippelius,* Dr. Reinhold, o. Professor,
Niendorfstr. 5, 8520 Erlangen, (0 91 31) 5 57 26;
Univ., (0 91 31) 85 28 20

346. *Zuleeg,* Dr. Manfred, Professor,
Kaiser-Sigmund-Str. 32, 6000 Frankfurt/M. 1, (0 69) 56 43 93;
Univ., (0 69) 7 98 23 82

Satzung

(Nach den Beschlüssen vom 21. Oktober 1949, 19. Oktober 1951, 14. Oktober 1954, 10. Oktober 1956, 13. Oktober 1960, 5. Oktober 1962, 1. Oktober 1971, 6. Oktober 1976 und 3. Oktober 1979)

§ 1

Die Vereinigung der Deutschen Staatsrechtslehrer stellt sich die Aufgabe:

1. wissenschaftliche und Gesetzgebungsfragen aus dem Gebiete des öffentlichen Rechts durch Aussprache in Versammlungen der Mitglieder zu klären;
2. auf die ausreichende Berücksichtigung des öffentlichen Rechts im Hochschulunterricht und bei staatlichen und akademischen Prüfungen hinzuwirken;
3. in wichtigen Fällen zu Fragen des öffentlichen Rechts durch Eingaben an Regierungen oder Volksvertretungen oder durch öffentliche Kundgebungen Stellung zu nehmen.

§ 2

Mitglied der Vereinigung kann werden, wer auf dem Gebiet des Staatsrechts und mindestens eines weiteren öffentlich-rechtlichen Fachs

a) seine Befähigung zu Forschung und Lehre durch hervorragende wissenschaftliche Leistung nachgewiesen hat* und
b) an einer deutschen oder deutschsprachigen Universität** oder der Hochschule für Verwaltungswissenschaften in Speyer als Forscher und Lehrer tätig ist oder gewesen ist.

---

* Mit der oben abgedruckten, am 1. 10. 1971 in Regensburg beschlossenen Fassung des § 2 hat die Mitgliederversammlung den folgenden erläuternden Zusatz angenommen:
„Eine hervorragende wissenschaftliche Leistung im Sinne dieser Vorschrift ist eine den bisher üblichen Anforderungen an die Habilitation entsprechende Leistung."

** In Berlin hat die Mitgliederversammlung am 3. 10. 1979 die folgende zusätzliche Erläuterung angenommen:

Das Aufnahmeverfahren wird durch schriftlichen Vorschlag von drei Mitgliedern der Vereinigung eingeleitet. Ist der Vorstand einstimmig der Auffassung, daß die Voraussetzungen für den Erwerb der Mitgliedschaft erfüllt sind, so verständigt er in einem Rundschreiben die Mitglieder von seiner Absicht, dem Vorgeschlagenen die Mitgliedschaft anzutragen. Erheben mindestens fünf Mitglieder binnen Monatsfrist gegen die Absicht des Vorstandes Einspruch oder beantragen sie mündliche Erörterung, so beschließt die Mitgliederversammlung über die Aufnahme. Die Mitgliederversammlung beschließt ferner, wenn sich im Vorstand Zweifel erheben, ob die Voraussetzungen der Mitgliedschaft erfüllt sind. Von jeder Neuaufnahme außerhalb einer Mitgliederversammlung sind die Mitglieder zu unterrichten.

§ 3

Eine Mitgliederversammlung soll regelmäßig einmal in jedem Jahre an einem vom Vorstand zu bestimmenden Orte stattfinden. In dringenden Fällen können außerordentliche Versammlungen einberufen werden. Die Tagesordnung wird durch den Vorstand bestimmt. Auf jeder ordentlichen Mitgliederversammlung muß mindestens ein wissenschaftlicher Vortrag mit anschließender Aussprache gehalten werden.

§ 4

Der Vorstand der Vereinigung besteht aus einem Vorsitzenden und zwei Stellvertretern. Die Vorstandsmitglieder teilen die Geschäfte untereinander nach eigenem Ermessen. Der Vorstand wird am Schluß jeder ordentlichen Mitgliederversammlung neu gewählt. Zur Vorbereitung der Mitgliederversammlung kann sich der Vorstand durch Zuwahl anderer Mitglieder verstärken. Auch ist Selbstergänzung zulässig, wenn ein Mitglied des Vorstandes in der Zeit zwischen zwei Mitgliederversammlungen ausscheidet.

§ 5

Zur Vorbereitung ihrer Beratungen kann die Mitgliederversammlung, in eiligen Fällen auch der Vorstand, besondere Ausschüsse bestellen.

„Universität im Sinne dieser Vorschrift ist eine wissenschaftliche Hochschule, die das Habilitationsrecht in den Fächern des öffentlichen Rechts und die Promotionsbefugnis zum Doctor iuris besitzt und an der Juristen durch einen Lehrkörper herkömmlicher Besetzung ausgebildet werden."

§ 6

Über Eingaben in den Fällen des § 1 Ziffer 2 und 3 und über öffentliche Kundgebungen kann nach Vorbereitung durch den Vorstand oder einen Ausschuß im Wege schriftlicher Abstimmung der Mitglieder beschlossen werden. Ein solcher Beschluß bedarf der Zustimmung von zwei Dritteln der Mitgliederzahl; die Namen der Zustimmenden müssen unter das Schriftstück gesetzt werden.

§ 7

Der Mitgliedsbeitrag wird von der Mitgliederversammlung festgesetzt. Der Vorstand kann den Beitrag aus Billigkeitsgründen erlassen.

Kolibri 360 GmbH
Ferdinand-Jühlke-Straße 7
99095 Erfurt, Deutschland
produktsicherheit@kolibri360.de